Bernard Stiegler

技术与时间

LA TECHNIQUE ET LE TEMPS

[法国] 贝尔纳 · 斯蒂格勒 著

裴程 等译

译林出版社

图书在版编目（CIP）数据

技术与时间 /（法）贝尔纳·斯蒂格勒著 ；裴程等译 .
—南京 ：译林出版社，2023.11（2025.8 重印）
（人文与社会译丛 / 刘东主编）
ISBN 978-7-5447-9888-4

Ⅰ.①技… Ⅱ.①贝… ②裴… Ⅲ.①文化人类学 - 研究 - 法国 Ⅳ.①C958

中国国家版本馆CIP数据核字（2023）第 170035 号

LA TECHNIQUE ET LE TEMPS
1. La faute d'Épiméthée
2. La désorientation
3. Le temps du cinéma et la question du mal-être
By Bernard Stiegler

著作权合同登记号 图字：10-2021-597 号

技术与时间 ［法国］贝尔纳 · 斯蒂格勒 / 著 裴 程 等 / 译

责任编辑 张海波
特约编辑 陈秋实
装帧设计 韦 枫
校 对 戴小娥 孙玉兰
责任印制 董 虎

原文出版 Fayard, 2018
出版发行 译林出版社
地 址 南京市湖南路 1 号 A 楼
邮 箱 yilin@yilin.com
网 址 www.yilin.com
市场热线 025-86633278
排 版 南京展望文化发展有限公司
印 刷 南京爱德印刷有限公司
开 本 880 毫米 ×1230 毫米 1/32
印 张 33.625
插 页 4
版 次 2023 年 11 月第 1 版
印 次 2025 年 8 月第 3 次印刷
书 号 ISBN 978-7-5447-9888-4
定 价 198.00 元

主编的话

刘 东

总算不负几年来的苦心——该为这套书写篇短序了。

此项翻译工程的缘起，先要追溯到自己内心的某些变化。虽说越来越惯于乡间的生活，每天只打一两通电话，但这种离群索居并不意味着我已修炼到了出家遁世的地步。毋宁说，坚守沉默少语的状态，倒是为了咬定问题不放，而且在当下的世道中，若还有哪路学说能引我出神，就不能只是玄妙得叫人着魔，还要有助于思入所属的社群。如此嘈嘈切切鼓荡难平的心气，或不免受了世事的恶刺激，不过也恰是这道底线，帮我部分摆脱了中西"精神分裂症"——至少我可以倚仗着中国文化的本根，去参验外缘的社会学说了，既然儒学作为一种本真的心向，正是要从对现世生活的终极肯定出发，把人间问题当成全部灵感的源头。

不宁惟是，这种从人文思入社会的诉求，还同国际学界的发展不期相合。擅长把捉非确定性问题的哲学，看来有点走出自我囿闭的低潮，而这又跟它把焦点对准了社会不无关系。现行通则的加速崩解和相互证伪，使得就算今后仍有普适的基准可言，也要有待于更加透辟的思力，正是在文明的此一根基处，批判的事业又有了用武之地。由此就决定了，尽管同在关注世俗的事务与规则，但跟既定框架内的策论不同，真正体现出人文关怀的社会学说，决不会是医头医脚式的小修小补，而必须以激进亢奋的姿态，去怀疑、颠覆和重估全部的价值预设。有意思的是，也许再没有哪个时代，会有这么多书生想要焕发制度智慧，这既凸显了文明的深层危机，又表达了超越的不竭潜力。

于是自然就想到翻译——把这些制度智慧引进汉语世界来。需要说明的是，尽管此类翻译向称严肃的学业，无论编者、译者还是读者，都会因其理论色彩和语言风格而备尝艰涩，但该工程却绝非寻常意义上的“纯学术”。此中辩谈的话题和学理，将会贴近我们的伦常日用，渗入我们的表象世界，改铸我们的公民文化，根本不容任何学院人垄断。同样，尽管这些选题大多分量厚重，且多为国外学府指定的必读书，也不必将其标榜为“新经典”。此类方生方成的思想实验，仍要应付尖刻的批判围攻，保持着知识创化时的紧张度，尚没有资格被当成享受保护的“老残遗产”。所以说白了：除非来此对话者早已功力尽失，这里就只有激活思想的马刺。

主持此类工程之烦难，足以让任何聪明人望而却步，大约也惟有愚钝如我者，才会在十年苦熬之余再作冯妇。然则晨钟暮鼓黄卷青灯中，毕竟尚有历代的高僧暗中相伴，他们和我声应气求，不甘心被宿命贬低为人类的亚种，遂把迻译工作当成了日常功课，要以艰难的咀嚼咬穿文化的篱笆。师法着这些先烈，当初酝酿这套丛书时，我曾在哈佛费正清中心放胆讲道：“在作者、编者和读者间初步形成的这种‘良性循环’景象，作为整个社会多元分化进程的缩影，偏巧正跟我们的国运连在一起，如果我们至少眼下尚无理由否认，今后中国历史的主要变因之一，仍然在于大陆知识阶层的一念之中，那么我们就总还有权想象，在孔老夫子的故乡，中华民族其实就靠这么写着读着，而默默修持着自己的心念，而默默挑战着自身的极限！”惟愿认同此道者日众，则华夏一族虽历经劫难，终不致因我辈而沦为文化小国。

一九九九年六月于京郊溪翁庄

目　录

第二部分　爱比米修斯的过失

第二卷

迷失方向

第三卷
电影的时间与存在之痛的问题

后　记
人类世中能力与功能的新冲突

《技术与时间》再版序言

《技术与时间》的前三卷分别于1994年(《爱比米修斯的过失》)、1996年(《迷失方向》)和2001年(《电影的时间与存在之痛的问题》)首次出版。前两卷写于1986年至1992年间,从我准备博士论文答辩的时候就开始了。所以前两卷基本是依照论文文本,几乎不加改动地出版的。与此同时,我在论文中增补了第三卷的内容,其中并没有出现我在1998年至2001年间发展的任何概念,这些概念部分是基于康德提出的图型法问题写下的内容,这一问题出现在首版《纯粹理性批判》(1781年)这本书的"范畴的先验演绎"章节的结尾处。

我在20世纪80年代初就开始酝酿论文最后一部分的初稿了,标题为《白痴》。我首先借鉴了陀思妥耶夫斯基《白痴》中的主角梅什金公爵,他是一个癫痫患者,作者本人也患有这种疾病,据说他一直试图寻找能使自己变得如同白痴一般的"高危状态",在此期间,他便开始了文学创作(比如先知穆罕默德,据说他也是癫痫患者,并在每次发病时都经历了一种超越时间本身的时间状态):

> 你们都很健康，但你们无法想象癫痫患者在病症发作前一秒钟所感受到的无上幸福。我不知道这种极乐状态相当于几秒钟、几小时，还是几个月，但你们可以相信我的话，我是不会用我一生中所获得的这些幸福去换取世界上任何其他
> 7 东西的。[①]

陀思妥耶夫斯基也将癫痫归咎于穆罕默德，这是一种精神疾病，如同伪亚里士多德所说的忧郁症（《天才人物与忧郁症》，Payot）一样，可以孕育出天才，在这一点上它也让我们联想到了阅读障碍症。

玛丽安娜·沃尔夫（Maryanne Wolf）从神经科学的角度研究阅读障碍，并通过她本人作为临床医生和读者的双重经验（尤其是她对普鲁斯特的阅读）丰富论据。她指出，这种疾病的特点使得达·芬奇和托马斯·爱迪生等著名人物**难以进入第三滞留**。[②]

《白痴》是最初起草的部分，但是，1992年，在论文写作收尾时，我才将这部分命名为《白痴》，至今仍未出版。它应该很快就会出版，并将成为《技术与时间》系列的第七卷，也是最后一卷，希望老天保佑。它将被命名为《需要的缺憾：习语、独特的、白痴》。在论文答辩结束后，我开始着手撰写将会由伽利略出版社发行的作品，在我看来，最后一部分内容在当时是无法被人理解的，因为它缺乏中间的发展。我在论文的前两部分与《白痴》之间提出了整部作品中最具思辨性的概念，我已在前作中多次提过这一点，这一概念构成了文本的螺旋型结构，只能通过下面的**图示**来阐释：

---

① 陀思妥耶夫斯基在一次对谈中的发言，引自癫痫博物馆（德国，凯尔）。

② 玛丽安娜·沃尔夫：《普鲁斯特与乌贼》，Icon Books出版社，2008年。

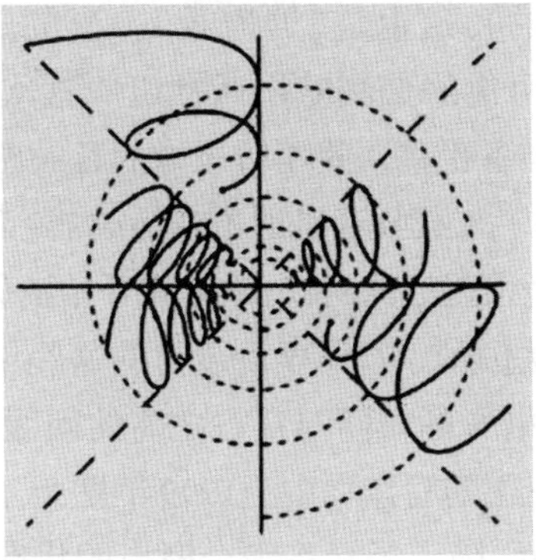

2001年，我写了《技术与时间》第三卷《电影的时间与存在之痛的问题》一书，目的是使这一图示和它所支持的一切“更容易被**知性、理性**接受，因为它们**在20世纪末至21世纪初会被重新构建**”。（此后，我试图在2015年出版的《自动化社会1. 劳动的未来》[①]一书中进一步明确21世纪知性与理性的器官学和药理学特征。） 8

《电影的时间与存在之痛的问题》是我在法国国家视听学院（INA）工作了四年之后，在非常特殊的情况下写成的。在此期间，我养成了在各种媒介上做笔记的习惯，特别是用口述录音机。当时，每天往返于我居住的瓦兹省北部与法国国家视听学院所在地马恩河畔布莱之间，我还用它在车上“写”信。每天早晚，在通勤路上，我都会在北方公路上迸发出一些想法。某天，我开始用口述录音机记录这些想法，当时用的还是一种录音带。

我是在听车载收音机后养成这个习惯的，车载收音机当时仍被称为“迷你录音带”。我听的是与雅克·德里达对谈的原声带（1994年，应法国国家视听学院的要求，在弗朗西斯·德内尔和克劳德·吉

① 我在《自动化社会2. 知识的未来》中进行了系统的探讨。

萨德的倡议下录制的），这也是《回声录》一书的由来。在电视上，米歇尔·德洛姆提出由他的伽利略出版社出版这次采访的记录稿。雅克·德里达让我来准备手稿。我用听录像的音频副本的方式完成了这项任务，为此我使用了车载收音机的磁带播放器：我们仍处于20世纪。在那个现在看来已经很遥远的时代，磁带就开始消失了。

正是根据我在法国国家视听学院度过的这些年里记录以及写下的笔记，我创作出了《电影的时间与存在之痛的问题》，这一卷后来在某种意义上也融入了论文的写作之中。1999年夏天，这本书初步成形，当时我在科西嘉岛逗留，陷入了几乎完全瘫痪的状态。瘫痪持续了一个月。这种被迫无法动弹的情况是我在1990年（第一次海湾战争期间，我在医院病床上通过电视亲眼目睹）接受的背部手术和九年后粗心大意的行为共同造成的。由此导致的脊柱退化迫使我不得不躺在一块床板上无法起身，面朝大海，处于一种不寻常的精神状态之中。这种状态由可的松、安定和其他具有放松腰部功能的药物的混合作用所引起，L4—L5的椎间盘已经被切除，另一个椎间盘也开始脱轴，再次切断我的坐骨神经。

万幸的是，当这种完全不能动的情况出现时，我手边还有《纯粹理性批判》，我便决心重温这本已经不知读了多少遍的书。1988年以来，
9 我一直在贡比涅大学教哲学，在我的教学中，我显然谈到了康德和这部著作。但其实，自从1979年我开始尝试阅读它以来，我对它可以说一无所知。我只是建议我的学生通过注解阅读它——那些或多或少带有启发性的解释从未真正说服过我，这就是为什么我认为自己对《纯粹理性批判》和那些后批判性的解释一无所知。

我随身携带这本《纯粹理性批判》，试图再次阅读它，原因有很多，我在法国国家视听学院工作期间所做的笔记中也提到过，而且也正因为我刚刚读完海德格尔的《康德与形而上学问题》（1929年），这突然启发我开创了一种在《纯粹理性批判》中从未见过或是读过的可能性，那

就是把“范畴的先验演绎”中的话语与我在《技术与时间2.迷失方向》中有关胡塞尔的滞留和前摄问题的研究联系起来。

我躺在科西嘉岛的一个壮丽海湾前，这个海湾位于西海岸皮亚纳有名的朱红色海湾以南，离同样恢宏的红宝石酒店不远。由于近期我读了随身携带的那本海德格尔写康德的书，我开始重读已经不知读了多少遍的1781年版《纯粹理性批判》的“范畴的先验演绎”这一章节。

就在那时，在意外、疾病、药物等有时会引起的那种极特殊的去抑制，以及心智回路的悬置状态下，一个分支出现了，我的整个工作踏上了一个新阶段：我开始从第三滞留的角度质疑图型法和分类法，这一概念出现在《爱比米修斯的过失》中，旨在对《存在与时间》进行批判，我在海德格尔对康德的解读中发现了这样的问题。

2000年初，在写完《电影的时间与存在之痛的问题》时，我已经康复，我离开了法国国家视听学院，并担任了法国声学与音乐协调研究所的主任，我确信《白痴》这本新书的出版不足以介绍《技术与时间》第三卷那种高度思辨性的论点，因此，我利用这段时间完成了修订和完善的工作。①《电影的时间与存在之痛的问题》所开辟的新视角需要得到进一步的发展。 10

这就是我期望添加另外两卷到论文中的原因：第四卷将专门讨论古希腊的悲剧思想，有时被称为“古代”思想，以及柏拉图对这一思想的遗忘；第五卷是我对精神分析学派和被人们称为“后结构主义”的思潮的深入探讨，我是通过书本与那些写书的人才知道这一思想流派的。

第四卷的第一个版本几乎完全是在第三卷之后写成的，那是在我加入法国声学与音乐协调研究所之前的事情。但当我加入法国声学与音乐协调研究所后，我把这本书放到了一边，并像我打发往返视听学院

---

① 自2011年起，每年春季，我都会在我创办的哲学学校Pharmakon.fr举办研讨会期间，致力于在线上进行完善的工作。

路上的时间一样，引入了新的问题：从这些问题中产生了特定的概念，自2003年以来它被我称为“器官学”，自2015年以来，这一概念由尼古拉斯·乔治斯库-洛根[①]从阿尔弗雷德·洛特卡[②]那里继承的“外在化”概念所支撑。

当然，这对我回归柏拉图和悲剧文化起到了作用，也是我后来决定在学校开设有关柏拉图课程的原因之一——2010年10月，在埃皮纳伊莱弗勒里耶镇，我和我的妻子卡罗琳·斯蒂格勒借此机会一起创办了学校Pharmakon.fr。

1994年，《爱比米修斯的过失》出版，本篇序言之后紧跟着的前言[③]可以说是一个困难的开篇。该前言是为博士论文及答辩评委而写的，并不是为了让读者更容易进入《爱比米修斯的过失》和《迷失方向》的正文：在导论部分，我将这项工作面临的挑战转移到了在笛卡尔时代仍被我们称为“学派”代表的人身上——这种情况下，我的答辩委员会汇集了一批博学的评委（雅克·德里达、尼可·洛洛、让-吕克·马里翁和第四位成员，这个人过于普通以至于我已经忘记了他的名字）。至于不
11 那么学究的人，大可以不读这篇前言，也可能他们希望在前三卷全集出版后再读（或是重读），其中增加了我在2015年至2017年间写的《人类世中才能与功能的新冲突》，这篇第三卷的后记是《技术与时间》第四卷首版核心章节的组成部分，第四卷的副标题是《后真实时代真理的证明》。由此，一本意料之外的分卷不知不觉地融入了这个系列：我写下

① 参阅尼古拉斯·乔治斯库-洛根，《熵定律与经济过程》，哈佛大学出版社，1971年；以及安托万·米塞梅尔，《尼古拉斯·乔治斯库-洛根：为了一场生物经济学的革命》，巴黎高师出版社，2013年。

② 阿尔弗雷德·洛特卡：《作为最大原则的进化法则》，《人类生物学》，第17卷第3期，1945年9月。2016年，大卫·贝茨在蓬皮杜中心组织的研讨会中的“新工业世界访谈”里介绍了阿尔弗雷德·洛特卡的工作。

③ 参见下文，第3页。

了第三卷的后记，这篇后记包含了2016年举办的一场学术会议中的论文，与此同时，随着对后记进行重读与重写，新的问题涌现出来，这些问题如此迫切，致使整部作品成了既混乱又丰富的一版。整部作品仍在创作中，它既是一个明辨“思辨实在论”的机会，又是在更普遍意义上，澄清当今哲学中有时被描述为“新实在论”的东西的机会。此外，最重要的是，新的第四卷深化了《我们如何称呼延迟思考？1.巨大的倒退》中的论点，这是一本由解放关系出版社（Éditions Les Liens qui Libèrent）推出的作品，与本再版同时发行。

换言之，现在，《技术与时间》的新规划包括七卷本：

《爱比米修斯的过失》；

《迷失方向》；

《电影的时间与存在之痛的问题》；

《后真实时代真理的证明》；

《象征与魔鬼》；

《思想之战》；

《需要的缺憾：习语、独特的、白痴》。

贝尔纳·斯蒂格勒

2018年8月 12

第一卷

爱比米修斯的过失

裴　程　译

前　言

本书探讨的对象是技术，它被理解为代表着一切即将来临的可能性和未来的可能性之视域。

十年前，当我构思最初的轮廓时，这个问题还显得次要。如今，它贯穿所有的研究，其范围之广，无所不及。虽然这个问题提出的工作极富刺激性，而且也引起了人们的关切，但是其紧迫感才刚刚开始被意识到。这是一项长期的工作，它在经过了一段不可避免的沉闷和可怕的焦虑之后被提了出来，坚忍和艰难使它更富于趣味。在此，我要把这个问题的艰巨性及其必然性正告读者：哲学自古至今把技术**遗弃**在思维对象之外。技术即**无思**。

由技术的强大动力在我们时代的舞台上造成的巨变引来了一系列的**反应**。无论这些反应是直接的还是间接的，或是媒体化的，无论它们是“肤浅的”还是深思熟虑的，都**必须给以超越**。现时代已被卷入了一种隐约的决策（危机）过程的旋涡，这个过程的机制和趋势尚晦暗不清，必须经过艰巨的努力才能使之变得**可以理解**。这种努力既要求回忆过去，同样也要求注重**当前发生**的事物的复杂性。本书所阐发的观点仅仅是一个尝试，它与其说是**结论**，不如说是**探索**：探索（用手实现的探索）正是这种反思的对象本身。

即将来临的不可能性从未像今天这样迫近，以至于时间的激流在
17 它本应敞开**未来的明晰性**的时候，却变得更加自相矛盾了。一种根本的立场和观点的转变势在必行，它越是不可避免，就越会遭遇抵抗。积怨和否弃既代表着顽固势力，同时也标志着它的瓦解，这一点早在一个世纪之前就被尼采和弗洛伊德置于他们的沉思中心。他们的思想从来没有像今天这样获得多方面的印证。读者因而会察觉，这些在本书中几乎没有被引用的作者，实际上处在我试图展开的视线的焦点。

我很遗憾不能向众多的朋友以及他们对这项研究工作给予的支持言谢。我谨向图卢兹-米拉伊大学教授热拉尔·格拉内尔表示深深的感谢。他的热诚、严谨——这是有幸在他指导下从事过研究的人们所共知的——唤醒了我对（向事物本身、向形而上）**回归**和**大转折**的必然性的认识。

我在此也向蒙代夫人、埃丽雅娜·埃思古巴斯、阿妮克·若兰、列维·埃伯拉尔夫人以及伊丽莎白·李加尔表示谢意。她们的珍贵指教反映在字里行间。

雅克·德里达的著作是这项研究之所以可能的前提。我力求在阅读德里达著作的过程中，既忠实原著，又要（从“延异”[①]的各种角度）和这样一位富于感召力的导师的诱人的精神财富做抗争。其诱人处尤

① différance（延异）是德里达根据法语中动词“différer”创造的一个专门术语。“différer”包括两层含义。它首先是指“区别”、“差异”或“其他”。和这一层意思对应的名词是“différence”。但是德里达认为，“différence”不能体现“différer”的另一层含义，就是时间意义上的“延迟”“计算时间”“迂回”“保留”等。创造“différance”一词不仅仅在于体现“différer”两个方面的含义，而且更重要的是体现“différer”的动态。本书作者在采用“différance”时，一方面是要统筹兼顾“差异”和“延迟”两个概念，另一方面更深层的意义在于把对立的差异或差别从运动的、相互关联的角度去把握。比如差异和延迟实际上就是空间和时间的延异。再如作者常常用延异来概括“一般性的生命历史”，其根本意义就在于，生命的历史是在遗传的内在因素和外在环境的相互影响、相互领先中实现的。“人的发明……使‘谁’和‘什么’连成一体，……延异就是指这种双向运动，交错反射，通过反射的双向运动，‘谁’和‘什么’共同构成一个现象的两个侧面。”——译注

在于导师本身对一切权威性持怀疑的态度。雅克·德里达对**不同己见的可能性**的巨大的奉献精神不仅仅停留于一种典型的论述和沉思的对象,他由此倡导一种**人生风格**,一种人生的思想和思想的人生。这种风格使他在与学生、好友的交往中以及在诸种私人或公共的关系中,既实事求是地肯定自己的著述,又对其权威所及的界限持非常审慎的态度。

如果不是让-弗朗索瓦·里奥达尔接受我进入国际哲学院,如果没有他因此为我建立的同他本人,以及其他朋友(在此不能一一言谢)的交流,毫无疑问,这项研究在我看来不可能迈出关键性的步伐。

保尔·维里略、雷吉·德布莱以及安托万·杜劳尔同我的交流,不仅丰富了这项工作,而且给予我难以估量的鼓励。

朋友常常是对工作的最珍贵的督促者。我和安托万·贝尔曼、蒂埃里·夏普还有如今已经去世的米歇尔·塞尔维叶共同分担过的记忆问题的烦恼和奥秘,在此也尽收文中。 18

卡特琳·马拉伯在进行自己的研究的同时,不仅在工作上,而且在日常生活烦琐的困难中也给我以勉励和关照。我们被柔情一同系于严谨的哲学追求,这种追求使我们聚合,同样也带来一种争斗的气氛,正如赫西奥德①以黑夜之女爱丽丝为名唱颂的那样,这是一种既富于创造性又具有危险性的竞争。我对**缺乏共同体者的共同体**(这是一个在我试图探讨的主题深处的既华美又可怕的概念)的体验从未像和卡特琳在一起时那样彻底,这种体验既在概念中,又在爱的圈子里,即便是为了形成概念,为了概念的爱,也是如此。她把对概念的爱称作爱情的终结(哲学企图"废除它**爱智**的名分以便成为**切实的**知识")。

我的孩子巴尔巴拉和于连在长大成人的同时,也经历了一本书这

---

① 赫西奥德(Hésiode):古希腊诗人,约生活于公元前8世纪中叶,著有《神谱》《工作与时日》。——译注

样一个不同寻常的同胞的孕育和出世。但愿这一段令我无暇旁顾的时期还是给他们留下了一丝喜悦。这个最终的产物已经留在我的身后，我想它应当转向一个已不属于我的未来，但愿它也能为孩子们开花结果。

我的学生们也常常为本书中不少观点的成熟提出过宝贵的见解，在此对他们表示感谢。我也要谢谢贡比涅大学的校领导，他们觉察到了哲学和技术之间的交流的紧迫性和必然性。作为这项交流荣幸的受益者和积极的参与者，我对校方这种难得的明智深感钦佩。

最后，我要感谢罗歇・雷加尔、雅克・塔尔奈罗，还有“科学和工
19 业城”：没有他们的支持，这本书是不可能问世的。

导 论

你是否接受这样一个确凿的事实：我们正处于一个转折之中？

——如果它是确凿的，那就不成其为转折。因为置身于一个时代变迁的关头（假如确有变迁）的事实本身，就排斥企图定义变迁的确凿的知识，它意味着确凿性失去自身的意义，成为不确凿性。我们从来也没有像今天这样不能把握自己：转折首先就是这样一种含蓄的力量。

——莫里斯·布朗肖

哲学自其历史的初期，就将技术和知识这两个在荷马时代尚未被区分的范畴相互孤立。这种做法是由一定的政治背景决定的。当时哲学家们指控诡辩学派把逻各斯工具化，使它和修辞学、辩论术归为一类，成为权力的手段，而非知识的场所。[①]哲学的知识在和诡辩的技术的冲突中，贬低一切技术的知识的价值。正是在这样一种遗风的影响下，亚里士多德提出了关于技术客体的本质的一般性定义：

① 弗朗索瓦·夏特莱：《柏拉图》，伽利玛出版社，1965年，第60—61页。

> 每一个自然物体[……]都自身具有其运动或静止的法则，有些和位置相关，有些和增加或减少相关，还有的则和性质
> 21 变异相关。[……然而]任何被制造之物自身都不具备其制造的法则。[①]

技术客体自身不具备任何赋予其活力的因果性，技术就是在这样一种存在论的支配下，一直被放在目的和方法的范畴中来分析的。换言之，**技术客体没有任何自身的动力**。

很久以后，拉马克把物体分成两类：一类属于研究无机物的物理化学，另一类属于研究有机物的科学。世上有两类物体，“一类是无机物，它们没有生命，没有活力，是惰性的。另一类是有机物，它们呼吸、捕食、繁殖；这就是生命物体，而且它们‘必然趋于死亡’[拉马克《动物哲学》第一卷，第106页]。有机意味着生命。生存物最终和东西区别开来”[②]。

同这两类物体对应的是两类不同的动力：第一种是机械的，第二种是生物的。在此二者之间，技术客体只不过是一种混杂物，它同在古典哲学那里一样，没有生存论意义上的地位。由于物质偶然地获得一种生命行为的记号，所以一个被制造物的系列可以在时间中印证着生命行为的进化。技术客体本质上属于机械运动的范畴，它至多不过因为印证着生命行为而成为这种行为失去了厚度的痕迹。

马克思曾尝试过建立关于技术的**进化理论**——技术学——的可能性，并因此描绘了一个崭新的观点。其后，恩格斯又提出了关于工具和手的辩证理论，从而动摇了被动物体和有机物体的划分。考古学发现了远古时代制造的物件，而且，自达尔文以后，人类起源的问题被真正

① 亚里士多德：《物理学》，第二卷。

② 弗·雅各布：《生命逻辑》，伽利玛出版社，1970年，第101页。

提了出来。卡普展现了他的有机体投射的理论，19世纪末，埃斯比那思从中得到启示。就在历史学家们在工业革命的领域开始注视新技术所起作用的同时，人们也在民族学的领域中积累了大量关于原始工业的资料，它们表明：技术发展的问题不能被简单地归入社会学、人类学、普通历史学或心理学，它最终要被独立地提出来。在这样的基础上，吉尔、勒鲁瓦-古兰和西蒙栋明确地建立了技术体系、技术趋势和具体化过程等概念。

在机械物和生物之间，技术客体成为一种不同性质的力量交织的
复合。就在工业发展打乱了知识和社会组织的秩序的同时，技术也在 22
哲学研究的领域获得了新的地位。因为随着技术范围的扩展，科学本身受其调动，和器具领域的联系越来越紧密，它被迫服从于经济和战争冲突的需要，所以改变了它原有的知识范畴的意义，显得越来越依附于技术。这种新型关系产生的能量已在两次世界大战中爆发。在纳粹控制德国的时候，胡塞尔曾通过代数这门计算[1]的技术，分析了数学思维技术化的过程。这一过程始于伽利略：

他使几何学算术化，“从而在某种程度上使几何本身的意义淡化了。那些最初在几何思维中通常被称作‘纯粹直观’的现实的时空观念，由此被转化为单纯的数字形式和代数结构”[2]。

数字化的结果是丧失原始的意思和**视野**，丧失作为原本的科学性之基础的**原型目标**：

> 显然，人们在代数计算中，把几何的意义退到第二位，甚或简

---

① 计算（calcul）一词在本书中已超出了纯粹的数字计算的范畴，它和预示、精确性一起代表着技术的本质特征。所以计算就不单单是一种度量方式，它从技术和代具的意义上构造时间。——译注

② 胡塞尔：《欧洲科学的危机与超越论的现象学》，伽利玛出版社，1968年，第52页。

> 单地把它遗弃；人们仅仅在计算之后才会记起，这些数字本应表示一定的形状。尽管如此，人们并不如同在通常的数字计算中那样作“机械”运算，而是进行思想和发明，有时会有重大的发现——但是伴随着难以察觉的意思的位移，以至于使它成为一种“符号”意思。

科学的技术化就在于无视原型。正如建立**普遍的理性原则**的设想一样，由此而产生的意思的位移将会带来一个形而上学方法的程式。代数学从一开始就在系统地使自然程式化和器具化的同时，“自身卷入了[……]一种突变，它因此成为一种单纯地[……]依靠遵循技术规
23 则的计算技术来获取结果的艺术。[……]在此，**使这种技术行为具有一定的意义，并赋予其正确的结果以真理意义**[……]的原初思想却被搁置在外了”[①]。

技术化就是丧失记忆，这一点在柏拉图的《斐德若篇》中已有所指：哲学家们在和诡辩家的争论中，指责文字记载的记忆威胁着知识回忆的记忆，记载记忆有玷污回忆记忆的危险，以致将它毁灭；计算决定了现代化的本质，随之而来的是人们对最初原型记忆——这个一切毋庸置疑的推理和意义的基石——的丧失。**计算**带来的技术化使西方的知识走上一条**遗忘**自身的起源，也即遗忘自身的**真理性**的道路。这就是所谓的“欧洲科学的危机”。如果不实行基础的重建，科学必将导致对世界实行失去科学对象的技术化。提出这种必要性的历史背景是：“在30年代，像卡西勒和胡塞尔这样一些著名的人本主义哲学家[……]，力图以对现代理性哲学的不同形式的‘更新’，来对抗日益嚣张的法西斯‘野蛮’势力。”[②]

① 胡塞尔：《欧洲科学的危机与超越论的现象学》，第54页。

② 热·格拉内尔：《欧洲科学的危机与超越论的现象学》法译本“前言”。

理性哲学的重建已不再成为生存论分析的目标：虽然知识的技术化仍然处于海德格尔关于存在的历史的沉思的中心地位，理性从本质上说归属计算，它就是使一切存在者理性化的技术化过程。然而更深层的意义在于，他是从原始的技术性出发来思考命运和历史性本身的，在这个思考中，交织了他20年代末关于在世性的分析、控制论时代关于“时间和存在”的“另一种思想”的沉思，以及他在《形而上学导论》、《世界图像的时代》和《同一与差异》等论著中对《安提戈涅》的解读。

遗忘的主题在海德格尔关于存在的思想中占有主导地位，存在是历史性的，存在的历史**就是**它对技术性的归属。他之所以从遗忘出发来思考真理本身，是因为就**去蔽**的意思而言，它对真理的定义是对柏拉图式的回忆的回应，这种回忆的意义取决于它和记载记忆的对立，而记载记忆作为存在的遗忘就是存在的命运。 24

把真理作为走出“退避”来思考，把存在的历史作为遗忘来思考，这实际上就是把处于原始技术性背景中的时间作为对起源的原始性遗忘来加以思考。这种原始性的遗忘体现在两个方面：

——此在的生存性构造，即此在的器具性或用具性，以及由用具体现的**计算**；

——存在（在西方）的历史：在前苏格拉底时期，存在被认为是同一性；自柏拉图起，存在被认作是精确性（orthothèse，确正①性）；到了笛卡尔和莱布尼茨，关于存在的思想的出发点则是确定以计算为本的

① 确正（orthothèse）是作者根据古希腊语中的“orthos”创造的一个概念，从词源上分析，它包含了两层意思：一层是几何意义上的“直线”“笔直”，另一层是价值或哲学意义上的“正确”“正直”“精确”等。作者在运用这个概念时保存了这两个方面的含义，用他自己的话说就是这两个含义的延异。作者认为印欧语系的拼音文字是一种直线型的书写方式，这种直线型的文字在记载记忆或过去的“已经在此”的同时，形成了精确的思维方式和记录方式。换言之，精确性是直线性的必然结果。关于这个精确性和直线性的（延异）关系，作者在本书第二卷有专门论述。为了避免和“正确”一词的通常意思混淆，故将“orthothèse”译作“确正”。——译注

普遍理念的理性原则。

海德格尔关于技术的沉思只有**同时从两方面**来理解，才会变得尽可能的明晰：一方面是此在的生存性结构，即由此在的**内时间性**决定的此在和时间的关系；另一方面就是在整个哲学的“形而上学”历史中体现出来的存在于西方历史中的命运——存在就是在场，对时间的庸常的理解从**当下**出发来“理解”内时间性，致使内时间性取决于计算，以及用于度量时间的器具。当时思想领域的任务就是在重复形而上学的基础上“解构”形而上学的历史，并向存在的意思这一根本性问题回归。在现代技术被认为是对形而上学的切实的实现这个前提下，这种思想抱负就更显其对现代技术的“批判”色彩。

此在，“就是我们是我们自身”，它是存在在其时间性中的根本，作为存在的历史，它也是存在的真理。此在具有四个特征：时间性、历史性、自我理解、实际性[①]。

此在是时间性的：它**有**一个过去，并在以过去为起点的先于自身中存在。作为遗产，这个过去是“历史性”的：**我的**过去**并不**属于我，它首先是我的前辈们的过去，而我的过去则形成于我和先于我**已经在此**[②]的过去这份遗产的本质关系之中。所以自己没有经历的、历史的过去可以

① 实际性（Facticité）：从词源上说，“Facticité”是指“做”、“制作”（拉丁语facere）和“人为”、“人造”、“非自然”（拉丁语facticus）。作者在此继承了海德格尔的“Faktizität”的概念，用它来表示人（是“谁”）对在自己生存之前形成的技术（是“什么”）条件的依赖。在“Facticité”中，作者强调的是“既成事实”“已经存在”的意思，它和海德格尔有关此在的历史性的思想是一致的。这个实际性非但不是强加的，而且是生存的基本特征。生存的实际性决定了“谁”从一开始就和“什么”相关，即在世和在时。所以实际性是和海德格尔的另外两个概念紧密相连的：在世性和内时间性。——译注

② 已经在此（Déjà-là）：这是作者根据海德格尔的“此在”引发的新概念。它表示人对其所在的世界的历史依赖性。在“我”之前，已经有一个时间，技术不仅是时间的载体，而且更重要的是它是时间构成的原始因素。所以对于我们每一个人来说，我们的存在都不可避免地包含了一个“已经在此”。正因为如此，时间性就不可能从当前出发来理解。任何时间形式都包含了一个“不依赖任何知觉而形成的已经在此”。——译注

被不经证实地继承：历史性也就是一种实际性。过去隐含着此在可以不当作可能性继承的可能性，遗产包含的实际性为自我理解提供了两方面的可能性：此在总是可以从某个关于它的生存状态的庸常、附众趋势的理解——普通的观念——出发自我理解；相反，此在也可以“调动”不属于自己的、继承的过去，如此，此在则是从**它的**过去赖以构成的可能性出发，继承**它的**实际的过去。根据这后一种可能性，此在处于“要存 25
在”的范型，因为它总不能完全地存在，只要它生存着，就没有完结，所以它总是在“尚未存在”的范型上自我先于自身。在生和死之间，存在犹如**绵延**（Er-streckung）一样伸展于**已经**和**尚未**之间。这种外移建立在这样一种死亡的背景之上：自我先于自身所提前的，是此在自身的死亡（或终结），从本质上说，此在的一切活动都受走向终结的先于自身支配，这个先于自身是“终极的可能性”，并且构成生存的原始的时间性。

然而存在着两种先于自身的可能性：在它的活动中，此在可以不“调动”它走向终结存在的本质，因而就不向原本**属于它的**未来展开，这个未来就像终结一样完全不确定，不知何时、因何、怎样来临；在这种情况下，此在就把自身所有的可能性下降为那些在“共同存在”的**公众性**中被分担和共认的可能性。也就是说它把自身的可能性下降成他人的可能性。或者此在就把自身的可能性作为一种不可公约的“自我个体”来承诺，那么它就要面对自己的终结的先于自身而导致的本质性的孤独。一方面，真实的生存根本**不能**由“他人”或“共同存在”的公众性**确定**；另一方面，只能属于此在自己的死亡之所以属于它，仅仅是因为死亡是**不确定**的，对于此在来说，死亡永远不可知。此在的死亡是它无法认识的，在这样的“尺度”下，死亡给**属我性**带来的是“无度”。死亡不是生存的一个环节，因为它是生存的可能性本身，然而它又本质地要和生存不断地保持一个时间差。这个原始的时间差也就是造成所有**此在**之间差异的因素。

拒斥真实可能性前景的可能本身性根源于**烦忙**，它处于这样一种和未来的关系，即未来本身在未来中使得走向一切真实的可能性变得渺茫。烦忙是一种先于自身，其实质就在于，作为预示，**确定真实的可能性，即确定非确定性**。烦忙的载体是用具，而用具是世界的意义性的指引系统的载体，**技术**世界是烦忙的背景和一切在世性的原始结构：世界的技术性使它“首先并最常见地”呈现于它的**实际性**中。实际性使确定非确定（逃避“最终极的可能性”）成为可能，它是一切计算的生
26 存性根本。实际性为计算的生存性起源烙下了技术的本质印记（这个技术也使一切继承成为可能，并从一开始就构成一切真实的时间化的原始背景），所以计算就是生存的沉落。

海德格尔思想中的技术问题就构建在这些时间性的深层之中。然而在《存在与时间》之后，即在所谓的“转折”之后的论著中，这个问题不再是从此在分析的生存论角度，而是被作为解构形而上学历史的一切可能性的构造性动力提出来的。如果说哲学的形而上学特征集中体现于这样一种计划——建立一种使主体成为“自然界的主宰和占有者”的**普遍有效的理性原则**，而且在这个计划中，理性的本质就是计算——那么形而上学的转折就意味着哲学的思辨进入了技术时代，技术在实现现代化的同时，把主体性实现于客体性之中。时代的现代化从本质上说是技术的现代化。

海德格尔解释现代技术的意思的困难也体现了他整个思想的困境。他在一系列的论著中讨论过现代技术，但是看法并不完全一致。换言之，现代技术的意思在他的思想中是**含混不清的**。技术既被当作思想的障碍，又被当作思想的最终的可能性。在把技术确定为障碍的论著中，最常被提到的是《技术的问题》和《世界图像的时代》。然而在诸如《存在与时间》《哲学和转折》等晚期著作中，他则认为，**另一种思想**的可能性就在于把存在和时间的共属性放在座架[①]范畴

① 座架（Gestell）是海德格尔后期著作中讨论技术问题时常用的一个（转下页）

中思考。在《同一性原则》一文中，他是这样描述座架的：

它是指“把人和存在相关地放置，从而使二者互相传呼这样一种强令聚合的模式。[……]座架模式告诉我们，在技术世界中，何为人和存在相互迎往的依据和出发点。在这种人和存在的互相传呼中，我们听到的是促成我们时代聚象的呼唤”①。

如果说现代技术是形而上学的完结，那只是座架的一面。在它的另一面，它将存在与时间的共**本有**，规定为时间与存在的给出，这样就 27
取消了时间的形而上学定义，同时，必须脱离存在者——脱离此在——来思考存在：

> 座架不再如同一种已在场的事物和我们接触，我们首先会觉得它很离奇。之所以如此，尤其因为座架不是一种思想的结果，

(接上页)重要概念。海德格尔自己也曾对这个概念作了比较详细的限定(请参阅《论文和讲座》中《技术的问题》一文，以及《问题I》中的《同一性原则》一文)。这个词的前缀“Ge-”的意思比较简明，它是指一种“聚合、聚集”的状态。“-stell”源于动词“stellen”。海德格尔用这个词来表达两层意思：第一层含义是“放置”“展示在眼前”，第二层含义是“促使”“责令”[比如：莱茵河上的水电站“促使(stellt)河水释放水压，水压又促使(stellt)涡轮机转动”。——海德格尔《技术的问题》]。在此，“stellen”表示技术把它的对象放置在我们面前，检点对象，“责令”它展现自身的存在意思，即“促使”它去除自身的遮蔽。而“Gestell”则把人和存在“聚合”在这样一种相互“放置”、“检点”、“责令”和“去蔽”的关系中。法国哲学界曾经在征得海氏本人的认可后，比较一致地把“Gestell”译为“arraisonnement”，其通常的字面意义就是“勒令检查船舶”。但是如果我们不拘泥于这个词的通常意义，而是从它的构词法上看，它很符合海德格尔使用“Gestell”的本意。“raisonnement”的意思是推理或合理化。加上前缀“ar-”，就突出了“责令……展示理由、理性或道理”的意思。海德格尔自己也承认他对“Gestell”的用法“很离奇”。但是他认为，一旦思想进入了超常的层次它就不得不“离奇”，他曾把他对“Gestell”的使用同柏拉图对“Eidos”和“Idéa”的第一次“离奇”使用相提并论。现在法国哲学界通常直接引用“Gestell”，不作翻译。这个词具有“聚合”、“放置”、“检点”、“责令”和“去蔽”等多层直接或间接的含义。——译注

① 海德格尔：《问题I》，伽利玛出版社，1968年，第269页。

> 相反，它为我们提供了进入存在和人的聚象的决定因素的第一入口。[1]

座架是**本有**的**前奏**：

> 人和存在在本质上相互接触，并重新找到它们的存在，与此同时，它们失去了形而上学给它们的定义。[2]

同一性首先是指存在和思想的同一，它是存在的根本特性。但是，同一性原则“对于我们而言成了一种跳跃：从作为存在者的基础的存在出发，跳进一个深渊，无底深渊。这个深渊并非空洞的虚无，更不是昏暗的混乱，而恰恰就是**本有**自身”[3]。

座架标志了现代技术的全球性发展，因而也就是形而上学的完结。

在《技术的问题》一文中，海德格尔提出的思想原则，与形而上学关于技术的本质的定义针锋相对，他从与一般技术的关系出发，来区分现代技术的特性。其基本论据就是，把技术视为手段的传统立场无法触及技术的本质。从某种意义上来说，与传统上所说的亚里士多德关于技术的解释相比较，这一批判是对技术做出的重新评价。海德格尔依据亚里士多德的《尼各马可伦理学》[4]，批驳了人们从目的和手段的
28 范畴出发对《物理学》第二卷中的分析所作的解释。

“通常的解释把技术作为一种手段和人类的行为，这种解释可以[……]被称作关于技术的器具论和人类学的观念。”[5]他补充道：“现在

① 海德格尔：《问题I》，第269—270页。

② 同上书，第272页。

③ 同上书，第273页。

④ 亚里士多德：《尼各马可伦理学》，第六卷，第三、四章。

⑤ 海德格尔：《技术的问题》，《论文和讲座》，伽利玛出版社，1968年，第10页。

假定技术不再是一种简单的手段，那么主宰技术的意愿还有什么实现的可能性呢？”①

关于技术的器具论观念是精确的，但是它不能向我们提供任何关于技术的本质的认识，所以我们必须比这种精确的认识走得更远。②

用目的和手段的范畴来分析技术的根据是有关物质因、形式因、目的因和动力因的理论。在对技术的认识中，四因论的传统解释偏重于动力因，即操作的因素——在手工产品的生产中，即生产者本身。动力因的这种特殊地位造成了技术的器具论观念。因为，技术的产品不是自然之物，自身不具备它的目的因。这个在产品以外形成的目的因来自生产者，生产者作为动力因的同时也成为目的因的载体，并具有目的，而产品只是一种手段。

既然如此，技术作为生产行为是一种“去蔽的形式”。生产就是变不在为存在。亚里士多德在《尼各马可伦理学》中这样写道：

> 一切技术都具有这样的特点：促成某种作品的产生，寻找生产某种**属于可能性范畴**的事物的技术手段和理论方法，这些事物的原则依存于生产者而不是被生产的作品。③

如果技术的产物自身不具有其运动原则，也即它的原则外在于自身，那么这也就是通常所说的：技术产物是实现一个外在目的的方法，但是，就技术生产把一个事物从隐蔽状态变成非隐蔽状态而言，它属于 29
去蔽行为，是一种真理的形式。这就是说，目的因不是施动的操作者，而是增长和展现意义上的存在：在此，自然和存在同义，自然的展示从

① 海德格尔：《技术的问题》，《论文和讲座》，伽利玛出版社，1968年，第11页。

② 这里值得一提的是精确性一词的贬义：它恰恰同计算互为根据，这种相互依赖构成了“确定非确定性”的意图。我们在研究中常常会回到这个问题上来。

③ 亚里士多德：《尼各马可伦理学》，第六卷，第四章。

增长和生产的意义上说就是存在的真理；技术作为生产行为**通过**动力因从属于自然的目的因，而又不使动力因和目的因混同。

技术“把那些不能自身生产和尚未出现在我们面前的东西展现出来”①。

“技术的关键不在于操作行为，更不在于使用某个方法，而在于我们所说的去蔽。正是从去蔽而非制造的意义上说，技术是一种生产。”②

相反，在技术的“人类学”观念中，动力因和目的因被混同了。和这种主体性的观念相反，我们只有在艺术——这个技术的最高形式——中，才能完全把握技术的意义。

到此尚未论及现代技术。现代技术也是一种去蔽，但是它“并非从生产的意义上展示自己。支配现代技术的去蔽是一种引发，它促使自然释放可以被提取和积聚的能量”③。

现代技术是对自然施加的暴力，而不是顺从作为自然的存在在其增长过程中的去蔽模式：技术进入现代化的标志就是，形而上学得到自我表现和自我实现，就像是计算理性完成了旨在占有和支配自然的计划，而这种被占有和支配的自然本身也就失去了自然本来的意义。但是我们作为自身的存在者，却远没有借助技术的方法成为自然的主宰，相
30 反，我们自己作为自然的一部分也服从技术的要求。

如此定义的现代技术就是座架，即通过计算来一并检示自然和人。

如果说现代技术仍不失为一种去蔽的形式，那么它是最值得深思的：它是命运的舞台，是存在本身的历史，座架“可以被当作一个中转

① 海德格尔：《技术的问题》，《论文和讲座》，伽利玛出版社，1968年，第18页。

② 同上书，第19页。

③ 同上书，第20页。

站，它具有两面性，由此我们可以把它比作雅努斯[①]之头”。[②]

也正是在这个意义上，雅克·塔米诺提出：“技术的装饰使得存在本身在向我们显现的同时又自行隐退。所谓技术的装饰是指，普遍的技术化已成为我们所在的世界的面貌，尼采和马克思都曾以他们各自的方式，道出了普遍的技术化的形而上学本质，[……]然而把这一事实一语道破，认识这些不言而喻的现象，这恰恰是形而上学无法做到的。”[③]

这种思潮后来产生了一个马克思主义流派：海德格尔的学生马尔库塞在《单向度的人》中对技术问题提出一系列的讨论和观点，他的思想决定了哈贝马斯关于现代技术的立场；此外，阿道尔诺和霍克海默在继承本杰明时代有关技术的讨论的基础上，引入法兰克福学派的某些观点，也对这种立场起了很大的作用。

在《技术和作为“意识形态”的科学》一书中，哈贝马斯提出了和技术行为相**对立**的传播行为的概念，这个概念主导了他后来所有这方面的研究。哈贝马斯认为，随着现代技术的诞生，出现了技术力量的倒置：技术由本来在人和自然的关系中解放人类的力量，变成一种政治统治的手段。这种观点的基础是——在马克思的影响下——对马克斯·韦伯铸造的合理化概念的批判性接受。合理化代表了一个社会中服从理性决策标准的领域的不可抑制的扩张，以及与此相应的劳动的工业化现象。它标志着资本主义。马尔库塞则进而指出，合理化实际上就是政治统制的隐蔽系统。 31

哈贝马斯对这个概念做了变换和修改：合理化成为同科学技术发展的制度化密切相关的“合目的理性行为”的扩张。哈贝马斯根据自

① 雅努斯（Janus）是古罗马神话中最重要的神之一，它的地位甚至可以超过朱庇特。传说中的雅努斯的头有两个面孔，同时可以看到两个相反的方向：过去与未来、战争与和平、天与地、前与后、左与右等。——译注

② 海德格尔：《时间与存在》，《问题IV》，伽利玛出版社，1976年，第98页。

③ 雅克·塔米诺：《海德格尔》，Cahier de l'Herne，1981年，第275页。

己的需要接受了马尔库塞的第一个论点：在韦伯所说的合理化现象中，占主导地位的不是理性，而是一种以理性为名义的新的政治统制形式，它不再被**认作**——这一点尤其重要——政治的统制，因为它借科学技术的理性的进步使自身合理化。这是去蔽意思的倒转，因为生产力本来是作为去伪存真的力量体现出来的。

马尔库塞的第二个论点是：必须发展一门新型的、可以直接和自然对话的、摆脱技术统制势力的科学（这与其说是受“海德格尔的启发”，不如说是对海德格尔的误解）。哈贝马斯参照了格伦的观点，认为马尔库塞的设想是乌托邦式的虚构：技术的历史就是理性行为相对一个技术系统的目的逐渐地、不可避免地实现对象化的历史。他针对作为合目的理性行为的劳动概念，提出了另一种替代性的新概念，即**交往行动**，它的特色是**以符号为媒介的互动**。交往行动指向那些和技术规范不同的社会规范：技术规范取决于经验，而社会规范则取决于交互主体性。如此，整个人类历史，可以从交往行动与合目的理性行为之间的关系史的角度来分析。传统社会和现代社会之间的区别就在于：在传统社会中，交往行动是社会权威的基础（无论是神话权威、宗教权威还是形而上的政治权威），而在现代社会中，所有的合法性都被技术和科学的理性支配，这种理性逐渐渗透到生活的各个领域，包括所谓的“交往”领域在内，以致交往**丧失**了自身的特性。这种现象的条件就是科学
32 和技术变得不可分割，“科学代表了现今最重要的生产力”[①]。

专家统治由此而产生，这并不是指技术专家的权力，亦非指技术专家为权力所用，而是指技术作为动力因和合法性的根据可以产生权力，也就是说，技术一旦同科学不可分离，动力和目的也就合二为一了。专家统治的国家已不再把激发交往行动、与合目的理性行为保持距离作

① 哈贝马斯：《技术和作为“意识形态”的科学》，伽利玛出版社，1973年，第36页。马克思在《政治经济学基础》中对此已有所预言。

为目标。相反，它**管理**由合目的理性行为引起的功能障碍，以便削弱它们的影响，“避免有可能危害社会体系的僵化”①。专家统治的任务就是要给“技术性的问题寻找答案”，而这些答案是**公众讨论不可及的**。这样的境况就造成一种“系统循环”：“社会的利益决定社会的体制，而作为一个整体，社会体制又使社会利益必须与之吻合并维护体制的利益。”②交往行动就这样逐渐地被合目的理性行为取代，也就是说被以语言的科学技术化为标志的控制论科学模式取代。其结果是：“发达的工业社会似乎接近一种对由**外在刺激而非规范**控制的行为的调节模式。”③这就构成了社会的非政治化，并产生了合目的理性行为的自治化趋势，这种发展“给语言带来危害”(让-弗·里奥达尔重新讨论了这个问题)，也即给社会化、个体化和主体间化带来危害。这种现象可以造成严重后果，并导致被“心理-技术”操纵(海尔曼·凯恩)。

哈贝马斯针对马尔库塞第二个论点而提出的新观点是建立在这样一个基础之上的：必须区分两种不同的合理化概念，“生产力发展的进程成为解放的潜力的条件是，它不取代必须在[……]体制范围内产生的合理化过程，而这个过程则由于交往行动的解放，在以语言为媒介的相关作用的内部实现”④。

这就意味着要把交往从它的技术化过程中解放出来：可见，哲学的基本立场是循环往复的。 33

海德格尔和哈贝马斯似乎都在技术的现代性中确认了同样的矛盾：技术从表面看是人类的力量，而实际上它似乎对它的力量(也可以是它的行为)自治，以致妨碍了人的行为，即妨碍传播、决策和个体化。但是他们并没有对这个矛盾做相同的分析。因此我们必须抓住海德格

① 哈贝马斯：《技术和作为“意识形态”的科学》，第36页。

② 同上书，第44页。

③ 同上书，第48页。

④ 同上。

尔和哈贝马斯之间的异同之处。

共同点是：他们二人都把**语言的技术化**视为非自然化现象，犹如一种"人本"向另一种"人本"堕落。混淆这些不同的本质是有害的。

不同点在于：哈贝马斯仍然从方法范畴出发来分析技术，海德格尔则在技术中把握其形而上学的意义。然而，如果说技术不是一种方法，那么问题既不单单在于——通过被"解放"的交往——围绕技术展开一场"辩论"，也不在于确保"最低限度的主体性［或者最低限度的'意志'和'主宰'］［……］，以便民主的思想能够通过主体间的公开讨论和论证"，给技术的扩展"划定界限"[1]。必须更加彻底地重新思考人、技术和语言之间最初形成的组结，以便和技术建立另一种关系。

哈贝马斯和海德格尔都把语言的技术化视为一种堕落，就此而言，他们都还停留在最古老的哲学传统之中。我们在此则试图展开另一种完全不同的观点。我们可以举一个例子使这个观点更加形象化，比如：我们说古希腊智者的文辞同当时的誊抄匠的文辞是同等的，这些誊抄匠是古时的"教员"，在马卢和德田奈看来，没有他们，公民身份就不可能形成。但是还有更深层的问题。

这个更深层的问题，就是技术和时间的关系问题：如果说语言的作用在于实现个体化或"主体间化"（我们在此将要抛弃哈贝马斯和交互主体性的概念，这个作为他一切分析的基石的概念是经不起推敲的），那么语言带来的就是时间，因为时间"是个体化的真正原则"[2]。海
34 德格尔之所以能把语言和器具化的技术相对立，是因为语言包含了时间的原始时间性，而技术和计算的器具性则相反，它隐匿于总是伴随着烦忙的内时间性中。问题的关键在于弄清：**把技术置于一端**，使其本身不成为个体化的**构造因素**，这样的配置本身是否还是"形而上学"的。

① 吕克·费里、阿兰·雷诺：《海德格尔和现代文人》，Grasset出版社，1988年，第42—45页。

② 海德格尔：《时间的概念》，Cahier de l'Herne出版社，1983年，第51页。

虽然**目前**对技术的认识仍然主要受目的和方法的范畴支配，自工业革命以及伴随而生的社会深层的变革以来，技术及其引起的突飞猛进获得了新的内容，对这些内容，现有的知识分类越来越难以把握。随着近几十年的“现代化”运动以及由科学技术的发展而直接引起的政治-经济的失调，这个疑难在社会的各个领域都变得十分敏感：技术和时间的关系这个深层的问题如今已成为社会生活中日常而普遍的问题，但它并不因此而失去其尖锐性。每一天都带来**新技术**，并不可避免地淘汰一批**老化**、**过时**的东西：现存的技术因被超越而变得老化，由它产生的社会环境也因此而过时——人、地区、职业、知识、财富等一切，或是适应新技术，或是随旧技术而消亡，别无其他选择。这种现象对于经济和政治的宏观结构是如此，对于生命本身也是如此。“此在对于自身存在的理解”因此深深地——同时非常危险地——被弄混乱了。似乎出现了这样一种离异：一方是科学技术，另一方是产生了科学技术，但又被技术理论吞噬的文化。

> 如果从某种角度看，作为一种特殊的表现系统的科学和作为一种特殊的行为系统的技术组成文化的一个部分，那么从另一个角度看，它们又脱离文化，构成完全独立的系统。它们和文化系统相互影响，并与之对立，正如普遍与特殊的对立、抽象与具体的对立、构造与现成的对立、未知与经验的对立、体制与生存的对立。 35
> 正因为如此，考察科学技术和文化之间相互影响的模式就变得非常紧要，尤其是要考察科学技术将如何影响文化的未来：或者逐步地造成文化的解体，或者建立新的文化形式。[①]

在近来地理政治理论的发展中，生态问题越来越占有举足轻重的

① 让·拉德利尔：《理性的分量》，Aubier-Montaigne出版社，1977年，第18页。

地位，这一事实本身就充分表明，上述技术对文化可能发生的作用已是举世瞩目的问题。里约热内卢的世界高峰会议发表的《海德堡呼吁》，以及由此引起的“反呼吁”，都证实了这些问题已进入科学、技术、工业、经济、外交的最高层次。

贝特朗·吉尔在他的《技术史》一书的结论中不仅预见了这些困难，而且还指出工业文明就是建立在日益频繁和强化的**持续革新**的基础上的。其结果就是造成文化和技术的离异，或者退一步说，造成文化进化节奏和技术进化节奏的离异。技术比文化进化得**更快**。这就产生了**先于自身**和**后于自身**，二者之间的张力就是构成时间的伸展的典型特征。如今发生的一切就好像时间跳出了它自身之外：不仅决策和先于自身的过程（被海德格尔称为“烦忙”的领域）无可抗拒地归向“机器”或技术的复合体，而且正如布朗肖引证庸格所断言的那样，时代超越了**时间之墙**。如果根据超越音障的意义来理解超越时间之墙的话，那就是指**比时间走得更快**：一架比自己的声音飞得更快的超音速飞机，在**达到**音障时，会引起一个剧烈的声音振荡。那么从比时间走得更快的意义上说，超越时间之墙又会产生什么效应呢？一架比“自己的时间”飞得更快的飞机又会引起什么振荡呢？这种振荡的意思是，速度先于时间而在。因为只有两种可能：或者说时间和空间确定了速度，从这个意义而言，超越时间之墙就是无稽之谈；或者说时间和空间只有通过
36 速度来认识（速度则停留于不可知）。

诚然，这种形式的反思并不是由技术发展的整体引起的。它只有在认真考察了技术发展的某些效应之后才有意义。譬如：计算机界所说的**实时**、媒体界所说的“现场”等效应都深刻地——同时也可能在根本上——改变了**事件化**的原义，改变了时间和空间的存在。如果说基因操作不仅有可能**显著地加速生命分化**，而且尤其会构成**无分化**的危险，那么速度问题也同样被包括其中。

海德格尔的生存论分析，把先于自身和后于自身的问题归入时间

性和实际性的原始生存的领域。换言之，此在来到世界的意义仅仅在于，世界作为实际性总是先于此在而在，它总是**已经**在此。此在总是后于它的已经在此，然而同时也正因为此在的时间性建立在对自己的终结的超越之上，所以它总是领先自身，并由此被卷入一种本质性的先于自身。

所以，我们以下研究的基础就是：把生存论分析同有关普罗米修斯和爱比米修斯神话的最著名的讲述（赫西奥德、埃斯库罗斯、柏拉图的讲述）相对比。在古希腊文化中实际上有过关于技术的起源的神话，它同时也就是关于死亡的起源——死亡论——的神话。令人吃惊的是，哲学——尤其是海德格尔哲学——对这个神话的分析竟是一片空白，因为正如让-皮埃尔·范尔南曾卓越地指出的那样，普罗米修斯原则和爱比米修斯原则构成了时间的**不可分割**的两个方面。我们感兴趣的是：普罗米修斯代表的先于自身和爱比米修斯代表的后于自身（爱比米修斯的过失——遗忘），**共同**交织成以预示为核心的普罗米修斯原则和无忧分心、事后方思的爱比米修斯原则。二者的不可分割性给人类带来了**期待**——既**希望**又**恐惧**，它使人类对自己的不可避免的死亡的意识得以平衡。但是这一切之所以可能，仅仅是因为爱比米修斯的过失给人类造成了一种**原始性的缺陷**[①]，即原始的**技术性**，兼容了**愚蠢**和**智慧**的爱比米修斯原则由此而来。

本书的主要动机就是要阐明爱比米修斯的过失的意思。伴随这个动机，我们将重新解释生存论分析的一些主要范畴，并沿着以上关于哈 37

① 缺陷（Défaut）：卢梭在《论人类不平等的起源和基础》一书中假设人类最初具有一种完全自然的本质，即所谓自然状态的人，它没有缺陷，自给自足。技术使人类逐渐地远离自然状态，从而进入所谓堕落或沉沦。但是本书作者根据普罗米修斯的神话的解释提出，人类和动物的根本区别就在于人类没有自身的属性，也就是没有纯粹自然的本质。这种本质的缺陷与其说是对人性的否定，不如说是人性的真正起源。所以作者提出，人是一种缺陷存在，换言之，人恰恰因为其本质的缺陷而存在。技术就是这种缺陷存在的根本意义。——译注

贝马斯和海德格尔的简评的思路，对它们逐一评判。

但是我们同时也要从兄长普罗米修斯的角度，展示分析技术的**动力**的各种可能性，即技术的动力不能被归结于机械论、生物学或人类学的范畴。在第一部分中，我们将指出，关于技术进化的诸般理论促成了这样一个假说：在物理学的无机物和生物学的有机物之间有第三类存在者，即属于技术客体一类的**有机化的无机物**。这些有机化的无机物体贯穿着特有的动力，它既和物理动力相关又和生物动力相关，但不能被归结为二者的“总和”或“产物”。

当今技术的高速发展引起了时间化（事件化）内部的断裂，伴随而来的是非地域化过程，这就要求我们**重新认识技术性**问题，并使技术问题和时间问题的结合显得非常突出。这里我们试图论证：作为时间赖以产生的原始**缺陷**的标志，有机化的无机存在者在对速度的征服中是时间性和空间性的**构造因素**（现象学意义上的构造）——其中速度“先于”时间和空间，时间和空间是速度的组成部分。生命就是赢得能动性。技术作为一种“外移的过程”，就是运用生命以外的方式来寻求生命。本书将分别通过对海德格尔（第一卷）和胡塞尔（第二卷）有关学说的批判性分析指出：生命一旦成为技术，它也就成为**滞留的有限性**。正因为这个滞留是有限的，所以它取决于技术趋势确定的动力。尽管胡塞尔的现象学曾以其特有的术语，在文字问题的范围内对这个问题有所论及，但是他并没有给予足够的重视。同样，虽然生存论分析继承了胡塞尔在时间对象的分析中有关滞留的三个层次的划分（我们把胡塞尔所说的“图像意识”统称为第三滞留），但是它并没有给予《存在与时间》一书中提
38 出的“世界历史之物”以时间性的构造意义，也就是说，没有把它置于真实的时间性和内时间性的对立之上或之外。我们将指出，西蒙栋如何在分析心理个体和团体个体的研究中，借助传导的概念，为时间性的原始的技术逻辑构造说开了先河——当然，他本人并没有提出这个观点。由
39 此我们将进而推翻“技术的本质不在于技术”这一论断。

第一部分

人的发明

引　论

我们试图组合技术问题和时间问题。在这个组合中，我们首先要把技术问题放到**时间中**来考察，本书的第一部分将从技术史范畴研究技术自身的**历史**。研究技术史的**范畴**先于研究这些范畴记述的事件性，这就意味着要把技术的**进化**过程理论化。

目前我们之所以有必要认识技术进化的过程，是因为当代技术是我们面临的一个极大的难题：我们并不立刻理解它的实际内容和它的深层变化，尽管我们不断地就当代技术进行**决策**，但是我们越来越感到它们的结果是始料不及的。而且在日常的技术事件中，我们无法自然地区分哪些是貌似惊人却昙花一现的现象，哪些是持久的变换过程。

更进一步说，问题的实质在于弄清楚我们是否能够**预见**或**引导**技术的进化——技术的力量。我们对技术的力量到底有什么权力？这个问题虽然并不新鲜，但在当代技术面前，它却以崭新的姿态被提了出来：自笛卡尔以来对此问题的**自信**已被动摇了。同样，哲学从一开始就在**技术**和**知识**之间划分的界线也成了问题。二者之间的新型关系——经济、社会和政治关系——随工业革命的到来而诞生，并从20世纪开始，尤其自第一次世界大战以后，造成了真正的危机。技术问题成了当代哲学论战的根本问题，海德格尔和哈贝马斯分别代表了这场论战在 43
欧洲的两个对立面。

面对**这种**现代化现象，像西蒙栋、海德格尔和吉尔这些在技术问题上观点迥异的思想家，都以各自的方式表达了一个共同的忧虑：思考一种人和技术的**新型关系**。

西蒙栋因此呼吁要发展一种**新型知识**："技术学"或"机械学"。[①]它并不理所当然地属于工程师的知识范围，因为工程师关心的是技术的**整体**；它也不属于工人的知识范围，因为工人关心的是技术的**部件**。这个专业需要的专家既要懂得技术的单个分子，又要能够把技术作为**具体化过程**来把握。这就是技术的**新发展**向我们提出的要求。

西蒙栋指出，当前文化的特征是把技术归于非人性的范畴，并因此与之抗争；他对这种同技术现实**相对立**，并进而**把人和机器相对立**的文化作了批判；他呼吁要建立一种技术的文化，以重新认识文化和技术的关系。在这个基础上，西蒙栋提出的问题是："什么人能够具备关于技术现实的意识，并将这种意识引入文化的范畴之中？"这种意识对于两种人来说是不可能实现的：第一种人"仅仅因为工作才和机器发生关系，并且有每天的工作定额，这种利用关系不利于上述意识的形成"；第二种人"管理着使用机器的企业"，他们"评价机器的标准是价格、运行效力，而不是机器本身"。至于科学认识，它"在技术客体上看到的只是一种理论法则的实际应用，因而和技术领域不属于同一层次"[②]。

随着机器的出现，文化一旦失去了和技术客体的真正联系，那么它也就会失去文化的真正的一般性特征。具有当代技术现实的意识就是指：必须意识到**技术客体不是一种用具**[③]，这一点在工业技术客体中尤

① 西蒙栋：《技术客体的存在形式》，Aubier-Montaigne出版社，1958年。

② 同上书，第12页。

③ 同上书，第13、15页。

其明显，它的进化被西蒙栋归入具体化过程，它**排除了简单化的目的–方法关系**。[1] 44

在此，我们将从**一般性的体系**的角度来研究**技术的进化**，尤其要探讨它是怎样导致**当代技术体系**的。西蒙栋提出了一门新知识、新专业的必要性；吉尔提出了一种新权力的必要性；海德格尔则更深刻地提出了建立一种根本不同于西方思想传统的新思想的必要性；凡此种种都是因为现代技术的**特殊性**，也就是现代技术**体系**，确切地说，就是现代技术开创的技术体系的新时代。在本卷中我们将**引入**这个特殊性的问题（但是我们将把它留待第二卷中展开）。

现代技术的特殊性从本质上说就在于它的进化**速度**，这就使我们不得不将技术问题和时间问题组合起来考察。在这一部分中，我们将试图从一般技术史的角度来认识现代技术的特殊性，这就是说要把历史作为**加速**的历史，在布罗代尔看来，**加速**也决定了**历史**本身。

西蒙栋认为，现代技术的特性就是以机器为形式的技术个体的出现：在此以前，人**持有工具**，人本身是技术**个体**；而如今，**机器**成了工具的持有者——人已不再是技术个体；人或者是为机器服务，或者是组合机器：人和技术客体的关系发生了根本性的变化。

海德格尔从他的观点出发，用座架（即**对理性的原则系统化**）这个概念来概括这种技术的“嬗变”。从语义学的角度说，**座架**和**体系**一词并不是毫不相干的——并且在吉尔看来，技术**体系**的概念是为技术建立一门科学的历史的**基石**。

通常地说，一个“体系”是指“由部件或同类因素构成的机构或**装置**”[2]。装置是德语“Gestell”一词的可能的译法之一。至于部件问题，

[1] 这种目的–方法的区分如同形式–物质的区分一样。西蒙栋在《个体及其物理–生物遗传》一书中阐述了这个问题。我们将在本书的第二卷中对这个问题作一般性的解释。

[2] 参见《罗贝尔大词典》。

它在我们的研究中占有中心地位：现代技术受控制论——关于部件组
45 织的科学——支配，从广义上说，部件组织一词可追溯到代表生命特征的组织机构——器官。维也纳尔就是如此确定控制论科学之计划的[①]；同样，海德格尔也用控制论科学来代表现代技术的特征。[②]

如果我们断定**体系性**贯穿**整个**技术的历史，那么现代技术的**特征**又何以要用座架来**表示**呢？

我们已经指出，海德格尔关于现代技术的根本观点就是，现代性本身已充分表明，不能从**手段**的范畴出发来认识技术：现代技术成为具体的对一切资源的“检查”的装置。如果将这种“检查”的结果公布于世，人们就要提问：人是否是这样一套装置的主宰？如果人真的也属于技术的“一切资源”的一部分，人能否主宰自己的命运？这一装置的进化是否就是人类世界的进化？根据海德格尔的观点，**现代**技术的体系性是“激发”性的，这是区别于其他任何时代的标志。技术指令（指令“kubernaô”是控制“Cybernetique”的词源）自然。过去则相反，是自然指令技术。现在自然受技术“调动”，也就是说它成了技术的“职员”“从属”；同时，技术作为自然的主人，对自然进行开发利用。作为被开发和调动的对象，自然可以构成现代技术体系不可缺少的资源、储备或随取随用的积累。开发和调动自然实际上就是实现自己成为自然的“主宰”和“占有者”的计划。

自我主宰是我们人之为人的本性。那么，技术是否是我们能够借以征服自然的手段？或者技术在成为自然的主宰的同时，是否也将作为自然之一部分的人也征服了呢？海德格尔正是首先从这个观点出发，在《技术的问题》的讲座中指出，技术不能被定义为手段。然而在把技术概念定义为一种“去蔽形式”的同时，他使这个问题超越了人类

① 维也纳尔：《控制论和社会》，伽利玛出版社，“观点”丛书。

② 海德格尔：《存在与时间》，《问题IV》。

学的层次。

把技术作为体系的**条件**就是不能把它当作手段来认识——这正如在索绪尔的理论中，语言自身的进化形成了一个极其复杂的体系，这个体系不以说话者的意志为转移；所以，海德格尔反对黑格尔把机器定义 46
为独立的器具（我们将会看到这个定义近似于西蒙栋的说法）。海德格尔这样指出：

> 从手工器具的角度来看，这个定义是确切的。但是恰恰如此，机器并不是从它赖以存在的技术的本质出发被思考的。[……][相反，从技术的本质的角度看]，机器是完全有依赖性的；因为它的存在意义仅仅在于为一定的任务而被调动。[①]

和机器一样，工业化时代的人本身也依赖技术体系，人与其说是利用技术，不如说是为技术所用。因而人本身成了技术体系的职员、附属、辅助，甚至是它的**手段**。[②]

显然，和手段范畴格格不入的技术体系性在现代技术**之前**就已存在，它是构成**一切**技术性的基础。怎样从历史的角度来把握和描述现代技术特有的**激发性**的体系功能？吉尔曾试图通过程序化[③]的概念从历史的角度来回答这个问题——把这个问题归结为决策、预测，即时间的问题。

---

① 海德格尔：《技术的问题》，第23页。

② 同上书，第24页。

③ 程序（programme）：这里不能对“programme”作狭义的电子计算机程序的理解。“programme”的前缀“pro-”体现了普罗米修斯原则的“预示”“事先预备”“计算”的意思。所以“programme”在这里是指事先使“gramme”序列化。所以我们同样可以从编码和文序的角度来把握这个概念。作者用“programme”的特性来比较生物进化和技术进化的异同，他认为，技术进化从后种系生成（épiphylogenése）的意义上说，也是可程序化的。——译注

针对技术问题，吉尔在突出**现代**技术的计划性和程序性（确切地说是“计算”而非“设想”）的同时，揭示了它所要求的一种新的社会职能的必要性，这一点同海德格尔的《世界图像的时代》[①]一文中的思想是很接近的。作为一种计划，技术发展的程序化是技术进化条件的裂变。但是，**技术-经济**的计划就其对技术体系本身有程序的干涉意义而言，会对社会的其他基本体系构成**无法预计**的后果——这一点尚未引起人们的重视并未被有计划地“调整”[②]。因此，技术进化的程序化就有可能
47 给社会的整体平衡造成威胁。

假定我们进入了一个新的技术体系，这个体系要求其他社会体系随之调整。当然，我们可以提问：社会、文化等体系是否可以按照一定的“程序”来加以“调整”？尤其重要的是，以上假定的前提是必须有一个**稳定**的新体系出现。然而如果我们关于速度的观点可以成立，那么新体系岂不处于周期性的不稳定状态之中？这样又何谈“调整”的基础呢？

勒鲁瓦-古兰的人类学观点使我们得以把调整的问题引入技术和社会问题之间。确切地说，由于他把社会统一体建立在**种族**之上，所以他就把**种族**和**技术**的关系作为一切人类学的基础来考察。勒鲁瓦-古兰提出的问题就是，从技术的角度给人类学下一个本质性，因而也是根本性的定义。在他的早期著作中，他就表现出了建立一门为人类学奠基的技术学的意图。他首先从技术客体的**传播**入手，然后在提出了贯穿于历史和地理并独立于种族范畴的**技术趋势**的概念的基础上，把发明的过程放在种族群的层次上来考察。

建立技术学——关于技术的进化和技术的起源的科学——的必要性，是由马克思在批判了传统的技术发明观点的基础上提出的：

① 海德格尔：《林中路》，伽利玛出版社，1962年。

② 吉尔：《技术史》，伽利玛出版社，1977年，第78页。

> 如果有一部批判的技术史，就会证明，18世纪的任何发明，很少是属于一个人的。可是直到现在还没有这样的著作。达尔文注意到自然技术史，即注意到在动植物的生活中作为生产工具的动植物器官是怎样形成的。社会人的生产器官的形成史，即每一个社会组织的物质基础的形成史，难道不值得同样注意吗？[……]技术学会揭示出人对自然的能动关系，人的生活的直接生产过程，以及人的社会生活条件和由此产生的精神观念的直接生产过程。[①]

吉尔、西蒙栋、勒鲁瓦-古兰和马克思一样，把技术学的科学性和这类批判本质地联系在一起。这里我们将把技术和时间的关系问题作为 48
发明的问题来考察。这实际上就是要认识“技术体系”的动力，研究建立一门**技术进化论**的可能性。我们将由此对技术决定论提出疑问：技术的进化一直摇摆于物理学和生物学两种模式之间，技术客体**既有机又无机**，它既不属于矿物界，又不属于动物界。关键就是要确定技术进化论和生物进化论之间切实可行的类比的界限。实际上，我们面临的假设是：技术进化论会在生物进化论内部造成断裂。由此我们将会动摇技术客体和自然物体之间的传统的对立，以及亚里士多德的自我再生规则。

我们首先要考察的是吉尔的技术体系的概念，这个概念也被其他人在不同的形式下使用过，他们虽然没有明确地提出技术体系的概念，但是却大体表达了同一个意思。在吉尔的理论中，技术体系首先是指在一个时期内相对稳定的一整套相互依赖的关系。技术史的根本任务就是要把握从一个技术体系过渡到另一个技术体系的可能性。

接下来我们将研究勒鲁瓦-古兰怎样从另一个不同于吉尔的意义上阐发了技术的体系性的观念。他提出了技术成体系**进化**的假设，并

① 马克思：《资本论》，第一卷，第四篇，“大工业”。

用技术趋势的概念来概括它。他由此提出了涉及现代技术特性的至关重要的问题，即种族和技术之间的关系问题：现代技术是否会使各种民族“去根”？是否会淡化以至抹杀不同种族之间的区别？

关于西蒙栋，我们要考察的是**当代**技术体系，即把它放在**具体化**过程中和**工业**技术客体的关系中来考察。我们将要研究用具体化概念来描述一般技术体系的进化的可能性，并把体系本身作为个体和对象来研究。

第一章综述技术进化的问题，也就是把技术放在时间中来考察。但是接下来的问题就是：与其说技术在时间中，不如说它构造时间。我
49 们将在研究技术学（或技术发生学）和人类学（或人类发生学）的同时，
通过对卢梭和勒鲁瓦-古兰的史前理论的解读来提出这一观点。在之后的章节中，我们将放弃人类学的观点，并把人类学的研究成果和海德
50 格尔的生存论分析的时间性范畴相比较，从而充分展开这一观点。

第一章
技术进化论

1. 一般历史与技术史

吉尔制定的技术体系的一般性概念，是建立在历史科学的规范之上的。这个概念并非指某个**特定**的技术**体系**，而是指不同技术体系的**接替**。一个体系的确立是指在一定的历史时期中，技术的进化达到一个稳定的状态，从而使以往的成果、由一系列的相互依赖关系决定的结构化趋势、各类互补的发明，以及技术和同时期特有的其他领域的关系都相对稳定化。

他提出的这种历史的方法并不仅仅涉及技术史，而且也适用于一般的历史：要确立“一门从某种意义上说是被物质世界制约的历史学”[①]，要在历史的长河中来把握通常的物质世界的协调，要针对技术在整个“人类体系”协调的结构中的位置问题，展开和**其他体系**（经济、语言、社会、认识论、教育、政治、军事等）的专家的对话，并且要为技术的发展分期。

由此出发，吉尔研究的是从一个技术体系向另一个技术体系过渡

① 吉尔：《技术史》，第IX页。

的可能性。他试图从共时性原则出发，描述和解释历时性的断裂、转变和变革，即通常所说的技术特有的发展。他指出：“那些在科学发展中
51 显得并不简单，但明晰、严谨的现象，在技术的发展中却远非如此。”[①] 如何产生发明？同科学的发展相反，“如果技术的发展有一定的逻辑可寻，那么这个逻辑并不完全是独立的。技术发展首先需要一种协调，因为孤立的技术是不存在的，它需要其他辅助技术”[②]。对于某个特定的技术来说，它的发展逻辑首先是由它存在其中的技术体系决定的。

在一般性的历史中建立一门真正的技术史及其方法论的必要性，最先由费弗尔提出。他认为技术史是“诸般需要开创的学科之一，或差不多是如此”，这个观点尤其符合勒菲弗·德·诺埃特的理论，他认为，以鞍套马标志的技术革新曾经在奴隶制消亡的过程中起过举足轻重的作用，他同时提出了技术在人类发展中的作用和历史中的技术决定论等问题。

这些观点的影响是非常重要的。由此可见，协调一般性历史和技术史之间的关系是相当困难的。

——首先存在着“技术”这个对象的内在的困难，即怎样避免局限于特殊、孤立的技术史之中：技术史涉及的是超越各种技术之上的**一般性**技术本身。诚然，历史上存在过的，只能是各类具体的技术，因为技术的本性就是专业化。**一般性**技术不是一个事实，而是一个结果。但是各类具体的技术的历史又需要这个结果来形成**一门**技术史。

——另一个困难：如何同一般性历史的其他领域恰当地衔接，这就使技术史内在的困难上升到一个更高的层次。经济、政治、人口等方面的事件，只有在历史事件的统一体中才能构成**一个**一般性历史。这就又一次表明，结果为它借以产生的过程提供了统一性。

---

① 吉尔：《技术史》，第X页。

② 同上。

技术体系的概念就是要解决以上两方面的困难。它是一个结论，但是这个结论反过来为一个更可靠的起点提供了可能性。 52

2. 技术体系

正如在语言学中一样，体系是树立对象的基点，它的一系列概念就是要从建立于现实基础上的一般性体系的静态和动态两个方面来整合现实。和在语言学中一样，体系是一个重要范畴。

技术的整体和部分构成的结构是一个能产生反馈效应的静态组合：比如炼钢厂使用蒸汽机设备生产出优质钢材，而优质钢材又可被用来生产更先进的设备。这就是所谓的技术体系的概念：各种不同层次的组合结果产生静态和动态的相互依赖关系，这些关系又遵循一定的运行规律和变换程式。每一个层次都被一个更高的层次包含，同时，每一个高层次也依赖它自身所包含的低层次。这就形成一个体系化的整体协调。

一个技术体系构成一个**时间统一体。它意味着，技术进化围绕着一个由某种特定技术的具体化而产生的平衡点，达到了相对稳定的状态**。“这种联合只有在实现了一个整体技术共同的层次之后才能产生并起作用，即使总会有个别次要的、独立的技术层次游离于总层次之外。”[①]围绕这个平衡点形成的是一种平均性的技术层次。

技术体系朝复杂化和各组合部分之间联合的方向进化：“随着时间的推移和技术日趋复杂，确保技术体系运行的内在联系也就越来越多。”这种从属关系的世界化——技术非地域化的普遍性——导致海德格尔所说的座架现象：一个全球性的工业技术，在有系统地全面开发各类资源的同时，造成了全球范围内的经济、政治、文化、社会和军事的

① 吉尔：《技术史》，第19页。

53 相互依赖关系。

3. 技术体系及其与经济、社会体系的关系

这里要讨论的是技术体系和我们所说的“其他体系”的关系问题。首先显而易见的是技术体系和经济体系之间的联系：没有技术就没有劳动，因而也就不可能产生关于劳动、剩余价值、生产方式和投资等方面的经济学理论。

关于这两个体系的关系，存在着两种对立的观点：“一部分人认为技术体系和经济体系相比是决定性的。相反，另一部分人认为技术必须适应价格体系、生产组织形式等因素，否则它就没有经济价值，因而也就没有自身的目的。”①

经济可以成为一个技术体系扩展的障碍。所以，由于经济的原因而保留已过时的技术是常见的，这仅仅是技术进化趋势和经济-政治限制之间相互协调的例子之一。国家干预政策无非是为了调节这种关系，比如关税保护政策或国家投资。

技术体系的转换会定期地引起社会体系的动乱，当一个“新的技术体系促使一种完全不同的活动取代一种现有的活动而获得主导地位时”②，它就会彻底打乱社会体系的平衡。这就涉及技术转换的普遍性问题。值得注意的是：由于20世纪以来，经济活动**建立**在越来越频繁的技术革新之上，所以就必须**不断**地解决技术转换问题。技术体系和社会体系之间的关系问题是作为**消费问题**被提出来的，在这个问题中，经济体系是第三个组成部分。伴随技术的不断革新而发展起来的消费利益保护主义改变了消费的习惯，使它越来越快地适应新的环境。这

① 吉尔：《技术史》，第19页。

② 同上书，第26页。

种变化自然也会影响**文化**领域。20世纪的特点就是“去根”，即异化或 54
退化，这将成为关于技术思想的主要论点。

4. 技术体系的极限

主导一个体系的动力的是它自身的极限。人们可以在下列现象中揭示体系的结构性极限：“或是增产有困难，或是无法降低成本，或是难以实现生产的多样化。”[①]经济危机因这些结构性危机而生。

《停止增长》[②]报告中指出：自1970年以来，我们这个时代的特点就是，在技术与地球生态系统的关系中，技术发展的极限对我们的时代构成威胁。吉尔对这一看法提出不同的意见。他认为，这份报告没有把技术作为一个体系来对待，因而就不能分析其极限的复杂性。在他看来，正因为极限有积极和消极两个方面的作用，所以它才是技术体系转变的主要因素。技术进步的实质就是不断地转移自身的极限。蒸汽机的功率越大，它的体积也就越大。所以超过五马力以上，它就不再赢利，这就是说，“超过一定的功率，任何增长都是不可能的，因为体积、效率和费用等互相关联的因素构成一个不可跨越的极限”[③]。这种极限既可以“使一个体系瘫痪，同样也可以产生一系列造成危机的不稳定因素”，从而促成进化和新的决策。“如果一切技术部门都是相互关联的，那么，某一部门达到极限就可能引起整个体系的瘫痪，即阻止整体的进化。[……]大约在1850年到1855年之间，由于列车的速度和重量的增长，加快了铁轨的更换周期，长此以往就会产生财政危机”。直至白斯沫高炉炼钢技术的发明，钢轨的出现才大大改善了铁路运输。这是技

① 吉尔：《技术史》，第27页。
② 出自麻省理工学院。
③ 吉尔：《技术史》，第32—33页。

术体系内在极限的一个例子。然而还存在着技术体系的外在极限。19
55 世纪法国政府采用的技术–经济保护主义政策便是一例：当时的法国通过对英国生铁加税，也即“通过关税保护政策来避免达到某些极限”[①]，从而冻结了法国钢铁工业的发展及其整个技术体系的进化。相反，动态的分析可以“澄清限制发明并导致体系变换的结构性极限”。当一个体系的全部条件都具备时，进化就势在必行了。换言之：一方面，在一个稳定的技术体系内部由新的技术发明而引起无危机、无断裂的发展，吉尔称之为“技术系谱”；另一方面，技术的发展表现为破坏原有的体系，在一个新的平衡点上重建一个新的技术体系。新技术体系产生于旧技术体系的极限，这种进化从本质上说是不连续的。

5. 发明过程中的理性和决定论

问题的关键在于弄清体系的进化是怎样发生的：发明的逻辑。突变的背景是，这是一种极限的博弈，在一个系统中，极限构成了进化的潜在可能性；而突变的现实则是技术发明本身，就像催化潜在可能性，释放进化的能量。

科学的发现并不能为技术体系由潜在向现实的过渡提供解释。虽然在技术发展和科学发展之间存在着相通之处，虽然科学发现可以诱发技术革新，但是这两个领域的发明和发现过程是不同的，它们虽然可以互补，但绝不可能合二为一。技术发明不能被简单地归结为科学发现的发展和应用。即使是一种“应用”，它也是一种独立的、创造性的应用，具有和科学完全不同的逻辑。

所以，技术发明的逻辑有其特殊性。勒内·博瓦莱尔称之为“扩
56 散理性”。所谓理性，是因为技术的运用遵循因果关系这一理性原则，

① 吉尔：《技术史》，第35页。

它既改造现实又属于现实，因而具有自身的规律。但是这个理性又是“扩散”的，和科学的理性相比，技术理性的必然性较为“松散”：由于技术的发明并不受一个先于应用的理论程式的引导，所以它是经验性的；但是我们又不能因此断言，技术发明的行为是纯粹偶然的，因为技术发明的一个重要部分是通过转移实现的，即根据类比的原则，将一个技术体系中的运行结构移植到另一个技术领域之中：技术发明具有一种**组合特性**。技术知识虽然不同于科学知识，但它也是**积累型**的。因此我们必须阐述发明借以展开的技术系谱、经验之路、技术潜力的发展所开辟的途径等。“处于既定技术系谱之中”的技术发明理性的“扩散”特征的意义就在于：“它具有不同的选择和相互交织的不同组合形式。对于发明者来说，关键就在于认清自己所选择的是一条阳关大道还是一条羊肠小道。”①

吉尔用莫奴里的“松散决定论”这个概念来表示技术逻辑中这种显而易见的可能性。与严格意义上的决定论不同，尽管**技术进化**在**事后**看显得是必然的，但是它却无法被事先**预料**——这就是莫奴里所说的“机遇”。似乎技术的发明总是偶然的，但是它又确实地实现了一个技术或技术逻辑的“意图”。我们将会看到，这个观点在勒鲁瓦-古兰和西蒙栋那里得到了深化；我们将要考察组合的假设、既偶然又不可避免的调整以及真正的技术**典型的筛选**，这一切尤其在分子生物学的偶然性和必然性的交替中得到了充分的体现。

吉尔区分了三种不同的发明形式：简单发明（比如约翰·凯依的飞船）；发展（指在不改变基本原则的条件下对某一项技术的不断完善）；合成发明（比如内燃机），即不仅限于单一的技术系谱，而是一组技术系列的合成。其他高于技术系谱的层次也会对发明产生作用：科 57
学认识、和其他体系之间的联系、一般性的外来限制等（比如类似白斯

① 吉尔：《技术史》，第40页。

沫高炉的经济制约)，尤其是**技术的体系性本身**，即由相互依赖的技术因素和体系内在联系所造成的一系列条件限制。**发明的可能性取决于体系的动力，这就是体系概念的精髓：构成发明的各种可能的选择依体系的制约条件而实现于某时某地**，同样，体系又受一定的外在条件制约。

由此可见，技术进化中的理性是难以否认的，“因为各种可能的组合方案是有限的，并且，由于选择依赖现有的结构，所以它只能遵循几乎是强制性的途径”。同样，技术进化中的决定论也是显而易见的，“技术决定论、科学决定论、经济决定论，乃至社会政治决定论同属一类”。

综上所述，吉尔显然大大限制了发明行为中的个性特征，他强调发明行为中的理性和体系的决定因素。他指出：“无论我们考察哪一个层次、哪一个时代，发明家的自由总是被该发明对应的要求而严格地规范和限制的。因此，不仅发明的选择，而且发明的时代，都是由科学的进步和一切相应的技术发展，以及经济的需求等条件决定的。”①

换言之，发明的逻辑并非发明家的逻辑。所以要建立技术学，即研究支配技术自身的逻辑。那么是否也必须建立技术的理性呢？若是，则要证明技术逻辑的**普遍有效性**，吉尔没有明确地提出这个问题。不过这个问题恰恰成了勒鲁瓦-古兰的研究对象。勒鲁瓦-古兰认为，存在着一种普遍性的**技术趋势**，这种趋势不仅完全独立于它作为一种特殊的**技术事件**而存在其中的文化环境，而且会同它借以实现的文化环境发生冲突，因为技术趋势是普遍性的，各种文化环境则是因时因地而异的。因此我们将指出，勒鲁瓦-古兰怎样从技术体系和其他体系的相
58 互关系的角度来研究吉尔提出的问题。他一方面将普遍性的技术趋势

① 吉尔：《技术史》，第48页。

和多样性的种族对立，同时又不否认前者必然滋生于后者。

6. 发明和革新

必须区分发明过程中的两个不同的阶段：调整和发展，并（借用弗朗索瓦·贝鲁的观点）把发明和革新区别开来。革新是指技术体系转变的完成，并产生影响其他体系的结果。这就是说，革新的规则和发明是完全不同的。它牵涉社会化的规范，尤其受经济学家们的重视："革新主要属于经济的范畴。"[①]

革新动摇既成的格局，因而会遭到抵抗。它带来的社会影响贯穿各个领域（社会、经济、政治等）。除了变化引起的不安之外，革新还会遇到诸如投资和技术先于自身这样的问题：一种革新总会过时并被另一种革新取而代之。这对于当代技术来说尤其如此，因为它的转换周期短，而且决策的难度随发展的速度增大。不仅如此，技术先于自身的前提是对整个技术体系有一个总体的把握，但是体系本身则变得越来越复杂，从属关系也越来越多。[②]这些问题必须由一系列的复杂计算解决，这些计算显然依赖和经济模式相关的技术体系的模式化：这是关于"生产机能"的计算，所谓生产机能就是指"在一定的工业部门内，机能和它的产品之间的技术关系"[③]。

我们可以由此推断，革新的逻辑是由一系列用于调整技术体系和其他体系之间的关系的规则构成的。每一个时代都有其革新条件的范型，这些条件就是技术体系和其他体系相吻合的可能性。法国冶金大

① 吉尔：《技术史》，第52页。

② 弗朗索瓦·德·闻德尔在19世纪初就运用了这种分析方法。参阅吉尔：《技术史》第54页。

③ 吉尔：《技术史》，第55页。

59 师伦布尔格正是从这个角度来考察法国抵制英国炼钢技术之原因的①，他指出，各种限制革新的因素来自地理（地质和人文因素）、技术本身和教育体系等方面。在这些因素的基础上，他加入了资本——和经济体系相吻合——的因素。

通过对革新的条件及其传播时间的考察可以建立一个革新的范型："与纯粹技术的因素相关——同发明相关——的范型，由非技术的生产因素决定的范型，以及需要根据一定的时间顺序确定的范型"，所有这些范型同时反映了技术体系进化的变换节奏、加速和减速的周期。

7. 工业投资：技术体系、经济体系和国家机器的联合进化

投资的问题也就是在资本经营、现有生产方式的管理，以及开发技术体系的潜力之间如何作调整的问题。自19世纪以来，由于工业技术体系迫使经济体系实行根本性的改造，所以投资问题就尤其受重视。从工业技术体系与经济体系的关系来看，后者分化为两个支系，即金融体系和生产（或产业）体系。这是一个基本的问题，它给现代技术带来了一个新的特征，即吉尔所说的途径，它们可以在"个体、团体和国家"等各个不同的层次起作用。

没有投资就没有革新，投资的前提是具有流动的资本。为了调动资本，革新项目必须有足够的吸引力，并保证**经济效益**。这种随着工业
60 技术的扩展而发展起来的对技术的新的要求起始于热力学带来的变革，它需要巨大的投资，并要求经济体系内部作金融调整，以便适应技

① "那些主张以煤炭取代木炭的人并没有意识到，这将引起高炉、精炼、机械和车间构筑等一系列的变化，要把炼钢厂建造在优质煤矿附近，必须拥有和燃料相应的矿石，并培养工人学会新的操作。"吉尔：《技术史》，第59页。

术体系带来的新环境。股份有限公司的形式和股票系统正是在这样的历史条件下诞生的，其目的就是保证资本的流动性（马克斯·韦伯称之为“投机的理性化”[①]）。这种以金融部门脱离并独立于生产部门为标志的经济管理的新变化，目前引起经济理论界、管理界和金融股票界的高度重视：人们通常所谓的“金融泡沫”变得高度自动化以至它常常和生产的现实隔绝，根据一种信仰（或信誉）逻辑起作用。**这个逻辑在很大程度上受管理金融信息的电信和电脑体系支配**：一句话，资本的转换成了一个“瞬息完成”的信息处理问题。参与交换的是信息而非货币实体。那些在瞬间做出的决策的根据是一系列金融市场的指数和与之相应的宏观经济决策，而不是企业具体的微观经济发展状况。[②]

如果说经济体系的发展似乎顺应了技术决定的必然，而且现代资本主义的诞生是工业技术的必然要求，那么反之亦然，热力学技术体系，乃至整个工业技术体系的可能性都是由经济体系的改组决定的，这种改组的前提就是资本积累。实际上存在着一种独特的技术和经济的组合，其结果就是产生了“专家统制”和“技术化科学”：经济体系的变换使“流动资本”和“技术革新”这两种不同性质的倾向的聚合成为可能。促成这一聚合已成为一项治国大策（这是科尔贝尔开创的传统）。61
这既标志了文化同化与全民性科学和技术的信息联络，也代表了最高团体层次的全民性介入和投资形式。

认识革新的动力，也就是认识一些聚合是怎样成链式发生的。这个链式系列的首要和决定性的因素是“纯粹技术性的”（它意味着赋予技术的决定性以至高权）。“从生产本身的角度看，革新必然会发生在一个处于平衡状态的体系内部”，因而，稳定的过程实现于起初显然是扰乱现有体系的变换过程之中：革新的逻辑确切地说也就是技术体系自

① 马克斯·韦伯：《新教伦理和资本主义精神》，Pocket出版社，1964年，第16页。

② 《大百科全书》，“总体金融”；并参阅《货币的暴力》，法国大学出版社，1988年。

身的进化逻辑。通常所谓的**发展**概念必须从**不断现代化**或**持续革新**的意义上来理解。我们简略地考察了“纯粹技术的因素”和经济体系聚合的关系问题。显然，革新家同样要把社会、政治和制度等方面的制约条件考虑在计算之中，即**通过计算完成变革**：因为这些制约条件在某些情况下可以构成一时无法逾越的障碍。虽然抵制技术自古就有，但这个现象如今已经成为一个全球性的常见问题，它已被列入政府部门和国际组织的议程之中。由于工业技术无所不在，它的发展几乎天天都在改变着人们的日常生活，这就自然会引起一种有关技术实体甚至是技术“自治体”的新意识，并由此产生多少有组织的抵抗：技术引起的反应，以及国家或“决策阶层”为了消减反应而采取的共同措施，都在日益强化（吉尔对此有过论述）。这个现象清楚地表明了一种不断加深的困境，尽管对这种困境的解释应有尽有，然而我们当今所认识的现代
62 技术正是在这种困境中产生的。

8. 持续革新：技术和科学的新型关系

如果我们从这个观点出发，把某些假设推向极端，那么我们甚至可以得出：法国大革命与其说标志着保护人权意识的觉醒或资产阶级夺取政权的行为，不如说是当时社会通过韦伯所说的**自由劳动**的充分发展，以适应一种全新的技术体系。以上所有的使我们能够建立这种假设的分析，给予工程师阶层一个非常重要的位置：对技术体系的管理就是干预经济和社会转变，这种干预远比一般老百姓、政治机构或管理专家们想象的一般意义上的决定性深刻得多。如今技术体系和经济体系在世界范围内的交汇，从**技术-经济**的意义上提出了增长的问题。

以上，我们出于分析技术发明的主要特征的需要，突出科学发现和技术发明之间的区别。现在必须强调指出的是，科学和技术之间的紧密联系是当代技术的本质特征之一——它甚至改变了科学发现自身的

条件。自现代技术时代以来，由科学发现转化为技术发明并进而转化为技术革新所需要的时间大大缩短了：“从运用于照相术的物理现象的发现到照相术本身，曾经需要一百零二年（1727—1829）”，而“电话的应用只需要五十六年，无线电需要三十五年，电视需要十二年，雷达需要十四年，原子弹需要六年，晶体管为五年”[1]。这个期限的缩短是韦伯、马尔库塞和哈贝马斯等人所说的“理性化”的结果。它的代价就是由经济手段建立起来的科学和技术（及政治）之间的新型关系。

技术进化存在着四大要素：以发明为标志的技术进步，以革新为标志的技术进步，经济和社会的进步，科学的进步。自从工业革命（瓦特和布尔东），尤其是自当代工业技术诞生以来，经济进程是建立在持续革新的基础之上的：日益加速的技术体系的转变，随之引起的“其他 63
体系”的转变，这就是说，技术和科学的关系发生了变化。在科学进步、发明、革新和经济-社会的进步之间，吉尔确立了两种组合形式：

——由科学进步到发明再到革新；

——由发明到革新再到增长。[2]

第一种组合把科学进步当作压力，它以发明为中介，聚合在（工业）革新之中。原动力来自科学，工业仅仅实现其价值。在第二种组合中，革新成了中介，原动力具有更多的经济意义，科学研究被包含在企业的内部，科学受经济发展要求的支配。在这种情况下，压力似乎“更多地来自增长的需求，或是为了促成一个新技术体系的建立，或是为了纠正技术体系、经济体系或社会体系发展的失调。在所有的领域中，我们都面临一种集体行为。这里企业家比发明家起着更重要的作用，因为，企业家有决策权，并能够协调各种不同的革新倾向”。

我们由此看到现代意义上的研究-发展模式，它最初属于人们所说

① 吉尔：《技术史》，第39页。

② 同上书，第70页。

的技术科学范畴。正是在这种由科学、技术体系和经济体系之间的新型关系构成的基础之上，发展起来了以“技术专家体制”或“技术专家统制”为主体的国家机构，其主要功能就是调节各种体系的转换进程。海德格尔从存在的历史的角度出发，在《世界图像的时代》一文中分析了这个转换过程。[①]由于在当代技术中，“科学的进步和技术的进步是紧密相连的”，而且“革新和经济发展不可分离”，因而就**改变了技术发展的一般程式：革新已不再是发明的结果，它激发发明的整体进程，是诱导发明产生的原因**。“以前，一项发明要被应用必须等待技术、经济、
64 社会等一系列条件成熟。革新随之而生。而如今则是革新的需求促成发明。”[②]所谓发展研究就是建立在这种转变的基础之上的，这种现象最好的例证就是菲利普公司的创始人奥尔斯特博士，他开创了真正的工业研究时代，具备自己的实验室，这才是名副其实的技术科学。

转换期限的缩短这一当代科学的基本特征导致了技术发明和科学发现的合并。研究的取向基本上是由工业目的控制的。从整体上说，预见主要是由对投资的测算决定的：集体的决策、时间化等，一句话，**命运**服从于调节计算的技术–经济指令。这种现象代表了一种占统治地位的对时间的新理解，并提出了一个越来越值得深思的问题：随着科学、发明和革新之间的关系的转变，技术的进化速度已达到了与以往一切技术体系不可比拟的地步，怎样协调这种新技术体系和“其他体系”（我们在“引论”中曾笼统地称之为“文化”）之间的关系？尽管吉尔未能将各体系之间协调的困难归结于发展的速度，但是他却意识到人们尚未充分重视这个问题，他提出必须重新理解人和技术之间的关系。“如果说，我们现在正走向一个新的技术体系，那么问题的关键就不仅仅在于保持体系内部的协调，而且还在于保持它和其他体系之间的和

① 载《林中路》。

② 吉尔：《技术史》，第74页。

谐。”他认为，这一必然性集中体现于旨在规划社会的技术逻辑转化的“第五个五年计划”之中。随着持续革新的节奏，一切偶然性都变得不可能，面对各体系相互配合、相互补充的和谐整体可能崩溃的危险，必须控制一切变化。可见，这里实际上涉及如何安排未来，也就是如何安排时间的重要问题：

> 现在的问题已不再是服从于随机实现的技术发展、无条件地
> 接受技术领域的新成就，并勉强加以适当的应用等。必须在包括 65
> 经济和军事等一切领域中安排未来。[①]

所谓安排的问题就是使技术的进步**程序化**，这就意味着把时间作为**计算**。在不否认这一事实的前提下，吉尔对人们尚未足够重视这一变化可能带来的后果以至忽略当今社会各基础体系的发展的统筹规划而表示不安。吉尔之后，西蒙栋将这一忧虑解释为一种新的技术文化的必要性：

> 当技术的发展途径是随机的或呈随机之状时，技术体系和其他体系之间的调节只能通过各种力量的自由组合将就而成，这就难免产生许多失误或倒退的可能，直至一个相应的平衡建立为止。假如从今往后技术的发展无论就事实还是就时空的意义上说都进入了程序化——被指令——过程，那么程序化必须渗透一切可及的范围，不仅包括经济这类经常被提出的领域，同样还包括社会、文化等各类领域。如果没有这方面的研究，强加技术发展是徒劳的，因为它不能适应一个总体平衡的必要条件。[②]

① 吉尔：《技术史》，第77页。
② 同上书，第78页。

然而，如果技术体系真的如我们所说进入了一个不断转变的和结构不稳定的时代，我们就可以假定，这个问题应该放在另一个范畴中来讨论：把人和技术之间的原始关系作为时间现象来重新考察。

9. 技术的普遍性

我们是否应当讨论技术的**理性**？若是，首先就要证明技术逻辑的**普遍性**。这个问题，吉尔非但没有论述，他甚至都没有提出。相反，它却是勒鲁瓦-古兰思想的前提。我们已经看到，吉尔从历史学的角度主
66 要探讨了两方面的问题：一方面是成体系的技术的内在动力，它的理性化和决定论的运行逻辑；另一方面是这个能动的体系和其他体系之间的关系，并将它融合在历史的整体之中。勒鲁瓦-古兰不是从历史学的角度，而是从民族学的角度来考察这些问题的。他在《人与物质》一书中提出了**技术趋势**的论点：技术趋势具有**普遍性**，虽然构成趋势的一系列**技术事件**具体地实现于各种不同的种族区域中，但是**趋势**本身却独立于种族的文化区域。勒鲁瓦-古兰从这个论点出发，同时考察了技术的内在动力及其和其他体系之间的关系两个方面的问题：普遍性的趋势和各种造就技术事件的特殊的种族实体结成复杂的关系，尽管技术趋势必须同技术事件区别开，然而前者又只能呈现于后者之中。趋势在“穿越”各种族环境的过程中“衍射”为无数不同的事件，这就提出了《环境和技术》一书所研究的问题：以普遍性的趋势为本质的**技术**与以特殊性掩盖普遍性的**种族**之间的关系。他以此为基础重新讨论技术发明的问题。书中所有关于技术进化的论点都是根据与生物学、动物学的类比而建立的。在此，吉尔已经提出关于组合的论题，这个论题在此更明确地与**技术形式优选论**联结在一起，而这一优选过程是根据组合的可能性实现的。

作为人类学家，勒鲁瓦-古兰观察的是各类事件，他要寻找事件之间的联系，并进而试图解释这些联系的原则。在技术学的领域里，这些原则也是进化的动力。然而民族学的错误则通常在于：不是把呈现在事件联系中的普遍性原则归结于真正意义上的**技术趋势**，而是归结于个别的**文化特性**，即归结于印欧文化特性。技术趋势的概念是同这种根据所谓的“同心圆”理论建立的种族中心主义的幻影根本对立的。显然，作为历史学家的吉尔和作为人类学家的勒鲁瓦-古兰之间有一个共同点：他们都认为技术发明不属于某个民族的特性，或至少民族特性在技术进化中的作用是微不足道的；但是必须承认体系性的作用，体系推动趋势，体系实现于人和物质的耦合。下面让我来澄清这种耦合的意义。 67

10. 人与物质的耦合

《人与物质》一书提出了“**建立在第一物质基础上的技术形态学**”的原则，其根据是关于所谓“原始部落”的研究。这些部落散布全球偏远角落，有些部落甚至几乎从来没有和其他种族有过任何往来，我们所拥有的关于这些部落的资料也极其有限，并且由于他们是“无文字”的人群，所以没有任何历史的记载。这种史前环境中的技术也就自然比有史以后的技术简单得多。

勒鲁瓦-古兰的人种-人类学的**基础**是对技术现象的解释。在他看来，技术现象是人类的首要特征，因技术在不同种族之间造成的差别远比因人种或宗教文化因素造成的差别重要。他的研究有两个目的：其一，提供一套在很大程度上和**技术起源**理论相符合的**人类起源**理论，关于这一点我们将在第三章中从古人类学的角度进一步研究；其二，以此为基础进而认识不同种族间的文化**差异化**现象。

勒鲁瓦-古兰用趋势这个概念（得自柏格森思想的启示，他偶尔也

68 引用柏氏①)来解释技术现象，并因此使他的技术形态学的设想得以成

① 技术趋势的概念在很大程度上受益于柏格森在《创造性进化》中阐述的思想，而且这不仅仅限于柏氏的生物学思想：柏格森把物质作为一种趋势来分析，即“构成可以分离的不同体系，并可用几何方法加以研究的趋势。[……]但是这仅仅是一种趋势。物质不可能彻底实现这种趋势，而且分离也不可能完全彻底”。柏格森关于有机和无机的关系的分析，进一步确证了以人和物质的耦合为特征的技术趋势的概念已经被包含在他的物质趋势的概念之中：“生命首先体现为一种作用于天然物质的趋势。这种行为的意思显然不是预先决定的，由此才会产生生命在进化过程中展示的各种不可预见的变化形式。但是这种行为总是在不同程度上带有一定的偶然性；它至少隐含了选择的痕迹。然而，选择意味着各种可能行为的先于自身表达。所以，行为的各种可能性就必须在它实现之前向生命存在展示自己。”

勒鲁瓦-古兰把技术自身进化的第一因素植根于动物学领域的远古时代，从而把他的遗传学理论建立在这样一种基本观点之上：“生命以成熟有机体为中介实现从一个萌芽向另一个萌芽过渡的进程。似乎有机体本身不过是一种赘瘤，它的隆起完全依赖一个萌芽向另一个萌芽的转生。关键在于无限扩展的进化是连续的，在无形的进化中，有形的有机体在各自短暂的生命期限内相互交替。”勒鲁瓦-古兰的独特之处在于：他借助人类学的“生命意向”把生命进程的分析运用在有机体之外，即有机化的无机物领域。

正如技术趋势一样，生物趋势也是不可预见的，“我们越是考察生命的连续性就越会发现，有机体的进化近似于这样一种意识：过去促动现在并因而并发一种和以往的过去不可比的新形式。不可否认，一个植物或一个动物种系的出现是有其确切的原因的。然而必须指出，虽然我们能够在事后详尽地认识这个原因，并由此解释新生的种系，但是无法预见种系的产生”。这种不可预见性是和趋势的不可逆转性相关的：“毫无疑问，伴随我们思维的仅仅是我们的过去的一小部分。然而伴随我们的欲望、意志和行为的却是我们的过去的整体，包括灵魂深处的细节。因此，我们的过去是通过自身的冲动以趋势的形式向我们展现它的整体，虽然它仅有一小部分呈于表象。这种去而犹存的过去使得意识不可能两次重蹈同一个境地。尽管场合可能同样，但同样的场合却不再作用于同一个人，因为同一场合中的人已处于不同的历史时刻。”

尤有甚者，趋势既提出了我们将会在西蒙栋那里重新遇到的个体化问题，也提出了吉尔关于与技术体系的能动性相关的冲突竞争问题：“生物学家很容易根据几何学的原则指责我们在此无法给个体性下一个精确并具有一般性意义的定义。完整的定义只能适用于一个既成的现实，而生命的属性是永远不会完全实现的，它们总是处于实现的过程之中，它们与其说是一种状态，不如说是一种趋势。一种趋势只有在不被另一种趋势干扰的条件下才能实现其全部的内容：这种情况在生命的领域中如何体现呢？正如我们将要指出的那样，生命领域包含许多相互冲突的趋势。尤其是在个体性这个（转下页）

立，也就是把人类学的研究同17世纪至19世纪的植物学和动物学的研究加以比较：植物学和动物学在当时“绝大部分种系尚待发现”[①]的条件下，竟然能够建立起各自的分类原则——而且这些原则已被证明是定型的；同样，大半个世纪以来，人类学也在分类，“它区分了不同的人种、技术、民族，每一次新的尝试的经验都证实了某些古老概念的可靠性。归根结底：动物学和人类学一样，都具有趋势的稳定性特征”。不仅如此，他还引用系谱——或根系——的概念，以便提出技术继替的系谱，从而也就提出了“选择”（决定论）这个吉尔已经讨论过的问题： 69

鱼类或石器的**理想原型**就像是根据某个预定的系谱进化：由鱼类进化到两栖类、爬行类、哺乳类或鸟类；由简单的石器进化

（接上页）情况下，虽然个体化的趋势在有机界无处不在，但是我们可以说无处不受到再生趋势的冲击。一个完善的个体的前提是：有机体的每一个部分都不可能被独立分割。然而，这就会使再生产成为不可能。再生产不正意味着一个新的有机体与一个从旧的有机体中分离出来的因素的重组吗？所以，个体性自身包容了它的对立因素。在时间中延续，这就是个体性的需要，这就迫使它永远不可能在空间中尽善尽美。在这每一种情况下，只有靠生物学家来权衡两种趋势的轻重。”西蒙栋在当代技术体系层次上提出的个体化问题也可以从另一个方面来解释：“个体化的趋势在到处受到冲击的同时又被一种既和它对立又对它作补充的联合趋势完善，这恰如一个多重生命的统一体在被引向多样化的同时，努力地向自身回归。”

最后，如上所述，关于趋势的主题显然是同种系发生学理论紧密相连的。我们以下将会看到这个理论在勒鲁瓦-古兰的技术进化思想中所起的巨大作用。“我们在动植物界发现的生殖和被生殖的关系正是如此：在祖先传给后代共有的纹案上，每一个后代都绣上了自己独特的图形。的确，上下代之间的区别是极其微弱的，我们可以怀疑同一种生命物质是否具有足够的可塑性，以便相继变换不同的形状，恰如我们在鱼类、爬行类和鸟类中见到的那样。然而这个疑问已被有关观察破解了：这些观察表明，直至胚胎发育的某个阶段，鸟类胚胎和爬行类胚胎之间的差别是细微的。个体在胚胎发育的一般进程中展开一系列的变形，这些变形可以同物种进化论所说的由一个种系向另一个种系过渡的变形相提并论。”（第23页）

① 勒鲁瓦-古兰：《人与物质》，Albin Michel出版社，1943年，第13页。

> 到石磨刀、铜刀和钢刀。注意不要误解：**这些系谱仅仅提供生命的一个方面，也就是环境向生命物质提供的不可避免的、有限的选择**。①

这种技术界和动物界、技术客体和动物之间的类比，对以下将要展开的论点具有决定性的意义。解释技术现象就是要把人（生物）和作为技术形式的载体的"原始物质"（无机物）之间的关系，当作**动物学的一个特殊情况**来分析。勒鲁瓦-古兰在这个问题上提出的近似生物决定论的观点是吉尔不曾提出的，但是这样一来，发明的途径也就相当有限，"由于生命必须在水和空气之间，在游水、爬行或奔走之间选择，所以生命只有几种有限的进化系谱"。同样的限制以及同样的生物对无机物条件的依赖原则也决定了工具的形式。比如，木材决定了刀刃和刀柄的形式，"**技术决定论**和动物决定论具有同样的标志：居维叶曾经因为在一堆石膏中发现美洲负鼠的颌骨，邀请当时尚半信半疑的同行们继续发掘寻找负鼠遗骨，并因此预言将会发现袋类动物骨骼；同样，
70 民族学可以**在一定的范围内**根据某一工具的刃形来推测该工具的手柄形状及其用途"②。

技术进化是人与物耦合的结果，这种耦合尚待澄清。在此，技术的体系性建立在"动物技术学"的决定论之上：由于这种关系的一方（人）具有动物的属性，所以耦合现象必须从生命历史的角度来考察。诚然，技术客体构成的结果属于无机物的领域，因为它们是被动的，但是它们同时又被有机化了。我们由此可以理解：从物质与有机组织之间关系的角度，对其有机化的一般性意思进行反思，是完全必要的。也有必要对所谓的"器官"进行反思，它表示机体的一部分或作为技术器械的**器具**。这项研究通

① 勒鲁瓦-古兰：《人与物质》，第13页。

② 同上书，第13—14页。

过和动物学类比的方法进行，关键在于这种类比的**界限**。

11. 趋势和事件

对人和物质的耦合的有机化组织和过程，可以在一定的范围内运用动物学的概念并从技术的普遍趋势的角度进行分析，这种分析构成这项研究的基本公理。第二个观点就是要把握技术进化的多样化事实，就如同我们可以在人类学和考古学的素材中找到的痕迹一样。问题就在于把技术趋势从技术事件中区分出来。趋势在事件中实现，考察各事件的联系可以告诉我们趋势实现的条件。所以要对事件进行分类，发掘隐藏在事件的多样性背后的同一性。

这里有一个困难，根据我们采取的解决方法，它直接牵涉到对一般性技术发展的解释的选择。居维叶由于没有在他的领域中明确地在决定性的趋势和物质事件之间建立本质的区别，所以也遇到了类似的难题。"有些**一般性**的趋势可以产生相互间没有物质亲缘关系的相同的技术"，也就是说，这些技术赖以产生的民族之间没有交往，并且，"无论地 71
理区域如何接近，事件本身总是个别、单一的"[①]。尽管组成事件的技术客体属于同一个趋势，然而它们却是多种多样的。因此我们必须在一般趋势以外去寻找这些不依赖于趋势的多样性的原因，这些原因通常和它们的技术经济体系联系在一起。这就需要区分普遍决定性的趋势和带有种族"特性"的地域化的趋势。

这里就遇到了技术和种族之间的关系问题："我们在阿拉斯加的因纽特人、巴西的印第安人和非洲的黑人那里，都发现了把木簪或骨簪穿缀于下唇的习俗。其中一定存在着某种技术同一性，但是至今为止，还没有一项严谨的研究能证明这些民族之间存在着亲缘关系。"似

① 勒鲁瓦-古兰：《人与物质》，第14页。

乎它们之间有一个既定的趋势，或者一个普遍的事件，这种普遍性不能用种族之间的文化影响来解释，因为它们之间没有任何往来。相反，“马来西亚、日本和中国三个国家的耕犁呈现三种近似的造型，这当然和三个国家的古老历史有关：每一种造型都因土壤、安装、套辕以及该造型所反映的符号和社会的意义等因素的不同而各具匠心和风格”[①]。在此，我们试图在比较各种事件的同时，得出一些关于同一种原型传播在各种特殊造型中的条件的结论，这些结论介乎两种观点之间：一种是简单化的决定论观点，它看不到事件的复杂性；另一种是历史-文化的观点，它力图寻找一个发明的根源和影响其他民族形式的某个民族特性。由此就很容易得出一个更一般性的观点：技术发明以几个文明区域为起点，以同心圆的方式向外传播。最后，“一切似乎都证明了存在着一个‘耕犁’的趋势，它于某时某地实现于某个单一的事件之中，同样，这个趋势也往往在相当大的时空范围内实现于一定的历史关系之中”。

存在着两种不同的因果关系：一是各种文化之间的传播和互相
72 影响的现象，这就说明了为什么一个技术事件在一定的时空范围内具有不同的表现形式；另一种因果关系是人与物质之间的几乎是动物决定论式的关系。困难就在于把二者区别开。“稍有不慎，就可能从一个极端跳到另一个极端，以致失去现实的准则。”[②]实际上这两种不能混同的因果关系是并存的，一方面是显而易见的外来的文化传播，另一方面是技术自身的发展趋势。虽然后者比前者更隐蔽、间接，但它是更本质性的，从一般生命历史的角度说，它构成了技术现象的原则。

首先必须确立这种决定论观点的合理根据，**然后才能在这种观点**

---

① 勒鲁瓦-古兰：《人与物质》，第14页。

② 同上书，第14—15页。

之中来解释由文化影响造成的传播这一不可否认的历史现象。问题的关键是对技术现象和技术进化条件加以解释。“文化主义”的观点会给这个解释染上神秘的、非现实的，并且完全属于种族中心主义的色彩。这种观点赋予一个或几个民族以技术和文明的特有禀性，并认为这就是技术继替系列的最终根源。勒鲁瓦-古兰认为，这种观点根本歪曲了以决定性的趋势为原则的技术现象的本质。技术现象的根源并没有什么“民族特性”。事件在各民族的环境中获得了技术客体的具体形式。然而，它们的产生却取决于一种更深层的决定性趋势，唯有这个深层的决定因素才能解释超越一切种族特性的技术趋势的普遍性这一举世共睹的事实。技术现象有其自身的必然性，那些随机的多样化形式是由趋势和不同的种族的交往引起的。技术现象来自比民族特性更深层的体系性，它的根源和动物学的逻辑是一致的。与达尔文进化论奠定的动物学系谱**相似**，“技术学系谱”体现了人和物质之间的关系。

人与物质之间的动物技术学的关系是生命物体和环境之间的关系的一种特殊形式，即人借助有机化的被动物质（技术客体）与环境发生关系。独特之处在于，技术客体这种有机化的被动物质**在其自身的机制中进化**：因此它既不是一种简单的被动物体，也不能被归于生命物 73
体。它是有机化的无机物，正如生命物体在与环境的相互作用中演变一样，它也随时间的推移而演变。不仅如此，它还成为人借以和环境相互作用的中介。

这种物质的奥秘有些类似古希腊人所说的具有动力的材料。物质作为一种能量体现在它的造形之中。由此我们似乎可以认为，物质的有机组织就是它作为能量呈现出来的形式。然而这并不单单是一个物质形态的问题：根据技术形态组织起来的物质不是被动的，**趋势并不仅仅来自人的有机化动力，它不是人在和物质耦合之前具有的某种构造意向的产物，并且，它不依属于任何主宰意志。趋势在人与物质的交往**

中自然形成，这种交往使人在有机地组织物质的同时也改造自身，在这种关系中，任何一方都不占有主导地位。这种技术现象就是人与环境的关系。从这个意义上说，必须从动物学逻辑的角度来把握人的本质，同时又不能简单地把它等同于动物学的法则。

12. 种族差异和技术分化

“人类社会的技术结构”[①]表明：尽管我们必须“在一定的限度内”依照古生物学的（也就是动物学的）方法来分析技术化的人类现实，但是这种方法很快就会遇到它的局限性，因为人类的技术性是独一无二的，它使人类在动物世界中占有独特的地位。

与别的种类相比，人类似乎完全满足了古生物学的愿望：“如果说，古生物学研究者们的愿望就是要像认识马类和犀牛类的过去一样认识人类的种属，那么这种好奇心已经远远得到了满足。”[②]但是，这仅仅是一个虚幻。人作为技术的存在，不能简单地从生理学和（动物学意义上
74 的）特殊性的角度来定义。人类现象的复杂多样性决定我们在**把人当作人**而不仅仅是有生命存在以进行研究时，有可能获得一般科学意义上的满足。从这个观点出发，“古生物学的方法不适用于民族学，**因为如果把人类社会现象放进古生物界，就好比一群脊椎动物在漫长的岁月中相互交换了各自所长：似乎出现了用翅膀换取甲壳、以长鼻换取某些补充性脊椎的现象**”[③]。

这里提出的问题是，人**在本质上**作为技术性存在，怎样进化。尽管动物属性是技术现象的重要组成部分之一，并且蕴藏着技术的奥秘，

---

① 勒鲁瓦-古兰：《人与物质》，第23页等。

② 同上书，第24页。

③ 同上。黑体字系作者表示强调。

但是这里所涉及的不仅仅是生物进化。这是一种代具[①]的进化。代具本身没有生命，但是它决定了生命存在之一的人的特征并构成人类进化的现实。生命的历史似乎只有借助生命以外的非生命的方法来延续。生命的悖论就在于：它必须借助于非生命的形式（或它在非生命物中留下的痕迹）来确定自己的生命形式。由此可见，技术进化决定论虽然如上所述，十分类似动物进化决定论，但是包含了非生命的因素。

人与人之间特有的交换在动物界是不可思议的，这种交换凸显了不同文化之间的联系，并提供了关于人类生命的组合进化图景，它完全不同于只遵循统计规则、受自然选择支配的基因组合的进化。“不同种类的动物之间的互相混合的可能性是非常有限的。比如，猫类和熊类可以比邻进化几千年，却从不会相互混杂。相反，人类所有种族都可以混杂，所有民族都可以交融，所有的文明都是不稳定的。”[②]人类进化遵循的是技术逻辑，它不受封闭的遗传基因的支配，因为基因遗传的根本在于保证动物种类的单纯和稳定。这就表明了技术进化中动物成分的有限性和技术进化的能动原则。这个原则就是：事件的多样性，它不仅丰富，而且贯穿并实现了另一个更深层的原则：决定性的趋势。由此看来，技术和种族之间的关系问题就显得尤其重要。因为，被普遍性的趋势贯穿的种族的分化，就是技术本身分化的根源。趋势切实地实现于 75
这种分化之中，也就是说，趋势在分化中通过最优技术形式的选择得以完成。生命历史就在这样的新规则的支配下行进：由于人类群体不同

① 代具（prothèse）：从字面上说，“prothèse”是指用于代替肢体的器具（假肢）。由此引申，它标志了失去某个肢体的躯体对某种不属于躯体本身的外部条件的依赖。根据作者的观点，人的最本质的属性就是没有属性。和其他动物不同，人的身体没有任何特定的、使人可以赖以生存的机能。所以为了生存，人只有依靠技术、运用工具，以补身体的不足。所以，代具在此从广义上泛指一切人身体以外的技术客体。没有代具，人就不可能生存。“代具”是作者对普罗米修斯神话解释的基本概念之一。它和另一个概念“缺陷”是紧密相关的。——译注

② 勒鲁瓦-古兰：《人与物质》，第24—25页。

于动物群体，在不同的种族关系中，展开了多种多样的技术事件，技术趋势的普遍性就是在这种事件的多样性中得到具体的实现，并逐渐地波及整个生态系统。

现在的问题就是弄清这种“混杂”是怎样实现的。它涉及整个传播的问题，并且由于民族学方面的资料支离破碎而带来许多困难。

在趋势潜移默化的推动下，技术分化在种族的层次或者通过发明，或者通过引用，以**事件**而实现：

> 趋势是必然的、可预见的和直线性的。在它的推动下，石器逐渐被装配了手柄，搬运由轮轴代替了滑板，社会从母系制渐渐地发展到父系制。[①]

趋势像规则一样贯穿各区域的技术生态体系，并引导进化的总体进程，即引导区域间的**交换**，至于进化是通过发明还是通过引用来实现，这是无关紧要的。[②]这就意味着，文化决定论主张的单向或双向事件影响同体系决定论的观点从本质上并不矛盾。根据这种观点，技术的扩散是通过真正的**灌输**方式实现的，所以引用和发明没有根本的区别：关键在于一项发明——无论是外来的还是本民族的——必须对一个“民族的现状”[③]来说不仅是可接受的，而且是必需的，即已成为勒鲁瓦-古兰所说的逻辑秩序。

困难在于：当逻辑和历史碰巧吻合，并且我们不具有关于进化的
76 实际根源的凭证时，如何区别逻辑和历史？然而无论这个根据是什么，**它只有在趋势的基点上才成为可能，因为趋势是技术事件的可能性的**

① 勒鲁瓦-古兰：《人与物质》，第27页。
② 参阅《不断进化》第39页。
③ 勒鲁瓦-古兰：《人与物质》，第28页。

条件。

“与趋势相反，**事件**是不可预见的并且是随机的。它或是来自趋势和无数环境巧合的相遇——发明，或是来自纯粹向另一个民族的**引用**。事件是单一的，不可伸展的。它是**建立在趋势和环境之间的不稳定的妥协**。”①

正如在吉尔的理论中一样，在此，事件作为进化的实现激发潜在的进化因素。它就是趋势的具体化，通过事件，各种不受趋势支配，但由文化和物理**环境体系**决定的因素相互达成协议，并因而掩盖了趋势的普遍性。

多样性“掩盖”普遍性，并使之染上多样性色彩的过程可以被分成不同的层次，这些层次构成**事件的等级**。**第一等级**是纯粹技术性的，**它体现趋势本身**，但又不完全实现趋势；其他等级构成了一个生态和种族的氛围，**它们是第一等级的多样化和区域化的土壤，事件就实现于这个现实的土壤之中**。换言之，事件有一个技术性的**核心**和一个民族性的**外瓤**。这样我们就进一步明确了技术、种族技术和种族之间的关系：它们之间与其说是一种对立关系，不如说是一种构造关系，似乎在事件中体现的普遍趋势和它们的地区特性之间的妥协，既抑制了冲突的可能性，又将趋势的普遍性本质掩盖、收藏起来。

事件的**第一等级**表现了趋势的普遍性原型。趋势的具体化、区域化或趋势作为技术进化的实际进程在空间的实现取决于其他等级，它们标志着“事件的逐渐个体化机制”②。比如，一种叫“推进器”的狩猎装置表明，**第二等级**代表了由技术生态系统因素决定的区域化现象，这就是说，我们可以根据“最大限度的差异因素（地理和物理环境、猎物、葬礼、居住、石器、宗教等）”来理解不同地理中心之间的聚合现象，比

① 勒鲁瓦-古兰：《人与物质》，第28页。

② 同上书，第32页。

如“驯鹿时代”同因纽特人之间的聚合。技术生态系统的区域化吸收
77 了种族单元的区域化。种族单元又进而分化成次单元，技术事件在次单元中重新实现**第三等级**的个体化，即“种族群体内部的大分裂”[①]。最后，**第四等级**“导向关于事件细节的描述，并限定其所在的具体种族范围，它可以表现第三等级事件之间发生的关系”[②]。

那些包含技术核心层次的种族属于技术进化的各个“阶段”：

> 因为**技术不是单一的**，而是由一系列机械、物理、化学等一般性的知识控制的技术群体。人们一旦懂得了轮子的技术原则，也就同时具备了车、瓷轴、滑盘、木轴的技术原则；人们一旦掌握了裁缝技术，就不仅会裁缝一定样式的衣服，同时也会缝制树皮囊、帐篷、帆船；人们一旦知道利用空气压缩技术，那么也就会使用吹管、活塞打火、活塞风箱和注射管等。[③]

技术群便如此确定技术进化的不同时期，以及“各民族的技术状态”。勒鲁瓦-古兰将这些状态由低级到高级分为五类：极简陋、简陋、半简陋、半工业化和工业化。

13. 作为根源的地理因素和作为“一体化进程”的种族特性

勒鲁瓦-古兰在《环境与技术》一书的最后两章中研究了技术分化、发明以及传播的条件，这些研究的出发点就是种族。在此，他又一

---

① 勒鲁瓦-古兰：《人与物质》，第34页。

② 同上书，第35页。

③ 同上书，第41页。

次与众不同地以一个种族的未来而不是它的过去来确定该种族的特性，这种定义方法的颠倒使他撇开了根源的问题，或者说，无论是技术的根源还是技术在其中发展的民族根源问题，都没有以传统的方式被提出来。

这些研究的目的在于：澄清技术现象的地理区域化得以形成的事件群；建立一种和（仅仅与某些种族相关的）高等文明的技术中心论相对立的理论，这种技术中心论根据文化影响的向心运动来解释文明的 78
传播，而勒鲁瓦-古兰的解释则更偏重于地理因素。“人类历史之初，主要的技术都分布在一块相对狭窄的地理区域，即横贯温带欧亚大陆的轴心地区。”接下来的问题就是解释传播现象。关于这一点，值得注意的是，“在技术的领域中，只有那些能够改善操作的技术因素才能通过引用的途径传播。人们可以引用一种不太实用的语言，一种更原始的宗教，但人们却不会用锄来取代犁”[1]。生物是不会倒退的，基因组合必不可免地会增加它的负熵，同样，技术也只能进步。和趋势的原则相关联的技术具有目的论的意义。我们在吉尔的论著中已经遇到过这一类观点，他认为，技术体系总是朝着更加复杂、更加完整的方向发展。西蒙栋也提出同样的理论，他认为，工业技术客体作为一种（技术的）具体化现象，总是不断走向完善的。

大凡重要的技术，总是同有利于该技术产生的地理区域有关的。然而，技术进步——发明或引用——的种族条件也是同样重要的（种族特征本身也在很大程度上取决于地理强加给某个民族的生存条件）。因为发明和引用作为实现趋势的进程，“和种族的特性有着密切的联系”[2]，所以现在必须明确种族概念的含义。

首先要弄清在一般性人类现象和种族群体之间存在着何种关系。

---

① 勒鲁瓦-古兰：《环境与技术》，Albin Michel出版社，1945年，第303—304页。

② 同上书，第306页。

换言之，一个种族以什么方式来标明自己的特殊性？比如，语言是人类共有的，一般性的语言现象怎样产生各个种族所特有的个别性语言现象？“在语言学专业中，共识早已形成：一种语言和人类学意义上的现实没有必然的逻辑联系”，也就是说，一种语言和某个人类群体——比
79 如澳大利亚人和中国人——的动物特征的结合完全是偶然的。相反，人们已经注意到：语言、技术、宗教和社会制度等现象却通常和地理位置有关。比如现在的中国，它的聚合并不来自中华民族的动物学共性，因为众所周知，“所谓‘中华民族’是各种差异分子的组合，如果分析这些分子，就会发现它们之间存在着极大的差别，诸如方言、颅骨、住房构造以及社会规范等，以至会怀疑中华民族的现实性”[①]。什么因素造成了一个民族的统一性？这个统一性是通过什么途径产生的？为什么要经过这种途径？为什么一种技术现象会在某个民族中发展、以何种方法发展？

决定一个种族统一体的是一个人类群体和时间的关系，更确切地说，是和一个共同的未来的关系，这个共同的未来的效应造成了一个共同发展的现实：

> 一个种族与其说是过去，不如说是发展。久远的政治统一体留下的最初特征，如果没有完全消失的话，也变得模糊不清了。为了形成一个民族，一群彼此相异的人必须在语言、社会、技术和人类学等各方面合成一体。[②]

这个观点与海德格尔把未来放在首位的时间观念是完全相通的。当然，二者用语完全不同，我们将会探讨二者之间的相似之处。

一个种族统一体从本质上说总是暂时的，因为它永远处于变化发

① 勒鲁瓦-古兰：《环境与技术》，第307页。

② 同上书，第308页。

展之中。它不是一种既成事实，因为种族本身并不来自一个构成这一种族的人们共有的根源。种族的统一体是约定俗成的东西，除了神话传说之外，它没有别的根源。这个观点显然和种族向心论截然相反。种族向心论认为，技术特性是某些比其他种族"更具天赋"的种族特有的，这些种族从动物学的角度上说，进化得更完善，因此就获得了文化主宰的优越条件。

由此可见，这种从人和物质关系的方面来理解技术发展逻辑的决定论首先是地理决定论。正如吉尔在讨论埃及和美索不达米亚时指出的那样，地貌地理体系从根本上和技术体系结成了密切的联系。和种
族向心论相反，勒鲁瓦-古兰认为："如果我们全面地考察近三千年来的 80
世界地理就会发现：并不是中亚原点向外传播文明，文明实现于从大不列颠到日本这样一个贯穿整个温度适中、寒暑有节的地带。"[①] 当勒鲁瓦-古兰把这种地貌地理体系加入种族现实中一起研究时，他所考察的是一个人文地理因素。稍后，他又用环境这个地理和历史文化的含混定义概念来表示这种人文地理体系。环境本身又分为内在环境和外在环境两种情况。在这些地理条件的制约下，有些民族和其他地理条件不优越的民族相比，成了技术趋势的推动者，它们创造发明或者最充分地利用了外民族的发明，因而是技术进化的主要动力。它们形成了一些强有力的种族统一体——它们的民族特性就是具备实现本民族一体化的力量。[②]

14. 技术动力的内在环境和外在环境

在旧石器时代末期，随着农业和冶金的出现，最早的技术中心

① 勒鲁瓦-古兰：《环境与技术》，第311页。

② 同上书，第314页。

产生在欧亚大陆这片沃土之上。在新石器革命之前，存在着两个群体：驯鹿群体和驯骆驯牛群体。后一群体生存的气候条件便于人们转向农牧技术的使用，从而最终进入有史时代。技术对一般历史的决定性是显而易见的，这就再一次提出了勒菲弗·德·诺埃特的问题：如果我们可以在语言学、艺术和宗教史、社会学等领域中不考虑“野蛮”和“文明”之间的区别的话，那么“在技术比较的领域中，我们不得不承认这种区别，而且既然政治问题最终是由工具来解决的，那么我们由此也对历史学的问题看得更清楚了：一般意义
81 上的历史实际就是那些具备了翻土和制造刀剑的先进工具的民族的历史”[1]。

技术的优势是历史上许多民族“优势”的深层现实。同样，所谓“文明”与其说是狭义的伦理文化、宗教、艺术、科学，甚或政治，不如说是一种技术状态，一种技术力量的关系。剩下的问题是：这种作为“文明”基本要素的“技术状态”产生的原因是什么？

我们也可以使用另一种分类，即把人类群体分为静态和动态两类。澳大利亚人和中国人都属于静态类型：前者受特殊的地理条件限制，后者则由于文化环境抑制了技术体系。

为了理解技术的静态和动态模式的条件，必须根据“内在”和“外在”环境的双重条件来分析人这种技术性动物的行为。“内在环境”和“外在环境”的概念也是从生物学中引用过来的，根据这两个概念，种族被视为一个生命整体——在此，比喻便成了真正的类比：

> 人类群体在自然中的行为就像是一个生命机体，[……]它通过一层物体（工具、器械）的中介来适应自己的环境。人类用斧头砍伐，用箭、刀、锅、匙来取食肉类。人类就在这样一种中间层之

① 勒鲁瓦-古兰：《环境与技术》，第320页。

> 中取食、自我保护、休息和行动。[……]关于这一层人为外壳的研究构成了技术学，关于它的发展规律的研究属于技术经济学的领域。[①]

这就是要把人类从群体的角度上作为**一个**运行肌体来理解。也正是因为技术客体依赖于技术体系，所以技术的进化必须从人类群体的角度来理解，而不是单一的个体，个别人的特性不足以理解技术的发明。由此，技术经济学所研究的技术发展的规律，就是人类群体这种生命机体的“人为外壳”，这也说明了为什么技术几乎是遵循了动物学法则进化的。

通过**外在环境**的概念，“人们首先要把握的是人的周围的物质环境：地理条件、气候、动植物。还要[……]把这个定义扩展到物质凭证 82
和可能来自其他群体的观念”[②]。通过**内在环境**的概念，“人们所要把握的不是一个人与生俱来的东西，而是对一个特定的人类群体（它通常没有完全限定）来说，每时每刻都构成这个群体的精神财富的东西，这是一个非常复杂的精神传统的混合”[③]。内在环境就是**社会化的记忆**、共同的过去，即所谓的“文化”。这种记忆不是遗传的，它外在于个体生命机体，由非动物性的团体化物质机制所承载。但是它的运行和进化又几乎近似于生物的环境，这就是说，可以从中分析“吐故、保留、内分泌、同一机体其他分子产生的激素，以及外来维生素等”。外在环境是自然的、被动的环境，但也包括“不同人类群体的物质和思想的载体”。作为被动的环境，“它仅仅提供可消费的物质，而一个群体之完全成熟的技术外壳的标志就在于：它可以使群体在内在环境的条件许可下，最大

① 勒鲁瓦-古兰：《环境与技术》，第333页。
② 同上。
③ 同上书，第334页。

限度地利用外在环境提供的消费物质”。至于和外界群体的关系，“这些群体就如同维生素一样，它们激发内在环境做出反应，以便恰当地吸收”[①]。

这里需要澄清的问题是：内在环境在外在环境的地理、文化因素的混合作用下，实现转化的条件是什么？它们之间的交换和变化是怎样发生的？正如生物学中“分子内在环境的可塑性”一样，一个群体对外来文化影响的接受条件是什么？[②]有些变化无须外来文化影响，而只和地理的外在环境有关。然而，一项技术革新来自引用还是来自发明这个问题在此是次要的，因为接受一项发明的前提就是“内在环境已经具备接受的条件。由此我们可以把接受行为本身放在几乎是从属的地位上，而重要的因素则在于群体自身必须处于接受或（假如无物可取）
83 发明的状态中”[③]。吉尔的技术体系理论也会得出同样的结论：一个体系内部的潜在可能性的积累——在极限形式中也是一样——必然包含革新。在此，我们又回到技术趋势的概念，当趋势遇到一定的有利条件的汇合时，**便可以激发一个群体**对引用或发明的**潜在的接受性**。这就需要理解内在和外在环境是如何相互作用，并因此决定事件、“解放”趋势的潜在力量的。不同群体的内在和外在环境也是不同的，因此趋势从来不以自己的纯粹形式体现出来，而是呈现在各种事件之中。但是，只有这种比种族特征更**深层**的趋势现象才能解释一切进化的可能性，并确定两种环境之间的关系的本质：技术逻辑的组合是有限的，与之对应的、构成一切趋势和事件之**背景**的各类可能性组合的结果也是有限的。

---

① 勒鲁瓦-古兰：《环境与技术》，第334页。

② 同上。

③ 同上书，第335页。

15. 趋势的两个方面

为了"突出'内在-外在环境'相互作用的结果的可预见性这个技术进化独特的属性"，勒鲁瓦-古兰从自己的观点出发，使用了"趋势"这个哲学范畴，通过这个范畴，他要表明"**一个发自内在环境的、逐渐攫取外在环境的运动**"[①]。这种攫取运动非常近似于确定肌体在自身的环境中的形态发生的运动，它排除了任何对趋势做出先验分类的可能性。这种运动只能呈现于事件之中，趋势"只有在物质化，并因而丧失趋势之本性时才变得明晰。正因为如此，我们才将特殊的趋势和事件的第一等级等同"[②]。这也就是说，形式不先于物质，这一点我们还将在西蒙栋的理论中遇到。所以，我们必须对构成技术进化的个体化进程——分化——做出新的范畴规定。但是根据西蒙栋的观点，**工业**技术客体无须内在环境的干预而**自身**具体化。这种具体化的动力通过各类功能的复合和多重限定而臻于技术逻辑的完美，并包含了一个新的环境概 84
念：复合环境。内在环境不复存在了，因为，工业化的技术客体造成了内在环境融于外在环境的结果，同时，这个一般性的环境也不复为外在。

在勒鲁瓦-古兰的理论中则相反，趋势总是来自意向性和物质性两种根源的结合，即来自内在和外在两种环境（这个理论的局限就在于忽视了工业时代的特征）。两种环境的汇合实际上就是社会性的人和地理性的物质的耦合，这完全类似于生物和它的生态系统的结构性耦合。[③]内在环境和外在环境的关系是在群体层次上人与物质耦合的表

① 勒鲁瓦-古兰：《环境与技术》，第336页。

② 同上书，第337页。

③ "古生物学研究表明：动物种类的构造线条经过多种渠道自身改变，以便实现和外在环境更有效的联系。这些变化的形式总是可以用数学的方式分析的，因为，每个存在在其发展的某一个特定时期内，都构成保证平衡状态的众多物理法则的（转下页）

现，所以应当视作最佳可能性结果的选择，其中，趋势作为选择的**标准**和**动力**总是把这个标准的基点放在自然自身的规律之上的。趋势的这一层次对应着**技术聚合**的概念：

> 每一个工具、武器等，一句话，每一件物品——从篮子到房子——无一不对应着一个平衡的建筑构造，它的主要轮廓为理性的几何学或机械学规律提供了线索。所以技术趋势的主要作用之一在于构建世界本身。从这个意义上说，房顶向两边倾斜、斧头带手柄、箭身三分之一长度的平衡等，就和螺类具有螺纹贝壳一样自
> 85 然。[……]技术聚合是和生物聚合并列的，它从民族学的开端就部分否弃了接触论。①

我们将会在西蒙栋的论述中看到，组合环境的概念使上述假设复杂化：技术趋势造成了自然的变形。代表我们时代特征的生态困难的意义也正在此：涌现了一个新的、由技术-物理和技术-文化因素决定的环境，但是它的平衡规律还悬而未决。技术聚合创造**新的现实和价值**，然而我们同样可以设想它同时产生一些未知的分歧形式。

在此，趋势体现为使内在和外在两种环境相互符合的双重运动。该运动的各样条件服从于勒鲁瓦-古兰所谓的“狭义趋势”或“趋势的障碍”，这些条件就是使趋势转化为各类事件的区域现象，它构成了区

（接上页）一个组成部分。每一个细微的变化都会带来其他因素的变化。

“鱼类的梭状体形、螺类的螺纹贝壳、陆栖动物足趾的分裂等，都属于一般性的构造线条，对此，不同种类在各自的生活环境中以协调的方式做出反应。例如，这些一般性的线条使鱼类、爬行类、水栖哺乳类具有相似的造型——长形躯干。趋势作用于这些一般性线条，通过这种作用，一个本来和陆栖哺乳类没有多少区别的水栖哺乳动物，由于水栖生活而逐渐获得一个越来越流体动力化的躯干。”——勒鲁瓦-古兰：《环境与技术》，第337页。

① 勒鲁瓦-古兰：《环境与技术》，第338页。

域的特殊性和趋势的普遍性的对抗。

趋势的另一个方面——动力——来自内在环境：正如石头不会自己堆砌成墙，趋势的决定论绝对不等同于机械论。由于趋势的动力来自内在环境的神秘的意念，因此它衍射成五花八门的事件，如同一束光透过一层液体被反射一样。从这个意思上看，趋势的决定论是“松散”的，其中的理性也是神秘和“弥散”的。它是这样一种“技术意向性”：它透过区域的混浊“衍射”出来。在此，区域不仅仅是物质因素，也包括了人的因素：

> 趋势是内在环境固有的，外在环境的趋势是不存在的。比如：风并不能让房屋盖上相应的屋顶，是人给自己的屋顶设计了一个最佳的形式。[……]外在环境就像一个完全被动的物体一样起作用，趋势与其撞击而碎裂，趋势的物质事实就凝聚在这个撞击之上。[……]本质上是普遍性的趋势包含了一般规律可表示的所有可能性，它穿过内在环境并因此而浸透着每一个人类群体的精神传统；它从中获取特别的属性，就如同穿过不同的物体而获得不同的色彩一样；它又遇到内在环境和外在环境的交接点，凝结了物质化的薄膜，这就是人类的器具。① 86

在内在环境内部形成了一个同时作为意向之代表和衍射之调节因素的子环境，这就是**技术环境**。

16. 技术环境作为冲淡内在环境的因素

必须根据群体成员“面对未来”的方式来理解群体的统一性，它

① 勒鲁瓦-古兰：《环境与技术》，第339页。

建筑在社会和谐的整体之上，和谐因素之间又集中体现为一个总的和谐状态，并像一个细胞一样，处于不停的变化之中。在一个被作为内在环境的种族群体内部，我们可以将技术环境独立。这个由“技术体”有机构成的子环境同其他子环境相结合，它们类似吉尔所说的“其他体系”，都具有“不同的发展节奏”。种族群体就是一个特定的人群在一定时段内的复合体，在这一时段内，构成群体的诸种因素保持着相互间的平行关系。技术环境就其具体形式而言，来自普遍的技术趋势，技术环境和其他子环境的结合，使趋势只能在不同的技术事件中实现，并且，“每一个种族群具有和其他种族群完全不同的技术客体”[①]。为了把趋势从技术环境中区分出来，就必须把它从带有“整个内在环境痕迹”的物体中抽象出来。[②]问题在于澄清：技术环境的动力的条件是什么？它具有怎样的“渗透性”？“似乎技术环境始终受技术的一切可能效应的影响，似乎决定性的趋势不断地将自己所有的刺激因素投向技术环境。”假如“技术环境的渗透性是可变的”，那么技术动力的负熵就必然要不断上升。

在此我们已提前涉及了西蒙栋有关技术理论的一个问题：趋势的渗透过程是否也会导致内在环境越来越多地稀释于外在环境之中——并反之亦然？因为，不同的内在环境之间接触点的增加，将通过整体的
87 渗透性，更容易形成所有群体的技术趋势。

正如吉尔的技术体系是由各种技术因素之间相互从属的关系构成的一样，技术环境是**连续**的。技术的连续性排除了“无根源的纯粹发明”[③]。这里我们再一次看到，发明的特性是组合化的，近似于“生命的逻辑”：进化——也包括技术的进化——必须从“再生”的范畴中来理

① 勒鲁瓦-古兰：《环境与技术》，第342页。

② 同上。

③ 同上书，第344页。

解。这也是连续性概念的含义，它既是历时性的，也是共时性的，即使断裂效应在我们看来是技术进化最明显的现象，也不改变连续性的实质。因为连续性观念并不排除突变。突变是本质的连续性内部发生的灾变现象，它恰恰因组合的连续而成为可能。

正如内在环境中分离出技术环境一样，一个种族群中分离出一个技术子群。同样，“种族群是内在环境的物质表现，技术群是贯穿技术中心的趋势之物质化过程”①。由此我们可以追问：技术群如今是否仍然属于种族群？或者说，技术群是否完全遮蔽了种族群，以至动摇了它的统一性？比如，那些非区域化和文化渗透现象就是明显的例证。技术-工业统一体的世界化使得技术群似乎趋于摆脱种族群而独立。因此，“毫无疑问，如果说技术环境是连续的，那么，技术群在外在环境——它非但包含地理因素，而且包含了外来文化的影响——中获得了很大程度的断裂性”②。这个断裂性首先作用于技术环境本身，但是其反作用也会影响到整个内在环境。我们由此可以假设技术群**领先**于种族群。而在当今技术进化愈演愈烈，以至“其他体系”无法适应的情况下，这种技术领先的设想意味着我们面临文化（整个内在环境）和技术由分化到逐渐趋向对立的过程。技术不再是内在环境的一个子环境，它成为**以世界化技术为本的外在环境**：内在环境稀释于本质上技术化 88
的外在环境之中。这种技术化的外在环境首先体现为媒体外界：电讯、电视、无线电传播、电脑联网等。这些媒体缩短了空间的距离和时间的期限。技术化的外在环境也体现为全球性的工业生产体系。当然，勒鲁瓦-古兰本人并没有提出这样的思想，但是他指出：外在环境如何通过技术群来扰乱并重新组织内在环境，技术群在一定的时候可以同内在环境发生冲突，以便于趋势的渗透，即促成来自外在环境的结果的

① 勒鲁瓦-古兰：《环境与技术》，第347页。

② 同上。

实现。

为了分析技术群对内在环境的冲击，首先必须对那些不包含外来影响——不包含技术引用——的外在环境作专门的研究，这项研究的结果对趋势决定论的论证具有决定性的作用。在趋势的论点最终建立之后，紧接着就要力图认识技术引用的逻辑及其作用范围的问题。

17. 进化的持续性

必须在“同一外在环境的不同群体之间”把“真正的引用”和“单纯的聚合”区别开。[①]然而为了认识引用，就不能对它做特殊化处理，因为，由外在环境导入的外来文化因素的影响和一般意义上的外在环境对内在环境的影响，从根本上是一致的。从这一点出发，发明和引用这两种事件之间就没有根本性的区别了。两种事件所涉及的都是技术环境的可塑性问题。

在理解了上述引用和发明的一致性的基础上，我们现在可以看看与某种技术转变的节奏和后果有关的一些情况：

> 引用嵌入某个技术环境，但又不明显地损害这个技术环境：
> 89 引用在不给人以技术转变的印象的条件下丰富技术环境。[……]
> 它在潜移默化中逐渐积累，最终导致内在环境的变化。[……]为方便起见，我们可以考察另一个极端，如农业的引用可以在非常短的时期内造成技术环境中一个相当重要的部分的完全突变。实际上，这不是一种质的差别，而是一种量的比差。[②]

---

① 勒鲁瓦-古兰：《环境与技术》，第355页。

② 同上书，第364页。

我们在此又一次遇到了连续性的论点，它使人联想到莱布尼茨的单子知觉概念，**上述关于引用的论述对于发明同样有效**。在技术体系的进化过程中，一定存在着“灾变”效应，它使技术从一个体系转化到另一个体系（或者用西蒙栋的话说：从一个具体化阶段转向另一个具体化阶段）。但这并不和连续性的观点矛盾，因为连续性是指：进化的动力是体系化的，因而也是**持续**的，正如莱布尼茨的观点一样，任何一个（由引用或发明引起的）转变的结果都对未来产生影响，并扩展其效应，当然这些效应的具体化的时刻会骤然而至，并且会引起技术环境，乃至整个内在环境的剧烈的重新组合。**剧烈**不等于**断裂**，它在此是指**迅速**，所以还是回到速度的问题。

速度的问题属于转变的逻辑问题，这是由内在环境及其包含的技术环境和技术群所决定的。从根本上说，引用的可能性总是首先来自内在环境本身，并且，它必须被作为对一般外在环境的冲击的反作用来对待。正如一定的地理环境造成一定的岩石层，引用确切地说不能被当作一种文化的影响，而应当被当作一种来自外在环境的现象。对于这个外在环境，内在环境依据技术环境提供的渗透性赋予其技术趋势。比如石头若没有从内在环境中获得趋势就不会自动筑立成墙，同样，文化影响永远不会对一个自身不做任何努力的内在环境起作用。因为，只有这些努力才能使外在影响或是在潜移默化中，或是在某个危机到来时丰富内在环境和技术群。把引用当作发明的现象对待，或相反把 90
发明当作引用的现象对待，这实际上就是把外来的影响和发明当作外在环境影响的一般现象来对待，而这种外来环境是由其他群体的技术因素和自然因素构成的。

当各种族群之间的联络发达到它们之间可以不受时间和距离的限制频繁交往的地步时，外在环境又会随着现代技术发生什么变化呢？当“自然”的地理环境被人类——技术——开发殆尽，原始意义上的外在环境不复存在，内在和外在环境之间的主要关系都由技术体系为媒介来实现，从而在技术之外再无被遗忘的“自然”角落，在这种情形下，又会产生什么现象呢？试问：在这样的条件下，世界化的技术体系是否形成一个氛围，其中内在和外在环境的区分由于它们之间关系的改变而成了问题？技术群是否从此由古老的种族群的残余中彻底地解脱出来？

对于上述疑问，勒鲁瓦-古兰在1945年以前曾做出否定的回答；但是在1965年之后，他的观点发生了转变，并提出了超级种族的范畴。

影响并不必然地产生效应，各群体可以抵制技术趋势的实现并维持彼此间的差异。这是多样性的一个保证。但是，既然外来影响的现象必须被作为一般意义上的外在环境现象对待，既然它们也具有制约内在环境的同样的可能性（比如阿拉斯加的严寒迫使印第安人发展雪上技术），既然技术体系在世界化、大众化，以及成为决定性因素的条件下对内在环境起着越来越大的制约作用，那么我们至少应当设想，不同群体在自身条件下实现彼此间的分化的可能性已经根本改变了，尤其是群体的种族定义正在消失。勒鲁瓦-古兰否认这一假设，因为在他看来，这种观点必不可免地要导致种族中心主义的目的论，即断定一些技术-文化中心通过同心圆的作用方式逐渐同化周围的种族。然而，如果从具体化过程的角度，也就是从工业技术客体动力的角度重新定义趋
91 势的概念，那么就不难得出取消群体的种族结构的观点。这个观点否认那种必然导致归一现象并消毁多样性的所谓文化种族中心论的逻辑，它提出关于增殖、再生和多样化的新型条件的设想。

18. 工业技术的进化必然要求放弃技术理论中的人类学假设

如上所述，勒鲁瓦-古兰通过人与物质耦合的范畴来解释以趋势为中心的技术进化。这个解释的一个重要部分——来自内在环境的意

向因素——仍然**是由人类学方法决定的**。到了西蒙栋，这个内在环境消失了。趋势不再含有人类学意义上的根源。技术进化完全取决于技术客体本身。人不再是技术动力的**发动者**，而是它的**操作者**。

西蒙栋研究的是出现于18世纪的工业技术客体，它的产生改变了整个技术进化的条件。《技术客体的存在形式》一书的目的就是"激发一种关于技术客体的意思的认识"[①]。这种认识之所以必要，是因为自机器产生以来，"文化形成了一个抵抗技术的防卫体系；而这种防卫又通常地体现为人类防卫，因为它假定技术客体不包含任何人类的现实"[②]。西蒙栋则认为："如果说技术会带来人（或文化）的异化，那么其原因并不在于机器，而在于人们对技术的本性和实质的不理解。"认识机器的本质，并**进而**认识一般意义上的技术，这就是认识**人在"技术整体"中的位置**。人们通常都公认自工业革命以来，技术的性质发生了变化，因为它产生了**机器装置**，从而动摇了人和技术的传统关系。为了面对这一转变，并首先确认其实质，就必须要建立一门属于"技术学"专业的新知识。 92

要理解机器，就必须铲除"机器拜物教"式的观点。这些观点认为："机器的完善程度和它的自动化程度成正比。[……]然而实际上自动化仅仅处于机器之完善过程的初级阶段。为了使一台机器自动化，就必须牺牲[……]许多可能的用途。"[③]用自动化来定义机器的观点歪曲了机器的功效和它作为工业技术客体的完善性，这种工业技术客体的完善性才是它真正的自治性，也即它的**不确定性**。不确定性使一台机器对其他机器的机能有所**感应**，从而加入技术整体。人的位置就在这个技术整体之中，在各类物体配合运作的有机组织之中。尽管机器

① 西蒙栋：《技术客体的存在形式》，Aubier-Montaigne出版社，1958年，第9页。

② "文化在技术现实中看不到人类现实"。同上。

③ "文化在技术现实中看不到人类现实"。同上书，第11页。

这种工业技术客体只有在有效安排其机能的不确定余地的条件下才能达到自身的完善，它在工业技术中的任务却在于确定自己在技术整体中的机能，协调不确定的技术客体之间的配合。

在这一套技术发生学理论中，人的位置显然比在勒鲁瓦-古兰的民族技术学中的位置次要得多。在大工业时代，人并不是一系列分散的技术客体（机器）的意向性根源。更确切地说，人仅仅执行技术客体自身具备的“意向”。

19. 机械学：关于工业物体具体化过程的科学

在当代技术和文化之间之所以存在着差距，是因为文化没有能够吸收技术客体带来的新的动力，这就造成了“技术体系”和“其他体系”之间的不协调。“现有的文化是古老的文化，它的动力模式来自古代的手工业和农业技术状态。”①

根据技术的要求来调整文化，就意味着采纳现行技术的“动力模式”，抛弃那种如今已找不到现实基础的“动力模式”。这同时就是承认技术动力**领先**于社会动力，技术将自己的动力强加给社会。分析新的动
93 力模式，理解工业技术动力**领先**社会其他领域的**必然性**，这就是能够使我们理顺人和技术整体关系的新型知识的任务。这既不是传统的工人的专长，也不是工程师、企业家们的专长，因为这些人和机器的关系过于密切，或者说过于功利化了。这里的问题是：**要像建立社会学或心理学那样建立一门技术学**。技术客体所包含的动力既不属于心理因素，也不属于社会因素，但是，这个动力同心理因素和社会因素一样，在人类发展的过程中起着决定性的作用，因而也就必须像它们一样加以研究。**物体动力学**和**工业技术学**一样，同属**关于机器的科学**，所以我们称之为**机械学**。

① “文化在技术现实中看不到人类现实”。《技术客体的存在形式》，第11页。

“机器所包容的因素”无疑只能是“人类的现实，即凝固在构成运行结构中的人类活动”。但是，尽管工业技术客体是人实现的，然而它们却取决于**技术客体自身包含**的创造性。正是从**这个意义上**——而不是从自动化的意义上——我们说机器具有**自治性**：对于**自身起源**的自治。机器的机能的不确定性由此而来。关于技术逻辑自身动力的分析比技术趋势的理论走得更远，它超出了个体和群体的意志，并将人类的意志置于技术进化规律的支配之下。在此，技术进化不仅操纵物质世界的规律，而且操纵人类普遍的意向，这个意向在技术的进化中不再占主导地位。放弃人类学的方法，从技术发展进程的概念来把握技术的动力，这就意味着停止把技术客体当作器具或方法看待，从“它自身”出发来定义技术客体。用具的特征就是它的被动性。而技术客体自身的创造性就是通过机能的多重决定性实现的**具体化**。具体化就是技术客体的历史，“它使技术客体在进化中获得厚度，从而证明了技术客体不是纯粹的用具”[①]。工业技术客体不是被动的。它隐含了自身特有的**遗传**逻辑，这就是它的“存在形式”。这种逻辑既不是人类行为的结果，也不是人的安排，相反，人仅仅记录并执行它的训示。机器的训示就是原始意义上的**发明**，即**发掘**。

技术可分为要素、个体、整体三个层次。要素指工具，即分散的器官；个体使分散的要素发挥作用；整体协调个体。工业技术的特征就 94
在于技术个体的变化，它使我们得以理解现今这种人与机器关系的产生和消亡。现代技术历史发轫于18世纪，起初洋溢着乐观主义，接着产生了危机，继而出现了采用热力机的工业技术。在工业革命之前，不是机器代替了人，而是人顶了机器的空缺。然而作为一种工具的持有者，机器的出现也就意味着一种新的技术个体的出现。它不仅剥夺了人的

① 西蒙栋：《技术客体的存在形式》，第15页。

技术个体的资格，而且也剥夺了它的使用权。[①]到了20世纪，控制论系统的机器及其制造负熵的机能带来了新的乐观前景。比机器剥夺人类的技术个体资格更深刻的是，熵的威胁，它给人们带来了面临工业技术进化的恐惧。相反，彻底的乐观主义的依据是关于生命的思想，因为技术的进化呈现为一个分化、秩序化和抗拒死亡的过程。

机器的诞生带来了技术和文化间的差距，因为人不再是“工具的持有者”。为了调解文化和技术间的关系，必须澄清“机器持有工具”的含义，即这个命题相对于机器本身和人的位置的含义。我们的时代需要关于这种新型关系的思想，它自身明晰地体现出技术的积极性。这就是说，技术在我们这个时代已成为一种调节因素，而调节的功能正是文化之本。所以西蒙栋指出：“成为一种调节因素的技术现实和本质为调节的文化融为一体。”[②]

20. 作为运行物质的工业物体的遗传学

机器作为**个体**而具备自身的动力：技术学和机械学一样，研究**工
95 业**技术物体的机器动力，即**运行**的物体。运行物体通过综合来完成一定的功能。综合包含了**整合**的双重意义：通过功能性的多种条件的决定而实现物体的具体化过程和通过物体**再生**以便取而代之。然而再生在此的意义和生命领域一样，产生一个新的、单一的个体，它既保留前辈个体的遗传，同时又完全独特。

物体的具体化，或者说，它的功能通过多项决定的整合，是物体自身的历史，这个历史完全超出了它的物质性，因而也是完全独特的。认

① “机器取代了人的位置，因为人过去一直占据了机器的职能，即工具的持有者。”《技术客体的存在形式》，第15页。

② 同上书，第16页。

识机器的技术个体性就是认识它的起源。把这个起源作为一种和谐与个体性的发展来认识，就必须考察物体从**抽象**到**具体**的转化过程。为了认识一个**具体**物体，如果我们试图建立物体的系列并把它们分类，“我们就很难根据技术客体的种系来下定义[……]，因为，没有任何固定的结构能和确定的用途对应”[①]。不确定性是现代机器固有的属性，但它也体现了一切技术客体的本质。这种不确定性杜绝了根据技术客体的**用途这类外在标准**来对它们进行分析的可能性。构成技术客体类别的不是它们的用途本身，而是实现于各类用途的广泛领域中的方法。“同一个结果可以来自完全不同的机能和结构”，正因为如此，所以“发条马达和弓之间的相似之处尤甚于它和蒸汽机马达之间的相似之处”[②]。我们可以在物体的系列中观察具体化完成的过程，也即具体物体的起源。这些系列的根据就在于它们的方法。由用途引起的误解的根据就在于，它把物体归属于完全外在于物体的人类学逻辑，它把各种异质的结构和机能混杂在种属的范畴下，而这些范畴的意义则取自物体机能和人类行为机能之间的关系。[③]由此可见，人类机能总是要将技术客体纳入用途的规范，所以必须完全**独立**于人类机能去理解技术客体 96
的起源。

无论其表面现象如何，这种不确定性实际上并不与技术趋势的决定论相矛盾。在勒鲁瓦-古兰本人的论著中，技术趋势确切地表现为不确定性和适应性的趋势。在《记忆和节奏》一书中，他描述了记忆的外在化趋势如何在20世纪具体实现在神经系统的机器外化之中，提花织布机的**可编程性**就是这种外化的预示。再者，在内在环境中，确定趋势的并非用途，而是几乎是动物学意义上的功能。当然，和勒鲁瓦-古兰

① 西蒙栋：《技术客体的存在形式》，第19页。

② 同上。

③ 同上。

从人与物质的关系的角度做出关于技术趋势的分析相比，西蒙栋的工业技术客体的动力的范畴具有相对于人类自身的动力更大的自治性。在此，我们可以撇开这层关系中的人的因素，而专门考察属于物质动力的因素，**这个物质为完成一种功能而运行**。这就是有机化的无机物的动力，作为工具的持有者，它释放出一种既不属于动物系统（人类也包括在内），也不属于生态系统（风、水……）的力量，这就是**工业力量**，它是**不受任何区域限制的自由力量**。

技术机能只能从技术**个体**的层次加以考察，而技术个体又只能从它们的**起源**的角度来认识。技术客体的个性在起源的过程中发生**变化**、获得发展，它的个性本身就是这些变化的**历史**和**动因**：

> 我们只能从起源的标准出发，才能定义技术客体的个体性和特殊性：技术客体的个体并不是一样**突如其来的**东西，它具有一个起源。技术客体的统一体、它的个体性和特殊性都是它的起源之坚固和聚合的特征。技术客体的起源是它存在的一个部分。①

由此可见，技术客体具有一定的**历史性**，所以我们不能像讨论一堆被动物体那样讨论技术客体。这种无机物体**自身**发生有机化。在有机化的同时，它变成了一个不可分割的整体，并获得某种类似自我性的动
97 力因。注意，有机化的历史绝不是人类“制造”物体的历史。生物从种系——或种系生成——所负载的遗传的意义上看，具有一个群体的历史；生物也同时具有个体——后生成②——的历史，生物独特的生存环境造成了它的不确定性，并制约其形态生成。同样，技术客体建立了一

① 西蒙栋：《技术客体的存在形式》，第19—20页。

② 后生成（épigenèse）：这个概念和“épiphylogenèse”是紧密相关的。它是指一个生物不依赖胚胎的后天特性的形成过程。作者认为，技术客体的形成过程遵循后生成的规则。——译注

套自身固有的规律。尽管同生物界一样，这些规律只有在一定的环境条件下——在此即指人和其他技术客体的影响——才起作用，然而，“正如种系生成系列一样，进化的每一个特定阶段自身都包含了外形进化法则规定的结构和布局。**技术存在物通过自身的聚合和适应来进化；它根据一种内在的共鸣原则在其内部集为一体**”[①]。这就是具体化过程。由于具体化过程体现了作为个体的技术客体的特征，而技术客体的本质只能从生成起源的意义上把握，所以，这种过程展示的动力基本还属于生物的系统。但它又不完全是生物性的：生物**维持**自身的同一，而技术客体则**趋向**同一，如同一个种族处在发自“传统结晶体”的历史的一体化运动中。

具体化的动力就是在自我适应中的形态生成运动，是一系列器官的多重功能决定性实现的聚合，这些器官一旦彼此分割，就难以考察。在物体生成的有机化过程中，这些器官的运行越来越整体化。我们可以通过像内燃机这样一件技术客体从抽象到具体之间的比较，来揭示这种动力：“现在的马达中，每一个重要的部件都和其他部件紧密相关，并相互交换能量，以至它们不如此便不能运行。”[②]构成一个物体的部件具有该物体固有的**必然形式**。具体化过程就是这种必然性的实现、展开和完善，即**发明**。技术客体的具体化，也就是它的个体化，**形成个体**。换言之，它**形成一个不可分割的组织**。正如在勒鲁瓦-古兰的理论中一样，这种决定论需要聚合的观点，意味着技术可能的答案之数量是有限的。作为一种趋势的要素，这个决定论同样包含了和“技术趋势”理论 98
相通的目的论倾向。然而在此，趋势完全在于物质的一方，是**物质发明了它的形式**；趋势完全处于**传导**的过程中，关于“传导”我们将在第二卷中分析。这样定义的趋势，必然摆脱人类学的瓜葛。它所含的目的

① 西蒙栋：《技术客体的存在形式》，第20页。

② 同上书，第21页。

论成分，绝不是指人类变迁的未来。

21. 技术在工业社会变迁中的主导地位

技术客体的具体化和一体化限制了不同类型的数量：具体、聚合的技术客体是标准化的物体。正是标准化的倾向——生产越来越完备的类型的倾向——为工业化提供了可能：因为技术进化的一般过程具有这种标准化的趋势，所以大工业才得以产生，**而不是相反**，由于大工业的出现带来了标准化的倾向。[①]标准物体的形式不来自工业化的**意向**。“手工制造的技术客体是零散的”，零散的原因来自技术客体的内部，但同时也是和确定其“特制”规范的外在条件的零散性相对应的。由于这类物体没有具体化，所以它们的用途是确定的，它们必须适应带有强制性的、特定的背景条件，一旦脱离了这个背景，它们就不起作用了。表面看来，这是矛盾的，因为物体越是具体，对于“强制”规范就越不确定。一个物体应该内在地固有普遍性和必然性，即适应**自己本身**而不被周围外界确定。但是，“**强制的技术客体不具备内在的强制规范**”，即没有**自我确定性的规范**。工业化是对技术必然性的肯定，它标志着技术客体对工业社会、技术进化对一般性的发展，以及“技术体系”对“其他体系”的巨大权威。“工业化阶段，[……]需求的体系和物体体系相比是较松散的，需求依照**工业技术客体**而形成，**后者因此获得了塑造文明的权力**”[②]。

技术客体的真正规范就是具体化，具体化的过程就是生成的过程，这个过程的每一个极限就像在吉尔的技术体系理论中一样，起着动力
99 的作用。“技术客体的进化经历了从孤立的分析阶段到统一的综合阶段

① “工业化的可能性来自稳定类型的形成”。《技术客体的存在形式》，第24页。
② 同上。

的过程”，这个进化的原因就在于“抽象的技术客体的缺陷”。

> 在一个内燃机马达中，冷却系统可以由一个完全独立的部件实现；如果这个部件停止运转，马达就会受损；相反，如果冷却系统是通过一个整体协调机能实现的，那么马达的机能本身就包含了冷却功能。[①]

多重功能确定的关系是一种联结物体之构造因素、发自物体本身的**客观**蕴含关系。这种蕴含不是逻辑的，它只能在经验中实现。因此技术客体的进化不取决于非技术性的“其他体系”的环境。诚然，存在着一种所有体系共有的动力，如“经济制约（物质、劳动、能量等）和技术固有要求之间的聚合”。但是，只有技术体系——尤其是该体系中的技术客体的动力——才是真正的动因：技术固有的要求“支配进化”[②]。在此还需要把吉尔和勒鲁瓦-古兰关于技术进化的分析向前推进，使之更加彻底。技术体系以及负载的普遍性趋势已不再是“其他体系”的陪伴，技术客体规定其固有的规律，确立其独立自治的地位。在工业化时代，社会的其他领域只能无条件地依照技术客体的规律来调节自己。用途的不确定性为“物体体系”的调节留下可能的余地。实际上，物体提供一切可能性的境界，它从本质上领先固定的用途。

22. 技术客体发展的不可预测性

极限的动力作用意味着，间断性是以具体化为实质的进化的起源。

① 西蒙栋：《技术客体的存在形式》，第25页。

② 同上书，第26页。

断裂划分出各自相继的进化时代，在每一个时代里，技术客体获得自治
100 性。这些时代都是物体自我规范的结果，它是从抽象到具体的“自我因果”[①]，这种自我规范打乱了亚里士多德关于物理存在和技术存在的分类。“相继的和谐体系”建立了带有生物特征的**互为因果关系**，因为生物肌体的部分不能脱离整体而生存。这个**互为因果关系**实现于物体的机能，因而必然明确物体的极限，即构成和谐体系的极限：

> **随着各部分的分体系逐渐达到饱和状态，就会出现不兼容性，极限的作用就在于此，逾越极限就是进步；但是极限的本质决定了这种逾越只能是跳跃性的。**[②]

间断以一定的连续、个体化和历史为背景，脱离了这个背景，间断就无从谈起：互为因果关系的实质是各功能的相互蕴含，即复合。功能的复合不是简单化的现象，复合使技术客体分化，从而“消除过去构成障碍的副作用（把副作用兼容在机能之中）”。消除原有的副作用就意味着一个极限的突破和一个新秩序的诞生。西蒙栋曾以电子管技术为例来分析这个现象。他认为，四极管的发明是三极管的内在必然，同样，五极管是四极管的必然。

和生物形态的生成一样，“功能的专职化不是以功能为个体分别形成的，它是各功能协作的结果；在技术客体中，真正构成物体部分个体的不是单个的功能，而是诸功能的协调群体”[③]。多重功能决定性是指：部分之所以为部分就在于它被兼容于整体之中。技术客体的具体存在——作为形态生成动向的“技术存在”——的本质就是：物体“不再

① 西蒙栋：《技术客体的存在形式》，第27页。

② 同上。

③ 同上书，第34页。

作自我冲撞，因为它不再含有损害整体机能的副作用，没有任何游离整体机能之外的副作用”[①]。工业技术客体的特征就是集各部分为一体的 101
趋势，这个一体化运动并不是一种人为地根据各功能的构思制造物体的活动，它服从一种通常不可预测的协调必然性，这个必然性在机能运行中体现于物体的内部，这就是说，技术客体独立于“制造意向”而自我发明：

> 在具体的物体中，每一个部件其实已不再仅仅是为了完成制造者所要求的某一个功能，而是一个体系的一部分，该体系实施着多重的力量，并产生独立于“制造意向的效应”。[②]

勒鲁瓦-古兰提出的技术趋势概念有其人类学的基础，尽管趋势只能通过物质的规律来实现，这个人类学基础则接受“制造意向”的冲击。然而在具体化趋势中，产生工业技术客体的是**有机化**的物质，也即技术客体本身和它构成的制约体系。这个体系通过极限效应和不同力量的组合，每一次都**发放**新的可能性——发明新的可能趋势。这里涉及真正的技术学意义上的**助产术**。诚然，从现存的物体出发来发明、发掘、澄清或“公布于世”新的可能性的现象，在物理规律中也是存在的，但那还仅仅属于一种可能性。一旦被发放出来，它们就不再是一种可能性，而是**不可逆转地**成为现实，由纯粹的可能性转化为现在我们必须注重的效应。这些新的可能性只有借助技术客体潜在的发明性才能转化为现实，人在这个具体化过程中已不再是发明者，而是**操作者**；或者说，如果人仍然扮演发明者的角色，那么他像演员一样，听从物体本身提供的台词，遵循物质的念白。如此比喻，显然演员不是作者——正因

① 西蒙栋：《技术客体的存在形式》，第34页。

② 同上书，第35页。

为这样，现存的技术客体从来不可能完全具体，它们永远不会被有意
识地构思并实现。具体化的“逻辑”是**经验性**和**实验性**的，它是一种
几乎具有生存意义的逻辑（物体的**存在形式**）。所谓生存意义是指：它
只有在物体实现的过程中、在物体自身的经验中展现出来；换言之，它
形成于舞台上而不是构思中。因此，正如莫奴里指出的那样，发明的
102 逻辑从本质上说是不可预测的，这就是“技术客体永远不可能被完全认
识”的原因。同样，它既不可能是完全理性的，也不可能是“完全具体的，
除非偶然的巧合”[①]。从此以后，具体化要求技术转化为技术科学并以技
术科学来取代科学。但是这也就意味着用技术科学的**实验**来取代科学的
推理。

这种以经验为本的动力可以同将有机物和无机物区别开的因素相比拟，这个因素曾经是生物学独立于物理化学的依据。机械学之所以必要，是因为物理学、社会学、心理学的规律——无论其分散还是组合——都不足以解释以个体生成和建立新秩序为本的技术客体现象。但是从另一个角度看，生物学不可能成为关于机器的科学，因为生物学考察的有机物总是已经完成个体化的有机物。区别无机物、有机化物体和有机物的难度，和限定生物学区别于物理化学的专业的难度是一样的。然而这里涉及的却是第三类现象（既非有机，也非无机）所特有的困难。

我们所谓的技术客体的经验所特有的经验主义**助产术**——它的**机能**——在此同样和一定的**组合筛选**有关。在偶然性的背景中，这种助产术依循具有必然性的种系系列，并以其必然性为前景。这些系列包含突变的间断，每一个突变都标志着一个偶然效应转化为机能的新原则。[②]

---

① 西蒙栋：《技术客体的存在形式》，第35页。

② 同样，一个基因遗传的错误会在生物中产生变体。

23. 工业物体的突变、系谱和自然发展

有两种不同类型的改善：一种是主要的，“它改变功能的布局，明显地提高运行的协调性”；另一种是次要的，“它在不改变原有布局的条件下，减小残余冲突的不良影响”[①]。然而，这类消减本身是有害的，因为它阻碍了技术客体的极限系列给技术制造断裂。这种情况就像经济体系通过保护政策人为地减少一个技术体系的薄弱环节一样。轻微的改 103
善在掩盖技术发展的间断性的同时，抹杀了技术客体的动力的深层意义，正如在一定的时段内，生物之偏差遗传的表面连续性会掩盖突变这一进化的现实。当然，这些“突变”是在一定的系谱线之中展开的，它们的背景是连续的。具体化就实现于物体的系列之中，这些系列的最终环节——也是永不可及的环节——就是完全具体的物体。现在的问题就在于弄清什么是我们可以赖以“追溯某个专门的技术现实的诞生”的第一环节。

技术客体的存在意义不仅在于“它的机能在外界机制中产生的结果”，而且也在于它所载有的、使它获得“后代”的“未饱和”现象的“生殖性”。既然如此，一个系列的第一个环节——“原始的技术客体”——便可定义为“未饱和体系”；具体化的过程就是定义物体的复合现象逐渐“饱和”的过程。在进化的过程中，技术客体构成一个物体系列、系谱或系谱线：这是一个以“原始技术客体”为祖先的“家族”，即由“自然的技术进化”造成的繁衍。在系谱之初，是“技术本质的构造性综合发明行为”。技术本质就是系谱的**同一性**、它的家族环境，以及规定其独特发展形式的内涵：“技术本质就在于它稳定地贯穿于系谱的进化过程，它非但稳定，而且通过内在的发展和逐渐的饱

① 西蒙栋：《技术客体的存在形式》，第38页。

和创造新的结构和功能。”[①]我们之所以可以谈论“**自然**的技术进化”，是因为具体化是技术客体的**自然化**之路：抽象的技术客体在具体化的过程中走向自然性，这个自然性使它得以摆脱与知识家族的亲子关系，而知识家族又未必能使技术超出它赖以诞生的“理性体系”。由此，自然存在和技术之间的区别变得模糊了，似乎工业技术客体带来了**第三种环境**，在这个环境中，技术客体“变得越来越近似于自然物体。起初，这种物体需要一个外在的调节因素：实验室、车间或工
104 厂；渐渐地［……］它摆脱了对这种人为环境的依赖”[②]。正如生物不仅限于它们的物理化学成分一样，技术客体也**超出**构造其存在的科学原则的总和，它证实了“某种机能和兼容性的形式**先于其预期原则**而构成。物体的兼容性不存在于构造物体的、分散的科学原则之中，它是在经验中揭示出来的”[③]。如同“自发生成的物体”一样，必须对技术存在作归纳研究，这属于一门“关于组合关系及其变换的科学，这就是一般性的技术学或机械学”。它与其说近似于物理学，不如说更近似于生物学。[④]但是应当避免“在技术客体和自然物体，尤其是生物之间作夸张的类比”。“机械学”不能等同于控制论，因为，我们不能“建立一门孤立的科学，它只研究现成的自动装置的指令和调节机构”，和维也纳尔的主张相反，“我们只能断定，技术客体趋向具体化，而像生物这样的自然物体则生来就是具体的”。有机组织的原则存在于作为趋势、目标和目的的技术客体。这种趋势的动力原则在于人，因为，“没有人**推动**和**实现目的**，物理的因果性不可能独立地产生积极有效的具体化”[⑤]。因此，生物和无机物之间的关系问题又一次

① 西蒙栋：《技术客体的存在形式》，第43页。

② 同上书，第47页。

③ 同上书，第48页。

④ 同上书，第47—48页。

⑤ 同上书，第49页。黑体字系作者表示强调。

被重新提了出来。工业技术客体导致我们消除技术逻辑的动力中人的意向因素。然而无论怎样，人虽然不**指令**，但会**操作**。我们已经指出，物体在“自然化”的过程中创造一个第三种环境，它超越了自然存在和技术的对立。只有回到这个第三种环境，才能揭示操作行为的本质。 105

24. 先于自身是组合环境产生的条件

物体的自然化以及由此形成自己特有的环境使它避免了功能超常现象，这种现象会限制它的不确定性，并因此使它从属于一个人为的环境。功能超常是指“技术客体过度专门化，以至不能适应在使用或制造条件内的甚至极微弱的变化”[1]。

技术客体是**技术**和**地理**两种环境的汇合，所以必须渗透二者之中。它是二者之间的调和。比如电动机车就有两个方面的意义：一方面在技术环境中，它把电网系统的电能转化为机械能；另一方面在地理环境中，机车的性能和铁轨网络使机械能适应地形条件的变化。电动机车因此体现了两种环境的相互作用。假如我们把电动机车和工厂的电动马达比较，就会注意到，后者“几乎完全在技术环境中运行”，它不需要适应非技术的环境，因为，它的运行条件是严格确定的，正因为它被专业化了，所以就不能具体化。相反，“不属于某个特定的环境，适应使两个各自处于进化中的环境发生关系的功能，这种要求必然会限制物体的适应性，并确定了它的自治性和具体性”[2]。技术客体应当具有摆脱一切专门化的趋势，这**正如人类**由于其器官的**可变性**总是倾向于最大限度地适应各种不同的环境。

---

① 西蒙栋：《技术客体的存在形式》，第50页。

② 同上书，第53页。

干巴尔（Guimbal）涡轮机一例便可确证这个问题的重要意义，我们可以由此引出**组合环境**的概念，并指出一般性的具体化过程会引起何种生态系统。“这种涡轮机浸没在和发电机直接配对的压力管中，它的体积很小，安装在一个充满油压的机匣之中。”浸泡在水中的涡轮机的特点是，为它“提供能量”并使之运转的水属于自然环境，技术运转本身使水成为“多功能”的因素，因为“水散发了电机产生的热量”。但是机油作为技术环境的产物，在与属于自然环境的水的关系中，同样
106 也成为多功能的因素：

> 机油润滑电机，隔绝线圈，并把线圈的热量传向机匣，使之在机匣中通过水释放出来；最后，机油还可以防止水进入机匣[……]。超压本身就是多功能的；油在高压中不断地润滑轴承，同时防水，从而弥补了轴承封闭不足的缺陷。[……]这种具体化的实现和多重关系的结合是以多重功能性为前提的。

换言之，这里的“自然”环境本身被整合，并受到多重功能的决定：具体化在物体之外实现，物体并不简单地将技术环境和地理环境堆砌，它和人类活动一样，创造自己特有的环境——组合环境超出地理和技术两种环境的总和。

“**决定一个环境之诞生的是适应—具体化过程**，而不是**现成的环境**。这个决定性的因素在新生环境被发明之前，仅仅是一种潜在的存在；发明之所以产生，是因为有跳跃，这个跳跃的实现根据就是它创造的环境的内部关系：涡轮和发电机配对的**可能性前提**恰恰就是它自身的实现。”①

① 西蒙栋：《技术客体的存在形式》，第55页。

物体自我决定它的机能，即自己提供机能的条件，这就抑制了功能超常现象。技术客体作为环境的创造者对自然形成座架。自然的水流动在技术客体之中：它并不仅仅服从物体的机能，而是促进这个机能（干巴尔涡轮机提供了海德格尔曾经提及的莱茵河水坝的深层意义）。技术客体把它的“自然环境”验之以理，并因此而自然化，它通过和这个环境的紧密结合而实现自身的具体化，因此也根本地改造了自然环境。这种生态现象可以在当代技术的信息空间中观察，即当代技术发展了普遍化的同时性（比如实况转播和实时处理机制，以及由此产生的模拟倒置技术等），但是被整合进具体化过程的主要因素是人化环境——人文地理，而不是纯自然的地理。在此，关于具体化过程的思考不能仅仅停留于物体的水平，要上升到体系的范围。 107

开创自己特有的环境就是构造。由于技术已经信息化，并在机器的机能方面开辟了最大限度的不确定性，也就是说，既最大限度地减少了功能超常，同时也使组合环境普遍化，所以，这种意义上的构造并不是“自然的人化”，因为它不是人为的构造。具体化物体趋向它的自然本性，“这个过程完全可以体现为人的自然化”。然而，西蒙栋加入了一个中心论题：

> 在人和自然之间产生了一个技术地理环境，它之所以可能，完全是由于人类的理智：通过机能的结果实现某种格调的自我限定必须以**先于自身**这个发明性的功能为前提，而先于自身既不存在于自然中，也不存在于现成的技术客体中。[①]

尽管趋向具体化的技术客体自身具备具体化的动力，但是它仍然

① 西蒙栋：《技术客体的存在形式》，第57页。

要以先于自身的可能性为前提。而这种可能性取决于操作者、发动者或动力因,即人。

在此我们将试图提出:这种先于自身能力**本身要以技术客体为前**
108 **提**,就像形式不先于物质一样,先于自身不先于技术客体。

第二章

技术学和人类学

人既带来和平也发动战争，他用自己的双手撰写法典，为诸神竖立祭坛和雕像，建造船舶，刻制箫笛、竖琴，打造刀钳，制造所有艺术器具；在文字中，人类留下了这些技术的理论记忆，以至借助文字记载和手工，人们可以同柏拉图、亚里士多德、希波克拉底之类的古人交谈。

——加利安

1. 作为时间问题提出的技术问题的悖论

吉尔提出：在技术体系决定技术发明的论点下，我们为何、怎样从一开始就从**体系**的概念出发来思考技术的进化。

勒鲁瓦-古兰试图把体系当作有机组织来考察，它的进化受**技术趋势**支配，而趋势包含两个侧面：人的意向和物质规律。

西蒙栋分析的是大工业阶段，其中的技术决定性和进化，都服从独立于人类意向的技术客体自身的动力规则：技术客体是一种有机化的无机物，它不断地趋向自然化。虽然这个有机化的动力机制已不从属 109
于人类意向，但它仍然需要一个先于自身的操作动力。物体虽然不是人的产物，它至少需要人的先于自身性：问题的根本是时间。

何为物体？电动机车**连同**它的车厢、轨道、电缆、信号系统、车站等不也构成**一个**物体吗？这个物体和供电网络不是又构成了一个新的物体吗？当代技术**体系**本身，从某种程度上看不是也可以当作一个趋向具体化的物体吗？如果是这样，如果说具体化的过程本质地趋向一个组合环境的时代，那么，当代技术特有的第三环境究竟是什么呢？

在此不难断定，海德格尔关于技术问题的看法，比黑格尔和西蒙栋更高明些。当然必须补充的是，技术体系只有从机器个体的独立性出发，才是可以理解的，体系本身作为座架服从具体化动力的安排和调动。此外，我们又一次遇到了生物学形式主义的难题：部分（生物）和作为整体的个体的关系问题。

我们在上一章中曾经指出，这种主要作用于信息领域的具体化现象，通过人类地理环境的整合和功能的多项确定而实现，它直接影响到先于自身的能力，并对它们做多项确定。如果照西蒙栋所说，先于自身仅仅停留于具体化过程中人的一方，那么这种意义上的进化就造成真正的断裂。我们在“引论”中已经指出，当代技术的进化遭受一定的抵抗反应，它集中体现为这样一种情绪，即认为进化的断裂恰恰打击了人类决策的可能性本身，因此，人类的命运被技术的“命运”异化了，“座架”留审人类理性本身。关键是要弄清，先于自身是否**从一开始就形成于物体的技术性之中**？所以，当前的断代概念应予以修正。

在第一章中，我们将技术问题放在时间中考察，并由此展开了本书论点的第一部分论据：把技术作为时间——或者先谨慎地说把技术作为**时间的问题**——来分析。在此，我们还将从人类学的观点出发来研究作为时间问题的技术的问题：假如照西蒙栋所说，工业物体的技术动
110 力来自先于自身者——人的动力，那么我们就要在古人类学（关于先于自身者的起源和进化的科学）和古技术学（关于技术客体的起源和进化的科学）之间作比较，所以本章命题为“技术学和人类学”。在此，我们

将深入研究勒鲁瓦-古兰《手势和语言》一书中的有关章节。他在该书中概括并丰富了自己在民族学研究中提出的观点。

古生物学提出了关于人类起源的最深层的问题，对于这个问题，勒鲁瓦-古兰非但没有回避，而且毫不犹豫地投入最思辨性的研究，同时也试图避免落入形而上学的圈套。他是否如愿了呢？虽然他非常注重实物证据，把它们作为每一个步骤的第一载体，并借以推演某些最大胆的假设，但是他从未因此而沉醉于纯粹的实物实证的幻想，其实，那不过是对最平庸的形而上学实证论的盲从。所以我们在他的论著中看到的，不是关于起源的科学研究（史前史和考古学）和关于先验问题研究的冲突，而是二者不断地相互感染。我们对作为时间问题提出的技术的问题的人类学思考，不久将会引向一种纯粹哲学性的认识。

《手势和语言》把我们推向古生物学思想的最前沿，而且这一思想遗产至今尚未被生物学和哲学完全接纳。这种后继无人的现象不单单由于该学科的庞杂，而且主要因为它触及了一系列巨大的难题，提出了以往任何研究都没有涉及的新课题。

勒鲁瓦-古兰在着手这项纲领性的研究工作时，矛头直指卢梭和他的“唯脑论”。卢梭对动物学原则一无所知，而这个学科恰恰是从整个生命历史的角度来认识人类产生——最终也即技术产生——现象所必不可少的（尼采曾用另一种方式对卢梭的人类学思想以及康德的有关论述进行了批判）。[①]但是卢梭所要求的是一种**先验**的论证方法，正是
在这个前提下，他排除纷杂的事实，针对实际的事实，根据在纯粹自然 111
之声中展示的原始清晰性，提出对人类起源作虚构陈述的权利。我们将会看到，这个虚构陈述断定：从经验事实出发对人类起源问题的认识总是过时的。卢梭这个论点的基点是经验和先验的截然分界（因而也假定了存在和变化的对立）。勒鲁瓦-古兰的有力论证动摇了这种分

① 尼采：《哲学家的原罪》，《人性，太人性》。

界。但是他自己又遇到了无法逾越的困难，以至不得不重新建立这一分界，因而在不同的前提下重蹈卢梭的覆辙。

在本章中，我们将讨论一个当代技术的悖论：技术既是人类自身的**力量**也是人类**自我毁灭**的力量。从这个悖论及其引起的起源（时间）问题出发，我们将通过关于技术学和人类学的临时性定义进入卢梭的先验人类学提出的有关问题及其矛盾。由此，我们便可以考察勒鲁瓦-古兰批判先验人类学的论据，并进而在下一章中探讨关于南方古猿和尼安德特人之间实现的人化过程的总体假设。

2. 技术（给我们带来）的问题

在“座架”的技术化含义中，生命的一切领域普遍地被卷入“技术化”的潮流。在以上已经引用过的《第五个五年计划》推行的研究规划中，社会现代化的主题异常突出。自1973年能源危机，尤其是80年代以来，无论在法国还是在其他国家，遍及世界东南西北各地，尽管观点千差万别，这个主题却主导了所有官方和民间的公开言论。

在很早就实现工业化并具有“民主”传统的国家里，出现了一批“技术极”。人们曾试图重新评估技术教育。“贡比涅技术大学”就是随着这类新要求诞生的新型大学。本书的部分研究工作就是在该校
112 实现的。

技术产生了各种各样前所未有的新型装置：机器被应用于流通、交往、视、声、娱乐、计算、工作、“思维”等一切领域，在不久的将来，它还会被应用于感觉、替身（遥控显像、遥感、模拟现实）以及毁灭。生命机器：类似“狮身人面兽”的**生命奇观**现在不仅触及无机物的组织，而且也影响到有机物的再组织。

但是存在着这样一个矛盾现象：一方面是普遍化的机器系统所具有的巨大活力（它以每天产生的新体系回答在工业经济中占统治地位

的不断革新的规律)，另一方面是技术主导一切的升平景象的彻底破产。技术装置带来了数不胜数的问题：由强化交通和改进速度而引起的交通阻塞和危险性的上升；不仅由于实物输送器械，而且由于信息传送网络引起的普遍“紧急状态”;“信息内容”的贫困化、文盲、孤独、人与人之间的疏远、个体性的枯竭、区域概念的消亡；失业，机器人不仅不能使人摆脱劳动，反而把人逼向贫困或神经质的境地。由于人把决策过程委托给机器，所以人的选择和先于自身也因此受到威胁，这种对机器的依赖是必然的——因为人已无法控制信息交流的过程(比如电子控制的股市网络)，而一旦它与毁灭性的机器相吻合就是十分可怕的——比如遥控导弹(常规或非常规)的战争网足以对人类构成毁灭性的打击；知识的代理也是令人担忧的，因为这不仅从根本上改变了知识的传播方式，而且似乎构成一种知识消亡的威胁：人们都对计算器将给后几代人类的计算能力带来的危害而担忧，自动拼写纠正程序同属一类。但是问题不只于此，它一直延伸到更复杂、更“科学”的技术装置：信息库、专家系统、知识库系统和电脑辅助决策系统等。震动更大的是媒体对社会集体行为造成的强烈影响。这些媒体控制了直接传播给具有不同文化根源的广大民众的实况新闻生产，这一生产权操纵在职业人员手中，他们的行为完全根据越来越规范化的工业体制内部的纯粹 113
商业的标准而“理性化”了(一种恐怖主义和赤裸裸的宣传精神栖息于这个体制之中，它们不单单是一些孤立的小集团的特有现象，而且已成为一种名副其实的国家政策——该现象并不仅停留于所谓贫穷或“极权专制”的国家)。但是与此同时，一切**地区**政治计划似乎都服从于一种激进的世界化公共舆论的**指引**。在此，我们尚未敢论及对自然资源的成体系的开发和对“大自然”的破坏，生态问题在如此短暂的时间中得以普及并占主导地位：土地和能源枯竭、水的污染、臭氧层被破坏、城镇失控、各类病菌感染等。

然而，技术发展最耸人听闻的成果无疑是遗传操纵，这引起了一系列无可奈何的争论：比干脆毁灭人类的可能性更令人担忧的是，遗传学的操纵使制造“新型人”或“假人”不仅可以想象，而且成为可能。在此，我们姑且不讨论这类操纵可能带来的科幻式的可怕后果，但毫无疑问，就在精神分析学和人类学从**心灵**与**社会团体**的方面完成对亲缘问题的构造层面的研究的同时，遗传学的操纵的应用足以摧毁类似“亲缘”等人类最古老的信念。母子、父子、辈分关系等已不再属于不可触犯的现实领域（冷冻精液、试管授精、胚胎移植等开创了新的市场）。马文·明斯基建议发展一套微型技术器械计划——微型技术——以便用于人脑内部的研究，使大脑和新型的人造器官连接，并通过在大脑皮层加入遥控显示系统和“智能”的自动组件指令，扩展大脑对运动的感觉和计算的功能。在许多第三世界地区，大批流浪儿童被绑架，五脏六腑被割取，这种肆无忌惮的器官买卖已发展到了令人发指的地步。与此同时，新的动物实验热正在兴起，人类“DNA”成为一个大规模的研究规划，其目的在于生产出可申请专利和赢利的“产品”。遗传基因的操
114 纵直接影响到人类个体的生理组织，人特有的记忆和基因的未来，也就是影响到人类“最自然”的实体和本性。

什么是“本性”？

上述关于当代技术发展现状的悲观而又实事求是的概述，其目的在于从存在论的角度（如果还可以使用“存在论”一词），明确澄清人类学和技术学之间的关系的紧迫性，这种紧迫感虽然尚未形成清楚的意识，但已被普遍地感受到了。如今，它第一次直接从根本上触及了“什么是人类的本性”这一类问题本身的提问方式。

技术的问题首先是技术给我们提出的问题。也许海德格尔从《存在与时间》到《时间与存在》的思辨发展过程不过是对一种转折的实现，假如，现代技术确实是形而上学的完结、形而上学是存在历史的完结、存在历史是存在本身的完结、存在是“我们自身的存在者”对自己提出存在的问题的完结，那么相反，从这个转折开始，必须“不通

过存在者来思想存在"[1]，这就是说，不通过此在，不通过"我们自身的存在者"。

3. 人成为宇宙秩序[2]及其自我毁灭的力量

在当今的技术时代，技术的力量具有毁灭整个人类的危险，这就是以上悲观陈述理应得出的结论。技术造成了种族的非区域化，也即区域概念的消亡，新的知识、自然、政治（不仅指决策的代理而且指民主"市场化"）、经济（由电子系统主宰的金融活动的一切领域），时间和空间的变迁（不仅指个体间的时空，如电信网、实况转播、实时和"直接"技术等手段展开的全球化时空，而且也指"身体"的时空，如遥感、 115
遥控显像等，这些新名词本身就包含了许多矛盾，我们将试着研究），诸如此类现象，将摧毁劳动、家庭等传统的社会模式。如果我们真的理解"人"、"身体"、"自然"、"区域"、"空间"和"时间"等概念的意义，那么理应做出以上判断。

暂时将人类的本性是否受到变质甚或毁灭的威胁这一问题搁置一

① 海德格尔：《时间与存在》，《问题IV》。

② 宇宙秩序（astre）和灾乱（désastre）："astre"在法语中出现于14世纪，来自拉丁语中的"astrum"，"astrum"则来自古希腊语中的"astron"，它的通常意思是指天体、星宿以及占星术所指的天体对人类的影响。"désastre"则形成于16世纪，来自意大利语中的"disastro"。"disastro"是拉丁语中"dis"和"astro"的组合，原义是指"在不祥的星宿下出生"。现在"désastre"在法语中通常指灾难、灾害、祸乱等。作者在此将这一对貌似同源（似乎"désastre"就是对"astre"的否定）、实则互不相干的词连用，在法语中是很少见的。他的目的在于赋予这一对词以新的含义。"astre"在此已不限于"天体"的意思，而是在更广泛的意义上表示一切来自自然的秩序和力量。作者认为，在现代技术产生之前，人仅仅是在这个"不以人的意志为转移"的秩序中生活；但是现代技术使人也成为天体的一员，人参与改变这个自然的秩序。与"astre"相对应，"désastre"是指这种由人参与改变的自然秩序所带来的混乱、变动和迷失方向。本书的第二卷就以"迷失方向"命题。——译注

边，首先要弄清楚的是：人类是否有这么一个本性？观察当今人类**世界**所发生的一切，首先要提出的问题是：人类世界**曾经**是个什么样子？根据莫里斯·布朗肖的观点，如今这类问题以特别的方式不可避免地提了出来，它们从根本上涉及我们的时间本身：**它起初是人们依照天体运动建立的地球计时**，直至现在**人本身也成为参与宇宙秩序的天体**：

> 如果说，我们从希罗多德的著作中获得了转折的启示，那么当今世界中所发生的一切难道不足以使我们确信正处于一个重大的变动时代吗？这个时代现象已不是我们习以为常的“历史”概念所能容纳的，它们属于另一个我们尚未认识的范畴。
>
> ［……］当今我们遇到的现象具有一种根本的特征，即非人格的力量，它体现为：群体事件作用、机器至上、物质的构造性力量。三者统称为现代技术。因为技术的范畴包含了三个内容：为在全球范围内设立精确计划的世界性组织，机械化和自动化，最后（也是最关键的）是原子能的应用。一些直到目前为止只有在天体范围内才能实现的现象，人在自己的范围内也做到了。所以说人类也成了天体的一员。这个新兴的天体时代已不再属于历史的尺度范围。①

历史学的尺度是把人类的活动和天体的活动区分开，并由此来构造人类世界。人类（人类世界）曾经就是历史（希罗多德的世界）。人类（人类世界）已经成为天体的一员（人类世界成为作为天体的人的世界）。在此，天体是力量的标志，它宣告了一个时代的变更和现代技术的到来。然而这是谁的力量？换言之，这是什么力量？是人的力量，还

① 莫里斯·布朗肖：《论时代的变化》，《未完结的对话》，伽利玛出版社，1969年，第396页。

是现代技术本身“非人格化的力量”？ 116

人类曾经就是历史，历史是人类的**第二起源**（人类先于历史），也是如今正在普及全球的西方世界的起源。这个第二起源已经成为**全人类**的起源，因为西方世界已完成了全面的世界化扩张。西方人的起源是指：西方人的文字和理性思维，他们在理性的**发展**中，实现了自己所在世界的发展——地域扩张或实现非地域化运动。这是**彻头彻尾的技术扩张**，而西方的文字作为一门**技术**从一开始——**起源**——就是西方世界获得以扩张和征服为本的西方理性的基础。[1]

历史作为人类的第二起源标志着一个世界——西方世界——的开端，它在人类天体化的纪元已成为全人类共有的世界，就其全球扩张运动而言，这个世界已经完成或“实现”，因为它**以全球性的扩张运动为特征**。所谓完成也就是终结、完结、消亡或正在消亡（“时代的变更”）。当代技术实施的根本性变化就在这种完成中来临。这个伸向全球的世界，就是西方的科学和技术的世界，它在经过美洲处女地之后，实现了一种新型的关系，即**技术科学**的世界。

人类成为天体以及技术科学的想象，不仅仅体现于当今人类能在地球范围内实现“至今为止只有天体运动才能实现的变化”。天体物理学家于贝尔·利弗斯[2]在设想人类针对太阳最终**消亡**后带来的困难寻求解决方法时，曾假设一种人类加之于天体运动的技术干预。这个“虚构”同另一种非常“严格”的科学假设相比，各有千秋，这种“严格”的假设通过所谓的第二生物圈的模拟科学和工业文化操作而盛行于媒体传播界。

西方世界的总体完成意味着它调动了一切能量：不仅包括了地质和地理的能量，而且包括历史-精神方面的能量；并且，在不久的将

① 参阅布朗肖《拉斯科洞穴之兽》。

② 利弗斯：《地球的未来》，原载*Patience dans l'Azur*，第135—140页。

来，它还将调动天体本身的能量。这种能量调动的结果就是：技术力
117 量——首先作为人的力量——获得前所未有的、无法计算的，并在短期内无法预见的增长。然而如此西方世界的总体完成，却带来了这样一种奇怪的现象：人类越是强大，世界就越是趋向“非人化”发展。人类对自然——同时也就是对自己本性——越来越多的干预明显地表示：人类的力量是一种摧毁人类（世界），使人类自身非自然化的力量。但是这个论断的前提是：人类的本质是在世性，而在世性的特征[①]似乎已被技术科学“世界”摧毁；并且，人类的生物肉体本身也成为技术**干预**的对象；这一前提是一个**临近**的可能性。所谓“时代的变更”正体现在这种紧迫性中。只有从这种紧迫性出发，我们才能再一次提问：“**人是什么？如果在世性即技术性、技术的力量和行为，那么人类世界又是什么？**”而且我们**最终**要问：“作为人类的力量——**有力量的人类**——的**技术是什么**？”

4. 技术的问题就是干预的问题：无度和尺度、天体秩序和灾乱

利弗斯的论述和米歇尔·德基的一篇间接地回应利弗斯的文章[②]，都从不同的角度提出了干预这个根本性的，而且是西方世界特有的问题。干预问题之所以出现在西方世界，是因为这个世界来自一种和诡辩论对立（并存）的哲学传统。它指责诡辩论把逻各斯器具化，因而篡改了逻各斯的真理性本质，使之成为对大众观念强加干预的力量的工

① 这就是说世界的基本形式：是否可以在不触及亲缘关系、身体本身，以及距离所需要的清晰的临界点等因素的条件下，改变世界的基本形式，并由此展示出一个不变的基础？

② 关于天体秩序和人类天体化的问题，米歇尔·德基撰文评论了《世界报》上一篇关于“空间艺术”的文章，见《思辨的时代》第六号，伽利玛出版社，1985年，第189—190页。

具。这一指责是和人们试图面对天地间的无度筑立一个尺度的悲剧性意向分不开的，在与天体的本质关系中，这种论点总是作为**定理**而出现，它把一切存在当作固定不变的存在者，并因此而推出诸如存在与变化的关系、感觉和理智的对立等问题。这种哲学立场至今仍然主宰着当代哲学言论，它试图在技术科学的理性范围内来分析技术-人类学的 118
发展。在这种哲学传统中形成的关于技术的特定理解支配着几乎所有的话语领域（哲学、人类学、科学、专家政治、媒体政治、艺术等），这种理解建立在诸如**目的和手段、主体和对象、自然和文化**等对立范畴之上，并且只有在此类范畴的对立中才有意义。

勒鲁瓦-古兰的人类学——**只能作为技术学成立的人类学**——从根本上动摇了这种对立范畴系列，并有废除这些范畴的可能。以往的历史学理性企图用这类范畴来把握技术实在，现在它们的过时是同人类的天体化分不开的（所谓的天体化就是干预问题，如果说《手势和语言》第一卷主要考察了人性的技术学**根源**，那么第二卷则同样从技术学的角度预示了人性的**终结**）。这些**历史**范畴的过时（我们将在第二卷中详细讨论过时的问题），是人类天体化付出的代价，它构成“时代变迁”的深层意义。**变化**的因素就是如今被作为体系、趋势、具体化或座架等理解的技术。变化引起混乱。混乱并不一定指灾难，而是指**迷失方向**。天体是向导。迷失方向就是失去向导。而向导只能体现为**自身的差异**（与众不同）、上帝、纲常、解脱末日，一句话，是首脑的混乱。差异在技术潜在的无限性中消失。人类受到自身力量的威胁，而且通过这种对自身本性的威胁，人类也威胁大自然本身。这是对“自然之本性的威胁，对存在的威胁”。

人类是否应当以人类中心论——它一直受到哲学理性（起初针对诡辩论）的批判——的名义抵制技术，也就是说，抵制人类自身的力量？所谓**人类中心论是：不仅断定人类有其“本性”**，而且断定人类的“本性”或**人类本身面临着毁灭的危险**。从哲学上说，我们不能无条件地接受这个假设。人类是否构成生命变化的**尽头、目标**、目的或终结？或者说，自达尔文以后，人类是否发现了其他起源？人类中心论中真正需要批驳的，并非所谓的“人类尺度”这个已经被废除的观点，而是把
119 人类作为自然的目的——或者完成、终结——的**目的论**观点。

然而还有另一个问题：人类在消亡的同时是否应当毁灭自然？人类中心论反对变化、注重**存在**有何道理？存在的问题是否应当从人类变化（维护存在）的问题出发来思考？甚或相反，这个问题是否应当作为自然和维护自然——**尤其**包含了维护人类的本性——的问题来思考？

和人类中心论相对应，“技术中心论”是否也会对自然构成威胁？尤其是否会对人类本性构成威胁？不过这个问题在此退居第二位，人类不必再以人类中心论的名义来抵制技术。技术中心论是指技术为“自己”发展，它的发展以自己为目的，技术完全自立、自为法则，它甚至因此而为万物立法。这种发展一直被人们视为无度本身，即异化的外力，它使作为自由存在的人丧失“自由”，在排除未来或变化因素的同时，终止时间。但是，技术中心论**同样**而且**仍然**属于人类中心论的一个变种类，因为它的实质就是要掌握并占有自然。

这里所说的自然首先是指人类的自然（本性）。西蒙栋把人作为技术机制的操作者，那么在技术成体系的、实现的具体化的过程中，我们同样看到了技术取消（或更换）操作者的可能性。探讨人类的本性首先意味着探讨人类的起源。这实际上正是人类学所要做的工作。但是我们在此要对这个问题本身的形式提出疑问。我们不再像人类学那样假设人类有一个固定的本性（或起源）。比如列维-施特劳斯就曾提出：人类学的任务在于解决一个“不变性的问题”，它以“现代的形式提出了一个古老的疑问，即人类本质的普遍性”[①]。我们之所以对勒鲁瓦-古
120 兰感兴趣，恰恰是因为他把人类学当作技术学来研究，这是一个例外。

① 克劳德·列维-施特劳斯：《结构人类学》，Plon出版社，1978年，第2卷，第35页。

5. 技术学

技术学的第一个定义是“关于技术的学问”。技术是指什么？通常来说，技术是指当今人类生活中和工具、器具，甚至仅仅是和机器有关的一个狭窄的特殊领域（门富尔德就是从机器开始思考整个器具性问题的）。

但是技术首先是指一种才能。什么东西不属于才能的范围呢？礼貌、风度、烹饪等都是一种才能。不过在最后所举的烹饪才能中，涉及一种生产行为，即使物质材料转换，从“原材料”转化为“第二材料”或“成品”。正因为如此，人们才更容易把烹饪归于技术的一种，比如柏拉图在《高尔吉亚斯篇》中就作此归类。它是一种生产才能，赋予物质一种新的形式。这是一种手工模式，工匠是制造或生产的操作者（动力因），由此便有四因论，传统的技术概念由此而来。

舞蹈生产表演。高雅的风度不也是一种表演吗？舞蹈是一种技术。正如高雅的风度一样，舞蹈并不一定是为他人“生产”（好比社交或商业演出），舞蹈和其他技术一样，完全可以仅仅为了满足“动力因”本身的爱好。修辞学和诗歌同样是技术。一切语言都蕴藏着诗意或修辞艺术。语言作为一种才能难道不也是一种技术，并可以被买卖交易吗？说话需要才能，尽管它不属于说话者的“专业”，它也是一种生产，即生产语句。语句和一切技术产品一样，可以被用于（或不用于）买卖。可见给技术领域划定界限是很难的。

人类的一切行为都含有和技术有关的因素，所以从某种程度上说，人类行为即是技术。但是尽管如此，在人类所有的行为中，“技术”却被单独地区分出来。它通常指一些不能被所有的人掌握的才能。由此便产生了工匠技术、医生技术、建筑师技术、工程师技术、哲学家技术、艺术家技术、修辞家技术等。技术是一项特殊的才能，它并不是个人本能

所必不可少的。我们试图在这一部分中指出，这种对技术的理解是不
121 充分的、狭隘的和片面的。然而正是这种差异（专业化）使得技术在种族环境中构成自己特殊的环境，并逐渐脱离了区域的界限。

所以，技术学是一种描述和解释特殊技术、技艺和职业等特殊方法的学问。它或者只涉及某些特定的方法和技术，或者涉及成体系的技术整体，在后一种情况下，技术学就是关于技术体系进化的学问。

可是目前人们又常常以**技术学**一词来泛指和传统的前科学的技术相对立的、自身包含科学的技术。随着作为"实用科学"的技术而产生的是工程师集团。从这个流行的技术学意思派生出技术科学的概念，它是指技术和科学互为依存、理性服从于实用——在哈贝马斯看来，资本的实用性就是"理性相对于一个目的的行为"。这是对哲学最初认识论模式的倒置或破坏。在认识论模式中，理论——科学的本质——的定义就是独立于实用的、人类中心论的目的性。而技术科学是否服务于人或技术本身呢？究竟是否实用性在支配着具体化过程？长期以来，技术一直被作为进步的同义语。假如技术不再必然地被视为一种进步，或者更确切地说，假如进步的意义不再必然地符合人类的利益①（这是促使各类抵制技术发展反应的深层情绪），我们是否还可以断言技术科学使理论服从实用的目的性（实用当然是指对人类有用）？

照此说，技术将是它自己的目的。许多学者在做出这个假设后，都认为技术的自我目的化，从存在论的角度看，会给存在者或"应当存在者"带来既可怕又可恶的可能性。但是，这类分析仍然把方法和目的相对立，因而仍然自缚于**已不能用来说明**什么是技术的范畴之中。既然技术**能够**自我目的化，这就意味着目的和方法的对立范畴对它已是鞭
122 长莫及了。

① 参阅里奥达尔的《非人》，伽利略出版社，1988年。

6. 人类学

关于当代技术的占主导地位的认识仍然陷于承自形而上学的对立性原则，因而也就必然受到人类中心论和技术中心论这一错误的两难命题的制约，并简单地将人和技术**对立**。

如果我们现在要提出人类之本性的问题，并且，假设一个实体的本性、本质或原则取决于它的起源，那么我们就要对人类的起源提出疑问，而且我们还没有逃脱怀疑这个问题本身之可能性的危险。

然而，在对人类的可能性、人类的起源或人类的一种起源之可能性提出疑问时，不能忘记对一般意义上的起源的可能性提出疑问。讨论人类的起源实际上就是在自觉或不自觉地讨论一般意义的起源，即**存在之物**、存在者的原则、存在者的起源。起源问题就是探讨原则，探讨最原始的因素，探讨自始至终而且永远为存在者建立在它的存在之上的东西。起源问题就是存在问题。如果这里探讨的是人类的存在——决定人之所以在、它的"本性"或它的"自然"的起源，那么就必须懂得在人身上区分两种因素：一种是人的**本质**存在，是人之为人而**始终具有**的、**一成不变**的因素；另一种是人的**偶然性**存在。一句话，把人的本质定义和偶然定义区分开。同样还必须认清关于人类之**变化**的问题所要遵循的依据。假如我们能够确立人的本质就是技术的观点，那么，在此就已经可以预感到上述对任何实在都必不可少的区分，以及使这些区分成为可能的**存在论**，有可能在"我们自己的存在者"面前碰得粉碎。

起源的问题——包括人类起源的问题——不能用简单的历史学模式研究：关键并不在于寻找最初的存在痕迹。我们永远找不到最初的存在者的原则片段或痕迹。如果说最初的思想家们——研究起源的思想家——如此推断（万物之初是存在者的一部分：水、气等），这并不是因为他们对此作了历史的研究，这个推断从理性的原则出发，而理性是自身的原则：存在的原则就是推理的原则，唯有理性的原则才能识别不同年代的一切痕迹。这类推断不仅神秘，而且和形而上学一样古老。
123 说它神秘，是因为它通常从**沉沦**着手来探讨起源问题。从柏拉图到卢梭乃至卢梭之后都是如此。如果“沉沦论”是指沉入物质世界，那么这同时也就是指（而且主要是指）沉入技术世界。诚然，柏拉图没有这样直截了当地一语道破，但是卢梭却明了得多了。沉沦的存在从起源开始就掉进偶然性之中，偶然性**低于天体**，它属于变化、遮蔽、掩盖，是对存在的遗忘：沉沦是一种**遗忘**。沉沦的是**灵魂**。灵魂有其自身的运动原则，即自我原则——而我们将在亚里士多德的《物理学》中看到，技术从根本上说不具备自身的运动原则。灵魂也具有意识：起初，在我们这个世界的源头、在变化世界的开端，灵魂从永恒的、天体世界的位置，沉入了现在这个世界。这是向肉体、情欲、个别利益的沉沦：沉入感觉这个唯一存在着真伪冲突的领域。柏拉图的哲学理论建立在感觉和理智的对立之上，也就是在天体世界和凡尘世界的对立之上。换言之，**本质的人**或灵魂的本质即是认识，而**技术**的本质是无知，即自我运动的绝对丧失。显然，对于这样一种思想而言，技术的自我运动只能是一种幻觉。但是对于我们来说，这样明晰的理性，无论是直接的（通过一般观点）还是间接的（通过哲学讨论），都是不存在的。

这种论述的雏形和初始阶段（灵魂来源说）出自苏格拉底向美诺讲述的佩尔赛福涅[①]神话，它的完成（灵魂的沉沦）——就柏拉图的观点而言——见于《斐德若篇》。《美诺篇》是关于起源问题的最早的哲

① 佩尔赛福涅（Perséphone）是古希腊神话中谷物神得墨忒耳（Déméter）的女儿，冥王哈得斯（Hadés）的妻子。传说佩尔赛福涅在采花时，脚下的土地突然开裂，哈得斯把她强抢回地狱成亲。得墨忒耳失去女儿后悲痛万分，致使大地谷物枯死。最后宙斯出面，决定佩尔赛福涅每年有一半的时间走出地狱和母亲一起生活，另一半时间则要在地底陪伴哈得斯。柏拉图用佩尔赛福涅的神话形象来阐述灵魂和肉体的关系，以及灵魂对“前生”的记忆。——译注

学陈述，而且它第一次肯定了先验知识的绝对必要性。什么是善？苏格拉底告诉美诺，这个问题是无法用事例来回答的。我们不可能把善的定义**建立**在经验之上。经验只为我们提供了不同的事例，但是任何事例都不可能包含所有事例同一的规则；只有在道出善的本质，即在真正回答了**什么是**善这个问题之后，我们才可能陈述多样性的事例的同一性，揭示使所有事例从道理上而不是从事实上成为善之事例的**理性**，从而把握多样性中的普遍性。然而这种普遍性和本质性并不**就其本来面目**呈现于经验的多样性之中，它不现成地体现在经验之中，因为经验总是多种 124
多样的。这并不排除事例可以帮助我们找到本质。但是启发性的原则不在事例之中。实际上，苏格拉底不过是借助这个问题来提出"**什么是存在**"的问题。什么是关于存在的认识？什么是真的论述？对这些问题的回答致使柏拉图讲述了开形而上学之先河的佩尔赛福涅神话。

这个神话反驳了美诺对苏格拉底关于本质问题论述提出的诘难。美诺认为：假如你不依靠经验，假如这个依靠对于本质的探讨在原则上是不可能成立的，"那么，苏格拉底，你将怎样着手寻找一个你自己根本不认识的东西？在所有你不认识的事物中，你觉得应当找哪一样呢？甚至可以假设，你由于机缘巧合碰上了你要找的东西，可是由于你从来不认识它，你又怎么知道这就是你寻找的对象呢"？

苏格拉底重述了这个诘难以便澄清其重要性，并回答道：美诺，在你看来，"一个人既不可能寻找他知道的东西，也不可能寻找他不知道的东西。一方面，他所知之物，无须寻找，因为他已经知道了；另一方面，他不知之物，他根本不知道要找什么（因为不知其为何物）"[①]。

这个在哲学史上占有重要地位的诘难提出了关于本质——起源、事物之所以**开始存在**的原则——的反思的困难。其意义是巨大的：如果说真理可以获得，即在对话中获得，那么我们什么也学不到，没有任

① 参阅《柏拉图全集》，七星文库，1950年。

何新的内容，我们关于存在无话可说。如果关于真理的言论不是简单的事例堆砌，而是把事例汇集在**揭示它们共同的起源**的同一性中，这样的言论只能是一种圈套。如果哲学对美诺的诘难无言以答，这将是诡辩论的彻底胜利。

试图回答这个诘难，这本身就是哲学史一切思想，尤其是现代思想的动力：笛卡尔、康德、黑格尔、胡塞尔、尼采、海德格尔等，无一不探讨
125 这个问题。现代哲学，从康德开始，把这个诘难命名为先验性问题。

苏格拉底的回答是：由于这个问题是绝对的，它从**道理**上说先于一切问题，并决定了提问题本身的可能性，因此它是一个**极限问题或根本性的问题**，它只能通过“向极限的过渡”被接受。苏格拉底通过一种独特的论述来实现这个过渡，这就是引用当时祭司和诗人们流传的佩尔赛福涅神话。

> 灵魂是不死的。有时它会消失，这时就是我们所说的死亡。有时它又重新出现。灵魂永远不会灭亡。正因为如此，所以应当尽量净化自己的生命[……]。
>
> 灵魂不死，它经历许多次生命，见识了现世和地狱的一切，因而它无所不知。既然如此，灵魂可以在类似善等问题上回忆起它以前认识的东西也就不足为奇了。既然一切都在自然中，灵魂认识一切，那么灵魂在唤起对某一事物的记忆——人们所说的学习——的同时不可避免地要在自身之中寻找其他一切知识，条件是勇于探索、孜孜不倦。探索和学习不是别的，就是回忆。所以不能听从你的诡辩，它培养人的惰性，只有懒汉才喜欢听。而我的方法则相反，它使人振奋，激励人们去探索。正因为我对这种方法充满信心，所以我愿意和你一起来探索善的问题。[①]

① 参阅《柏拉图全集》。

由此可见，存在着一种**根本性的知识**，没有它，一切知识都是不可能的，康德在23个世纪之后，又用另一种方式重复了这个观点。这是灵魂在沉沦之前就获得的知识，《斐德若篇》进而指出：灵魂沉入肉体就如同掉进了自己的坟墓（真正的生命在肉体之外），沉沦使它一下子把一切都忘了。没有这种最初被遗忘的原初的知识，没有对存在的知识的根本性发现或再发现，任何知识都无从谈起。古希腊称这种原始的知识为学问（mathésis——学习之本），康德称之为**先天的综合判断**（mathématique）。先天的综合判断是原始的认识，它决定了其他一切知识的获取。就这个原始的知识而言，真知是一种回忆（柏拉图）：所有的认识都是一种回忆。在康德那里，它是一种先验的知识：不仅先于经验，而且废除经验。它不以经验性为依据， 126
因为先验性恰恰是一切经验之可能性的条件和基础：事件只能是事件，它们不是被制造就是被构造，所以它们只能通过超越事件之外的阐释的可能性而显现出来。正如在柏拉图的理论中，不死的灵魂**先于**沉沦的知识，**先于**经验的知识是**先天**的。苏格拉底在讲解神话之蕴意时，已经列举了一个数学的例子，即在天象观测中回忆理念知识。

如此定义的理念显示了它的原始性特征和思维的独特性，正因为如此，思维必须自身具备其运动的原则（原型archè）。由于它是自己的起源——自身包含了最初的原型，思维的灵魂不从外界获得任何东西，它在自身之中找回一切，它是一种自我运动，这恰恰是技术客体不具备的。

西蒙栋是否也向我们陈述了类似的观点？当然不是。如果先于自身确实是运动的必要条件，它却不是充分条件，运动的真正现实是不同因素间的组合。这就是说，自我运动是**不存在**的，运动只能在异质事物之间产生。

但是在柏拉图那里，回忆——它在《美诺篇》中尚带神话答疑的色彩，在《斐德若篇》之后则成为哲学教条——不能在灵魂不死论之外找到其他“解释”。所谓不死指的是灵魂属于纯粹存在的世界、理智的世界、天体的世界，它是不变的。**死亡**属于偶然性、遗忘和变化：情欲、苦难等都不属于自身的原则。通向存在的道路只能是通向一成不变的、神圣的存在的道路。存在不为变化而**牵动**，存在不**沉入**人为和随机的物质世界，这个世界是谬误、腐败和实际的世界，一句话，是非存在。

7. 从《美诺篇》到《斐德若篇》直至卢梭："形而上学"

所有关于起源的陈述都带有神话的色彩，因为它涉及存在。陈述绝对的存在，也就是承受永远不可能正面回答的美诺诘难。起源只能
127 来自变化，起源问题不可能在纯粹的存在世界中提出来。然而，要在变化中把握存在，即把握始终自我一致的、本质的同一性，就必须停滞于极限而不是超越极限。这就是卢梭在探讨原始的人——自然的、**先于**一切变化限定的人——时所遇到的困难。这也是我们在此提出的问题所遇到的困难：人和技术。人始于何处终于何处？技术始于何处终于何处？

在柏拉图的《美诺篇》中，回忆尚带有神话答疑的色彩，它是一个奥秘、一个画面。奥秘的画面必须被作为奥秘来接受，并在奥秘中做一个**区分**；在此之后，神话变成了哲学的教条，它不再是须经确证的极限，而是和沉沦相**对立**的关于起源的一种**图解**。在《斐德若篇》中，关于灵魂的神话进而转换为一种“形而上学”，理智和感觉的对立成为**现实**，存在现实地和变化相**对立**，灵魂和肉体的对立从此成为一切哲学论述的基石——并由此产生了自然与文化、人和技术的对立。在《斐德若篇》中，技术问题同样被作为文字问题提出。形而

上学就意味着在极限面前退步，否认美诺诘难，哲学在自己提出的问题的无限性面前，以教条的形式为自己提供方便。卢梭的《论人类不平等的起源和基础》就属于这个传统。根据这个传统，人类的起源就是因沉沦而脱离起源，这就是起源的矛盾；在这个传统中，美诺诘难最终总是在这样一个神话的对立上显得异常尖锐，即纯洁和沉沦——以前和以后——的对立，而这个对立的分界点总是被淡化了。这个传统代表了哲学关于技术的陈述的典范，它借助一种虚构或神话，讲述纯粹自然的人怎样被沉沦、文化、技术和社会化的人取代。根据列维-施特劳斯的观点，这个哲学传统是现代**科学**人类学的基础。它处于两种知识或两种知识结构的交界点，人类学的作用就是将两者区别开。

先有起源，然后有沉沦、遗忘和遗失。但是**区分**起源和沉沦——**也就是说区分起源和沉沦的起源**——是十分困难的。这一点在卢梭那里尤其如此。无论如何，必须做一个区分：这是征服怀疑论的代价。这个区分是其他一切区分的依靠。问题却在于弄清楚：是以简单的差别形式还是以对立的形式来建立这个区分？并且，不对立的区分是否可能？我们是否能够想象一种非对立性的差异？我们将要指出：**延异**这 128
个概念怎样避免使差异对立，把差异作为一个运动的统一体，使自身建立在运动之上，它的意义就是变为其他。

我们已经提出了人的本质问题。这同时也就是人的起源的问题。这是卢梭提出的问题。但是自然的问题显然先决于人类起源的问题。柏拉图将自然的问题混同于存在的问题。但是它并不等同于人的问题。柏拉图对人的问题不感兴趣：只要还没有澄清什么是存在（变化）的问题，人的问题就无从谈起。正因为如此，所以要抛弃普罗塔戈拉斯的人类中心论。人类学不是古希腊的传统。而且起先也不属于哲学。古希腊的思想是逻辑的（辩证的），也就是说是存在论（一语道破真理的对话即是一语道破存在的对话）。哲学就是要回答**先验**的问题（即使是经验主义——如休谟哲学——也要回答先验的问题)。[①]而人类学不是先验论。(诡辩论)人类学的问题——以及它所带来的科学人类学的问题——废除了先验问题本身,但这并不意味着它摆脱了先验论。

无论休谟、卢梭还是康德,他们的理论都包含了哲学人类学的成分,但这并不是科学意义上的人类学,或者说"人文科学",因为他们的
129 哲学人类学**来源**于形而上学,它接受了形而上学的影响,实际上就是先验性问题的**发展**,或者用更切合经验论哲学的术语说,是反思问题的发展。新兴的、作为人文科学的人类学则相反,它把先验性的问题悬置一旁。它首先是一种描述的科学,即可以对人类本质的问题作"解释性"的、经验演绎描述。这是关于人是什么或一切人的"不变"的因素的**解释**。

但是,所谓"人文"科学代表的启发性人类学中心论不久就遇到了自己的对立面,以至产生中心位移:

---

① 显然,我们不是指休谟哲学从本质上说属于先验论。然而从通过经验的概念来探索原则的角度来说,他的理论是哲学性的,其目的在于实现一种构造,正是从这个意义上,胡塞尔可以自诩为休谟一派。休谟哲学中的主体"发明并有信仰,它在经验要素中自我构造,这种自我构造的方法即是对经验要素本身进行综合,使之成为一个体系。[……]在这样的问题中,我们看到了经验论的绝对本质。就哲学的一般意义而言,我们可以说休谟哲学一直在寻找一种分析的方法,以便实行对意识结构的考察(或批判),并证实经验整体。这是一种首先和批判哲学对立的方法。如果我们从一种在方法上回归到本质的确定性的观点出发,提问:经验要素是怎样产生的?事物怎样才能给主体提供经验?主体又怎样获得一个事实?这些问题实际上就属于先验的批判。在此,批判的要求也就是建造逻辑的要求,它在先验的综合判断中找到自己的范型。相反,经验批判关于主体提出的问题是:主体怎样在经验要素中构造自我?这种提问的观点是纯粹内在的,在这个观点之下,一种在可确定的假设中建立自己的规则并在物质世界中获得自己模式的描述是完全可能的。先验批判的构造具有对等的地位。在经验批判中,经验要素不再是主体的要素,主体在经验要素中自我构造。休谟的贡献就在于把这个问题赤裸裸地提了出来,并使它和先验论、心理学相分离"(吉尔·德勒兹:《经验主义和主体性》,第92页)。由此看来,休谟哲学是第一个非诡辩论的人类学。

> 在知识的领域中，一旦人构成一种积极的因素，那么反思（先验）认识或者说自我思维的思想所享有的古老的特权就不能不消失了。事实上，对于一种要遍观人的全貌的客观思维来说，它不可避免地会遇到那些恰恰不能被反思或意识容纳的因素：模糊的机制、无形象的确定性、一切人们直接或间接地称为无意识的阴影。①

现代思想完成了**人的发明**，这项发明使思想本身进入需要新的批判思想来唤醒的“人类学沉睡”：

> 人类学似乎构造了一种从康德至今一直支配并主导哲学思想的基础理论。这个基础理论是本质性的，因为它已成为我们的历史的组成部分；但是它正在我们眼前分化，因为我们开始从中认识到，并以批判的方式揭示出，它已经遗忘了开放性——这个使它自身成为可能的条件［批判的哲学和终结的发现］，同时也已成为顽固地抵抗新一代思想的障碍。对于所有仍然想谈论人、人的统治和人的解放的人，对于所有仍然想从本质上思考人是什么的问题的人，对于所有想从人着手来把握真理的人，对于所有相反把一切认识都归于人的真理本身的人，对于所有不想离开人类学来探讨人的问题的人，对于所有不想在非神秘化之外探讨神话的人，对于所有不愿摆脱人类思维来思考的人，对于所有这些幼稚可笑 130
> 的思想，我们只能报之以哲学的冷笑，从某种程度上说就是报之以沉默。②

① 米歇尔·福柯：《词与物》，伽利玛出版社，1960年，第337页。

② 同上书，第351页。

上述尼采式的论调揭露了人类学反对变化的逆流。如果说先验论反对的是以变化万能的借口推行诡辩主义怀疑论的思想(诡辩论的伎俩就是：以变化为理由来否认存在本身，从而否认关于存在的论述；通过这样的逻辑，否认事件和道理、真理和观点等区别)；如果我们在上述引文中发现福柯在**维护变化**的同时仍然运用**先验论**，是因为福柯所反对的与其说是批判哲学，不如说是一种将存在和变化对立的先验论思想，这种思想的基础就是形而上学和诡辩论**共有**的人类中心论，人文科学乏味的实证论便由此产生。对于尼采来说，不能仅仅提问人是**谁**，而且要问“谁**超越人**”。“满腹忧虑的人们如今担心：怎样保存人？而查拉图斯特拉则问：怎样超越人？”“人是一种只能自我超越的存在。”①

> 不要以为超人[……]是人的升级[……]。超人是通过一种新的感觉方法来定义：不同于人的另一种主体，不同于人的类型的另一种类型。这是一种新的思维方式。②

《人性，太人性》一书以同样的口吻把矛头直指卢梭哲学：

> 哲学家们有一个通病，即他们从现有的人性出发，以为可以通过关于人的分析达到自己的目的。他们在无意中大致把“人”视作永恒的真理，作为一切纷繁旋涡中不变的实在，作为万物可靠的尺度。然而哲学家们关于人的一切论断只不过是在一个极有限的时间范围内对人的见证。缺乏历史意识，这是所有哲学家的原罪；许多人甚至把人类的最新特征作为起步的固定基点，比如由一定

---

① 尼采：《查拉图斯特拉如是说》，伽利玛出版社，1958年，第323页。
② 德勒兹：《尼采和哲学》，法国大学出版社，1962年，第187—188页。

的宗教影响，甚或政治事件造成的人类的某些特征。他们不愿意 131
理解人是一种变化的结果，而且人的认识能力也是变化的结果；相反，他们中间的某些人恰恰使整个世界取决于这个认识能力。然而，人类进化的一切本质发生在时间的前夜，即远远超出我们所了解的大致四千年的历史；人在这最后四千年中显然没有什么大的变化。但是哲学家们却从现代人身上来管窥人类的“本性”，断定这些本性是人类永恒不变的现实，他们甚至以此为认识一般性世界的敲门砖[卢梭]；整个目的论都建立在这样一个基础之上：人们把最近四千年的人作为永恒不变的人来考察，世间万物都自然而然地始终以此为准绳。但是，一切都来自变化；既没有永恒的现实，也没有绝对的真理。从今往后，历史哲学是我们必不可少的，它教给我们谦虚的美德。①

8. 卢梭和人类学

卢梭成了关注的目标，因为他是人类学之父，尤其是他第一次把人**是什么**的问题引进哲学问题的领域，也就是把它作为先验的问题提出。根据列维-施特劳斯的观点，卢梭同样也是科学人类学之父。卢梭处于哲学人类学问题和科学人类学理论的连接点：

> 卢梭不仅是对乡村生活深具洞察力的观察家、游记书籍的热心读者和关于异族风俗与宗教信仰的见多识广的分析家，而且我们可以毫无疑虑地说，这个当时尚未形成的民族学，卢梭早在它产生的一个世纪之前，就已有构思、酝酿和论述，使它进入当时已经

① 尼采：《哲学家的原罪》，《人性，太人性》，第2卷，第28—29页。

构成的自然和人文科学的行列。①

列维-施特劳斯继而引用了《论人类不平等的起源和基础》中的第十条注释。在这个注释中，卢梭对当时的冒险家们大加赞扬：他们在遍访了欧洲在启蒙时期刚刚发现（根据航海记述）的各种民族之后，尤其
132 是在发现了最野蛮的民族之后，“记述了他们耳闻目睹的自然、伦理和政治的历史，我们因而在他们的笔下看到了一个新世界的出现，并借以认识我们自己的世界”②。

卢梭在此提出的正是民族学的原则：通过不同人种间的差异、人性的各种文化形式来把握不变的人性。这确实也是值得钦佩的：在非我中，通过对非我的认识来认识自我，通过趋向非我的运动来回答该书首页就引用的一句千古名言：“认识你自己。”列维-施特劳斯进而补充道：

> 卢梭不仅仅预见了民族学，而且为其奠定了基础。首先，他非常实际地在《论人类不平等的起源和基础》一书中提出了**自然和文化的关系问题**，在这部著作中，我们可以看到一般民族学的最初论述；其次，他异常简要地把民族学特有的对象同伦理学和历史学的对象区别开：“当我们要研究具体的人时，必须观察自己周围的人；但是为了研究人类，就必须学会把眼光放得远一些；必须首先观察各种差异，以便发掘它们的属性。”（《论语言的起源》第八章）③

① 列维-施特劳斯：《让-雅克·卢梭，人文科学的奠基者》，《结构人类学》，第2卷，第44页。

② 卢梭：《论人类不平等的起源和基础》，瑟伊出版社，1971年，第257页。

③ 列维-施特劳斯：《让-雅克·卢梭，人文科学的奠基者》，第47页。

无论怎样，即使卢梭“奠定了人文科学的基础”，他的人类学本身并不属于人文科学：它是一种先验人类学。表面上看，卢梭提出的问题的确是列维-施特劳斯和人类学家们提出的问题：**人是什么？或：人类的本质是什么？**但是如果撇开表面现象，这个问题在卢梭看来是不能用事实来回答的。因为，探讨事实——当然指人类事实——实际上就是**从文化和历史的角度出发**来探讨**先于**文化历史的本质。所以就必须依靠先天的方法。卢梭“悬置”（或试图悬置）历史的命题（尼采以为这是一个失败的尝试）。他要求从得自“还原”的先验的“明晰性”出发而不是从事实出发来定义人的本质。“还原”出来的不是**我思**，而是**感觉**、**我感觉**，或者是**痛苦**，这就是卢梭的成就。 133

9. 平等、力量和差异

“我觉得最有用而又最后于自身的人类认识就是关于人的认识。”[①]这就是《论人类不平等的起源和基础》一书的开卷语。“如果我们不从认识人本身、人类的共性开始”，“怎么能够认识人类不平等的起源”？怎么能够认识人与人之间产生差异、分化和变化的因素呢？一方面是存在和起源，另一方面是时间以及脱离起源的沉沦：“人怎样才能透过时间和事实在它原本的构造中造成的变化，从而最终看到自己的自然状态呢？”人怎样才能“把自身的本质或本性从环境和进化在人的原始状态上加入的诸如文化、实际性、技术等因素中分离出来”？“人类灵魂[……]的外表已变得面目全非了。”最初是一个完整而纯粹的起源，随之而来的是变质、腐败、混杂和沉沦，这就是卢梭首先要明确的观点。人类的本质不在变化中。人具有或应当具有先于变化的人类本质。人类灵魂已变得“面目全非”，造成这个现象的原因就是隐藏在社会和文

① 卢梭：《论人类不平等的起源和基础》，第208页。

化名义背后的技术：进化使人不断地远离自己的根源。[1]这个论断提出了我们关于人类认识——先天认识——的有效性问题。

> 我们积累的新认识越多，就越是远离获得最重要的认识的方法；[……]从某种意义上说，关于人的研究使我们陷入无法认识人的困境。[2]

这个观点远远超出了对进化的批判，它是对理性的批判。

应当到时间和变化之中、到"人类构造的相继变化之中去寻找使人与人之间产生区别和差异的第一根源"。如果进化从根本上说是一
134 种**退化**，是因为差异并不标志着力量（道德、勇气）或多样性所具有的奇妙而巨大的能量，而是代表了弱肉强食规律的不平等性。弱肉强食规律以及它所必然带来的差异并非原始性的。自然本身是平等的：**万物**原本没有差异。自然不遵循弱肉强食规律，这就是《论人类不平等的起源和基础》的论点。不要忘记，在此，哲学意义上的最高信念就是否认原始的差异，并由此明确在沉沦**之后**产生的权力和事实（或重新命名为自然和文化）之间的差异。这种反对差异性的论述本身又经历了差异化，从而也成为一种**赞同**差异的论述。起初是没有差异的，而是有一种原始的平等：必须在**沉沦之后**确立起源和非起源之间的根本性差异，这就需要在我们自身中唤醒、再现、复活那无差异的起源。问题就在于"在人类现在的本质中分辨原始性的因素和人为性的因素"（建立这种差异的可能性仍然来自无差异的起源——它依然和我们交流）。

这不是"轻而易举的"。"分辨"是指什么？原始性是否和人为性

① "人种的一切进化都使之远离最原始的状态。"——卢梭

② 卢梭：《论人类不平等的起源和基础》，第208页。

对立？或者只是一种先验的区分而不是对立？答案是复杂的，问题本身也十分“混乱”。无论怎样，原始性的东西应当存在，而且必须说出它是什么：非人性的东西是存在的，并非一切都可允许，历史就来自必须给予揭露的丑恶。在怎样一种同非原始的关系中，这种“纯粹性”可以被称为起源？原始性是否只需要和人为性相对立？或者是否应当**默认**这种对立？

10. 起源的不确实性、自然之声（“分辨”的含义）以及加勒比人的回忆

卢梭把区别和对立细致地区分开来，有些思想只涉及区别，而有些区别则**仅仅作为对立**才有意义。区别是建立在各种不同而又不相互排斥的因素的前提之下的，同样，一个**原始性的状态**在它自身的**变换**中持续；对立则是不同因素间的**排斥**：要么就是原始状态，要么就是失去原始状态的变换。在这个问题上卢梭是很谨慎的，或者是很狡猾的：他要求从人的现有本质出发，把原始性的因素从人为性的因素中区分出来，“并认清那个已经不存在的状态，**这个状态或许从未存在过，也许永** 135
远不会存在，但是它对于我们建立正确的观念、给我们现在的状态做出公正的判断是必不可少的”[①]。即使起源是不确实的，即使人类的本性是一个**虚构**（“它可能从未存在过”），但是这是一个**必不可少**的虚构。言语遇到了自己的极限，就需要一种“特殊”的论述方式：尽管原始性和人为性从未在事实上区分过，尽管这种区分甚至从未存在过，为了在人的本性问题中将二者区分，就不得不借助虚构，编造一个故事（在古希腊是借助神话）。卢梭虽然不生活在古希腊时代，他的方法却同苏格拉底回答美诺诘难的方法不无相似之处。他首先编述一个区别，并由此

① 卢梭：《论人类不平等的起源和基础》，第210页。黑体字系作者表示强调。

将权力从事实中——从事实的力量或力量的事实中——拯救出来。然而虚构不也是一种人为化吗？人为方式成了将自然本性和人为性区分开的必由之路。那么人为化是否会引起新的混乱、掩盖其他事实？它是否也会抹杀权利、歪曲真理呢？虚构是必须的，因为“对人的研究使我们陷入无法认识人的境地”，而且有些东西已无可挽回地丧失了：在此，沉沦仍然是对起源的遗忘。本质（起源）由于不能在事实（沉沦）中寻找，就必须借助对自然之声的倾听，即先验的回忆。分辨就是在倾听自然中回忆。

在强调这种区别的困难的同时，卢梭借助于一个区别的实验性实践：“为了达到对自然人的认识，哪些是必要的经验？在一个社会的内部，实现这些经验的方法是什么？”但是，实验的结果只能后验地、间接地完善由另一条先验而直接的途径获得的结论：原始的平等，这就是自然的权利；然而自然的规律，正因为它是自然的，所以必须“由自然之声直接”传送。自然之物直接地呈现在原始的明晰性之中。问题在于起源、原则等最古老的东西，用布朗肖的话说就是那些“古老得可怕的东西”。为了进入这个原始的直接性，我们的向导、光标——或者，我们**后验**提出的回归问题中唯一返溯起源的**可能性**——就是原始的明晰性，自我呈现，也即内在的、保持在自我判断形式中的东西，而非外在的、被文化和社会的偏见改装的东西。丧失这个光标将会导致灾乱。
136 然而我们面临着这样一种矛盾现象：尽管最初的原则或“自然之声”和我们直接对话，我们却无法本能地唤起对它的回忆，直接的东西并非直接地在我们手下，我们只能对它作**后验**的领会。

如果说自然规律是直接呈现的，它的基础不能是哲学通过烦琐的——如果不是诡辩的——“形而上学”建立其原则的人为化和烦琐的推理，那么，丧失这种直接的自然之声的可能性也是同样直接的：我们处于沉沦和遗忘中，回忆是我们唯一的依靠。倾听自然之声成了问题。然而自然规律之所以自然，就在于我们每一个人都必须对它作直接的、根本性的倾听和理解，而无须依靠离奇烦琐的推理。自然之声必然先于理性、先于（哲学、形而上学以及所有人为的）推理。每一个人——无论有没有文化——都理应听到自然之声。但是一个人越是有文化，就越是难听到它，因为他的文化掩盖了自然规律的自然性（“理性的不断进展扼杀了自然”）。所以，文化人必须借助回忆（撇开科学书本，因为它们“只能教我们认识人自己塑造的模样”）。最根本的东西也是最熟悉的、最亲近的东西，因而它们在文化中成为最遥远、最隐蔽的东西。这是一个通常的结构：最简单的东西是最不易被察觉的。亚里士多德在《论灵魂》中这样论述鱼类：“水栖动物无法感觉到一个湿润物体和另一个湿润物体的接触”[①]，对它们来说，**一切**接触、一切存在**都是湿的**。它们能感到湿，也就是说湿是它们唯一感觉不到的现象。同样，柏拉图在《蒂迈欧篇》中指出：假如世界是用黄金造成，黄金就成了我们唯一无法认识的东西，因为我们无以与之对立，无以与之**对比**，也就没有任何概念；但是，黄金却将是我们唯一可以从**真理**意义上把握的东西，因为只有黄金**才是**真理，它是一切事物的真理，或者说是存在本身。

直接是无以**对比**的，在这个意义上也就是**不确实**的，因为我们通常只有在区别和对比中来确认某个事物，所以直接是最难倾听的，甚至严格地说，它无声无息，它直接被各种间接的——可对比和确实的——物体覆盖。但是，我们又确实必须听到直接，根据同样的道理，鱼类 137
生活在水中，这使鱼类不知道水是什么，然而却只有鱼类才会在水中生活。

越是自然的东西就越是被深深地埋藏在“古老得可怕”的事物之中：为了回忆，找回沉沦**之前**的明晰性，就必须**忘掉**理性。所以，**与其说**我思故我在，**不如说**我感觉、受苦故我在。

---

① 亚里士多德：《论灵魂》，423A。

在“**无须加入社会性原则**”的条件下，自我保存和怜悯是先于理性的原则，这些原则在自然之声中鸣响和组合，它们成为“一切自然权利的规则的根源”。理性在自身的不断发展过程中，一方面扼杀、遗忘、离弃自然，并使其间接化，另一方面“**又把自然的规则建立在新的基础之上**”。人类的本性既非理性也非社会性。**原始**的人既不是理性或会说话的动物，也不是政治或社会化的动物。尽管从某种意义上说，原始的人是一种虚构，尽管这个虚构带有神秘性，尽管原始的人的形象已被永远地失去和遗忘，尽管我们只能对这种形象做非描述性的表示，然而，这个虚构的形象却是我们最切近和固有的，它是我们的本质的、真实的形象，因而是**强制性**的。这种只能在虚构中才能描述的本质的原始纯洁性和我们的传统完全对立，所以必须批驳哲学为了认识自然权利而加入的间接和烦琐的推理：将人“政治化”、“理性化”、“社会化”和“语言化”的哲学传统对应着一种人化的明晰性。启蒙时代发现的野蛮人既没有理性也没有社会。加勒比人就是这种神秘形象的真实写照。显然，这个考证也是成问题的，因为卢梭拒绝将自己的论述建立在现实的事实之上。但是加勒比人并不是一个简单的事实，卢梭并没有把这个现象作为一个简单的例证：他从中得到启示，加勒比人提供了追忆和促成的素材。虽然原始的形象已经败坏，但是加勒比人却在不直接呈现它的同时对它提出了设想。由此我们可以理解列维-施特劳斯对这种论证方法的沉迷：在西方内部，人们第一次不仅提出，而且指责我们自己的“种族中心主义”。

11. 思维先于创造

138 在《论人类不平等的起源和基础》中，卢梭在论述起源问题之前，首先在引论的第二部分中解释了为什么需要虚构起源。

在引论中，卢梭首先批判了以往哲学家们在描述自然状态时加入的“来自社会现象的观念”：这个批判后来又被尼采用来批判卢梭自己。尼采指出，卢梭自以为与哲学传统背道而驰，其实他看不到时间、历史、变化的意义，所以犯了同样的错误。

卢梭是这样论述的：“我们之中的大多数人甚至没有想过怀疑自然状态曾经存在。然而所有的经典都明确地指出：第一个直接从上帝那里获得智慧和法律的人并没有经过这个状态，而且基督教哲学家们在对摩西经典赋予信仰的同时，否认人——甚至是在大洪水之前的人——曾经处在**纯粹**的自然状态之中，除非人类由于不同寻常的遭遇而落入这种状态：这是一个难以辩护，而且完全不可能证实的悖论。”①

正因为人类纯粹的本质是不可能的和自相矛盾的，所以它只能借助于虚构和人为的描述。卢梭所寻求的人类绝对平等的起源先于第一个真实的人。“首先要撇开一切事实，因为它们和我们探讨的问题无关”，所以不能对我们有所帮助。我们所关心的不是历史纪事。但是我们又不处于**单纯**的虚构之中，因为指导这种虚构陈述的是一种明晰性。这种明晰性先于一切事实：先验性。它甚至超越宗教信仰的领域，同时又是宗教信仰所要求的：原罪说承认沉沦前的**瞬间**，然而沉沦又和人的产生一样原始，② 上帝安排下这样一个“瞬间”和“之后”之谜（“上帝自己在创造了人类之后即刻又把人从自然状态中取出来”）。但是宗教 139
并不禁止我们设想：假如上帝没有“在创造了人类之后即刻又把人类从自然状态中取出来”，那么这种自然状态会是，或应该是个什么样子。我们曾经佩服卢梭的审慎，现在则要佩服他的胆识了。纯粹的自然，本质的人**先于创造**。脱离纯粹自然的沉沦就是创造。他的胆识仍然忠于

① 卢梭：《论人类不平等的起源和基础》，第212页。

② “宗教强迫我们相信：由于上帝自己在创造了人类之后即刻又把人类从自然状态中取出来，所以人类是不平等的，这是上帝的意愿。但是，假如人类从一开始就被上帝抛弃，它又会变成什么样子呢？关于这个问题，宗教并没有禁止我们仅仅根据人的本性和它周围的存在而做出臆测。”《论人类不平等的起源和基础》。

宗教和原罪说的精神实质：沉沦的过程和向不平等的灾乱的谪贬只能用上帝的意愿所引起的意外事故——天命——来解释；正如《论语言的起源》一书一样，上帝执掌沉浮的手指引人间的四季变化和方言差异。接下来要讨论的问题是：创造**之前**存在过什么？

12. 脚和手

人的本性成了这样一个基点：创造必须经过它，但是不停留在它之上，因为创造本身已经是沉沦，上帝为了使人间有不平等，因而没有丢下人类不顾。这个极限是无法从正面思考的。所以，卢梭可以不受当时比较解剖学发展不足的限制。他在卷首就提醒人们：

> 比较解剖学的发展还非常有限[……]，以至我们不可能在此基础上建立可靠的推理。[……]我假定[人的]形体历来就和我们今天一样，双脚行走，双手做事。[1]

尼采曾经指出："整个目的论都建立在这样一种基础之上：人们把最近四千年的人作为永恒不变的人来考察，世间万物都自然而然地始终以此为准绳。"这个被尼采批判的基础恰恰是卢梭需要的，就好像他有意给尼采的批判留下话柄。卢梭的一切论据的前提是人的一成不变性（自然之声），存在不等同于变化。这也正是尼采批驳的观点。我们将在分析古生物学关于四百万年前的人类的研究时，把
140 这个问题重新提出来讨论。[2]卢梭假定原始（虚构）的人"和我们一

① 卢梭：《论人类不平等的起源和基础》，第212—213页。

② 关于人的问题的矛盾性构造，参阅莫里斯·布朗肖的《需要的时刻》，以及罗歇·拉波尔特在《古老，可怕的古老》一文中的有关评论，Fata Morgana出版社，1987年，第36—37页。

样：双脚行走，两手做事”；但是他是否能够把这个假设贯彻到底——或者更确切地说，他是否意识到这个假设的后果？我们将会看到，“**双脚行走**”带来了一系列和技术密切相关的变化。卢梭当然可以决定无视事实，但是他却不能和事实完全矛盾。确认人用双脚行走也就是确认双脚所包含的一切后果。人起始于脚，勒鲁瓦-古兰曾指出：人起始于脚而不是大脑。然而直立行走的含义和结果恰恰是同卢梭关于人之起源的讲述——人从一开始就“双脚行走，两手做事”——不相容的。因为**两手做事**——变爪为手——就意味着操作，而被手操作的就是工具或器具。手之为手就在于它打开了技艺、人为、技术之门。脚之为脚——行走、运动——就在于：它在承受全身重量的同时，不仅使手得到解放、实行手的使命、获得操作的可能性，而且建立了手和面部的新型关系，这个关系即是勒鲁瓦-古兰所说的手势和语言的关系。关于原始人“双脚行走，两手做事”的假定是同卢梭论述的下文相矛盾的：他在开始讲述虚构时，力图为人剥去“一切在漫长的发展中获得的人为化的功能”，这样的原始人之所以有根本性，是因为它没有被人化的、间接的、技术化的、**代具**式的因素感染：

> 一旦为这个存在剥去一切它在漫长的发展中获得的超自然的禀性和人为的功能，一句话，一旦还其出于自然之手的本来面目[自然有手以便创造]，呈现在我眼前的是一种不如其他动物强壮、灵活，但从整体上又是最会合理安排生存的动物：它在橡树下充饥，就近用溪水解渴，在自己饱餐的树下就寝；就这样，它的一切需要得到了满足。[①] 141

① 卢梭：《论人类不平等的起源和基础》，第213页。

13. 一切上到手头

原始人几乎是不动的：它在橡树下充饥，又在“同一棵树下就寝”，它不用走动，不穿越空间，不寻求占有空间，更不寻求占有越来越大的空间；它不动的原因无非是它没有真正的冲动，它没有激情：它具有自然、生存的需求，为了满足这些需求，它可以拾取伸手可得的自然果实。这双手只用来拾取而不操作，因而，这个器官的功能不是制造，而是拿取。

> **从未遭斧钺之摧**的自然沃土和无边的原始森林的每一寸土地都为所有种类的动物提供了取食和栖身的场所。人散居于动物之中，观察和模仿各类动物的技能，因而培养了动物的本能；然而人的优势在于：每一种动物都有自身特有的本能，人由于没有任何属于自己的本能，所以它化一切为己所有。①

对于这个一切都举手可得的原始人来说，自然之声和原始的果实一样直接地呈现在它面前，它除了自我保存和怜悯的本能以外，一无所知。非自然化将是自我的外化，即自我的**依附性变异**，是从原始的、真实的自我向实际的、技术的和无生气的人为自我的异化。这些异化的因素，构成了对象的社会性世界和差异性世界的中介性。与对象的差异也就是和主体的差异，因为从此以后，自我只能根据自己的对象（它所具有的对象）来定义自己，所以它不再是自我。真实向实际的异化，也即向在手之物的异化——关于手下之物的问题，我们将有机会重新讨论，讨论此在之手。一切都上到手头的原始人实际上什么也没有：这

① 卢梭：《论人类不平等的起源和基础》。黑体字系作者表示强调。

个人是大全，集一切于己身，无所不有，因而这双“一切上到手头”的手实际上并不是手，因为它们不操作、不劳动。这种人没有欲望，它不需要使自己寻求快乐的要求服从自然的原则，这一点卢梭是清楚的。[①]纯粹自然的人没有激情，它也不会被依附性所固有的**纵欲**、破裂和差异所侵蚀，所以它不向自然加入任何非自然的东西，它仅仅模仿动物。它孤 142
独地生活在自己栖息的树下；纯粹自然的人是分散的，所以**群体**不是原始性的。

14. 集一切于自身

“模仿动物”是人类超出动物的优势，它化一切动物的本能为已有，却“没有任何属于自己的本能”。在普罗米修斯（《普罗塔戈拉斯篇》）的神话中，人仅仅因为一个遗忘才诞生，这就是爱比米修斯的遗忘：他在分配“属性”时，忘记了给人留一个属性，以至人赤身裸体，一无所有，所以人缺乏存在，或者说，尚未开始存在。它的存在条件就是以代具或器具来补救这个原始的缺陷。卢梭正是要指出：原始的缺陷和代具性是不存在的；人并不是因为没有爪牙才用石块来代替；即使人使用的石块也不是雕凿制造的产物，因为它们现成在手，不需要任何间接的过程。自然人没有代具，所以很强壮——这是人类最强壮的时期，文明使人变得虚弱：

> 人生来就要适应各种恶劣的环境和严酷的气候，要竭尽全力地干活，而且要**赤手空拳**地和凶禽猛兽搏斗以保护自己的生命和食物，所以这样的人具有**强壮**的，或**几乎无懈可击**的体格。后代不

① 卢梭在《论人类不平等的起源和基础》中写道：“每个人劳动的目的就是为了能够休息。”第521页。

> 仅继承了先辈的优越体格结构，而且通过同样的劳动强化自己的体格，所以这样的人具有人类最健康的活力。

对于原始的人来说，教育没有新的内容，甚至根本没有教育，因为那是不必要的：一切都一成不变地重复，这种同一性保证了同一体的不断**强化**，即保证人类的最佳状态。**最佳状态**存在于人类的起源，沉沦即是**退化**，由衰败而引起的解体、病变。自然对原始人的后代“就像斯巴达城邦法典对斯巴达的后代一样，它使体格优良的人身强体壮，灭绝其他不良因素”，但是这并不是弱肉强食的原则：自然通过这种方法来确保所有人之间的绝对平等，排除差异。这个时期的人**还不处于**社会之中，邪恶、弱肉强食、社会规范和非自然的原则都是随着社会化的产生
143 而出现的。在社会化的条件下，“国家在把后代的负担交给父亲[也就是使后代依附于父亲]的同时，实际上就是在出世之前扼杀后代”[①]。原始的人处于最佳状态，所以无须代具。原始人的身体“是它唯一认识的器具，它的身体被用于各种如今由于缺乏使用而已经丧失的功能。**我们的工业不得不为我们提供的，恰恰是被工业剥夺的人类固有的力量和灵敏**”。换言之，技术在剥夺了我们原有的力量的同时，把我们引向衰落。在此，**力量**和**技术**、智慧、**理性**格格不入；理性即技术，技术即理性。早在1754年，所谓“技术科学”已被卢梭认定必将使人类变得**脆弱**。假如“原始人具有斧头，他的手还能折断粗枝吗？”。斧头、弹弓、梯子、马具等人为的东西都已经具有机器、自动器具的意义：它们已经包含了技术的一切命运，即**代替**孤独的人的自然、原始的力量。它们构成一种人的虚幻的力量，这个力量超出现成在手的范围，不能被随意调动，而且是间接的，它需要准备、转运、整合并将人封闭于其中。文明的人类依赖随时可以不属于自己的机器，相反，野蛮时期的特点在于“**人**

① 卢梭：《论人类不平等的起源和基础》，第213页。

不断地支配一切力量，它总是可以应付一切现象，这就是说，**人集一切于自身**”。

代具不是不平等的起源。纯粹自然的人就是大全，它集一切于自身，它的身体是“它唯一认识的器具”，所以它不缺乏任何东西，任何外在的差异化或（内在化的）“外在”差异都不能引起它的蜕变：原始人不依靠外在世界。必须明确地指出这一点，因为卢梭明白：**一旦不再集一切于自身，哪怕只失去一丝一毫，那么它的存在就会发生差异、区分和不平等，即开始沉沦**。一切都在内部，起源是内在的。沉沦就是外化。这也就是勒鲁瓦-古兰用以定义人类化过程的外化的中心命题：人就是技术，也是时间。我们在下面同样会看到，如果把这个命题贯彻到底，它也是自相矛盾的。

“集一切于自身”的、“大全”的人不需要外化，不用表达，因而没有语言，语言已经是一种代具。一切外化于自我的现象都会造成人类 144
的非自然化。这些把我们置于自身之外的“痛苦是我们自己的产物，[……]如果我们保持了自然教给我们的简单的、单一的和孤独的生活方式，我们就有可能避免这些痛苦”。[①]

15. 第二起源

人为什么不再听从自然的教导？自然是平衡的，原始人处于和自然与动物的和谐之中。这种对自然平衡的信任使“黑人和野蛮人尽管只有简单的弓箭之类的武器，在林中遇见猛兽而不惊惧，[……]**人们从未听说过这些人被猛兽吞食的事件**”[②]。这就是加勒比人具有启发性意义的例子。他们**几乎**是赤身裸体的。而且**只有**弓箭之类的武器。显

① 卢梭：《论人类不平等的起源和基础》，第216页。

② 同上。

然，问题就在于“几乎”和“只有”这两个限定：它们表示了什么样的附加条件？它们代表着怎样的区别？尽管是“几乎”和“只有”，但是这些条件**已足够**表明一种创造，尽管这种创造还非常接近起源。这种临近同时也就是距离。这两个限定代表着怎样一种偏离？这种偏离是怎样发生的？

在加勒比人还非常接近的原始的平衡中，人类自身的缺陷和文明、技术无关，它们是非常自然、和谐的，并不在本质上危害人类，它们属于自然状态，如幼年、衰老和死亡。由于这些缺陷不影响总体的和谐，所以**几乎**是不存在的。**死亡本身**——卢梭虚构的关键时刻——也几乎是**不存在的**。原始人在油尽灯枯时（比说死亡更确切），“人们并不察觉他们已经不在人间，**而且他们自己也几乎察觉不到**”。但是，在此，“几乎”这个限定似乎触及了起源本身。卢梭在这个论断之后，展开了一连串经典性的关于医学的论述，在此，医学通常被作为人化自然的样板。正如在柏拉图学说中，文字被当作一种补充退化了的记忆的手段，其功效只能使记忆进一步退化，在卢梭看来，医学的真正结果只能是医药造成
145 的无法控制的、恶性副作用。所以，文明的历史和疾病的历史是相通的，遗忘就是历史理性的疾病。“我**几乎**敢断言，**反思是反自然的，沉思的人是一种反常的动物**。”一旦知道野人“除了创伤和衰老之外几乎没有任何其他疾病，人们就很容易相信，人类疾病的历史本来应当自然地依循市民社会的历史来探究”。又是一个“几乎”。

加勒比人不需要那些比所要医治的疾病或创伤更恶劣的药方。处于自然状态的人的“唯一医生就是时间”。“药方”感染了整个原始的力量，使它变得残缺不全、腐败和枯竭。①

自然状态和起源之后产生的是偶然事件，它就像人类的第二起源，

① “[……]社会化的人变得脆弱、胆小和顺从；他们懒散、脆弱的生活方式最终也软化了他们的力量和意志。”《论人类不平等的起源和基础》。

使人类远离原始性的东西，这就是各种药方、代具、毒品的起源——简言之，第二起源。第二起源属于外在的偶然，它不属于人的本性，它由外部而来发生在人身上，并使人丧失自然的本性。不能盲目追随种族中心论，以为“原始人很痛苦，也不要以为赤身裸体、风餐露宿、缺少那些在我们看来是必不可少的东西，是原始人自我保护的障碍。[……]第一个穿衣住房的人对这些并不**十分需要**，因为他以前一直都不需要。正因为他生来如此，所以他没有理由不继续这样生活”①。

不十分需要，但并不是不需要。代具的出现几乎是偶然和非本质的，但并不是绝对无用。类似“不十分”“几乎”的限定永远不能被完全取消，即使在虚构中也不可缺少。这类限定似乎假定：沉沦状态历来如此。沉沦起始于人对自己原有的赤身裸体状态的不满，尽管这个状态并不是一个缺陷，相反却是力量本身的象征。第一个在自然的某个偶然事件的迫使下，情不自禁地求助于貌似强大的代具的人，把自己引向 146
沉沦的迷途。这正是我们要纠正的过失；我们必须要医治的恰恰是这类药方本身带来的疾病。第一个沉沦的人由于受“自然的某个偶然事件的迫使”，所以他并没有过失：这同“集一切于自身”的原始人的论断是相矛盾的。如果它在自身需要之外一无所求，就不会沉沦。由此，卢梭进入一个新的分析层次，并揭开了关于起源虚构的新篇章。

16. 偏离的内部：可能性

“到此为止，我仅仅探讨了物理意义上的人；让我们再从形而上学和伦理学的角度，对人进行考察。”②为此，我们必须在人性和动物性之间做一个区分——尽管这个区分显得很明白和习以为常，但它是艰难

① 卢梭：《论人类不平等的起源和基础》，第217页。

② 同上书，第218页。

的。“我在一切动物身上看到的就是一架巧妙的机器，大自然孕育了这些机器，以便它们自我保存和在一定程度上防范一切对自己有害的因素”，这种机器自我调节，专门防卫自己被销毁，它受**自我保存的本能**的支配，这个本能就是自然本身的意志。而人则不同，它是自由的，具有自己的意志：“我在人这架机器中看到同样的东西”，即自我保存，“所不同的是，自然操纵动物的一切行为，而人则因其自由的性质依靠自己”。动物机器接受“本能选择”，而人类机器则服从“自由选择；这就是为什么动物即使在对自己有利的情况下，也不会偏离自然的准则，而人则常常做一些对己有害的偏离”。**偏离**的可能性印记在起源本身的内部。纯自然的人没有任何理由去偏离起源。但是它却具有这种可能性：若非如此，偶然事件就不会对它起任何作用。要使外在化的偏离发生，就必须有一个先于偏离的内在性存在，并且，这一内在性存在自身必须包含偏离的可能性。“以后”的可能性存在于“以前”，可能性就在这“二者之间”。

自由的优越性就在于对自我保存本能作偏离（的可能性），但这一
147 偏离尚未实现，这是一种**内在**于自我保存本能的偏离。在有关动物性的问题上，这个优越性是否以否定的方式被提出来：对于动物来说，偏离自然准则有可能对自身有利，但是动物却做不到这一点。所以，“鸽子会面对一盆肉饿死，猫会饿死在一堆鲜果或稻谷旁，但是如果它们知道尝试的话，就有可能以自己厌恶的食物来充饥”。这就显示了动物和人相比的弱点：人会模拟动物并获得动物的本能，以便适应各种不同的环境，而且取食自然所提供的一切可食用的东西。这个观点本来应该是我们等待的反命题。然而卢梭却另有所见，他所强调的则相反，偏离使人性沉沦，偏离**一般来**说是有害无益的：“放荡的人总是穷欢极奢以致病亡。因为，精神败坏感觉，当自然沉默时，意志便会发号施令。”人类的自由是从消极的意义上被提出来的，因为这里涉及的是沉沦**之后**的人，而不是自然状态的人。在自然状态中，自由本来应该是一个优

势：人可以在找不到肉的情况下用果实充饥，或是以肉代果，或是以谷物代替肉果等。只要人的意愿停留在自我临近的界限之内，也即停留在自我保存必要的**直接、真实**的需求之内，自由便是一种有益的可能性。这个状态被自然的一个偶然的偏离打断了。一旦人的这种偏离自然的自然可能性本身偏离了自然平衡的要求，那么，就是**自然自身造成了这种偏离**。偏离的可能性便由此成为一种恶性的偏离。但是，有益的偏离并没有偏离自己的可能性。

这种偏离的可能性只要停留在本质之中，它就相对于原始的平衡被保留、推迟并掌握。一旦它付诸实施，就成为**精神**。"自然主宰一切动物，动物服从这个主宰。人类受到同样的待遇，但是人类却保留接受或抵抗自然主宰的自由。人类灵魂的精神性尤其体现在这种自由意识之中"。自由，这个人类自我**完善**的特征，一旦成为**行动**，便立即转变为一种人类特有的缺陷，"成为一种特有功能"，它借助于一定的场合逐渐发展其他一切功能。

精神是人类的特征、人类的本性、人类的存在和起源，但它却是动摇人类纯粹自然状态的因素：这一连串的推理和本章第三节中考察的 148
"力量的矛盾性"是完全相符的。技术作为人类的力量在成为行动的过程中，摧毁了技术之所以为力量的根本。然而，如果说这个对比是可以成立的，那么，技术作为人类的力量就存在于起源之中，或者说技术就是起源本身——偏离的可能性就是丧失起源的可能性。这个动荡当然不会自己产生，它必须"借助于一定的场合"：**沉沦**。起源之所以为起源就在于它把沉沦作为自身延迟的可能性并与之对立，而沉沦则是起源的实现，是成为现实的起源，或者说，沉沦是起源由可能性向行为的过渡（使它包含的力量现实化）。这个过渡同时也意味着起源的非现实化，意味着起源的消失或遗忘——由此产生的差异抹杀了原始的平等。这里描述的是一种宿命：人类无法逃脱"一定场合"的宿命。精神和人类的可完善性与其说是一种上升的可能性，不如说是一种下跌的可能性，或者说：上升仅仅是为了跌得更重。上升是一种幻觉：变得完善首先就是变得愚蠢：

> 为什么人是唯一变得愚蠢的动物？是否因为人由于衰老或别的事故丧失了自身所获得的一切完善性，并因此回到自己的原始状态时，跌得比其他动物更低呢？其他动物由于一无所获，所以也一无所失，它们始终保持着自己的本能。[……]人的可完善性在漫长的岁月中不仅带来了光明，也带来了过失，不仅造就了罪恶，也造就了善，久而久之，它把人变成人自身和自然的暴君。①

作为一种力量，人的可完善性的实现是消极的。它总是不容置疑地已经存在，并和自由同存。不过它仅仅作为一种潜在力量而存在。它之所以**等同于原初性的自由**，就是因为自由是**可完善性的力量**，**仅仅**作为力量而已。自由**几乎**是完善的，但**仅仅**是**几乎**。自由无论如何不能和**变成行动**的可完善性混为一谈。自由的行为就是丧失自由。起源是无行为。只要可完善性停留于一种力量状态，自由即是原初性，而且，**人几乎是动物**。人与动物的唯一区别就在于人会模仿动物，由于它没有任何固有的本能，所以它天性灵敏莫测，以便化动物的本能为己
149 有："野蛮人在自然那里只获得了一种本能，或者更确切地说，野蛮人**缺乏的固有本能**在其他可以替代的功能中得到补偿，这些功能首先替代本能，继而使人超越本能之上，这样的野蛮人总是**起始于纯动物性**的功能。"② 人类的起源，只有动物性。人和动物之间没有区别。这就是说，在人和动物之间，除了非现实的可能性之外，没有本质的差异。差异一旦产生，人就不复存在，剩下的不过是人的非自然化，也即是动物的非

① 卢梭：《论人类不平等的起源和基础》，第218页。

② 同上。黑体字系作者表示强调。

自然化。所以人就是由自己的本质的非自然化引起的人的消亡。人的出现也就是人的消亡，可见，人缺乏一个本质。人来自偶然性，来自对机动性的征服。人即是由本质的缺乏而引发的机动的偶然性。

人模仿动物的本能以补偿自己本能的缺乏，但从不**加入**任何新的成分。这一模拟动物的**自由**（自由的定义即是人所固有的本能的缺乏），只要不变成可完善性，仍然是自然平衡的保证。这样的自由和理性的机智毫无共同之处。尽管卢梭提出人类的机智、灵敏对应着人的原初性的特征和定义的缺乏，然而，怎样解释这一缺乏，或原始的缺陷？怎样解释这个**先于**一切过失，甚至**先于**沉沦这个**过失**的过失？怎样解释这一不是缺乏的缺乏，不是缺陷的缺陷？因为人处在起源之中，处在原始的平衡之中，人几乎什么也不缺，几乎没有缺陷。自然状态中的人和后自然状态的人不同，它自身什么也不缺少。

原始的自由是潜在的力量，沉沦是行为，力量向行为的过渡，也就是从自由向理性的过渡。自由是沉沦和失去平衡的可能性在原始人自身内部的印记。理性则是这一可能性的实现（或消亡）。"感知是人和动物共同的第一状态；愿意或不愿意、欲望和恐惧是人类灵魂最先具有的，也几乎是唯一的操作，直至新的环境给人带来新的发展。" 150

17. 差异就是理性，理性就是死亡，死亡就是死亡的先于自身

只要野蛮人不进入自由的不平衡状态，只要可完善性停留于潜在的力量而不扰乱自由的原始机制以及人的本性，只要这种潜在的力量不成为现实，即**不成为技术**，人就不会有死亡的感受，也不会去预示死亡：不处于**时间之中**。当可完善性成为行为，人便进入了时间，它不仅仅在时间**之中**，它几乎**就是**时间，就如同在时间以外一样。既然人成为时间，那么所谓"以外"就是指死亡，人固有的死亡，或人自身的死亡、

消亡、非自然化。随死亡而来的是理性和激情，二者因死亡而根本地连接在一起（和哲学传统不同，这种理性和激情一样，标志着依赖、丧失自治）。一旦激情取代了需要，或者说，一旦需要失去平衡、因需要过剩而转化为激情，自由就会转化为可完善性。这种转化之所以可能，仅仅是因为理性将我们的视野投向直接在手的范围之外，发展了我们的先于自身预示功能，或者更确切地说，理性发展成一种先于自身功能：

> 无论伦理学家怎样说，人类的理智在很大程度上取决于激情，同样，激情也在很大程度上取决于理智，二者共存。理性在行为中得到完善。我们之所以寻求认识，就是因为我们希望得到满足。我们无法想象一个没有欲望和恐惧感的人会自寻烦恼地去推理。反过来说，激情的根源来自我们的需求和认识的进步，因为，对某种事物的欲望或恐惧，或是来自我们关于该事物的认识，或是来自简单的自然冲动。野蛮人由于没有任何理智之光，所以只能感受自然的激情：它的欲望不会超过它的生物需求；它在自然世界中认识的乐趣只有食物、雌性和休息；它畏惧的苦难无外乎疼痛和饥饿。①

可见，激情被卢梭归属于一种**消极动力**的原则，它是理性完善的基础；而理性完善一般地说是一种破坏性的认识，即关于其他事物的认识，
151 识，或损害他物的认识。然而，如果说理性的发展需要激情，反之，激情也以理性为前提；在此，理性被作为扩展自然需要、破坏平衡、远离自我的动力。简言之，理性是一种趋向非直接在在手之物的运动。②

正因为野蛮人没有理性，所以它唯一惧怕或唯一需要的东西只能

① 卢梭：《论人类不平等的起源和基础》，第219页。

② 这里必须分析和比较远离概念的价值在不同作者笔下的意义，如本杰明（再造中展示价值）、里奥达尔（电报）、维里略等代表着一派，另一派则有海德格尔（Entfernung）、德里达（延异和扩散）、德勒兹（非地域化）等。

属于自然冲动的范围，这个冲动印记在它的平衡机制之中，和激情毫不相干。激情作为对直接在手下状态的超越，是理性的发展，即理性对某种可能性的先于自身。这个可能性虽然不直接在场，但是它可以构成恐惧或欲望，它**可能**来临。[①]它**起初只体现为一种恐惧的发展**，这不单单是对痛苦的恐惧，而是一种原始人没有的认识：死亡的知识、忧虑、伤感、忧郁、孤僻。如果说原始人和动物共同具有自我保存的本能——或许是它仅有的本能、它和另一条根本性的原则“怜悯”组合，那么这个本能绝不是**死亡**的感受。野蛮人不怕死亡。假如野蛮人恐惧死亡，它就不是“集一切于自身”，自身就不可挽回地发生分裂，即丧失自我，缺乏起源：没有起源和起源有缺陷是一样的。在自然的平衡中，原始人不怕死亡，它只怕疼痛。

原始人怎样才能既自由又服从自我保存的本能？自由是否包含了这样一种目的性：摆脱自我保存本能的现实的可能性？自由如果不是**已经**（而不是**几乎**）被定义为和死亡——摆脱自我保存本能的可能性——的关系，以及和自然意志的关系，它还能有什么意思呢？在宁死勿失自由的考验中，包含了先于自身。可能性的本质就是对未来的开放；这种可能性恰恰不应当对卢梭的原始人起作用，因为它意味着外在事物和代具的介入。原始时代的人就这样在“不知不觉”中**消亡**。 152

“我说是疼痛而不是死亡，因为动物从来不知道什么是死。”[②]原始人**是**动物，所以它不怕死，证据就在于“**动物从来不知道**什么是死”。人享有一种神秘的自由力量，但是它并不偏离平衡状态；它仅仅有接受或发展由**外来**因素造成的不平衡结果的可能性。为了确证这种尚未形成偏离的偏离的可能性，卢梭进一步指出：“关于死亡及其恐惧的认识

① 这个结构恰恰是赫西奥德在《工作与时日》中所说的等待，它确定了人同时具有先知和后知的双重性。

② 卢梭：《论人类不平等的起源和基础》，第219页。

是人在偏离动物界时获得的第一个知识。”原始人和时间没有任何关系,它也不会想象:

> 显而易见,似乎原始人的一切都使它避开放弃自然状态的念头和手段。它没有任何想象的画面,它的内心没有任何愿望。它可怜的需求是**如此轻易地在它手下**,以至它离希望得到更多的需求所必要的知识还差得很远,它既无预示也没有好奇。

对于原始的野蛮人来说,一切始终如一。它没有关于他物的观念。他物,从本质上说首先就是时间。野蛮人永远不可能有未来,也许正因为如此,所以卢梭必须明确:野蛮人“可能从未存在过”,正如宗教“命令我们相信”的那样。如果说哲学是一种惊奇,这个惊奇使存在者得以从它的存在的本来面目被考察,那么野蛮人从不对任何事物惊奇,因为没有东西能使它惊奇。所以它不是哲学家,也没有必要成为哲学家,更不需要从存在的意义上思考一切存在之物:没有运动,没有变化,存在没有被掩盖或遗忘,沉沦尚未发生。一切都是直接的,没有弯路,更没有哲学的弯路。“它的灵魂不受任何干扰,只感受到现实的存在,没有任何未来——哪怕是即刻的未来——的观念。”一个关于最近未来的观念实际上隐含了一个关于最远未来的观念:只要形成了关于未来的观念,就必然涉及整个未来和走出现在的可能性,这种可能性在本质上和无限的**自由**一样,也是**无限**的。原始人的“计划和它的视野一样受到限制,至多一天之遥”。虽然它没有“任何未来的观念”,但是它仍然有
153 计划,具有关于最临近的未来的观念。然而一切关于未来的观念都包含了“整个未来”,这个未来包括一切或虚无,既是全体的可能,也是虚无。由此看来,起源只能是一种“**几乎**”的起源。然而在此,**几乎**是不能接受的,正如卢梭自己举例说明的那样:“**如今**加勒比人的预见水平即如此:他早晨卖了自己的床,晚上又哭着要把床买回,因为他没有预

见到晚上还会有用。"[1]这个加勒比人也几乎是在时间之外，然而**仅仅几乎**而已；他**仍然**在时间中。卢梭无法举出一个根本外在于时间的原始人的例子，因为这样一种人是先于创造的。换言之，这种人不存在，但是它却是唯一不会偏离本性、保持自我真正同一的人。断定人的本性不是时间和断定人的本性不是技术是一回事。

18. "跨越一个如此巨大的间隔"

在此我们进入了卢梭故事的关键时刻：死亡和时间；它们在起源中的空白，又作为沉沦而降临；人的出现也就是人的消亡；人的可能性的实现也即是人的非实在化，技术和人的双重问题以及**人类学和技术学的关系**，都表现为**死亡的逻辑**。

一切都发生在偶然事件的降临、原始人转向死亡的那一瞬间。死亡学就是这种用来形容和描述向死亡转化的不确实过程的新的人为因素。面对死亡，出现即是消失，临近就是遥远。死亡是最难把握的东西，因为它是最直接的，不可能被放在差异、不平等、嫉妒等范畴中来作比较。

《论人类不平等的起源和基础》第一部分的结尾处讲述的是**一切不属于**原始人的因素，并指出这些因素如果没有天命**支配**，就不可能进入原始人；这些不属于原始人的因素怎样一下子全部降临，如同一种"原因"产生的"结果"一样。如果没有神的介入，任何因素都不能使人进入后自然状态（劳动、语言、社会、爱情、家庭），神是激发这种第一 154
性和第二性因果链的第一介入者，在这个因果链中，结果作为一种消极的力量，在实现原因的同时，也使之非实在化。技术的一切矛盾性及其一切后果都是神的意志的实现。在起源的底层裂开了一个"巨大的间

① 卢梭：《论人类不平等的起源和基础》，第219页。黑体字系作者表示强调。

隔”。偏离就产生在由偶然性带来的后果之中，并产生对死亡的恐惧。对死亡的感受总是不完全的，而且无从证实。必须要描述能够填充这个裂缝的那个偶然事件，或那一系列偶然事件。必须将这个裂口的两极对立。原始人没有死亡的观念，所以它不会先于自身、不说话、不劳动、不认识世界，也就没有知识。为了**达到**对死亡的观念，进入伴随死亡而来的认识，获得理智之光——首先就是火，一句话，为了进入时间，必须具备一定的场合，没有这种场合，人永远不可能“跨越一个如此巨大的间隔”。人是怎样发现火的？这是一个谜，人们只能借助于类似某种偶然巧合或个别的发现等可能性不大的假设来解答它。就算我们认为这些假设是可靠的，那么，原始人由于没有语言的交流，火的发现只能为自己所用，这个发现很快就会失传。没有语言就没有传播的可能性。“人在获得点火的技术之前，不知多少次失去火种！不知多少次点火的秘密随发明者的死亡一同消失！”①

原始人没有光明，即使有，它也无法传播，因为在原始的人性中，**记忆**是一片空白。这种人既不劳动，也不积累，更不积累知识：这些行为对于它来说都是毫无意义的。即使它想做，也无法办到。因为它不会先于自身预示。而先于自身预示对于农业技术来说，是至关重要的。尽管如此，我们可以假定农业工具和农业知识都奇迹般地降临了。那么，一方面，人们必须劳动耕作——这是原始人不需要的，因为它们一切在手边，除非想象一种自然灾害；另一方面，人们还需要一种社会组织来保护自己的劳动果实，也就是说立法，这些法律就会摧毁原始的自然状态。这种自然状态本身就是法——一种解除一切联系的法则，它
155 曾经那么温文尔雅，以至生活其中的人对之深深地眷恋，没有丝毫厌弃的念头：

① 卢梭：《论人类不平等的起源和基础》，第219页。

> 散布林间、和动物共处的人类有何进步可言？这种人没有固定的居所，相互也没有任何需求，它们甚至一辈子只碰见一两次，互不相识，互不交谈。对于这样的人又怎能谈得上互相促进和完善呢？①

裂口出现在语言起源的疑难之中：是语言为社会奠基，还是社会为语言开道？二者何者为先？手势只能用来表示有目共睹的有形物体，手势的局限注定要使音节走向语言并建立标记系统："这些标记要求共同的认可，而且对于原始人未经训练的粗陋器官来说，它们是很难使用的。更困难的是构思标记，因为共同认可需要一个动机，而**语言似乎是明确语言之用途所必不可少的**。"②

卢梭虚构的语言和社会的划分无非是在无意中指出：由于语言**即是**思想，想说**即是**说，所以，语言**即是**社会制度，社会**即是**语言的制度。必须指出，一切都在沉沦中**瞬即而至**，而且必须**同时**建立万物的前提原则：最初是简单的起源，然后偶然性和起源遭遇，由此引发一系列的实现于前后相关的因果链中的**后果**。但是，随沉沦**同时**瞬即而至的恰恰是这种连续因果链的**不可能性**。

更困难的是在**说之中**包含着一个说的意愿，这使说超越了简单的表达的范畴，说就是呈现本身：原始人只要不通过表达而走出自我就没有任何意愿。然而，如果起源先于沉沦，那么手势就应当先于语言，而且语言本不应该随手势而产生。一切都同时瞬即而至，但是却有一个起源的秩序。在这个可怕的逻辑面前，还是信奉天命干预的假设更可靠："重重的困难实在可畏，而且我深信语言不可能纯粹出自人力，这一 156
点已经十分明显，所以我把这个难题留给那些愿意在此下功夫的人：

① 卢梭：《论人类不平等的起源和基础》，第220页。

② 同上书，第221页。

和语言系统紧密相连的社会或者说在社会中被创造的语言，何者最为必要？”[①]

神的介入及其后果使人和人之间发生关系，并使人脱离了自然状态的完全独立的处境，这个自然状态和弱肉强食是根本不同的：强力只能来自两种力量的对比，而两种力量的对比只能依靠一定的关系，自然状态不具有任何关系。但是，“还存在着另一种霍布斯没有察觉的原则，这就是人类为了自身的存在，本能地厌恶看到自己的同类受苦受难”。怜悯是自然之声，就连动物“有时也有同情的表示”，“这是一条普遍的、对人类有益的善，它**先于**一切反思”。即使那些暴君，也有怜悯之心。

然而，怜悯不就是自我向他人的投射并从他人那里获得情感吗？那么，如果不能在差异中，也就是在他人的差异性中获得自我同一，又怎样能够在他人中自我认同呢？原始的怜悯心与其说是一种变异或差异性，不如说是一种同一性。它属于一种**尚未异化**的同一性，因为它来自起源，在起源中，差异就是同一。这就是说，怜悯是一种尚没有任何关系的原始社会的情感，它先于一切（作为还原他人的同一性的）关系，它不依赖任何关系，是一种没有社会关系的共同体的情感。唯有理性才能在区分差异和比较的同时实现同一化，所以理性同时也是区分、差异和不平等。人类以理性为掩护，以便和同类区别开来，并由此将自己的同类当作他类而非自我的同一：“理性产生自恋，反思使它强化；理性使人自我封闭；它把人和一切妨碍人的事物区分开，并使人受尽磨难。”[②] 推理从本质上说是冷酷的，它使人孤立。然而这是一种有害的孤立，因为它发生在**社会**和**依附**的关系之中，并受这些关系的支配。所以，
157 这种理性的孤立同原始的自给自足的孤立毫无共同之处。有益的

① 卢梭：《论人类不平等的起源和基础》，第222页。

② 同上书，第224页。

孤立是不受个别利益支配的：原始人没有个别利益，它的需求是如此的基本和自然，以至大家都有同样的需求，个别尚不存在。诚然，原始人为了保存自己似乎必然和其他同类发生冲突，也就是自己的利益和其他同类的利益相互对立；由此，原始人有可能破坏全体的同一和需求的平等；显然，曾经存在过一种根本性的自恋，它可以成为一切不平等的开端。然而，这种根本性的自恋恰恰被怜悯心所牵制而得到平衡，被包容在原始的冲动之中。所以，是怜悯心阻碍了个体化的形成，它同自我保存本能一样，**都是根本性的**，二者的组合构成了纯粹原始状态的基本特征。

所以，曾经存在过一个孤立个体组成的原始共同体，在这个共同体中，不存在任何关系。原始人之间不发生关系。怜悯与其说是一种关系，不如说是无关系的保证，因为一切关系都立刻会导致一种力量的对比；怜悯是一切关系纯粹性的同一，它和自我保存本能组合，使自我保存本能超出了个体的范畴，成为种属的本能："怜悯是一种自然的感情，它使每一个个体的自恋变得温和，并辅助形成种属的互相保存本能。"怜悯的本来意义就是平衡法则，或者说就是平衡本身，这一法则先于理性的非平衡现象。"怜悯推动人们不假思索地去解救同类的苦难；在自然状态中，怜悯就是法律、伦理和道德；它的优势就在于：没有人会对这样温和的召唤提出反抗。"这种情感，这种温和的召唤，我们至今仍然能够有幸在社会中听见，这就是重建人权的一丝希望："什么是慷慨、宽容和人性？这些不正是施于弱者、罪人或普通人的怜悯心吗？"在偶然的沉沦之后，怜悯仍然在人类的法则中召唤自然的法则，它作为一种没有激情的激情来平衡冷酷的理性冲动，用原始的热情来温和由冷酷的计算和无情的理性产生的狂热冲动；正是这种无情的理性带来了个别利益的激情和自我理性化的消极孤独。

上升到种属层次的自我保存本能并不是（尤其不是）死亡的意识。
诚然，当一个同类临近死亡，并且这个死亡切近地呈现为整个种属的死 158

亡可能性时，人就会产生怜悯心。死亡无疑是一个同类遭受的痛苦的极限，而一切痛苦无非是对死亡的一种缓和的表现而已，所以同类的痛苦必定是对同类的凌辱。因看到同类受苦而引起的一切痛苦的感受都是对本身根本的缺陷和本质性危险的预测和先于自身，这种自身缺陷和危险的感受就是自我感受的条件和基点。正因为如此，所以当卢梭试图指出怜悯的普遍性时，举了动物**死亡**和**埋葬**的例子："当一个动物在路过一个同类的尸体前时，不能不感到恐慌；有些动物甚至会埋葬同类的尸体。"① 这就是怜悯的深层含义。怜悯心驱使人类避免自己的同类受凌辱，所以，一个强壮的野蛮人不会去"抢夺幼儿或老人得之不易的果实"。就这样，纯粹自然状态的人在不知不觉中死去，动物本身也能在（尚未真正成为"其他"的）同类的死亡中感受到死亡（的知识或意识）的痛苦。这种先于一切反思的行为、冲动或本能的反应显然是违背自我保存法则的。然而，怜悯心只能先于死亡意识。死亡意识已经是对怜悯这个原始情感的掩盖，因为，怜悯心是直接的，而死亡意识则是一种先于自身、间接性、忧虑、对单个或个别化的未来的投射，一句话，是沉沦在时间中的差异化和不平等。在此值得重申的是：原始人不可能预示，它停留在现在的状态，既没有记忆和过去，也没有未来。正因为如此，所以原始人甚至没有仇恨：它不受复仇心理的影响，"除非对那种场合的本能反应，就如同狗会咬投向自己的石块一样"。

关于随死亡而产生的差异化现象，卢梭列举了最后一种情况：爱情。显然，它标志着原始感情向个人偏好的败坏。爱情作为个别利益，它的对象不是没有区别的同类，而是"另一个人"。所以，爱情属于一种有意图的个别激情，它由于同时使自己的对立面成为可能，所以有"毁灭人类"的危险。"这种可怕的激情无视任何危险，推翻所有的障
159 碍，它的疯狂似乎要毁灭它本应保存的人类"。在沉沦之后，一切事物

① 卢梭：《论人类不平等的起源和基础》，第225页。

都可能导致自己的反面，这种矛盾现象同样会，而且尤其适用于人类的立法领域：法律的职能就是抑制这类可能的颠倒混乱，但是在此，法律本身也逃不出冲击一切补救措施的根本性缺陷的命运："激情越是强烈，就越是需要法律来抑制：但是[……]同样值得考察的是，这种混乱是否来自法律本身。"至于爱情，它是当伦理的情感代替了生理的冲动之后产生的激情，它最初属于生理的冲动，而且可以在起源中找到自己的本性；然而这种激情已经超出了种属再生殖的本能，并成为一种毁灭性的力量。这种激情是原始人不具备的，或几乎不具备的。这类情感对原始人而言"**几乎**不存在，[……]它只遵循得自自然的性情而不是得自后天的爱好，对于它来说，所有女人都可以满足需求。[……]想象使我们现代人受害匪浅，但是野蛮人的心灵中却没有它的位置；每一个人都静待自然冲动的到来，毫无选择地宣泄，快乐多于热情；一旦需求得到满足，欲望也就随之熄灭"。

由于原始人没有想象、没有未来、没有记忆、没有过去，所以它也几乎没有爱情、没有欲望。欲望有一个固定的对象，而且不会随需求的满足而消失，欲望是对欲望的记忆。

所以一切随死亡意识而降临：死亡本身、劳动、教育、语言、社会、爱情。善于持家的人、匠人、勤劳的人、智人（L'Homo oeconomicus, faber, laborans, sapiens）：逻辑的动物、理性的动物、会说话的动物、政治社会化的动物、有欲望的动物等等，自柏拉图、亚里士多德直至马克思和弗洛伊德，一切传统哲学用来界定人类范畴的属性都只能来自后自然的偶然性，随着这个偶然的沉沦，人类进入了可悲的死亡意识和忧虑。

原始或自然的不平等是不存在的。自然本身既无爱，也无**爱好**。[①] 160

① "在没有爱的地方，美有何用？对不说话的人来说，精神有何用？对于没有事务的人，心计有何用？"《论人类不平等的起源和基础》，第227页。

19. 再论第二起源

一切来自后自然状态的事物都可以被称作技术，即作为操劳(Besorgen)的先于自身意识，它存在于构成当前的现在、过去和将来的根本性分裂的偏离之中。这种向人为的时间性或时间的人为性的沉入，向脱离存在并使存在败坏的变化性的沉入，就是人的可完善性由潜在力量向现实行为偶然性的过渡：

> 我已经指出：自然状态的人作为潜在的力量获得的**可完善性**、社会道德以及其他能力是**不可能自身发展**的，它们的发展必须依赖许多随机的、可能永远也不会产生的外在动因，如果没有这些动因，人就会永远处于它的原始状态之中。接下来我就要考察和比较各种使人类理性得以完善并因此损害人类的不同的偶然因素。这些因素在使一个人变得可群居的同时又使之变得微不足道，并且最终将人类和世界从一个如此遥远的境界拉到我们现在的环境之中。①

这种**偶然性**证实关于**第二**起源的解释是几乎不可能的，第二起源作为起源的**丧失**最终将成为**起源本身**。换言之，**偶然性**表明关于任何一种开端的追忆、确认和构思都是不可能的。我们可以在勒鲁瓦-古兰的古生物学的科学性极强的论述中发现同样的困难。在卢梭看来，第二起源只能来自天意的巧合，这一论断不仅被后来的科学研究所动摇，而且一直无法摆脱时间这个"古老得可怕"的问题的困扰。一直根深蒂固地在哲学论述中占主导地位的人类学先验论受到了来自古生物学

① 卢梭：《论人类不平等的起源和基础》，第227页。

的根本冲击:“人性可能从来就不存在”,“或许我们已经不属于人类”。这就是勒鲁瓦-古兰在《手势和语言》一书中告诫我们不可忽视的可能性。

卢梭关于起源问题的描述从**反面**向我们揭示:一切人们习以为常地认为是人类之本的东西都直接地、不可避免地和非人本的因素相关联,即“补缺”、代具的使用和人的外在化,在这种非人本的条件下,没有任何东西是直接现成在手的,一切都被间接化、器具化、技术化了,也 161
就是说失去了原始的平衡。这个非人本的过程,导致如今的非人或超人的境地,它把人和一直被当作人之为人的因素剥离(语言、劳动、社会、理性、爱情、欲望及其结果,甚至包括某种死亡意识和时间关系:这最后一点尤其值得我们在下面作专门的讨论)。在这个过程中,人的潜在力量的实在化或“现实化”似乎也就是人的非实在化,人消失在一种**不再属于自己**的变化运动中。从这个角度看,卢梭并没有错,相反,他**几乎**是正确的,他的描述向我们展示了这样一个困难:如果试图在**同一个范畴**中同时思考技术(的“起源”)和人(的“起源”)、技术学和人类学,就必须首先聚合两类不同的观点。如果说时间真的以技术为根本性的背景(也即无起源的背景),那么这里提出的任务就是把存在和时间的关系问题作为**技术学**(技术的逻各斯)的问题来思考。 162

第三章

谁？什么？人的发明

1. 人的延异(différance)

人的发明：这个判断并不令人满意，它的所有格含糊不清，可以派生出两个问题："谁"或"什么"发明？"谁"或"什么"被发明？发明这个动词所对应的**主语**和**宾语**的含糊，实际上体现了发明这个动词本身在这个判断中的模糊。

联系"谁"和"什么"的是发明。表面上看，"谁"和"什么"各自都有特定的含义：人和技术。但是，所有格的模糊迫使我们不得不疑问："谁"是否指技术？"什么"是否指人？或者，我们是否应该摆脱并超越"谁"和"什么"之间的一切差异？

为了深入这个问题的实质，我们必须研究由东非人向新人的过渡，即**人化**的过程。这个大脑皮层的分裂过程和石器随着石制工具技术的漫长进化与演变的过程是一致的。石器技术的进化是如此缓慢——它以"遗传变异"的节奏发展——以至于我们难以想象人是这个技术进化的发明者和操作者。相反，我们可以由此假定人在这个进化中被逐渐发明。

这种作为制造者、构件者——而非设计者——的存在的出现，起始于神经系统的进化过程。但是，一方面，技术已不属于**严格意义**上的动物学现象：即使最古老的技术进化也不受“遗传序列”的控制；另一方面，自新人以降，神经系统的进化过程完全在纯粹技术进化的模式中展开，因为，从遗传学的意义上说，新人以后，人类的大脑皮层 163
的组织已经基本定型。如何理解这第二次分裂？在“起源”的最初两次冲击**之间**，究竟发生了什么？这种现象提出了怎样的**后生成**学的问题？

我们首先要问：**大脑皮层分裂**在坚硬的石器中具有怎样的**投影**？什么**可塑性**使得大脑对应矿物质的**裂变**？石器作为大脑的镜子，它的最初形式是什么？接下来我们还要问：从生命的一般历史角度看，人类大脑皮层进化的完成意味着什么？它是否表明**生命进化**沿着**生命以外的方式继续**？这就是技术史（包括石器史）所要探讨的问题。技术史同时也就是人类史。由此我们将提出“后种系生成”[1]这个奇特的概念。

通过这项研究，我们将探讨东非人向新人过渡所提供的思考**时间**

---

① épiphylogenèse，后种系生成。其词根是“phylogenèse”。“phylogenèse”来自古希腊的“phulon”（种）和“génése”（生成）两个词的合并，生物学用来表示一个种系的发育生成过程。根据“phylogenèse”的一般性理论模式，一个物种的一切特性，都已经被包含在胚胎（种）之中。物种的生成过程无非就是通过不同阶段的发育，展示物种生来具有的特性。换言之，物种的一切都已经在生成之前由胚胎确定。“épi”在古希腊语中表示“在……之上”或“在……之后”的意思。给“phylogenèse”加上“épi”这个前缀，用来表示和“phylogenèse”相反的理论模式。“épiphylogenèse”的意义在于，一个物种的特性并非从一开始就全部被包含在种之中，而是在后天的生长过程中逐渐形成的。作者用这个概念来解释技术发展的一般性模式，指出技术没有一个最初的、包罗万象的种，如果把技术作为一个“种系”来考察，它的生成过程也就是技术的发展过程，技术的一切特性都来自“后种系”的技术历史本身。作者并将这个概念推广到有关人性的讨论，对卢梭的自然状态的、原始的人性提出了尖锐的批判，认为人的代具性决定了人必然随着技术的发展历史，在自身的发展过程中获得（或发明）自身的属性。——译注

性的可能性，并试图指出，**我们的最根本的问题是关于一切时间关系的技术根源的问题**——这个技术的根本性在我们当代的技术背景中，特别地体现在**速度**现象中。勒鲁瓦-古兰认为，一切制造行为，包括最初的石器制造在内，都是一种**先于自身预见**行为，他以此作题，引导出时间的问题。

我们研究的是这样一种过渡：在我们所说的人类当中过渡。也就是说：如果人类有一个起源，那么我们所要研究的就是人类的“诞生”。为什么要研究人类的“诞生”？首先是因为，自黑格尔以来，哲学不断地探讨人类的终结。①即使现在流行的重建黑格尔以前关于人的思想的企图，也摆脱不了关于人类的终结的思想的支配：人们仅仅在回答这个问题，并且没有加入丝毫新的内容。然而，探讨终结就不可能不探讨起源，同样，探讨死亡就是探讨诞生的一面镜子。提出人类诞生的问题，实际上就是提出“死亡的诞生”或人与死亡的关系问题。不过我们将试图探讨的，**与其说**是和终结相关的人类的**诞生**，不如说是人类的**发明**，甚至可以说是人类的构造，人类的**雏形设计**；换言之，在**人类学范围之外**来探讨人类诞生的问题。这样我们就得严肃地对待勒鲁瓦-古兰提出的假设：“或许我们已经不属于人类。”因为，虽然没有任何证据证
164 明我们所说的人今天已经终结，但是，我们无论如何都可以确信，一切事物有始有终的原则。自达尔文以来，我们已经知道，**人**——如果人存在的话——曾经有一个**开端**，尽管我们尚未弄清人是**如何**开端的。也正因为如此，认识**人将如何终结**也是十分困难的。然而，尽管我们无法理解人如何终结，这并不能否认人有始有终的事实，甚至不能否认人已经终结。

从勒鲁瓦-古兰的观点出发所做的分析研究，使我们能够围绕延异这个概念同德里达对话，他用这个概念来描述**生命的过程**，人是这

① 德里达:《哲学的边缘》，午夜出版社，1973年，第143—144页。

个过程的一种**特殊**现象，然而人**仅仅**是一种特殊现象而已。这里涉及的问题，并非要抽去人类生存范畴的一切特征，而是要从**根本上动摇**把人性和动物性区分开的界限。我们在此遇到的困难，至少可以和使字母线性文字的特权相对化的困难相比拟，我们将在第二卷中讨论这个问题。在此，我们将用另外一套概念体系来展开同样的逻辑推理：1. 假如由黑格尔和卢梭赋予线性文字的特权属于逻各斯中心论；2. 假如形而上学是逻各斯中心论，或反之，假如逻各斯中心论就是形而上学；3. 假如形而上学就是人本主义，或反之，假如人本主义就是形而上学；4. 那么，人本主义就是逻各斯中心论。赋予**拼音文字**以特权，就是赋予人以特权。无论哲学如何解释，“拼音-逻各斯中心论”实质上就是“人-逻各斯中心论”。把话语和文字相对立，也就是把人和动物、人和技术相对立。但是值得注意的是，文字学“不应当成为一门人文科学，因为它首先把人的名称问题作为自己特有的问题提出”[①]。文字学是怎样提出这个问题的？它对人（或人的同一体）提出疑问，并提出了**延异**的概念。这个概念所涉及的，无非就是**生命的历史**。如果说文码学探讨的是拼写现象，并由此探讨人类的名称，那么延异的概念的建立是这个探讨所不可缺少的。这个概念直接和勒鲁瓦-古兰的古生物学理论相关，因为，勒鲁瓦-古兰的学说不仅仅以“简单的一般拼写的可能性”来描述“人的同一体或人类的奇遇”，而且它尤其把人类“作为**生命**历史——我们在此所说的**延异历史**——的一个环节，即文码历史的一个环节”。不仅如此，文字学同时还需要借助于程序的概念。 165

> 要从控制论的意义上来理解程序的概念，然而要想使控制论变得明白易懂，就只能从痕迹的各种可能性的历史出发，并把这种

① 德里达：《论文字学》，午夜出版社，1967年，第124页。

> 历史作为前摄和滞留的双重运动的统一体。这种双重运动远远超出了“意向意识”的可能性。意向意识使文码以**现有**的面目呈现(呈现在新的非现在性的结构中),并无疑使**狭义的文字体系的产生**成为可能。

文码不仅确定生物各层次的结构,而且也确定生命在生物之外、以不同于生命的方式延续的结构,文码涉及的范围“从‘遗传基因’直至服从逻各斯和**智人**的拼音文字”。德里达要求以勒鲁瓦-古兰描述的“记忆解放”为出发点来认识文码,“记忆解放”是“痕迹不断扩大的、并总是已经开始的外化过程,痕迹在从‘本能行为’的基本程序到电子文件和阅读机器的范围内,扩展了延异和保存延异的可能性”[1]。换言之,勒鲁瓦-古兰的人类学必须放在本质上非人类中心的概念中来思考,它不把人们习以为常的人性和动物性的区分视作现成的论据。德里达的延异性思想实际上就是关于生命的一般性历史,即关于文码的一般性历史。他把这个思想建筑在人性和动物性都具有的程序这个概念之上。文码比人类特有的字符更古老,没有文码就没有字符。延异的概念体现的对立统一就是要对人和动物、自然和文化之间的对立提出疑问。“意向意识”的可能性的根源比人类更**古老**,它使“文码以**现有形式**”呈现。**接下来的问题就是要确定“文码以现有形式呈现”的条件,以及这个呈现给生命或文码的一般性历史带来的后果。这将是我们要探讨的课题**。文码的历史也就是电子文件和阅读机器的历史,即**技术的历史**——人的发明就是技术。技术发明人,人也发明技术,二者互为主体和客体。技术既是发明者,也是被发明者。这个假设彻底推翻了自柏拉图以来,直至海德格尔,甚至海德格尔以后的关于技术的传统
166 观念。

① 德里达:《论文字学》,第125—126页。

延异就是一般生命的历史，在这个历史中，延异产生了一种特定的**形式**或阶段。这个阶段使文码以现有的形式呈现——意识的形式——成为可能。我们必须划分这个阶段。我们将要讨论的是生命历史的双重断裂：在**一般性的延异**受到的两次冲击之间发生的效应，这两次冲击都来自一种**特别的延异**。我们就用东非人和新人来命名这两次冲击。在它们之间并通过它们发生的，就是由遗传性向非遗传性的过渡。在此，德里达参考了勒鲁瓦-古兰的两处论述。[①]我们将在本书的第二卷中，从勒鲁瓦-古兰的这些论述中，得出与德里达的观点不同的另一种结论。由遗传性向非遗传性的过渡，就是一种新型的文码/程序的产生。既然我们不能把人类建立在它自身的起源之上，那么就要指出人类从何而来。这就意味着要建立文码和程序的类型学。正如保罗·利科所说：文化编码和遗传编码一样，“都属于行为的‘程序’；和遗传编码一样，文化编码给生命提供模式、秩序和方向。所不同的是，文化编码滋生于遗传调节失控的领域，并且只能以对整个编码系统的整顿为代价来延伸它的有效性。一切习惯、风俗以及被黑格尔称为先于反思伦理的道德实体，就是如此取代遗传编码的”[②]。

问题的实质就是探讨这种取代或过渡的极其矛盾的**可能性**：它涉及的是关于一个绝对的过去和一个无从设想的现在的不可思议的难题，恰如利科所说：这个问题是一个无底深渊，是一个崩塌。第一个死亡的人，或者说第一个“被认作死亡”的人，就是存在于第一个现在之中的人，他第一次经历了过去、现在和将来的时间性：一个从未曾经是现在的过去产生了一个永远不可能成为过去的现在的现在。我们将在勒鲁瓦-古兰的论述中再次从外在化的矛盾性的形式中遇到这

① 勒鲁瓦-古兰：《手势和语言》，第2卷，第12—13页。
② 保罗·利科：《时间和叙事》，瑟伊出版社，1983年，第1卷，第93页。

个难题。我们也将看到，古生物学怎样用另一种方式提出时间的问题。延异的概念以及延异之内断裂的概念就是“设想”这种过渡的尝试。

“延异”同时包含“差异”和“延迟”两个方面的意思，即时间的空
167 间化和空间的时间化：

> différer这个动词包含了两种似乎截然不同的意思。[……]从这层含义上看，拉丁文中的differe并不是古希腊文diapherein一词的简单直译。[……]在古希腊文diapherein所包含的意思中，没有拉丁文différe的两重含义的其中之一：延迟的动作，计算时间、计算一项操作的力量的复合，它包括经济筹划、迂回、期限迟误、保留、再现等一系列的概念。我把它们集中表现在一个我从未用过、但却是可以进入这一概念系列的范畴，即延迟。从这个意义上说，différe就是延迟，即有意或无意地借助于一个时间上的延期和迂回，以此悬置“欲望”的满足和实现。[……]这个延迟同样也是时间化和空间化：成为空间的时间和成为时间的空间[……]。différer的另一个意思则要通俗得多，也更容易确定：它是指不相同、其他、可区别等。差异可以指不相同、差别，也可以指分歧、不和，然而不论是对于哪一种含义来说，差异都必须在不停的重复中积极而能动地产生一种间隔、距离，也就是产生空间性的差别。①

所有这一切，首先是指一般意义上的生命：一旦有了生命，就有时间。然而德里达在引用勒鲁瓦-古兰的说法之前这样写道：“**痕迹是这样一种延异**，它启开了生命在一般的非生命上的展示和意思，这也就是

① 德里达：《哲学的边缘》，第8页。

一切重复的根源。"[①]使生命在非生命上展示，这是否已经经历了断裂？是否已经脱离了纯粹的自然状态？延异似乎包含了一个疑点：它涉及的是生命的一般性历史，但是这个历史似乎仅仅从断裂**之后**才开始，这个断裂虽然不是微不足道，但它至少要比传统的人性与动物性的划分要无足轻重得多。一切问题都在于，一般性的生命的组织作为随断裂的发生而出现的生命的组织，就是死亡：在断裂之后，生命就意味着组织的死亡。延异的问题也就是死亡。所谓断裂**之后**就是指**文化**，"它是一种延迟-相异的自然；它是指一切不同于**自然**的因素：技术、法律、社会机构、自由、历史、精神等，这些因素都可以被作为一种延迟的自然和相异的自然。即自然处于延异之中"[②]。 168

自然作为生命已经是延异。这里还有一个疑点，一个有待思考的过渡。问题在于认识生命在断裂之后的时间性的特征。当生命印记在非生命之中，生命的空间化、时间化、延迟、差异都通过并依赖非生命而实现，即在死亡中实现。探讨生命的展示的问题，也就是探讨我们称之为"生存"的时间关系的起源，即探讨先于自身。

海德格尔的此在概念的时间性的基本因素是已经在此。这个"过去"是我没有经历过的，但是它却属于我的过去，没有这一段过去，我就不可能有任何自己的过去。这种继承和传播的结构就是实际性的基础，因为传统总会掩盖只有它才能传播的起源的意思。海德格尔所谓的已经在此的前提就是：以此在为标志的生命现象把生物历史作为自身的发展，并从中形成自己的个性。生命的**后生成**层次并不随生物的死亡而消失，相反，它自我保存和积淀，并遗留在余生和后代中，它既像一份礼物，也像一笔债，或者说是一种命运：并不是几乎为生物决定论意义上的"编码"，而是一种包容了此在之未来的一切存在的**数字**。这

① 德里达：《论文字学》，第95页。

② 德里达：《哲学的边缘》，第18页。

种后生成的积淀或对往事的记忆，就是人们所说的过去，也就是我们在此所用的人的后种系发生概念的含义。这个概念是指：人的后生成各阶段的相继和相关、保留、累加和积淀，它因此和**纯粹**的生命概念决裂，因为在**纯粹**的生命中，后生成因素恰恰是不得保留的（“编码不接受任何来自经验的教训”——F. 雅各布）。尽管后生成在纯粹的生命中对构成物种进化的遗传选择不能没有影响（这些问题正如胚胎学所展示的那样，必须放在表型-基因型的关系研究的视角中加以讨论，它们甚至因此而在后生成学中获得新的含义），但是，这些影响恰恰只能通过遗传的方式来传递。后种系生成还包含了这样一层意思：胚胎发育必须重新经过进化过程的所有阶段，重新通过自己借以萌芽的一切错综复杂的分支，同样，后生成也必须被重新经历一遍才能完成，这实际上也就是**理念**的原型（必须对这个比喻持审慎态度，因为胚胎重复概念本身也是一种比喻）。后种系生成思想肯定人类个体的同一性：说话的口
169 音、走路的姿态、动作的力度以及个人世界的独一无二性。这个概念可以成为一门关于反思的考古学的范畴。

这就是海德格尔所说的历史性。我们之所以在提出了作为一般性生命的延异的时间性的问题之后来讨论海德格尔，是因为他的思想存在着两种时间的对立。一种是以技术度量的、烦忙的时间，这意味着时间的丧失；另一种是真正的时间，也就是摆脱了烦忙的技术背景的此在自身的时间。然而，如果已经存在的过去只有后生成的积淀的方式存在，那么它的可能性仅仅是因为积淀物所保证的传播**完全**是技术性的：技术性的非生物因**有机物而生成，但是它本身仍然是无机的**，这就是以工具、文字为标志的**痕迹**，我们将它们统称为一般器官。

人的发明这个命题的模糊性的关键就在于将“谁”和“什么”并列，既使二者相连，又使二者相分。这也就是延异的本质，这一概念对真—假的划分提出了怀疑。我们将在**作为延异的自然（一般性生命）向这种延异的延异的过渡**中来研究这个问题。延异既不是“谁”，也不是

"什么"，它是二者的**共同可能性**，是它们之间的相互往返运动，是二者的交合。缺了"什么"，"谁"就不存在，反之亦然。延异在"谁"和"什么"之外，并超越二者；它使二者并列，使它们构成一种貌似对立的联体。这种二者之间的过渡是一种投影：大脑皮层在石器岩层中的投影，岩石恰似大脑原初的镜子。这种原初的投影就是"外在化"的矛盾性和非逻辑的开端，它实现于由东非人向新人过渡的几十万年之中，在这个漫长的过程中，石器开始形成，大脑皮层开始自己投影印照，这是反射的原始形式；这个过程就像是一个雕塑的造型，它慢慢地由一块大理石的模糊线条中凸显。在此，问题的矛盾性就在于：我们必须讨论所谓的外在化，然而却不存在一个先于外在的内在，内在本身也**构成**在外在之中。

对于勒鲁瓦-古兰来说，人类化的过程也就是在**解脱**（或流动）运动中实现的断裂，这种断裂的解脱确定了生命的特征。由于这种断裂骤然而至，所以外在化的过程应当从古生物学的角度来考察，由此，人类的出现实际上就是技术的出现。勒鲁瓦-古兰进一步明确指出：技术的出现以语言的出现为标志。**这种外在化过程包含的运动之所以具有矛盾性**，就是因为，在勒鲁瓦-古兰看来，**工具——技术——发明了人，而非相反，人发明工具**。换言之，**人在发明工具的同时在技术中自我发** 170
明——自我实现**技术化**的"外在化"。因此，人就是"**发明者**"：**由内向外**的外在化运动是不存在的。尽管如此，这个"外在化"的运动却**发明了内在**，所以内在不可能先于外在而存在。内在和外在都在同一个运动中构成，这个运动同时发明了内在和外在两个方面：二者在同一个运动中相互发明，好像人的形成必须求助于**技术的助产**。内在和外在是同一的，在内也即在外，因为人（内在）本质上是由工具（外在）确定的。但是，这个双重构造同时也是内在和外在的**对立**——或者产生一种连续性的假象。这种假象从何而来？我们将在下一部分中看到，它来自一个根本性的遗忘，即爱比米修斯的过失：后觉和过迟。这一遗忘仅仅在普罗米修斯的先于自身预见死亡的忧虑中才有意义。这个先于自身的忧虑是指：以工具为代表的已经在此的实际性对于**来到世界的人**来说就是一个终结："为死而存在"是普罗米修斯的先觉结构，对这个结构而言，烦忙并不是简单地掩盖本真。这就是时间的问题。

勒鲁瓦-古兰试图通过把东非人的技术**仍然**划归动物学的范畴的方法来化解这个矛盾。然而，东非人已经不再是动物，否则就无外在化可言。正因为如此，在东非人和新人之间，存在着一个中间阶段，一方面，东非人已经成为人；另一方面，新人开始了我们现代人的特征——当然，我们是否仍然具有这种人的特征，这是另一个问题。这种划分动摇了人的同一性。大脑皮层形成于东非人和新人之间，在新人之后，大脑的进化就终结了。也正是在此期间，形成了皮层和岩层、生物和无机物的耦合。这种耦合造就了双重可塑性。矿物固体塑造"精神性"的、非矿物的流体，并由此而塑造自己（"精神性"的流体仍然是一种物质，它是物质的一种延异的存在形式）。这种耦合的效应仍然是遗传性的，但是它已经开始受后生成法则支配，属于后种系生成的范畴，这就是说，后生成的效应通过石器为**载体**而得以保存。石器是第一次反射的记忆，是大脑的第一面镜子。

在人类化——大脑皮层形成——的开端，后种系生成的标向是石器，因为它保存了后生成的要素。大脑皮层形成的过程就如同是对这
171 个保存的反射，而这个保存本身已经是对后生成因素的反射。

2. 一切从脚开始

卢梭的哲学人类学从属于经验论和先验论对立的范畴，勒鲁瓦-古兰恰恰对这一对立提出怀疑。然而他越是将技术的趋势深深地植根于最古远的动物性动力之中，并试图以此来化解从中产生的矛盾，就越是陷进更深的矛盾之中。他的思想还是在作为死亡学或时间性的技术学

面前手足无措，所以，这个思想最终无法避免难以解释的或神话般的第二起源的格式。

在强调了人类很早就显示出对起源问题的关切之后，勒鲁瓦-古兰在对卢梭的批判中展示了自己的思想实质。假定原始人和我们现在看到的人一样，“双脚行走，两手做事”，不同之处在于原始人赤手空拳、一丝不挂，这是一个十分浅显的看法。这个看法属于“唯脑论”，它假定一切“终结”从起源就已经确定，它无视变化的作用。因此，技术性本身和原始的属性是格格不入的，它只能在沉沦之后降临。自然状态下的人是瞬即形成的，而且一旦形成就没有变化。它先于文化、先于差异化的自然、先于技术，所以它的本质不是历史性的。勒鲁瓦-古兰所要指出的恰恰相反：首先，他在站立的骨骼结构、技术、语言和社会等因素之间建立了本质的联系；其次，他把技术作为一个特殊的动物性现实加以考察。

但是勒鲁瓦-古兰并未解决卢梭理论自身的疑点，这就是起源问题的双重性：既要肯定先验的第一起源，又不得不使之通过第二起源来实现。勒鲁瓦-古兰并没有对这种先验的第一起源的必然性给予批判，他甚至未予论及，这当然不是一个简单的疏忽。他从未正面回答造成这个必然性的疑难，仅对它做了改头换面的重复。尽管如此，他还是为我们能够摆脱人类中心论的圈子、从时间问题的角度来理解技术的动力突破了缺口，并且，我们由此可以通过无机物的有机化得以发展和保存的记忆的角度，来把握时间性的构成问题。在卢梭那里，以直接在手下为标志的第一起源，现在成了一种根本性的远离、能动操作的新形 172
式和外在化的过程，这也就意味着缺乏一个绝对的起源，可确定的开端的可能性本身成了问题。勒鲁瓦-古兰的思想为在人性之外追寻技术的差异化过程——在生物之外追寻生命——提供了唯一的可能性。从此，变化作为潜在力量的现实化不再属于奇谈怪论，而是完全符合逻辑的。

人类并不是由一个精神的奇迹一下子降临在一个既成的肉体之上而造成的，似乎一种“心智”被嫁接在“动物”之上：人类不是猴子的后代。人类的躯体——哪怕是最原始的躯体——在功能上和猿类躯体根本不同：这是两种在进化系谱中完全不同的分支。心理植根于某种特殊的全身性的生理组织，首先是植根于某种肉体的状态，但也并不仅仅如此。

18世纪，进化论的观点随林奈的论述而产生，同时多邦同也通过他关于“人和动物的枕骨槽位置”的研究提出了动物进化的连续性的观点。1800年，福莱尔建立了石器和人的关联的构想。1859年，达尔文发表《物种起源》，在这部书中，“人类现象只有在地球整体中才可能理解。在一般人的意识中，达尔文的名字通常和‘人来自猿猴’的说法连在一起”①。勒鲁瓦-古兰则要确立与此相反的观点。他同样可以证明猿人的解剖学特征、它的一般生理机构和运动机制都是和人类的特征一致的，比如直立行走、上半身的新的组织结构等，这些特征都直接包含了技术性和社会性形式的逻辑的结果。人是来自一系列形变的一个根本性的心理和生理复合体，这些形变的实质性后果应当从骨骼运动机能的角度来认识，它的进化历程可以追溯到最远古的过去。

1856年，尼安德特人头盖骨的发现是“古生物学的决定性的一步。猿人的面目变得更加清晰，它被命名为猿人”。但是，当时的错误就在于“通过尼安德特人把我们现代人和大猩猩、黑猩猩、狒狒、长臂猿这四
173 种最出色的灵长类直接联系在一起”②。考古学上决定性的进展是1959年发现的东非人化石。“东非人伴有石制工具，它的脑容量很小，并不具

① 勒德瓦-古兰：《手势和语言》，第1卷，第17页。

② 同上书，第21页。

有超猿类的硕大头骨。这个事实迫使人们不得不修正人的概念。"[1]因为，这个发现的结果是确认东非人的形成并不起始于大脑，而是起始于脚，所以，在一般运动机能中(不仅包含人类学的意义，而且不可分割地包含了技术学的意义)，"大脑的发展从某种意义上说是第二性的"。直立的姿态决定了上半身两个极点间的关系的新型机制：手从爬行的功能中解放出来，面部从攫取的功能中解放出来。手必不可免地要制造工具——**可代换的器官**，手中的工具必不可免地要导致面部语言的产生。诚然，大脑在这一层关系中自有其作用，但并不是决定性的作用：它仅仅是整个身体机制中的一个部分，尽管这个机制的进化导致大脑皮层的形成。

直立的姿态是类人猿"面临生存问题形成的诸种方案之一，这个问题就像脊椎动物本身一样古老"。直立的姿态是作为生物进化系列的一种现象出现的，它形成了上半身手和面部的连接，这种连接的基本结果就是"属于手的工具和属于面部的语言构成了同一机制的两个极点"，而这个机制又是由一种特定的大脑组织决定的。我们试将指出，大脑的特殊性存在于它同作为**后种系发生定向**的外在性的唯一的耦合之中，换言之，外在即是内在的"真理"。

3. 领先和落后

如果说古生物学研究导致手释放语言的结论，那么，语言就和技术性、代具性变得不可分离了：语言必须同技术和代具一起探讨，也就是说，把语言作为技术和代具，把它放在技术性和代具性的同一个起源——共同本质——上探讨。

在把关于从猿到人的变化过程的描述记入漫长的动物发展史的同

① 勒德瓦-古兰：《手势和语言》，第31页。

174 时，勒鲁瓦-古兰指出：各种因素怎样从远古时代起就发生组合以至形成了独一无二的各项功能的整体系统——人。换言之，技术是怎样由骨骼中“渗透”出来的。一个完整的人奇迹般地突如其来是不可能的：技术作为人性的各种标准之综合，因而也作为人性的标准，只能从动物学的角度才能理解。当然，我们不能仅仅停留于动物学的角度，否则就会造成一些认识论的问题。勒鲁瓦-古兰基本上做到了这一点，但并非十全十美。

一般性的动物进化是从“解放”这个概念出发来把握的，手的进化及其一切后果都不过是这个一般性进化的某个现象，并且，勒鲁瓦-古兰引进了一个我们已经熟知的卢梭的重要观点：“征服空间和时间，这个人类的决定性特征，十分突出地表明了用来展示人类进化过程的动物性证据。人们似乎可以认为，能动性是人类进化最有说服力的见证。”[①] 这里突出的是能动性而非理智，除非理智被作为能动性的一种类型。人类的特性就在于置身于直接在手的条件之外的运动，这个运动带动动物的“解放”进程，“与其说大脑激发了运动适应的进程，不如说它受益于这个进程”。手下从未有过任何东西。因手的解放而产生的代具性实际上就是自己置身于自己之外，也就是置身于直接在手的条件之外。如果我们继续这个“解放的进程”，这种技术组合的形成便会和它自身产生冲突。

对能动性的征服，作为一种超自然的能动性和速度，比理智更具有意义。或者说，理智不过是能动性的一种类型，不过是与空间和时间的一种特殊的关系，而空间和时间必须从速度的意义上来认识，即把时空作为速度的分解，而不是相反，把速度作为时空的联合的结果。此外，还必须分析延异和速度的关系：延异本身也是一个比时间更加根本性

① 勒鲁瓦-古兰：《手势和语言》，第41页。

的时空之结。因此，我们似乎应当把延异**作为**速度问题来思考。[①]

能动化的进程就是“解放”——并继而成为“外在化”——的进 175
程，在这个进程的终端出现了大脑皮层特殊的组织类型，它使进化获得了“超机体的意义”。这个“超机体的意义”是否就是“精神”？这里涉及的暂时仅仅是技术的发迹问题，它也就是成为外在化进程的解放，但是又必须以最远古的促成上半身结构的生物历史为起点来思考这个问题。大脑的作用只能从脊椎动物功能体系最原始的倾向中才能得以理解。如果说它的“综合协调作用是最基本的，[……]那么它是作为整个肌体组织的一员，在大脑进化和它所协调的肌体组织的进化之间，并不存在着从属关系”。

“解放”的一般性进程可以根据脊椎动物的进化划分为六个主要阶段。最早的四个阶段完成于距今三百万年至二百万年之间，这一段远古的历史是理解由猿到人的进化过程的基础。在这期间，人的一般性的模式已具雏形，但并未臻于完善和稳定。这种状态和“猿人在大脑尚未达到现代人脑的水平之前，就直立行走和解放双手的早熟是大致平行的。神经系统的变化跟随身体机能的变化而来。锯齿爬行动物已经具有一个肉食动物的身躯，但是它们的大脑却只有钢笔套那么大小，空荡荡地悬在脑壳中央；两百万年之后，狗的大脑却充满了同样大小的大脑空间”[②]。

一个功能体系一旦形成，进化就以裂变而非填补的方式继续。在填补的阶段，骨骼系统领先于神经系统，这和我们在引论中谈到的**技术对社会的领先论点相似**，并且，技术对社会的领先是骨骼对神经的领先的变移。好像生命就是各种不同的领先和后于自身的结构模式的交替继续，因为，生命就是在各种不同的方式中延续。这些领先和后于自身

① 亚里士多德也是把思维当作运动和对能动性的征服来思考的。

② 勒鲁瓦-古兰：《手势和语言》，第75页。

交替的过程,就产生了各类差异的因素。

陆生哺乳动物似乎趋向生理系统的完全稳定平衡以及生理机制的高度分工,也就是西蒙栋称为生物**官能超常**的现象。相反,用前肢攫取的动物则趋向越来越宽泛的功能的**不确实性**,它们因此为后来人类特有的技术性提供了前提条件。
176 在我们稍后所作的关于普罗米修斯神话的解释中,对不确定性范畴的解释将导致形成**不确定的动力**这个纯粹哲学的概念。

4. 骨骼、工具和大脑

工具的出现完成了人类特有的不确定性这个外在化的过程,这个现象应当放到和大脑皮层各区域的特殊组织的关系之中,这个特殊的组织可以启示联结手和中枢神经系统的辩证关系:在非专业化和大脑皮层区域的发展之间存在着直接的联系。

一旦生命个体开始了外在化的进程,它的躯体就不仅仅为躯体了:这个躯体随自己的工具而**运作**。要理解原始的人类体系,就必须同时考察骨骼、中枢神经系统和工具。

这里提出的一系列假设,重新勾画了远古人类三个主要阶段之间的过渡:南方古猿,旧人,新人,大脑皮层的扇面就是在这三个阶段中展开的。南方古猿已经属于人类,它们的特征与其说仍然保持着猿猴的面部,不如说具有特定的不符合惯常人类定义的脑容量。“我们曾经几乎可以接受一切,但是不能接受人起始于脚的观点。”虽然南方古猿的微小的脑容量确证了大脑进化的“后于自身”,但是与上半身两个极点构成的新型机体组织对应的是一种和猿类根本不同的大脑组织。如果说这种存在确实是人的话,则它又不具备我们通常赋予“人性”的所有属性。和其他人类相比,它首先是纯粹自然的人。我们是否还要揭示通常所说的“人性”的含义?在这个处于“起源”状态的人身上,我们是否可以得出“人的本性”就在于人的技术性——非自然化——的结论？

旧人是否已经属于人类，这仍是一个令人困惑的问题。“它们面部大而外凸，脑壳比现代人的脑壳小得多。”①最后，虽然尼安德特人的脑
容量和现代人的脑容量大致相同，但是，“各部分之间的比例和我们不 177
同，它们的脑壳枕骨部分庞大，而前额则狭窄并且很低”。

决定性的问题就在于，发生在骨骼组织趋向稳定之后，大脑皮层扇面的展开。如果说制造的技术性起源于攫取行为，那么在攫取动物的大脑组织皮层中已经包含了“技术”的区域。②尽管如此，技术性作为外在化的进程包含了手和面部的有机联系——手势和语言的有机联系，这种联系要求一种二者共同的功能，也就是“联合区域”，从而重新整合大脑皮层各区域之间的联系。在大脑皮层中，手和脸部的段带是连接在一起的。这种上半身动力区域间的协调现象已经被神经外科的实验所证明。这些实验表明，“整合大脑皮层中面部和双手运动的区域共同参与声音符号和图案符号的建立”③。德里达由此得出关于文码学的结论，这就是比手和脸的双关区域更原始的、也比联合区域的形成更原始的原始痕迹的概念。他由此出发，将整个外在化过程从延异的意义上重新解释。④

在此，人的同一体是极其细微的：在从南方古猿到智人的生命现象中，唯一恒定的因素就是技术性。技术的因素在最初非自然的原动力的推动下，不断发生形变，这个形变的轨迹贯穿了人类早期几百万年的发展过程。人类的连续性就在于成为“外在化进程”的“解放”的恒定性，当然，至今为止，没有任何事实可以保证或要求这种必然性在将

① 勒鲁瓦-古兰：《手势和语言》，第99页。

② 同上书，第116页。

③ 同上书，第126页。

④ 参阅德里达《论文字学》，第126—131页。

来的发展中永恒常在。

这种技术逻辑的连续性同时还意味着：大脑皮层组织根据技术动作的发展——外在化的进程——必然会导致语言的出现。语言的可能性应该从东非人时代就开始了。

大脑皮层组织的问题已经确立在它应有的意义之上，但是在从工具的角度作对人类早期发展的三个阶段比较分析之前，我们还必须解
178 决一种特别因素（动物的因素）的归类问题。这类因素显然不能被作为生物，不能归于解剖意义上的肌体的一部分，但它对于其动物学的定义则又是本质性的，作为一个自身具有形态发生运动的元素，它从一开始就和成为"外在化"进程的动物学意义上的"解放"是一致的。那么，技术应当从什么样的科学范畴来把握呢？动物学、社会学，还是另外一种全新的学科？这个困难是勒鲁瓦-古兰不久便做出退缩的核心原因，并使他不得不重新修复关于第二起源的发明的观念。

手以及手中的物体向手的范围以外投射，这种现象在南方古猿的阶段首先体现为一种"真正解剖学意义上的结果，这对于一种完全失去尖爪利齿的存在来说，是唯一的出路"[①]。只有在关于技术的**最初**的动物学意义的理解基础之上，才可能提出技术的自治性和它特有的种系运动的问题。但是在此，技术尚未获得这种独立性，而且在勒鲁瓦-古兰的下文中，人们也不能十分清晰地分辨使之独立的因素。

"我们达到这样一个概念：工具是人类身体和大脑的真正分泌物。"身体和大脑都是由这个工具来定义的，并与之不可分割。把二者分割开是人为的，我们必须**像研究生物机体的进化一样**来研究技术及其进化。进化中的技术既是无机的被动物体，也是这种物体的有机化。这个有机化过程必须服从和机体同样的条件限制。由此展开的关于技术的动物学或种系学的观点是《人与物质》一书的理论的继续。

① 勒鲁瓦-古兰：《手势和语言》，第129页。

5.“技术意识”与先于自身

以工具为起点的分析，通过属于东非人鹅卵石文化的鹅卵石碎片得到具体证实。如果说工具制造的“模板”一点一滴地在越来越快的上升运动中进化，这是因为，和遗传程序进程相比，工具进化是一种作 179
为解放的外在化进程。“技术意识”的论点必须从这个角度，也就是对南方古猿工具“模板”认可的基础上来论证。但是，从南方古猿开始直至尼安德特人，“模板”进化是如此缓慢，以至它们似乎**仍然**是由制造工具的个体的神经系统的特征——遗传特征——**决定**的，似乎技术相对于生命尚未形成完全的自治：在几百万年中，原始人的劳动“与人本身是一体化的，**就好比它和人类的脑壳形状连接在一起**”[①]。虽然技术意识尚未形成“创造性意识”，这就是说它尚未成为我们现在通常所说的意识，但是它并不简单地等同于制造工具的动物个体的自动行为和程序化的遗传过程，也就是说，先于自身已经存在。“技术意识”就是指没有创造意识的先于自身。先于自身即是在不受生物程序制约的条件下实现的可能性。然而，虽然“外在化”进程必须以先于自身为前提，它同时也显得在动物性机制中根深蒂固，以至一直受个体的神经生物特性制约。一旦这种生物制约完全停止对技术进化的作用，勒鲁瓦-古兰便引进了一个精神性的概念：**第二起源**。

人类的形成是否有一个清晰可辨的临界点？这个疑问同时也动摇了人和动物之间的界限。这个立场其实和卢梭的最初起源的虚构并无天壤之别，但是它却致使勒鲁瓦-古兰将这个疑难问题移向第二起源，因为他把原始的技术客体的动力划归大脑皮层的机制。

我们在此面临的过渡问题既不属于人类学，也不属于技术学。但

① 勒鲁瓦-古兰：《手势和语言》，第133页。黑体字系作者表示强调。

是它牵涉到先于自身：问题的实质既非在人也非在技术，而是将二者从根本上连接在一起的新型关系，这就是时间——“文码学在现有形式中”的呈现；或者说，是**延异**在一种新型关系中的区别和延迟，也即**双**
180 **重延异**。但是，“文码学在现有形式”中的呈现是否和延异的双重化相吻合？或者它是否出现得更晚？

在从东非人到尼安德特人这一段早期原始时代，人类演变进程的实质在于大脑皮层扇面的展开，它的直接标志就是工具形状的进化。这个特点表明，当时的技术动力还深深地停留在生物性的阶段。但是，这一时代需要“技术意识”——先于自身——的假设，这样才可能同关于自东非人就完成的裂变（外在化）的假设保持一致。先于自身这个范畴导致了技术意识和精神理智的对立，并因此触及原始人类的死亡问题。

鹅卵石碎块只能向我们展示**一个**动作（将石块以九十度角劈开）。这个动作不仅造成了一个削切面，而且还对应着一个技术意识。随着旧人模板的出现，这个动作和其他动作联成一体。“这种联体并不是一个简单的动作复合，**因为它要求个体对技术操作过程有相当程度的预见**。”先于自身**已经**在“较低的程度”上存在于第一个动作之中。但是，“预见程度”指什么？一旦产生先于自身，无论其“数量”多少，它是否已经实现了一种质的飞跃？而且在度量这一飞跃之前，是否首先应该对它进行描述？如果一件事物可供度量，那么首先应当知道这个被度量之物是什么。

一个动作之所以成为动作就是因为它受先于自身的支配，是因为它只能是先于自身的动作；要有动作，就必须有工具、人为的记忆、代具等身体之外并构成身体所在的世界的因素。没有这个向外的过渡、走出自我，没有人的外向异化以及“外在化”的记忆，就不可能有先于自身和时间。问题就出在“**外在化**”**这个词的模糊性**，以及它直接包藏的历时性、逻辑性或存在论的先后、因果推理：如果我们可以谈论**外在化**，这就意味着有一个先于外在的内在。然而，这个内在却不可能脱离外在而存在：因此，这里所讨论的问题，既非内在，也非外在，而是一个根本性的复合体，在这个复合体中，两个因素不是相互对立，而是相互依 181
附（构成于同一个**运动**之中），没有先后本末之分，起源的意思是二者同时产生，同时到来——其实，二者是同一起源在不同视角的反映。我们在稍后的章节中，将这种结构称为**爱比米修斯复合**。我们将会看到，对西蒙栋来说，这是一种传导关系。"代具"并不取代任何东西，它并不代替某个先于它存在，而后又丧失的肌体器官。它的实质是加入。通过"代具"的概念，我们要说明两个方面的含义：

——放在前面，或者说**空间化**（偏离）；

——提前放置，即已经存在（过去存在）和先于自身（预见），也就是说**时间化**。

代具不是人体的一个简单延伸，它构成"人类"的身体，它不是人的一种"手段"或"方法"，而是人的目的。在此不要忘记，人的目的的另一个含义，即"人的终结"。

我们所说的"内在"无论怎样还是包含了**力量**的问题，它的"外在化"体现为**行动**。根据亚里士多德的思想，"内在"就是"外在"的真理，是唯一的真理。"内在"似乎只是一种对外在化的等待、召唤或允诺——外在化的**趋势**。等待无疑就是投射未来和先于自身。在此，过去、现在和未来之间的张弛的时间问题实际上就是这样一种循环：工具即是先于自身的**结果**——外在化，同时也是先于自身的**条件**，先于自身本身又体现为外在化的根本性的**内在化**。外在化作为一种构成先于自身的背景的行为，作为一种动作，它同时也就是一种回忆，即反射，如同**回到**自我感受的自我。但是，这种反射似乎不能从和现有形式中的文码关系的意义上来确定。

先于自身以及一切在外在化进程中必需的先于自身条件，自南方古猿起就已经具备了，它们在下一个阶段得到巩固。先于自身构成的

开口完全符合外在化的进程："在南方古猿时代，[……]制造一柄石斧要求在石块表面选择一个击点，由此敲落碎片后形成了石斧的切面；其次还需要加工，在原初的碎片上修一个事先预定在制造者头脑中的
182 形状。"

先于自身的过程随技术的进化而逐渐精巧和复杂化，技术在此就是先于自身的一面**镜子**，它既是先于自身的印记，同时又是先于自身或时间反射的反射面，就好像人类在技术中看到自己的未来，并把自己的未来和技术维系成一体。但是在此必须区分对先于自身的**两种**不同层次的理解：我们现在对先于自身的分析属于第一个层次，先于自身的可能性出现在一个几乎静止的时间背景之中；在第二个层次上，我们要分析的就不仅仅是所谓"操作性"的先于自身的时间，而是一种**先于自身本身的形式在其中改变、展开的先于自身时间**，人也在其中**变化**，而且它的变化只能和技术的变化一致。所以有两种意义的先于自身：

——第一种先于自身是工具制造的条件，没有它就不可能制造工具；

——第二种先于自身是工具发展的条件，工具制造不仅仅在同一模板下重复，而且进化、变形、发生差异。

但是我们是否能将上述两个意义下的先于自身分割开？**差异从何而来又因何而差异**？我们虽然接受了勒鲁瓦-古兰关于器具的动物性成分的观点，并以此解释了为什么外在化进程之初发展极为缓慢，但是，这并没有取消器具模板进化如何可能的问题。如果说这个进化显然不能简单地由属于**动物**的"谁"——**和其他动物一样自身差异化的**"谁"——来决定，那么我们就必将得出这样的结论，"什么"的进化反过来作用于"谁"，并在一定的范围内决定了"谁"本身的差异化过程："谁"不能像其他生物那样自身差异化，它通过一种非生物的差异化来实现自身的差异（通过在死亡中的差异化实现的死亡的延期），这就是一种无机的有机化物质："什么"。一旦器具性开始脱离动物性——**几**

乎是动物性的，它的产生和差异化在“遗传崩溃”中调节，如果不从先于自身的角度出发，又怎样解释器具模板的进化呢？技术的问题就是时间的问题。

这样就自然联系到深埋在非常古老的自我保存本能中的死亡意识的显露。假如自我保存本能不发生作用、不产生差异，那么裂变的原点 183
就是技术：严格地说，只有在产生了外在化运动和代具之后才有死亡可言。但是，只要有了外在化和代具，就必有死亡。死亡——（对终结的）先于自身——必须从两个层次上加以分析。

6. 技术差异化的双重起源

工具系统和骨骼结构的进化是同步的。“可以断定，在旧人时代，工具在很大程度上是**特定**行为的直接衍射。”[①]工具的这种**特定性**，即它的纯粹动物性的特征是和勒鲁瓦-古兰在第二卷中展开的观点相矛盾的：在第二卷中，他将动物（种类）群体和人类群体的**种族**相对立，动物群体受**遗传性的特定差异化**运动支配，人类群体受**技术社会文化性的种族差异化**运动支配。在此，特定性和我们所说的后种系发生是对立的。

两种差异化的区别就在于：在特定差异化中，决定群体记忆的是机体内在的遗传功能，而在种族差异化中，决定群体记忆的是外在的因素。特定就是指“纯粹动物性”，而种族则是指非遗传的程序，因为，一个种族的记忆存在于个体之外，它可以**独立于遗传变异而进化**，因此是时间性的。然而勒鲁瓦-古兰在此所说的“特定性”的含义显然更加宽泛，所以它非但不和种族差异对立，相反，它一开始也属于人类群体的种族差异化。

① 勒鲁瓦-古兰：《手势和语言》，第140页。

关于“特定行为的直接衍射”的假设的依据是，工具模板随大脑皮层组织的进化而进化，这种进化起码还是**由遗传因素**共同决定的。但是**皮层**组织的进化本身又有可能同时受**外在化运动的制约**，也就是受工具的**非遗传性**因素的制约。这就有可能存在着某种大脑皮层和石器岩层的双重显现——二者之间的默契，这是一种超越二者的极端确定
184 性，它表现为二者互为反射的双重延异化。在此，一切困难都集中在如何发掘“爱比米修斯复合”的（传导性）复合动力。所谓“很大程度”实际上就是回避或忘记这个困难，无视这个困难的意义，以至不得不重新引进精神的概念。

差异化的可能性前提就是，人类群体的记忆是“外在”的。一旦群体的记忆成为外在的，也就是说成为技术型的（在勒鲁瓦-古兰那里，技术和逻各斯、语言仅仅是一个属性的两个方面），那么，这种记忆就不再是特定的。从这个意义上所说的种族差异化，在原则上对于人类来说只能是原始性的，尽管我们对此没有任何确实的证据。①这是因为，**语言的可能性和工具的可能性是同时产生的，而且我们不可能想象一种没有特定差异化的语言**，种族的差异化可能仅仅是语言差异化的一种现象。一旦发生外在化，即使它还有原始的遗传特定性成分，人类就不再**完全**受遗传特定性支配，人类群体间的差异化过程开始受技术逻各斯和种族特有语言②的“规律”的支配，而不是受“种族规律”的支配。

---

① 勒鲁瓦-古兰：《手势和语言》，第200页。

② 特有语言（idiome, idiomatique）：语言问题在作者的思想中占有极为重要的位置。自柏拉图以来，形而上学传统把语言作为人类表达的方法，而不是人类自身的构造因素。海德格尔对这种把语言器具化的观点作了大量的批判，力图以此来确立语言的生存论意义。但是，作者认为，“语言的器具化之所以可能，是因为器具性是它固有的”。所以，问题的关键不在于抵抗语言的器具化，而是要批判将器具简单化为一个方法的范畴。把器具和方法等同，这就是海德格尔所犯的错误。“idiome”一词在古希腊语中是指某个语言所特有的规则和属性，现在通常用来指方言或某个社会共同体或民族所共有的表达方式。根据作者的思想，技术是造成一切差异的根源，而在技术（转下页）

尽管**我们**可能看不见差异，尽管我们无法确定这些差异，但这并不意味着它们不存在。同时，遗传的差异还在延续。问题就在于澄清这两种不同的差异之间的关系。

把种族差异作为人类相对于其他生命的一大特征的观点是不堪一驳的。如果说种族差异的本质就是地域差异，那么当今世界的非地域化现象似乎使我们面临着种族差异的消亡。所以我们认为，运用种族特有语言差异化更稳妥，它可以被用于差异的所有层次，无论是个体还是群体（种族群体、技术群体等），而且，它的意义不仅局限于语言的范围之内。

勒鲁瓦-古兰区分两种对立的智能：技术的和非技术的。他之所以这样做，不仅仅是因为他对先于自身（种族特有语言形式仅仅是先于自身的另一种提法）的思考遇到了困难，而且因为他在《人与物质》一书中确认，存在着某种**实际的、普遍的技术原型**，它们构成贯穿各种不同文化之中的整体趋势，这个趋势的实现过程和西蒙栋所说的具体化运动相似。由此，技术差异化过程就不再是种族意义上的文化现象，但是它仍然是一种文化现象，即非自然性的。这种差异化现象的根源难道不正是在于特有语言性吗？ 185

勒鲁瓦-古兰之所以没有明确地提出由于"特定性"概念的宽泛定义而引起的问题（好像这个问题并不存在），是因为他本身又重新引进了他曾经要铲除的观点，即**精神（或意识）与技术物质或技术物理**的对立。他最终指出：技术进化**从本质上**说是动物性的；**除此之外**，存在着一种"非技术性的理智"，即反思和符号的理智。这种理智从何而来？

（接上页）因素中，语言差异是最根本性的。特有语言以及由此派生的（种族）特有语言差异等词都是以语言差异对于人类自身构造的决定意义为中心的。但是，和任何延异的范畴一样，"idiome"或"idiomatique"所代表的语言差异，又是以语言本身所包含的共性为前提的。任何层次的语言差异（语系、国家、民族、地区等层次，直至个人），都同时在同层次上构成了一个语言的共同体，从而使差异语言之间的交流成为可能。——译注为什么它在外在化所要求的先于自身中不起任何作用?

“工具在很大程度上是特定性行为的衍射。”在此,“很大程度”同时也表明“在一定的范围内,而又不完全如此”,但是事实上应当承认:**完全不是如此**。调节作为**进化**的外在化(差异化)进程的并不是特定性的因素,而是先于自身,它是所谓“很大程度”的“尺度”或极限。诚然,这种新型的进化仍然带有遗传性的后果,并仍然会反过来受这些遗传性后果的影响。但是,遗传因素已不占主导地位,勒鲁瓦-古兰用“很大程度”这个限制性表达方式来表示我们已经提出的共同确定性的概念。他之所以不愿承认人类进化已然摆脱了特定性进化的模式,是因为他拒绝把人类进化的基点放在人类的**创造——创造性“意识”**——之上。

根据这种推理方式,勒鲁瓦-古兰首先认为,在原始人的行为中,先于自身仅仅只有一个操作性的作用,然后他又在人类进化的更高一个“层次”上,从非技术化的人身上发现“创造性意识”及其后果。就好像他自己最终不得不承认,原始的人尚未完全成为人类,这其实就是承认原始人完全不属于人类。对于这样的推理结论,我们就不能苟同了。如果这个结论就是他怀疑人类同一性的实质,那么,我们就不能追随这个怀疑,因为其结果必然是在传统的技术和理智的对立上确立两种不同的人性。从人类不具有同一性的观点应当得出的是另一个结论:人类只能以否定的方式自我定义,技术的非人性可以使人差异化,但是不能给人以同一的确定性。这种除了虚幻以外没有其他任何同一性的特
186 征,对应着“反射镜的一个阶段”。

两种不同的先于自身层次的观点致使勒鲁瓦-古兰提出,在智人之前,人类只有一种技术理智,它同反思的、个体化的、精神性的、本质上非技术性的理智相对立。所以从匠人向智人的过渡就取决于大脑皮层的发展是否越过某个临界点,这样,他又重新赋予大脑在进化中的决定性作用。这个结论和他以前对大脑决定论的批评是很不吻合的。更有甚者,如果说石器是“骨骼的延伸”,而且骨骼的进化总是优先于神经

系统的进化，那么，工具就应当决定大脑的形成，而不是相反。

从东非人到尼安德特人，不仅发生了大脑皮层的差异化过程，而且也发生了石器的差异化过程：由鹅卵石碎块经石锤最后一直到尼安德特人的装缀石叶。在尼安德特人时代，发生了第二次裂变。在两次裂变之间，大脑和工具的差异化是**共同产生**的，它们属于**同一个差异化运动**。在人类形成的**外在化**进程中，出现了一个结构耦合的奇特过程[①]，我们称之为**器具助产术**。这就是“反射镜的初级阶段”，在这个阶段中，大脑皮层的差异化受工具制约，同样，工具的差异化也受大脑制约。这就是所谓的反射镜的效应：在反射镜中，大脑和石器互为对方的镜子，一方在使自己成形的对方中看到自身的形象，并因此而成形。

7. 器具助产术

外在化运动是指：遗传记忆及其变更同模板记忆及其变更不相吻合。当然，模板记忆会受到遗传记忆变更的影响，这是显而易见的。但是我们并不能因此而无视另一种类型的记忆的构成。接下来的问题是：模板记忆以什么方式储存？**这个记忆是否就储存在模板的物质痕迹之中？模板是由工具构成的。工具本身往往形成于模板之前，它随着人的重复“制造”构成固定的模式，因此工具模板引导工具制造行为而不是相反**。我们说原始时代大脑和工具在一种独特的结构耦合形式中相互共同确定，就是这个意思。现在需要澄清的是：原始人世代相传的模板复制是在什么样的形式中重复产生的？模板重复如何区别于 187
遗传重复？在模板重复中，差异如何作用、如何保存？差异是怎样产生的？但是切不可误以为，由于技术在此是主导性的，就一定要从中找到

① 参阅《知识之树》，翁贝尔托·马尔图拉纳（Umberto Marturana）与弗朗西斯科·瓦莱拉（Francisco Varela）合著。

特定性或动物性的因素。人类在外在化和进化的过程中，受差异化的因素引导，从差异化中认识自己、实现自身的差异化，也就是说，人类在自己的差异化对象中自我发明、找到自己的**形象**。这种形象无异于一种幻象，就像人们通常在谈论技术时所说的那样，但是，当人们这样谈论技术时，是否把握了人性、人的同一性或非同一性，以及人的本质？尽管如此，人毫无疑问是差异化运动的执行者。

显然，外在化是一种“无意识”的过程，从这个角度看，它和动物进化过程**相似**，然而**仅仅是相似而已**。勒鲁瓦-古兰已经证实了这一点，他最终承认在这个过程中，“个体的理智［……］确实起着**某些作用**”。

面对这些矛盾而含糊的论述，我们不能不产生一种极其简单化的感觉，就好似只有在个体理智和动物决定性之中做出选择。我们应当提出的问题是：石器——作为一种记忆的载体——的外在化投射使怎样一种先于自身成为可能？先于自身有其各种技术性的可能性的历史，这就是反射镜的不同阶段的历史，人性在反射镜中自我观照，并因此而塑造自己的形象。时间问题的关键就在于此，这个时间必须从人为记忆的技术学问题出发来把握，人为记忆只能是始终作为**已经在此**的人的记忆。所谓已经在此就是时间的前提和背景，它如同我从未经历过、因此只能在留存的痕迹中捕捉的过去。这就是说，如果没有人为性记忆的载体，就不可能有已经在此，也不可能发生和时间的关系。我赖以存在的、先于我的世世代代的存在记忆，就是通过这类载体世代相传的。过去的经验和过去的后生成结果因这种载体而避免消失，这同纯粹生物领域的遗传规则恰恰相反。后种系生成的结构使已经在此及其被现在存在同化的事实成为可能，这是对过去的记忆的征收并化为已有，是“同化”的助产术：燧石既是劳动、计划和先于自身的对象，同时也是保留这些经验和后生成结果的记忆的载体。时间就是技术模板的变化过程。模板的重复性先于自身不过是时间性的极端形式，诚然，
188 这种形式还处于萌芽状态，而且特属于先于自身行为，然而先于自身也

只有在这种形式中得以完成。毫无疑问，这尚且是一种非常初级的时间性：东非人的已经在此仅仅在于它手中的石头——它有限的世界。但是这个有限的世界已经和海德格尔所说的有限世界截然不同了。

由于勒鲁瓦-古兰忽视了这些问题的批判性特征，所以他又引进了和智人对立的匠人这个形而上学色彩十足的概念，我们在巴塔耶的思想中可以看到类似的例子。[①]这种将**技术**与**理智**对立的观点却是和勒鲁瓦-古兰在以后赋予文字的意义相矛盾的，因为他承认文字作为一种技术在思维构成中的作用。

必须开辟研究神经-技术的领域。神经-技术作为一种特殊的记忆机制的现象无疑在外在化进程中发挥作用。对于这种现象，传统的动物学和社会学都不能确切地把握：在这种现象中我们可以看到，和先于自身的代具相对应的是某种已经形成的神经性载体。对这个问题的重要性，既不要过高估计，也不要曲解，勒鲁瓦-古兰本人也强调了这一点。我们面临着两种可能：要么说从东非人起，人就已经形成，那么，理智和技术理智就已经产生了。这就是说东非人已经具有完整的先于自身行为和特有语言的差异（假如不是种族的差异），而不单单是特定性的差异（“个体理智”无非就是指这种特有语言的差异）。要么说，东非人还只是不会先于自身的类人猿，这就是说，它不在时间中，它从不实现自己的未来，因为它尚无未来可言。在这一点上，它和卢梭的“纯自然状态的人”是一致的。

8. 三论第二起源

尼安德特人的头盖骨标志着先于自身能力的扩展。在此，能力的延伸或扩展是指预见的完善程度或先于自身的有效率提高，而不是指

① 参阅《拉斯科洞穴，或艺术的诞生》，《巴塔耶全集》，第9卷。

"更大量的"先于自身,因为是否具有先于自身的能力并不是一个量的问题。唯有效率才是可以度量的。具有先于自身的能力就是具有了可
189 能性。这种可能性的有效性与其说取决于大脑皮层本身的组织,不如说取决于大脑皮层在石器这面镜子中的映象,因为这面镜子为大脑提供了它的有效性。勒鲁瓦-古兰以每公斤燧石包含的切口长度来度量先于自身的效率。

他在继续关于尼安德特人阶段的石器技术进化的描述中,揭示了先于自身可能性和大脑进化相关的成熟过程。这种工具模板和大脑进化相关的特点,在欧洲旧石器中期的莫斯特式的模板中显得尤为突出。这个时代的模板中,"石器的尖端凸出,至少需要六种紧密相连的操作程序,它们互为条件,要求有严格的预见性"[1]。这个预见给原材料的开发使用提供了更大的余地,因为初级的石块工具(借助一系列的中间环节)成为另一种工具的原料。

勒鲁瓦-古兰在明确了"技术理智"和大脑皮层组织的关系,并补充指出就**技术理智**而言,尼安德特人的神经系统和我们现代人的神经系统是一致的观点之后,引入了关于"非纯粹技术理智"的论点,而且与之相应,他也提出了不再属于"技术意识"的意识的论点[2]。那么非技术性的意识从何而来呢?它在本质上作为外在化运动的技术进化中有何意义?他本人似乎为了摆脱以往的束缚,从一开始就批判了宗教和理性思想为了解释"意识"现象做的简单化的自圆之说(奇迹的幻想同样很适合理性决定论的要求,因为它作为一种目的论将人放在进化的末端,所以,尽管人已不是依照上帝的样板的创造物,尽管人被作为"获得自身意识"及其"同自然对立的意识"的生命存在,理性决定

---

① 勒鲁瓦-古兰:《手势和语言》,第145页。

② "人类能够提出的最切己的问题就是理智的本质的问题,因为,人类最终仅仅是因为意识而存在。"

论不仅不能解释人类的中心地位，而且使这个观点变得无法解释）。但是勒鲁瓦-古兰在此的计划是什么？他与其说要批判奇迹造人论，不如说要指出宗教之前的人类本性，这种人可能尚未完全成为人（不是现代意义的人，而是匠人）。奇迹造人说所要避免的恰恰就是这种不完全的人性，因为神学家们把人性的标准放在宗教性之中。但是无论如何，我们必须提问勒鲁瓦-古兰本人是否满足于以一种新的人为虚幻来解决人性的问题，这个虚幻就是操作和理智的对立，就是技术和精神的对 190
立。因为这第二种“过渡”就是向“非技术理智”的过渡，勒鲁瓦-古兰毫无保留地接受了这种过渡，而且没有对它提出任何疑问：他给我们做的一切关于技术理智的“解释”丝毫不能说明所谓“非技术理智”的产生的问题。因此，我们又面临着第二起源之谜。一旦非技术理智被认定是**创造性**的，那么以往对外在化运动的分析所获得的关于技术的产生的认识——不把技术作为创造性意识的产物的结论——便荡然无存了。

卢梭的批判思想旨在揭示：人并非一种精神的奇迹**加入**猿类已经具备的身体条件的结果。然而随第二起源出现的是某种因素被“加入”技术的现象，这就是**符号**，或者说“**符号的功能**”，尽管人们并不知道这种功能从何而来。我们已经知道技术性的代理是怎样产生的，它不依赖于精神的因素，它不过是以其他的方法延长着进化的趋势，同时延续着植根于脊椎动物最深层的机体变形中的种系的谱系。技术无非是在第二起源之外，在独立于第二起源外加因素的条件下，继续种系的进化。所以，精神是一种完全理性的理智，是“反思的理智”，它在“简单的物质生存之外”，和完全属于动物运动的技术理智毫无关系，精神是对自我保存本能的解脱。如果说技术趋势仍然限于根本性的**自然运动**，那么精神就是一种真正的外在化，即走出自然的运动。

> 古人类［……］向我们展示了大脑新型功能的第一次飞跃，这

> 个飞跃不仅给技术性带来了一个平衡力量，而且也刺激了技术性。[……]**反思理智**的特征在于它不仅能够把握**现象间的关系**，而且能够向外投射这些关系的**符号模式**。所以，**反思理智**无疑是脊椎动物进化的最终成果，而且这个成果只体现于人类阶段。[……]**“无偿”的理智操作层次**，一切就好像是头盖骨和前额容量的增加
> 191 造成了**符号能力的不断强化**。①

卢梭误把技术的外在化视为一种背离纯粹自然状态的运动。所谓纯粹自然的人在制造工具的过程中，并没有向自然强加任何东西，或者更确切地说，它不过是在追随纯粹自然本身的重新组织和增加的趋势。但是和卢梭一样，勒鲁瓦-古兰的匠人实际上还是动物。技术的组织不过是动物机制的继续。动物和人之间的真正距离是反思理智造成的。这种“无偿”的行为“超越了技术机能”，并且由于它摆脱了自我保存本能的恐惧，所以超越了动物性的范畴。这里有两种反射性：一种是**技术的反射性**，它完全服从生存行为；另一种是**符号反射性**，它排除一切支配技术进化的**基本属于本能**范畴的实用目的性。显然，精神只能在技术**之后**到来，就好像是技术的葬礼。这样一个巨大的间隔是如何跨越的？还是回到了先前的结论，这个飞跃来自大脑组织进化的一个新阶段。

这种逻辑的缺陷同勒鲁瓦-古兰在卢梭理论中找到的漏洞同出一辙。被卢梭视为外加于自然的因素在第一起源之前已然存在：技术的外在化不过是生命运动本身的继续。然而，这个观点在“第二起源”的问题上同样适用：所谓第二起源并不存在，因为技术的差异化已经要求完全成熟的先于自身，这种先于自身既是操作性的，也是能动性的，它在南方古猿时代已经形成。这种意义上的先于自身只能是一种

① 勒鲁瓦-古兰：《手势和语言》，第152页。

和死亡的关系，也就是说，符号理智已经存在于当时的先于自身行为之中。所谓反思理智并不是外加于技术理智的，它已经构成技术的背景。反思理智在我们现在所熟悉的新形式中，不过是在**新的代具格局中继续**——关于这些新格局的本质，我们将会论及。诚然，所有这些机制的形式必须以某种“萌发”为前提，它们就像大脑皮层的展开一样，需要“时间”，不可能一蹴而就。但是关键在于先确认先于自身和反思展现的临界点，然后才估计它们的“完善程度”：这个临界点无疑就是“外在化”，它不应被作为**和自然的决裂**，而是应当被作为生命的新型组织——生命使无机物有机化，同时也因此而自我重新组织。**必须对自然做另一种解释，这就要求慎重对待那些对立的观念，尽管这是十分困难的，关于对立观念的争议不应取消不同因素的遗传**。怎样想象这样 192
一种技术**进化**：它没有限度和范围，虽然非常微弱，但是相对于一般模板行为而言却是十分确实的进化，因为它推动了自我保存的本能？勒鲁瓦-古兰本人在笨拙地承认“个体理智”在模板形态发生过程中具有“某种作用”的同时，实际上就涉及了这种技术进化。或许应当区别两种不同的先于自身：一种是为了生存而实现的先于自身，另一种是造成差异（或是创造性地重复某种区别）的先于自身。先于自身一定具有某种“特定”的形式。这种形式借以形成的条件就是完整意义下先于自身的**可能性已经**存在（所谓完整意义是指：造成差异，“延迟延异性”，作为延异在一般性生命**之中**造成的裂变，而不是和生命形式**决裂**）。这种先于自身的可能性或许还微不足道，还处在我们可以假设的昏暗的低级阶段，但是它毕竟已经是一个差异的可能性，因此，它已经构成了“符号型”而非“生存行为型”的先于自身投射。由此可见，卢梭建立的可完善性的概念——他曾经因此造成如何解释在纯粹起源内部发生沉沦的疑难——要比人类学家勒鲁瓦-古兰的推理高明得多。更令人吃惊的是，勒鲁瓦-古兰居然以为可以对这个问题忽略不计，以致他在《手势和语言》的第二卷中，把外在化的继续视为真正的非实在化和倒退

(比如手的退化),[①]并同时指出这是“神经系统的外在化”。这种观点的基础就是关于文字的分析,在第一卷的最后一部分中,他已经完全将反思的实在化——理性和哲学——与痕迹记存(技术)的线性发展联系在一起。

对符号系统的意义做出规定,这实际上就是提出死亡的问题:

> 这种**超出技术运动机能的活动**的考古学痕迹就是审美和宗教特征的最古老的标志,我们可以把它们分为两类:标志着对死亡而作出反应的痕迹,以及标志着对异乎寻常的形式做出反应的痕迹。[②]

人类和死亡独一无二的、不可避免的关系发生在他人的尸体上:
193 一个与己不同的身体正在转变为尸体,我们不能把它随便遗弃、任之腐烂。**勒鲁瓦-古兰仍然把这种和死亡的关系归结于大脑皮层的发展**。考古学的某些发现已经证实了人类最早的符号行为,尽管非常罕见,却是无可否认的。根据这些实证,**最后的古猿“在向我们所谓的真正人类固有的思想转化”**[③],正是这些古猿向我们“展示了新世界——符号世界——的诞生”。大脑皮层发展的这个新的参考因素并不提供任何关于符号行为的解释,而它们却揭示了一个隐蔽的事实,即智人之前的技术进化完全受动物性因素支配,因而是一个悬而未决之谜。大脑皮层发展的这个最后状态在进入一个“新世界”的同时,也进入了语言时代,它已经是我们的语言。

---

① 勒鲁瓦-古兰:《手势和语言》,第2卷,第62页,并参阅第262页。

② 同上书,第1卷,第153页,并参阅第158页。

③ 同上书,第1卷,第153、160页。

9. 近人类的语言

早期猿人(匠人Homo faber)似乎并不一定具备死亡的意识,但是勒鲁瓦-古兰首先必须提出它们已经开口说话的假设。它们已经说话,但是却不能先于自身预见自己的终结,不具备和简单的技术理智相对立的符号体系。这种论点和看法是十分奇怪的,尤其是因为勒鲁瓦-古兰本人也承认,非符号化的语言是不存在的。当他在确定第二起源的本质的时候,又不得不返回先于第二起源的“早期猿人”语言时代,他将这种语言限定为简单的技术符号组合。似乎一个符号可以仅仅是“技术性”的。

语言的问题首先是一个“神经运动机能组织和大脑预见性质”的问题。“语言问题取决于大脑而不是颌骨”[①]。这是向符号问题的回归,但是其意义却与以前的论述不同。勒鲁瓦-古兰在一段完全临时性的分析中,似乎和以上所论相反,发展了他在开始时肯定的观点(“话从手出”),他指出:**一旦发生外在化的运动,就必然会产生符号**,并重申,只要有技术就会有语言,所以技术行为和符号行为是不可分割的: 194

> **人造就具体的工具和符号,二者服从同一类进程,或者更确切地说,它们所依靠的是大脑中同一类基本机制。**这就导致我们不仅要承认语言和工具一样标志着人类的特征,而且要认识到二者是人类同一种特性的表示。[②]

这一论断所包含的深远意义很快就被他接下来的论述所抛弃:这

① 勒鲁瓦-古兰:《手势和语言》,第1卷,第161页。

② 同上书,第162页。

些符号为什么同非技术理智的符号有区别？因为它们仅仅属于“技术语言”。与“技术理智”“技术意识”相对应，存在着一种“技术语言”：“技术的进步是和**语言的技术符号**的进步紧密相连的。”[①]工具和语言之间的这种“有机联系”显得如此强烈，“因此我们可以断定南方古猿和旧人已经具备与他们的工具的水准和技术理智相应的语言”，并且，这种语言丝毫也不依赖于“非技术理智”的存在。总之，它是动物性形体进化的产物。但是正如先于自身一样，一切和未来的关系都直接是一种和整个未来的关系，即是和作为可能性的无限这样一种可能的未来的关系。既然如此，一种语言现象的出现，难道不直接意味着整个语言的诞生吗？技术语言难道不是勒鲁瓦-古兰所谓的反思理智或“精神性”的成果吗？

“语言的技术符号”的含义是什么？在什么条件下“技术符号”不会必然地唤起(或者说在什么条件下它们本身不是)“非技术符号”？对勒鲁瓦-古兰来说，“技术符号”是指一种只表达具体场景的语言(这种神话般的观点非常接近卢梭在《论语言之起源》一书中阐发的思想，而且从更广义的角度看，它和绝大多数语言哲学的遗训大同小异)。众所周知，语言只能由记号构成，它们不是简单的信号，这一点，勒鲁瓦-古兰本人也是承认的。既然如此，一个不同于信号的记号就是符号，它标志着某种一般性，一组概念，所以它总是完成的“抽象”，而不是单一而特殊的参照标记。否则，有多少需要被标记的现实对象，就会有多少记号，记号的数量就无以计数。那么语言赖以形成的一般性的抽象就不可能产生。而语言正是借助一般性的抽象，通过对有限的记号的无
195 限性组合来命名无限的现实。一切语言从本质上说都是有限的，但是它们却能够表达不确定的和几乎是无限的现实，所以，语言必然从一开始就是一个实现抽象化和一般化的过程。“具体的语言”是一个自相矛

① 勒鲁瓦-古兰：《手势和语言》，第1卷，第163页。

盾的概念。勒鲁瓦-古兰的论述也不例外。必须重申，语言的产生只有以先于自身能力为基点才是可能的。先于自身能力同时也就是一种保留的能力，它的记存为保留一种**持续的过去**提供了可能性。正因为如此，词和工具一样，"因后来的活动而持续"。

> 制造工具的创造先于使用的机会[……]，而工具则因后来的活动而持续。信号和词之间的差别也属于同类。概念的一贯性和工具的持久性虽然性质不同，但却是十分相似的。[①]

引起大猿猴的某些行为的"物质场合"之所以永远不可能导致语言和技术，是因为这些场合总是"具体"的，未经意思扩展的突破，而语言和技术则要求一个根本性的"抽象"，即进入一种一般性的领悟，尽管这种一般性的抽象可以是非常初级和微不足道的：一个词可以被反复使用，**同一个词**可以指意不同的具体场合，这个简单的事实本身就说明了任何一个词都直接来自一般化的抽象。[②]（正如器具用途的范围一样，一切陈述的前提就是有一个"已经在此"，而且它始终在此。）那么怎样使这类分析同有关原始语言的两个阶段的假设一致呢？所谓两个阶段是指：第一阶段的语言尚停留于表达"具体场合"，因此还没有进入一般性和抽象；第二阶段从尼安德特人开始，"脱离具体性的符号外在化"开始形成。面对人的同一体随外在化运动产生的破裂，我们认为，人的定义不是取决于原始的"内在"同一性，而是取决于作为差异化过程的外在劳动。但是根据勒鲁瓦-古兰的观点，这个定义尤其是指曾经存在过一种"前人类时期"的人类，它还不属于完全的人类，属于 196

① 勒鲁瓦-古兰：《手势和语言》，第1卷，第164页。

② 正因为如此，所以在胡塞尔看来，"表达即[……]经验，它的特征就在于指出本质或一般性形式，并进入有关事物的认识"。勒内·谢莱尔（René Scherer）：《逻辑研究的现象学》，法国大学出版社，1967年，第127页。

近人类，与之相对立，人类的同一性被描述为精神存在。

技术和语言的关系是根据操作序列的概念建立的，关于这一点，我们必须全文引用勒鲁瓦-古兰的一段关键性的论述，它全盘托出了以下假设：

> 技术同时包括手势和工具，二者根据一种真正的句法结构有机地连环组合，这种句法结构为操作系列既提供了稳定性，也提供了灵活性。操作的句法结构源于记忆，形成于大脑和物质环境之间。如果我们继续和语言并列的分析，类似的过程比比皆是。由此我们可以在有关从鹅卵石文化到阿舍利文化的技术发展的认识的基础上，提出这样一个假设：一门语言的复杂性程度和它的词汇量是同技术的发展一致的。东非人的语言出自他们单一的技术动作系列和有限的操作连环，所以这种语言的容量仅仅比大猩猩发出的声音信号略高一筹而已，不过它已经**由现成而不完全确定的符号所构成**。旧人已经具备双重手势动作系列和五六种不同形状的工具，所以它们的操作连环必定相当复杂，我们可以确认的旧人时期的语言的丰富程度也相当可观，**但是它很可能还局限于对具体场合的表达。[……]在尼安德特人时期，开始产生了非具体化的符号**。从这个时期起，**技术的概念**被另一类概念超越，关于这类概念，我们如今只具备一些手工操作的例证：墓葬、颜料、奇特物品等，但是这些例证却展示了这样一个确实性：思想的运用已超出了技术的生命运动机能的领域。①

我们是否能够既承认存在着现成的、并非完全确定的符号，同时又断定这些符号仅仅用于表达具体的场合？这实际上是自相矛盾的：一

① 勒鲁瓦-古兰：《手势和语言》，第1卷，第164—165页。

般化抽象（非确定性）从一开始就存在，但是它又不属于一般化抽象，因为它尚停留在和一般性相对立的特殊性之中。二者必居其一：要么这种特殊性是作为一般性背景中的一个游离背景的特殊现象而定义的，那么一般性已经存在，语言已经是一般性的；要么简单地说，表达根本就不存在，没有具体场合，也没有特殊性。表达是一般化抽象的可能 197
性，也就是作为理智化过程的先于自身。符号总是“理智的”“一般性的”符号。**仅仅**具有技术性的语言的“技术符号”是不存在的——思想总是求助于“仅仅”之类的限定来回避自己的局限。不仅如此，一切操作连环的**系列组合**都必须以一般化为前提。

一方面是具体的技术语言，另一方面是一般的非技术的语言，这一对新的对立范畴完全顺应上述支配着有关工具制造和进化分析的狭义先于自身的观点，而且，它同技术性理智和反思的、精神的或个体的理智之间的对立也是一致的。一切都似乎很协调，**但是正如卢梭的理论一样，它的协调必须受“几乎”或“仅仅”之类的条件副词的限制**。这个协调体系的核心就是：尼安德特人时期完成了一个质的飞跃，即激发了第二起源，而第二起源的起源仅仅在于大脑。但是，这个核心的观点与其说是几乎什么也没有解释清楚，不如说是什么也没有解释。

从第二起源开始，在作为一般化抽象之可能性的精神符号活动和墓葬现象之间，有着直接的联系。这种在和死亡的关系中构成的符号同时也就是纯粹文化差异现象的萌芽。将智人和匠人对立，这实际上就是要指出猿人的贫乏的语言不包含任何特有语言的差异化，而“尼安德特人的语言则和现代人的语言相差不远了”。如果我们提出猿人的语言是依附于具体场合的非抽象语言的观点，那就意味着同时断定了这种语言的无差异性。这样一种不可能在个体化过程中自我再创造的语言，没有规则，没有任何指意的可能性，所以，这是一种无言的语言，它无所可言。它就像那些没有任何用途的工具一样，因为工具的用途本质上已经是工具制造的可能性用途的变形，而且无疑也就是工具制造的差异化因素之一。在先于自身的第二个层次上，语言的特有性[①]和工具进化的动力取决于同一种可能性——在勒鲁瓦-古兰看来，“猿人”不具备的那种一般化抽象的可能性。然而所有这一切都是和《手势和
198 语言》一书第二卷中的观点相矛盾的。

10. 裂变的记忆

> 群体的问题在动物性和人性的问题中占主导地位，从群体的角度看，动物和人类社会都维系于一个“传统”实体之中，其载体既不属于本能，也不属于理智，而是在不同程度上同时属于动物和社会的因素。

只有在提出这个群体问题之后，我们才能区分本能和理智。这就是说，构成外在化过程的裂变的实质在于记忆的一种新的组织形式，它意味着记忆的新载体的出现。

> 如果说种属是动物群体的典型形式，而种族是人类群体的典型形式，那么每一个传统的实体都对应着一个特殊的记忆形式。[②]

记忆在摆脱遗传记录的基础上继续自己的解放进程，同时也留下了裂变的烙印，这些烙印留在石块、墙壁、书本、机器、玉石等一切形式

① 特有性（idiot）的词源是古希腊语中的“idios”和“idiotès”，它们是指某个物体或人的特有个性。由此引申出“孤僻”“不合群”“无知”等意思。作者在使用这个词时，既保留了“idiot”的词源含义，以此和“idiome”对应，突出因语言和技术造成的特有属性和差异；同时也利用了“idiot”一词现在通常的“无知”“孤僻”等含义，表现了爱比米修斯和普罗米修斯的预示相反的“无知”“事后才知”“冒失”等特性。——译注

② 勒鲁瓦-古兰：《手势和语言》，第2卷，第11—12页。

的载体之上。远可推至文身，近则有已器具化的遗传记忆，记忆先是被无机化——或者说非能动化，然后又被重新有机化、被操作、储存、理性化，它经过电脑工业的全息记忆阶段，最终被我们称作“生物技术”的生命工程所开发利用。裂变记载了记忆，记忆也记载了裂变。裂变只能是关于裂变的记忆，只能是它所**激发**的痕迹的效应。

在此，记忆的问题和程序以及程序的类型的问题组合在一起：

> 这个问题不能[……]被放在本能和理智的对比中，而应当从两种不同的程序类型对比的角度来认识，一种类型[比如昆虫类]在最大限度上服从遗传的先天确定性，另一种类型属于人类，它则对应着一种表面的遗传的不确定性。[1] 199

不能由此引起误解，以为程序化对于动物是决定性的，而外在化的运动则取消了程序的作用，使之不确定。这里必须在“新型程序”的条件下使用不确定性的概念。为了理解这个概念，首先必须区分人类以外三种不同类型的生物存在，它们呈现了三种不同等级的选择的可能性：蚂蚁的“选择”范围比蠕虫广，而脊椎动物的“选择”范围又比蚂蚁广。每一个高等层次形成的同时，也保留了与低等层次相同的行为实体，尤其是，上述三个等级上的“选择”的可能性并非真正的选择：这里涉及的是遗传的选择，被选择的可能性先天地记载在遗传基因之中，它构成个体的潜在的记忆，躯体可塑性和生存环境的碰撞激发了整体表型的印记现象，从而使个体的潜在记忆现实化。由蠕虫到脊椎动物，记忆的“操作余地”扩大了，条件反射和驯兽就是一例。脊椎动物形成了个体的记忆，并同时（根据个体的适应）记载过去的“经验”。这个“经验”受非特定的遗传基因的多重确定，并使得同一种属的不同系列具有

① 勒鲁瓦-古兰：《手势和语言》，第2卷，第13页。

程度不同的完善性。而所有这一切最终服从于自然选择的原则。这种本能记忆的机制在人身上也存在,因为人也是一种动物,而且“人类活动很重要的一个部分出自本能”。

勒鲁瓦-古兰正是要在这个本能的层次——人性构造中最初级的层次——中区分出理智,而理智的形式则要求属于两个更高层次的语言。

他把这三个层次分别定义为“特定性层次、社会种族性层次和个体性层次。在特定性层次,人类的技术性理智直接同它的神经系统的进化程度以及个体能力的遗传决定性相关。[……]在社会种族性层次,人类的理智行为呈现出独特的方式,因为它在个体和遗传特性之外,形成了一种具有高速进化特征的**集体化机制**。对于个体来说,社会种族的制约性和使它生来就是智人的动物制约性具有同等的重要意义。然而社会种族制约性的具体方式却有所不同。因为它在一定的条件下允许某种个体解放的可能性。

> 200 在个体性的层次,人类也呈现出一种特征:由于大脑系统为人类提供了以符号的形式应付自身场合的可能性,所以个体甚至可以从符号的意义上来突破遗传和社会种族的制约[①]。

上述三个层次**不可分割地**构成了使“人类的技术行为”成为可能的记忆实体。但是,这里还有一些问题有待澄清,如果第二个层次毫无疑问地与人的技术可能性直接相关,则第三个层次显然不是如此,它在本质上是以符号行为为目的的:如果我们认为真正的符号是精神性的,并且以上所指的是精神性符号(第二起源),那么我们就必须承认第三个层次已不属于真正意义上的技术行为;如果相反,这里所指的是从一

① 勒鲁瓦-古兰:《手势和语言》,第2卷,第21—22页。

开始就伴随技术行为而产生的符号行为，由于“技术和语言是同一种属性（即外在化过程）的两个方面”，所以，个体层次便成为一般性的差异化运动的层次，也就是作为工具的符号层次。这种意义上的个体层次是不需要创造性意识为前提的。因为没有语言学家否认语言操作在个体层次可以产生历时性的特殊变化（方言）；而且没有任何语言学家反对索绪尔的观点，即语言的历时性的特殊（方言）化本身不以操作语言的个体的意志为转移。

“社会种族”制约是人类群体（种族）的“新型程序”，它作为程序构成了和动物群体遗传制约类似的社会条件，但是这仅仅是一种类似而已，因为动物不可能摆脱自己的遗传制约，而人却能够——当然在一定的程度上——从社会种族的制约中解放出来。这种“新型程序”属于记忆而且通过记忆来实现，它是由解放到外在化过渡的结果。它在个体的层次使新的可能性具体化并在这些可能性充分实现之后将它们重新注入社会种族层次。这个描述方言的差异化的全过程完全取决于先于自身，正是由于在种族的约束与特有语言对这些约束的适应之间形成固定的关系，而且这些约束所构成的规则发生着多少来说缓慢的转变，种族文化的进化及其差异化才能得以实现：“种族和记忆之间的联系的断裂似乎是造成快速的和连续性进化的唯一方案（一 201
个仅仅属于人类的方案）。”[①]在外在化之后，差异化过程经受了从种属层次到个体层次的本质性转移。个体除了受其动物性和来自它继承的并受其牵连的**已经在此**的世界的限制外，它的行为的可能性是不确定的。

> 个体从诞生起就面临着它的种族所固有的传统实体及其各种表现形式，并同自己所属的社会机制展开对话。从生物的角度看，

① 勒鲁瓦-古兰：《手势和语言》，第2卷，第23页。

> 传统之于人类就如同遗传之于昆虫社会一样是不可缺少的：一个种族的生存需要常规，个体和社会的对话促成常规和进步之间的平衡，常规是群体生存不可缺少的财富的象征，进步则是个体为改善生存而实行的革新的象征。[①]

传统在当今世界是否存在？如果传统对于生存是本质性的，我们将如何生存？我们是否应当构思一种新型的“传统”？

11. 特有语言差异的无差异性

这里提出的问题涉及时间、无程序的变化、不确实因素、无预先确定的归宿的命运、决定等内容。使人区别于其他生命现象的是时间，时间性需要以外在化和代具性为前提：时间的存在仅仅是因为记忆是“人为的”，这个人为的记忆构成**自从**它被“悬置在种属之外”以来**已经在此**的过去。必须严格地理解所谓“自从”的含义：继承“人”的称号，这就是继承一切已经存在的过去，继承**过去发生的一切，自从**“古老得可怕”的过去开始。两种“起源”由此而来，“东非人”和“尼安德特人”两个阶段之间的差别由此而来。根据勒鲁瓦-古兰的理论，第二个阶段标志着社会的产生：

> 从脑前额的扩展开始，具有人类特征的进化便带来了一个在
> 202 遗传进化之外汲取源泉的技术世界。自智人起，构造一个社会化记忆的机制便主导了人类进化的一切方面的问题。[②]

---

① 勒鲁瓦-古兰：《手势和语言》，第2卷，第24页。

② 同上。

上述观点有什么可以反驳的？大致看来，无懈可击。但是如果我们从先于自身的角度来提出问题，那么它们就站不住脚了。先于自身从东非人开始就已经存在了，尽管那种先于自身还是在大脑进化没有完成的条件下实现的：对比和反思已经存在，不过它们所依赖的大脑和技术的条件对于我们来说还是完全陌生的——这种反思的奇特性本身提供了可感受的可能性。东非人的大脑皮层的扇面正在展开这个事实，从**原则**上和下列两种假设是不矛盾的：第一，原始技术的进化已经需要记忆的外在化——以语言和工具为载体；第二，这种进化已经需要一般性的符号——虽然先于自身的形式尚且模糊不清，但是它却是完整意义上的先于自身。关于技术理智和非技术理智之间的对立的观点，虽然便于描述，但却很肤浅。和勒鲁瓦-古兰提出的所谓社会化出现于大脑形成之后的观点相反，人类从东非人时代开始就已经形成社会，尽管这种社会化尚不具备我们现在所认识的形式。显然，“种族记忆被悬置在动物性种属之外”是从东非人时代开始的。否则，一切都会变得不可理解，我们就不得不抛弃勒鲁瓦-古兰的一切假设，向卢梭回归。

这些假设的威力就在于它们在骨骼、大脑和工具之间建立的关系。它们的局限就在于没有提供认识理智——一般性的社会技术差异化过程——的方法，理智本身也是外在化运动的直接结果。“第二起源”是不存在的，起源是完全不存在的。勒鲁瓦-古兰本人也对我们以下将要引用的论述中的两分法提出过怀疑。他认为，新人时代是前额发展的时代，大脑皮层“是人格的主要因素[……]，它在对操作、**预见**、**清晰的意识**的把握方面具有决定性的作用”。他进而指出，只有从大脑前额起决定作用开始，“人们才能提出真正人类意义上的理智和反思的概念”，203
这无疑是说我们现在认识的理智和反思的概念。

> 我们不能否认最早的猿人已经具有大脑前额的某些发展的可能性[……]。当我们承认，在南方古猿和旧人的时代，技术的发

展大致追随脑壳的发展时，我们**已经考虑到**具有个体特征的创造性理智的因素。

事实上，这个“个体理智的作用”基本上被**忽视**了，它**从来**未被“考虑”，而且，在这种形式下提出的问题是不确切的：这里涉及的与其说是理智不如说是先于自身。个体的理智不是一个本质性的问题。尽管如此，以上论述淡化了原来在原始人类各阶段之间作的过于清晰的划分，勒鲁瓦-古兰由此出发，提出了关于最后一个阶段的基本观点，即社会的决定性作用：“随大脑发展产生的最明显的事实就是，社会相对于种属而言所取得的重要性。”[①]这句话是否指：社会在此之前并不存在？当然不是。毫无疑问，存在着一个使人类发展中的**决定性因素**发生转移的动力。但是要划清不同阶段之间的界限则非易事。一切都一下子产生，它们又同时发生差异。记忆这个无机物的有机化是基本的因素，它构成了第一性的动力。这个第一动力创造了其他的一切，它在自身变化的同时也改变了其他一切事物。在这样一种复合体系中，大脑的发展是无机物的有机化运动造成的世界发生根本性变化而带来的结果之一。也就是说，大脑是这种变化的**有机性结果**。它不是变化的原因。此外，这里所涉及的并不是一个原因的问题，而是一个推动，它带来的能动性发展渗透、占据并贯穿了工具、大脑皮层、群体和地域等方面的发展。在这个问题上，或是选择划分界限，或是选择破解不同层次的趋势所构成的运动，这些运动是相互渗透的，缓慢而混乱的，甚至显得前后矛盾，根据这种选择的差异而形成两条不同的分析道路。

当大脑皮层形成之后，技术的差异化就完全依赖社会的差异化而
204 不再是动物性的差异化，尽管它的发展运动和差异化过程似乎在一种动物性的变形中延续，因为它的进化具有种系发生的表象，呈现出种族

① 勒鲁瓦-古兰：《手势和语言》，第1卷，第187页。

特有语言的无差异性。但是事实上，技术的差异化在大脑皮层形成之前已经是社会化、时间化和一般化的。

这里我们又重新遇到了所有卢梭式的论据：理性（精神性的理智）、语言（精神性符号）、社会（种族群体）等一切历来被哲学用来定义人性的属性以前都不存在，或几乎不存在。一切都来自以后，即沉沦之后，来自跨越间隔的飞越。

12. 已经在此、延异、后种系生成

探讨人类的诞生就是探讨死亡的诞生，这是我们在卷首就提出的论断。现在反过来考察一下这个论断的根据。

我们已经明确，这里要探讨的是“人的发明”的问题，这个模糊的命题就是我们的起点，并由此引出了延异的概念：延异是一般性的生命的历史，人的发明是这个历史展开的一种**调节**（技术、人为因素、命名、死亡等问题的共鸣），必须给这个阶段定性。所谓裂变就是从遗传的延异向非遗传的延异的过渡，一种“延迟的自然”。为了触及以这种方式提出的时间问题，我们曾提前推出了后种系生成的概念。

“外在化运动的矛盾性”使我们做出了人和工具相互发明以及技术助产术的论断。根据这个论断，在人类形成之初的后种系标向就是燧石。大脑皮层的形成过程是对燧石石器中留存的经验的反射，燧石**构成了一个过去**，它记载了**过去发生的事情**。作为痕迹，经验留存本身已经是一种反射。

先于自身问题带来的疑问和外在化运动的矛盾性是一致的：后于自身同时也就是领先，在这种“后来”的结构中，我们无法断定是大脑皮层的发展决定了石器的发展还是相反。内在似乎应当先于外在，但是内在本身又由外在构造，所以外在又先于内在。除非我们断定，二者互为领先，它们不过是从两种不同的演变角度考察的同一件事物。然

205 而不管我们从何种角度考察，外在化和内在化的**运动**问题总是存在的：运动从何而来？它遵循什么样的原则？

我们已经看到，在有关先于自身的理解中，必须区分两个层次：操作性先于自身和作为模板及先于自身形式的差异化的先于自身。运动的问题出现在第二个层次——当然，它已经被部分地包含在第一个层次之中：先于自身运动从何而来？从东非人到尼安德特人，大脑和工具共同实现差异化，它们处于**同一个运动之中**。这个运动就是在“**外在化**”中实现的一种独特的结构性耦合过程——**器具助产术**，“反射镜雏型”。在这个过程中，大脑皮层的差异化由工具决定，反之亦然。这就是反射镜的效应，在反射镜中，一方从另一方反观自身，从中变形和变化。这个耦合从一开始就在互导关系中构成了根本性的动力。

剩下的问题就是要为这一现象寻找一个可以接受的生物学的解释：在此必须提出一种全新的遗传选择过程的假设。经过加工的燧石的进化非但不单单由大脑的进化决定，它反过来决定了大脑形成的过程。这样一种假设意味着我们必须展开人为性选择的概念：大脑在与新环境发生的关系中产生了突变性的选择，而这种关系则是以一定的技术机制为中介的，它构成了人类的防卫和采猎系统，既推动了个体适应的过程，也推动了种系的进化。但是这个假设并不意味着既成特性在遗传中保留，尽管它可能造成此类错觉。

我们必须注重自工具产生以来出现的后生成过程的特点，**即工具在制造或(和)使用工具的个体之外保存自己**。(工具是一种真正的无生命而又生命化的记忆，它是定义人类机体必不可少的有机化的无机物。这种作为过去的后生成因素的标向和积累者的工具的出现，必须以大脑结构特有的后生成的可塑性为前提。)在非人为、非技术——在**没有被**延异的延异性**调节**——的生命中，一切后生成的积聚都随着它们的个别载体的消亡从特定的记忆中消失。在我们现在考察的情况中，生命保存和积累了这类后生成的现象。这种保存决定了一切同环境的关系，以及**一切变形选择的过程**——尤其是在大脑中发生的变 206
形。由此，我们可以做出如下似乎和分子生物学规律相悖的假设：**后生成因素反过来对种系的再生发生强烈的效应，并引导和制约了选择的基本影响**。根据这个假设，我们可以推断个体的发展以三种记忆为基点：

——遗传记忆；

——神经记忆（后生成性）；

——技术和语言的记忆（我们将技术和语言混合在“外在化过程”之中）。

工具模板既是生产的结果，也是生产的条件。模板构成生产模板的操作系列记忆的载体，它保存了过去的后生成因素的痕迹，积累经验和教训；同时，模板也是这些操作系列传播的结果，这种传播是由原型产品的存在本身来实现的。这就是后种系生成的意义。从此，我们必须论述三种类型的记忆，这实际上就是在略加修改的基础上进一步深化勒鲁瓦-古兰提出的三个层次的假设：

——遗传记忆；

——后生成记忆；

——后种系生成记忆。

后种系生成是一种归纳式的积累，是（后）个体经验的动力和生成形态（后种系生成），它标志着在有机体和它的环境之间出现了一种新型的关系，这种关系同时也是一种新的物质类型：如果说个体是一种有机体（有机化的个体），那么在关于“谁”的问题上，它同环境（一般意义上的、有机和无机的物质）的关系是由一种有机化而又无机的物质为中介来实现的，这就是工具，它起着训导（器具）的作用，它就是“什么”。正是在这个意义上，我们说：“什么”在被“谁”发明的同时也发明了“谁”。

13. “谁”和“什么”

遗传和后遗传的关系是具有生命历史意义的延异的一个方面。如果说勒鲁瓦-古兰的贡献就在于动摇了动物性和人性之间清晰的界限，那么这里的问题就在于详细阐明延迟的延异以及这个阐述的可能性。
207 勒鲁瓦-古兰用来讨论这个问题的方法实际上又把他拉回到一个简单的对立，当然，这个对立被他转移到另一个同样非常传统的范畴层次：操作和理智。同样的选择（提出第二起源）也使他重新回到内在和外在、以前和以后、动物性人和精神性人等形而上学的对立。我们提出了器具助产术的范畴，试图以此抓住并揭示不可能简单地将内在和外在对立的困惑。只有在器具助产术的范畴下，我们才可能理解，工具体系非但不取决于某种创造或主宰物质的自我意识，而且在继续一个早在断裂之前就展开的进程的同时，构成了一种新的断裂——延异的**新机制**、一种**延异的延异**。虽然这里的中心概念是**后种系生成记忆**——它既可以**否认一切对立也可以描述和保留**差异化现象，但是我们似乎在德里达的文码学的解构理论中找不到任何相应的概念。我们将在讨论线性文字时展开这个问题。如果离开了后种系生成记忆的概念，我们似乎就无法针对作为一般生命历史的一般性延异来特别确定延迟的差异，因而既不可能回答人是什么的问题，也不可能断定人不存在。“人的发明的模糊也就是发明的主语的模糊，使‘谁’和‘什么’连成一体——既将二者相连又将二者相分——的因素就是延异。”延异就是指这种双向运动、交错反射，通过反射的双向运动，“谁”和“什么”共同构成**同一个现象的两个侧面**。

勒鲁瓦-古兰缺乏将差异和延迟两个概念统筹兼顾的思想，所以他把技术性理智（即**狭义的先于自身过程**）和符号或“符号化能力”相对立。他认为符号是“外在于简单物质实体”的理智的成果，与符合技术运动的几乎是本能的目的性相比，符号是一种完全的解脱，它启开了死亡的意识。正如他不得不提出第二起源，以便避免分析自东非人时代就形成的“延异化”的新型动力，他也将死亡的意识归结于大脑发展的一种（晚期）状态。同样的推理使他得出：死亡的意识也就是语言——和我们的语言同等的语言——的意识。然而，我们已经看到，语言问题完全属于“后种系生成”的层次。“具体的语言”或仅仅关于某一个场合的表述是不存在的，语言总是抽象的。勒鲁瓦-古兰提出的有关“猿人”的“非抽象”语言的矛盾观点，却是同他的另一个矛盾观点相吻合 208
的，即猿人的语言没有任何种族特有语言的差异化可能（这个观点来自有关前尼安德特人工具的分析）。但是在《手势和语言》的第二卷开首，记忆的外在化（“种族”的记忆被“悬置于动物种属之外”）包含了种族特有语言的“辩证法”：“种属和记忆之间的纽带的断裂似乎成为唯一能够在个体和社会的‘交谈’中导致快速而连续进化的方法（仅仅是人类的方法）。”这种分析在加以某些修改（当然是本质性的修改）之后，可以将我们引向海德格尔式的时间问题的讨论。

我们通过古生物学有关理论的研究，提出的关于技术及其动力的问题，实际上直接涉及关于（“为终结”的存在者）存在的分析——乃至整个哲学。海德格尔将计算的时间（非真实的度量的时间，即试图“确定不确定性”的时间）与真实的、作为同死亡的关系的时间相对立。从某种程度上说，勒鲁瓦-古兰的方法与海德格尔很相近，他把技术性和与死亡的关系（即“反思”理智）分离开来，并最终对立起来。从关于勒鲁瓦-古兰提供的理论材料的批判分析出发，我们可以相反地设想一种关于时间的生存性论证。这个论证实际上涉及的就是有时间**烙印**的存在者——此在或“谁”。所以，这也是一种关于存在和身体所依赖的**代具性**的论证。代具性是此在的**已经在此**部分，或者说，**已经在此**从本质上说是代具性（偶然性）的，它启开了存在和时间的关系，而不是使存在非自然化。人们似乎可以说，这个分析实际上同海德格尔在**实际性**名义下所作的分析是一致的。我们在下一个部分中将试图指出：事实并非如此。 209

第二部分

爱比米修斯的过失

引 论

在本书的第一章末尾，我们曾经提出了这样的问题：技术逻辑的动力作为时代和技术组织的推动因素，怎样同先于自身的——人类逻辑的——操作动力相关联？技术性是由什么构成的？换言之，从现象学的时间性出发，如何构成技术性？在上一章结尾，问题的形式发生了转换：如何从**技术性出发**构成时间性？“谁”的时间性是怎样形成于“什么”的**切实性**之中的？我们在提出这些问题时，以后种系生成概念为基础。

假如说存在着时间的原生结构，并且这个结构形成于代具（作为对终结的先于自身）已经在此的境域中，形成于外在化的**运动**中，也就是说它建立在“遗传调节的废墟”之上，并且**以这个废墟为起点**，那么：

1. **这种和后种系结构无关的时间是无从谈起的，这种结构每一次都被已经在此——被组成人类和技术连续时代的记忆的载体——以独特的方式翻新**；这里，附加的因素也就是基本的因素，这种基本的附加性就是时间（和时间的关系或延异）。

2. **这样的分析需要首先澄清先于自身的可能性**（可能性的可能性）。这样的澄清即是生存分析的对象本身，它应当被作为代具性问题来解释。

这种分析方法是不可能由从人类学向现象学的骤然一跃来实现

的，因为二者的基本问题不同。在此我们将要考察普罗米修斯和爱比米修斯神话的不同关联，这个神话包含了代具性（普罗米修斯——技术
213 之神）、先于自身（普罗米修斯——先知之神）、死亡（普罗米修斯给人类带来的期待和对终结的忧虑与无知）、遗忘（爱比米修斯的过失）、反思或在后于自身和后知意义上“对存在的理解”（爱比米修斯原则即是指通过对过去失误的反思获得的经验**积累**）等范畴之间的根本关系。这个神话**从一开始**就把“外在化”作为和死亡、先于自身的关系同社会化
214 联系在一起。

第一章

普罗米修斯的肝脏

什么？我好奇地疾声自问。

谁？你应当这样问才对。狄俄尼索斯就是这样说的。[……]

——尼采

存在者是一个“谁”(生存)或者是一个“什么”(广义的在手存在)。这两种形式的存在之间的联系是什么？

——海德格尔

1. 遗忘者的遗忘

古希腊的技术神话给欧洲语言留下两个得自神的共同的概念：普罗米修斯原则和爱比米修斯原则。古希腊神话几乎是用“生存分析”的语言表述这两个概念的。当时，这种分析基本上**还可以**在悲剧的形式下——在前柏拉图、前哲学和前形而上学的形式下——展开，在这样的环境中，悲剧**尚可通过**技术来感受(对技术的惊奇)。这个神话同形而上学是根本冲突的。我们已经在勒鲁瓦-古兰的理论中看到了类似的冲突，看到他是如何无法自圆其说，以至于陷入第二起源，并不得不把外在化和社会分割，以便（从技术的**动物性**中）拯救精神；但是当
215 他在区别特定性差异和种族性差异时，又将二者连接。他似乎先断定外在化先于社会化，然后又将二者合而为一。由此，他在语言和技术的关系问题上就十分模糊不清：既承认二者相互包含，但同时又招回形而上学的观点，从而提出这样的假设，认为真正（精神性）的语言必然摆脱（技术性的）运动机能。

如果我们按照第一种假设，认为语言和技术是人类同一种属性的两个紧密相关的方面，那么勒鲁瓦-古兰的人类学就会同形而上学发生冲突，因为后者恰恰首先将逻各斯和技术、自然和规范、理智和感觉、秩序和混乱相对立：

——技术作为一种伪造行为，为一切随机性、无度和以神自居的人类将自己的意志强加自然提供了可能；

——逻各斯作为真理的所在，也就是加在存在者原形（自然）之上的尺度。

但是，古希腊关于技术的**悲剧式**的理解却完全不是如此。它没有把两个世界相对立。它给死亡构造了具有积极意义的场所，即自身的界限：一方面是永生的神，另一方面是无死亡意识的生命（动物），二者之间夹着一层技术的生命，也就是死亡的生命。悲剧式的**人类起源说**就是在双重运动中构织出来的**死亡学**：这个双重运动就是爱比米修斯对普罗米修斯的重复。

爱比米修斯并非单单是一个**遗忘者**，即不懂得思前想后——**经验**（也就是说对即将到达的、正在发生的和已经发生的事物反复咀嚼）之本——的象征；他同时也是一个**被遗忘者**。他被形而上学、被思想所遗忘。如果把思想本身作为一种遗忘，那么他就是遗忘的被遗忘者。每当人们谈论普罗米修斯时，总是忘记了以爱比米修斯为象征的遗忘：总是迟到的真理。值得惊奇的是，这个后觉、这个从过时的经验开始回

归的象征，这个为思想本身命名的爱比米修斯原则，不仅没有在关于完结的现象学思想中占据中心地位，而且被排斥在这个思想之外。

普罗米修斯的孤家寡人的形象（比如海德格尔在《校长任职讲演》中的描述）是毫无意义的。他的存在意义仅仅在于爱比米修斯的重复，后者又同时实现了对自身的重复——1. 造成过失、欠思考、愚蠢、孤僻、 216
遗忘等；2. 沉思、总是过迟、反思、知识、智慧，以及**同回忆完全不同的另一种形象：经验**。希腊语把反思的知识植根于爱比米修斯原则之上，这就是说，反思的知识存在于作为完结经验的本质的技术性中。海德格尔的生存分析在这个问题上的空白只能使我们感到震惊，同时，在我们看来这又是不可避免的。原因如下：

——一方面，分别以普罗米修斯原则和爱比米修斯原则为代表的两种形象的交合，恰当准确地提供了时间性结构的基本要素，这个时间性被描述成一种走向终结的存在；

——另一方面，二者的交合意味着它们之间的关系必不可免地扎根在技术性之中，这同把真实的时间和计算的、烦忙的时间相对立的观点是根本矛盾的。

2. 死亡学：在手一无所有

以上追踪的问题到此发生了一个决定性的转变：技术学确切地成为死亡学，一切人类学的余留皆因此而被抛弃。柏拉图在以普罗塔戈拉斯命名的对话中，借普罗塔戈拉斯之口讲述了普罗米修斯和爱比米修斯的神话：

> 很久以前，世界上只有众神，动物尚不存在。当命运呼唤动物生存的时刻来临，众神将土和火以及一切可以和二者融合之物掺混，在地底下塑造了各类动物。最后，在让动物见天日之前，众神

委托普罗米修斯和爱比米修斯适当地分配给每一种动物一定的性能。但是爱比米修斯却要求普罗米修斯把分配的差事让给自己："待我分配完毕，你再来检验。"他在说服了普罗米修斯之后就着手分配。在这个过程中，他给某种动物以力量，却不给以速度；他让弱小的种类行动迅捷；有些种类获得了尖齿利爪，而对那些无此特长之类，他也想到了给它们自我保护的性能。[……]**总之，分配的原**
217 **则是机会均等，在他的一切设想中，他留意不让任何一个种类灭亡。**

[……]但是众所周知，爱比米修斯并不十分谨慎小心，他没有料到，当他把性能的宝库在那些无理性的动物身上浪费殆尽后，还剩下人类一无所获，他一时不知所措。就在他为难之际，普罗米修斯来检验分配结果了。他看到其他所有的动物都适当地各获其长，唯有人赤身裸体，既无衣履也无尖齿利爪。人类走出地底迎见天日的命运就要来临。为挽救人类而操劳的普罗米修斯从赫菲斯托斯和雅典娜那里盗取了技术的创造机能和火(因为没有火就无法获得和利用技术)。就这样，他送给人类一份厚礼。人类从此获得了可用于它生命需要的理智。但是，人类尚无安邦治国的知识。这门知识由宙斯掌管[……]。从此以后，传说普罗米修斯因他为爱比米修斯补过而偷盗的行为受到处罚。

正因为人类具备了一部分神的性能，所以，首先人类是唯一信奉众神的动物，人类建祭台、立神像；其次人类很快就会灵便地节音表言。衣食住行则是在此之后的发明。①

人类的**到来从一开始**就是因为偏离了动物世界的平衡和安宁，这是由原始的过失而造成的偏离。在偏离之前，什么也不存在。爱比米修斯把人类遗忘，这过失是一个偶然的事件。人属于被遗忘之类。人

① 柏拉图：《普罗塔戈拉斯篇》，320d—322a。

类只有借助遗忘才能降临，它在消失中出现。

人类是双重过失——遗忘和盗窃——的产物。人类就像早产的小动物，赤裸裸，没有皮毛爪牙，它**似乎**来得太早，但同时也到得**太迟**了（所有的性能都**已经**分配完毕）。人类的早产使它需要政治，政治来自技术，但是人类尚不具备这个知识。这里所说的“尚不具备……”并不是指人类的产生分为两步，似乎第一个阶段是圆满的起源，然后发生沉沦。过失从起源起就存在了，所以人类才有一种原始性的缺陷，或者说是作为缺陷的起源。人类的出现只能作为消失的出现。这一切都是同时产生的。 218

我们只有首先参照让-皮埃尔·范尔南对赫西奥德的《神谱》和《工作与时日》的解读，才能解释普罗塔戈拉斯讲述的神话。赫西奥德的讲述启发了普罗塔戈拉斯。在《神谱》中存在着一个黄金时代，人和神同席而饮，这就意味着人类尚未**降临**，因为这个时代不发生任何事情，黄金时代是一个时间之前的时代，事情随时间而来。

> 黄金时代没有把自然状态和文明状态对立；它抹去了二者之间的一切差异；它把文明的食物当作大自然的产物，人无须劳作，一切都已耕种、收割、储存、烹煮，只待享用。[①]

如果发生偏离，这不是相对于自然，而是相对于神。这也就是说，偏离涉及的是人（死）和神（不死）的关系，因此，人类起源说首先就是死亡说。人类起源只有放到神的起源之中才有意义，神的起源集中体现在奥林波斯神族和泰坦神族之间的争斗，而宙斯和普罗米修斯之间的冲突，不过是这个争斗的变相和延续。人类在这个背景意义上，通过双重过失——尤其是盗火——获得神性，为不死的神设立祭台。这是

① 范尔南：《祭品的烹调》，第70页。

面对作为生存条件的技术(它的力量也意味着人类的无能)产生的惊叹而构成的宗教。在发生过失之前,什么也没有发生。一旦出现了过失,一切又都消失了。人类及其死亡的生存条件,来自普罗米修斯在人和神共席的餐桌上做出的一个具有迷惑性的分配,这个分配损害了宙斯,有利于人类。[①]其结果一直体现在古希腊城邦的祭神典礼中:人类在消亡中,消亡内在于人类的生存条件——死亡。一切神性都在人身上泯没并转换为它们的对立面:

> 人自以为值得庆幸的好事(正如人类为宙斯赐予的"美丽的恶"——女人——而庆幸)实际却显露出它的恶性;泰坦神的后代普罗米修斯为嘲弄宙斯而设的圈套不仅反过来害了自己,而且最
> 219 终落到人类的头上。普罗米修斯盗出的火虽然是有益于人类的,但是火本身也同周身渗透着可怕的诱惑力的第一个女人一样,是一件可疑的礼物。[②]
>
> 故事的叙述首先展示了对万事万物有先见之明的宙斯,接着刻画出宙斯在两次遭受欺骗和愚弄之后,施行惩戒直至凯旋获胜。这种叙述就是要在悲剧的形式下,逐渐向读者揭露普罗米修斯给人类的礼物的消极因素,那些不明不白的好处终究会有一日反过来打击受益者。[③]

是神的起源中发生的争端给人的起源以意义,而人类起源论不是别的,就是死亡学:神的起源为不死的神定义,同时,它的反面也即是确定死亡的意义。

---

① 赫西奥德:《神谱》。

② 范尔南:《祭品的烹调》,第41页。

③ 同上书,第70页。

正如饮食的礼仪一样，献祭“唤起对古老的神人共餐时代的回忆，那时，神人混杂，日复一日地同吃同乐”[①]。但是我们已经指出，这个黄金时代并不是一个起源。它毋宁说是一个极限，一个无可挽回的失去的极限。或者说，这个时代是一种既被遗忘又不可遗忘的条件，因为它总是在反命题中被人类唤起，或是被投向自己的反面：神。神总是遥遥在望，既近切但又永远隔着一条鸿沟，这正是人类永恒的忧虑和无限的遗憾：

> 在献祭中通过祭品而展示和延续的是横在人和神之间的距离，[……]一方面是奥林波斯神永恒不变的青春[……]，另一方面是地上的人为了成为自己而不得不承受的短暂的存在形式。[②]

献祭使人类重新找到自己的位置：在神和兽之间，在由偏离带来的**二者之间**（在出现和消亡之间）。我们在此并不想重提所谓自然状态或“人性”的本来面目；沉沦并不曾发生，发生的是一个过失；同样，既不存在宇宙秩序，也不存在灾乱，只有死亡。

> 对于赫西奥德来说，澄清人类存在的条件并不在于确定一种连他自己也不明白的“人性”，而是在于通过关于献祭创立过程的讲述，揭示直接或间接地包含在祭礼中的人类属性及其所属地位的意义。[③]

赫西奥德的神话向我们指出，为什么人类共同体的问题——这个 220

① 范尔南：《祭品的烹调》，第43页。
② 同上书，第47页。
③ 同上书，第81页。

问题在普罗塔戈拉斯讲述的神话中，成为导致赫耳墨斯被派遣的政治问题——和祭礼问题是不可分割的：政治性的共同体只有在**和普罗米修斯的过失相关**的原始祭礼的回忆中构成，在此，我们同样可以清晰地看到，在古希腊时代，对宗教和政治不可分割的理解是以死亡问题为基点的。死亡就是对一切起源的原始性偏离，也就是说是一种**技术**的偏离，是人类对神的力量的模糊的、隐蔽的、过于人化的反射。

> 人和一切有生有死的动物一样[……]共处于一个与神不同的层次，偏离并外在于神界。但是和其他禽兽不同，在芸芸众生中，唯有人的存在类型包含了某种固定的标准，一种和超自然的力量的特殊关系。没有一座城邦、一种人类生活形式不通过有组织的祭礼和神的世界发生联系并与神建立一个共同体。人类既远离神又亲近神，既被隔在神之外又和神沾亲带故，人类生存的这种模糊性，也被普罗米修斯在神的世界以其自己的方式所承担。①

换言之，这种力量的双重性来自神界本身。一旦这个力量“付诸行动”（这个行动就是普罗米修斯的过失，是抵抗奥林波斯神的强大力量的失败），它就意味着一种衰落。这一点和海德格尔的生存分析所要说明的问题是相似的。祭礼唤起这个衰落，人类在奉行献祭的过程中，也确实接收了衰落：这就是普罗米修斯的失败。

普罗米修斯的失败“不仅仅使象征着把两个种类（死和不死）完全分开的行为成为祭礼；它还赋予这个分割以不可挽回的、合乎情理的衰落的特征，而每当人类通过普罗米修斯的形式实行祭供并因此而进入同超越自身的力量交流，它就必须承认这种衰落的特征的合理性”②。

① 范尔南：《祭品的烹调》，第49页。

② 同上书，第50页。

这个衰落——死亡——就是争议“eris”(“竞争、嫉妒、争吵的精神”)的起源。争议存在于神界本身，但是在人类世界中，衰落永远使人类面临四分五裂、战争一触即发的威胁：人类处于警惕状态。这是一个共同体永远必须获得的必要政治条件。正是这个争议，使得人类的 221
条件和神的起源相连，也正是从这一点出发，范尔南在赫西奥德所著的《神谱》和《工作与时日》(后者讲述的死亡学即是伪人类起源学)之间建立联系：

> 在《神谱》中，争议的悲剧通过神的中介指向人类，并最终触及人类；对于这个悲剧，《工作与时日》也给予了回应，它描述了在贝奥提亚地区赫西奥德和他的兄弟佩尔赛斯之间发生的争议。[①]

但是，神之间的争议是清晰、单一的，它的结果也很明了(宙斯征服普罗米修斯并给予惩罚——我们还要分析这个惩罚的意义)。而人类之间的争议则是模糊不清的，正如死亡的一切特性一样，这些不纯粹的“生存”来自普罗米修斯的过失：由语言造成的复杂性和双重性同样也是政治不可缺少的属性，在政治上，作为**竞争**的冲突既可以成为一个共同体进取的动力，也可以使之毁于一旦。

由此我们看到普罗米修斯原则怎样确定了死亡的意义，并且它也像确定古希腊政治含义一样确定了宗教和所谓悲剧的含义：死亡就是普罗米修斯原则，自从宙斯发现被普罗米修斯捉弄，“人类存在便是我们现在看见的这个样子：完全卷入双重的争斗”，一方面是积极的劳作竞争和进取，另一方面则是手足倾轧的战争(在赫西奥德和他的兄弟佩尔赛斯之间，在同一城邦的成员之间，在不同城邦之间的争斗)。令人吃惊的是，普罗米修斯神话揭示的根本起源竟然被所有近现代关于

① 范尔南：《祭品的烹调》，第54页。

古希腊政治和宗教的哲学分析所忽略或遗忘，而范尔南则已经异常明确地证明："如果说，与神的生活相反，人类的生活无法摆脱双重性的争议，这是因为**死亡的条件在普罗米修斯和宙斯的争端中找到自身的根源和存在的依据**。"①

普罗米修斯曾经试图捉弄宙斯，结果是产生了生存的死亡条件，而人类的出现也无异于它的消亡：这就是宙斯的报复。继黄金时代而来的就是这个悲惨的时代，人类**不再具有任何在手的现成物**，也就是说，**口中无食**，永远受劳作之苦。劳作是为了赎回原始的过失，使从此深藏
222 地腹的谷子长出地面，而谷子也如同人一样，总是会现而复没。所以，人类不得不日复一日地劳作、**操作器具**，直至忧染双鬓，老死方了。②

3. 在自身之外

现在让我们回到柏拉图借普罗塔戈拉斯之口讲述的神话的第一段。首先是爱比米修斯的遗忘造成的第一个过失；接着就是普罗米修斯偷盗火种：第二个过失。由此，赤身裸体的人类现身于自己的消亡之中，人类这个提前的早熟同时也就是它永恒的后于自身。人类之所以暂时不具备政治艺术（这是人类弥补其原始缺陷所必不可少的，它将随人类的技术性而产生），是因为人类的生存条件取决于泰坦神族和奥林波斯神族冲突的记忆，这个记忆呈现在祭礼之中，**它是语言的起点**。语言以及稍后产生的政治都来自分享神性的记忆，即对偷盗的记忆。从这个记忆出发，人类通过语言实现**发明**。

宗教、语言、政治、发明等都不过是人类原始缺陷造成的本质性措

① 范尔南：《祭品的烹调》，第57页。黑体字系作者表示强调。

② "由于普罗米修斯的计谋，人类吃到了牛肉；由于宙斯的意志，人类从此失去了伸手可得的生存必需的谷物……"。同上书，第59页。

施。所谓本质，在此就是指偶然性、缺乏性能。政治问题或共同体问题之所以有意义，仅仅是因为它们涉及的是一个缺陷的共同体或共同体的最切近的缺陷。宗教、献祭、神坛等，只有和起始于普罗米修斯的行为的政治问题并提才有意义。语言也是同样，只能从祭礼所拯救的意思出发获得自己的意义。

人类发明、发现、找到、“想象”并实现它想象的事物：代具、谋生之道。代具放在人的面前，这就是说：它在人之外，面对面地在外。然而，如果一个外在的东西构成它所面对的存在本身，那么这个存在就是**存在于自身之外**。人类的存在就是在自身之外的存在。为了补救爱比米修斯的过失，普罗米修斯赠给人类的礼物或禀赋就是：置人在自身之外。 223

是否可以说人类之所以能够化想象物为现实，是因为人具有理性和逻各斯——语言？或者，人类是否因为化想象物为现实——也就是上面所说的在自身之外——才具有理性和语言呢？是技术先于逻各斯还是逻各斯先于技术？抑或逻各斯和技术是否同为在自身之外存在的不同形式呢？

发现、找见、发明、想象等在神话故事中都是一个**缺陷**的事实。动物（和永恒不变的存在、和神相比）已经被烙上了一个缺陷：消亡。**必须把缺陷和存在联系在一起认识，即认识存在的缺陷**。但是和动物获得的各种**性能**相对应，人的那一份就是技术，技术是代具性的，也就是说人的技术性能完全不是自然的。动物的属性属于一种天性，至少是神的善意赐赠：宿命。而人类的那一份礼物并无善意，它是一个替代。人没有性能，所以也就没有宿命。人必须不断地发明、实现和创造自己的性能。而且这些性能一旦造就，并不一定实现人，它们与其说属于人，不如说属于技术。

普罗米修斯从赫菲斯托斯和雅典娜那里盗取了技术的创造机能和火。赫菲斯托斯因追随雅典娜而成为雅典人的传种神。在此，武器、工具、战争器具起重要的作用：雅典娜借助工匠神赫菲斯托斯的一把斧头，全副武装地诞生于宙斯的脑壳。此后，当雅典娜来向赫菲斯托斯定制武器时，工匠神又一次追随了雅典娜——工匠神的精液就通过这个方式传向大地，这就构成了雅典民间神话传说的核心。[1]这个传说对我们以后的一些论点是很重要的。起源、战争、政治：一切都围绕武器而展开。“技艺的创造性”是从这两位神的器具化的手中偷来的，古希腊称此为智慧和技艺。

智慧和技艺当然离不开火，**普罗米修斯盗出的火**包含了智慧和技艺的**双重性**。人类手中的火来自神，它是一种力量，在祭礼中，人通过火的中介找到自身的位置。但火并不是人类的力量，它不是人类的财产，而毋宁说是一种驯服的力量，一旦它挣脱技术的控制，就会显露出
224 它的暴力。在这种暴力面前，人则显得无能为力。在人手中，火又一次体现了在消亡中显现的原则。[2]

必须赋予火的作用以时间的意义：先于自身、忧虑、自我保存等，这是一个由原始的双重过失引起的过失系列。火的双重性也就是死亡的“力量”的双重性的象征，它无非是起源的双重运动的效应：普罗米修斯的过失——它是人类存在的缺陷的根源——是另一个过失的重复：我们通过普罗米修斯的过失重新回到爱比米修斯的过失，而前者只能导致缺陷。

“声音”和“指意”只有在这种双重性中（祭礼的中介）才具有意义。语言（作为语言的逻各斯）借助技术（也就是借助于偷来的火和工匠技能）而产生（同样，语言也伴随着消亡而出现，它也具有双重性，语

---

① 参阅尼科尔·洛罗（Nicole Loraux）：《雅典娜的子孙》，La Découverte出版社，1981年。

② “普罗米修斯的火不同于神火（宙斯的雷霆、雅典娜的闪电）。[……]这是一种可以消亡的火：诞生、枯竭、不稳定，如同生灵一样；[……]人类具有的技术和给人类提供技术的泰坦神一样可疑。[……]不仅‘不息的火焰’隐藏着一种超脱人类控制的力量，更确切地说，这股力量包含了某种神秘的因素，一种超自然的性质[……]，这就给动物的野蛮和人类文化成果之间加入了一个新的内容。”范尔南：《祭品的烹调》，第64页。

言总是可以用来指示和原来意义相反的含义）。作为宗教和政治的逻各斯（起自过失的逻各斯）就是技术，它完全是技术存在的原始性不足的结果。技术存在的技术性和不足来自技术性的神本身。神的起源中的不足之处首先体现在爱比米修斯的形象上——“它的智慧是不全面的”：它是一个不十分圣明、不完全圣明或既圣明又不圣明的神，一个事后才明白的神。

动物会消亡，人会死：二者有所不同，不同之处就体现在对神的祭拜。**会死的人**“分享一部分神的能力”。人类死亡的标记就在于它和神的关系：人为神建庙塑像。只有从这种特殊的关系出发，人才能获得“发音和确切命名的技能”。在与没有理性或不具有逻各斯的动物（因为动物不分享神的能力，所以就不会模仿不死的神）分清了这一点区别之后，**无从定性的人**才确实地成为逻辑的存在，即（因缺陷）具备逻各斯——分享神的能力就是指通过和不死的神发生（特有）的关系来承受自己的死亡。无从定性的人之所以有语言，就是因为它被排除在特定 225
的性能之外，因为人会死亡。人类说的只能是自己的死亡和消亡，因为神是根据死亡来定义的，而不是相反，死亡并不根据神来定义：诚然，人们有“神的概念”，但是这个概念的内容则是神的不死，死亡将神和仅仅分享一部分神的能力的人区分开，死亡在把二者分开的同时又使它们连接在一起。

在《神谱》中，普罗米修斯的第一个过失就是企图欺骗宙斯：他在分配牺牲品时，把骨头给了宙斯，把肉留给了人类。为了报复，宙斯剥夺了人类使用火的权利。接着第二个过失就是偷走宙斯**为了报复**而从人类那里夺取的火，宙斯又一次报复，把女人抛向人间。两次过失引来两次报复。至于爱比米修斯，他的过失在于接受了宙斯的礼品——女人，这个美丽的恶。宙斯的第二次报复就是造成性的差异，同样是这个差异，在卢梭那里则成为分歧、语言的差别和不平等的根源。差异的使者满载非自然的技巧、周身是耀眼迷人的珠光宝气，这一切也被称为

kosmos。“kosmos”一词至今还用来形容化妆用品（cosmétique）。这些化妆品都出自**跛足的（有缺陷的）神赫菲斯托斯**之手。这个差异比其他任何差异都更加确定了（男）人（andres）的状态：在自身之外、使之枯竭。

4. 出生和不确定性

这里涉及的是一个原始的双重性，从第一个动作起，在第一个动作的内部并仅此一举而形成的重复。因为不存在两个起源，或者说，根本就没有起源。有的只是原始缺陷的双重性，这个重复的举动同时也是一个契约的双重性：一个软弱的契约，一个充满了尔虞我诈、从未信守的诺言：

> 使人类获得自己的身份的［在普罗米修斯和宙斯之间的］分配意味着什么？［……］它既不是野蛮暴力的冲突的结果，也不是相互认可的结果。它既不是强加的，也不是共同商定的。［……］泰坦神族和奥林波斯神族公开的针锋相对的争战，被代之以温文尔雅的对峙和表里不一、伎俩的较量。［……］**这种不确定和间接化的冲突方式对应着人类在同神的关系中的不确定性，这种关系**
> 226 **在把人类和神相联系的同时，又将二者分离开。**①

自从人的生存由于爱比米修斯的过失和女人联系在一起，自从人变成男人，自从出生如同死亡的反射镜一样降临，自从人“注定陷入出生和死亡的双重命运”，人类的生存就无时无刻不同这种双重性共存。劳作——技术——和性差异造成的繁殖来自同一个动作，即宙斯的报

① 范尔南：《祭品的烹调》，第47—49页。

复，消亡。[①]

因女人（潘多拉）的降临而带来的“唯一的意思”就是她带来的瓮罐，瓮罐的意思是期待（elpis）：先于自身和时间。换言之，这里，**时间性的意义不仅仅取决于死亡，而且取决于来自性的差异的繁殖**。

在赫西奥德的《神谱》中，这个期待的概念把我们引向代具性死亡的深层，这正如我们在分析勒鲁瓦-古兰的理论的最后指出的那样，死亡是一种新的程序形式——或外在化，也就是一种新的启动。这种新型程序虽然不是不可编序的，但是它至少是不确实、不确定和开放性的。这就是无宿命的先于自身展示的未来或延迟的延异。我们将在分析普罗塔戈拉斯的神话故事中重新回到这个不确定性的问题上来。显然，在此应当强调的是，赫西奥德未提及的爱比米修斯，就是在这个不确定性的问题上出现的。

“elpis”一词首先是指等待、推测、假定和预见。由此延伸，它同时包含了希望及其反面——恐惧——的意思。“elpis”曾经和宙斯为人类预备的一切邪恶一起被封闭在女人（潘多拉）的瓮罐之中。所以“elpis”一般地被认作和邪恶同类。但是，范尔南却对这种看法提出了疑问，以下引用他的有关全文：

> “elpis”因为没有被用来特指恐惧或信心，所以是中性的：它既可以指善，也可以指恶。这样就产生了一个问题：如果赫西奥德在把“elpis”同所有的邪恶一起装进（潘多拉的）瓮罐时，把它完全等同于邪恶，并用它专指在忧虑中等待邪恶，那么为了避免混乱，他是否更应当使用“phobos”而不是“elpis”呢？更有甚者，如果

① “自从由于普罗米修斯的过失谷子不再自行生长以后，就必须将种子埋在地底下，并且谷子被面粉或谷物制成的食品等形式取代；[……]从此，后代的生育也必须经过性的结合在女人腹中实现。”范尔南：《祭品的烹调》，第105页。

227 人们把“elpis”当作对邪恶的等待，那么“elpis”就具有“极恶”或“首恶”的意思：在不幸到来之前对不幸的预感和始终在场的不幸的念头比不幸本身更可怕(普罗米修斯那不断被鹰吞食的肝脏无疑象征着这种最可怕的不幸)。然而在我们看来，“elpis”是一个根本的不确定性的层次；无论“elpis”是指对恶或善的等待，它从来不是坚决和肯定的。“elpis”与其说是指预感或先知，不如说是指一种常常伴随轻信的度测，它摇摆于自高自大的幻想和谨小慎微的畏惧之间。回到赫西奥德的书中，我们认为“elpis”在普罗米修斯原则——先见之明——中的成分一点也不比它在爱比米修斯原则——后知后觉——中少(“elpis”实际上是二者之间的张力或**结构**)。普罗米修斯自己的悲惨遭遇代表着先知先觉的英雄形象：“我确切地预知一切未来的现象；对于我来说，没有**突如其来**的厄运。”这位泰坦神的后代所具备的对自身苦难的完全确实的预见，恰好构成了人类分享的“elpis”之不确实性的反面。[……]在《被缚的普罗米修斯》[……]中，这位泰坦神的后裔在列举他给人类带来的好处时说：“我把人类从对死亡的预见中解脱出来。”当人们问他对死亡之苦有什么妙方时，他回答：“我在人类身上永恒地放置了盲目的希望。”这里，“elpis”所指的既不是对恶的预感，也不是对死亡的先知；相反，放在人身上的“elpis”如同女人一样，由于它是盲目的，所以造成对先知先觉的麻痹；它不是解救死亡的妙方，因为死亡注定在人类生存之中，无方可解；但是，“elpis”在人类灵魂深处可以平衡对死亡的意识，因为它使人类无法预见自己的死亡时刻及其到来的方式。①

就这样，在人类对自己的终结总是一无所知的先于自身中，构成了

① 范尔南：《祭品的烹调》，第125—126页。

普罗米修斯原则和爱比米修斯原则的纽结，[①]这就是人类的时间性。正如生存分析指出的那样，这种对自己的终结既有所知又无所知的特性，构成了人类行为基础的根本性条件。“elpis” 因而就成为（和）不确定 228
性（的关系）[②]，也就是（对）未来（的先于自身）。正因为如此，它也成为“时间的本质现象”。

5. 爱比米修斯：孤僻者

承受爱比米修斯对普罗米修斯之过失的重复的过失，实际上也就是沉入动物界所没有的对死亡的根本性认知。诚然，普罗塔戈拉斯在讲述神话的开端，曾以“会死的种类”泛指会死的人类和会消亡的、非理性的动物。但是，非动物的人类在爱比米修斯的过失产生之后，不仅成为和动物一样的繁殖类，而且也构成**非永生**之类。人类在神和兽**之间**，既非神也非兽，既不属于不死类，也不属于消亡类。人类祭神、出生、指意、“作为”。期待（elpis）也就是指向死亡存在。自从生命和善被隐藏、一切恶都被伪装之后，唯有在期待中——而且必须在期待中——才能涌现技术**行为**，它确定了整个人性——死亡。有行为无非

① “在人类世界中，幸运和厄运深深地连接在一起，以至二者都无法被确切地预知；在这个世界中，人类探索未来的意识总是在普罗米修斯的准确的先知和他的兄弟的完全盲目之间摇摆不定。人类之未来的前景，正是在 ‘elpis’ 或期待的模糊不清的轮廓中勾画出来的：有时枉费心机，有时却不无道理，时善时恶。”

② “对于不死的神来说，‘elpis’ 是没有用的。同样，对于不知道什么是死的禽兽来说，‘elpis’ 也是毫无意义的。假如和禽兽一样有生有死的人类能和神一样预见未来，假如人类完全处在普罗米修斯一边，那么人类就没有勇气生存了，因为它无法正视自己的死亡。但是，既然知道自己会死，却又不知道自己什么时候死、怎样死，这就是 ‘elpis’ 的意义。它是一种预见，但仅仅是一种盲目的预见，一种必要的幻觉，既是善也是恶。只有这样的 ‘elpis’ 才能接受模糊不清的、双重的生存方式，这个生存方式就是由普罗米修斯在第一顿祭餐中掺假造成的。从此一切事物都有自己的反面。”《祭品的烹调》，第132页。

就是指会死亡。行为必须从绝对无为(的延异)着眼来认识。走向死亡的存在,也就是出离,存在于自身之外,在等待、希望和恐惧中,塑造了人类**相互间**的一种存在形式,这就是集体存在,这个形式在爱比米修斯的遗忘之前是不存在的(动物只能繁殖,但不出生,它们并不“在一起”)。这就会造成一种技术狂、实际性:代具实际是一种危险,伪装的危险,伪装可以摧毁一个实际活动的集体存在赖以聚集的因素。集体存在不断地受到自身行为的威胁。动物如果不是因为人类就不会有什么实质性的危险:尽管单个动物会不断消亡,但是动物的种类是不会自行毁灭的。而人类由于其存在本身就是代具性的,所以是自行毁灭的因素。

正因为代具包含了这一层意义,所以当它们明摆在我们眼前时,不是令人畏惧就是让人着迷,它们就好像是死亡的**标记**:比如古希腊的厨师——同时也是屠夫和祭司——厌恶使用刀具,一旦把禽兽杀死就弃
229 之一旁;[①]再如假腿、浸泡在杯中的假牙、20世纪的蒸汽机车、家喻户晓的电视、现代车间里的机器人、罕有敌手的电脑国际象棋程序、翻译软件……凡此种种令人望而生畏。但是,我们又恰恰只能生活在代具之中:我的眼镜、钢笔、鞋子、记事簿,以至囊中的钱币,无一不是代具。正因为它们可怕,所以人们便视而不见。为了削弱代具的能见度,人们有一系列的障眼法。然而在所有这些措施中,首当其冲的就是体现为作为**爱比米修斯的标记的盲目和积极的遗忘**,这就是技术性中的延异、重复(延迟的延异)。爱比米修斯原则就是这样一种无忧虑和基本的孤僻——它是有限的独特性和自由的根源,从这个根源出发才有可能有所作为、有所发生和过去。具有一个过去就意味着有弱点:对于一个无懈可击的事物来说,任何事情都不可能发生,它也不可能产生差异。爱比米修斯原则同时也就是思考过去的迟到的忧虑,这个反思总是在错

---

① 德田奈:《烹饪的实践和献祭的精神》,载《祭品的烹调》,第21—22页。

误堆积成山的经验中姗姗来迟。无忧之后的忧虑的背景是已经在此的实际性，它总是已经存在，先于人而在。相对于这个实际的过去而言，人无论如何总是迟到一步，所以人类总是要继承自己祖先从原始的缺陷或因缺乏起源而积累的一切过失。

实际性体现于共同体生存，即由于（散居的）缺陷或（群居的）过剩而组成的共同体，实际性同时是人类的起源和威胁：由此引出了政治的问题。以上引用过的普罗塔戈拉斯关于普罗米修斯的神话讲述的下段，即是讨论政治问题。这个问题是随代具这个基础性问题而提出的。由于人的“种类”没有预定的命运、没有可供确定其本性的“性能”，所以，政治的问题实际上就是阐释的条件或普罗米修斯原则条件的问题——死亡的条件的问题。死亡类指什么？死亡类即是一开始没有身体、不得不形成自己的身体之类，它们必须求生存，它们靠征战而不是单单靠采集狩猎以生存。在《存在与时间》中，此在也在同一种意义上带有实际性，这就是说，此在之存在并非现成给予的，此在必须求生存。求生存也就是说：它的存在即是时间——此在唯一具有的求生存的感觉，也即存在的缺陷感或必须存在感。在海德格尔那里，尤其是在他的后期著作中，存在的问题成为技术的问题。事实上，海德格尔的问题从一开始就是作为阐释问题提出的，这个问题逐渐走向（或已经变成）普罗米修斯原则的问题。但是海德格尔的生存论证及其时间问题缺乏普罗米修斯原则和爱比米修斯原则所构成的根本性意思，这一点在我们关于范尔南的有关论说的讨论中，已经很明显了。 230

6.“无共同体者的共同体”

由普罗塔戈拉斯讲述的普罗米修斯神话和赫西奥德版本相比，具有一个全新的背景。政治的问题已经成熟。从哲学的角度看，语言的双重性体现在文字上，文字不仅渗透政治生活而且是它的基础，关于这一点，马塞尔·德田奈有明确的论述。[1]只有从这个新的角度看，宙斯的信使赫耳墨斯在这段神话中的出现才是可以理解的，而且城邦的概念也是从这个角度来解释公民性的。在第一部分的结尾，我们在“把动物性排除在种族记忆之外”之后，研究了勒鲁瓦–古兰认可的“社会–种族”层次和“个体层次”之间的关系，[2]根据这个研究，公民性本身就是种族语言个体化和时间的特殊处境：**历史性**。派遣赫耳墨斯实际上也意味着（用技术）翻开了史册。

在获得爱比米修斯的“装备”之后，“人类起初分散生活：城邦尚不存在；人类因此遭受野兽的摧残，因为人类无论如何不是野兽的对手；虽然人类可以凭自己的技术来维持生计，但是却不能以此和野兽争斗；这是因为人类尚没有政治这门技艺，而战争仅仅是政治的一个组成部分。于是人类就试着聚集、建立城邦以便拯救自己。但是当人类聚集在一起的时候，不能和睦相处，因为人们还没有管理城邦的技术。所以人类聚而又散，趋于灭绝。这时宙斯担心人类灭绝的命运，于是派遣赫耳墨斯给人类带来尊严［公正、尊敬、羞耻——或许我们今天可以把这一些范畴统统纳入有限感之中］和正义，以此来点缀［缔造］城邦，并使之成为人类间友爱［聚集、共同体］的纽带。赫耳墨斯因此询问宙斯向人类传授正义和尊严的方法：‘我是否应当像分配其他技术一样，把
231 这两项**技术**传播给人类？所谓其他技术的分配方法是：在一定数量的人中，只有一个人懂得医术，他足以医治其余不懂医术的人；其他技术也是照此分配的。那么，我是否也应当以同样的方法向人类分配正义和尊严呢？或者相反，将它们毫无区别地传播给所有的人？’宙斯的回答：‘传播给所有的人，每一个人都必须有自己的一份。如果像其他技术一样，只有一小部分人获得正义和尊严，那么城邦就不可能存在。不

① 德田奈：《古希腊文字知识》。

② 参阅第一部分第三章第10—13节。

仅如此，你还要以我的名义，建立一项法律，处死那些不能服从尊严和正义的人，因为他们是危害城邦的病毒。’”[1]

人与人之间的纠纷便因此而生，为了控制纠纷，就必须有另一门技术，它和“其他技术”不同，因为所有的人都具有这门技术。正如文字一样，当它在古希腊得到普及之后，文字也就不再是个别专家的专利了。诡辩派认为，不是哲学家管理城邦，而是城邦在它形成集体的运动中自己管理自己。然而，维系这个整体的因素是在羞耻心中形成的，这就是说，它形成于有限性或尊严感之中，正如它来自普罗米修斯和爱比米修斯兄弟的过失一样。[2]政治就是这门技术，它就像技术性来自神的根本特性一样，属于每一个人。所谓技术性，必须从广义上来理解，就是一种延异的必然，或“无共同体者的共同体”[3]的临近的终点——但这是以文字的实践运用为前提的。这**实际**上就是对起源的缺陷的**感觉**。

赫耳墨斯是众神信使，是祭奠和晦暗之神，象征着神秘和疑难、解释和转译。正是这样一位信使之神给人类带来了正义和尊严，这两种意识同时也就是两种知识：它们属于赫耳墨斯式的阐释意识或知识。由于原始的性能的缺陷，人类具有一种内在的不协调，所以，正义和尊严都需要透过这种内在的不协调性而获得一种超越的解释和转译，使之成为因**缺乏**共同体而组成共同体的标志。由此看来，正义和尊严的意义并非既成给予的，换言之，它们的意义本身就是缺陷——人类的共 232
同体就是“无共同体者的共同体”，人类没有本质、没有性能。**具备**或**获得**正义和尊严——**对缺陷的知识**——的必要性并不是一种存在的义务，它仅仅对于那些由于投入在行为之中而必须做出决策的人才有意义。决策的处境和通向缺陷的必然性使得人类每一次都必须在赫耳墨

① 柏拉图：《普罗塔戈拉斯篇》，322a—322e。

② 范尔南：《祭品的烹调》，第80页。

③ 巴塔耶语，转引自布朗肖《难觅的共同体》，午夜出版社，1984年。

斯的意义下发明正义和尊严的意义。所谓赫耳墨斯的意义无疑包含了普罗米修斯原则和爱比米修斯原则。在所有西方的语言中，赫耳墨斯（Hermès）词源意味着：表达和辩术、转译和解释。普罗米修斯原则意味着：对未来——对危险——的先于自身和预见，谨慎及本质性的忧虑——普罗米修斯式的人都属于提前担忧之辈。爱比米修斯原则同样是指谨慎，一种深思熟虑的存在和智慧，但爱比米修斯却是一个“并不十分谨慎”的角色，他健忘、浑浑噩噩、孤僻和轻率：这种**模棱两可的矛盾性**正是偏离的间隙，在这个间隙中，思想只能在**事后**才发生，它总是迟到的思想；因为思想只能来自一个失败和遗忘的过去。普罗米修斯和爱比米修斯二者不可分割地构成了人类得自神赐的反思：这种反思就是“在”时间中的出离，或者说是在作为先于自身和延异的死亡状态中的出离；这是一种**作为时间**的反思和**作为反思**的时间：就普罗米修斯原则而言它是先于自身，就爱比米修斯原则而言它是后于自身，所以人类永远不可能获得不死的神所特有的安宁。

由此可见，正义感和尊严感作为人类聚集生存的保障，就是人类因自身缺乏才能而唯一共同享有的死亡意识，死亡本身来自这个缺陷——来自人类的技术性。聚集（城邦）指决策，决策指先于自身：普罗米修斯原则的意义是提前，但它的真理性又在于事后或后于自身，也就是爱比米修斯原则，由于普罗米修斯原则同时构成了城邦的建立和毁灭的可能（即城邦的可能性和不可能性），所以，它包含的提前意义被赫耳墨斯式阐释学（其本身又是与文字技术相关的）假定为时间性本身的前提。

7. 肝脏

这里涉及的是“被缚的普罗米修斯”的意义：宙斯的巨鹰吞食着他的肝脏。奥林波斯神族的这一报复行为奠定了一种基本性的忧郁——

一切虚幻、厌世情绪都由此而生。这个基本的忧郁是人类赫耳墨斯式 233
共同体的先决条件。

"普罗米修斯在给人类送来火的同时，也确定了人类特有的食物类型。[……]正如泰坦神的后裔不断更新的肝脏所象征的那样，有生有死的人类的饥饿也会日复一日地去而又来，人类必须不断地进食以维持从此属于自己的短暂的生命。"①

与饥饿一样，寒冷、劳作等基本的烦恼也会日复一日地去而复来，它们不可能消失，只不过是被不断地在时间中推移，如此，未来既不可避免，也不可确定。普罗米修斯的肝白天被鹰食，夜间又重新长出，它既象征着**时钟**②——普罗米修斯已成为牺牲品——同时也象征着苦难。死亡就是这种延异的连续，在这个连续的系列中，时间因技术性而构成。"肝的意义何在"？这个器官是一面**反射镜**，赫耳墨斯的阐释学意义以及祭奠中对神的意志的解释，都从此获得映照。在埃斯库罗斯的悲剧中，是赫耳墨斯向普罗米修斯宣告他的苦难。肝是主宰一切性情和境遇感受的器官，因为它是"处境感受的场所"，同时，肝作为不断死亡——从未**降临**的死亡——的身体和心脏的反射镜，它是精神的幻影。
一句话，肝是时钟和忧虑的象征。 234

① 范尔南：《祭品的烹调》，第90页。

② "普罗米修斯消而复生的肝象征着自然现象中这样一种存在形式，它们不会消失，但又必须在定期的更新中延续。"同上。

第二章

已经在此

必须对历史纪年、以天文数字计算的宇宙时间与存在的历史性之间的关系作深入的研究。

——海德格尔

1. 器具条件

在赫耳墨斯意义下对正义和尊严做出决策,显然不是指对它们的意思做出随意的决断,而是指意识到它们提出的问题。人类从一开始就陷入一个基本性的问题之中。存在,就是存在于一个没有宿命的命运问题之中,作为"谁"而存在。

"谁"和"什么"的关系是本章,尤其是下一章的中心问题。在海德格尔1924年做的关于"时间的概念"的讲座中,关于此在的现象学的阐释学构成了他在时钟范畴中澄清"谁"和"什么"问题的主题,而作为需要存在的此在,在赫耳墨斯(阐释)的意义上,则具有历史性。海德格尔的生存分析最终排除了"谁"和"什么"的关联的可能性,并终究忽略了阐释学中的爱比米修斯(同时也就是普罗米修斯)的含义,从而把已经在此的问题遗留在混乱之中;而他本人却曾经明确地把已经在此作为此在的构造问题提出：此在的实际性**来自**它的**已经在此——先于它**的过去（此在总是摆脱不了一个先于自己存在的过去）。生存分析的最终结论是化解普罗米修斯的肝的象征意义：已经在此的代具的实际性没有任何构造性特征，它对时间现象的根本性没有任何影响，235
相反，它只能作为对起源的销毁的意义出现。同样，文字——技术的标记——也被排除在存在历史的起源之外，也就是被排除在记载着公民性的权利和义务的史册之外。①

我们试图指出的是：在（起始于现象学的）悬置反思中具有技术逻

---

① 如果说这里的问题是要做出一个哲学——政治的——决策，那么首先要在雅典和麦克奈两地的神话之间决定一个参考，无论对《安提戈涅》作何种解读。因为尽管海德格尔在《形而上学导论》中论及原始的去根，但是他关于去根的讨论从整体上说受雅典地区的神话传说的影响（尼科尔·洛罗在《雅典娜的子孙》中对这种神话作了整理）：由于他赋予这个地区的神话以优先地位，所以他忽略了普罗米修斯神话中的原始去根问题，尽管这个神话非常接近他关于时间问题的解释。诚然，海德格尔在《形而上学导论》中关于《安提戈涅》的解读（参阅第153页及随后诸页等），曾把起源解释为一种拔根或去根，并把此在（时间）解释为对起源的强暴。毫无疑问，他从索福克勒斯的作品出发，对“deinon”和“deinotaton”两个范畴的分析并由此得出的把历史性作为去乡的结论表明，在1935年，雅典地区神话还没有单单在他的论述中占统治地位。这里需要作细致的解读。但是海德格尔给这个神话以优先的地位，是从《存在与时间》就开始了，这个优先地位通过《形而上学导论》（“俄国和美国是［……］由失控的技术和规格化的人类的无根性组织而引起的同一种可怕的灾乱”。——第49页）直至他暮年的作品（参阅《明镜》杂志专访）始终没变。其原因就在于他从未真正地从普罗米修斯原则出发来思考时间的问题，这就导致自然的正义“diké”和技术“technè”的对立与冲突（参阅《形而上学导论》第166—172页）。当然“diké”和“technè”二者同样作为“deinon”而且在“deinon”中出现，但是“technè”从未被作为一种有益的去乡的根源，它不是被作为去根的动力，而是被作为归向最外在的、最遥远的因素，即总是被其日常性所掩盖的最熟悉的因素的动力。这个论题又以习惯、居住等范畴形式出现（比如建造、居住、思想）。当然，我们在此并不想排除不可忽略的地区化的趋向，因为这个可能性作为其实现自身的条件，总是已经居留在去根的延异运动之中。今天比以往任何时候都更重要的问题是地区化可能性和去根之间的关系。也就是说，思考技术和时间之间的关系，把技术本身的复杂效应作为去乡的根源。

辑（而非地区逻辑）的构造。柏拉图引用普罗塔戈拉斯无非是为了提出与之相反的观点。与诡辩派的论战对哲学具有建设的意义，这个对立是围绕着文字这个专门的技术的问题展开的。文字本身就像一台语言机器，它生产一种综合的语言。但是，正因为文字开辟了政治公众性的特定空间和历史的**时间性**，所以在文字中产生了逻各斯的问题及其固有的定义，它作为一种理性，同其他尚未理性化的东西区分开来。无论如何，文字是一种技术。我们可以在普罗塔戈拉斯的神话讲述中看到，
236 政治是怎样起源于技术的。

技术的问题在海德格尔的理论中几经变化。从《存在与时间》开始，他当时得出的主要结论是：澄清“现成在手的存在者”——工具或“什么”——的存在论特性。而符号本身就是一种工具。他的思想实际上仍然停留在逻各斯和技术的传统的对立之上。虽然在《存在与时间》之后，海德格尔曾运用不同的术语批评了从目的和方法的范畴出发对技术问题所作的分析，然而这仅仅是为了指出这类分析对技术提出的**器具观念**，至于器具本身的方法论含义，他并没有予以否认。自柏拉图以来，形成了这样一种形而上学幻觉：把语言作为人类表达的方法，而不是人类自身构造的因素。海德格尔对这种幻觉作了大量的批判。然而他却犯了同样的错误，以至把器具和方法等同。海德格尔批判了把语言器具化的控制论观点，认为这种观点扼杀了种族特有语言的差异性，**“把语言转变成交换信息的方法，同样，艺术也随之成为为信息目的服务的器具本身”**[1]，他在《技术语言和传统语言》一文中又重申并发展了这一思想。但是，语言的器具化之所以可能，是因为器具性是它所固有的。问题在于如何理解器具，也就是现成在手的存在者或“什么”。我们并不是要抵抗语言的器具化，而是要拒斥将器具简单化为一个方法的范畴。无须去寻找一种非器具性的语言或一般性的特定语言：它

① 海德格尔：《哲学的终结和转折》，载《问题IV》，第116页。

是不存在的。这里所要涉及的是**探讨器具性存在的模式，还其本来面目，既把它视为种族特有语言的差异化的条件，又把它视为整体的非差异化的条件，同时也就是探讨我们所说的器具化条件的多重范围**。

2. 后理念：传统

在海德格尔的后期，特有语言问题以及决定这个问题的意义的逻各斯与技术的对立，一方面通过传统的**遗产**，另一方面通过现代技术和计算等老问题，在从《时间的观念》直至《时间与存在》的一系列著作 237 中占据了主导地位。

遗产的不可避免性因而也就是爱比米修斯形象所包含的深层意义。爱比米修斯原则作为过失和遗忘的积累，作为遗产和留传，它在反思知识和遗忘知识的双重形式下，同样显示了传统的意义。

我们曾试图用后种系生成（épiphylogenèse）这个概念，来解释个体经验在遗忘过失中的**积累**。显然，这个新词汇中包含爱比米修斯的前三个字母（épi）绝非偶然。爱比米修斯这个专有名词的词源是什么？首先应当理解普罗米修斯原则和爱比米修斯原则的共同词根：Métheia。在古希腊语中，Métheia来自manthano：指学习、研究、了解、觉察、注意、理解等。由这个动词派生出mathésis（理念）。关于mathésis，海德格尔有过这样的论述：

> 理念是这样一种面对事物的根本性态度，它根据事物已经给予或应当具有的状况向我们**提供**事物，所以理念是一切关于事物的知识的根本性先觉条件。[1]

---

① 海德格尔：《什么是物？》，伽利玛出版社，1971年。黑体字系作者表示强调。

加在Métheia词根之上的épi这个前缀的含义是什么？它首先是指一种偶然性，已经发生和过去的实际性，一个基本的被动性。作为理念，Métheia涉及的是一个**共有**的过去：最基本的知识。爱比米修斯原则就是指遗产继承。遗产总是**后理念**的。

由此，爱比米修斯原则也同样是指传统，它来自一个已经在此的过失：技术性本身。这种理解符合构成此在之生存特征的传统的历史性意义：此在作为“被抛存在者”继承已经在此的过去，这个过去总是先于此在，并决定了此在之为“谁”（某某的儿子或孙子等）的意义。但是此在的过去又不完全是它**自己**的过去，因为它从未“经历”过这个过去。此在的时间存在形式就是历史性，它是指“原本此在之‘来源’的存在的构造”，而“来源”本身的意思也就是实际性。“此在每时每刻都处于其实际性之中，就如同它曾经存在‘那样’。此在总是直接或间接地属于自己未经历的过去”。在此我们可以如此理解“已经”一词（令人吃惊）的意思：

238 如果说（它的过去的）存在的形式来源于“它的未来”，“在它的存在方式以及它对此在的领会中，此在处于以前留传下来的此在解释之中并从中滋长。此在首先从这种解释出发来领会自身，而且从某种意义上说，它总是如此领会自身的。这种领会展开了它的存在的可能性并加以调整。它自己的过去——这同时也就是说它的‘同代’的过去——并不**跟随**此在**之后**，相反，这个过去总是已经领先此在”[①]。

由此可见这个**属于我的**过去只有在这样一种条件下才可能被我继承：它不是**我的**，并“要成为我的”。它只有在事后（在“解答”完成之后）才成为我的过去。

如果说由爱比米修斯原则决定的传统的性质来源于技术性，那么，在如今技术的非地域化（海德格尔称之为去根）运动中，怎样理解传统

① 海德格尔：《存在与时间》，第6节。

的含义？种族的差异和技术的差异是否同出一源，或者，种族差异是否仅仅是特有语言差异（这种差异从本质上说又是可以被非地域化的）的一种**类型**？这个问题就像一个幽灵一样，在海德格尔的著作中阴魂不散，乃至影响到他短暂的“政治生涯”。他在《校长就职讲演》中关于普罗米修斯的引证，就暗示了这一难言的苦衷。尽管去根的问题在《存在与时间》中占了中心的位置[1]，但是普罗米修斯在《形而上学导论》中则是一个空白，该书的主导线索是安提戈涅的，也就是她的父亲俄狄浦斯的形象，这实际上是他根本忽略普罗米修斯神话的继续。

以这个方式来解读海德格尔就可以认识到：他的政治“过失”——或者更广泛地说，他的思想中的形而上学薄弱环节——的根本，不仅在于对过失问题本身的遗忘性理解——尽管他一再强调“过失存在”或“负债存在”，而且在于他对技术的认识仍然停留在传统的形而上学立场之上。关于这个问题，大多数有关海德格尔的研究都有深刻的误解，我们在此就要试图澄清因这些误解带来的混乱。比如，在雅克·罗兰（Jacques Rolland）看来，海德格尔的关键问题就是“摆脱技术控制”[2]。再如马莱纳·扎拉德尔（Marlène Zarader）从现代技术和计算问题的角度来解释本有的意思，在这个解释中，他混淆了（技术和计算）两个不同的问题，并这样写道：“海德格尔把人类的本质描写成［……］一块需要 239
获取的故土。只有当终日为这一征获犯愁的人类最终达到，或至少接近这块既属于自己又从未居住过的故土之后，《存在与时间》中所称的人类的‘沉沦’才会被超越。”[3]

由此看来，沉沦似乎是“可以超越的”。得出这样一种结论的人似乎根本就没有读过海德格尔，因为他在《存在与时间》第三十八节中就

① 主要参阅第6、35、36、38、44等节。

② 罗兰：《技术和民主的发明》，原载《海德格尔：开放的问题》，第170页。

③ 扎拉德尔：《海德格尔和关于起源的话语》，第114页，尤其第124页。

如此告诫我们：

如果赋予沉沦之本体生存论结构以一种消极的、贬义的、存在者的特征，并以为它可以在人类文化的一个高级阶段被消除，那就是没有理解这个概念。[①]

扎拉德尔解释的错误是显而易见的。此在被“抛弃”，这就是它的“能动性”的基础：它“实际性地生存”。它之所以具有理解的可能性，是因为它具有沉沦的可能性。这种生存的结构非常接近缺陷存在或因缺陷而存在这种普罗米修斯和爱比米修斯“结构”。

赫伯特·德雷福斯（Hubert Dreyfus）的解释比他本人想象的更接近实际，因为他认为，《存在与时间》涉及的是关于“技术”的现象学，尽管海德格尔本人在这个问题上的态度很暧昧，而且也未能将这个问题的讨论贯彻到底。

> 即使关于存在之工具使用者的解释是同笛卡尔式的主体和客体的划分相对立的，这种对立方法还是很模糊的。这里涉及的是，这是不是一种关于技术的批判，并且这一批判是否以一种对工具的日常用途的前技术性理解的先验分析为基本形式，或者说，它是否呈现为一种关于日常用途之分析的表面现象？这种批判是否反映了预备技术来临的过渡？换言之，《存在与时间》究竟是与技术相抗争还是为其鸣锣开道，这一点并不十分明确。[②]

以上转述的对《哲学的终结和转折》的评论表明，德雷福斯在解释海德格尔时犯了和罗兰同样的错误：在海德格尔那里，从来不存在这

① 海德格尔：《存在与时间》，第38节。

② 德雷福斯：《从technè到技术》，第288页。

样一种选择；对于他所提倡的“另一种思想”[1]而言，既不是和技术“抗争”，也不是为其“鸣锣开道”，而是要“向它开放”。[2]但是这并不是说 240
海德格尔的技术思想没有根本性的疑点，这个疑点就在于已经在此的爱比米修斯原则的问题。前面已经围绕五个范畴的讨论提出了我们关于技术的问题：发明（吉尔和勒鲁瓦-古兰）、操作的时间性（西蒙栋）、“一切现成在手”（卢梭）、记忆和传统（勒鲁瓦-古兰）、死亡中的代具性已经在此（普罗米修斯神话）。所有这些问题在海德格尔的著作中都是很重要的，并且，已经在此的问题，引导、支配着自身“**就是**它的过去”的此在的历史性，这个结构在《哲学的终结和转折》之后又重新成为存在的历史的结构。但是，如果说爱比米修斯的形象同时代表了知识和遗忘，历史性一旦成为存在的历史，它自身的意义就在于一种自我遗忘的原始知识的分裂：存在论差异的知识在作为存在的历史的延异中自我遗忘。

这些论题在海德格尔于1924年作了《时间的概念》讲座之后，虽然尚未被直接提出，但已经是一触即发了。在本章中，我们将参照《存在与时间》第一部第二篇第一章中有关走向终结的存在的丰富论述，对这些问题作概要的讨论。在下一章中，我们将具体地回到日常性的问题（第一篇），以便了解已经在此的论题借以被领会和构造的条件，同时我们将回到第二篇开头讨论的过失存在或负债存在的问题。最后我们将研究《存在与时间》最后两章中论述的历史性的构造问题。

我们关于海德格尔的解读，是要抓住那些直至他晚期著作中都有反响的思想，这些思想可以帮助我们从新的基点上思考一些最古老的哲学问题。海德格尔对遗忘和过失的沉思本身存在着遗忘和过失，我们就是通过这样一种思想来继承古老的哲学问题的。我们把哲学史当作关于缺陷的知识的最根本的形式，也就是缺陷的历史，而缺陷、愚笨、

① 海德格尔：《哲学的终结和思想的任务》，载《问题IV》，第138—139页。
② 海德格尔：《哲学的终结和转折》，载《问题IV》，第145页。

偏差、有害的薄弱等都是历史之必需的。这就是传统的意思，无论人们
241 愿意与否，都只能继承这个传统，无法抹杀。

3. 知识的同一性和上手的“什么”的分量

“以下的思考涉及时间”——海德格尔在《时间的概念》的开头这样写道。通过对这篇讲座的解读，我们不仅仅遇到应当和天体的或物理的时间相区别的**现象学**时间的问题，而且要面对这样一种假设：**技术的时间**（“什么”的时间）对“谁”的时间性具有构造意义。

这个时间的问题必须通过知识的问题提出，后者直接得自有关“爱比米修斯原则”或“后种系生成”的问题的讨论。知识的问题在海德格尔的著作中无所不在：正是存在论差异的知识构成了此在的优先地位。传统是知识的一种称呼。在《时间的概念》中，此在知道一个非知，这就是它根本不确定的终结的临近。传统提出了知识的**传播**的问题。我们假定：知识的传播由记录知识的纯粹技术的形式，以及该技术造就的进入知识的条件——包括对于这项知识的发明者的条件①——决定。我们是在以当代技术为背景的时代中**提出**这个问题的，在这个时代中，知识的发展、保存和传播的技术都发生了根本性的变化，以致影响到知识本身。那么，如此容易被变更的知识究竟是什么？它到底有没有一个**同一性**？

这种探讨“当代知识”的主张似乎是不言自明的，它甚至自然产生在我们现实的生活中，一句话，它似乎是一个现实生活的问题，是许多讨论的核心。但是，这里所说的究竟是怎样一种知识？在此，或许必须对现实生活有所保留，把它延迟和使它非现实化。如果我们从“人所共知”的海德格尔的思想出发谈论知识，那么这里指的只能

① 发明者在此是指胡塞尔在《几何学的起源》中所说的“原初几何学家”的意思。

是关于存在论差异的知识，也就是**一种**差异的知识，我们稍后将把它作为延异的知识，也就是从与普罗米修斯“先知”不可分割的爱比米修斯“后知”的角度来考察。在《时间的概念》中，这种差异尚未成为存在论差异。在1924年，海德格尔关于时间问题的讨论必然地要通过知识的问题——关于一种差异的知识。但是，既然这种差异尚 242
未成为存在论差异，那么它究竟是“什么”和“什么”之间的差异，抑或是“什么”和“谁”之间的差异呢？事实上，我们之所以考察《时间的概念》的讲座，是因为它提供了把知识的构造性差异作为“什么”同“谁”之间的区别和关联来剖析的典范。“谁”就是此在，在该讲座中，此在尚被称为“当前”，“什么”就是时钟。时间的问题就是呈现为一种延异的知识的“谁”和“什么”的关系问题。所以“什么”的问题在海德格尔最初对时间问题的思考中具有构造意义，并且在《存在与时间》第一部分即唯一写完的部分的结论中，这个问题被又一次更明确地提了出来：在第八十三节中，海德格尔问为什么存在的理解总是导致物化的形式，他在该节结尾处又一次把读者引向**“什么”的分量**的问题。我们将会看到，为什么这种“什么”永远也不属于我们；但是，我们又必须指出，海德格尔由于在他的这本主要著作的最后一节强调了“在手”和“上手”的区别，因此为思想“什么”开辟了一种可能性：

> 为什么存在“从一开始”就从在手而不是上手来“理解”，而上手不是**更接近存在吗**？[①]

简言之，我们在此归于“什么”“名下”的内容，在海德格尔那里归于“上手”的名下。

① 海德格尔：《存在与时间》，第83节。

4. 持久地固定当前

最接近于探究时间的“谁”的存在者就是总是上手的“什么”，它就是时钟。从时间出发来思考时间，**首先**就是从时钟出发来思考时间。“如果我们能够揭示时钟的本质，那么现行的物理学的时间概念的模式，以及它带来的**使时间显示的方法**就获得了生命。”①

用时钟度量时间（或变更）就是把某个事件的持续放在“一个时钟
243 状态的同等系列中，以此确定其数量”，这个时钟只能作为“一定的物理系统”运行，“时间间隔的同一个序列总是**不断**重复”：二十四小时周而复始。时钟怎样标记二十四小时以后的时间呢？这就在于它服务于一个此在——“谁”，“谁”收集并记录周期的循环。但是这种记录无非在调动另一套“系统”，而时钟不过是这套“系统”的一部分。这就涉及一般日历记录的机制及其必需的年代推定结构，它包括保存痕迹的机制以及一切回忆和“知识传播”的机制。②日历系统本身又依附星体的运动，它包含季节往复系统，时间气候便是此意：从恒星日到海德格尔稍后论及的**死亡**，建立了一整套的程序。

“时钟如此造成的基本确定性既不在于指示时间的持续，也不在于指示时间现在的流量，而是在于**持久地固定当前**。[……]当前是什么？……”③这才是真正意义上的时间的问题：当前在它的可固定性、可记录性、可认知性的固有特征之中。这个问题从形式上看，再现了黑格尔作为一种临时性结论而提出的观点：文字是用来固定一段持续时间的体系。但是，海德格尔在此针对的是奥古斯丁：

① 海德格尔：《时间的概念》，第34页。

② 这里讨论的“机制”在《存在与时间》第71—80节、《现象学的基本问题》第19节中都有所论述。

③ 海德格尔：《时间的概念》，第37页。

> 当前是什么意思？比如，“我当前看手表”。[……]我是否就是这个当前？其他人是否都是这个当前？如是，那时间就是我自己，所有其他人都是时间。①

那么当前的**固定**是否给**作为**当前的“谁”提供了一种自我进入性的独特的可能性？如果说我**可以**成为的“当前”实际就是这样自己发明的，那么作为时钟的“什么”对于自身具有**作为当前而成为当前的可能性的**“谁”是否真正具有构造性？或者说，时钟是否仅仅提供了进入在时钟以外、**先于**时钟、先于一切确定的“什么”，甚或在“什么”的间 244
隙中构成的一个作为当前的“谁”的机会呢？这实际上正是海德格尔的答案，我们认为这个答案作得过于仓促了：

> 人类在具有怀表和日晷盘之前先获得一种“时钟”，这个事实意味着什么？[……]当前所表达的不是我自己吗？②

“日夜交替的自然时钟”和“谁”发生什么关系？这种日夜交替是否也是一种被作为时钟的“什么”？它是否应当被作为**宇宙程序**对待？如果说被保罗·维里略称作“**伪造日**”的现代技术时间包罗了自然日的时间，那么**宇宙程序**就应当被包罗在**程序工业**的产品之中。《存在与时间》的第八十节把这种包罗现象当作总是已经造成的事实分析。获取时钟是普罗米修斯原则的肝脏标记：白天被鹰吞噬的肝在夜间再生。由此可见，似乎获取时钟发生于一切历史-自然的程序系统之前（所谓历史-自然的程序系统是指从日夜季节计时直到资本化工业世界的实时机制）。这种获取总是已经在召唤一个历史的程序性。这种获

① 海德格尔：《时间的概念》，第37页。
② 同上。

取可以被当作一种朴素的程序，或者说是权宜的程序，似乎标志着程序的空白，或一切程序的不确实和不可能性。但是程序在“什么”中以可计日性的显现，只能是程序性的，而且从各种意义上说，它只能是程序化的。这些问题涉及的就是我们所处的这个缺乏时代的“时代”，或者说是程序工业的时代。这从某种意义上说正是《时间的概念》讲座所要揭示的内容。

我是否当前？这就是海德格尔提出的问题。他由此出发向《时间的概念》的宗旨迈出了决定性的第一步：**时间就是此在**。然而他达到目的的运思则是通过时钟——我们可以说是在时钟的钟摆间——来完成的。此在和程序——也就是说技术——处在怎样的关系中才是时间？这种原始的关系就是该讲座的下文分析的对象：**被当作时间——**
245 **自我性——的此在**的退避、遗忘、衰落。

5. 程序与不确实

时钟把我们引向此在。在这个预示了《存在与时间》的精神实质的运思中，问题的关键就在于从此在出发，解释时间（而不是存在）的意义——因为时间性的存在是“关于此在相对于它自身存在的基本陈述”。此在是指：在世界中存在，与他人同在，如同**我在**、**我的存在**一样，是在语言中和与他人共同在世界中存在，即总是被淹没在人们之中的我的存在，是烦忙、忧虑和庸常（日常的此在）。此在自身**从传统出发，并借助传统——也即对这个存在的掩蔽**——对此在的预先理解。关于最后这个特征，我们在此可以把传统称作程序：它标明了此在固有的**程序**性特征。

把握此在的困难并不在于“认识能力的有限”，而是在于“此在总是在这样一种持恒性中：它是它能够存在之物，也就是说它总是我的存在。[……]然而，怎样在这种存在者达到它的终结之前，从它的存在的意义上认识它？因为我的此在总是处于行进中；它永远是一个未完成的事物”[①]。

我的存在是在这种持恒性中的存在；这就是说，与它的表象相反，它存在于死亡中：有限性就是有限的无限性，或者更确切地说：是一种彻底的终结的无限性——只能在未完成中或**自身的延异化**中完成。海德格尔在《存在与时间》中进一步指出：只要此在尚且生存，它就未完成。由此，此在不可能被完全把握，它不断地自我超越，它的终结——死亡——属于这个超越。它处于“永远的未完成中”。一旦超越停止，它也就不复存在了。这就是此在和“什么”的不可比，并造成了此在这个存在者对进入存在的意思的特殊地位和优越性：这个存在者的可能性就是“存在的一个特征”，这个存在不能从适用于在手之物和上手之物的存在者性范畴来理解，而是要从忧虑的现象来理解，这个忧虑是“死亡”的基础，并奠定了以未来为本质现象的时间性。所以，必须从当前概念出发，批判对时间的庸常化的认识。《时间的概念》讲座尚未明确地展开这个批判。 246

由于此在的延异化，也就是说它是向自己不经历的终结的存在，所以此在是不确实的，甚至可以说是**不可程序化**的。这个说法似乎和由（程序性的）“什么”构造（不确实的）“谁”的可能性相矛盾。持恒的我的存在是原始衰弱的根本标志，它相当于此在的**不确实性**，即终结存在：完结和死亡的不确定。我们稍后将把我的存在的不确实性定义为**语言的特有性：不可计算性、不可程序性、不可转译性**。不过这种定义的目的是为了指出：不确实的东西总是被有程序地预先决定的。或者说，基本的东西实际上**就是补充的东西**——在此是指**这样一种严格的不确实**的模式：完成只能在不完成中达到，这同迟到和事后是一个结构。迟到和事后不能从一系列连续的先前因素出发来思考，似乎它们

① 海德格尔：《时间的概念》，第41页。

由这个先前的连续性中“事后”脱化出来，而是相反，它们是被连续性掩盖了的、承担连续性本身的根源的结构。正是从这个意义上说，爱比米修斯的形象及其原则标志了普罗米修斯的反面。这个具有构造意义的迟到在《存在与时间》中揭示了为什么时间概念不可能从当前出发来思考的原因。这个迟到从《时间的概念》讲座开始——并可能比《存在与时间》更明确——成为**延异**。

持恒性作为一种无终结的终结，也即作为**不作任何限定的、自我策划的极限**，其意义就是死亡。只有从死亡出发，即从**对死亡的知识出发**，我们才能讨论自我性，即语言的特有性：

> 我从来**不是**别人。但是人们却对这个难题视而不见，急于回避；人们越是认真考察，就越是清楚地意识到，此在正是在自身造成这个难题的条件之中最充分地展现它的可能性。我的此在的终结、我的死亡并不是造成我的一切过程终止的原因，而是**此在对存在有所认识的一个可能性**。①

我自身或别人向死亡的“过渡”都是不可能体验的（“此”作为一切经验的场所在死亡中不复存在），因为死亡总是我自己的。正因为死亡只能是我自己的——《存在与时间》中指出它是不可被再现的（“我从来不是别人”），所以我的死亡是不确实的，但它又是肯定的，这就说明为什么此在具有不确实和不确定性，它是绝对的延异。这个不可再现性就是个体化原则的，也就是差异化原则的基础。这样描述的结构
247 就是延异的结构：有时间的延迟就有空间的差异。

这个结构只有作为爱比米修斯原则才具有意思：正如延异在文码（程序）中展开一样，尚未到来的超额和**代具性**的已经本身是对称的。

① 海德格尔：《时间的概念》，第42页。

代具性本身的含义就是未完成，缺乏存在或缺陷存在。

此在就是变化：变成自身的尚未存在。这并不是一种生命的结构：成熟的果实自己完成，而此在则在于不完成。作为一种生命现象，此在**已经**是自己的终结，已经是自己的尚未存在（这就是曾经存在的已经在此的生存意义），“由死亡决定的终结并不是指此在的终结存在，而是指一种走向终结的存在的存在者”。所以此在的终结先于此在，它是此在的可能性——极端的可能性和自身的可能性。终结作为一种不可能被超越的可能性，也就是此在的不可能性。不确实，因而也就不可能：终结的可能性**只能是**延异。

6. 知识和退避

关于存在的可能性的知识，也就是关于一切可传播的知识由何而来的知识。这种关于此在怎样存在的知识是怎样形成和显现的呢？

终结是一种（原始的）确实性，但它是完全不确定的确实性，[①]换言之，这种确实性证明了作为在此的存在者自身的不确实性。“这种极端的存在论可能性是一种以临近为特征的确实性，该确实性本身又是以完全不确定为特征的。”[②]“这个观点对于我们提出的‘什么是时间’，尤其是‘什么是在时间中的此在’等问题有什么意义？”[③]

这是关于**无知识的知识**（即作为关于未完成的知识的完成），是关于不确实的存在的不确实的知识。因为不确实的极限本身不作任何界限和确定，它从根本上说是不确实的。由于其对象始终不可达到，或一

① 同样，恐惧也是对不确定性的体验：“恐惧的对象是完全不确定的”（《存在与时间》，第40节），不确定性是意识的声音中说出的话（第57节），也就是在于缺陷存在。令人恐惧的就是缺陷。

② 海德格尔：《时间的概念》，第42页。

③ 同上书，第43页。

248 经达到瞬即消失，所以这种知识总是不断地丧失或被掩蔽。这种知识没有完结，它本身就是一种延续，或者说它是一种必然性：一种作为**时间**的知识本身：**先于自身**——“时间的本质现象就是未来”。

“此在始终不断地处于自身的持恒性中，它对自己的死亡略有所知，然而这恰恰是它根本不想知道的。伴随自己的死亡是什么意思？这是指此在对自己‘过去’的**先于自身**，这个先于自身是此在在确实的临近和完全不确实性中的自身的极端可能性。”①

这里展示出一种作为此在的基础的和“我在”完全不同的确实性。这种确实性既是**原始的明晰**，同样也是原始的混乱和**昏暗**，即不确实：不建立任何计算，实际上什么也不建立，它是无计算本身，但是又溶化、浸泡并铸造在计算之中。基础就是无基础：笛卡尔主义正是在这一点上被推翻了，而不是在别处。这个推翻显然不是超越或否定。把“我在”倒转的结果就是造成先于自身的结构的延异。可能在决定此在，这种可能性的特征就是“它总是对死亡略有所知”。但是“我对死亡的知识总是以**自行退避**的知识形式出现的”②。在1924年，海德格尔已经思考了**退避**的问题，但其出发点并不是作为存在之退避的存在，而是时间本身——关于死亡的知识。关于死亡的遗忘性特征，我们已经通过期待的范畴有所认识，这个具有希望和等待双重属性的范畴处于爱比米修斯原则和普罗米修斯原则之间。对不确实的差异的确实的知识，使差异自行退避，在这个退避本身中的差异就是德里达所说的延异：时间化和空间化，日期性和指意性，偏离和公共性③——**但同时也就是为一个特定回归而做的保留**。

不确实性就是此在的命运：这个命运意味着我的存在或“要存在”

① 海德格尔：《时间的概念》，第43页。黑体字系作者表示强调。
② 同上。
③ 我们借用了《存在与时间》第16、27、35、38、51、55及79至81节中的有关术语。

没有任何先前决定性。“要存在”(“能存在”，对此在而言也就是它要成为的存在)处在自己的退避中，不断地自我隐蔽、消失，正因为如此，不确实的此在有可能沉沦，成为“不在此”或因缺陷而在此(恰恰是它 249
不确实的原因)。海德格尔稍后在《存在与时间》中指出：“如果此在生存，那么它同样已经被抛进它的可能性中。”换言之，此在被抛进自己的终结，恰如它被抛出实际的世界。由此，此在的实际死亡“常常”就是向烦忙的沉沦，公共的和可确定的语言和时间使这种烦忙程序化。这是一种原始的、而非第二性的偏差的可能性。正是对于这种可能性而言，存在才是确定的：原始的不确实性建立在原始的**程序性**之上，不确实性非但不是程序性的对立面，而且是它的真理所在。

此在的不确实性的标志是它的孤独(它没有后继)——属于我的存在的份额。“这种过去的存在作为一种模式不加分辨地把此在置于它特有的唯一可能性之上，并因此把它完全建立在它自己之上。”[①]这种此在的唯一的放置仅仅作为一种偏离和令人担忧的陌生，才具有自我性、独有性、“自由”或“自主”的意义。独有性的陌生和痛苦的个体性总是**已经**——或**仍然**——处在特有语言，即在世界之中，没有严格意义上的属于自身的起源，它只能依赖恰恰**不属于**自己的**过去**而存在(被抛存在同时也就是预示)：

> 此在贴切地在自己近旁，当它处于先于自身的状态中时，它便真实地生存。这个先于自身不是别的，就是**真实的**未来，贴己此在的唯一未来；在先于自身中，此在即是自己的未来，由此，它在这个先于自身中回到自己的过去和现在。[②]

① 海德格尔：《时间的概念》，第44页。

② 同上。

个体性、特有语言的独有性和不确实等范畴都是**以先于自身为起点**来思考的。这种原始的不确定性只能在事后牵动一个过去的已经在此、过去的经验，牵动一切衰弱状态遗留的被动结果。此在因此是一种“向前”存在，它来自未来这个原始的现象，“向极端的、最贴己的可能的前移就是向最贴己的‘过去存在’的理解回归。此在作为真实的过去存在的条件就是它的向前性。从某种意义上说，过去存在从未来中
250 涌现”[1]。

但是，过去经验的**重复**具有某种切实的、具体的、历史技术的可能性，这就是进入已经在此的过去存在的可能性。问题在于，是否能够把上述原始的不确实性——个体性——建立在这种可能性之上？

7. 时钟：无未来一代的实时

作为过去存在的过去——根本的可能性，重复于每一个现在之中。这种过去的重复是否会沉入实际程序的纯粹技术的文码系统之中？在世存在和世界的存在就是在这个系统中编织的。在此，重复的问题同样蕴含了**再生产性**的问题。我们将会看到，根据本杰明和布朗肖的观点，再生产性应当被当作生产性的首要确定因素来分析，因为它直接包含了**技术**的问题。抑或说，它本身就是技术问题。爱比米修斯原则的神话和祭奠性根源的含义本身就是重复过失，并在事后反思。这就是由重复构成的基本条件。

自从宙斯把生命隐藏起来之后，人类就消失于它唯一赖以生存的实际性之中。生存的烦忙使人类不得不发明并制造一些方法以便补充自身性能的**缺陷**，这就为它烙下代具的印记。这种以代具为代表的“什么”构成了在“谁”之外出现的存在本身——**置于自身之外**，也就是说

① 海德格尔：《存在与时间》，第65节。

此在的时间性的出离和超越。代具的这种置此在之存在于其自身以外的一般性特征，同样也是此在——当它观察“生存本来状态”时——所不能承受的。因为它恰恰是由代具的这种特征所承受的。“观察生存本来状态”无非就是指“人类揭示自身的死亡”[①]。为了挽回爱比米修斯的过失，普罗米修斯实际上重犯了遗忘的过失，他送给人类技术这一**礼物**。在此，我们应当看到，这个礼物构成了人类的死亡属性。先于自身是人类之本质属性的根源或基础，所谓本质属性即是指：残缺、衰弱、不平等、差异、特有语言、孤僻等。这种先于自身即向一种非知识的知识的沉入。所谓非知识的知识无非就是代具性以及由代具性造成**存在**的在自身之外的存在、出离、死亡性和时间。时间本身在它的具体的实际性中编织代具性，并“同时”编织自己——痕迹代具性系列的具体实际 251
性，就是使重复、向过去和现在回归（向缺陷的禀赋的回归）成为可能的指引和呼唤。先于自身总是在这种回归中去而复现，并因此形成迂回。在先于自身的悲剧性意义被形而上学遗忘之前，它的名称即是爱比米修斯原则：事后知识。

我们可以从以上所述得出如下结论：**爱比米修斯原则意义上的先于自身过失，即本质上延迟的时间**。我们将在《迷失方向》中讨论当代技术的特征时重新研究这个问题。**如果说此在的降生形成于“过去存在”的“真实”的重复之中，如果说这种过去存在的延迟重复——事后知识——同样赋予此在以差异和它的特有语言的自我性，即此在之“谁”的质料，那么，这种切断延异作用的“什么”产生的动力具有何种效应？**

在先于自身——延异——中生存的此在非但不能由时钟给予，相反它会消亡于时钟。它的时间性即是它的未来。我们所处的“实时事件”的时代没有未来，更赤裸裸地说是无未来的时代。这种自我否定所

① 格拉内尔：《论大学》，Mauvezin出版社，第120页。

确定的是什么？这是否意味着：在作为“Gegenwart”的现在的衍射中，延异不存在或不再存在？换言之：是否**作为**现在衍射的“实时”**不可能**包含未来？

假如我们一定要试图回答上述问题，即使是肯定的回答，那也绝不会**单单**意味着：技术包含了“谁”之沉沦的吸引力，似乎这就是“什么”造成未来沉沦的分量。实际上**恰恰也是由技术**造成**延异**，并赋予**时间**。这个假设使我们正式进入关于海德格尔分析的批判：他对爱比米修斯原则的意义的遗忘所产生的后果。这一批判在有关《存在与时间》的解读中将会变得更加尖锐，尽管该书的观点非常接近我们在此所要阐发的观点。

我们已经看到，为什么“从时间出发对时间的”理解必须以时钟为出发点。返回“谁”——也就是返回当前——之所以成为必然和可能，是因为时钟“**持久地固定**了当前”这一**事实**。何为“固定”？什么是**持久地**固定？如果这种固定的“对象”本身即是时间之三种出离的形式之一，固定又为何意？何为固定“过去”——记录过去的事情？记管、
252 记册、记管者、管理等是什么意思？

海德格尔关于从“什么”返回“谁”的一切分析，其宗旨在于指出：如果说固定当前是可能的话，那么固定过去，尤其是固定未来则是不可思议的。由此，他在《存在与时间》中得出结论：此在归根结底不是当前，从当前出发对时间所做的分析，恰恰使形而上学封闭于对时间的庸常理解之中。“时钟给我们指示当前，但任何时钟都不能给我们指示未来和过去。”[①]这个论断的意义在于建立“谁”超越“什么”的优先性。关于这个问题，关键在于弄清时钟的含义。假如我们暂时承认时钟不能指示未来这一论断，那么对于时钟的某种非但具有技术时间性，而且具有技术逻辑和历史技术性的形式而言，时钟是否代表了走向未

① 海德格尔：《时间的概念》，第48页。

来的存在？比如，埃文斯·普利查德（Evans Pritchard）在关于“用牲畜时钟计时”[1]的努厄尔人的研究中指出：“努厄尔人没有和我们语言中的‘时间’相对应的词，因而他们不能像我们一样把时间作为一种正在发生、可以失去或获取的现实事物来谈论。”从与未来或过去的关系出发对时间的理解——海德格尔指出这种理解甚至体现于语言本身[2]，在努厄尔人那里是通过牲畜时钟构成的。

至今为止，一切都似乎无可辩驳地从细节上证实了海德格尔的基本思路。但是，**无未来**的问题（从无延迟意义上说的“实时”）仍然是悬而未决的：关于时间之技术的、逻辑的、器具的条件有待揭示，**在这类条件中，时间是死亡的以及在死亡中实现的技术综合**。**无未来**的没有时间的时间是否仅仅是在技术中的错误？或者更深刻地说，这是否**“此在”本身的技术出离**？为什么形而上学的终结——或完成——同时也被视为“历史的终结”？“思考无存在者之存在”是否意味着实践这种时间的空白或时间在时间自身中的消亡？这种“没有时间的时间”或“时间的空白”是否要求**从技术**出发来思考存在、时间和时空？换言 253
之：这种时间是否揭示了无未来一代的消亡？所谓无未来一代，无非就是普罗米修斯一手造成和取消的存在者——有死亡之人——的代名词。无未来一代（Blank Geschlecht）是“朋克”（Punk）运动的标志，所谓无未来是该运动的一句反语。在此，“Blank”是指：缺乏或缄默、无属性、无声、无逻各斯——甚至无“意识”（即缺陷存在或负债存在之可能性的极端），因为这个“失音”已不再是“失去意识之音”的意思。

自1924年起，海德格尔就开始探究我们现在所谓的“实时”，即从“实时”出发并超出“实时”之外。“Gegenwart”一词提出的就是这个问题。米歇尔·哈尔（Michel Haar）和马克·B. 德洛耐（Marc B. de

① 普利查德：《努厄尔人》，Payot出版社，1973年。

② 海德格尔：《存在与时间》，第32—35节。

Launay)把“Gegenwart”译成“现在时事”。它既指作为时间之出离的一个时刻的现在,也包含了媒体所特有的消息、新闻、时事等意思。

8. 固定和确定

固定不等于确定,而是指建立。建立的工具——如固定工作对象的虎钳——使某种确定成为可能。然而,由于工具使“谁”和“什么”各自的可能性相得益彰,所以它同样使各种确定的可能性包含的多重性——**非确定性**——成为可能。1924年,海德格尔在他关于此在以及存在问题的分析中,他关于预备性时间的理解贬斥了属于时钟的“什么”,这是因为他混同了固定和确定这两个不同的概念。

“时间的本质现象就是未来[……]。由此可见,时间的根本性问题不在于度量”[①],因为,度量时间就意味着要确定一个非确定之物,亦即**逃避终结和烦忙**。此在被扔向它的终结,这正如它被扔向实际世界构成的已经在此。从此以后,此在的本质上属于实际性的死亡,便“更经常地”坠于烦忙之中。这种烦忙通过度量的方式给予走向死亡的存
254 在以确定性,为的是“避免日常的走向死亡的存在”[②]。这个使此在失去(根本性)时间的度量完成于时钟——确定时间之一般性理解的时间度量。

但是,度量是否时钟——或更一般性的固定——的唯一的含义?度量能否相反意味对某种时间的擦除、遗忘、遮蔽或庸常化?这种时间的根源不在别处,而是在外部,但恰恰是由文码构成的。这可以是语法典码、公斤制码、影像视码等,总而言之,即是构成一切时间化运动之基本条件的程序。时钟的度量在日历中先于自身。日历以圣人的名字和

① 海德格尔:《时间的概念》,第45页。

② 海德格尔:《存在与时间》,第52节。

忌日的形式记载了公共的时间性。文字就其一般意义(即最通常的意义)而言,首先是一个度量的手段。关于这一点,研究巴比伦的考古学家们和维特福格尔(Wittfogel)[①]在关于洪汛周期的计算考察中都作了明确的论述。[②]我们是否应当由此断言:**文字就是一种时钟**?这个断言恰恰对应了柏拉图《蒂迈欧篇》中有关一个埃及人对梭伦的评价。这段论述涉及的是用来计算尼罗河流域洪水灾情的时钟,它在永久地固定了灾情记载的同时也揭示了过去和未来。

> “梭伦啊梭伦,你们希腊人永远是孩子!你们希腊人没有一个能称得上老字的。”对此梭伦不禁发问:“此话怎讲?”埃及人说:“年轻是指你们的灵魂;因为你们的灵魂没能留住任何古训、以往的传统以及被时间冲淡的知识。造成这种现象的原因何在?人类遇到过无数次各种各样的灾难,而且还会有其他灾难降临;在所有这些灾难中,火和水造成的危害最大,与之相比,其他灾难的危害则小得多。传说太阳的儿子法厄同一天驾驶了父亲的马车;但是由于他不会沿着父亲的道路行驶,所以翻车烧毁了大地的万物;他自己也死于雷电之下。这个神话你们也一定听说过。但事 255
> 实上,这种灾变起源于大地周围星体的长期演变,以致大地生灵被毁之一炬。所以,住在高山和干燥地区的人们就比住在海滨河畔的人们受到的危害大;我们的救星是尼罗河,是它的浪潮拯救了我们。相反,当众神为了洗刷大地而将它淹没于水中时,山区的牧民则得救了,而你们的城镇居民则被河水卷入大海;然而在我们的国土上,从未发生过大水从天而降、淹没田地这类灾祸;相反,水总是

① 维特福格尔:《东方专制主义》,午夜出版社,1977年。

② 镛格在《论沙漏计时》(Bourgois出版社,1970年)一书中也分析了滴水计时和水文技术之间的关系。

自然而然地由地下冒出。由此形成并说明了这样一种观点：我们埃及的土地上保留了最古老的传统；其实，世界上除了那些会产生人类无法忍受的严寒或酷暑的地方，总是或多或少地有人居住的。无论是在你们国家还是在我们这里，或是在任何一个我们听说过的地方，只要发生了什么伟大、壮丽，或是从各方面说都是了不起的事情，在我们的庙宇里都会有所记录，这些事情便因此而免遭遗忘。但是，包括你们希腊人在内的其他民族则不然，你们的文字以及一切文明的必要条件，总是随着像疾病一样按固定周期从天而降的洪水一次又一次地成为一种新玩意，因为劫后余生的总是一些文盲或未开化的人。所以，你们总是重新起步于青年时代，对于我们或你们自己古代发生的事**一无所知**。[……]那些幸存者在许多世代中，都没能将自己的声音通过文字留给后代。"[①]

这里涉及的既是时钟记载和度量的一般可能性，也是时钟的一种特殊的——在此尤其是指希腊式的——可能性，这不正是加里安所要表达的意思吗？显然，必须澄清"希腊"一词在此的含义。至于**我们自己**，我们已经**老成**：我们既不是埃及人，**也不是希腊人**。文字对于我们来说已不是一种"新玩意"。我们必须对这一切提出疑问。

文码的时钟性存在，或更确切地说，时钟的文码性和程序性存在，也是奥古斯丁的时间问题的含义；他**不是从沙漏或水漏壶计时器，而是从诗出发提出当前和延伸的概念**——这一段论述没有被海德格尔引用。[②]胡塞尔在《几何学的起源》一书中也尝试了类似的研究，我们将在稍后讨论。

既然时钟的度量也关系到一般意义下的文码，并且，从此应当**同时**

① 柏拉图：《蒂迈欧篇》，22b—23c。黑体字系作者表示强调。

② 奥古斯丁：《忏悔录》，第11卷，第27节。

从字和数两个方面来认识时间；那么，海德格尔在时钟及其度量的研究中寻找的目标是什么？

> 如果说“先于自身”被当作有关过去存在的“时间”以及隔在我们和过去存在之间“尚有多少时间”的问题，那么它就会失去其意义；因为，从“尚有多少时间”和“直至何时”的意思的角度提出有关存在的问题，绝不会切近被定义为可能性的过去存在：确切地说，这些问题同尚未过去的存在相关，它们涉及的是仍然属于我的可能性。这种提问方式没有把握过去存在的确定性的非确定特征，这恰恰是想确定非确定的时间。[①] 256

在此，不确实性——时间性——消匿于构成不确实性的条件本身之中，比如：（无论借用任何仪器）持久地固定当前的可能性——记载过去、构成《存在与时间》中所说的世界历史之物；正视当前——在此，即是体验“无持续性”或**变革**的**本来状态**，而这种“本来状态”无非就是向终结行进的存在。进入本来状态的可能性同时就是对本来状态的丧失、遗忘和消失；可能性也就成了不可能性。不确实性消匿于来自计算不可计算之事、证实不可证实之物的意愿，这是逃避经验而不是体验经验。我们把这种经验以及关于**过去之事**的**不确定**的开放称作爱比米修斯原则。

计算意味着取消延异——延迟。所谓“实时”是指：通过计算的先于自身而寻求共时性。但是，在此是否应当以时钟为批判分析的对象？如果我们认为文字是时钟的一种形式（一种客观记忆的形式，而且一旦展开了关于现在、过去和将来的先于自身问题，就不可避免地要提出记忆的问题），并且，如果我们还同时认为：文字是延异在其历史的

① 海德格尔：《时间的概念》，第45页。

“本来状态”(并作为“存在的历史”的发端状态)中的(纯粹技术逻辑的)开放——文字因而也就成为历史开放本身的条件,那么,只有从对技术作不同于形而上学传统的理解出发,有关本真和沉沦的问题才有实际的意义。显然,海德格尔从未完全摆脱这种关于技术的形而上学的理解。他之后的许多可能自以为走到他前面的人,其实也没有超出
257 形而上学的范畴。

9. 个体化

1987年,人们在巴黎蓬皮杜文化中心广场竖立了一座对公元2000年倒计时的电子钟,它被命名为Génitron。我们可以把它视为世纪的里程碑——消亡的、手下无物的、末日的里程碑。它被用以计算我们不确定的死亡。我们以逃避来指示时间,或者说,以指示来逃避时间。这种计算没有——或**几乎没有**——用处,它唯一的功能就是以十法郎的代价给游人一张纪念卡,卡上标明离**世纪末**还有多少秒钟。

> 时间其实并没有时间来计算时间[……]。但是我们已经在关于此在的定义中看到,此在不仅本身是时间,而且计算时间,甚至借助时钟来度量时间。此在伴随着计时器,即那些最接近、最日常的计时器,以日夜为标志的计时器。此在计算并询问时间的量,正因为如此,它与时间从来没有真正的关系。①

海德格尔在阐明这种时间的本质性丧失——**时间的根本性空缺这种时间借以显现的唯一形式**——的同时,描述了在当前或实时事件的名义下对过去存在的逃避。在这样的背景下,法国政界某些组织和

① 海德格尔:《时间的概念》,第46页。

人士大力提倡民众发起的全民公决，与此同时，电视播放的“真理时刻”节目则事实上预示了，并且已经通过实时的民意测验实际上满足了时钟人的愿望：直接的、无时差的、“实时”[①]的民主。问题的实质与其说在于时间的纯粹的计算，不如说在于所谓的直接或实况；这种直接或实况无非是可以最直接地和最戏剧性地感受到速度的效应，这种速度支配着当今世界并重新构造合成的“实时生命”（我们稍后将指出，一切实时生命都构成于这样一种合成的死亡）。由于计算被包含在一切时钟、滴漏[②]和一切传播之中，一句话，被包含在一切文字之中，所以，它也为**持久地固定**提供了一种通向“本来状态”、通向差异和延迟的时间的可能性。 258

计算在此被用于表示技术之现代化的特征，并建立于自我意识之上，其实它本身指向和计算不同的因素，它似乎就是**实时**。但同时，计算的概念也就不可能穷尽由固定产生的效应的一切含义。

“针对不确定的过去存在提出‘何时’的问题，或者更一般地提出时间的量的问题，这实际就是针对尚存于我的或依然作为实时事件赋予我的过去存在提问。用量作为时间的参照，这意味着把时间视为实时事件的当前。对时间的量的提问表明了对某个实时的烦忙。此在逃避如何存在的问题，而攀附于某种持续现在的东西。[……]此在便如此与时间本身相遇，这个时间即是此在，不过它是作为实时事件的此在。”[③]

然而这种计算的可能性并不是突如其来的，它并不仅仅专属于度量技术器具的领域。计算是**这样一种传统本身**：技术器具为之开放了一种公共性、可计日性、指意性和被指意性，它在日常中与时钟的共存

① 几乎所有的政治阶层都采用同一时间。

② 沙漏计时器也不例外，尽管滴漏的各种技术形式每次总是确定了一个单一的现象。

③ 海德格尔：《时间的概念》，第46—47页。

关系，即如同**日报**、**当日印刷**（此类印刷调动着大量的印刷技术设施，所谓**情感报刊**，以及从传统的印刷技术到现代电子显示技术）的共存关系一样。

> 把此在定义为与他人同在，就意味着此在受自己对自己所做的主导性解释支配，也就是受舆论、时尚、潮流、实时事件牵制：这类潮流和时尚等不是任何个人所为。处于日常性中的此在并非我的存在；相反，此在的日常性是**人们**的存在，因此，此在也即是**人们**相互之间同在的时间：此在是“人们”的时间。[1]

这里所谓的“**人们**”也就是一般意义上的传统，因而它完全具有提出下列问题的性质：

> 此在的最庸常的解释通常是受日常性支配的，换言之，受传统
> 形成的对生存和人类生命的认识的支配。所以，此在的解释受“人
> 259 们”和传统支配。[2]

显而易见，海德格尔关于现时事件的“人们”和“人们”的现时事件的概念（这类现时事件本身造就了像希特勒这样运用直播电台的能手——**因此我们不能不问为什么关于日常性的讨论没能使海德格尔免遭这类现时事件的影响**），所指的即是我们今天所说的**媒体**，或作为一种特殊类型[3]的**程序工业**。同样显而易见的是，“人们”的概念应当从其本身的角度并作为传统的崩溃加以分析：**工业化的“人们”**来自钟表，

① 海德格尔：《时间的概念》，第47—48页。
② 同上书，第41页。
③ 《存在与时间》第23节中尤其强调了这种特殊性。

尽管这种来源还很神秘,"'**人们' 的手表以及一切钟表都指示与他人共同在世的存在**" ①。

在此,实质的问题是**历史性**和历史,历史性问题包含了**个体化**的问题,而个体化的问题又构成于**重复**之中:

> 只要此在本身不以历史性的方式存在于现在之中,过去对现在而言总是关闭的。然而此在自身即是历史性的,正如此在就是自身的可能性。在走向未来的存在中,此在同自己的过去同一。**此在在"怎样"的形式中返回自身。这种返回的主要形式就是意识。只有"怎样"才有可能被重复**。被作为真正的历史性[……]体验的过去是我在任何时候都可以重新体验的东西。

已经在此的问题通过意识的无音之声在过失和缺陷存在(Gewissen)② 的意义下被提出。这种返回的本质的可能性本身受到支配着"现时事件"的理解的威胁:

> 当代人[……]自以为充满了历史意义。[……]**人们通常称为历史的东西和历史的意义毫不相干**:这种观点以为,既然一切都溶化在历史之中,那么就应当回到超历史的位置。③

现在需要弄清的是,今天是什么使这种无重复、无返回变得可能,尤其要弄清使"怎样"的延异的重复切实成为可能的原因。"我们"这一代人已不再相信属于任何东西,对于这一代人而言,什么都不需要,

① 海德格尔:《时间的概念》,第48页。

② 关于这个问题,参阅《存在与时间》第54—58节及下一章。

③ 海德格尔:《时间的概念》,第50页。黑体字系作者表示强调。

即缺陷。**无未来的一代**就是指缺陷的一代。海德格尔所指的“当今一
260 代”预示这个无未来的一代。**问题的实质就是历史——延迟时间的延异**，重复的时间并非同一的复归，而是向其他、向差异的返回，这个时间出自此在的“怎样”和死亡性，死亡性既是根本的不确定性，也是程序性。这种意义下的程序性，恰恰就是不确实的“**无未来的一代**”在有关“怎样”的思考中，**不得不直接感受到的**。当代人的时间是现时事件的时间，其含义即是电视时事。但是它又更广义地对应于我们所说的实时，即对应于这样一种工业生产系统：汇总电视电台传播的时事、以“实时”模式工作的数据库，以及全球军事-工业-金融组织一类的信息。

“作为真正历史的过去是可重复的”，但并非随便重复，而是“**在‘怎样’中才可重复**”。这种在“怎样”中“作为真正历史”产生的过去的重复展现了我的存在。在此，我的存在展现为“进入历史的可能性”，而历史则建立于这样一种可能性之上，“根据这种可能性，一个现在总是**知道**走向未来的存在”①。然而，这种可能性会不会在其分裂的过程中重新和我的存在的程序性混同？换言之，它会不会和特有性或自我性的特有语言式存在混同？并且，在此过程中，是否会形成特有个性的技术化历史（技术化历史即在世历史的深层含义）的特征？

特有个性和特有语言性，就是海德格尔所说的个体化或个体化的时间（亦出自如下论断：时间就是此在，此在处于其永恒性中，或处于其走向终结的存在状态中，也就是说处于其不确定性中，它既孤独，又无后继者，且被延异化）。这个基本性的观点包括四层意思。

1. 时间性的存在是指非同一的现实，即延迟并因此而差异化的现实：

> 时间就是此在。此在就是我的永恒性，并且它可以成为在走

---

① 海德格尔：《时间的概念》，第51页。黑体字系作者表示强调。

> 向未来的存在中的永恒性,也就是在对过去的先于自身中永恒,而过去则是既确实而又不确定的。存在总是处于它的一种可能的时间存在形式之中。此在就是时间;时间总是有时间限定的,它因此就具有时间的真正的确定性。这个确定性并不是一种同义反复,因为,时间性的存在就是指非同一的实在性。 261

2. 时间就是此在,而此在本身无非就是它的已经在此,只有从这个意义上我们才可以说:时间就是个体化的原则:

> 此在就是它已经发生的过去,它的可能性就在于对这个过去存在的先于自身。在这种先于自身中,我真实地作为时间,我具有时间。从时间总是属于我的这个意义上说,时间是多样化的。时间没有意思。时间就是时间限定。如果时间被如此作为此在理解,那么时间是真正的**个体化的原则**这个关于时间的传统论断才能得以澄清。

3. 时间之所以是个体化的原则,是因为它具有走向未来的存在的意义:先于自身、不确定性、延异性——在时间(先于自身)上延迟并具有差异,把差异作为"唯有一次"和特有个性来认可:

> [……]真正的时间从什么意义上说才是个体化的原则?换言之,此在存在于它的永恒性中的根据是什么?此在在先于自身的走向未来的存在中沉入通常的生命,因而也成为它自身;此在通过先于自身而变得可以琢磨,这是因为先于自身使此在唯一的命运获得"这一次"的特有形象,它并因此进入了自己唯一的过去存在的可能性之中。

4. 然而，这种个体化同时是，而且尤其是向一种共同体的归属，即有生死存在的共同体：延异性在作为同一性的自我体验中肯定自身——这就是说它在不确实性中得以肯定，这并非不确实的此在，它区别于一切此在，它是此在的终结：

> 这种个体[……]一扫所有将自身例外的企图。其结果是使一切个体同一。在与死亡的关联中，每一个个体都面临着同一个怎样，每一个个体都可以根据某种可能性成为这个怎样，对此可能性而言，彼此不分你我。面对这样一种怎样，一切具体的状态都烟消云散。[1]

这种意义下的“个体”与其说是一种主体，不如说是一种特有语言式的差异。当然，这种差异被放置在逻各斯中——所谓逻各斯在此首先是指一种**关系**，其次也是指一种特有语言。这个特有语言对于它在延异中聚集的个体来说，是共同的，而且相对地没有差异，这是来自**一个缺陷的共同体**的集聚。这个缺陷就是作为实际性的走向终结的存
262 在。我们也可以说这是在代具性中（普罗米修斯原则中）的爱比米修斯原则，它既召唤赫耳墨斯的形象，也指向赫斯提亚女神，或者说是从技术中涌现的并重复技术的尊严和正义。特有语言的差别（即阐释和语言分歧的差别）或许是我们所说的“主体”的要求，若是如此，那么还是改称主体为**公民**更妥。所谓公民性就是对某个实体的归属，在这个实体中，并借助实体，实现了一定的“**自治**”[2]。这种自治具有日期，而且可以用日期记载，正如历史的开端；但不是指历史性，它属于作为时间的此在；这里指的是被称作历史的历史性的一个阶段——它是存在的历

① 海德格尔：《时间的概念》，第52页。

② 《存在与时间》一书的第25、61、64和66等节中都用过这个词。

史，也就是历史性的一种形式被另一种形式所悬置。那么这另一种形式是什么？历史性的这个阶段——存在的历史——是怎样开端的？

在此，我们可以直截了当地、明确地，甚至有些武断地确认：造成这种历史开端的是线性和音标的文字形式。这种文字形式就是我们在稍后将要定义的**延异同一性原则**的第一个产物。它是由所谓的**字义综合**完成的，在此，字义综合是指完成的拼音文字。字义综合本质上包含了延迟的时间性。我们将在本书的第二卷中描述**类比综合**和**数字综合**的概念。这两个概念主导了当代技术，但是它们却相反随着一种渐近线的趋势趋向现实的、直接的、无间隔的时间性，这实际就是一种**非时间性**——它并不排除延异在其中的作用，但是处于一种本质的遮蔽形式之中。这样一个描述过程，展示了从作为综合的技术出发来把握时间综合——原本的综合——的意图。

10. 存在的历史的延迟时间

此在就是差异的存在者。**差异的存在者**必须从两种意义上理解：时间上的推迟，即本质地被抛射在延迟运动中；由此存在者也就根本性地具有差异，既不确定，也不确实。存在者在差异和延迟中推迟先于自身：先于自身总是指差异和延迟。此在需要存在：它并不**简单地**存在，它**只能是它未来的存在**，它就**是**时间。先于自身是指走向终结的存在。263
此在**知道**自己有一个终结。但是它**不可能**认识自己的终结。此在的终结就是它存在的方向和准则，但是终结并不为此在而存在。此在**为终结而在**，但终结**不为此在而在**。尽管此在完全知道它的终结，但是终结对于此在永远是一个不可知的东西：关于终结的知识**总是在自身的延异化过程中隐退**和遮蔽。此在的终结是不确定的。然而它却知道终结。因此，此在所知，并且是**从根本上**所知，乃是不确定的，它是不可计算的，而且是根本不可证实的。诚然，此在具有他人的终结的经验，所谓他人即非自身。然而自身的终结恰恰只能属于自己，**就此而言**自己的终结从本质上说是隐蔽的。这种无终结存在本身就是此在之有限性的标志，即终结的无限性，这是一种彻底的终结，它只能在延异中完成。这个我之为我的延迟和差异——延异——就是先于自身。先于自身作为此在的无终结的有限性，标志着关于此在的根本性知识的不确定性。此在既然是向终结存在，所以它投射终结。终结只有被当作**此在的**终结才能被**真正**投射：这是一种不确实的、孤独的投射，恰如此在无先定的命运，并具有存在的需要。此在只能在延异中存在，其意义不仅仅指时间的推迟，或保留和本质的保留，或延迟，它是指**差异化运动**：作为此在的时间就是真正的个体化原则。由于差异和延迟是不可分割的，所以**时间从本质上说就是延迟的时间**。走向终结的存在，就是需要存在，也就是**尚未存在**。但是需要存在同时也意味着存在于实际性之中。在此，根据普罗米修斯神话，我们偏向于把存在于实际性之中表示为：存在于代具性之中。此在从本质上说就是在世，这就是说世界之于此在有一个已经在此。构成这个已经在此的主要因素就是：和他人同在，传统，对自身存在的传统的先入之见，简言之，人们。在这个“已经在此”中，关于“需要存在”的知识既得到传播也受到遮蔽。在已经在此中遮蔽的就是我的存在、需要向终结存在。此在最通常的存在形式是“程序存在”，也即最普通的实际性的存在方式。所以，先于自身总是以计算的形式形成于烦忙之中：确定非确定性，遮蔽终结的个体化和不确实性。如果先于自身被理解为**一种计算**，那么它就是“自我崩溃的先于自
264 身”。计算的提问方式“不懂得确实的过去存在的不确定性，而恰恰要**确定不确定的时间**”，也就是说，要计算不可计算之物，把不可程序化的东西放进程序中，证实不确实的东西。可能性通常就是这样被理解的。这种通常的可能性**属于**终结这个极端的可能性。对于此在而言，需要存在**始终**意味着存在于实际性中。正因为如此，根据海德格尔的观点，先于自身总是此在向其过去和现在的**回归**，这个向过去和现在的回归

却只能是向一个**不属于此在**的过去的回归——如果我们从爱比米修斯原则的角度看这个回归，那么它只能是向代具的回归。此在的过去以及相对此在的过去就是它的实际性，**因为**它不可能成为**它的**过去本身。这个过去是传递下来的：它之所以是此在的过去，其意义就在于此在从这个过去出发来实现先于自身——此在就是过去。此在的过去必然**外在于**此在，然而此在却又**只能是这个不属于自己的过去**。所以，此在只能在延异中成为过去：它既依赖不属于自己的过去，即差异；也依赖于“程序性”的存在，即延迟的**尚未存在**。它只有不确实地存在于尚且属于程序性的存在之中，才可能在先于自身中实现存在的需要：换言之，它必须**重复**它的程序——**正如普罗米修斯（的过失）重复爱比米修斯（的过失）一样**。由此可见，需要存在包含了双重意义：

1. 此在已经是它之所在；

2. 它的已经存在只能存在于实际性之中，即依赖于不属于自己的存在：它的已经在此的形式就是不属于自己。然而，它却只能如此存在。

简而言之，此在——“**谁**”——缺乏存在。海德格尔说：它有过失，此在是过失存在。《存在与时间》的第二篇中从“**伦理**”**意识**的角度对走向终结的存在的分析正是由此展开的。由以上所述，我们可以得出这样的结论：此在自身具有的先于自身的和延迟差异的结构，也就是**既负载了它的过去同时又由这个过去负载**的结构，**其中也包括了此在不再是自身的过去**。所以，所谓过失从来就不**仅仅**是我的过失，然而它却始终是**我的**过失。正是这一观点使海德格尔进而提出了**存在的**历史的问题：《存在与时间》揭开了一个遗忘的历史，而在《时间与存在》中，**它又作为现代技术氛围中的时间问题被重新提出**。“存在的历史”即是此在“的”过去——这个过去**不属于**此在，其**过去**的意义在于**先于自身和延迟差异**。这里也有两种形式：真实的形式（即作为存在问题的传递）和遮蔽的形式（作为存在的**形而上学**的传递——作为对存在的爱比米修斯式的遗忘）。**这个过去就是此在的历史性**。一旦这个此在 265

的历史性以其本来面目向此在揭示，此在便真正地**进入**存在的历史。

但是，这个揭示取决于什么？存在的时代又是指什么？中断又是何义？中断性无外乎爱比米修斯式的中断性重复（因为普罗米修斯的过失本身就是对由爱比米修斯最先犯下的过失的重复）。

由此可见，发生**延迟差异**的已不仅仅是“我们自己所处的存在者”，而是**存在的历史**本身。存在的历史作为一种传统传递给此在，这种传递首先体现为一种遮蔽：**遗忘**和**去根**：

> 此在不仅有屈服于它存在于其中的世界，并根据该世界的“反射”解释自己的倾向，而且它也因此屈服于自己多少可以明确把握的传统。这个传统使它从驾驭自己生命的忧虑中解脱出来，使它可以避免提出一个根本性的问题和做出一个决断。这个传统尤其涉及植根于此在自身之中的发展的可能性及其存在论的理解。
>
> 将权威如此强加于人的传统，非但没有使它所“传递”的东西变得可以接受，相反，它总是遮蔽传递的内容。传统使本来明白的内容退化并封闭了进入“根源”的通道[……]。传统甚至使这种根源坠入遗忘之中。[……]传统把此在从它的历史性中连根拔出。[1]

那么，这种既遮蔽又保留了遮蔽对象的传统是怎样被**传递**给此在的呢？凡存在的历史，无非就是此在所要“解释”的历史文献：**存在的历史只有在一个“历史的意识”之中才是可能的**。没有历史文献的时代虽然具有历史性，但是这个历史性尚未获得存在的历史的含义。在此，我们要提出**一个海德格尔似乎并不介意的问题**：如果说时钟是通

① 海德格尔：《存在与时间》，第6节。

过“持久地固定当前”使我们从此在之中——在当前以外——再认识时间的，那么，**持久地固定过去能向我们提供什么？这种把过去固定在它的具体的切实性中——从作为先于自身阐明的时间的角度看就是程序——的根据是什么**？此在是怎样从它的本质的时间性出发**进入**它的历史性的？如果不是借助持久地——也即代具化地——固定过去（或更确切地说，固定**从前**发生过的事情），上述**历史性**怎样成为此在之时间性的本质因素？从前发生的事情（ce qui s'est passé）这种无人格的自反表达式又是什么意思？[①] 266

此在是外在于自身的、出离的和具有时间性的：这就是说，**它的过去**外在于它，它只能在**尚未实现**的形式下存在于这个过去中。对于**它自身而言**，切实地成为它的过去，也就意味着置自己于自身之外，亦即**存在**。然而此在**怎样**才能如此存在？那就是借助代具向外投射，即向自己的**前方**投射。这也就是说，此在**只有以程序的方式才能体验它的不确实性**。

1. 本质为实际的此在是代具化的。如果没有自身以外之物或不处于自身以外，它就什么也不是。因为，**只有**自身的外在化才能使它**得以体验——却从来不可证实**——它所不断先于自身的死亡。

2. 此在**进入**过去的通道——本来状态的先于自身——也是代具化的。只有在一定的代具条件下，此在才有可能进入或不进入**这个过去——无论其是否被持久地固定**；同样，也只有在一定的代具条件下，才可能谈论**此在是否面对过去持久地固定自己的问题**。

此在的延异性只有通过代具的体验才能被**揭示**出来。如果代具性从原则上说和计算、度量、确定性一样遮蔽延异，它同样也是对延异的**切实推动**：这种代具性使和自己同一的延迟时间的时段**切实化和具体**

① 存在的第三人称单数直陈式所表达的存在根源，不正是以先于此在自反表达式为依据的吗？

化。存在的历史是一个**记录史、替代史和无人格的历史**：正如布朗肖所言，它是无人格的知识的历史，然而它偏偏以个人的名义谱写——死亡的知识**只能**由个人来经历。这种存在的历史的记录恰似我们所说的延异同一体的矛盾：同一和差异**同时并存**。

线性的拼音文字是一种程序化的中断。它把本身是程序但又不以程序之**原型**表露的传统的诸形式悬置起来。在这个悬置中，它编造**另一种**程序，一种**新的**过去、先于自身和现在的持续，其首要的形式就是
267 **现在**，即**在实体的——成为历史的——当前之中**。这个持续无非就是**此在的**持续，也即这样一种**当前**：它总是溶化在回归已经在此的未来之中。这个持续的原型就是**公民性**，即技术或代具的中断的重复。这个持续作为对**被阅读本文**的延异的体验而实施，这同时也就是**阅读本文**——及其**前本文**——的延异的体验，在这种关系中，两种延异互为因果。在此，本文性作为一个整体而实现，正如在亚里士多德那里一样，感觉和被感觉的行为是完全统一的。这显然是矛盾的，因为，只有在从文字上对本文作精确的、无可否认的、也即**拼写**的**确认**的同时，**读者**才可能作为一种延异而**自我确认**。这就是说，阅读**总是**作为一种差异而出现的，它必须**不断地**重新确定自己的差异，在**一贯性**中差异化。本文在同一性中揭示的是其阅读的**基础本文连贯性**，即本文之**在此**和**当前**的实体性，所谓在此和当前都不外乎是读者于其**此在**中展现的先于自身的有限性。文字**展示**延异性的同时，又将它遮蔽。先于自身就是代具性（展示，时空差异化），即同时作为普罗米修斯和爱比米修斯原则。完成代具性先于自身的切实条件就是技术的**提示**，即过去对先于自身、先于自身者对先于自身对象的提示：也就是先于自身的代具性或过去。先于自身除了代具的意义之外不可能有其他的意义；不确实性只能是**作为重复**的程序性。因此，问题的关键就集中体现在这种重复的意思上：线性文字的诞生并**不能解释**历史的开端。

代具的意思是"放在前面"。代具性是世界的已经在此，因而**也就**

是过去的已经在此。代具可以从字面上被翻译成提示或放在前面。代具就是自己提示或放在前面之物。**技术就是过去向我们提示并放在我们面前之物（这个提示存在于一种根本性的知识之中，它是“把某物放在我们面前”的理念）**。关于死亡的知识也就是提示的或放在前面的知识，而这些知识从根本上说也就是**技术**的知识，即关于一种根本性的**缺陷**的知识——属性的缺陷，需要存在，没有既定的命运。放在前面或技术性提出了时间。在普罗塔戈拉斯的神话中，赫耳墨斯及其原则来自普罗米修斯。赫耳墨斯原则代表的阐释知识涉及了“尊严”“荣誉”“正义”“权力”的具有普遍性的概念，它代表了政治的知识。与之相反，技术的知识具有个别性：**这是一种关于某个缺陷的知识，它所代表的不是一种伦理的意识，而是公民的政治性**。 268

普罗米修斯和爱比米修斯共同编织了对偶的两个原则，这两个原则形成了提示和技术的知识：在不确定的先于自身中实现的时间化。爱比米修斯原则代表了**提示或放在前面**的事后沉思。普罗米修斯和爱比米修斯共同构成了这样一种先于自身的反射，它只有依靠技术才属于人类——**延迟**、**差异**和**重复**的提示。正如爱比米修斯重复普罗米修斯一样，此在重复它的过去。然而这种重复的（不可能性的）条件却是技术。**技术**、**逻各斯**和**赫耳墨斯之阐释原则**构成了所有先于自身的背景**整体**，这就是作为死亡的时间，忧虑。

“时间就是此在”的意思是：时间就是与时间的关系。但是这种关系总是已经由它的历史的技术条件——一种根本性的技术条件的**效应**——确定的。时间每一次都是在技术中编织的同终结的特殊关系。每一个时代的特征都取决于切实地进入构成该时代的已经在此的技术条件。这些技术条件的作用既为中断又为连接，它们隐含着自身固有的“延异化”和个体化的可能性。政治的公民性就是一例，它同作为延异历史的一个阶段的存在的历史的开端紧密相连。

正因为如此，所以我们曾经指出，“脱离了后种系生成的模式，就无从谈论时间化运动。这个模式的特征是，每一次都重新构造，而且，每一次都以一种新的方式重新构造，这种重造是通过已经在此实现的，也就是通过构成人类或技术的相继时代的记忆载体实现的”。但是，通过从爱比米修斯原则出发对存在分析的再解释，我们对先于自身的可能性（即可能性之可能性）作了先决性的陈述，这个陈述告诉我们：时间就是延迟差异。这就是说，时间不外乎是一切差异之延迟差异化运动的动因。这种延异是一种指引，它就是“谁”和“什么”之间的相互反射。因此，对每个时代特有的已经在此所进行的技术可能性的分析，实际就是对这种“谁”在“什么”之中的反射——和射象——的条件的分析。

由于海德格尔忽略了遗忘的悲剧意义，所以他认为，个体化的原则是在“人们”所代表的公众性以外构成的。然而事实恰恰相反，延异的特性是技术化的。因为，个体根据“人们”的可能性而构成自身，这就是根据已经在此的技术模式每一次所决定的人们相互之间的关系。与其说是个体在和“人们”的闲聊中堕落，不如说是“人们”自身个体化；
269 不仅如此，“真实的时间性”总是迟到（即它总是已经“不真实的”、实际的）。这就是爱比米修斯原则。死亡从根本上说是不可能孤独的，死亡之个体化完全在于它同别人的关系。当海德格尔指出，时钟是一个人和其他人同在的时间，其意义在于：技术的时间是一种公众的时间。正是在这种公众化的、共同的时间中，并依照其每一次再生的独特的可能性，才构成了并非“私有”而是**延异化**的时间。对时间的度量并不意味着根本性时间的沉沦，因为在存在的历史中，正是这个度量本身，以字母和数字的形式，为进入延异提供了切实的通道。

11. 存在的代价

在下面一章，问题的焦点将是“存在的意思”。《存在与时间》将“存在的意思”赋予所谓的世界历史事物，即赋予已经在此的“谁”的痕迹。

> 上手之物和在手之物总是随同历史的在世存在的生存被包含在世界的历史之中的。工具和作品，**比如书籍**，有其“命运”，建筑和机构也有其历史。[……]这种在世的存在者，其本身就是历史性的，它的历史并不是一种“外在”的框架，似乎它只是简单地陪衬“灵魂”的“内在”历史。我们把这种存在者称为世界历史事物。①

世界历史事物不单单是以痕迹的形式留在赋予时间化的“谁”之后的一个结果：它以其本身的时间性构造“谁”——这种构造总是中断式的，也就是说并非纯粹自身的，或（在未来）不足以为纯粹自身的。拼音文字就其使计算得以可能的文码意义而言，是一种对过去事物的记录：它同时也为“谁”通过“什么”这面镜子进入自身提供了某种特定的可能性，通过这面镜子，“谁”获得某种“代表”或“实际作为”的形式。这个形式并非科学论述的观点，而恰恰是作为延异的延迟差异的作用。

历史的书籍从开卷就以拼音-文码写成本文（比如希罗多德的书），
过去发生的事情对于过去的承受者而言，非但没有因书籍而变得更加 270
确定，相反，它像**终结**一样，虽然是**确实**的，却越来越不**确定**了。精确的本文被置于上下文连贯（的遮蔽）之中，它不仅没有使过去的事情获得一种统一的意义，相反却提供了无数变形方式的可能性。我们在第二卷中将指出：一切所谓精确的记忆——拼写逻辑（确正的逻辑）的记忆——都会导致一种迷惑和变向，以致左右颠倒，而这正是中断重复
（需要**支付**，然而也是需要收纳）的代价。 271

① 海德格尔：《存在与时间》，第75节。黑体字系作者表示强调。

第三章

“什么”的解脱

在过失性存在的状态中，此在进入它具有延异性的个体化，在重温《存在与时间》第一篇中有关日常性的分析之后，我们将尝试着解释它的个体化。在过失性存在的状态中听到的声音，就是把此在引向对它过去存在的先于自身重复的力量。在本章中，我们将从以下几个方面进一步展开上一章的分析：

1. 日常性的分析：作为从“什么”的解脱；
2. 过失性存在的结构：作为对“什么”的介入；
3. 历史性的历史构造问题以及历史性作为“什么”的新面目。

1. 日常性的分析：作为从“什么”的解脱（第一篇）

（1）“谁”与“什么”的延异

如果不是通过此在的日常性为中介而提供的预备性理解，[1]就无法提出存在的意思的问题。这实际就是《美诺篇》问题的再现。存在只能在事后的延迟中呈现自己：这还是爱比米修斯的问题。美诺、爱

① 海德格尔：《存在与时间》，第2节。

比米修斯和此在所包含的共同问题就是本质为遗忘的知识的问题。这种预备性理解的“爱比米修斯式”结果总是被包含在“通常的理解”之 273
中，这种“明确”的理解是间接的，既传统又具有历史性，是被遗忘的“中介”。

超越这个遗忘就意味着采用存在论差异的观点。这个观点建立在“谁”（此在）和“什么”的差异之上，所谓“什么”即是上手的存在者，它区别于在手的存在者。在手的存在者所反映的，是一种对“什么”的本来意义缺乏认识的理解。“什么”的意义就是它的世界性。

存在是存在者的存在（现象学的意向性观念曾指出：意识是……的意识）。必须通过一种存在者来探讨存在的意思的问题，但又不能因此而把存在消减为存在者；“谁”（此在）就是这种必须从根本上同“什么”相区别的存在者**典范**：我们的讨论将侧重于这种“谁”同“什么”的区别。

“谁”需要存在的特征确定了它的自我格，即它的个体性；在此，我们把个体性称为特有语言性或特有个性而不是自我性，因为自我性过于和“什么”隔离：爱比米修斯这个特有的个体完全沉陷于“什么”之中，并从中根本地构造自己，然而此在只能通过从“什么”中的解脱来构造自身。

存在分析和爱比米修斯死亡学之间最接近之处——同时也是区别它们的起点，就是关于已经在此的论点：此在“自己选择了它的可能性，或者此在降临于它的可能性之上，或者它成长于自己的可能性之上”[1]。即使是它“选择”的这些可能性也总是来自已经在此的世界：一切“对于存在者的存在的理解都变得易受世界内部的影响”。

探讨“谁”（此在），就是从它的“一般的日常性”中来接触它。然

① 海德格尔：《存在与时间》，第4节。

而，这种接触是否不仅应该是一般的“接触”，而且也应该是此在的“接触的一般方法”呢？即是否进入由已经在此构成的此在的一般性已经在此？这种必然性并没有确切地记入存在的构造性结构之中。既然已经在此构造了时间性——这就是说它构成进入我没有生活过的过去的入口，它启开了我的历史性，那么，这个已经在此是否应当构造积极的实际性？这是积极的构造和历史的构造：它的物质形式的形成在历史以内和历史以外构造历史性。尽管海德格尔为肯定这种假设提供了主
274 要的因素，但是他仍然不得不排除这一假设。

此在的时间性就是它的历史性：它的实际性来源。我们已经引用过海德格尔的如下论述：

> 在它的实际的存在中，此在总是作为过去存在而存在，而且就是过去存在的“东西”。无论是否明显，此在就是它的过去[……]。在它的存在方式以及它对此在的领会中，此在处于以前留传下来的此在解释之中并从中滋长。此在首先从这种解释出发来领会自身，而且从某种意义上说，它总是如此领会自身。这种领会展开了它的存在的可能性并加以调整。它自己的过去——这同时也就是说它的“同代”的过去——并不跟随此在之后，相反，这个过去总是已经领先此在。

这是《存在与时间》中最重要的论述之一。此在是一种不属于它的过去，或者说，这个过去只有当此在就是过去（即此在事后**是**自己的过去）时才属于此在。然而，这会造成某种基本的后果，在某些条件下，根据切入过去的一些**器具可能性**，已经在此构造自身，并自我构造成“过去存在”。这些取决于时间中介和“世界历史事物”的条件，在一种真实的时间性面前总是庸俗的。这种真实的时间性确定了一种既非“在手之物”也非“上手之物”的存在者，这个存在者就是“谁”，它

和“什么”发生唯一独特的关系并以同“什么”的差异构成自身。“对过去的积极的占有”怎样才能不受**进入**过去的积极的可能性的影响？这是关于实际性的实际留传的问题。它隐含了阐释的可能性。我们将在拼写文字的实例中看到，“谁”和“什么”**之间**的差异实际就是“谁”和“什么”**的延异**，二者是不可分离的。

(2)“谁”与“什么”在日常性中的混同以及作为期待的在世存在的烦忙

传统作为消减此在的需要存在的可能性，把此在带入自身的沉沦——然而唯有传统才把需要存在以过去存在的面目本身向此在提供。留传就是遗忘。这就是它的爱比米修斯结构——作为从原本的意义上被遗忘的过失积累的经验。由此传统便自相矛盾地成为一种去根。所以，一种根本性的存在论就要求解除本身即是存在论历史的传统。因为：

> 不论此在的利益以及它对“客观的”哲学解释所抱的热忱，此在已不再符合那些唯一能使向过去的积极回归——建设性的占有—— 275
> 成为可能的最基本的条件。

这样一种向过去的回归应当就是向过去发生过的事情的回归（尤其是在理解存在的历史之中），向曾经“到来”的东西的回归，也就是向存在、向存在的历史时间性的回归。但是，过去发生的事就是指一种根本的“过去性”、可错性、薄弱性和缺陷性，这就是我们以爱比米修斯原则命名的过失。没有一种脱离爱比米修斯原则的传统，即没有脱离“后种系生成”原则的传统，也就是说没有脱离由（不确实的）过失所积累的经验（感受）的传统。“存在者是一种‘谁’（也就是生存）或一种‘什么’（也就是最广义的在手之物）。在存在的这两种类型的特性之间的关联是什么?”[①]问题实际就在于此,这个问题的展开构成了我们和《存在与时间》的分歧:这个分歧是关键性的。

死亡学分析向我们提出了一个进入的问题,并由此进一步引出了动物和生命的问题。[②]在我们看来,死亡学的进入问题就是爱比米修斯意义上的技术问题。先于一切生物人类学的实证论而摆在我们面前的问题,首先是我们的起源及其牵带的时间问题。但是这个问题是从已经在此出发降临到我们面前的,这个已经在此并不单单是存在问题的一般性原则,而且是它的不同的组成形式,生物学就是其中之一。我们不可能简单地悬置这些形式,而只能通过它们来感受起源(的缺陷)。这就遇到了卢梭意义上的先验性问题。这个先验性在技术性面前受到挫折。这种碰撞就是经验论和先验论的接触点,它在使二者区别的同时确定了它们各自的意义,这就是我们要分析的对象——死亡。对死亡的理解起始于对生命的预先理解。当生命同时为非生命,也就是说它不再单单为生命,而是通过其他“手段”继续时,死就是生。问题就在于作为切入手段的代具性。因此,先于一切生物学(之可能性)的是根本性的存在论和预备性的生存分析,但是这种领先在此同样意味着:作为后种系生成模式思考的、由“技术学”构成的分析的领先。**从这个观点出发**,技术学的分析也是一个先验的概念。但是这个概念自己陷
276 入绝境:它悬置了一切有关经验和先验的区别的可靠性。

“谁”(此在)的命运“连接”在世界存在者——“什么”——之上:这就是“包含”在它的实际性中的因素。[③]由此产生了此在的空间性的问题,这个问题融于它的在世存在,和灵与肉、内与外的区分无关,而且它动摇了一切关于“谁”和“什么”的明确区分——这在日常性中是显

① 海德格尔:《存在与时间》,第9节。
② 同上书,第10节。
③ 同上书,第12节。

而易见的。进入根本的时间性，就是在日常性中思考，这样日常性同时也恰恰呈现为一种混乱的“结果”，或更确切地说呈现为一种根本性的混乱的后果。那么和这种后果相反，如果说建立于世界之中并构成此在的已经在此的“什么”提供了进入此在本身的入口，我们是否可以提出确定更根本层次的“什么”的动力的问题？有一种存在者的类型是生存分析不能解释的：这就是有机化的无机物，或确切地说是上手之物之类，它从自身的动力中获得“活力”。关于用具性的思想在此无济于事，因为它没有把握**有机化**的动力，因而也没有把握本来意义的已经在此。

如果说在世存在总是以某种方式呈现为操虑，如果说“此在的存在本身只能以忧虑体现”，那么这个忧虑就是期待的结构。无忧是忧虑的一种特有的形式。由此，爱比米修斯原则既是无忧，又是对它造成的过失进行的不安的反刍——然而操虑则包含了作为预示性先于自身的普罗米修斯原则。

(3) 手作为“谁”对“什么”系统的（理解）把握

海德格尔接着指出，认识的澄清作为一种实在论的认识已经遗忘了“谁”和“什么”的根本的关联性，并将它丢失了。[①]爱比米修斯原则的意义则不同，用《存在与时间》里的语言说，它属于“存在论知识”。正是以这种存在论的知识为基础，一切认识才成为可能。如果我们认为，海德格尔本人从某种意义上“遗忘”了在代具性中提供进入世界入口的已经在此，那么我们的任务就是要认识这种遗忘的必然性，正如他本人曾提出要研究认识遗忘世界的必然性一样。[②]爱比米修斯

① 海德格尔：《存在与时间》，第13节。

② 同上书，第14节。

277 的名字就说明了这种必然性。日常的在世存在是使用。[1]使用同工具相遇——工具总是“用于……之物”：使用首先指引向“另一种工具”，比如文具、笔等。“什么”一贯是“什么”的**系统**。在工具的使用中，工具消失。它的形式，也就是说“什么”的形式，就是上手之物的存在，这种形式是理论认识所不了解的。工具本身即是预见：预见者普罗米修斯。

如此，一般性的手在“谁”之上运作一般性的“什么”（上手之物，也包括被认识遮蔽了真相的在手之物）。“谁”因其手而同“什么”相对立，而“谁”本身既非在手之物，也非上手之物。正因为有手，所以“谁”有物在手中或在手上。这个被手运作的“什么”形成系统。正是“技术系统”完全充满了世界。这种“系统”在现代技术时代将成为一个座架，它强化了**计算和确定**的系统性，因而也成为形而上学的完成。但是它却不可能具有任何特定的动力。它仅仅追随时间化沉沦在存在的历史遗忘之中的逻辑，其意义也就在于遗忘和遮蔽的烦忙的切实性。这种系统不可能具有任何**特有**的去蔽的原则。“什么”除了“谁”的“真实的”动力的倒转之外没有其他的动力可言。然而，“谁”的动力难道不恰恰是对“什么”的**助产术**的回应吗？

上手之存在是可以造成缺陷的存在者。[2]这个欠缺也是世界性的呈现（消失中呈现）的条件。就其**悬置程序的执行**而言，这个欠缺是一种修改和骚乱。这样被扰乱的指引结构由此变得明确化，它释放出使世界得以呈现的一种整体性——及其实际性，这个实际性既使世界呈现也使它消失。在普罗米修斯（谨慎和预见）原则中产生的断裂，是事后才发现的日常的过失和缺陷的结果——作为事后原则的爱比米修斯原则。这个原则之所以可能，完全是因为，预见从根本上说实际就是无

---

① 海德格尔：《存在与时间》，第15节。

② 同上书，第16节。

预见，或者没有完全预见——总是停留于**无确定**状态，也即总是建立在爱比米修斯的过失的基础之上。这个过失虽然起初被遗忘，但总是不断地重新出现，并为已经在此打下其实际性的烙印。已经在此同时也是指**尚未在**(不确定)。海德格尔不仅思考器具的概念，而且他是**从这个概念出发**进行思考的。然而，他并没有**完全**把这个问题看透：他没有 278
从中看到包括无预见在内的一切发现的原始性的和根本欠缺的背景；他没有从中看到恰恰构成存在之时间性的因素，亦即没有看到技术构成的通向过去——也即通向未来——的入口，没有看到构成历史之本来意义的东西。他总是(仅仅)从有用性的角度思考工具，总是把器具当作工具来思考；因此他就无法思考诸如对世界有训导意义的技术器具之类。然而在这一点上，关于可使用性的一些必然分析绝不同有用性意义下的烦忙相对应；不仅如此，在器具的施行过程中，发生了制作世界过程，而且某种断裂也由此产生。这种器具的悬置具有另一种类型，它与原本的器具性结合，因而也就是器具性。

(4) 胡塞尔的回忆概念和作为指引的"什么"的系统

海德格尔关于符号(指引最典型的工具)的概念既包括信号也包括残迹和资料。由此可见：

1. 把**符号**和**信号**的混同，说明不懂得示意或指意的动力，也即不懂得作为过去存在的指意规则(后面谈到语言的主体问题时还会讨论这种规则)的属于特有语言的不透明性，正如不懂得一般性的"什么"的动力一样；

2. 资料作为一种"图像意识"的特性，就胡塞尔的意思而言，是没有自身的厚度的。在这一点上，海德格尔忠于老师的观点。

胡塞尔的《内时间意识现象学》一书的目的在于，批判**原初联想**的概念，布伦塔诺正是企图从这个概念出发以认识时间性。这种由想象实现的联想产生一种对时间性时刻的"再现"，即再现具有过去特征的现在,同时这种再现又与现在结合在一起。[1]胡塞尔对布伦塔诺的原初联想的概念的批判,所针对的是布伦塔诺在这个概念中给予想象以解释滞留现象的作用。批判的基本论据是:布伦塔诺在赋予过去时刻以想象的特征的同时,实际上使得现在、过去和将来之间的区别成为不
279 可能,除非他断定过去和将来都是“非现实的”。与之相对立,胡塞尔则从对旋律这样一种时间客体的思考出发,认为时间现象应当作为一种变化过程来认识,在这个变化过程中,每一个现在时刻或每一个“原印象”都牵带着对现在具有**建设意义**的滞留和前涉。滞留属于这样一种“当前”:格拉内尔曾称之为“活的当下”,胡塞尔曾喻之为“彗星尾巴”。这种属于当前的时间现象的滞留也叫作**第一回忆**。

在第十二节中,胡塞尔阐明了滞留的概念:滞留不是知觉而是向知觉指引;滞留不是一种想象的产物,因为它实际属于时间的现实现象;滞留不是一种“第二回忆”(不是一个过去的时间现象的再忆并使之重新回到现时);滞留不是图像意识——我们通常所说的第三回忆。

“滞留的音符不是现在的音符,但恰恰是一个在现在中‘以初始的方式回想起来的’音符:它并非现实地存在于滞留意识之中。但是,属于滞留意识的音响时刻,也不可能是现实地处于其中的另一个音符,尽管这是一种同样质量的微弱音符(共鸣)。诚然,一个现在的音符可以唤起、展示一个过去的音符,给它一个图像;然而这已经假设另一种过去的再现。过去的直觉本身不可能是由图像组成的形象。这是一种原始意识。[……]共鸣本身,**或更一般地说,留存于较敏感因素之中的复本,它们非但不一定属于滞留的本质,而且和它毫无关联。**”[2]

胡塞尔在第十三节中明确指出,一般意义上的回忆,无论是第一性

① 胡塞尔:《内时间意识现象学》,第6节。

② 同上书,第46—47页。黑体字系作者表示强调。

的还是第二性的，以及由此包括的滞留，“并非一种图像意识，而是一种完全不同的东西。[……]在知觉中我看到的是当前存在，在展开的知觉——知觉构成的原本状态——中我看到的是持续的存在，同样，在第一回忆中，我看到的是过去；过去在回忆中给予我们，并且，过去的给予就是回忆”。

所谓第一回忆就是在原始印象中构成的东西。我们不可能“想象 280
一种不是印象意识的继续的滞留意识，[……]因为所有的滞留都自身向一种印象指引。‘过去’和‘现在’相互排斥。完全同一的东西可以是现在和过去，但这仅仅是因为它已在过去和当前之间持续”[①]。

滞留不是一种再现。否则我们就不可能谈论所谓的“活的当下”，并同布伦塔诺的心理主义相对抗。所以，不要混同滞留和第二回忆；第二回忆自身又区别于图像意识，因为它曾原始性地形成于原始的映象之中，这个特征是第三回忆所不具有的：第二回忆就是“再回忆”。

“让我们来考察第二回忆的一个例子：比如我们回想起一段最近在一次音乐会上听过的旋律。显而易见，回忆现象就其整体而言和该旋律的知觉具有完全相同的构造。作为一种知觉，回忆现象具有一点特殊：每一个回忆的现时刻对应着一个知觉的现时刻。我们在想象中浏览这一段旋律，因此‘几乎’获得一次听赏，从第一个音符到第二个音符……在每一个现时刻都有一个音符（或一段音符）。但是前一个音符并没有被从意识中抹去。在对当前听到的呈现于当前的音符的领受中，掺和着对刚刚听到的音符的第一回忆以及对即临音符的等待（前置）。现时刻又重新给意识造成时光圈，它完成于对回忆的领受的延续性中。[……]这种现象同知觉和第一回忆是一样的，但它们却不是知觉和第一回忆本身。我们并没有真正地听到旋律[……]。在再回忆

① 胡塞尔：《内时间意识现象学》，第50页。

中,时间的现在得到再忆或再现。同样,过去是再忆或再现的过去,而不是初始时的知觉的过去、给予的过去和直觉的过去。”[①]

由此可见,区别第一回忆和第二回忆的是知觉:

“知觉是[……]把某个事物本身放在眼前,即根本性地构造对象的行为。与之相反的再现不是把一件对象本身放在眼前的行为,它恰
281 恰在于再现对象,将对象的图像放在眼前,尽管这种行为并不完全以图像意识的形式体现。[……]如果我们把知觉定义为包罗一切起源的行为,即根本性的构造行为,那么,第一回忆就是知觉,[……]作为想象的再回忆只给我们提供了一种再现。”[②]

在作了以上区分之后,胡塞尔在第二十八节中将“图像意识”与第一回忆以及第二回忆相对立。就第二回忆借以成立的再现而言,“它并不是指一种以相像对象实现的再现,类似以图像实现的意识形象(比如油画、雕像等)。相反,在图像意识中,再造之物具有对象本身再现的特征”[③]。

由此我们可以清楚地看到海德格尔对胡塞尔的批判**应该**包含的观点:时间性的历史化概念就其构成“谁”的意义而言应当带来**未被经历**的、继承性的已经在此,这个已经在此**不依赖任何知觉而**形成,是一切现在性的构造因素,正因为如此,时间性不可能从当前出发来构思。这本应是一个论据,它有利于**彻底修正将第一、第二、第三回忆对立起来的**观点。脱离了这一层批判,实际性的概念就没有意义了。然而我们将看到,海德格尔是怎样维持上述对立的。

现在让我们回到《存在与时间》的第十七节:

① 胡塞尔:《内时间意识现象学》,第14节。

② 同上书,第17节。

③ 同上书,第28节。

1. 海德格尔在以飞行的箭头为例时，抽去了符号的一切动力和厚度，他不仅从如此定义的符号出发来理解上手之物，而且也用同样的方法来理解器具性，即把它视作由烦忙支配的、纯粹的“指意性”锁链。

2. 把资料包括在与信号混同的符号之中，并因此把器具性的理解定义为回忆——尤其是第三回忆和图像意识——的理解，这就不可能不影响关于回忆的一般性理解，不可能不影响对所有取决于后种系生成（已经在此）的事物的理解。 282

符号不是一种在显示性的关系中和另一种事物发生联系的东西，它是这样一种工具：这种工具使一个工具的复合体明确地关注环境，以至上手之物的世界相应而生。

[……]南风作为一种突如其来的存在者**不可能从一开始**就成为在手之物并具有气象学的意义，似乎它是事后因某个机会才穿上了先兆符号功能的外衣。相反，正是田野劳作对环境的关注，包括对南风的关注，才第一次发现了南风的存在。

通过这些总是把烦忙的目的性放在优先和显著地位的分析，海德格尔最终指出，世界性是由先于自身（死亡）构成的。但是他同样也要指出，这种和死亡的原初关系，符号引出其公众性，总是已经成为一种无关系，**答案**只能在这种先于自身的形式**以外**。由此，符号就属于沉沦之列，证据就是，指引不可能成为“什么”，而它却构成一切“什么”：

假如指引必须从存在论的意义上成为符号的基础，那么它本身就不可能被作为符号。指引并不是上手之物的存在性的确定，但是它却构成上手存在本身。

“作为上手存在者的世界总是已经‘在此’的”[①]并且已经在此的世界的载体就是器具——上手存在。这种先在就是指引，指引通向一个“目的”，目的就引向终结的最后限度——这个最后限度的意思直至《存在与时间》的第二篇才被作为走向终结的存在而展现，即不是向一个在手存在而是向在世存在——**此在**或“谁”——指引。这个“目的”因此就似乎先于上手之物——“什么”——的已经在此的可能性；但事实并非如此，明确这一点是很关键的，因为它指出一个已经在此的目的（走向终结的存在）和实际性是不可分割的：“目的性本身作为上手存在
283 者之存在的形式，只能在一个已经被发现的目的化的整体的基础之上被发现。”至于终结，由于它超出一切“什么”，并作为“谁”的终极可能性也超出“谁”自身，所以它是一种超越和存在（意思）的宣照，在此，终结就被称为“向‘什么’”。关于此在的终结的理解本身只有借助关于已经在此的“什么”的理解才会实现，而且才可能实现。这里，已经在此的“什么”既在目的中又具有目的：

> 此在总是已经同某个属于预先赋予它的目的之物连接：此在就其自身而言总是和一个以上手之物构成的存在者相关。

此在在与内在世界的关系中已经并正在体验的这种目的性，就是由世界、指意构成的关系规则预设的一种理解。这些关系的总和就是使言语指意成为可能的指意性：胡塞尔所说的本质以及意向性都必须从走向终结的存在出发来认识。这个论点是至关重要的，因为它——在批判的基础上——提出了在胡塞尔现象学中是不可思议的特有语言性的（后）遗传学。

① 海德格尔：《存在与时间》，第18节。

(5)海德格尔的去远[①]化的遗忘

空间性是作为上手之物构成的，也就是说它是一种邻近性，而手则成了空间的构造因素。在明确了这一点之后，"谁"的空间性具有去远的特征，[②]"谁"具有"一种求近的本质倾向。我们当今或多或少都被迫一同提高速度，而提高速度的一切方式都以克服被远离存在为目的。比如，'无线电'的产生使此在如今在扩大周围世界的道路上迈出一大步，消去'世界'之远离的程度在其生存意义上**还无法一目了然**"[③]。

一切"上手"无非是指一种只能来自原始性的去远的邻近。上手的一切**最终**都只能因为在手没有给予之物。只有这种无给予才是给予的，也就是说，唯一的给予之物就是无法把握的在手无物。手就在这种虚无中**把握**。代具运用于去远的目的，无线电不过是一种代具（当然是 284
一种很特殊的代具，所以它的"生存意义"才很难认识），就像眼镜和街道一样。然而，这些代具都基本上被遗忘了：

> 如果说看和听能够投射到远处，这并非是由于它们的自然"射程"，而是由于作为去远化的此在在它们身上具有绝对优势。比如，对于一个戴眼镜的人来说，眼镜近得就在"鼻梁上"，但是这个使用工具却比他周围世界中的挂在对面墙上的画离他更远。这种工具是如此的不邻近，以至往往一下子绝对无法被察觉。用于

① 去远(Ent-fernung)："Ent-fernung"一词通常在法文中被译为"éloigner"，即远离或距离。海德格尔在《存在与时间》中是在否定的意义上使用这个词的。也就是说空间性对于此在的意义就是去除距离，在世界中和其他存在者接触。作者根据这个意义，把"Ent-fernung"译为"é-loigner"，强调技术对空间距离的消减。所谓"去远"，就是指人不断地利用技术的"代具"来减小空间的距离。——译注

② 海德格尔：《存在与时间》，第23节。

③ 黑体字系作者表示强调。

> 看的工具和诸如电话听筒之类的用于听的工具一样，具有不引人注意这种首先在手存在者的特征。再如对于街道这种用于行走的工具而言，以上特征也是同样有效的。

但是上述特征也正是代具的主要特征，我们通过这些被自然化的代具自然而然地看、感觉、思考等。这一点尤其符合文字、资料以及一般性的已经在此，特别是那些为进入过去的已经在此、过去本身以及过去的过程和存在提供了入口的已经在此。否则已经存在不可能借助痕迹、**作为**已经存在及其**实际性**——也即不曾存在的可能性——向“谁”呈现：图像意识的特殊性以及其他第三回忆，由于海德格尔对此在的去远化的关注而被忽略了，而忽略的必然性正是他本人描述的而又熟视无睹的东西。值得惊奇的是他竟然对“什么”如此不加理会，而关键恰恰在于，“什么”是已经在此之已经的构造因素。这个遗忘不久将会影响到有关历史和古代性等的分析，它完全来自这种“无强求”，即原始性的爱比米修斯式的疏忽，海德格尔在描述这种疏忽的同时也犯了同样的疏忽。[①]海德格尔自己的烦忙造成了他的遗忘，并说明了去远也是由烦忙控制的。

在去远的同时，此在自己指向“符号”的基础，并打开了进入“区域”的入口。但是在这类取向和入口的问题中，“区域”的开口仍然是由
285 过去已经在此的载体操作的安排确定的。从它们提供入口的角度而言，这些载体既像是复原或重新构造的“图像”，又像是“航行工具”和导航的程序，这些就决定了此在对自身存在、对阅读程序、对存在（的理解的）遥控的预先理解。比如，拼音文字的程序特性应当是从一定的**确实性**出发复原或复原性地构造“谁”的存在：一定的确实性使加里安能重读柏拉图——哲学的已经存在，或更一般地说是一个已经在此。这种程序特

① 类似的疏忽如今还影响着“认识论科学”，参阅本书第一章第二卷。

性是同某种特定的遥控——存在的历史——分不开的。这个分析的主要结果就是，一个纯粹的构造是没有入口的：**构造总是重新构造**，它与其说是遗传性的，不如说是后生成的，或如尼采所说：它是**系谱性的**。

(6)“谁”的程序的中立性(neutralité)

如果说关于此在的问题就是“谁”，这是因为它的存在是一个“我”的问题。“‘谁’就是在行为和经验的变化中保持一成不变的因素，它因此也就和多样性发生关系”。但是日常此在之“谁”却并不是“我”的“谁”。在此，把握此在的基点必须是它的日常性——它的实际性，以及它的在世和“从一开始而且最经常地”被世界捕捉的事实。这就意味着，要借助现象学抛弃所有自我性逻辑：进入“谁”的入口不能由把世界以及在世界中相遇的“谁”(自我)圈入括弧的做法实现。生存现象学的目的不在于自我逻辑意向性的行为。经验必须被生存取代。这种“谁”是否布朗肖所说的无人格知识——中立性的“谁”？既是也不是。因为对于海德格尔来说，“人们”是不死的。而只有布朗肖认为，“人们”会死。[①] 286

其他人并不是首先被作为非我确定的，相反，人们在同其他人的相

① “死的事实包含了这样一个根本性的转变：死亡本来是我的权力的极端形式，现在它不仅因为将我抛却在开始甚或终结的权力之外而成为剥夺我的权力的因素，而且变得和我没有关系、对我没有作用，失去了一切可能性，是无确定的非现实性。这个转变是我无法再现的，我甚至不能作为某种确定因素来把握，它并非那种一去不返的不可逆转的过程，因为它没有完成，没有终结，没有休止……这是没有现在的时间，我和它不发生任何关系，我不能向它行进。因为对于这个时间而言我没有死，我被剥夺了死亡的权力。对于这个时间而言，‘人们’死亡，‘人们’不停地死亡……这并不意味着终点，而是没完没了；不是指死亡本身，而是指随便某个死亡；不是指真正的死亡，而是指卡夫卡所说的那种对自己的根本性错误的嘲笑……”布朗肖：《文学空间》，第160—161页，“观点”丛书，1955年版。参阅德勒兹在《差异和重复》第149页中的有关评论。

遇中，“常常不和自己作区分”[①]。此在的位置（在世界中）是由它的所作所为确定的，而“其他人”同此在在工作中相遇。诚然，此在总是生活在一种和其他人的差异之中——或是消减，或是加重这种差异：这就是距离。[②]但是这也就是说，此在从一开始就处于其他人的影响之下并且不是它自己。“存在的”是“人们”，“谁”是中性的。它包含了一种趋于存在（差异）的一切可能性的庸常水准的基本倾向：这就是公众性（或者说公众观点），它首先调节着“关于世界和此在的一切解释”，消减此在的日常性。由于烦忙的此在分散在“人们”之中，而“人们”“确定了示义性的指引的复合体”，所以此在必须找回自己。这种自我的再发现意味着“驱除覆盖和昏暗”，“同造成此在自我封闭入口的遮蔽决裂”。这样的回归是在松散中实现的，“在这种松散中此在成为自己的承担者”。存在作为一种重量而变得明显。**在“什么”中，“什么”的重量被“谁”把握，“什么”的重量就是作为“谁”（的可能性）**。此在正是在这种情绪中“敞开”的，即向它的“需要存在”，向……“谁”敞开。“在此之存在的全面敞开这种不寻常的状态，[……]我们称之为被抛存在状态（‘无依无靠’）。”“通过被抛存在状态，我们试图揭示迫使人成为自身承担的**事实实际性**”：这就是性能的缺陷的既成事实以及代具化的技术性。这同样也是遗忘的事实——爱比米修斯原则，因为，全体之所以敞开，“这并不是因为把目光投向被抛存在，而是因为转向被抛存在以便回避它”。全体性为之敞开的是整个在世存在，即此在的**可能性**，它不同于“什么”的可能性，“它低于切实性和必然性”，“相反，作为生存意义的可能性是此在唯一的、最根本的、积极的存在论确定性”[③]：理解
287 的生存结构就是投射，它以被抛存在状态为前提。正因为如此，所以这

① 海德格尔：《存在与时间》，第26节。
② 同上书，第27节。
③ 同上书，第31节。

种理解既常常处于"一整套已经被理解过的表达方式之中",同时又建立在带有预见性的先于自身之中。

这种"预先获取"的结构动摇了一切解释——比如本文解释。从此,"一切致力于理解的说明,都必然包含了需要说明的因素"——这恰恰是《美诺篇》中早就提出的两难推理。柏拉图否认死亡,并因此开辟了思想史上的形而上学时代,把这个两难推理从柏拉图的意图中摆脱出来,就意味着直面已经在此的问题:历史性就是循环;循环性又只有通过对程序的分析,也即通过对作为爱比米修斯原则载体的已经在此的实际性的分析,才可以理解;就这个意义而言,历史性属于后种系生成形式,因为,预先理解必须根据已经在此的某种载体固有的可能性而变换。这些"什么"的可能性并不是那种简单地取决于海德格尔同"谁"的可能性区别开来的现实的可能性,特别是这种程序的特征是语言本身的构造因素,语言"每次总是自己已经包藏了既成的概念体系"[①]。海德格尔在第五十三节中写道:"**走向死亡这种可能性的存在的最近的近处,对于一个现实的东西说来,则是要多远就有多远。**"这种论述描述了延异的结构。**然而,这种可能性赖以构成的现实性的去远运动难道不也是同样明显地触及像本文之类的"什么",或者说一切"世界历史"的痕迹吗**?"什么"的可能性是"谁"的可能性本身的构造因素,换言之,"什么"的可能性不是,而且也不比"谁"更接近康德所说的实体,也不属于"现实的范畴"[②]。

(7)作为"图像意识"的工具

语言的程序性特征促使听本身具有先决的程序性:

① 海德格尔:《存在与时间》,第33节。

② 同上书,第43节。

> 我们从不，也永不“首先”听到响声和组合音，我们首先听到汽车声和摩托车声。[……]这是一种现象上的证据，它证明，此在作为在世的存在，每次都已经停留在世界中的上手之物的旁边，而
> 288 绝非首先寓于“感受”，仿佛这团纷乱的感受先须整顿成形，以便提供一块跳板，主体由此起跳以最终到达一个“世界”。①

意向性的质料总是已经具有意向的。海德格尔认为，听只能产生于对上手存在者的根本邻近，他还批判了将形式和物质对立起来，如此，海德格尔实际上就使我们得以引入一种既非第一回忆，也非第二回忆的上手存在者的问题。这种存在者根本就没有被海德格尔和胡塞尔的分析包括，但是它却直接就在工具之中，作为工具的意思本身。

工具首先是回忆：若非如此，它就不可能像示义性的指引那样起作用。我是从指引的网络和指引本身的意义上来探讨包括“轰鸣的汽车”这一类“工具”的。工具从原则上说指向一个已经在此，也就是指向一个“谁”并不一定亲身经历过的“预先所得”，但是这个“预先所得”却在“谁”的烦忙中追随而来。这就是后种系生成的意义。工具首先作为图像意识而起作用。这种“第三回忆”的构造性奠定了“谁”的不可磨灭的中立性，即它的可程序化的性质，其中首先包括作为调节语言的语法的性质。

(8) 特有语言自身之外的特有的(无)忧和死亡的文章

语言的程序化的特征就是“人们”的公众性(我们将称之为**示义**，它停留在“谁”的每一个“层次”，包括它纯粹的孤独，也就是指既在“其外”又在“其中”:“谁”是特有语言化的，它即是特有语言，它里里外外都渗透了“属于它”的、不可消除的“公众性”；我们将在固有本文性

① 海德格尔:《存在与时间》，第34节。

的范畴下来讨论“谁”的这种**内在公众性**的构造性，同时我们也要参照爱比米修斯的固有性）。这种公众性实质上是可重复的，在海德格尔的论述中，存在着两种重复，因为重复又将构成类似刚刚已经存在的循环的方式的可能性。作为一种去根，“机器化”的重复就是闲话，文字无非是它的延伸。取决于第三回忆的因素总是从这种延伸的（沉沦的）可能性出发来理解的，海德格尔称第三回忆为世界历史；不仅如此，这种可 289
能性也是理解一切构成已经在此的此在的因素的起点。

正是在这一点[①]，海德格尔强调生存的本质薄弱，他关于缺陷存在的观点已非常接近普罗米修斯-爱比米修斯的结构，并因此进入忧的问题。此在的存在就是忧，“因为以前的存在论问题总是首先把存在从在手之物的意义上理解[……]，并且使此在的存在一直未得到存在论的确定，所以就需要澄清忧、世界、上手之物、在手之物（现实）之间的存在论关联”[②]。

从存在论的意义上进入忧是一个手的问题。手的什么？“什么”的什么？“谁”的“什么”的“什么”？理解通过手表示的“谁”和“什么”就是真理。传统一直把这个真理狭义地理解为属于在手之物的“什么”本身的真理。但是，真理是“谁”和“什么”相互表示的真理。“谁”就是对死亡的表示。在畏惧中，此在面临一个“什么”[③]。在恐慌中，此在面临“它的”“谁”，“谁”从某种意义上说疑问地“呈现”在它面前，但是“谁”并不显示，它的“谁”即是对“谁？”的疑问。被疑问的“谁？”转向“什么”以便逃避它的“？”。这个“？”就是它的**不确定性**，在这个不确定性面前，世界的目的性崩溃了，世界获得了“完全无示义”的特征。但是这个“？”也就是“原本的在世存在”。简言之，“恐慌”即

① 海德格尔：《存在与时间》，第38节。

② 同上书，第39节。

③ 同上书，第40节。

对世界的敞开。

恐慌造成孤独，并因而向可能的因素敞开。孤独并非孤僻，而是在世，在世却又意味着不在自身。世界的亲临性在沉陷中变得在自身以外存在，这就是爱比米修斯式的处境。

> 确保亲临的在世存在是此在的奇异（外在）性的一种形式，而不是相反。对于自身以外的存在，必须从本体生存论的意义上作为**更**根本的现象来理论。

“人们”的特有的公众性是一种特定的亲临性，它构成一种去根。然而还有一种更根本性的去根。

充满忧的此在“先于自己”并超越自身：在自身之外的存在论意
290 义就是提前，时间性的本质现象就是未来。“先于自身的存在就是指：在已经在世的存在中先于自身而存在”[①]，即先天存在。已经的意思是：一切总是已经开始，然而恐慌的不确定也就是指什么也没有开始，因为什么也不会结束——此在**永远**也不会结束（存在），它对自己永远是这个“？”。它自己没有终结，面对着无终结的虚无、虚无的连续和连续的虚无，也就是面对既确实而无可争议同时又不可能的终结。“换言之，生存总是实际的。生存的意义本质上是由实际性决定的”。但是，孤独“回归”的可能性就其自身脱离世界历史性的意义而言，并不是我们在爱比米修斯原则意义下所寻求的东西，而且，关于去根的论述仍然是非常模糊的。

“忧”塑造了“人”，并伴随一生，终了，人的灵魂回归尤皮特，肉体回归大地。在希腊文中，和“忧”——在此以爱比米修斯为代表——一词相对应的是“期待”，它具有遗忘和知识、希望和担忧、错误和真理的

① 海德格尔：《存在与时间》，第41节。

双重意义——真理即是走出遗忘的**去蔽**：遗忘是原始性的，正如爱比米修斯的过失标志了起源的原始性缺陷，所以“敞开本质上是实际的”，“此在每次总是已经在真理和非真理之中”[①]。忧的这种结构体现着普罗米修斯原则和爱比米修斯原则的一体化。普罗米修斯的经验是爱比米修斯原则的第一阶段，它体现了漂移、初始的薄弱，仅仅由此出发产生了某些东西。从总是产生过失的经验出发（即通过敞开某个领域的发现而实现的覆盖），原本的缺陷存在的事后沉思才是可能的。因此，即使在闲话的重复中，“作重复的此在为它讲述的存在者本身进入一个存在。但是它免除了——它执意免除——发现的再一次根本性完成”。

这样一种重复的可能性，自身建立于**后种系发生**的结构之上。经验的这种重复，同时也是经验的覆盖，它发生于作为器具的一切自身之外的范围。作为一切真理之背景的历史性，从根本上说也是来自这种重复，重复同时掌握进入（原本的已经在此）的可能性和该入口造成的遮蔽：文码同时为计算、确定、字母、不确定。在此，作为真理的“去蔽” 291
不能和确正的已经在此的构造区分开。这里，被我们称作确正的已经在此的范围，包括所有的记忆和一切形式的“精确”记载，比如拼写文字的记载：由拼音、线性文字经过照相和录音直至电子记载。加里安曾经说过，“文字书写和手的运用，使我们可以和柏拉图、亚里士多德、希波克拉底等其他古人交谈”，实际上也包括了加里安本人、海德格尔以及一切“自身存在”的过去存在，这种交谈的方式，自柏拉图以降，不留下任何字面疑点。这一切都是因为有确正的文字的精确记载。只有发现的物质化才同样可能使从“在手”存在者或实体出发对真理的理解——作为精确性——成为可能：实体只能存在于一定的载体之上，依载体而生，也即和载体处于一定的关系之中。对精确性的批判（尤其是对时钟的批判）和对实体论（在此，实体论总是被定义为形而上学）的

① 海德格尔：《存在与时间》，第44节。

批判,是紧密相连的。

时间性就是重复。正如一个特别的人,他的特有语言只能自我重复。既然存在着两种类型的重复,所以也存在着两种类型的去根。这种双重性来自一个过失或负债的存在,在此,我们称之为缺陷性存在。

2. 过失性存在的结构:作为对"什么"的介入(第二篇)

(1)缺陷性存在:作为可能中断一切程序的程序化

具有生死的"谁",作为一种不确定的可能性自我超越,它的沉沦(在烦忙、好奇等中闲谈)的意思是逃避不确定性、企图确定终结、调平"差异"。

"谁"的不确实性,它的无预定性,它的命运,建立于死亡的不确定之上,这种结构的构成就像在普罗米修斯/爱比米修斯原则的结构中一样,其中期待具有忧的模糊属性。由于这个结构是建立在已经在此的程序性之上的,所以它**重复**——而绝不是超越——不可消失的实际性,
292 这就像对现行的程序的中断,一种生存性的**中断**(而且也是一种从**某种记时性的形式**——存在的历史——出发的历史性中断)。这种现象就像一种过失或负债的"意识"一样发生:"死亡并非没有区别地'属于'此在,它呼唤一个作为个体的此在","最切身的可能性"就是中断日常公众性"程序"的可能性;这是构成"谁"的超常的可能性,即"走向死亡的自由",中断"谁"的通常的中性,改变一个"通常不是我自己而是'人们'"的"谁"[①],从而形成自我。"人们"属于"谁"的实际的"存在能力"已经决定的存在,规则、标准等是它的形式,"人们"抽去了"谁"的一切自由选择,像程序一样作用:亦即此在可中断的程序。这样的中

① 海德格尔:《存在与时间》,第54节。

断——同“以‘人们’之声扰乱自身之音”的现象的决裂——的可能性来自一个过失性、负债性和缺陷性存在的“呼唤”。“听到”呼唤的“谁”就是“决心”。

过失在它们的累积中被遗忘，彼此覆盖；然后就有过失的经验：不是指某个特定的过失，而是原本的过失性存在的过失本身——这种原始性的缺陷就是被海德格尔称为Gewissen的起源的缺陷。被呼唤、谈论和疑问的“谁”就是此在本身。但是由“谁”来呼唤、谈论和疑问？这个“谁”“处于一种惊人的不确定性之中”。[①]“意识作为对忧的呼唤而呈现”，“意识之声提出一定的‘债’”或一种“过失”。如果说爱比米修斯原则必须从“谁”和“什么”的相互表示——死亡原则——的角度来认识，那么，“呼唤”的“谁”就是先于“谁”和“什么”的区分的“谁”，是先于外在于根本性的自身之外的“什么”的“谁”，是先于起源的原始性缺陷的“谁”。

> **没有任何东西**可以从“世界”的意义上给呼唤者以“谁”的确定性。它是处于陌生中的此在，是世界的虚无中赤裸的“它存在”。呼唤者和日常的“人们”本身没有亲邻关系——如**外来陌生**的声音。“人们”迷失于它所烦忙的纷乱“世界”之中，对它来说，还有什么比那陌生的孤独和被抛进虚无的自身更陌生呢？ 293

这个“谁”的虚无道出了“谁”就是、尚且是而且永远是虚无：它没有开始，也不会有终结，它被“抛”在所有切实地获得的“自身”之外，“自身”就是它的延异。缺乏同一性这个标志给予“谁”的结构是：它总是已经在多种分散不同的场合下构成自身，由此，自身单一实体被作为永远未来的东西体验。

① 海德格尔:《存在与时间》,第57节。

我们对德文“Schuld”一词的理解，与其为罪责、过失，不如为缺陷。但是，罪责来自缺乏神赋，过失的起因是遗忘引起的盗窃“神火”。诚然，不能把缺陷理解为缺乏手下存在者，“罪责的概念不仅要被抬高到超出计算烦忙的领域，而且还必须解脱同义务和法规的牵连，而一个人违反义务或法规的要求原是要承担罪责(过失)的”[1]。

无论如何，罪责和过失都具有“否定的性质”。

> 因此，我们把“有罪责”的生存论观念从形式上确定为：作为一种由“不”确定的存在的基本存在，这就是说，作为一种虚无的基本存在。[……]有罪责存在并不首先作为某种负债的结果出现，而是相反，[……]负债只有“基于”一种原始性的有罪责存在才成为可能。[……]基本存在是指[……]：从基础上说，从来就不占有自己最切近的存在。

这就是性能的缺陷和缺陷的共同体(陌生性的平常化)。“不”是一个普罗米修斯和爱比米修斯结构所具有的特性。爱比米修斯原则包含了延异性，因为它是指此在或“谁”的本质的未完成和本质的偶然性(薄弱)。

“自身”是此在的“自治”，它“既非实体也非主体”[2]。在世存在不是一种实体-主体。真实的“劳作”——时间，是植根于特殊性、个体化和“自治”之中的间距，它与辩证的综合是不相容的。但是，问题在于，对黑格尔的实体概念的意思存在着另一种解释，其前提就是，决心在它的可能性中，有一部分在**已经**的形式下，与已经在此托付的“存在者实
294 体”发生了实际的和非实际的关联，已经(对于一个沉入**尚未到来**之中

① 海德格尔:《存在与时间》，第58节。

② 同上书，第61节。

的“谁”而言）确定了实体的实体性。因此，自治形成于他律之中，这不仅仅在于接受他律，而且在于听从他律的**动力**本身——并且无须假定这样一种“助产术”的辩证必然性。

起源的缺陷（罪责）和终结（它总是一种缺陷）是同一层关系的两个“方面”：一切先于自身行为中的技术定向，在只存在着作为实际性起源的缺陷（只有罪责或过失）这种严格意义上说，是作为对已经在此的场合的体验而存在。“只有从此在的**整体**存在的基础出发，先于自身行为才使负罪存在显而易见。忧同样原始性地隐含了死亡和罪责于其自身。”[①] 如果说罪责-过失确是缺陷，那么已经在此的代具性就是忧的真理。

（2）手的手段和“什么”的无限性

此在迎向未来：它起始于未来的初始现象，这种未来的初始现象是作为向已经存在的回归。向已经存在回归就是作为承担已经在此（实际性）的被抛状态：

> 承担被抛状态是指：真实地作为此在，即如它每一次都已经存在过一样。然而，对被抛状态的承担之所以可能，仅仅在于：迎向未来的此在能够是它最切己的“每一次都已经存在”，也就是它的“在过去”。只有在此在一般性地作为“我曾经存在”的前提下，它才能以向未来的方式从未来回到自身。[……]向极端和最切己的可能性的先于自身，就是理解性地回归最切己的“在过去”。[②]

① 海德格尔：《存在与时间》，第62节。

② 同上书，第65节。

此在具有循环的性质，对于它而言，进入未来构成于进入自己的“在过去”，进入“在过去”也就是进入未来，起源就在终结，终结也就是起源——这里唯一的延异就是时间（回归、延迟的时间），也即实际性（它本身也是延迟的：被抹去、被遗忘）。既然如此，问题就在于进入一个此在没有的**它自己的**过去：一个它自身没有（经历）的过去，这就不仅仅是**它的**过去。这样就有了超出。虽然海德格尔第一次提出了这个问题的必然性，但是他并没有把它彻底弄清楚。他指出：从通常的出离
295 观念出发对时间的理解——包括胡塞尔在内——必须要被抛弃。过去的已经存在不能被作为过去，迎向未来不能被作为未来，切近的现时存在不能被作为现在：此在不**在时间中**，因为它既不是在手之物，也不是上手之物。“什么”在生存的“谁”**构成**的时间“中”。但是，如果说“什么”的可能性不可能总是归结于从现实性的范畴出发来理解的切实性，那么它是否还能如此简单地被认为是存在于由“谁”**构成**的时间**之中**呢？是否从**某种方式**——也即从手的手段角度——说来，“什么”就是“谁”的时间呢？此在的未来不是在手之物的未来，因为它是存在的动力。但是，此在的已经在此也不是“过去”，因为它的“在过去”一直留在它的生存之中，而一个过去的在手之物就不复存在了。“此在从来只作为被抛状态‘出现’。”对于此在来说，它的过去和它没有经历的过去同样真实，不仅如此，这个没有经历的过去比所有**它经历的**过去更具有**已经在此**，更具有**它的**真实的**在此**的意义。然而这种“曾经存在”的特性并不因其自身而被提出。

无论怎样，在理解表示延伸的三种术语方面，这些移位明确指出：时间性印刻在实际性之中：

> 此在于它的**现身情态中**受到它自身的袭击，恰如一个仍然存在者已经存在过，而且一直是这个过去存在者。实际性首要的生存论意义，就在于过去存在。忧的结构的表达借“先”和“已经”

这样的词语表明生存性和实际性的时间意义。

“完全的出离”“时间性就是原始性的自在自为的‘在自身之外’”。

> 问题并不在于知道哪些东西“在时间的延续中”照样产生，以及“从这种时间”出发何种“任其突至自身”的东西会迎面碰上；问题在于知道“来到自身”本身是如何被原始性地在其原本的意义中确定的。

这最后一点是成问题的：决心的意思仅仅在于把自己投射到“面对”有限性的持续的无限性中，也就是投射到自身之外（或自身之后，比如**不能让**洪水泛滥于我之后，英雄主义给决心赋予典型的——也是模糊的——意思）。这种（对“自身之外”所包含的“自身之后”的意思的）忽略同对已经在此的可入性的忽略是对称的：已经在此的可入性只有借助在对终结本身的持续体验中的无限性经验（过去的经验和继 296
承过失的积累）才成为可能。这个问题的根本性还在于它同样制约着“什么”的**动力**：正因为先于自身投射到“谁”以及其他在场的“谁”之外，投向未来的“谁”，所以“谁”就要关注“什么”及其变化，投射出另一个“什么”的背景，并肯定一种由过去、现在和将来的“谁-什么”整体构成的无限的有限性。这种关注、护理或对“什么”的烦忙的烦也许不单单是一个简单的对已经存在的占用。

这样的“无忧”不再和胡塞尔所说的可以无限反复的科学相关，同时也不再和柏拉图否认的弥散相关，它构成布朗肖所谓的无人格的、比对死亡的无知更原始的知识。但是，把技术当作我们自己构成的存在者进入其存在者自身的入口的原始背景，是否意味着使生存论的时间分析非人类学化成为可能？当海德格尔试图在《时间与存在》一书中不依靠存在者（此在）来思考存在时，他是否要把对时间的理解从这种有限性中彻底转移?

如果此在的“有限”可以提供对时间现象的理解,那是因为这个理解的起点是“什么”的无限性,它给此在提供了先于它已经存在、并只能在此在(视野)之外的**遗产**。所以这个原始的时间性还不够原始,尽管我们不否认:“只因为原始的时间是有限的,所以‘派生’的时间才可能作为无限而成为时间,[……]时间原始地成为时间性的时间化,并因此使构造忧的结构成为可能。时间性从本质上是出离的。时间性之原始的时间化起自未来。原始的时间是有限的。”

然而,这种有限在“什么”之中构成,“什么”作为后种系生成的投射是不确定的,并由此**属于**超越此在之有限的推断的无限。在《存在与时间》的计划“失败”,以致海德格尔放弃该书最后一部分的写作打算
297 之后,转向(kehre)是不可避免的。

(3) 作为唤回的重复以及非我的发明

走向自身就是回归“已经”(此在在“已经”中才能使自身在“此”):这个重复就是曾在。如果这里涉及的既是世界的“已经”,也是此在“经验”的“已经”,那么回归——重复“再生”——的条件不可能是庸常的:把未经历的经验包含于决心的“瞬间”,这样做意味着被胡塞尔排除的既非第一性亦非第二性的“回忆”重新加入时间的范畴。海德格尔本人从未跨出这一步,但他恰恰**在此**引入了回忆的概念:烦忙的回忆建筑于对曾在的遗忘的基础之上,而(缺陷的)“唤回”却是曾在的回归——成为恐慌的基础的回归。

理解、处境感(现身情态)和沉沦(期限)构成时间的三种形态。在这三种形态中,时间每一次都根据一种出离状态完全地规定自己,因为它不是连续的。它之所以**能不是**或者不能是连续的,是**因为**曾在“掺入”了此在未经历的已经存在,也即处于此在的最彻底的已经状态中的已经在此:它总是已经“在我之先”、在“谁”之同一性之先,已经存在

的“什么”之间的差异已经给它打上烙印，使之**已经**变质——尽管它可以被称作圣贤、祖先、父亲或其后代，这些只能是一种综合，这就是海德格尔从第六节就试图指出的问题。“曾经存在”的物理性痕迹原始地属于时间性的现象，但是这需要对胡塞尔的回忆概念进行一般性的批判，因为这个概念在海德格尔的分析中不仅没有被采用或概论，相反它被排除了。

烦忙总是处于一种工具的复合体之中，**一样**工具总是从属于某个目的性，而该目的本身又取决于时间性之时间化的某种形式。这种形式就是遗忘。然而，这个自我的遗忘就其指示一个更加原始的时间性而言是否忘得有益呢？布朗肖在讲解黑格尔时曾指出：“[……]想要写作的个体从一开始就被这样一个矛盾阻挡：要写作，必须具有写作的才能。但是才能就其自身而论是没有意义的。一个人只要没有伏案动笔，就不可能写出著作，作家则不成其为作家，他也就无从得知自己是否具有成为作家的能力。他只有在写作之后才具有写作的才能，但他又必须有才能方可写作。”[①]“黑格尔在他的论述中把人类作品作一般性的考察”：作家展示了发明问题的严格性，正如“事后”的悖论一样—— 298
这是一个起始、产生、新生的问题：时间问题。正是如此，作家把自己的才能置于作品中，“也就是说他需要通过自己创作的作品来认识自己的才能和作品本身。作家只能通过作品表现自己、实现自己；在他的作品之前，非但他不知道自己是什么，而且他什么也不是。他只能从自己的作品而开始存在，既然如此，那么作品又如何存在呢？[……]”黑格尔认为，作家“必须直接动笔并立即行动，无论环境条件如何，更不要去想开端、方法和结果”[②]。

然而这是因为既没有方法，也没有结果和开端。这个适应于作家

① 布朗肖：《文学和死亡的权利》，“La part du feu”，伽利玛出版社，第295页。

② 同上书，第296页。

的原理同样适应于一般意义的、作为一种发明者和生产者的有机体的人。这个写作的问题不过是更彻底地表现了人类记忆问题。所以，“如果我们在劳动中看到了历史的力量，即在改变世界的同时改变人类的力量，**我们必须承认作家行为所包含的劳动本身的形式**。[……]比如，我有取暖的计划。只要这个计划停留于愿望，我尽可以从各个侧面思量它，但是它不能给我取暖。现在，我制造了一个火炉：这个火炉把原来空洞的愿望转化成真理；它在世界上肯定了一件原来不存在的事物的现实，与此同时，它否定了原有的事物；原来在我面前的是砖石和生铁；而现在，砖石和生铁都不复存在，取而代之的是这些因素转化——被劳动否定和消毁——的结果。随之而来的是世界本身的变化。[……]那么作家的创作又是什么呢？他之所为也就是人类的劳动，不过是处于一个最高的层次罢了。[……]他进行写作的基点是：一定的语言状态、文化类型、某些著作，但也包括一些物质的因素，如墨水、纸、印刷等[……]**在写作之前，我曾经有过写作的打算，我至少有过写作的计划，但是在这个打算和它借以实现的书之间，我看到的是同存在于取暖的愿望和使我取暖的火炉之间一样的差别**”①。

创作就是本质的忘却自我，使**它的**非我产生。但**非我**不是自我，虽然是“它的”，却完全不同于它（至于黑格尔是否也忘却自身的问题在
299 此无关紧要）。这个非我处于特殊性语言的中心。同时，而且尤其重要的是，这个非我把劳动、创作发明、新生事物等问题带进另一层意思，它同海德格尔在分析“好奇”问题时提出的意思是完全不同的。

的确，海德格尔没有把握创作的问题，这尤其体现在他就此专题讨论的第十五节中。这个由布朗肖提出的问题已成为一个根本性的问题。

---

① 布朗肖：《文学和死亡的权利》，第304—305页。黑体字系作者表示强调。

这个观点同列维那斯的有关非我之消亡的论述[1]，以及巴特在《明室》[2]里展开的射影现象学的观点一致。巴特曾借助照相的现象，将死亡学问题和“曾经存在”从完全自我同一的个体性中解脱出来。巴特式的“曾经存在”的观点的意义就在于：**照相**使人们可以看见未经历的过去，看见非我过去的生存和作为非我的死亡，并从中通过投射于照相的死亡中看见我的死亡：“一切射影都属于这样一种悲剧。”[3]（这种照相的可能性的基点就是一种第三回忆的形式，其特性必须从现象学的——在此也就**必然地指从技术**的——角度进行分析，以便认清这类**现象**。）然而这种悲剧也就是一种重复的经验，其中照相的“已经在此”的个体性体验和回归死亡的体验是根本相连的：作为唤回的召唤，沉默得可怕的Gewissen，**无声**的受难，哀悼的**劳动**，**不可计算的罪责**。

由上所述，我们关于布朗肖的解读同样意味着一种“转向”[4]——一种不忘记“自身之外”的转向：它不是向自身的回归，而是事实上（从文字）走向外面，走向“世界”。在布朗肖那里，文字（以及它所包含的一切现象：器具性意义上的外在，即技术）是原本的时间性的原始的、构造性的背景。公众性是这个“转向”的本质，因为它就是一切文字的意义。 300

（4）器具和科学之手

科学诞生于手工操作的中断：它标志着“手的退出”。但是，一方面，科学超出手的范围；另一方面，它也属于一种实践，并运用器具。所以它仍然是一种操作。它在中断了手之后又重新启用手。为了把存在

---

① 列维那斯：《死亡与时间》，Livre de poche出版社，1990年，第15—17页。

② 罗兰·巴特：《明室》，伽利玛出版社、瑟伊出版社、电影手册联合出版，1979年。

③ 同上书，第148页。

④ 参阅《文学空间》中有关使用的论述。

者纳入自己的范畴,科学必须把握存在者,即置存在者于手下。那么这只剩下的手恰恰是我们最感兴趣的:

> 即便是对一些问题的“最抽象的”研究,即便是结果的确定,都离不开手的操作,比如用笔。虽然这些科学研究的组成因素显得“无关紧要”和“不言而喻”,然而它们的存在论意义却绝非无足轻重。诚然,人们会觉得,这样明确地指出科学行为作为在世的一种方式并非仅是“纯粹精神的活动”,未免琐碎和多余。**但愿这些平庸之见可以揭示,“理论”行为和“非理论”行为之间的存在论界线究竟何在,尚是悬而未决的**。[1]

考察知识的技术性在此不过是一个表面现象:科学性的知识——就其自身的时间性而言——不是由其器具性构成的。结果、确立结果和笔之间的关系不仅应当出现于时间现象之中,而且应当构成并组织时间。然而,当我们由此论及构造科学的时间性的原始时间现象时,这种器具性将被指向一个派生的层面。科学的计划建立于原始的生存时间性之中。科学用把握**无误**结果的**精密器具**(烦忙)之手,把在手的
301 “什么”作为在手之物**范畴化**,这一活动**已经**离开了原始的基石。

3. 历史性的历史构造问题以及历史性作为“什么”的新面目(第二篇的最后两章)

(1)世界历史的“什么”的第二性

此在无法逃脱像习惯或程序这样的日常性[2]。日常性是此在的历史

① 海德格尔:《存在与时间》,第69节(b)。黑体字系作者表示强调。

② 同上书,第71节。

性的非真实的形式，这样的此在既不在时间中，也不在历史中，但却是时间性和历史性的。它“在时间中”的存在仍然是可能的，甚至在对时钟和日历的运用中从未间断过。但是，它的时间性使内时间性成为可能，而不是相反——尽管它同样原始地具有内时间性：

> 既然作为内时间性的时间也“来自”此在的时间性，那么历史性和内时间性所展示的无非是一种共同原始性。由此，通常关于历史的时间特征的描述在其自身的限度之内保留了它的有效性。

历史性的分析必须建立在此在的原始时间性的分析之上，在时间内的状态从某种意义上说“派生”于原始时间性，但**同时**也共具原始性。但是这种共同原始性处于一种惰性的比邻状态，并且没有（向“什么”）投入：它被本真和非本真的交替贯穿，这种交替阻止了内时间性的一切动力，而这种动力假如不是历史性的起源，它（基于共同原始性的复合及通融的**事实**）至少被共同包含于其中。历史性的已经在此，在其记录的在时间内的诸形式中，不可能要求任何自身的时间厚度：被抛于实际的非真实性中，这是一个纯粹的意外。L'Eigentlichkeit应被理解为获得解脱（“什么”）的“谁”的可能性，它的曾在也因此从它的实际性中解脱出来，尽管这仅仅是**一瞬间**，而且是决心的“一瞬间”。

一旦如此，海德格尔关于历史学的批判就会产生不良结果，对事实和痕迹的实在性的疑问，以它们属于内时间性为名而排除这些结果的存在论意义。使“古董”可以既属于现在又属于过去的原因是，它们的 302
世界“已不存在。但是，曾经属于这个世界的在世之物还仍然在手下［……］。依然保存的古董的历史特征因此就建立于此在的‘过去’之上，它们曾经属于此在的世界。如此，具有历史意义的就仅仅应当是此在的‘过去’而不是此在的‘现在’。但是，如果我们把‘过去’定义为‘现在不在手下或不在手中’，那么一般地说，此在能成为过去吗？显然，此在永远不可能过去，这倒不是因为它是不死的，而是因为，它如果存在、生存，就本质上不可能是在手之物。恰恰相反，一个不再生存的此在，从严格的存在论意义上说，不是过去，而是曾经在此”[①]。

——一个此在的曾经存在**已不存在**，但又不是过去，所以——对于存在的此在来说——它依然在；换言之，它是此在的**曾经存在**，恰如此在自己“没有经历的”过去，即经验。

——正是在这一点上，“谁”和“什么”必须既区别又联系，因为，曾经在此是已经在此的一般的可能性——文字拼写、照相，或更具体的形式，古董，曾经存在比我经历的过去和继承的过去之间的区别更古老：**遗产**的确是问题所在。这个曾经存在，及其所有的一般性本质，都在一种特定的“什么”——既非在手之物也非**仅仅**是上手之物——中获得其构造的可能性，这个“什么”就是作为第三回忆居所的存在者，任何一种“什么”、**无论什么**都可以作为这种存在者。这个“**无论什么**”就是考古学资料的精华。不过在这一堆“什么”中，上手之物具有优先地位（这种偏爱不仅来自考古学家、历史学家和哲学家，而且更一般地说，来自继已不在的此在之后而在的此在）。一切问题都在于进入已经在此，而已经在此无非就是它自身的（实际）入口。这个特定的存在者就是“世界历史之物”。但是海德格尔立即限制了这个存在者的优先性，他没有对它提出入口的问题，并把它**遗弃在第二性的范畴中**：

> 此在在原初是历史性的，而存在者的历史意义则是从属性的，这种存在者以在世的方式和此在相对：它不仅仅是最广义的工具上手之物，而且作为一种“历史的土壤”，它是周围世界的本质。这种既不同于此在，而又因属于世界的基础具有历史意义的存在
> 303 者，我们称之为世界历史之物。**我们有可能指出，“世界历史”的通**

① 海德格尔：《存在与时间》，第73节。

> **俗概念正是来自这种从属的历史意义的导向**。比如，世界历史之物的历史意义不仅仅在于它的历史客体化，它之所以是历史性的，还因为它在世界之中本身即是存在者。①

“谁”要摆脱被抛存在状态的遗产就只能向它回归，也就是真正的摆脱自己。②这个遗产的论断就是已经在此的论断，即由构成“决心”的中断产生的思想。我们的问题就在于：既然这种中断具有历史的本性，而且它不可能事先来自一种取消其不确定性的先验性，那么它是怎样由作为世界历史的“什么”这种已经在此构成的呢？

“命运”指“此在原始的来源，它被包含在真实的决心之中，在死亡的自由面前，此在给自己释放一种既继承又选择的可能性”。这个结构服从爱比米修斯原则，因为，打击“谁”的“命运之手”就是来自由缺陷以及一切弥补缺陷的企图产生的过失。这种命运本身又属于一个共同命运，即“来自共同体、民族”的命运，“在‘时代’之中的此在，以及它与它的‘时代’共有的共同命运，构成了此在完整和真实的权力”。**对于我们**来说，这是一个共同体的问题，即没有共同体、具有共同体的缺陷或缺陷的共同体的人的共同体问题——它提出了公约、特有语言的问题，而且这个问题是从特有语言的角度来思考的。

如果说“回归自身的决心”是“经验传播的可能性的**重复**”，即“过去经验可能性的真实重复——此在自己选择自己的英雄”；如果这确实是因为我有一个不属于我的、我没有经历过但又决定了我之过去的过去；那么如此的重复自身之所以有意义就在于它处于后种系形成的背景之中，这个背景因贯穿着“什么”的动力——或者说是“谁”永远也不可能挣脱的第三回忆——而不断更新。

---

① 黑体字系作者表示强调。

② 海德格尔：《存在与时间》，第74节。

（2）世界历史之物的平俗化：第三回忆的遗忘

304 这个问题应当是前面引用过的第七十五节所要展示的：

> **上手之物和在手之物向来已随历史性的在世存在的生存被收入世界的历史**。工具和作品，比如书籍，有其“命运”，建筑和机构有其历史。但自然［……］作为山水、居住区和种植区，以及战场和祭场，也是有历史的。这种在世存在者本身就是有历史的，它的历史并不意味着某种“外在”的东西，似乎它仅仅伴随“灵魂”的“内在”的历史。我们把这种存在者称为**世界历史之物**。

这种世界历史之物是历史性的构成因素，然而是第二性的，所以它不投入任何决心的动力，没有存在论的意义。而海德格尔却指出，对世界历史之物作一种专门的分析是必要的，并且承认它于上手存在者中的特殊性：

历史性的世界事实就是在世存在者的世界。随工具和作品一同“来到”的事物，具有一种固有的变动性质，这种性质至今还晦暗不明。［……］**但是我们在此不可能深究世界历史之物的经历的存在论结构问题**，这倒不是因为我们的论题所限，**而是因为本书的意图恰恰仅在于引向一般性经历之变动性的存在论之谜**。①

我们只能对此放弃感到遗憾：它是一个关系到基础存在论之根本的抉择。首先它从原则上关系到展开“一般性来源”的可能性。更严重的是，世界历史之物首先是历史性的沉沦标向。

> 因为实际的此在沉沦着混迹于所烦忙之事，所以它首先从世

① 黑体字系作者表示强调。

> 界历史上来理解它的历史。进而又因为通常关于存在的理解漠然不变地把“存在”理解为在手之物，**所以世界历史之物的存在就在在手之物的来临、在场和消失的意义上得到体验和理解**。[①]

然而海德格尔自己不正是由于忽视了已经在此的“什么”，而从原则上使世界历史之物的特殊性平俗化了吗？他自己最终是否也把世界历史之物理解成在手之物呢？ 305

通常的理解总是从一个自身处于时间流之中的当前出发来把握时间的。[②]不过，历史性虽然不属于这类时间流，却保留着来自遗产的时间流特征。这种时间流中有漩涡、断裂、中断、破碎运动和间断等效应，但它总是可以被重续的——如此历史之流即是重新启开存在问题的唯一“指望”。“在已经存在的可能性的重复命运中，此在自己直接——也就是说从时间上，并以出离的形式——转向**它之前已经存在之物**”[③]。这个历史的“流”被不断地击碎、悬置和中断，但它从本质上说又是可以重建的，它自身的前提就是通过已经存在重建，把已经存在作为重建（重复）继承。这样的“流”就不可能是一系列当前的延续，而是一连串循环现象的连锁。如此便不可避免地指向胡塞尔所谓的几何、科学和哲学的活的当下的概念，它已不再是简单的内在时间意识的当前之流，而是一种不停顿的重新开始——他试图在一切目的论和形而上学的范畴之外来思考活的当下的概念，把它作为“存在的历史”，并使它停留在“既防卫形而上学又受其保障”这样模棱两可的表述之中。其实，这里的问题在于澄清**构成**“生存的连续性”的因素，也即“**生存的连续性**”**之所以形成的基点**。关键在于认识到，这个基点不是当前：

① 黑体字系作者表示强调。

② 参阅《存在与时间》第72、75、81节。

③ 黑体字系作者表示强调。

> 生存的连续性的生成，首先并非通过、也非出自一系列的“即刻”的连接，相反，这些“即刻”产生于重复的**已经延伸**的时间性，而这种重复是作为以即将来临的方式呈现的曾经存在。

这里既有循环也有延异。后者置身于重复（“什么”以及“谁”在“什么”中的重复）的积极的可能性的环境中，或者处于一种“**附加逻辑**”之中，一旦这个环境成为历史的，它就成为确正论（orthothèse）。

（3）附加物的精确性和收复

世界历史的已经存在，通过“依然在手的剩余物、古迹和叙述”而具体化之后，使历史的主题化成为可能。[①]但是，“历史学家生存的历
306 史性，在生存的意义上为历史的调查奠基，使它甚至在一些最不起眼的‘手工’程序方面，也能像是一种科学”。然而，这种历史学家的历史性的历史特征，是否恰恰由曾经存在的积极性在其特殊的形式——在此就是确正的形式——中**构成**的？海德格尔忽略的就是由记录层面构成的世界历史的在世存在者，尤其是那些使已经存在的确正的收复（或重构）成为可能的记录。收复在此被称作重复，作为进入的唯一可能性，它使对历史性真理的忧虑主导下的主题化成为可能，在此，这个主题化再一次被植根于脱离一切“什么”的“谁”之上：“**历史性真理**的结构及其可能性，必须从**历史生存的真正开放**（‘真理’）出发来阐明。”这种和“什么”的脱离是同关于时钟器具的批判一致的，不过时钟的器具性在此被归属于它的命运：精确性。脱离“什么”的理由，就是展示精确性是器具性（特别是计时器）的**目的**，因为器具就是要为“确定非确定性”的无尽的烦忙服务。诚然，此在先于**一切**“特别用来确定时间”的器具，它和时间同在，但却并非先于一切器具：用具性是在世存在的构

① 海德格尔：《存在与时间》，第76节。

造因素。必须有一样器具——无论何种，只要是"什么"（应理解为上手之物）——以便**计算**时间。这一层和时间的派生的关系，其前提是在一切计时器具之前有一只向"什么"表示"谁"的手，而且这是唯一的假设：

> 每天都获得时间的此在，首先在世界内遇到的上手之物和在手之物中发现时间。

这种发现是在定期性——当……时——的结构基础上实现的。一切外移的瞬间化过程便如此表现为**某物**——至于是什么并不重要，那么日期化也就是时间性的"谁"载入在世性的"什么"的最一般的形式。在这个基础上，"谁"的时间可以成为"人们"的时间，即公众的时间。[1]这个公众性构成了社会文码。但是我们必须指出，公众性也（重新）构造"谁"本身的时间性：它的特有语言性，这种特性**在内部**根据 307
程序时间性或日期的公众性被构造。可能的非实际本身就是程序性的。这个公众性就是打开历史空间的因素：尽管海德格尔在下一节中提出了"初级"的此在和"高级"的此在之间的区别，但是对于公众性的**历史性**特征，他不仅在其释放的"沉沦"范围内没有给予重视，而且在其根本的原始历史特性方面也没有足够的认识。

既然海德格尔承认了专门研究世界历史存在者的变动性的意义，尽管他又立刻把这种意义归为第二性的，那么，有关日期性的论证也就接受——也许是更明确地接受——"时钟历史"研究的必要性，这个研究应当有资格被列入一个存在论的**深入研究**的计划："一切时钟都'具有'自身的'历史'"，"必须对历史纪年，以天文数字计算的宇宙时间

① 海德格尔：《存在与时间》，第79节。

和存在的历史性之间的关系作深入的研究”。[1]但是，一旦这个历史研究把精确性完全**下降到终日为更精确、更顺手的时钟而烦忙的水准**[2]**，那么它就又一次变成了一个良好的愿望，这对于我们已不算陌生了。这种分析的结果就是一般地贬低精确性，这对于有关过去存在的真正的特殊性的分析是极其有害的。然而，这种世界历史的形式不能被简化为度量的精确性，相反，它以确正书写的形式（重新）构造出已经存在的本来模样**。这就不是一种**度量**的精确性，而是一种**记录**的精确性：进入的精确性。正如巴特的分析指出的那样，它开辟了一种独特的死亡学。因此，我们就不能接受海德格尔的论断，根据这个论断，似乎“日期历史的编年学基础只能出自历史认识的生存性分析这一研究领域的内部”，即出自脱离了“什么”的“谁”的领域。我们认为，日期性的问题不能被降低到世界历史之物的第二性的位置，也不能简单地认为继时间性的基础存在论解释之后，它似乎从“**形式上**”受基础存在论的制约，却不能从“**物质上**”确定基础存在论。

度量“时间的先验性”加重了它的公众化（从而失去了时间的内在
308 的和退避的性质）。时间既非主观也非客观：

> 它既不在“内”也不在“外”，它比一切主观性和客观性“更古老”，因为它代表着这种“更古老”的可能性本身的条件。

既然划分“谁”和“什么”的内在和外在的区分必须被消除，那么我们本应顺理成章地在这种区分之前来思考时间。事实并非如此，因为“谁”具有相对“什么”的优先性，所以“什么”永远不可能自身具有构造的意义。诚然，海德格尔推翻了胡塞尔的内在和超越的划分。自

① 黑体字系作者表示强调。

② 海德格尔：《存在与时间》，第80节。

亚里士多德以来，“运用时钟观察”的世界时间总是被理解为一种从当前出发的延续流。对于时间的延续流图像的批判的基点是：“在把时间作为当前的延续的通俗的解释中，既**缺乏**日期性，也**缺乏**指意性。”[①]但是他一点儿也不比胡塞尔（尤其不比《几何学的起源》）更加关注“什么”的动力。

如果说“黑格尔的‘建树’的动力来自为建立精神的‘具体化’［即在它进入时间之后］的概念而作的努力的斗争，那么，**前面所述的生存分析则与其相反，它从一开始就进入实际被抛的生存的‘具体化’**［……］，不是‘精神’**落入**时间，而是实际生存作为沉沦的生存，从原始、本真的时间性中‘落下’。但是这一‘落’本身也有其生存的可能性，这种生存的可能性是在一种时间性的时间化的形式中获得的，而且这种形式也是内在于时间性的”[②]。

我们当然可以由此反驳海德格尔：根据这个逻辑，就应当把已经在此的（重新）构造性完整地加入“被抛”的具体性之中，这个观点只能从被重新考察的“实体–主体”的**角度**来思考。

（4）精确性和可能性

在《存在与时间》的结尾，海德格尔一方面指出在这种**预备性**分析之后介入存在问题的必要性，另一方面探究了总是把思想引向物质化的“什么”的分量，并尤其强调要从“什么”中区分出上手之物的特性，而以往的传统总是把这种特殊的“什么”归入形而上学的实体范畴，即在手之物、现实的可能性的范畴。从区分“什么”的必要性出发来思考 309
存在和时间，这是不可取代的和史无前例的贡献。

从此以后，海德格尔的著作沿着另一条道路发展，但从未否认生存

① 海德格尔：《存在与时间》，第81节。

② 同上书，第82节。

论分析的基本精神。讨论的中心逐渐成为纯粹的存在的历史的问题。然而关于时间的庸常理解的批判则展开了对精确性——作为企图确定非确定性的逃避的典型标志——的非常确定的认识。这种认识本身不正是对生存论分析的物化吗？自古希腊就已经被决定性地把握的精确性，在“存在的历史”中是否起过另一种完全不同的作用？脱离这种精确性的“存在的历史”是否**可能**？

海德格尔关于精确性的批判（这个批判隐含着对拼音和**精确文字**的批判，这种文字本身代表了文字服从于精确的计算、打字机、电脑排版的一般性命运[1]），同对文字的“逻各斯中心论”的信念是完全一致的。声音和在场的优先性**仍然**贯穿于无声意识的主题中，它明确地标志着，海德格尔在他自己确立的解构“在场形而上学”的工程面前的退缩。在《存在与时间》中，“在场形而上学”被称作“把时间作为当前之流的庸常的理解”[2]。既然如此，拼写的附加逻辑是由什么构成的？“什么”——以及在其中的“谁”——开创了被称作“存在的历史”的中断？

这些问题将打开本书的下一卷。

我们将运用当代模拟、数字和生物等技术特有的确正的分析方法，来进一步研究这些问题，这类技术不是别的，就是使已经在此文码化的回忆技术。我们将进而解释当代技术的特性，并探讨如下问题：在何种
310 条件下，我们今天自身存在的“谁”能够重新超越它的“什么”？

“谁”同它的“什么”之间的不可磨灭的关系，无非就是“谁”的滞留有限性（它的**记忆**的有限性）的表述。这种有限性，在当今已成为工业开发的对象，这实质上也就是为速度而征战：从信息工业到认知的科学、虚拟现实技术、电传显像、生物工程技术，一直到程序工业，从媒介

① 参阅德里达《普西卡》，“海德格尔之手”，伽利略出版社，1987年。

② 德里达：《论文字学》，“书写的存在”，第31—41页。

事件到信息实时造成的互动事件，这一切都奠定了事件化运动的新条件，这就是我们所说的“**光时**”。“光时”是实时中的延异的时代，是存在的历史特有的延迟时间的出离，它似乎给延异构成一道屏障，或者对一切差异都构成了一种威胁——正因为如此，我们可以谈论历史的终结和时代的变迁。这种“光时”如今对度量提出了**特别**的要求：这也就是对“特别文化”的要求。这就必然强制性地带来了一种新的记忆策略，它只能是一种技术的思想（无思想的思想，无记忆的思想），它把一切确正的形式所承载的**自反性**置于眼前，不论这种“自反性”是多么不可公度（因为是非主观的），它所做的无非就是反思起源的原始缺陷。
由此在时间的墙上烙下这样一句奇特的论断：**无未来**。 311

第二卷

迷失方向

赵和平　印　螺　译

前　言

向阿尔及利亚长跑健将哈西芭·布麦尔卡(Hassiba Boulmerka)女士致敬。

两个世纪前,人们生和死都在同一张床上。他们在日后遗留给子孙的碗碟中吃着变化甚微的食物。岁月流逝,代代繁衍,自然、物品与人们的生活方式都一成不变。一切仿佛都是恒定的,变化只是例外,而且是空想。

就在这样一个世界里形成了不同的阶层,人们在各自的阶层中憧憬着出现在19世纪初的另一个世界。在这另一个世界里,恒定显然变成了例外,而变化却成了规律。这种**逆转**的主要成因是技术、技术学和技术科学。

众所周知,文明都是历史性的,也就是说非永恒的,且任何事物都是过程。我们是从科学思维中悟出了或觉得悟出了这个道理,而哲学界却是从有了辩证法起,尤其是从尼采开始,便已持这种观点。

然而这些科学道理和哲学思辩仍流于空洞,且从某种意义上讲基本是不攻自破的,因为新世界的创造(不久前尚被称为进步)目前不再被理所当然地看作未来的希望;更有甚者,对**世上大多数人(无论东方**

人还是西方人)而言,它即便不是噩梦一场,也不是通途一径。至于创造新世界的主导者们,则是日渐一日地感到力不从心。这便是当前的
315 迷失方向。

《爱比米修斯的过失》一书旨在揭示这种迷失方向的原初性。人类的历史是作为外延过程的技术的历史。在此过程中,技术的演化为种种趋势所主导,而人类社会则无休止地与这些趋势较量。"技术体系"不断进化,同时淘汰构成社会凝聚力的"其他体系"。技术发展原本是一种破坏,而社会生成则重新适应这种技术生成。然而技术生成从结构上领先于社会生成(技术是发明,发明是创新),它在协调技术进化与社会传统间的关系时总会遇到阻力,因为技术变革依其幅度大小总会或多或少地动摇文化的基准。

如此说来,本是人的命运的技术似乎与"精神"、"文明"及"人类"相对立。人和技术被西蒙栋所说的转导关系(它构成一种各组成部分相互依存、缺一不可的关系)连在一起,不可分割。而这种关系是个"超稳定的平衡",它承载着难以抵挡的压力,这个压力便是时间。技术的领先**开启**了真正时间的延伸性。

根据赫西奥德、埃斯库罗斯及普罗塔戈拉斯所讲述的普罗米修斯与爱比米修斯的神话,人是依赖于代具的存在且不具任何特长。把技术与文明相对立的人不能接受这种观点,他们亦不能接受时间性(作为在希冀和恐惧中的期待,*elpis*)来源于这一原初缺陷和这种原初迷津的观点。

他们不能接受这种观点,因为此观点有时的确不易被接受,也因为接受它需要有足够坚强的感官。他们不能接受这种观点的另一个原因是今天的迷失方向已登峰造极:我们目前从中得到的经验是绝无仅有的,几乎不可承受的,这需要有**极**坚强的感官。然而不可思议的是,接受这种观点又需要有极其**敏感**、超敏感的感官,甚至可能需要**脱胎换骨**。

原初的迷失方向历来产生于划分界限、标明东西南北的坐标中。迷失方向中给出的东方与西方并不是单纯的地理“资料”，而是指迷失 316
方向的特殊经验。这些坐标点显示方向并勾勒一切运动的动机只有通过世界的经验才能形成。经过长期观察，坐标系的建立是用来“调节”技术生成和社会生成的。在建立坐标系的过程中，迷失方向开启了这里与那里、公与私、世俗与神圣、生疏与熟悉之间的差异。调节可帮助定向，于是原初的迷失方向即便没有被隐匿，也是被矫正了。如果说迷失方向仍是一切运动的动机，如果说仍需要**定向**，那是因为没有方向。从不在场的他者出发，坐标系勾画出这么一幅图像（动机作为目标），**找寻方向**的人将自身投影于其中——东方便是这个**幻象**。

这个坐标系至今尚无法形成，因而带给我们**真正的迷失方向**的痛苦。这一切主要来源于工业革命以来技术发展的**速度**。这个速度仍在不断加快，严重地加剧了技术体系与社会组织之间的落差。于是商谈似乎不再可能，离异将成定局。

在这场危机中，媒体、“直播”和“实时”扮演了至关重要的角色。我在《爱比米修斯的过失》一书中指出，工业革命构成的**持续革新**过程引发了种种新的必然性，正是为了面对这些新的必然性，信息系统建立起来并遍及全球，结果是通过我们眼见着发展合并起来的电报、电话、摄影、录音、电影、无线广播、电视和信息，**世界记忆**本身最终屈从于直接影响心理和群体层次的同一化与差异化——个体化——过程的**工业化**。

记忆的工业化正是通过模拟和数字技术才得以彻底实现。这些技术随着**程序工业**中所有最新生物技术的发展而日趋完善。记忆的工业化发展意味着《论文字学》中所言的**补充历史**的终结。

雅克·德里达把“成为自我意识的生命”作为普通程序经济——其中正盛行的是程序工业——之特例来分析。一般意义上的生命是程序化的，而逃避（“人”的）死亡的生命则是“记忆解放”的过程。生

物体自身的程序外延到一种人为的程序中，这就是**原初补充性**的生命
317 形式。**外延之物恰恰在其外延过程中形成**，而且在外延之前并不存在任何内在性——这便是“补余的逻辑”。“延异”是程序化过程的机制。在此过程中，程序不断地**分化**，使生命（作为进化和分化）以生命之外的**其他方式**得以延续。

在《爱比米修斯的过失》中，我重点阐述了补余始终是**物质化**的痕迹（哪怕像转瞬即逝的声音这样的物质），而不仅仅是一种有形实体。脱离其物质生成去分析这种有形实体未免太绝对了。补余的逻辑始终是有形物质延异的逻辑，即**先于**物质与形式之对立的逻辑。补余的逻辑从来都是补余的**历史**，也是可以使无机物有机化[①]且影响构成其原初补余的生物体的**技术–逻辑**。只有从这个逻辑的历史中才能理解它。这个“逻辑”是一种**动力**，动力源是延异。

如果说从分子生物学角度看，有性别的生物是由原则上互不相通的**后生成的**体细胞记忆和**遗传的**生殖细胞记忆决定的（此观点迎合达尔文理论而否定拉马克学说），那么外延过程就是产生**第三记忆**——我称之为**后种系生成**——的生命历史的断裂。人类赖以生存的后种系生成的记忆是技术，它记录在死亡中。这是与“生命法则”的断裂。生命法则是：由于体细胞和生殖细胞的互不相通，一个动物后生成的经验在它死亡时对这个物种来说便丢失了；然而在以生命之外的其他方式延续的生命中，生者的经验**记录在工具（物体）中**，因而既可传播又可积累，这便构成了**遗产**的可能性。

海德格尔把黑格尔和尼采提出的遗产概念引进了哲学范畴。胡塞尔将先验哲学定义为对意识的活的在场中的体验的分析。作为胡塞尔的学生，海德格尔正是在这一点上与现象学分道扬镳。在《存在与时
318 间》的存在性分析中，**此在没有经历**但**继承**下来的过去是其原初时间

① 有机化的无机物是界定技术客体之物。

性的(此在的存在所必不可少的)存在特征。问题不再是经历,而是**没有经历**的过去的**未来**。“此在的过去”在它之前**已经**在此,但它只在此在需要存在时才能成为此在的过去,也就是说,此在可以把这个尚不是它的过去,但能够成为它的过去的过去变成它的过去。没有这个过去,这个此在便毫无意义。然而这个过去尚不是此在的过去,因为此在并没有经历过它。只要**此在**尚未把这个过去作为**自己的未来**变为自己的过去(继承下来),这个先于它的已经在此的过去便还不是它的过去。正如在这个过去中为**这个此在**保留的东西,也像遗产的**结果**一样有待于从这个过去的事件中,即**通过此在**且从具其特性的事件中来临。

然而使**通达**这个已经在此成为可能的条件是:其**外延**必须保证已经在此的**存留**(这就构成了源于后种系生成的技术现象)。我断言,记录过去的载体的技术特性决定每一时期此在通达其过去的方式。

在《存在与时间》的第七十三至七十五节中,海德格尔曾问询应把他所说的**世界历史性**(Weltgeschichtlichkeit)放在什么地位。世界历史性只能被定义为在世性存在者的存在,因为这些存在者是逝者遗留下的过去之**见证**。逝者并不是单纯的“过去”,因为准确地说,这些痕迹仍旧维持着他们的某种在场,过去时代的生还的在场,**媒介**便是其物证。但踌躇再三之后,海德格尔剥夺了这些存在者的**原始**价值,因为他们不**构成**原初时间性,且存在性分析无须阐明他们的中断特性。抛开这些现象中不可避免的**经验论**成分,《存在与时间》在形而上学中仍属于**先验论**。

《存在与时间》首次从哲学上提出了我称之为“什么”的概念(即始终是技术的在世性存在者。不能将它简单地分析为**在手**[vorhandene],而应将其视为**上手**[zuhandene]),但海德格尔没能拓展书中最激进的结论。尽管《存在与时间》声称与继续推崇在场的理论一刀两断,他还是从根本上沿袭了胡塞尔对时间的分析。

胡塞尔把在其持续流程中构成的物体定义为时间性物体，**这个物体的流程与对它的意识之流程相吻合**。他在此流程中分辨出一种**初级滞留**。初级滞留属于物体的当下，也是物体的“刚刚过去的过去”，因而时间客体的当前原初就具有延伸性，即一种“活的当下”[①]。胡塞尔将这种初级滞留与第二**滞留**——重新记忆或第二记忆——严格区分开来。他**甚至**排斥自己提出的图像意识，即意识未体验过的过去的痕迹，因为对他来说，体验才是唯一的原初范畴及构成性范畴，而图像意识恰
319 恰不属于体验。

在《存在与时间》中，海德格尔把**世界历史性**拒于原始范畴之外，这正重复了胡塞尔在《内时间意识现象学》中的做法。胡塞尔在此书中将图像意识（我称之为第三记忆、后种系生成的载体、对逝者过去的见证）从他所分析的**时间客体**（Zeit-objekt）[②]的动力中彻底剔除了。

如果说海德格尔最终从构成性范畴中摒弃了第三记忆，那是因为没有经历的、可以成为自己过去的过去是**此在**终可逃避的可能性：它隐藏在被海德格尔一并视为计算的、世界历史性所归属的内时间性中。然而过去的可能性是**此在**的未来，而这个未来归根到底又是**此在**的死亡。正如**此在**被抛向未来时先于自身走向终结的存在一样，死亡终归是完全**不确定的**，因而也是所有**可能性**的**极限**。这种不确定性原初就使此在迷失了方向，使其孤助无靠且缺乏触手可及的参照物。当然此在可以试着**确定**它，也就是说试着“计算”未来，欲“确定不确定性”。这样一来，它便“沉沦”到“非真实的时间性”中了。只有作为一切仪

① 热拉尔·格拉内尔：《胡塞尔的时间与感知之含义》，伽利玛出版社，1968年。

② 《存在与时间》始终没有背离形而上学，它只不过是泰坦的爱比米修斯事后在存在的死亡学中遗忘的后果。爱比米修斯正是起源的原初缺陷的有过者及遗忘之神（他忘记了给人类一些特长）。他的哥哥普罗米修斯从赫菲斯托斯和雅典娜那里窃取了技术能力以试图弥补这一过失，从而用代具来填补人类的**滞留有限性**，即填补人类从爱比米修斯那里遗传下来的记忆的（也就是说本质的）缺陷。

器度量之内时间性基础的技术性才是确定性因素。正因如此，海德格尔最终把技术性与非真实性相提并论；更广义地说，也正因如此，他把世界历史（第三记忆）从存在性分析中排除出去了。 320

然而，我在本书中将揭示技术性如何开启不确定性，不仅因为它是作为起源的原初缺陷，即能够从中给出方向的原初的迷失方向，而且也**因为**不确定性中的方向只有在借助代具通达已经在此的经验中才能找到。

能先于自身、有意愿、有能力、有思想也有知识的存在者，我称其为“谁”。“谁”的补余——他的代具——是他的“什么”。离开了“什么”，“谁”便毫无意义，因为在以生命之外的其他方式将生命延续（即分化）的外延过程中，它们之间是**转导**关系。“谁”并非“什么”，因为转导关系只能存在于**不同**的事物中。“什么”具有**动力**，它不能被纳入“谁”的动力中（补余的逻辑并不只适用于人类学），但又需要“谁”的动力作为先于自身的能力。然而“谁”的先于自身能力又以使他通达他未经历的过去的“什么”的已经在此为前提。“谁”与“什么”的转导关系之动力取决于“什么”的**领先**（因为“什么”**已经**在此，又因为“什么”的分化总是自然而然地**领先**于“谁”的分化，原因是“谁”始终处于完全受技术趋势主导的“什么”的**体系**中）。在这种转导关系中，有两种动力在较量：一种是生物–人类学的；另一种是技术的。“谁”的动力**重复**“什么”的动力，二者相互制约。在不同事物的**转导式的较量**中存在着**共同个体化**过程。

在《爱比米修斯的过失》中，我阐述了技术趋势的全部或部分实现会引发技术体系的变革，从而悬置构成社会的行为程序。这是一种客观的、起始会遭到社会体制抵制的**悬搁**（épokhé）形式。**悬搁重复**一经产生，调整就势在必行，这便是**悬搁**的全部实现。在此过程中，“谁”需要适应悬置的切实性，即适应程序不确定性的切实性。技术的发展是挣脱现行的程序，现行的程序则通过重复而引发新的程序。这个新的程序便是心理与群体层次上的个体化过程。

当前的迷失方向是无力实现悬搁重复的经验。它同速度、同争分夺秒所导致的记忆工业化、同为赢得速度而开发的技术之特性息息相关。我在本书中对上述事实的分析将有助于探索记忆的政策这个终将
321 会被提出的问题。

在《爱比米修斯的过失》中，我试图阐明在对时间构成的分析中**为何**必须重视制约对已经在此的通达的代具之特性；而在《迷失方向》中，我将解析这种制约**如何**切实地发生在每一时代，我还将说明当今的代具性何以成为重复的障碍。

所有的补余都是技术的，而所有的**补余技术**都是使程序“外延”的**记忆载体**。但**技术的补余不全是记忆的技术**，因为特属于记忆技术的补余仅仅出现在新石器时代之后，而“存在的历史”（具有历史性的真正历史时期）则与文字的历史一同开始。在第一章“拼写文字的时代”中，我将指出文字——拼写文字——的代具性构成了独特的**信仰土壤**，它让人们通达已成为真正历史的过去，并由此开辟了**政治空间**。在阅读某段文字时，无论是柏拉图的还是海德格尔的，我并不怀疑这个已经在此的可靠性。我不会自问：柏拉图和海德格尔都早已辞世并已安葬，我真是在这里接触他们的思想吗？我相信，而且**一开始**就相信我在接触他们的思想，尽管印刷错误或文字增减都是切实的可能性。鉴定原文的真伪是文献工作者的任务，而原文一经鉴定，我便不去怀疑我是否在通达写在书中的，**作为已经在此**的柏拉图或海德格尔的思想——**这些思想正是建立在这种事后重新构成的可能性中**。

所有群体信仰都是从决定群体记忆的补余性状态中构成的。几百年内，**理性**和**一神论**以圣书中各种各样的宗教形式构成了信仰的土壤。正是这个土壤被新的补余性破坏了，因为它已不再适宜——全部问题就是要搞清它在什么程度上是合时宜的。如果说记忆**可以**工业化，那是因为它是被技术手段综合的；如果说这个综合是原初的，那是因为决

定“谁”的正是其自身的**滞留有限性**:“谁”的记忆是有限的，本质上是不健全的，根本上是健忘的(爱比米修斯的形象首先就是健忘)。“谁”的记忆应当由载体来弥补，而载体不仅是保存记忆的手段，也是**整理**记 322 忆的条件。随着拼写文字的出现，**背景解体**的过程开始了，而记忆的工业化则使之进一步加剧(迷失方向就是这种背景的解体，即**场所的消失**)。其实背景解体在后种系生成之始就出现了(矛盾的是，后种系生成又恰恰**提供了场所**)。第二章“迷失方向的生成”将描述这一过程，并分析下列事物的构成条件：日历及坐标的程序、节律与记忆、悬置的技术、风格及特有语言的分化。我们还将揭示这样一个事实：所有的领土化(征服空间)一开始都带来非领土化，所有的共同体化都导致非共同体化，所有的定向都把人引入迷失方向的时代。

记忆始终是政治的对象，即应保留事件的选择标准的对象。第三章的题目及内容是“记忆的工业化”，即**滞留有限性的工业综合**，它像发展经济的操作者一样**先入为主**地屈从于**可计算信誉**的特殊标准；与这种信誉相对立的是政治学的**无信誉**和已经在此的工业化所引起的极端教义派的强迫症(既包括宗教的也包括世俗的)。程序工业是记忆工业化的操作者，它开发由模拟、数字和生物技术带来的记忆综合的各种可能性。这一切通过实况直播、数据实时处理和违抗体细胞与生殖细胞互不相通性的基因操作，以**各种**形式彻底改变了**事件的结构**。当代的技术媒介破坏了由拼写文字构成的共同体化过程，这便提出了**记忆的政策问题**。如今政策的问题比以往任何时候都更是记忆问题，因为工业化把**选择**、成见、判断的标准以及在**超出**实在的可能中做出决策的种种问题都摆在了人们面前。科学技术已不再是**实证性**地描述真实存在的科学技术，而是在真实存在中**创造性**地开拓和描述种种新的**可能性**。这一章最终将揭示一种自相矛盾的现象：以信息代具为启发性核心的认识科学没有给予滞留有限性任何实质性的概念，因而也无法理解它们所引用的胡塞尔的意向性之含义——只有在对时间客体的分析 323

中才能充分把握这一含义。

本书前三章最终将会勾勒出**第三记忆的历史之轮廓**；最后一章“时间客体和滞留有限性”将重新提出第三记忆在时间化过程中扮演的角色问题，其原因有二：

一方面，如前所述，海德格尔无法考虑到“什么”的构成性，因为他与胡塞尔所推崇的体验与活的在场决裂时，拒绝承担这一决裂的后果（本书将对此作详细阐述），即无法分开第一记忆、第二记忆及第三记忆。海德格尔在对**现代技术**的分析中从未考虑滞留有限性，因而不能把握**当代技术**的问题。

另一方面，《内时间意识现象学》中探讨的是先验意识中**综合**的时间性问题。我们这个时代是**工业时间客体普及化**的时代（世界群体性的意识流程与作为**各种形式的程序工业产品**的**时间客体**流程越来越多地**吻合**），所以应当从综合的**哲学**角度来考虑记忆的工业化，同时应与那些没能考虑**综合**即代具和第三记忆的理论划清界限。

在《爱比米修斯的过失》中，我提议把《存在与时间》第二篇篇首谈及的Schuldigsein解释为**缺陷性存在**，而不是**过失性存在**，尽管这本书，即《技术与时间》的第一卷谈的确实是爱比米修斯的**过失**。但这个过失事实上是**爱比米修斯**的过失，而不是因爱比米修斯之过才成为变成凡人的人类的过失。人类没有过失，有的只是起源的原初**缺陷**，它使缺陷的共同体成为共同体的缺陷。海德格尔将世界历史性搁置一旁，而只抓住神学中的犯罪问题，这两种态度之间有着密切的联系。也正是从此意义上，海德格尔在对思想巨匠尼采有关权力即技术的解读上出现了重大的偏差。尼采在论述希腊人对罪恶的经验时写道：

> “怎么可能有这种劣行呢？我们这些人血统高贵、幸福快乐、
324 受人拥戴与尊敬；我们来自上层社会，充溢着美德，这种劣行怎么

> 会出自我们这样的头脑呢?”这便是古希腊贵族数百年间在罪过或重大罪行面前提出的问题。他无法理解这些罪过,可这些罪过偏偏又是他的同族人犯下的。他最后只好摇着头说:“一定是某个神灵蒙住了这个罪人的双眼。”[……]这是古希腊人惯用的托词[……]。这便是在某种程度上用神来为人开脱的方式,即便有人做了恶事,诸神也可以被用来解释他作恶的原因——那时,神是不受处罚的,他们只承担(更高贵的)过失[……][①]

在爱比米修斯的神话中,一神论所说的过失或原罪并不是人类的事,而是普罗米修斯的弟弟、泰坦神族的爱比米修斯的事,即**遗忘**——后来普罗米修斯又重复了这一过失。这是我们这个时代尚未想到的[②]。

读罢《爱比米修斯的过失》一书,有人或许会这样问:上述一切是否意味着应当用速度取代上帝的无限性?如若如此,在记忆不健全的人的有限性面前,技术是否变成了滞留的无限性(当然是指上帝的记忆)?

在这段前言的开篇,我强调了速度在当前的迷失方向的经验中举足轻重的作用。此外,我在《爱比米修斯的过失》中曾断言,速度增长处于外延过程和作为一般生命分化之特征的赢得能动性过程的核心,于是速度构成了一切在场的“绝对的过去”,即这个从未在“自我意识

---

① 尼采:《道德谱系》(第二次修订),水星出版社,1964年,第135页。

② 当我读到雅克·德里达的《领先》(午夜出版社版)及《信仰与知识》(Seuil版)时,这段话早已写毕。那时,《技术与时间》的第二卷业已付梓,便来不及加上我对上述两文的体会了。然而需要指出,继《爱比米修斯的过失》之后,我在这里对过失与速度问题的拓展萌生于雅克·德里达在我论文答辩时对我的一番教诲,也得益于与理查德·比尔德沃斯(Richard Beardsworth)、霍华德·凯吉尔(Howard Caygill)及乔治·柯林斯(George Collins)的交谈。

宗教一神论问题及信仰问题贯穿当今的迷失方向。我已将这一点概述于《雷吉斯·德布莱的信仰》一文的提纲中(发表在《争鸣》第85期,伽利玛出版社)。

的生命”之时间性中在场的过去。然而又不应把我在此所说的速度完全理解为速度。速度是我们对**力差**的经验，它本身毫无意义。一方面，“速度”表现了对各种趋势的较量所产生的潜能的体验与行为。在原初的迷失方向中，这种作为潜能的力差既是人类生存者与有机化的无机物（技术）之间的**节律**差，也是由分化中技术**结构领先**于技术构成，又反过来分化和影响生存者时所引起的相位差；另一方面，在勒鲁瓦–古兰的理论中，速度更普遍地表现了一种能动性，即互相竞争的物种间的潜力差。于是我们又应当考虑竞争物种间的（转导）**关系**。显而易见，这
325 种关系必然导致能动性的整体上升，但其中的局部策略又很可能使速度减缓甚至基本停滞。然而正如停是动的一个侧面，缓速亦是速度的一个侧面。

尽管如此，技术补余无论怎样领先都是有限的。作为补余，它造成了一种只能被体验为无限的偏差。然而与其说它无限，不如确切地说它无定限（不确定性原理）。但相对滞留有限性来说，它又是准无限。这便是体现在由不可还原的特性即事件构成的场所中“谁”与“什么”之转导关系的内涵。速度是已逝之物与有活力之物之间，即初级滞留与第三记忆之间较量的切实性。从速度出发来思索这个时代就是在解体为空间与时间之前、在形式与质料对立之前考虑如何把我们用怀疑
326 的眼光看到的一般的事件化加以改造，从而探讨中断重复的条件。

第一章

拼写文字的时代

我认为，公开使用我们自己的理性就是**知者**在所有读者面前运用理性。

——康德

1. 拼写、确正与照相

在《爱比米修斯的过失》的最后一章里，我们曾问道："既然已经在此构造了时间性，也就是说构成了进入我没有经历过的过去的入口，开启了我的历史性，那么这个已经在此是否应当构造积极的实际性呢？这是积极的构造和历史的构造：其物质形式的形成在历史以内和历史以外构造历史性。"尽管海德格尔为肯定这一假设提供了要素，但他仍然排除了这一假设。

然而，把握**此在**的历史性首先是把握这一把握的**可能性**，即分析在**什么条件下此在**能将其自身的历史性**纳入正题**。上述可能性实现的前提是：这个**历史性的此在**争得它自身的**历史性**，并由此进入**存在的历史**（也是存在的遗忘）。我们将在本书中说明这个历史为何与**文字**的历史及**公民性**的历史息息相关。文字——以其字母特性且作为拼写形式的

精确记录——释放了**通达过去的新的可能性**，因而构成了**纯历史**的时
327 间性。

已经在此积极地、历史性地构成其实际性，人类历史在历史性中的开启性与已经在此的拼写技术相伴而生。拓展这一假设需要建立补余的历史。有关补余的基本概念尚需从《论文字学》里悬而未决的问题中挖掘。

在此，我们不应首先把字母文字理解为音位学文字，这样才能重视其拼写特性。确正（orthos或orthotès）指的是什么？几何直线的笔直不曲，分秒的准确无误以及对世俗与政治权力[①]的记录之间有什么千丝万缕的联系呢？这种精确性的新概念对胡塞尔来说是十分重要的，马塞尔·德蒂安对它的重视程度也超过了构成古希腊政治公众性的新字符的音位学。[②]

哲学**一向**从音位学来理解拼写文字，因为音位学把**正确**（**真理**的严谨性，一切“精神指导”准则的正确性）植根于自身在场的音素即“谁”之中。我们则认为，这个自身在场只能来自“什么”的技术精确性效应。技术也使形式日臻完善，而形式的完善又带来了原始几何学的发明[③]和观念性的可能性。所谓音位学拼写文字的本质现象，与其说是对声音记载的**精确性**，不如说是对**声音**记载的精确性：问题不在声音，而在记载。同样，照片也是一种精确的记载。我们在本章中的论述看上去有些自相矛盾：先从巴特在《明室》中提出的照相现象学谈起，然后再折回文字的问题。这样做的原因是：照片可使我们避开“音位中心论”的诱惑，也能让我们看到与拼写文字并行的其他形式的精确记
328 载——在此统称为记忆的**确正**载体。

① 法语中直线和权力都是“droit”。——译注

② 马塞尔·德蒂安（主编）：《古希腊文字知识》，法国大学出版社，1988年。

③ 参照胡塞尔的《几何学起源》，法国大学出版社，1962年，第210页。

2. 照片的确凿性衔接过去与现实

探讨现代技术中所谓参照物问题的两部杰作当属本雅明的论述和巴特的最后一本书。①

巴特在《明室》中昭示的现象学目的是：

找到照相的自明性，即任何看照片之人都可见的、在他眼中有别于其他图像的东西②。

巴特谈到的参照对象问题揭示了“把被摄物与死亡融为一体”③的照相关系。我们可以真实地看到已逝即一去不复返之物。照片中的过去就是现在，逝去之物仍栩栩如生。照片“意味着‘逝者回归’到自身形象及自身形象现象的结构中”。照片的意向性是参照性，即被摄物曾经存在的确凿性。

我称之为“被摄物”的东西不是某图像或某符号所指向的不一定真实的内容，而是曾置于镜头前的、必然真实的、缺之便不成其为照片的东西。而绘画却可以在未曾眼见的情况下虚构现实。

言语一向有**虚构**和**泛指**的可能性；相反，“我绝不可能否认照片上的东西曾经存在过。这里有相互关联的双重状态：现实与过去”④。这

① 雅克·德里达：《心灵，发明他者》，伽利略出版社，1987年，第277页。
② 罗兰·巴特：《明室》，瑟伊出版社，电影手册丛书。
③ 《心灵，发明他者》，第291页。
④ 《明室》。

种关联构成照片的确凿性原则。照相的意向性正是在这种对照相本质
329 的追求中构成的，照相的意向对象是“曾经在此”。

照片的参照物衔接过去与现实，这种衔接**仅仅显现在**由时间定义的**谓项**[1]中——这种效果可以保留“此时此地一缕偶然发出的闪光”[2]。这种由时间定义的谓项是以等同的方式**重复**那些只发生过**一次**之事的**奇迹**。**一旦拍摄下来**，这个永远消逝的特殊瞬间便会**永存**，同时又会无休止地**回归**。然而重复偶然像死而复生一样自相矛盾、不确实或**先天**就不可能。这里所说的瞬间应是**那个**一去不复返的瞬间。

与重复相同，“那一”瞬间指的是种客观性，即相机镜头的客观性。在照片的客观性中，参照对象与其记载“合而为一”，结果，风格与泛指都被排斥在外。这种（精确的）合而为一的机械关系如实地反映了那一真实的瞬间。

3. 作为照片的曾经在此的衔接

相机运用两类互补的技术：一类是镜头的光学系统与快门的机械时控系统；另一类是被摄物在其中成像的化学载体。**分光图**谱是光敏胶片上化学反应后的显像，是两类技术的界面，也是**拍摄者**与**观赏者**目光的界面。

分光图谱只能**事后迟到**地显现：物体被拍摄的瞬间与这个客观地定格在分光图谱上的瞬间给**观赏者**的感受之间的关系是这个作为拍摄瞬间不可思议的重复的瞬间之延迟关系，是“被摄物的化学显影（我**延迟**地接受它的光线）”[3]。照相的曾经在此正是**建构在这种延迟**中，而且

① 这里说的不是语言学或逻辑学的谓项（prédication），而是指定义不同时间的界面。照片这个界面连接着我们看照片的现在与照片中的过去。——译注

② 本雅明：“照相的小故事”，《杂文·第一卷》，Gonthier-Denoël出版社，1971年，第153页。

③ 罗兰·巴特：《明室》，第123页。

> 只有到了科学发展(银盐光敏性的发现)使人能捕捉以不同方式照亮的物体所发出的光线并将其直接洗印在胶片上之时,这个曾经在此才成为可能。

"直接"即不拖延,即化学反应时间加权光速时间——二者的关系 330
构成钟表般精确的曝光时间或快门速度。

> 照片的字面意义是被摄物的光线发射。从一个真实的、曾经存在的身体里发出的辐射触动了此处的我。光线传播时间的长短并不重要,逝者的照片像星星迟到的光线一样触动我,一种脐带般的联系将被摄物的身体与我的目光相接:光线虽然无法触及,在此却是一种肉体的介质,是我与被摄人共有的皮肤。①
>
> 从前的东西通过其直接辐射(其发光性)确实触到了这个表面,这个表面又为我的目光所触及。②

看照片其实是重新看,迟到是其根本特征。过去就像曾经存在的现在那样毫无保留、毫厘不爽地再现,然而它只不过是某种精神或幽灵的残余。照片对我来说是现在过去时,尽管这个过去可能不是我的过去,**可能是我未曾经历的过去**。被摄取的光线像发自无限遥远过去的、闪烁在夜空中的星光,它衔接我的现在与我不曾感知却像时间性母体那般熟悉的过去。光线是时间长夜中温馨的滋养层,它孕育了在我的当下获得新生的一瞬。这种可能性来**自物体曝光瞬间与构成这张照片的摄取瞬间在时间上的同一性**——对快门时间与银盐化学反应时间的调整使**过去的一瞬**倒流在我们**当下**的目光中,只是迟到了而已。这种

① 罗兰·巴特:《明室》,第126页。

② 同上书,第127页。

时间上的倒流即时间**过程**。

> 照相的基础是曝光。曝光时间的长短并不重要，即便是百万分之一秒[……]，它仍旧是曝光，因为曝光在此不是被摄物的状态，也不是摄影者的技术，而是阅读的“意向”：**看照片时，我的目光中不可避免地加入了我对把一个真实事物静置于我眼前的、如此短暂的曝光瞬间的思索**。我从现在这张照片的静止状态追溯到
> 331 过去的拍摄，正是拍摄时的那个停顿构成了曝光。①

按下快门的瞬间与物体被拍摄的瞬间相**吻合**。**衔接**过去与现实的可能性正是基于这两个瞬间的**吻合**，其中**观赏者**的当下又与**分光图谱**的显现相吻合。然而这种衔接又是从一去不复返的过去中抓回真实事物，就像我们抓住“星星发出的延迟的光线”：看照片时，过去是在场的(这正是“真实”之意：与其说是存在，不如说是对时间的定义)，但这个在场只能**延迟地**呈现。看照片只能是重新看，它不仅是再见，而且是永别。

4. 历史与自爱

分光图谱不仅是显现照片的**载体**，而且也是**现象**本身——**可我们恰恰不能将二者区分开来**。分光图谱意味着分光、**死而复生**、场景和反射。巴特借照相的自爱问题提出了人类历史的主题。照片的**分光图谱**应是置于观看、幻象及表面的历史尽头的一面镜子，**观赏者**投影于其中，人类历史本身也将像镜子一样破碎在其中。

历史由什么样的镜子构成？什么是观看的历史？其中有哪些阶

① 罗兰·巴特：《明室》，第122页。

段？第一面镜子是什么样的？在照片中自视的目光会是怎样？我们可以通过自身形象，通过借助于诸如绘画、歌唱、吟诵、文字、照片、电影、录像、电视、数字及模拟数字图像这类**形象**技术的**反射**而建立的影像来深入研究上述问题，并找出鉴别和区分这些目光之“主体”的方式。照片带来了一种新的鉴别-区分方式，也是另一种对死亡的经验。

各种仪器的出现是镜子阶段的器具具体化，对此阶段的超越本质上总是延迟的。自身在这些仪器中（重新）自视，而这些仪器“为我们”，“以其自身也为其自身”而建立自身。我在照片中自视是在去远（Entfernung）与绵延（Erstreckung）中（重）见自己。去远与绵延产生了**此处与彼处、过去与将来之差异**，并使时间过程和自身临近成为可能，否则我就绝不会看到**自己**。这个总是延迟的反射使我**在此**——在**我的**照片中——看到死亡。镜头拍下的照片主体是扭曲的，即被目的化和 332
物化了的，它形同幽魂。在被摄主体从照片中重见自己的那种典型经验中，在拍摄的事后，死亡迟到地，或者说太晚地显现了。

正是在刘易斯·佩恩的肖像前，照相的时间的出离特性被淡化了：

> 1865年，年轻的刘易斯·佩恩因企图刺杀美国国务卿休沃德而被判绞刑。亚里山大·伽德纳在囚室中为他摄了影。照片很美，小伙子也很英俊，这是照片的**内容**(studium)；但**视点**(punctum)[1]却是：**他就要死了**。照片给了我两个信息：绞刑**即将**执行，绞刑**已经**执行。这个涉及死亡的过去将来时令我不寒而栗。照片一边给我呈现曝光时那个绝对的过去（不定过去时），一边又告诉我将要来临的死亡，刺痛我的正是发现了二者的等同。我在

① 巴特在《明室》中对这两个拉丁语词汇做了解释：studium指照片中可分析的内容，比如文化、背景、热情、兴趣、投入、意图等，我们将其译为照片的内容；punctum原意为刺伤、小伤口、斑点等，这里指照片中不经意地引人注目的，难以言状地给人触动、刺激或伤害的细节，我们将其译为视点。——译注

我母亲儿时的照片前自语："她后来死了。"我就像温尼科特的一个精神病患者那样，**为一个已经发生的不幸**而心悸。无论照片中的人物是否已辞世，所有的照片都是这种不幸。①

所有的照片都是这种不幸，所有的自爱都属于死亡学。然而照相中的自爱又与众不同：它开启了另一种与终结的关系和另一种时间。**照片中**的延迟在我与我的终结之间建立起一种独特的关系，并使我异乎寻常地时间化：照相中走向终结的存在是独一无二的。

5. 可见的时钟、延迟的镜子和客观的忧伤

相机是可见的，更恰当地说是**可重见**的**时钟**，它拍出的图像也是一面面镜子。这些载体是我的**意象**(imago)②的界面与表面，是延迟地辐射的分光图谱和**延迟的镜子**。

按照海德格尔的理论，钟表(即"什么"，**度量**时间的技术仪器)将我们指向它处(指向"谁"和终结)。然而这里的技术仪器并不是偶然的，因为在其中构成了现象，即时间。更贴切地说，没有偶然性就没有时间性。时间构成于技术性中，或者作为技术性而构成，而技术性又是
333 本质上的偶然性。读巴特的书让我们领悟到通达已经在此的技术条件为何能够决定先于自身的**可能性**。**技术**(tekhné)**给予**了时间。正是在与上述分析相近的意义上，我们在后面把音位学文字理解为拼写技术，只是又根据音位学文字的技术特性而作了调整。

照片中透着一种交织着时间与技术的**客观的忧伤**，观看的历史也

① 罗兰·巴特：《明室》，第148页。

② 瑞士心理学家荣格(C.G.Jung)发明的词汇，指父母留在幼儿潜意识中的、日后影响其行为和理解的表现。——译注

一贯如此——这些观看只能形成于折射时空的仪器与技术的表面，因为**延异**既是时间的又是空间的。

6. 不可名状

在某些照片特有的魅力中可以体验到**视点**。视点是照相**经验**的基本情感，它难以预见，自然也难以分析，巴特称这种困难为**奇特的经历**。“这张照片对我有所触动，那张却没有。”这里有来与往的双向运动，或者说相互交叉的两种运动所产生的情感、动力和能动性使“这张照片顿时吸引了我，它使我激动，我赋予它活力”。正是在这种魅力中，在这种从这张或那张照片来又回到这张或那张照片去的运动中，才可能产生反映照相本质的现象学。这一运动有双重渊源，它是一种互成**镜影**的运动：从**观赏者**到**分光图谱**，即照片的**内容**（文化）；再从**分光图谱**到**观赏者**，即**视点**（并非拍摄主题，但属于意向对象）。

> 不是我（像从我的意识中分析其内容那样）去寻找“视点”，而是视点从照片中箭一样射出并射中我。①

这个奇特的经历是一种回归，它**打乱**了照片的内容。至于“照片的视点，正是这种偶然性刺痛了我（也打击和伤害我）”；而照片的内容则是由我的文化代码编程的。**视点同走向终结的存在中的终结一样不可预见且不确定**。视点是“执拗的”，它锲而不舍、不折不挠，我们却无力抵挡它无休止的回归。这种持续不断的视点又是必要的。其细节，是无休止的回归的迂回，虽然终究只是依稀可见的细节： 334

① 罗兰·巴特：《明室》，第48—49页。

> 人们说洗印照片，但化学反应显影的是洗印不出的（创伤的）本质，它不可转化，而只能（在执着的目光下）被执着地重复。①

不可抗拒的**视点**同时也不可名状。不可名状标志着真正的烦扰和**唯一**的真正伤害：

> 照片的内容终究是被编码的，而视点则不然[……]。我能够说清的东西不可能真正刺痛我，不可名状才是心烦意乱的明显征兆。②
>
> 有时候，视点虽然清晰可见，却只能在事后显现。③

作为化学显影的事后被另一种事后重复。**视点**不可描述，只能铭记，就是说对它的描述无期限地被延迟：它像终结的不确定性那样总在迫近却从不到来，所以从本质上讲，视点延迟地（正因为无休止地）、含而不露地（经常在离开**分光图谱**的情况下）体现为**观赏者**的创伤。**这是分光图谱的效应**，作为延异而生效。**视点**是照相的本质现象，它有忧伤的效应。这个照相的现象学也是在悼念巴特的母亲，照片《冬季的花园》构成了这个现象学要点。从她那里（从这张照片，从巴特的母亲，从他母亲的这张照片）可见，照片的本质是时间问题。在《明室》中，巴特踱过一个个房间（“我这样独自走进刚刚伴她辞世的那套公寓……”），一边叙说着他的母亲和他丧母的悲哀，一边承受着忧伤与忧伤的效应，以及表现为忧伤的**视点**的时间效应。时间的效应不能抹去任何东西，而只能**延迟**（照片的**视点**不可能被淡化）。正如**视点**的表现不可名状，

① 罗兰·巴特：《明室》，第81页。
② 同上书，第84页。
③ 同上书，第87页。

这种忧伤也难以形容，这是因其不断回归而从不显现的令人迷惑的现象。

7. 精确性、不确凿性与延异

曾经在此在过去中的在场是照相本质上的**确凿性**原则（“我绝不可能否认照片上的事物存在过”），它是衔接也是吻合，是对在场之确 335
凿性中的**分离**的体验，因为**不确凿性以确凿性为中心和原则**。这种确凿性**即刻**又变成了不确凿性，它转了向，也使我们掉转了方向：“它明明曾经在此，但随即又分开了；它曾绝对地、不容置疑地在场，却已经延迟了。”[①]这个飘忽不定的确凿性已**超过**了精确性，因为精确的东西是间接的、被加工的、“虚假”的。我们将精确称为确正，它包括立场的中正、对过去的公道、对正在发生和已经发生之事的记录的不偏不倚，即**公正的记忆**。然而这种精确性又不可避免地导致不确定性。这个记忆只有在镜影中才是公正的——它被对称地、左右颠倒地反射出来：在照相的反射中，右边总在左边，所有笔直中正的东西都难免扭曲变形。尽管**如此**也正因**如此**，看自己的照片时，我**可以**排除这种让我只能左右颠倒着出现的镜影的影响——镜影的镜影——而真实地看到自己。**这种让人迷失方向的图像**影响所有的公正记忆及确正形式，尤其影响记忆的准确性，而带来正确或确正可能性的文字形式正是以记忆的准确性为特征。

这个左右颠倒的反射被定格在照片中，以照片的形式反映了活跃在所有在场中的延异。“不容置疑地在场，却**已经**延迟”的在场恰恰是对时间的体验。

① 罗兰·巴特：《明室》，第121页。

8.《访谈录》，一切运动的不动的动力

这个悲剧性的现象学被费德里科·费里尼搬上了《访谈录》的银幕。这是一部通片充盈着自爱的电影，在马塞罗·马斯楚安尼表演的去安妮塔·埃克贝格的别墅造访这一片断中，费里尼将这种自爱表现得更加淋漓尽致。在那里，在安妮塔·埃克贝格家中，也是在《访谈录》中，三十年之后，两位演员一起**重看**观众们熟悉的《甜蜜的生活》中罗马特来维喷泉前的镜头。安妮塔·埃克贝格和马斯楚安尼重逢，**安妮塔**重见安妮塔：她看到她自己。然而在自视中，她的形象是被过去定义的，在过去、现在和将来都永远年轻。在当下看到过去的自己——她在这个当下自语道：我已成为过去；在这个当下，她重见原来的当下或
336 者说过去的现在，**她看到那个当下正在她眼下义无反顾地逝去**。这里看到的是属于过去的（不同时态的，ptôsis）生命，即由时间给予的，超越过去、现在和将来定义的生命，因为生可见死。只有对于那些曾经风华正茂，即将衰老、**如今**正走向其终结的人而言，青年与暮年才可能存在。死亡赋予生命时间、过程及差异（过去、现在和将来之间的差异，也是那些区分真理与时间的人之间的差异）——**这一点在此清晰可见**。

安妮塔最终看到了自己——不妨说看到了“自己的最终”。在一个悲歌式的镜影游戏中，她不停地看到自己的将来被投射在自己的过去中，并在其中颠倒成**她**的终结——所有影片的片尾都醒目地写着这种不确定性。这是一种既光怪陆离又无休无止的对称。安妮塔在自视时，并不像巴特看刘易斯·佩恩的照片时那样自语道：他死了，他将要死去（巴特在此以大手笔渲染了**混杂**的实质。发生在安妮塔身上的恰恰是一种**混杂**，是**拉开距离观看**[①]）。安妮塔不仅仅说她，而且也颠倒了

① 这是个文字游戏：混杂是télescopage，将此词略加修改就成了télé-scopage或télé-scopie，即从远处看。——译注

人称说**我**:“我将要死去”和“我死了”,也就是说我**正在**死去或**已经**死去。**我注定是要死的**。在《访谈录》里看到自己在《甜蜜的生活》中的过去时,费里尼的电影说的正是:我会死去。拉开距离看,即从电视中看自己变得很切实。

这段剧情**给我们**以震撼,原因是我们无法将其定位:明明是她,却又不是她,因为她在演戏(在电影中),但又没在演戏(在生活中)。她扮演了一个无人能再扮演的角色,就像我们未考虑到其不可能性时说的那样:“她扮演了她自己的角色。”然而她在这里的角色全然不由她掌控——当然也不由我们掌控。在这一剧情而不是任何其他剧情中,演员与角色之间呈现出天衣无缝的默契。我们在此**不能**将安妮塔看成剧中人,然而又只能把她当作剧中人来**看待**。她扮演了全剧中最关键的角色:无论从剧情的发展到剧终,还是贯穿角色的前前后后;无论从故事情节的展开,还是到难以“演绎”的内涵,她都演出来了。剧中人“安妮塔”看到的、由演员安妮塔扮演的人物是个年轻的女演员,她以令人着迷又难以承受的方式**进入**她的角色,无论在《访谈录》中还是在《甜蜜的生活》中,**她为我们,也为她自己**而进入角色。然而在投身到她的角色之中时,她恰恰又从她的角色中也从她自身中挣脱出来。在她如幽灵一般重现的本质延迟中,她仿佛又回到了我们眼前;而我们呢,已不再能区分这些真真假假、虚虚实实的电影片断了。

在电影中,演员与剧中人珠联璧合,电影的故事情节也**理所当然**
地成了演员的**过去**,电影人物的生活经历也**顿时**成了演员过去的经历。 337
拍电影时,演员的生活和他们所扮角色的生活被混同起来。这又解释了巴特对电影的评价(它也适用于电影角色),即电影摄影及光敏性:既显影在照片中,又是任何照片都无法显影的东西,它以电影通过摄影机镜头而体现的超现实主义为原则:

> 电影混杂了两种曝光：演员的“曾经在此”和剧中人的“曾经在此”。于是，当我在影片中看见或重见那些已故的演员时，难免产生某种伤感（这是我在看绘画时感觉不到的东西），这与看照片时的伤感相同。（听到已故歌手的歌声时，我也会有同样的伤感。）[1]

《访谈录》的独到之处是把我们感到**将要**逝去的演员呈现在我们眼前。这样它就违反了巴特提出的另一电影准则：

> 照相动画成电影时，照相的意向对象就改变了：在照片中，某物被置于镜头的小孔前，并永远地留在了那里（这是我的感觉）；而在电影中，某物从同一镜头小孔前经过，但拍摄的画面却被后面接连不断的画面带走并否定了。电影虽然起源于摄影，却是另一种现象学，来自另一门兴起的艺术。

然而在这里，在事后，这个虚构故事的各个瞬间就像真实生活里的一连串瞬间一样跃然重现于我们眼前。对我们来说，这些瞬间构成剧中人的过去与未来并罗列演员本人的各种在场；也是这个女演员的（再现的）过去。她在表演她自己的过去和现在，于是剧中人的现在便是她的过去，而她的现在又是剧中人的过去。这种切换被以拍摄、储藏和保留的形式呈现出来：过去的事保留下来，但保留在运动中。而运动本身又被固定，且恰恰从不动性中（再次）呈现。这种电影技术“呈现”给我们的是一切运动的不动的动力。

这是（电影从《火车到站》[2]起给观众造成的）极大的**震撼**，而《甜

① 罗兰·巴特：《明室》，第124页。

② 这是电影创始人路易·卢米埃尔（Louis Lumière）于1895年拍摄的无声短片，展现了火车进入巴黎萧达车站的场面。在当时，它获得了令人称奇的视觉效果，观众误以为火车正向自己冲来而惊叫。——译注

蜜的生活》在《访谈录》中以电影中的电影出现，则给我们双重震撼。338
我们觉得《甜蜜的生活》是个**真实**的故事，它让我们从《访谈录》中瞥见自己的影子。只有投入其中并忘形其中，我们才能看到自己。那么在《访谈录》中，当我们看着安妮塔·埃克贝格在自视，依稀看到她的死亡和没有尽头的尽头，从她光彩照人的光敏**镜像**中承受那难以承受的自爱的当儿，**我们在自我中又隐约看到了什么呢**？

9. 无人依托的过去的形象

电影人物的过去与演员的过去相吻合。演员的生活本质上是无人称的，是剧中人的、不属于任何人的生活：

> 皮兰德娄发现，电影演员对自己的银幕形象颇感陌生。这种感觉一开始与所有人照镜子时的感受相仿。然而，他在镜中的形象从此与他**分离**开来，且变得可传递。①

这种分离是形象和**意象**的无依托，它形成于剪接的吻合及由此而来的照片的延迟，而延迟又产生于电影机马达的静止不动中。**由于**电影人物是演员的无人称性或者说不具名性，剧中人及其扮演者的过去就可能成为**我们**的过去。剧中人、演员和观众**共同**参与到由电影的意向对象和照相的同一瞬间性所构成的相互连接且延迟的重合中，照片的**瞬间性**通过马达转动这种人为的动画“提升”为属于剧中人、演员和观众的相互等同的三个过去、三个**过程**（三个现在、三个未来）。**正因如此**，电影中的电影才能如此震撼我们。**对我们来说**，《甜蜜的生活》不可

① 本雅明："机械复制时代的艺术"，《杂文·第二卷》，Gonthier-Denoël，1971年，第107页。

能**仅仅**是个虚构的故事，它是一部存在于我们现实生活中的电影。这要归功于影片的美感、安妮塔的丰姿、马斯楚安尼的英俊和费里尼的使**假戏**成真的天赋。《甜蜜的生活》是大家共享的过去：透过安妮塔自视
339 与审视她的过去的目光，我们看到的是我们自己的过去。《会面》又将这个虚构的情节加以重复，而且表现得维妙维肖。电影故事的真实性当然**不排除**虚构与现实之间的对立，所以我们坐下来看电影时便会提醒自己：这只不过是电影而已。

伍迪・艾伦执导的《开罗的紫玫瑰》也把剧中人／演员／观众之间类似的关系表现在银幕上，影片中又放映了一部片名为《开罗的紫玫瑰》的电影。它把剧中人及其扮演者置于整个影院的观众面前，置于与观众的关系中：剧中人及其扮演者从银幕中跃然而出，观众则投身而入。这一切发生在看《开罗的紫玫瑰》的我们面前，我们全神贯注地置身其中，就像光线照在电影胶片银盐上的效果投射到电影院中一样。如今的电影是极度自爱的电影，它反映的恰恰是我们这个时代所固有的自爱。幻象、反射、混杂及电视等技术则是这种自爱的成因。

10. 厄科与那喀索斯[①]
——不属于任何人的无人称属性

演员与其形象的分离以及由此而来的无人称属性和可传递性是

电影演员时时刻刻都意识到的事实。在摄影机前，他明白他

① 源自希腊神话：那喀索斯（Narcisse）是个美少年，因爱上自己的水中之影而耗尽生命，死后变成水仙花。此词也指自恋、自我陶醉；厄科（Echo）被天后赫拉（Hera）剥夺了讲话的能力，只能重复别人的话。厄科爱上了自恋的那喀索斯，这段执着的单相思使她痛苦不堪而隐居山洞中，最后衰弱到形体消失，只剩下她重复别人说话的声音。这也是回声（écho）一词的来源。——译注

的表演最终要面向观众。在此交易中,他出卖的不仅是他的劳动力,而且也是他的皮肤、头发和肺腑。当他为自己拍完某一片断时,他并不比任何工厂制造的产品更具个性。①

拍电影时观众不在场,放电影时演员又不在场,演员和观众之间的关系只能是延迟的,而这种延迟又**仿佛**所有人都在场。在场中含有这种不在场,在作为扮演者的演员与作为自己的观众(过晚地重新看自己)的演员之间也是如此。马斯楚安尼说过:"镜头后面有观众,观众是让你照见自己的一面镜子。"在镜子中,人们从自身看到的不是别的,只能是不属于任何人的无人称属性。独眼巨人的眼中看不到任何人。②镜头无人称的客观性开启了一种不在场,其中在场的是不属于任何人
的无人称属性,如同"所有花束中的不在场之物"③。镜头开启的是公众 340
性与试拍中无人称性的表演,某种独特的效果随着这卷胶片的转动而产生了。通过安妮塔和马塞罗重温他们的过去,《会面》描述的是一个让我们从中依稀看到自己的经历,影片中虚构的情节以极强的现实性震摄了我们。说到照相、电影和录像对**时事**或"现实"的表现与记忆,那就大有文章可做了。《甜蜜的生活》中那些摄影记者正像电视在《会面》中那样,扮演了极其特殊的角色。在《甜蜜的生活》中,安妮塔扮演一位芳名希尔维亚的女演员,马斯楚安尼扮演一个叫马塞罗的作家兼

---

① 本雅明:《杂文·第二卷》,第107—108页。

② 源自希腊神话:漫游者尤利西斯(Ulysse)被吃人的独眼巨人库克罗普斯(Cyclope)捉住。被问及姓名时,尤利西斯谎称自己名叫"没有人"(Personne)。后来尤利西斯趁独眼巨人酒酣之际用石头击中他的独眼。闻声而来的同伙们问独眼巨人是谁打伤的他,他答道:"没有人。"尤利西斯于是躲过这一劫,且最终得以逃脱。——译注

③ 引自法国诗人马拉美(Mallarmé)。他认为词与物之间并不绝对等同,比如我们说的花与实际存在的花并非同一物,所以说花是所有花束中的不在场之物。作者以此与电影的拍摄相比:人物一旦被拍摄下来就不再是真实的被摄人了,而成了无人称的人。——译注

记者。

至于声音，普鲁斯特在谈及电话（而不只是巴特在此对唱片的论述）时，也提到过同样的效应：在第一次使用电话机时，他第一次——对他来说是最后一次的第一次——听到他那仿佛已经逝去的祖母的遥远的声音。[1]德里达亦把电话看作制造幽灵和让人死而复生的机器。从留声机中，从《魔山》[2]的“音乐盒子”里，从《尤利西斯电唱机——致乔伊斯》[3]中传出的声音会说话、写作、观看、让人观看。在相互（重新）阅读时听到对方讲话，相互（重新）照料时相互倾听，在厄科与那喀索斯之间“写作”。照相、电影、录音、电话、电视均为模拟技术，其中交织着一种与终结的关系，它开启了一种既无具象亦无先例的自爱。“解构”的全部可能性便来自这个技术背景。[4]

11. 潘多拉[5]，镀镜和矫形的无知功能

在拉康的理论中，镜子构成真正的人性，即动物性标记，这是因为人性中可见动物性，它属于人又不属于任何人。在精神遗传学中，镜子的“阶段”代表着这么一个时期：渺小的人类已经在规划何以扭转自己**后于自身**于大猩猩的局面——大猩猩在“使用工具的智慧上”已超过
341 了人类。然而“镜子的阶段”一文只是使人认识到不可能在镜中找到自己，因为镜子反射出来的只是他自身的缺陷。镜子一览无遗的反射仅指向一种等待，镜子的阶段将永远不会被超越而只能被反射，它只能

① 普鲁斯特：“盖尔芒特家那边”，《普鲁斯特全集 · 第二集》，伽利玛出版社，“七星文库”，第132—138页。

② 托马斯 · 曼：《魔山》，口袋书出版社，第401—425页。

③ 德里达的著作。——译注

④ 雅克 · 德里达：《论文字学》，午夜出版社，1967年，第20—21页。

⑤ 希腊神话中人类第一个女性。——译注

给出一个**观念的自我**：

> 主体的**自我**沉淀为一种原始形式[……]。在被社会认可之前，（这种原始形式）将自我置于一个虚构的、任何个体都不可复归的方向上——或者不妨说：他只能渐近地接近主体的形成。①

在这个对他来说永远是未知的时刻，即他的死亡来临之时，同一化过程才**真正**完成，并清除了一切虚构的成分——此时的质料不具任何运动或自身运动，也不具**生命**或**精神**。拉康将这种渐进称为"无知功能"，即在原初的无意识的镀镜——我们前面所说的**爱比米修斯原则**——中反射的无知。

镜子构成无休止的**自我助产术**，其中外在性具有构成性（有欲望的躯体原本就已工具化了）。镜子反射出一种格式塔完形，使它产生于左右颠倒的对称中。在这种对称中，主体迟于自身，追逐自身，在他静止不动的形象（他的照片）中找到他的机能：

> 主体在幻想中领先于其力量成熟期的身体完全形式只能以格式塔的方式给予他，也就是说，在外在性中给予他。诚然，在此外在性中，这种完形与其说是被构成，不如说具有构成性；但更重要的是，在此外在性中，身体的完形是作为他身体的轮廓而出现的。这个轮廓冻结此完形，并将它左右颠倒地呈现。这与那些使主体觉得自己激活了这种完形的紊乱的动作相反。

在雌鸽生殖腺的成熟过程和蝗虫的群居中，自爱功能"属同型鉴

① 拉康："镜子的阶段"，《文集·第一集》，Seuil，1966年，第90页。

别范畴，应被包括在构成美感与吸引异性的美感中”。从《甜蜜的生活》这部影片中，从安妮塔、马斯楚安尼和费里尼的作品**带给我们**的美感中，我们应当得出什么结论呢？什么无定形之物在其中**实实在在**地形成、成形、变形呢？“谁”是潘多拉[1]？在“什么”的各个时代所指向
342 的各不相同的图像中，谁是潘多拉？只有从技术的外延——从猿向人的过渡——和原动幻象的（非）实现来思考，上述问题才有意义。

> 在镜子阶段反映的空间捕捉中，我们必须承认人的[……]有机匮乏的后果。[……]镜子阶段的功能一开始就作为旨在建立肌体与其真实状态之关系的意象功能的个例呈现给我们。[……]但在人身上，这种与自然的关系又受到机体内部某种成熟和原始不协调的影响……，这正是人特有的早产。[……]**镜子的阶段**是个悲剧，其内在压力忽然从不足变成了先于自身——而且对落入空间认同圈套的主体而言，这个悲剧制造了从身体的破碎形象到我们所说的整体**矫形**形式的种种幻想。

12. 存在的代价、思维的奔忙、基督学及结晶学[2]

有一种延迟在幻象的对称中提前颠倒，它是主体的组成成分（主体的时间性及空间性），生来就被定义为与终结的关系（不足变成了先于自身）。这种动力产生于原始的外在性（它并不与内在性相对立，因为它构成了内在性。它是一个只指向无生气的、幽灵般的、机械人一样的

① 这一点请参阅《爱比米修斯的过失》，第203页以及之后的内容。

② 结晶学（cristallographie）在其本意之外还有一个宗教上的引申意义，它指的是基督的心如水晶一般纯净，这与前一词基督学（christologie）相对应。——译注

形象的“圈套”，这些形象塑造出“被矫正的”形式)，在生命中作为**代具性**而持续，因为镜子的阶段本来就是未完成的，幻象是扭曲的。镜影也好，观看的**技术**也好，时间也好，都只能是变形的。记忆总有偏差，尤其在正确时。反射是迷失方向，于是问题成了必须在无思中定向，即鉴别与区分这种代具性以及代具性成为确正形式且作为技术影响时所做的矫形。燧石最初被凿成石器，而后被磨光，显现出表面和线条，再后来成为具有拼写理想性的石尖，直至发展成今日的虚拟现实和令人迷惑的远距离现身，即把身体作为代具并剥夺其属性的技术。“什么”的历史应当是镜子(的不同阶段)的历史。存在者的历史性只不过是一种没有羽毛、穿着矫形鞋的两足动物——即便他是个文身的赤脚者——的蹒跚步伐；同时，正如本雅明、福西永和勒鲁瓦-古兰所言：手的退缩 343
早已意味着脚的退缩了。比如说在这种总是反映自爱的赛车中，米其林轮胎的有分水脉落的胶皮属于哪类矫形鞋底呢？我们不妨对这个赛车手做一番现象学研究，这样，我们就可以像谈论所有的越野赛一样，对他孤身一人，置生死而不顾的赛车表演喋喋不休地大加评论。不奔跑不起舞的“谁”缺乏对思维的某种理解。

走向死亡的存在的镜子只能是个早产儿。在对幼态持续的生物分析中可见已经在此的实际性，这一事实说明，“谁”是带问号的“谁”。然而这个事实并非生物的，而是技术的。只要涉及身体的技术，如行走、跳舞或游泳，就不是单纯的生物学范畴，柏格森的生命-唯灵论及勒鲁瓦-古兰、西蒙栋两人对此理论的尽善尽美的发挥都是不够的。早熟是**普罗米修斯原则**，正如镜子的阶段，其银镀反射出爱米比修斯的**超常**形象，就像“谁”在“什么”中的构成。而在“谁”与“什么”分开之前，在“谁”的客体化及“什么”(从这个被阿尔托称为版面的银镀，这个**需要**凡·高来修饰的金属墙)的主体化之前，**作为**现象的现象便是技术的延异。

刘易斯·佩恩为爱米比修斯的过失付出了代价，这是存在的代价。刘易斯能复活吗？从燧石到银盐再到液晶，什么样的基督学——从

(继承的)过失中获得拯救——的教义被记载到所有银镀的矫形的结晶学中了呢?

13. 西方的事故或补余的悖论

既然要分析照相和电影,我们就要抓住它们的典型特征,即不发音的书写形式。

作为记忆的技术,照相和电影的本质应从**确正**的概念来理解。确正不仅是**模拟**技术(照相、留声机、电影等)的特征,而且也是记忆的**文字**(拼写文字)及**数字**技术的特征。确正的记忆是“精确”或“正
344 确”的,海德格尔把这种正确性即**确正**(精确性)看作记忆和去蔽的灾难。尽管海德格尔在这一点上一直抨击柏拉图,其实他们两人的观点如出一辙。然而这个正确性又总会产生某种偏差或不相符,即某种差异——本体差异应当是其中的一个阶段,正如存在的历史,亦如希罗多德翻开的人类历史书卷的时间。这个记忆的灾难,这个降临到西方的**事故**又是记忆的“拯救者”:这便是德里达称之为来自拼写文字的补余的技术的悖论。

关键是超文字历史中**直线型**文字的**特性**。超文字即拼写文字,也是人们往往首先想到的音位学文字。然而德里达经常模糊,甚至否认音位学文字在痕迹历史中的特殊性。**文字学**便是抵制文字这个精神现象所编织的**寓言**。《论文字学》篇首的三个题记(文书、卢梭和黑格尔)

> 使我们注意到时时处处都在支配文字概念的人种中心论(和)[……]本质上属于[……]最原始、最强硬的人种中心论的[……]逻各斯中心论。①

① 雅克·德里达:《论文字学》,第11页。

人种中心论**一边**把字母文字誉为“在其自身之内且为其自身的最睿智的文字”，**一边**又拒之于“完整的话语之外”；而逻各斯中心论既在被释为**语音的逻各斯**面前贬低一般文字，同时又将字母文字从较低的或几乎非文字的地位提升到较高的位置。

文字学由此提出了如下论断：话语“从来就属于文字”，且二者都应从超文字概念来理解，因为思维必须承受在场的悲哀。超文字是原初补余性的逻辑，亦是非原始性沉思，即“在场的形而上学”之解构。

然而又怎能做到既**不排斥**文字整体又**不特别推崇**某种文字（随着声音的消失而消失的音位学文字）呢？因为“文字的语音化（是）哲学与科学的历史渊源及其结构可能性，即知识的条件”。尽管“（科学）从来就需要，且越来越多地需要非语音文字”，尽管“不可能有纯语音文 345
字，而且语音文字在不停地贬低非语音文字”[①]，我们却不可忽视如下事实——如果说贯穿于、来源于文字（来源于全部人类历史）的语音化**开启**了某种东西，那便是一个随着字母文字完善过程中的语音化的完成而来临的新时代：

> 对数学、政治、经济、宗教、技术、法律之本质的思考以最内在的方式连接着有关文字历史的反思及信息。然而，贯穿所有反思领域且构成其基本单位的穿梭延伸的脉络却是文字的语音化问题。语音化有它自己的历史，没有一种文字不被包含其中，且这个进化的奥秘并不被历史的概念所主导。我们知道，历史的概念出现于文字语音化的某一特定时期，且本质上以语音化为前提。

语音化从来是已经开始的，而文字——被（欠妥地）称为“语音文字”——发展的某一特定时期也是历史概念出现的时期。然而我们至

① 雅克·德里达：《论文字学》，第134页。

少应对以下两种态度提出质疑：一是断定字母文字在其自身之内且为其自身的优越性；二是由此而推断字母文字不可忽视的特殊性：这表明语音中心论早已隐匿其中了——仿佛一谈特殊性就立即成了谈论优越性。我们可以把文字学的这种基本趋势看作为防止语音中心论、逻各斯中心论和人种中心论思潮之卷土重来的起码的谨慎。此外，对这种原初质疑的态度，即以文字学特有的启发性为原则的态度，我们有必要做出分析，**因为必须**超越狭义的文字概念来定义超文字，也**因为**人们对字母文字的普遍偏爱（认为它最忠实于人声且**去除**了补余，这就使**语音回到**了其应有的位置）必然进入在场的形而上学范畴，而对直线型文
346 字之特殊性的疑虑与**动摇**至少可以通过最忠实于话语的文字来**取消**话语的形而上的优越地位。

然而问题恰恰是不去除文字本身的补余性：这样做未免自相矛盾。文字学制定了**补余的逻辑**，其中补余的偶然性是根本的。这就意味着把补余的**历史理解**为会导致偶然性的本质变化的——或许**也**可以称之为本质性的偶然变化的——有偏差的偶然性历史。文字学最常见的是抹杀音位学文字的特殊性，声称大部分时间内**几乎**所有生于斯之物在其前都已存在，从而不把这个特殊性当作中心问题来看待（文字学不正是以某种形式将此问题**束之高阁**吗？）。这样做不是在文字学计划实施之前就削弱它吗？我们不正是随声附和了认为补余**其实**什么也不是的观点吗？

14. 技术的思维及与未来的关系

自爱形成于具有（记载）无人称性延迟的镜影中。电影演员和观众所经历的无人称性属于观看的历史，其中书籍构成了一个特殊的“阶段”。“书中无人称的知识”“无须某人的想法来作保。个人的想法从来不是正确的，因为只有在所有人的世界里，且随着这个世界的降临，个

人的想法才会成为真理。[……]这种知识与各类技术的发展联系在一起，把言语和文字变成技术”[①]。在**作为技术**的文字中回荡着一种无人称的知识，一种不署名的权威性。这里指的是希罗多德翻开的书卷中的拼写文字，它开辟了一个新时代。“在我们生活的时代中阅读”，我们预感到，这个时代的尾声——另一种无人称性——是对不期而至的无人称性的另一种默许。此时，“最引人瞩目”的变化发生在现代技术“无人称力量”的来临之际[②]。

在《保罗·德曼的回忆》一书中，德里达谈的是现代技术、成为**科技**的技术与科学以及 347

> 作为记忆的思维和记忆的技术范畴之间不可分割的联系。[……]通过记忆来重申思维与技术（也是[……]思维与科技）的统一性，德曼提出的解构[……]使我们有可能从理论上解决人工记忆和**现代存档模式**这一重要问题，而不是将其排斥到思维之外或之下的黑暗中。如今，上述问题在过去远不能及的范围内以某种节律影响着我们与世界的关系（完全超出了人类学的定义），[……]**这一切都处于影响与未来关系的转化中**。这个惊人的突变的增长不仅反映在体积上——所谓人工记忆的计量经济，而且也反映在其质量结构上。[③]

当然，需要搞清在科技突变的盛名之下，我们谈的是**与未来的关系**中的什么质和什么**转化**。这个科技突变

① 莫里斯·布朗肖：《拉斯寇岩洞中的动物形象》，Fata Morgana出版社，1982年，第13页。

② 莫里斯·布朗肖：《未完成的采访》，伽利玛出版社，1969年，第396页。

③ 雅克·德里达：《保罗·德曼的回忆》，伽利略出版社，1988年，第108—109页。

可能使我们不再赞同海德格尔的“科学不会思考（Die Wissenschaft denkt nicht）”这句话及其全部含义。

适用于科学的论断也同样适用于技术，因为“现代科学建筑于技术本质之上”。

技术在思考。技术所思考的与未来的关系难道不应重复技术思考的内容吗？由于技术在思考，我们难道不该想一想技术让我们思考哪些内容吗？技术在我们**之前**思考，因为技术从来是**我们**之前的已经在此，存在于我们**之前**的存在者——因为“什么”先于且总是提前于早熟的“谁”。未来，即“思维的任务”，则尽在技术的思考及对技术的思考中——**这两种思考的重叠处造就了时间。思考技术就是思考时间（重复）**。

用什么标准来区分“现代存档模式”与现代之前的存档方式，尤其是希罗多德和他叙述描写（并在其中撰书）的城邦所使用的存档方式呢？使希罗多德成为可能的存档（记载）技术有什么特性？也就是说，音位学直线型文字的特征是什么？而这一切**与未来的关系**又是什么？这种文字在它的时代中又会把与未来的关系**转化**成什么呢？这其实是
348 **按其技术规范**拼写出来的记忆文字的问题。布朗肖所说的断裂正是**相对于音位学直线型文字**而言的。断裂之所以产生，是因为延异中出现了某种专门特征，出现了人工记忆的某种新**功能**。我们从确正的概念来分析人工记忆。确正概念在（模拟和数字的）“现代存档模式”中既被保留又在变异，而“现代存档模式”所承载的“与未来的关系”则与这种保留和变异相辅相成。

15. 确正与真理

海德格尔使用了确正，即精确性，来形容柏拉图的真理之“教

义”——它是走向存在遗忘的第一步，也是迈入存在历史的第一步：

> 当获得解放的人类在洞穴中避开阴影观察事物时，他已经把目光投向了比单纯的影子“更真切地存在”之物：pros mallon onta tetrammenos orthoteron bletoï。“转向更真切地存在之物时，他似乎看得更精确”。从一个状态过渡到另一个状态看得更精确。这一切都从属于确正，从属于观看的精确性。[①]

这种对**去蔽**(aletheia)的新的解释是形而上学的开端：

> 真理的本质今后不再从它自身存在的圆满或作为去蔽的本质而展开，而是刻意迎合理念的本质。真理的本质丢掉了它先前的根本特征，即去蔽……
>
> 去蔽的概念改变了：如今它指的是明证性、与明证性相符的看法以及这种看法的准确性和精确性。[……]柏拉图在研讨去蔽时想的其实是确正，并赋予其决定意义。这当然与他的思维方式一脉相承……
>
> 真理或去蔽不再是存在本身的根本特征，却因附属于理念而变成了精确性。今后，真理便是存在者知识的主要特征。[②] 349

海德格尔于1962年承认，去蔽早在苏格拉底之前就已被理解为确正[③](于是，“超越希腊人”便成了“思维的任务”)：存在的历史**正是**它自身的遗忘。“命中注定的存在不再是我真正的思考内容”[④]。这一新问

① 海德格尔：“柏拉图的真理之教义”，《问题·第二卷》，伽利玛出版社，1968年，第153页。

② 同上书，第153—158页。

③ 海德格尔：《问题·第四卷》，伽利玛出版社，1976年，第136—137页。

④ 同上书，第74页。

题指的是可追溯到存在历史开启（希腊）之前的“另一种思维”。

（存在的）真理为何**原初**被理解为确正？**作为确正且作为与未来关系之转化**的存在的历史以什么为开端？为了摸清此问题的来龙去脉，让我们看一下马莱纳·扎拉德尔对**延异**概念的异议：

> 对德里达及其弟子们来说，延异的超结构是原初的间隔和不可复位的裂痕，它“包含了”海德格尔的差异概念：它囊括、阐明并拓展了差异，但同时也更旗帜鲜明地把差异从形而上的领域中铲除出去。然而在我们看来，这种把差异结构化的做法似乎并不能精确地阐明海德格尔理论的特性，即不容置疑的历史性和时间性。海德格尔认为，差异与存在的最初涌现是不可分割的；而在人类历史的初期，在希腊文字中，却看不到这种存在的最初涌现。这就是说，差异具有开启性，而远不是“原初结构”[……]。差异开启了一个历史，即西方思想的历史，也是存在退避的历史。①

这种异议无疑是对德里达的延异概念的肤浅理解，同样也是对海德格尔的观点（本体差异标志着全部此在，而且此在早在存在的历史之前就存在了）的有待商榷的诠释，但它却揭示了真正的问题，这就是：把（存在的历史的）开启性纳入延异中，同样也把拼写文字的地位问题纳入超文字的概念中。更广义地讲，这是全部存档中切实的技术性问题，与未来的关系正是在其中展开和分化的。

海德格尔在讨论柏拉图的**确正**一词时并未考虑到文字。欲从文字的技术–历史事实来“解释”存在历史的绝对开启性，则未免有些荒唐。相反，我们应当自问：这一事实是否遮盖了希腊人和当今西方世界把真
350 理当成精确性的可能性呢？这个问题不解决，就不可能澄清超文字和

① 马莱纳·扎拉德尔：《海德格尔与原始话语》，维翰出版社，1986年，第143—144页。

延异的概念。

直线型文字首次为通达言语的**过渡**(通达它正在过去的现在)**和**进入言语的过去(进入它**作为**过去的现在)开辟了文字途径。通达**文字**正是胡塞尔所追求的观念之条件。这里说的观念首先是几何观念,即"面对所有人的、永恒不变的"[1]可理解性。这种可理解性是意义重新活化的条件,后者又是观念的条件。然而,"业已缄默的史前奥秘、流逝的各种文明、讳莫如深或无从知晓的企图、守口如瓶的秘密和难以解读的碑铭[……]"所缺乏的恰恰是这样一种"对所有人的"可理解性。**可理解性**需要**记录的精确性**——从胡塞尔在其早期的现象学分析中赋予文献的地位上不难看出,他早已想到了这一层。所以,并不是所有的文字都能使科学的观念陈述共同体化:使其成为可能的是拼写这种能让人把**想过**的事当作**发生过**的事来"任意审视"(此乃莱布尼茨之语)的文字,即把思维作为其自身的、完全可以通达的过去来自我审视。但这并不意味着这个过去是透明的:思维的字面意义是通达语言原始书写内容的**差异**意义,**因为**我们总能以相同的方式重新通达此意义。这个事实开启了另一种延异。

16. 拼写的意向性

无论是字母的还是非字母的,任何文字都少不了意向性。与未来关系的转化,即人类历史的开启,正是植根于这种意向性之中。分析确正的记录首先需要对痕迹的意义、死亡的经济学、超文字中的延异这些内容的意向性作出分析,这就需要"解构音位中心论"。

这个解构注重的恰恰是如下事实: 351

① 雅克·德里达:《〈几何学起源〉导论》,法国大学出版社,1962年,第87页。

科学实践[……]不断否定逻格斯的统治地位，比如说它一贯地且越来越重视非语音文字。[①]

同样，算术记录的精确性先于字母的精确性。在巴比伦和埃及，数字的精确性转化为更便于使用的时钟和可提前推算年月日的历法，这就使天文和算术出现在文字之前。如此说来，这些非文字的数字系统早已是确正的了。然而准确地说，这种精确性依旧是数字的精确性，当然这种数字已承载了文字和超越了单纯计算的、通达过去的新途径。几何学不仅是计算的精确性，它也需要演绎法的文字化，即几何证明。然而，这种文字化又以精确的计算为先决条件。如此看来，对胡塞尔来说，中国的几何也许尚不能称为几何，因为它是无法证明的。认可拼写文字的特性并不意味着恢复音位中心论-逻格斯中心论的至尊地位，因为确正的字面意义并不是像自身在场那样对语音的忠实，而是对**作为**过去的过去——字母的**过渡**或者说**通过**字母的言语过渡——的文字记录，它是对已经发生的（或曾经在此的）文字活动的某种重复方式。

这与照片和电影中的问题十分相像。如果对应并衔接过去与现在之再现的确凿性没有调动照片或电影目光的意向，也就不会有《明室》里描述的种种效果及《会面》中的自爱；同理，如果不具备确凿地通达产生思想的那种精确性——拼写记录特有的**内在感觉**，那么对几何、历史或哲学的阅读：欧几里得的《几何原本》、“历史之父”的《人类历史》、柏拉图的《理想国》（海德格尔在读此书时并**未怀疑**自己在研读柏拉图的思想）便都无从谈起了。

照片的曾经在此中有种独特的意向性，它是绘画所不具备的（“我把曾置于镜头前的、**必然**真实的东西[……]称为‘被摄物’”，摄影目

① 雅克·德里达：《论文字学》，第12页。

光的**意向**先天就有这种必然性)。同样,字母文字先天就意味着我在阅读中能够进入思维的字符,进入"有血有肉"的思维——这种与生俱来 352
的特性既不存在于史前奥秘中,也不存在于难以解读的碑铭中。如果没有这样一种阅读**意向**的必然性,胡塞尔所言的**共同体化**就不成其为可能。写下来的话当然**也**包含着虚构的本质可能性,但这并不改变上述道理。

这并不是说字母之前的文字均为象形文字,也不是说象形文字像绘画那样"代表某物",而是说唯有字母记录技术能使读者无须了解此记录的背景就明白这段话的"字义"——**这个**"字义"在记录中自然而然地即刻产生;这也不是把照片的意向性降为文字的意向性,因为模拟的确正是最基本的。然而在上述两种情形中,我们谈的都是在先于自身中衔接过去与现在的确正,它是死亡的经济学,也是曾经存在之物再现的先天确凿性。拼写文字和照片有着共同的时间问题,此问题远远超出了照片,正如《精神》一书中论述的那样:

> 现代摄影技术中的快镜头摄影只不过是以最扣人心弦的方式替代一个老式的瞬间性。尽管后者对于一般的技术可能性来说并不陌生,但它仍是老式的。①
>
> 这种衔接并没有等照片来建立与复制技术、与技术的本质关系。②

当然,它也没有等我们称之为拼写的字母音位学文字。然而正如照片给我们带来了一个不可多得的体验,拼写文字非凡地开启了与未

① 《心灵》,第299页。

② 同上书,第291页。

来的关系，从而也开启了一个全新的组合。

17. 确正，可重新活化与不可重新活化的条件

作家**置自我于**写作中，在写作中遇见自我并自我反思。但由于写
353 作需要最终走出自身，这种置身于写作并非真正地局限于自我，而是需要由读者来传播和重新活化：这便是《几何学起源》重新活化的时刻。

胡塞尔认为，理性可以达成于器具性的表面或界面。不同于康德的是，"胡塞尔对数学观念物体的直观具有绝对的构成性和创造性，因为这种直观的对象或对象性在直观之前并不存在"[①]。但这种构成性又被作为记录的文字所限制。《几何学起源》的主题是有史以来，**特别是**有几何的历史以来首次提出的，它亦是**器具性**的主题，因为几何学不可能产生于共同体化过程之外，而共同体化过程又离不开**呈现**"已经在此"的**技术：没有器具的滞留性——也就是说没有构成性的第三记忆——就没有几何学**。

这种器具性开启了回溯性探问（Rückfrage）的可能性。

> 回溯性探问以参照性或远程联络的邮政与通信的反响为标志［……］。我收到的已经可读的文献使我有可能再次询问或反问自己：什么是传统给我之物的原初意向及最终意向。[②]

这个传播过程"即便不等同于内时间意识的传播过程，也与之相仿"。由"文化世界"组成的"历史的当下"呈现出类似于存在性分析的结构：这个历史的当下"迟早会指向过去的全部，而这个过去又寓于

① 雅克·德里达：《〈几何学起源〉导论》，第23页。
② 同上书，第35页。

这个历史的当下中，且总是以计划的一般形式出现”。

一方面，这个“文化世界”倡导我们通过拼写技术来分析有关古希腊时期的几何学家、地理学家、哲学家、诗人、医生、历史学家、法学家与普通公民之间维系的各种关系的考古-历史学材料；**另一方面**，上述一切敦促我们关注器具性及“发明”的时间问题，即“发明者”的滞留-前摄结构，也是对可借助于技术来通达的过去——一切作为观念的前摄而实现的滞留——的考证。

所以马塞尔·德蒂安认为，文字就是一种技术： 354

记录、记载、拓展记忆的限度，这些文字行为不是被轻易地简单化，甚至放在无足轻重的地位了吗？我们选择另一种假设：作为社会实践的书写是一种思维方式或认识活动，书写意味着智慧行为[①]。

只有在学校[……]，词汇、辞典、清单[……]这类新的手段出现时，技术才会产生。在书写符号实践中制造的这些**新器具**在某些条件下可以为知识的重组发挥积极作用，为新的智慧体系的来临作出贡献，甚至——像发生在希腊的那样——发明新的物体或者提出新的问题，并通过这些问题来发掘更高层次的智慧。[②]

发明新的物体恰恰是胡塞尔的论题，然而这里指的不仅仅是数学理念。“公元650年前后，[……]书写出现在城邦中——在一个充分展开的表面上，且本质上出于政治目的”。文字变成了“公众性的操作者，是**政治领域的构成物**。[……]文字使得城邦生活的各种基本准则经久不衰、清晰可辨且通俗易懂，以便让所有人都服从于它们”。“札琉

① 马塞尔·德蒂安：《古希腊文字知识》，第10页。

② 同上书，第12页。

科斯①最早的创造之一就是在法律条文中确定惩罚制度。[……]文字带来严谨性和精确性，当然这是在它行使[……]其公众性功能的范围之内”②——这便是**同一性的固定**。

18. 拼写、共同体化及社会群体

文字普及引发的共同体化和一般意义上的过去的**确正定位**构成了一个背景，其标志是使用像时间、空间、社会群体那样强加于人的技术工具。在此背景中出现了真正的法律和**权力平等**的准则。“在法律被写成书面条文的同时，诠释法律的权力便赋予了每一个人”。而法律的出现**同时**也是西方各种知识的涌现，因为“权力平等[……]远不只是一
355 个政治纲领，它为知识界的活动开辟了新天地”。

共同体化呼吁诠释即差异化的可能性，因为精确的同一性必然导致**某种**差异，也必然使前一次阅读被无限延迟。记忆越是正确（同一）就越有偏差（也就越发延迟）。**从一段话被书写成文的那一刻起**，这种**延异的同一性**就已表现得淋漓尽致，因为作者把他的过去作为现在铭记下来，并以别具一格的已经在此的特殊形式将它呈现出来。这个文字的已经在此使我们能够**任意**审视这位首先为自己写作的作者的推理过程。让我们看一下作家写作时的情形：他将要落笔的文字——下一句话——似乎在继续现在过去时的文字，就像阅读这个已经在此，又像阅读新句子一样阅读、诠释和写下**隐匿在已经在此的文字中的延异**。

“欧几里得的《几何原本》在几百年内强行规定了一种以公理为基准的、完全书面的几何。”这些转化也使希波克拉底的医学（从病例积

① 札琉科斯（Zaleucos）是希腊历史上有记录的第一个立法人。——译注

② 马塞尔·德蒂安：《古希腊文字知识》，第17页。

累中得出的对症状的描述)、地理、地图以及我们所熟识的悲剧成为可能,并使我们进入永远敞开的问题即真理的悲剧性持续中。

在《形而上学导论》一书中(第159页),海德格尔谈到与作为历史遗址或“出处”(Geschichte)的城邦同时出现的诸神、庙宇、祭司、庆典、游戏、诗人、思想家、国王、长老会议、公民大会及陆、海军。正因从“以多种方式”呈现的时间出发来思考社会群体(polis),这些事物才可能同时出现。然而没有被海德格尔划入这种时间性范畴的恰恰是国王的退避、公众性的世俗生成和**权力平等**。在“延异同一性”的公众性范围内,(本体)差异的作用相当于**这个**延异。延异就是诠释(hermeneia),即时间源源不断地到来。正是从这个问题重重的时间中,我们才能明白为何且如何

> 向主持院或通过公民院书面提交法律条文,这便是从事政治活动、调节社会关系和改变公众生活。① 356

这种做法的结果是:“任何人都可以审查。”在城邦中,“撰文相当于行使政治权利”,“读者与作者之间没有什么差别”。从本质上讲,真正阅读的价值仅在于写作(尽管只是个可能性)。正是在这样一种相互等同的原则中,才可能产生胡塞尔理论中的共同体化。由于存在着这种等同性,也由于这种等同性终可以不被实现,共同体化造就了**两种状态的阅读:被动**综合与**主动**综合。②**主动**阅读并不像对待公理那样作简单的机械理解,而是**重新活化**公理并**再现其原初的自明性**——由此可能产生一个先于自身的过程,此过程制造新的几何论述,即几何器具开启的延异中的差异。**被动**的重新理解同样需要读者与作者的技术等

---

① 《古希腊文字知识》,第39页。

② 《几何学起源》,第187页。

同性：尽管徘徊于原初的自明性之外，也没有重新活化的能力，被动的重新理解仍是理解。从此意义上讲，只有在几何论述中的词句才能被读者**作为**几何术语来理解的条件下，被动的重新理解才成为可能。而上述条件又以读者在文字的语言实践中掌握了对这种语言的**分析**本领——比如掌握某一**术语**可能的含义——为前提。掌握这种本领需要某种**器具性活动，也需要权力平等——不仅在政治上，而且在科学、哲学、文学、艺术上**。权力平等同时也开启了**自治性：这正是公民性的本意**。

被动的重新理解是主动的重新理解的孪生姐妹。它的可能性意味着拼写文字不仅是几何的可能性条件，而且是几何的不可能性条件，因为在开启重新活化的可能性的同时，它也开启了遗忘（自以为理解了的被动理解）的可能性——这便是爱比米修斯的过失。

共同体化是“存在的历史”中的历史性。历史性指的是与作为过去的已经在此的关系。作为走向终结的存在的实际性，它是相对于这种已经在此的先于自身的。在走向终结的存在中，“此在是它的过去”。但这个过去并不是这个走向终结的存在的过去，因为这个过去在它“之
357 前”已经在此，且具有**绝对**的实际性。存在差异一旦作为**真正问题**提出，先于自身就成了“存在的历史”的先于自身。然而，这种差异化引发了一场危机，也导致了不可能脱离技术共同体化的对已经在此的批评，这便**为通达**创造了**新的器具条件**。

这些大胆的假设在保罗·利科的研究领域中并不陌生。经过对胡塞尔内时间意识的长期钻研，在《时间与叙事》第三卷中，保罗·利科从存档和痕迹的角度，从已经在此的疑难观点来深入分析海德格尔的时间性之时[①]，上述假设便已有所涉及。然而，与其说它们涉及的是**技术性**中有关时间的原初疑难，不如说是宇宙关联物的问题。宇宙关

① 保罗·利科：《时间与叙事·卷三》，Seuil，1985年，第90页及后面的内容。

联物亦指日历及一切具有日历性、广延性和公众性的工具。由于对这些关联物的技术性研究并不以技术性本身为目的，保罗·利科的分析尚未抓住现象学时间的本质特征，也没有抓住“谁”与“什么”的密切关系。

19. 第三记忆，超越滞留有限性的不可能性条件及时间器具

技术是延异的表面，也是器具化的镜子，它把时间反射为差异化和延迟，也就是延迟的时间。拼写文字已经是某种在延迟中可见的时钟。这是理论上的可见，尚不是照片的那种可见，这种延迟有别于照相的延迟。

胡塞尔分析的不足之处在于：他把全部几何所固有的远距离联络过程局限在几何学家交互主体性的范畴内。要想建立几何，**首先**必须有文字，而这种确正存档的必要性只是**事后为了**发明者的**继承人**而产生的。然而，任意审视属于**发明本身的前景**，而不仅仅是发明重复的前景。更恰当地说，重复（过去的已经在此）**就是**发明。如果说“文化共同体中的传统沉淀是用来超越个人意识的滞留有限性”[①]，那么从发明的那一刻起，对这种滞留有限性的超越就势在必行了。发明的时刻也是超越的**最佳时刻**。“对于其他主体来说，在达到观念性之前，同一物体的意义对处于其他时刻的同一主体已经存在。”“从某种意义上讲，交 358
互主体性首先是我与我之间、我永恒的现在与其他现在——也就是说作为其他的也作为现在的现在（作为过去的现在）——之间的非经验关系。”[②]第三记忆总是寓于我的第二记忆、第一记忆以及我的当下“本

① 雅克·德里达：《〈几何学起源〉导论》，第45页。

② 同上。

身”之中，而“我本人”确正的**已经在此**只能是欠缺的，因为代具性已经在此的基本特征正是欠缺以及由欠缺而来的“应该”，其中包括，也**首先**包括同一固定中的欠缺。拼写文字只不过是爱比米修斯的过失中的一个时代，其方式如同一边被鹰啄食一边再生的普罗米修斯的肝脏。但这个时代又意味着爱比米修斯式的重复方式，哲学的任务便是将这些重复方式概念化。

如果说口头交流不可能有“永恒的存在和永远的在场”，而且已经在此只有被固定和记录下来才能通达原本可以随时重新活化的观念性，那么这个道理也体现在发明中。没有器具（organon）就没有“理性”或“理念”，因为本质（eidos）和逻格斯从来都是技术的。这个技术逻格斯是观念性和一般科学的载体（hupokeimenon）——从更深远的意义上讲，也是时间的载体。

20. 原始史时期的过渡

文字现象学（这是巴特里斯·洛罗创造的词汇）应当**特别**关注从语音化而来的**背景**问题。只有如此，拼写文字及一切确正现象才有实际内容。在对文本的鉴别（即辨认文本中的字母）过程中，拼写文字的文本性由于文章的背景化而产生延异同一性的悖论，这便是此时此地的问题，也是日历性及特有语言的问题。

要想知道为何把存在历史的开启性纳入延异中，我们必须进一步澄清以下问题：音位学直线型文字指的是什么？为什么要说拼写文字
359 而不是音位文字？形而上学为何必须通过消除确正的原初性才能确立语音的特权？为了探讨这些问题，我们有必要先考察一下楔形文字向字母文字的过渡问题，它是**过渡**或**决策**的决定性新阶段。“做”这个“决策”的是“谁”还是“什么”？补余的历史和“逻辑”就是这些（总是原初的，却绝不是简单的“根源”的）过渡的历史和“逻辑”。当我们重新

探讨这个作为第三记忆的已经在此的过去时，本丛书第一卷中提到的从东非人向尼安德特人的过渡问题就涉及另一个过渡的问题：从史前到历史的过渡。在后几章内，我们将提出这样一个假设：我们的时代正面临着一个新的过渡。

原始史时期的过渡对应着哪种“补余的逻辑”，镜子的哪个阶段，什么样的反射性与历史性时代？“表意文字”是怎样过渡到拼写文字的？这个过渡又关联到什么？应当怎样理解拼写文字中的“因”与“果”？

向拼写的过渡与通达“圆满的”理性相吻合。原始史也是由原始理性过渡而来的。

至于决策人是“谁”还是“什么”，怎样决策，决策的内容是什么，让·博泰罗在研究美索不达米亚的原始理性[①]时，只归纳出苏美尔人的“天才”和闪米特人的“狡猾”，这就把“答案”植根于“谁”这边来了。

21. 天才与奇迹

苏美尔人的天才和闪米特人的狡猾，这种论断证明了希腊的理性并无奇迹般的渊源。而这种论断是自相矛盾的：天才与奇迹怎能区分开来呢？

> 欲从我们的家谱追溯留给我们的遗产之根源时，[……]一种上千年的、难以根除的传统把两种对立的“奇迹”置于我们面前，从而截断我们的溯源[……]。西方文明直接来源于基督教，而基督教又位于两种文化的交汇处：一边是圣经文化，一边是古希腊文化[……]。

① 让·博泰罗：《美索不达米亚》，伽利玛出版社，1987年。

> 亚述学家取消这个想象双重公设的方法是：把只不过是阶段
360 的时期规定为绝对的开端。[①]

重新讨论过渡的问题就是要降低奇迹的成分。为此，亚述学家描述了历史的确正条件：

> 对于我们的过去，史前学家和考古学家们只能瞥见一个模糊不清、游移不定的轮廓。唯有书面文献可提供有关我们自身过去的可靠、准确、详尽、有分析价值的知识。所以[……]**历史从苏美尔开始**。

历史从苏美尔开始，但又不尽然，因为那是原始史。只有当文字从简单的“辅助记忆”变成完整的文字和完整的记忆时，历史才真正开始。原始史的过渡是“辅助记忆向文字”的过渡。问题在于搞清什么是作为记忆的文字的完整性，什么是历史的整体性，也要搞清我们是否可以把文字称为“简单的辅助记忆”的文字。

无论如何，博泰罗所说的给补余历史增添新的可能性的内容是值得重视的。我们可以将上段引言与我们前面提到的《几何学起源》中的这段话作个比较：

> 观念形成物的客观性尚未完全由某人的原初制造物传给另一个人，后者再以原初方式重新制造这种传递而构成。这种形成物缺乏的是在其发明者及同僚们已不再能觉察到这种交换——或者一般说来，他们早已辞世——时仍然维持的“观念物体”的持续在场，这种形成物亦缺乏那种即使没有人在自明性中实现它时也仍

① 让·博泰罗：《美索不达米亚》，第42页。

然维持的永恒的存在。

在人与人不能直接或间接对话的情况下，正是书写语言表达——记录的表达——的决定性作用使交流成为可能并使之成为潜在的沟通方式。人类共同体化也由此跨入了一个新的阶段。①

胡塞尔认为文字是几何科学的出现所不可或缺的基质，但这里指的显然是我们称为“确正”的文字。起始于苏美尔的尚不是几何的历史，也尚不是科学，因为它只不过是观念化的科学。文字于几何的必要性与文字于历史的必要性之间有何共同点呢？对于苏美尔人来说，这 361
个共同点体现在哪里呢？

有人说，在希腊人之前（只）可能有技术、加工和度量，而到了希腊人时期及希腊人之后，这些技能才**变成**或**促成**了理论，即居于科学之冠的几何。博泰罗认为这种说法只不过是拾人牙慧。与其说他想证明理论的技术渊源，不如说他欲昭示远在希腊人之前的，在文字这种技术发扬光大之时，产生**原始理论**的原始时期。然而这个“原始时期”与胡塞尔所说的原始时期迥然不同，后者指的是“原始几何学家”时期。原始理论应产生于希腊人之前，如果不是**随着**——甚至是**从**——文字的蓬勃发展而来，也是发生在文字发展**期间**。**那么究竟发生在文字发展的哪个阶段呢？是在文字已经超出单纯的记忆辅助之时，还是在文字仍停留在简单的记忆辅助之时？**正是在这一点上，问题变得复杂了。文字是在何时变成真正的文字的呢？博泰罗在展示那些著名的表格时，一开始便自相矛盾了。他认为那些表格显然隶属于简单的“记忆辅助”的文字时期，是记忆技术而不是真正的文字。然而在这些记忆辅助或帮助中，他还是看到了某种转化记忆的因素，于是给文字开启了原始理

① 胡塞尔：《几何学起源》，第186页。

性的可能性：

> 最古老的楔形文字的泥板迄今仍几乎不可破译，这是因为其书写方式太接近于简单的记忆辅助。泥板中有数以百计的账册和一些表格［……］，其目的不外乎是把非精神世界的各种物体分门别类，并整理出尽可能周全同时又很有理性的清单。①

这里指的是什么“理性”呢？这种理性真的位于且独立于“记忆辅助”之外吗？参考了古第的理论，博泰罗认为这个原始理性时期不能与文字脱离开来。但他又把这种文字归至简单的记忆辅助阶段，即仅在描述发明的活动中起工具作用的无关紧要的补余阶段，因为他认为真正的文字并非简单的记忆辅助，所以“图画”文字不是纯正的、真正的文字；再者，由于真正文字之前的文字只不过是记忆辅助，或者说由
362 于最初并没有文字，人类最初不需要文字就会推理，所以原始理性应当构成于“真正的”文字之前。换言之，真正的文字应当产生于推理中，产生于美索不达米亚人的“天才”中。美索不达米亚人丝毫没有受惠于真正的文字，因为他们的文化发源于文字之前；他们也没有受惠于记忆辅助，因为记忆辅助除辅助记忆之功能外别无它用。无论优劣真伪，文字本身永远不可能是制造者，于是终究永远是简单的记忆辅助，因为本质的东西发生在文字之外。

为了解释原始理性的生成，博泰罗从一种十分幼稚的，与胡塞尔的观念格格不入的科学概念出发，毫不犹豫地提出了美索不达米亚人的随机科学性。

尽管如此，读他的文章对我们仍然大有裨益，因为他把对一系列个案记录的后果讲得清清楚楚。这些个案便是事件，即相对于各种程序

① 让·博泰罗：《美索不达米亚》，第45页。

的偏差或差别。它们被记录下来，开启先于自身的过程。我们前面已看到，维特福格尔在谈及尼罗河泛滥时已经提过这个问题。在美索不达米亚人那里，此问题又成了对各种变化的记录。这种记录既是为了计算和预测，也是为了理解：

> “神的文字”是诸神在治理世界时所创造的适宜之物。当文字符合常规时——这也是最常见、最平常的情形，其信息也是“正常的”、非特别的，即宣布一个平淡无奇或无特殊意义的决策、一段并不精彩的言辞，因为一切只是按人们所熟识和期望的步伐进展；而当诸神制造了一个不符合他们模式的生灵或者一个出乎意料的、怪诞的特殊事件时，他们就想借此昭示一种同样非同寻常的命运。如果我们知道怎样从这个异常现象的呈现方式中去破解它——就像我们破译象形符号和表意文字那样，我们就能明白其中的意愿。①

这样，博泰罗——如果不是为了他自己，至少也是为了我们——揭示了作为代具的已经在此。代具有可能被转化，而转化又使已经在此朝它——为了我们——所追求的确正形态发展。确正形态既是真正的 363
文字，又通过这些转化——为了我们——变为构成所有先于自身过程的动力因素。

> 我们不应仅仅着眼于(表格中)列举的小山和小坑，从而忽视文献中能使我们惊奇地发现远古时期科学和科学精神之“诞生”与进步的最珍贵的内容。②

① 让·博泰罗：《美索不达米亚》，第49页。
② 同上书，第57页。

22. 诞生、孕育与科学

这里有两种反对意见：

第一种意见是：在说“惊奇”时，博泰罗并没有为文字所扮演的能动性角色而感到惊奇或诧异；对其中**显现**的时间的**重新构成——原始理性与一般理性**，他也没有感到惊奇或诧异。

第二种意见是：亚述学家们似乎从未闪念过以物体的理想性定义理性。仿佛他们只要对希腊时期的奇迹般形成提出质疑，哪怕是合情合理的质疑，就一定会被视为从根本上忽略这一时期的原初性：

> 唯有狭隘、肤浅、单一、先入为主的观念会使我们对昭然的事实视而不见。若对楔形文字档案做细致入微的研究，我们就会看到，至少从公元前两千年至一千五百年前起，古代的文人智士便**以他们的方式**、理性和世界观发现了抽象思维、分析、演绎和研究，并建立了理论与法则：一言以蔽之，他们发现了科学方法与科学精神的本质[……]。这并不是要低估希腊文明的丰功伟绩，而是揭示历史即事实的真相[……]。
>
> 同样，[……]人类历史像生命那样只有不同的发展阶段而没有绝对的开端，因为总有发生在更前面的事。

事实的确如此。但问题在于说明用什么来区分以前和以后。**谈论**美索不达米亚人时，我们是否在论及像科学精神那样的内容呢？我们不可能立即对此问题置予可否。即便有意对胡塞尔的划分和对建立在
364 绝对开端概念上的观念化概念提出质疑，我们也不能回避这个问题，因为它正是我们的研究方向。但先决条件是承认“诞生”了科学的“后生成”之能动性是补余性（后种系生成）的能动过程，然而这绝非博泰罗

做出的结论。最司空见惯的做法——被勒鲁瓦-古兰批评的，尽管他本人终归也效法了——是把原初的天才在时间中移位：向后移（勒鲁瓦-古兰后来是这样做的）或向前移（博泰罗在这里的做法），因为存在着美索不达米亚人的天才，它比“希腊功绩”更古老、**更原始**。

我们不认为上面说的表格仅仅是**诞生之见证**。如果真有诞生的话，这些表格应当是其**构成性**因素；我们也不认为这里指的一定是**科学的**诞生，而更倾向于“原始理性”的诞生这一较为审慎的说法。

“科学出现”之时似乎尚未形成真正的文字，而只有记忆辅助。**真正的文字**一旦出现，就再没有其他事物能真正地发生了，因为最本质的已经发生，且发生在其前：这便是美索不达米亚人的“天才”和他们的“科学”。这种“科学”自然而然地产生了真正的文字，而不能说文字的发展**就是**科学的发展。这一切都基于博泰罗对科学的理解，它植根于普通经验论的形而上学中。尽管如此，这仍是个疑难——胡塞尔就曾遇到过这个疑难。他似乎并不反对下面的说法：“人类的历史像生命那样只有不同的发展阶段而没有绝对的开端，因为总有发生在更前面之事。”然而在试图捕捉几何学起源的可能性时，胡塞尔却陷入了同样的困境。他写道：

> 如果我们认为数学有种连续的、活生生的存在方式且来自作为新知识之前提的知识——这些新知识的存在意义便融合了各个前提的存在意义（依此类推），那么几何学（作为发展起来的科学，正如所有科学那样）的全部意义显然自始便不可能是像计划那样的已经在此，也不可能在充实活动中继续发展。作为最初阶段的更原始的意义形成（sinnbildung）必然产生在其前，因而也必然首次出现于成功实现的自明性中。[①]

① 胡塞尔：《几何学起源》，第178页。

365 雅克·德里达是这样评述的：

> 最初的几何观念性——不论**事实上**是产生的还是被发现的——的先验必然性是：它们出现在非几何学之后，且以前几何学经验为土壤。还原和适宜地去沉淀，使前几何学的现象学成为可能。
>
> [……]出于某种完全非偶然的或外在的命运的必然性，我必须从现有的几何学入手，因为它是现今通行的。我于是有可能对它做现象学解读，通过它来探寻几何的原初意义。这样，**正是受益于那些沉淀，尽管有那些沉淀的干扰***，我才能将其传统的透明性归还给历史。胡塞尔在此用了回溯性探问一词。[……]收到的和**已经****可读的**文献**使我有可能**反过来**重新质疑传统赐予我之物的原初意向和最终意向。①

此处似乎比别处更明确地提出了积极意义上的代具性已经在此的问题，就是说这种代具性可**成功地实现**对陈述背景的脱离。确切地讲，博泰罗正是从陈述的作者与读者的背景问题上继续并完成他的分析的。

如此看来，困扰博泰罗的开端问题在胡塞尔的思想中并不陌生。此问题自始有之，一直持续到《几何学起源》这个终点，最后终于导致了经验论与先验论的划分之危机。胡塞尔的现象学自始便提出了科学的经验生成之可能性；然而，它也自始就排斥所有的心理主义、历史主义及经验主义，深信自己具有数学的理想特征因而也具有先验的必然

* 黑体系本书作者强调。

** 黑体系德里达强调。

① 《〈几何学起源〉导论》，第35页。

性，从而排斥单纯的遗传学，但同时又与康德的形式先验论针锋相对。这样一来，胡塞尔的现象学便不断陷入困境，且一步步坠入更原初的层次而永远不能自拔。在此，我们从与众不同的“后生成”问题——《几何学起源》通过引进文字的论题打开了此问题的视野——看到了走出这个困境的可能性。无论如何，博泰罗绝对看不到这个困境，因为他谈的是诞生（而不是发明）问题。如果我们一定要沿用生育这个词的话，应该说我们与“公元前两千多年的文人们”一起目睹了西方的**孕育**，而 366
不是**诞生**，因为**西方的诞生应当是字母的诞生**。但这并不是说在字母之前仅有记忆辅助而没有文字。

23. 辅助记忆的必要性

《美索不达米亚》一书的第四章“亚述学家的世纪”导出了第六章“从记忆辅助到文字”。值得将这一章与《存在与时间》的第七十三段做个比较。我们将其摘录于此：

> 如果没有书面的、准确而详尽的论述，（考古学家）就永远不会知道（刚刚发现的雕像）所代表的人或神是谁？为何要塑他的像？他在其同代人中间扮演过什么角色？这是在哪个历史时期？此人（或神）体现了当时人们看待事物的哪种偏向？更难知晓的是，请艺术家塑此雕像这桩交易的条件是什么？艺术家那时怎样生存？艺术家及其艺术在当时的公众生活中占什么地位？当然还有关于他们的生活、感受、观察和思维方式的数不胜数的其他细节：如果他们的声音没有被漫长的岁月淹没的话，他们本可以把这一切**解释**给我们听。[①]

① 让·博泰罗：《美索不达米亚》，第60页。

这个前所未有的重新通达、重新构建过去的可能性以这个被称为希腊文明的奇迹展现在西方人眼前。“如果没有书面论述”，考古学家、文献学家、数学家、科学家，特别是哲学家，尤其是现象学哲学家的已经在此以及他们所从属的此在的已经在此就不可能从**文字上**通达，也就是说从文字上无法通达，即完全不能通达。“从记忆辅助到文字”一章中描述了以象形文字、表音文字和真正的文字这三个阶段为标志的进化过程。必须严格区分这三个阶段。当然，真正严格的区分又似乎永远做不到，因为象形文字中已有表音的成分，而且象形文字从来就不单纯是象形文字；再者，真正的文字出现时尚没那么“真正”。我们在此
367 不重新批评象形文字的概念，否则就会破坏论述的完整性，况且我们在前面的段落中试图昭示的种种矛盾正是直接来源于这个论述的完整性。然而我们有必要分析《美索不达米亚》中提出的断裂点。我们在此把什么称为**文字**呢？

> **文字**要想存在，仅有**信息**是不够的[……]，还必须有用来传播和记录**所有信息**的**体系**。换言之，必须有一个组织和规范字符及象征符号的体系，以使这些符号的使用者们能够把他们所想、所感或可以表达的一切（黑体系本书作者加注）都一清二楚地表现和记录下来。①

真正的文字能完整、精确、分毫不差地再现一段有意义的经验，否则便不是真正的文字。博泰罗完全用我们所说的确正记载来定义文字，这种粗劣的定义法使他不能理解作为一般文字的准确正文字的构成性角色。

亚述学家们一般都把公元前四千年末的黏土书版看作“真正的”

① 让·博泰罗：《美索不达米亚》，第97页。

文字，而博泰罗却认为它们仍停留在古老的象形文字阶段，只不过是“记忆辅助”而已：

> 让我们看一个黏土书版的例子[……]：在数字“1”之后的符号是耻骨三角的图案，我们知道它代表“女人”[……]。女人是直接或间接宾语还是行为的主语？“1”这个数字指的是女人还是移位的产物？总而言之，黏土书版不能仅以这两个符号告诉我们事情的全部：它需要读者了解它没有说出的实质内容（直接或间接宾语，或者是行为的主语），还需要读者知道其记载所传达的意义。几乎每块远古的黏土书版都给我们提出了这种不可解的基本问题。我们为何**无法解读**它们呢？
>
> 因为这些难解的符号仍处于文字的初级阶段，即**象形符号**阶段。

我们读不懂象形文字的黏土书版，因为它们仅仅是“造型艺术象征符号”的直接衍生物：这里指的是“代表东西或物体的字符”而不是文字（费伏里耶则更谨慎地将其说成是有句子的文字）。接之而来的是描述什么是象形文字，什么是不可避免地来源于它但又不再是简单象征符号的象形文字的衍生物（正因为已有这样一种衍生物，德里达甚至 368
拒绝使用象形文字一词）：

> 在造型艺术中，正如一幅画可以**使人联想**到远多于它所**表现**之物那样，在树、森林、手和人的劳动这类图形中，象形符号不仅能使人想到其物质“内涵”以外的东西，而且这种扩展是必要的。由于我们只有**为表达思想**（黑体系本书作者加注）而画的、足够准确且代表物体特征的草图，从原则上讲，我们知道多少种或需要表达多少种不同的非精神的现实，就需要多少个草图[……]，所以理论上我们需要成千上万个草图。于是，掌握和使用这样一种文字，

即便没有超出人类的能力，也超出了人们愿意使用的范围。

要想合理地减少象形符号的数目，[……]就必须完善某些方法，找到某些窍门，再或是借用造型艺术的手法将它们调换位置。①

如果说这种象形文字尚不是真正的文字而只是记忆辅助，那么“象形文字就植根于造型艺术的实践与惯例中”。然而象形文字毕竟有别于造型艺术，而且这个差别是

本质上的、足以产生“类别改变”的。象形文字已不再是艺术，而是文字。这是来自更普及也更明确的意义的坚定而鲜明的意愿，因而也是真正的体系化。

接下来，博泰罗再次以超古典主义的姿态重申象形文字是代表实物的文字：“唯独语言及其词汇才能完整地表达我们看待现实的方式[……]，但象形文字不是有词汇的文字”，于是这种与绘画有关的象形文字并不是与文字有关的文字。这种怪诞的推理和令人难以苟同的主张又与他前面的论述自相矛盾：写在黏土书版上的其实已经是Sèmes的文字。Sèmes是女奴隶，以（尖朝下的）耻骨三角来代表；而（尖朝上的）正三角则代表山。其意不是“一个女人加一座山”。此处的山并不是一座山，因为它指的是外来者；这里的耻骨三角也不是一个耻骨三
369 角，因为它代表一般的女性，依此类推。这些反对意见与我们在《爱比米修斯的过失》中对勒鲁瓦-古兰的“具体语言”概念的批评非常类似。正是从上述论证出发，博泰罗终于道出了他的主旨，并明确了记忆辅助这一概念的意义。对此我们不能置若罔闻，现将其原文整段摘录如下：

① 让·博泰罗：《美索不达米亚》，第99—100页。

> 由于(象形符号)的能指既不完善又很粗糙,它不可能完整地再现、描述、传达某个具体的情形,而只能从中提取实物和基本内容,所以也就完全不可能在其"读者"面前扮演精确地揭示他前所不知的真理的教员或信息员之角色,而只可能使他重新回忆起与他从别处知晓的细节有关的一个或一连串事件[……]。
>
> 走—山—买—面包—女人只是一个过于具体的示意图,其中唯一不容置疑的信息是走、山、买、面包及女人。但**谁**在走?**谁**在买?发生在**什么时候**?其中有**多少**真实性?山是走的**起点**还是**目的地**?女人是像面包那样的购买**对象**,还是面包的**收货人**或**制作人**?依此类推。然而,倘若我亲身经历了这个事件[……],这五个词将足以使我回想起一切[……]。
>
> 这便是"楔形"文字为何且何以在其初期——象形阶段——只是也只能是**记忆辅助**。①

博泰罗想证明楔形文字不是确正文字,在这一点上他是对的。但问题在于搞清什么是记忆辅助,搞清确正文字本身在本质上是否也是"记忆辅助",即已经在此的一种独特的代具形式,其"辅助"可能会引发一系列极端复杂的后果:对几何思维的记载在几何出现之时就影响了几何的发明。

24. 论背景

语音化过程贯穿着这样一个难解之"谜": 370

> 表音起初只不过是用来弥补象形文字不可摆脱的词义局限性

① 让·博泰罗:《美索不达米亚》,第102—103页。

> 的新方法。苏美尔语中常见的单音素词汇让人想到用象形文字表示与其**名称**发音相同或相近的另一个物体，而不是直接或间接地表示该字所代表的**物体**。
>
> [……]这种符号因而不再是象形文字或表意文字，因为它不再“描绘”或代表任何事物，而只是用来提示或记载某个音素的**表音符号**；图形系统也不再是实物的文字，而是一种**有词汇的文字**，它传达的不再仅仅是单一的思维，而且是**话语和语言**。

我们当然有权质问：这种不立即变成话语或语言的思维究竟是什么？它或许代表某种事物，但可能无法代表博泰罗所说的难以归类的前置谓语——这些表语和补语（何人、何地、何时、多少等等）均不是“意义空洞的词汇”，它们使人联想到感官（Organon）的类别。正是从感官出发，亚里士多德把思想定义为知性。

> 然而，也许最不宜使用的词汇便是表音符号，因为它意味着确正的书写符号，意味着拼写文字。
>
> 如此说来，倘若今后必须掌握书写者的语言才能读懂，那么“表音符号”——拼写文字——至少应当能将口语表达的全部内容都如实地记录下来：它于是就不再只局限于铭记或回忆，而是具有告知和教导的功能了。这便不再是简单的“记忆辅助”，而是不折不扣的文字了。

既然走出了简单的铭记或回忆范畴，辅助记忆的文字便可能成为知识的要素：是要素而不是简单的辅助。但如前所示，知识形成于拼写文字——希腊文字——**之前**，因为存在着与文字无关的美索不达米亚的原始理性，文字那时虽看似存在，事实上却不存在。**除了使历史学家通达过去之外**，这个真正的文字并无其他新的功用；**对于正在进行的现**

在，它仿佛毫无新意，而且这个过渡也没有任何新的内容。然而，拼写文字是用字母记录已经是“文字”的语言，它意味着文字即语言的一种全新的存在方式。如果语言仅仅是维持其使用者之间的关系的话，那 371
么当这种语言的过去及其过渡可以用拼写形式通达时，它就不再是同一种语言了。语言的书面化是在讲话人和书写人“背后”用分析的方法将语言形式化，它颇似技术的潜在运作方式。这种分析（ana-lusis）是对语言发展历时性的一种隐匿的修正。不存在决定更改记载模式且有意识地“干涉”其发展的字母语言的“发明者”，而只存在着属于技术动力的已经在此之载体的、潜移默化的“外延”与发明活动，人们可能会试图将其看作基石（hupokeimenon prôton）。

语言的书面性开启了延异的新纪元，也开启了存在差异的新时代，因为刚刚起始的存在的历史其实是文字的历史。怎样有效地揭示这个起始之特征呢？答案是从其同一性和差异性背景来揭示。如果有人说“辅助记忆”的文字除“唤起记忆”之外别无它用，那就是不明白记忆的储存已经是这种文字的完善过程；**然而**，这也提出了拼写文字的延异的特异性问题。“真正的文字”是**我们**在掌握其记录“密码”的条件下可以解读的文字，即确正的记载。可即便我们掌握了密码，象形文字的黏土书版仍不可解读，因为我们还需了解它的**背景**，否则就不可知其意。要想彻底解读象形文字的铭文，必须**亲身经历过**铭文中记载的事件。

其奥秘是读到某种“新事物”或未知“信息”的**可能性**：在**不属于我的已经在此——实实在在地**发生在真正的文字中的正是**完全**可以通达**我没有经历过**的已经在此——中隐藏着一个**尚未在此**、一个允诺。允诺的内容是程序中存在着不确实性。这种可能性通过建立文献与确正记载所提供的背景间的新型关系而获得崭新的、充分的切实性。

博泰罗从与背景的关系以及在读者中产生的效果出发，将楔形文字与文字的记载对立起来。他认为在字母之前的文字中，

> 归根到底是文献的背景使读者理解阅读内容：所以在我们陌生且遥远的目光中，楔形文字从来不能被流畅地阅读，而只能被
372 解读。[1]

尽管楔形文字在逐步语音化，但它永远走不出表意文字的范畴。即便是来自最近期的古迹，

> 一段文字不仅总需要被破译，而且为了更好地完成这项任务，必须掌握这门语言，甚至要掌握所研读文本的一般背景：所以在破译那些新发现的、既无副本又无类同的文本时，我们会感到困难重重、难以把握。要想**清楚地理解**，就必须至少**掌握**一些知识［……］。

陈述背景的这种晦涩不清在字母文字中消失了。

> 大约在（最迟在？）公元前15世纪，在腓尼基，字母被发明之时——或许也是或多或少地受到了楔形文字的影响，这个最终的完善工作使文字大大减少了对应着基本（和虚拟的！）语音的单音字数目。众所周知，人们一直在尽力剔除那些非单纯**辅音**的符号，元音则留给**本应掌握**语言及其机制的读者们去自行填补。

楔形文字的陈述背景一贯晦涩不清，因为记下的陈述本身不足以重现其全部意义。这种晦涩在拼写文字——首先在腓尼基文字——中明朗起来，但只是局部的明朗，因为必须掌握语言规则才能再现其音素构成。明朗化最终在希腊语中得以实现。德里达将这种循序渐进的背

① 让·博泰罗：《美索不达米亚》，第111页。

景解体过程称作所有文字的结构性特征：

> 即使在一般意义上的特定读者全都消失的情况下，我的“书面表达”[……]也应当是可读的，这样才能行使其文字功能，即它的可读性。即便根本没有读者，或没有经验上可以确定的全部读者，我的“书面表达”也应当是可重复、可反复的。这种反复性[……]构成了文字自身的标志，各类文字（象形文字、古埃及象形文字、表意文字、表音文字、字母文字——姑且沿用这些古老的分类法）都不例外。[①] 373

在拼写和字母化之前，所有文字都朝着确正文字发展，也就都会出现背景不复存在的现象，原因是“在其读者逝去之后不能从结构上（反复）读懂的文字不能算作文字”。所有文字的结构上的可重复性使

> 书写符号拥有一种使其背景解体的力量。背景即构成写下此符号之时刻的全部在场。这种背景解体的力量不是一个偶然的由时间定义的谓项，而正是文字的结构。

无论如何，有一种由文字决定的可读性的**切实性**，它把本质特性带到补余性中。然而，背景解体的切实性只能由确正文字来实现。**这个终极阶段即是饱和点，亦构成断裂点**：这里一切都颠倒了，文章与阅读背景之间呈现出一种全新的关系，这便是延异同一性悖论。由于陈述背景消失了，在阅读中需要（重）建背景，这就导致了一种自相矛盾的晦涩不清：尽管文章似乎不那么费解了，但对其含义之理解的多样性却成比例地增加，于是产生了总是有别于以往之诠释的可能性。背景一旦

① 雅克·德里达：“签名·事件·语境”，《哲学的边缘》，午夜出版社，1972年，第375页。

消失，便**为其自己**开始了文本性的游戏：任何阅读所构成的文章的命运都被卷入了无休止的各种可能的背景化游戏中。这里有一种原初的、根本的模式，即任何阅读都有其未完成性，如果我们承认**阅读的背景永远不会相同**的话——这正是此时与此地只能**共存一次**的法则，而所有的背景都体现此时此地的共存。这种效应似乎存在于全部文字中。然而使这类经验成为**必要**，提取其**切实性**从而颠倒与文本之关系的则是拼写文字的特性，这是因为从中产生了**读者**本身即“谁”的**文本性**。这
374 个“谁”便**这样**从“什么”的某种可能性中通达**他的**文本性，即他的延异。

25. 拼写文字的准则与存在的历史

本性体现的是延迟的时间，即**爱比米修斯原则**。作为**爱比米修斯原则**的先于自身，本质上是延迟的时间，因为它关系到走向终结的存在，即延异。如果说书面的文本性以“存在的历史”——作为**公民性**——的特殊方式开启了“谁”(“此在”)的历史性，那是因为特属于书写的、在拼写文字中实现的背景解体之结构使这个延异作用于德里达称为**传播**的延迟的时间中。此后，这个传播影响所有的陈述、意义及能指的产生，不论是语言的还是非语言的。只有在文字制造了可与照片相提并论的某种“真实效果”时，这个传播才是圆满的，才能驳倒柏拉图的理论。从某种意义上讲，正是**以可比的方式**，我才能阅读某段署名柏拉图的文章。如果我们可以说——但并不**包括**在我阅读的意向对象中——这是柏拉图的文章(即使省略了作者的名字，所有拼写记载也都需要一个签名，一个真正的名字)，那是因为此文章来自其语言的文本性，来自**他**使用的语言(“他的”已经在此)。正是在写文章的过程中，通过**他**的语言，柏拉图发现了语言的文本性及逻各斯。任何楔形文字的黏土书版都不能给我带来**如此**纯净的效果或**如此**纯净的意向，而

这正是拼写文字的准则。

对文本的经验来自延异同一性原则。所有的确正形式都会产生延异同一性，而且也存在着非文字的，即模拟、数字的确正形式，它们各具独特的时间化效果。我们将这些确正形式称为文字**综合**、模拟综合或数字综合，这三种综合影响**所有的综合能力**。

“谁”在体验拼写文字（或文字综合）的延异同一性时看到了他自身的文本性，因为当他在不同的背景中阅读或重读同一段文字而找不到同一性时，恰恰是他自身的同一性陷入了危机。阅读至少有两种背景：**空间**背景与**时间**背景。一段文字可以有两种不同的读法：要么两个人同时异地，要么一个人同地不同时或不同地亦不同时。在一遍遍**重读**自己喜爱的文章时，所有人都能体会到因文本性解释之无限而产 375
生的差异。当读者发现同一段文字在传播即背景化过程中无限地变异时，他已被卷入到不可避免的延异过程中，因为此时此地——时与空——都是不可避免的；也因为他发现自己便是文本，是过去的陈述**材料**，是“**他自己的**”，他所亲身经历的，**也是**他继承的、必须不停地做出解释的已经在此。只有在读到文章的前文本时，读者才能体会到这一点。正如亚里士多德所说的“感知影响被感知”，文本的文章也影响读者自身的文本性。矛盾的是，一段文字越是产生这种差异就越能达到同一化，即切实脱离全部背景。**事实上**差异是不可避免的，因为即使重读时也一定会（重新）产生差异，同时这段文字的同一性是不容置疑的。这个谜正是“谁”与“什么”——**切实**体验“什么”的“谁”和为“谁”而存在的“什么”——的**不解**之谜。

这便是公民性形成之时：公民指的是对法律文本表决之人。**这样**就确定了**这个**特殊公民的身分，并将其特殊性的未来置于共同体中。这个特殊公民不停地变化，以证明他不同于其他任何人，也不同于过去的他。

因此，对属于过去的人来说，用确正文字把过去的事文本化不能更

"确定"这个过去，因为同**终结**一样，这个过去尽管更**确凿**，也更**不确定**。精确文本的背景化强化了其不确实性。换言之，程序的确有不确实性，而且记载的确定性也**从其精确**的确定性——背景解体——中产生或**带来不确定性**，即文字或程序（意义上的）不确实性。于是，已经在此的代具性问题（海德格尔在此把**计算**和对现在及过去的持续**固定**与终结的**确定性**混为一谈，因而没有看到不确定性之持续中的构成性）便迎刃而解了。在这些**先验上始终**可能、**经验上绝对**不可能的对文字及程序的重复中，受到影响的是尚未到来——对已经在此的先于自身——的
376 意义。如果说不确实性和无休止性也存在于字母之前的文字中，它们似乎还不带有这种**矛盾的特征：同一性（重新）产生差异性，差异性（重新）产生同一性**。我们总可以把这种不确实性和无休止性归咎于陈述背景的不明或同一性的不足，却不能归咎于**陈述**文本性的晦涩不清或自相矛盾的同一性本身。这种矛盾只能是**读者**——不容置疑地归属于**已经在此**或"什么"的"谁"——的文本性的矛盾。我们总可以避免把不确实性和不确定性归咎于文本性，但延异的效应就不纯粹了，因为陈述背景的解体并未纯粹地减弱，阅读陈述时的重新背景化**可能**不会被读者们真正感受到，**因而也就不可能**被他们真正感受到。

"真理"或"去蔽"是确正的。确正不仅意味着精确性，而且意味着精确性带来的**不确凿性**。"怀疑"并非来自精神意图（我们无法决定去怀疑，这种决定不是我们能做的；要么只能是假装怀疑——这的确是个难题），而是来自技术的质疑。

批判的思想（或反思）从根本上来自随着直线型文字而来的记忆的这种相互矛盾的双重内涵：文本的同一化过程导致了语法上写作规则的同一化——**知性**的**运作**，同时也导致了更深层的不规则的持续，这种双重内涵的标志便是可释性，它是对**理性**的**考验**。

延异的同一化以被同一化之物的**可复制性**为前提，因为只有那些可按原样复制的东西才可能被切实地同一化。若说同一化使复制成为

可能自然欠妥，因为复制同样也成全了同一化。于是同一化**便是**被同一化之物的可复制性。差异是在**重复**被复制之物时产生的。在被定义为文字反思活动之前，一般的记忆活动总是呼吁重复的可能性。然而，无论其形式如何，无论随之展开的复制性模式是什么，最根本的是**延异同一性**的重复，它开启了文字或非文字的**批判型**反思。如此说来，一般意义上的思想来自重复，而批判的思想则来自形式的重复和累积的重复，即来自比阅读更广义的重新阅读。 377

26. 当今

当今的中断重复

陶德揭示了拼写文字的发展在希腊怎样因**悬置**传统种族程序的权威性而导致了文明危机。诡辩术与哲学的冲突就是从这个危机中产生的，西方文明也随之进入主导地位。我们在此看到的仅仅是技术领先于一贯在爱比米修斯的延迟中（重新）构建的“文化”的例子。阅读这种文化的延迟的时间是作为背景之延异的重新适应的结果。历史性只能作为中断**重复**而展开。这种中断重复是**已经在此的技术悬置**，亦是通达这个已经在此的**唯一**途径。

在拼写构成的确正背景性中，**延迟的时间**是基本要素，西方人所说的知识便是由此产生的：（始终由文字构成的）对知识的陈述总是传播那种没有定义的、无休止的、难以确定的延异，因而总是造成差异。由此看来，它的价值是不可公度的。正因对文本的阅读没有极限，对知识的陈述属于知识。这种对知识的事后从属性总是已经将其置于**构成**程序中断的种种稳定状态**之间**，又总是反过来扰乱这些稳定状态的因素（先破后立）。如果说技术悬置正在实施的程序，知识则反过来通过重复而中止技术的稳定效应及其“后果”。我们把这种现象称为**中断**

重复。

“文字”不再是“记忆辅助”，而成了记忆本身。然而更广义地讲，文字向来就是记忆。我们并不是把希腊人说成已超前于科学性的美索不达米亚人的传人从而抹杀其不可低估的原初性，而是要肯定这种初生的科学性之技术内涵。**切实孕育**了这种科学性的并不是美索不达米亚人，而是他们**经历**的（又从中销声匿迹的）**世界历史**的代具性，也是当
378 时正在成形的文字，即作为向确正性发展的基石的技术。

“直线型音位学”文字是一种程序**中断**，它悬置了本身亦是程序却不以**程序面目**呈现的传统形式。在悬置时，它又规划过去、先于自身及当下——从此被视为**在场**——的**另一种**持续性。对模拟、数字、生物的延异同一性的中断重复使当今**构成**的在场陷入危机，那么这个中断重复以不确实方式规划的又是什么样的当今呢？

当今的背景解体即时与空的非实现

远在拼写文字之前，各类文字——**也是各类技术的扩展**——的效应构成了背景解体的断裂。这些断裂从根本上将“谁”和“谁”的共同体投入势不可挡的非领土化过程中。勒鲁瓦-古兰把这个非领土化过程称为赢得能动性。如今技术在此已达到极限，于是新的文字——或者说记忆技术——问世了。比比皆是的可复制性和可引用性，以及随之而来的可重复性，三者一道成为记忆的引人注目的存在方式，记忆也由此变成了工业活动的原材料——生物领域亦包括在内：对生物技术以各种形式构成的遗传记忆的工业开发只不过是合理利用已经在此的各种载体的一个特例。

这是另一种时间。我们应当从**相异性**和**普及的**变化之角度来解释德里达对背景化的分析的最终策略。奥斯丁正是从背景化推出其宗旨的。上面几段引文抨击了奥斯丁把对创造性行为的分析置于意识的意

向性中的做法。这并不一定意味着要剔除所有的意向性，而是要把意向性同时锁定在“谁”和“什么”双方。这就意味着在没有**主观的**（即**在场的**）创造性意向的条件下展示创造性的可能性：

> 奥斯丁的分析永远离不开**背景**的价值，甚至离不开可彻底确定的、理论上的或目的论的背景价值[……]。（其基本要素之一）仍是我们传统上讲的意识，即相对于其全部说话行为的说话者意 379
> 向意识的在场。①

德里达揭示了创造性存在于全部意识之外，也揭示了意识并非背景的基本要素，从而阐明了我们看到的**自动的、已四处普及的创造性**效应。这种效应产生于当代技术，产生于从计算与信息决策技术以及模拟式通讯的媒体发展而来的对事件的实时与直播过程，也产生于已成为技术科学的生物科学。他接下来指出，在此情形下很难把证实性与创造性区分开来。我们也从中看到对所有背景形式（可理解为对时间和空间的确定）的一般的解构性，保罗·维里略称之为时空的非实现。这个“非实现”不可能不影响西方人迄今视为文本与其背景之关系的延异。

当今的“实时”

现在我们应当开始分析“实时”的演化，同时也分析它怎样影响我们对“**谁?**”的可能的理解。拼写文字的延异同一性特征决定了这个演化必然被**纳入**也必然进入不容置疑的事后**效果**中，并且不可避免地在阅读中被感受。然而，如果说记忆的模拟与数字技术均属确正范畴，那

① 让·博泰罗：《美索不达米亚》，第383页。

么至少从其**最初的**效果看，这两种技术都倾向于消除这个延迟的时间性模式。

如果普罗米修斯的肝脏当初能把"谁"的忧郁与"什么"的(确正的)严谨性——正如存在历史与文字历史之间的延异——联系起来的话，那么当今会是什么情形呢？或者说明天又会是怎样呢？**爱比米修斯原则**的意义如今究竟是什么？

爱比米修斯原则的含义**一成不变**，即欲速则不达。当代的"什么"通常以速度为特性。如果说速度——**作为领先**——从来是技术的特
380 征，在文字的时代，它给人的感受却是迟到的，即延迟的时间。这个延迟如今由技术的速度[1]自行处理了：把决策过程交给计算机辅助决策系统代管只是其中的一例。技术似乎吸收了迄今"谁"**相对于**"什么"的延迟，同时让"谁"获得他自身的实在性。我们称作实时的正是这种看似位移的现象。而这一切引起的抵触反应则产生于对**非延异**令人生畏的可能性的无名恐惧。在这种"世界历史性"背景中，哪种死亡学——如果真有或者曾经有过某种死亡学的话——尚可能存在呢？

这便是我们问"**'什么'的动力一旦短路，延异的效应会有哪些后果**？"这个问题的意义所在。

时间似乎只能是**延迟的**，然而又**存在着**我们称之为"实时"的时间：这或许是当代技术的基本特征——或许亦是技术的毁灭，其中，特有语言差异**和种族差异**都被技术差异所吞没，随之而来的是时间的另一个阶段。**如今**被称作"实时"的是工业化的时间，即"程序工业"对时间的工业生产，其产品"悬置"了**所有的传统**"程序"。我们暂且从控制论(即《存在与时间》中所说的属于存在论的，但《时间与存在》中又认为属于将会取代哲学的特殊存在论领域的控制论)的术语中借用"实时"一词，并将所有"直接的"信息传递现象都归入实时中。如

① 有关速度的问题，请参阅本卷前言的最后部分。

此说来，所谓实时并不是时间，而可能是时间的非时间化或隐蔽化；但它依旧是时间，是从工业上“赢得”的亦是失去的时间，即本质上从**时** 381
钟——资本——的角度去理解的时间，这便是“繁忙”的极端模式。如果，正如我们在此试图昭示的那样，已经在此不可能脱离其继承与传播的切实条件而存在，而且先于自身只不过是使自己事后（在/从不适应、遗忘与过失中）适应“已发生的事”，那么传播技术的更新换代就会对时间化本身产生根深蒂固的影响。在此背景下，我们就**不能再**忽视时间性中的技术内涵了。

当今“谁”的文本性

阅读巴特在《冬季的花园》这张照片中的忧伤时，我们隐约看到，模拟的确正形式仍是，在（重）建的“一段过去”的精确性中与死亡的关系的模式；而在阅读博泰罗的著作时，我们试图理解在文字的确正形式中类似的关系是怎样（重）建的。什么构成了模拟与文字间的区别？《明室》中已有一些提示：在曝光时间的还原中，照片的拍摄从时间上与被捕捉的瞬间相**吻合**。由此产生了照片特有的、不可比拟的**真实效果**（**不可能**在事件发生**之后**再拍摄这个事件），这在文字中是不存在的（**有可能**在演说**后**——甚至在演说前——用确正文字记录下一段口头陈述，因为这段陈述可以暂时转移到抄写人、秘书、发言人、传记记者或作家的主观记忆中，这是相机镜头及暗室操作的客观性所不允许的）。

这样（重）建的是什么样的“谁？”呢？

确正文字的“什么”的延异是“谁？”的延异的一种模式，于是，欲揭示延异化的真谛，我们**不仅**要考虑“什么”的不同时代的补余特性，而且也要考虑其中不断出现的“谁？”的关联问题。

在下面几章里，我们将分析从“什么”的不同时代到当下的补余之特性。

382 只有到了本丛书的最后一卷《不可或缺的缺陷》，我们才能定义这
个一直被我们称为“谁?”的存在者之特征，并详细阐述由此产生的各
种关联方式。我们将揭示，“谁”是**特有的**，是爱比米修斯。这也意味着
“谁”是**文本的**(这里指的不仅是语言文本，因为这个文本是用来编织
记忆的所有材料)：来自“什么”的普罗米修斯的一系列确正技术教给
383 爱比米修斯的正是这个文本。于是我们称之为**特有文本**[1]。

① 这个问题已在《缺乏之物》中开始探讨。此文发表在《停顿》，第8期，1995年秋。

第二章

迷惑的生成

1. 滞留有限性及“什么”的动力

技术并不**辅助**记忆，因为作为“滞留有限性”，技术**就是**原初**需要辅助**的记忆。勒鲁瓦-古兰在《记忆与节律》一书中指出，辅助记忆的历史也是从争得领土到今天的全球一体化过程中技术的历史。

在这个全球一体化的最终阶段，西方正在消失——它失去了东方，走入了迷津。那个过去的东方，从不是西方的东方，也以它自己的方式顿时迷失了方向。正是在失却坐标系的情形下（我们将看到，它把上一章谈到的背景解体过程推到极限），以同一圣书为原本的三种宗教在巴勒斯坦和波斯尼亚尤为敌对，世界各地的局部冲突此起彼伏，最甚者当属阿尔及利亚这块各类宗教的世俗疆土。这一切都发生在拼写文字的霸权及其无限性经验、神学政治、科学理论都达到最终阶段之时。

本书所描述的后种系生成的历史将帮助我们找到这种迷失方向的由来。

作为外延过程（“对时空的征服”）的时空化一贯也是非时间化和非领土化。然而这个过程迄今已达到极限，迷失方向正是对此极限的经验。

在《爱比米修斯的过失》中，通过分析像“组合环境”那样走向极
385 端的具体化过程，我们可以看出：“什么”的具体化动力以“谁”的先于自身为前提，因为技术–地理组合环境的自我调节离不开人类操纵者的发明功能；然而，先于自身本身又以技术动力为前提，所以不可能走在由技术趋势所推动的外延过程之前。

于是我们试着理清在东非人与尼安德特人之间，“什么”的**分化**过程与“谁”有何种关系。为了理解大脑皮层的形成和技术分化之间的平行关系，我们引入了后种系生成这一概念。我们那时就分析了《记忆与节律》一书的起始部分，勒鲁瓦–古兰在此指出：断裂——外延过程——将物种对分化的迫切需求转移到个体，由此导致了继尼安德特人之后以种族形式出现的各种共同体。在这些共同体中，个体与种族记忆之间的“对话”使种族记忆日趋完善。

种族记忆对个体来说是已经在此，个体受到它的制约；然而，在获得它的同时，个体又发展了其中根深蒂固的不确定性。在此意义上，个体从这种已经在此中“解放”出来，并进一步“发明”。

然而，正是**已经**在此的已经在此把作为对其自身终结的先于自身的（从未完成的）不确定性留给了个体。于是，只有在已经在此能以确正的形式构成时，历史的开启性才成为可能。

让我们回到勒鲁瓦–古兰的理论来深入考察记忆的技术性以及技术与种族之间的关系，这一关系是分化原理寓居其中的**特有语言**的基石。

对燧石岩层与大脑皮层之关系的分析使我们不敢苟同勒鲁瓦–古兰的观点，而认为东非人具有社会性，因而也拥有特有语言。他们已拥有名符其实的语言，尽管这种语言及社会性对我们来说是不可思议且完全陌生的。在尼安德特人之后，种族群体出现了。大脑皮层的形成过程一经完成，社会的**优势**便意味着维护岩层/皮层之关系的助产术变成了种族群体与技术趋势之间的助产术。后一种助产术应当被纳入已

经在此与不确定性的关系之中。

此在（“谁”）的日常性是以繁忙为特征的时间性模式，繁忙本身又形成于习俗、由“人们”构成的决定性的限制性以及既确认法律又涵括法律的传统程序之中。勒鲁瓦-古兰提出了构成种族统一体的习俗 386
问题，这种统一体把**运作程序**传给组成种族的个体。“此在对其自身存在的理解”则是对这个种族程序的综合，也是它的既适用于群体层次又适用于个体层次的平衡点。

此在是个体的“谁”，还是像“我们”那样的，即便不是**从理论上**（因为法律的本意正在于肯定群体的不可分割性，并由此肯定其**个体化**及其精神、道德和政治上的统一性）也是**从事实上**（总有被固定的危险）**可分解**的群体的“谁”？换言之，不确定性最终应归咎于谁呢？归咎于“我”还是“我们”？走向死亡的存在以及这种存在特有的孤独似乎向我们提示：只能将不确定性归咎于“我”。[①]然而，海德格尔有时用的是**希腊语的此在**，所以它不大可能是“我”。这个问题非同小可，因为倘若此在到头来成了“我们”，那么内时间性和真实时间性之间的对立就难以成立了。把此在理解为“我们”显然是把不确定性纳入特有语言中。这虽然迎合了海德格尔最晚期的观点，却与《存在与时间》中的论断大相径庭。

特有语言始终是种族的、种族共有的，**同时**正因其非共有的独特性而**切实**成为特有语言，它需要超越程序与不确实性之间、“什么”与“谁”之间的对立，因为特有语言似乎是由“什么”**构成的**——确正的问题已经使我们想到，公民性的出现是特有语言性的一种模式。

勒鲁瓦-古兰将记忆的结构归纳为三个层次：特定层次、社会种族层次和个体层次。与此同时，他又提出存在着不同于社会种族记

---

① 正因如此，让-吕克·玛里昂可在此在中重新找到**自我**。参见《还原和给予》，法国大学出版社，1989年，第146—157页。

忆——来自“什么”的**记载**记忆之记忆——的第四种记忆，比如当今出现的程序化机器，它将“谁”从其种族性中驱逐出去，破坏其运作链和基本行为链，继而破坏以领土形式构成的种族统一体。**当这个第四**
387 **记忆能够脱离种族**而实现时，它将意味着技术趋势的完成。这种能力似乎是**当今**技术的基本特征。它之所以可能，正因为习俗已成为某种程序。

然而如此说来，程序也是一种反习俗的可能性，即**背景解体**的可能性。我们前面已经阐述了延异如何从背景解体的可能性出发而发挥作用，我们将会看到，“什么”的历史一般来说总是一次次断裂的历史，因为“什么”从根本上是通过**中止**现有**程序**而发展的；我们也将看到，**不确实性**的可能性是怎样仅仅产生于“什么”的发展这一**事实**的。

背景解体导致了后种系生成，它既是构成当下体验的经验又是传留下来的过去的经验，即知识，更笼统地讲是观念性的知识。**重复性**是应当可被重复的观念性之本质特征。技术性构成了知识的基石和土壤，因为它一贯使已构成的程序失去背景并使之中止。继新石器时代之后，知识**作为知识的印迹**保留下来，技术性作为确正手段发展起来，于是科学**得以**出现。

知识的积累正是已**过去**的此在的痕迹，海德格尔称其为世界历史。所有过去的存在者都可能被包罗在世界历史中，于是所有的“什么”都可能属于后种系生成。尽管如此，还存在着属于真正的记载记忆的“什么”的世界历史性：一切意在保存的手段——特别是对文字的保存——均属这一范畴。勒鲁瓦-古兰提出了被**纳入技术趋势和主导技术趋势的外延原理中**的保存文本行为的历史，并由此延伸出第三记忆的技术所构成的历史。又因为有限性首先是**滞留的**有限性，所以通过中止已有程序而制造各种“什么”的外延原理最终会影响记忆和想象的功能。

勒鲁瓦-古兰的分析与海德格尔在《存在与时间》中的论证不谋而

合："随工具与真正劳作'而来'之物，有种特有的、迄今尚未被认可的能动特征。"[①]辅助记忆的历史实际上是赢得能动性的历史。把精确性系统化就是一种极端的背景解体。勒鲁瓦-古兰的《程序学》把不同的 388
程序——生理程序、社会种族程序及形象程序——与趋势中"什么"的发展逻辑联系起来。在对能动性的分析中（在此他对世界历史推崇备至），他揭示了三个层次的技术构成。通过"什么"作关联其实就是构建群体与时空的关系。这在当前的外延阶段中引发了模拟与数字的延异同一性，后者的实质特征是速度、全球性传播的即时性和对传统程序的毫无保留的渗透性，传统程序因此被中止了。

勒鲁瓦-古兰由此提出了"谁"与"什么"相互关联的历史之原理。我们正是从**集合的层次**来理解**动力**原则（分化模式），我们感兴趣的正是动力。此在的动力是其时间性。勒鲁瓦-古兰的论述告知我们：如果此在是"我"的话，那就无法从此在的层次来理解此在的动力，因而他把"谁"看作"我们"，既包含"什么"也受"我们"的多元性影响。"我们"由个体组成，而个体总是在由其原初薄弱性构成的统一之外，派生于需要辅助的滞留有限性所带来的构成性的特有性。

三层次记忆的理论使我们看到的正是个体、群体和"什么"这三个中心环节。三者如何相互交联？它们如何从神经系统和想象的外延中产生将"谁"从其种族性及其传统辅助中驱除出去的力量？程序怎样造成不确定性、不确实性和不可编程性？要想回答上述问题，必须开拓一种美学。正如技术植根于动物学，这种美学植根于动物繁殖的美学。然而，尽管这种美学始终为技术趋势所贯穿和主导，但它又与技术趋势互不相容，因为并不存在与**功能美学**无关的（身体的）生理美学或（象征性的）形象美学。在功能美学中，形态生成于载体之中，它遵循主宰人与物之关系的一般性原则。综上所述，群体记忆的生成问题便成了

① 《存在与时间》第75节。参见我们在本书第一卷中的评论。

节律生成的问题。从程序的角度上看，节律和记忆交联成与时空之关
389 系构成于其中的**群体综合体**。

2. 种族进化、记忆载体及程序文字

在后尼安德特人阶段，技术与生理和社会伦理（或象征）同步发展：大脑皮层形成之后，开始了**我们**熟知的所谓后种系生成的过程。此过程不再是大脑皮层的分化，而是社会随着工具的使用而分化。**种族进化**作为分化活动开始了，它不再仅仅是技术形式的富集，而且是人类群体的**领土**多样化。在新的器具助产术中形成的正是这种社会进化。勒鲁瓦-古兰是这样发挥他的外延理论的：他从工具骨骼的某种代具渗透（“身体和大脑的真正的分泌物”）谈起，随后说到肌肉（对自然能源的控制、动物驯养及机车使用所带来的运动机能的外延），一直讲到当今的中枢神经系统（电子系统）和想象（对远程传送的声音与图像之工业生产的专业化）。想象本身在此过程中亦受到影响，这意味着外延同样属于**美学**原理。

上面一系列分析重新提出了种族群体与技术趋势之间可能存在着冲突的论题，得出的答案却截然不同于1945年。那时，勒鲁瓦-古兰尚不相信种族群体有可能消亡；而在《社会的象征》一书的分析中，他谈到了将成为种族进化之终极目标（telos）的超民族。

这个进化被描述成交联着特定层次、社会种族层次和个体层次的记忆的“解放”。这三个层次的记忆对应着一种**节律**，此节律奠定了**三种美学**：生理美学、功能美学和形象美学。

核心问题是从记忆中断起思考的**程序**。由于这三个层次的美学对应着三个层次的记忆程序，所以一般美学构成它们的**连接点**。决定
390 人类群体的特定记忆形式对应着某种特定程序，即不再属于肌体本身的、已外延的程序。这样一来，**问题就首先成了**记忆**载体的问题**。

我们应当

> 很广义地理解这个问题。这里说的不是知识产权，而是记录着行为链的各种载体。正因如此，存在着一种可以用来定义动物行为规范的“特定记忆”，存在着确保人类社会中各种行为之重复的“种族”记忆，也存在着不必借助于本能或反思就能确保机械行为之重复的“人工”记忆，比如最新形式的电子记忆。①

正是人类记忆的特殊性决定了人类“认识”的特殊性，且“各个社会都在试图满足记录和保存无限膨胀的知识资产之需求，乃至发明人工脑”。知识的增长也意味着不停地**编写程序**，它是记忆解放的动力，与以技术为特征的载体进化逻辑息息相关，且像所有技术客体那样被**决定性的技术趋势**贯穿。用我们自己的话来说，后种系生成在我们的生活中造成了既不能归入动物学也不能归入心理学的某种记忆的迅速增长。这种记忆中**记载**着种族进化，然而**种族性**又被从中**抹去**了。正如燧石岩层/大脑皮层的助产术，技术/种族的助产术只不过是一个“谁”与“什么”之关系的时代。

3. 时代与程序

新程序的出现中止了现行程序的切实性，并将现行程序重新整合，使它们**服从**于新的指令。这种中止产生不同的时代。人类的历史不过是程序中止的历史，因为它不停地**中断**——我们应当想到，“人”的程序本身也会被中止或总是被引向其自身的中止。 391

① 勒鲁瓦-古兰：《手势和言语·第二卷》，Albin Michel出版社，1965年，第269页以及第13页的注解14。

这种中止的可能性正是把特定记忆、社会种族记忆和个体记忆相互关联的原则。此原则与技术趋势一起揭示了技术-人类学的动力。

在胡塞尔的《现象学的构造研究》中也可以找到类似的三个层次，但有两点不同：首先，它们恰恰不是被作为程序来考虑的；其次，这些**作为**程序的层次中贯穿着被胡塞尔彻底摒弃的“什么”的技术动力。传统本身带有其自身的解构，唯有外延——左右着生活变为技术的新型程序体系——使之成为可能。时间性与外延之间像释放新的个体化可能性的后种系生成与遗传调节之间的关系那样密不可分。选择原理支配着这一进化：

> 把种族记忆放在动物种类之外的严重后果是：它使个体自由地走出既定的种族框架，也使种族记忆本身有可能进步。[1]

阐明这种进步的含义就是通过建立**一般程序**来描述外延过程的各种应用实例。神经系统是“通过建立程序来满足各种内部及外部需求”的机器，而程序是个基本概念，因为它也允许我们跨越动物性与人性之间、人性与技术性之间的界限：勒鲁瓦-古兰的人类学其实是极端的“非人类中心论”。全部**科学程序**都包括在这个**既**可用于动物学及人类学，又可用于技术学的程序概念中：把动物、人类与机器统一起来，其实正是所谓“认识”科学的聚合原则。我们稍后还会分析这种聚合的种种局限性。

需要质疑的正是这个程序的概念，因为在比较动物社会和人类社会时，“问题不在于[……]本能和智慧的差别，而在于两种程序模式的
392 差别”。从这一概念出发才能理解第四记忆的产生条件。第四记忆不是特定的、不是种族的、亦不是个体的，而是不折不扣的机器的记忆。

① 勒鲁瓦·古兰：《手势和言语·第二卷》，第22页。

4. 作为二次中断重复的选择：文码、同一性及差异性

种族程序构成人类群体的统一性，**同时也承受着分化**和与其他群体融合时产生**同化的可能性**。

种族记忆通过调节个体的“操作行为”来决定各种自发活动：

> 主体的一切活动都属于他的操作行为，但这些活动的形式和程度迥异，这取决于它们是基本的、日常的，还是少有的或例外的活动。程序需要各种层次的智慧参与和不同的个体-社会关系。基本活动构成个体的生存程序，任何日常行为：比如体形、饮食与卫生习惯、职业行为、与亲友的交往，都关系到作为社会元素的个体的生存。这些程序的根基是不可动摇的，它们构成一成不变的行为链。重复这些行为链能确保主体在社会环境中正常的平衡，并使他在群体内部找到他自身的精神上的安逸。[①]

程序以其长短不一的周期为特征，或每日一次，或每年一轮，总是具有日历性。程序制造**重复**的节奏，包括饮食和宗教节日的穿戴，也包括工作、祈祷、礼节及待人接物的规矩。在这种重复的稳定性中，越是涉及日常程序，种族特性就越为突出：“正是这些基本行为（基本行为链在人出生时就构成了）给个体打上了最鲜明的种族烙印。”这种烙印的**标记**是群体凝聚力所必不可少的因素，于群体、于个体都是至关重要的：丧失它就意味着种族统一体的解体。

但由于技术领先于种族，种族又植根于落伍的体制中，当代技术趋
势的决定性可能终将毁灭种族。然而，体制的过时是原初的（这里指的 393

① 勒鲁瓦·古兰：《手势和言语·第二卷》，第28—29页。

是**爱比米修斯原则**)，是激发构建群体的动力。如今面临的种族彻底解体的可能性从热动力学革命时期就开始了：

如果我们承认生物转化是一个既关系到物理结构又关系到它所触及的存在者之行为的事实，那么机器自动力的诞生便是[……]一个基本的生物阶段。如果说转化带来了某种新的、有活力的现实，它涉及身体之外的什么器官并不重要。如前所述，从智人(homo sapiens)开始的人类进化见证了(与地质学时间成正比的)身体转化过程与(连接着人类代代相承之节奏的)工具转化过程的越来越明显的分离。物种若想延续就必须适应环境。这种适应不仅涉及技术习性，而且每次突变时都导致对由个体组成的群体之法则的改写。

这个改写是真正的技术中断，这个中断又影响了(本来已不停地受到“什么”的历史之冲击的)“谁”的历史统一性：

如果我们只能以自相矛盾的代价来维持与动物界的平行关系，我们就不能不考虑到，人类每次更换工具和制度时都在一点点地改变人种。尽管影响所有群体组织结构的转化之协调性是人类特有的，其性质与涉及动物群体中所有个体的转化之协调性相同。然而，社会关系从马达动力的无限外延中获得了一种新的特征：假如有一个人类以外的观察者，而且他从未听到过历史和哲学给我们的各种习惯解释，那么他一定能区分18世纪的人和20世纪的人，正如我们能够区分狮与虎、狼与犬一样。[①]

① 勒鲁瓦·古兰：《手势和言语·第二卷》，第50页。

然而，这个统一性可作为通达人类一代代积累下来的**共同的**已经在此的途径而（重新）构成。于是我们不禁要问：通达并延续这个已经在此的切实条件是什么？这个问题**目前**具有极其特殊的意义，因为人类的外延似乎已进入**尾声**，也就是说**当代的技术中断性已登峰造极**，是 394
人类经历的最大的断裂，它冲击了人类看似最稳固的组成部分，也由于把各种程序**操作**交给机器代管而使以群体统一性构成的种族面临灭绝的威胁。

> 自动程序的实现是人类历史的顶峰，它与振动换流器的出现或农业的出现具有同等的重要性。

于是，伴随着机器程序的出现，程序断裂达到了不折不扣的超级中断。

上述一切仿佛意味着技术趋势的实现忽然不再像从前那样依赖于种族多样性了。这并不是说技术趋势可以不需要群体及群体间的多样性，而是说群体将不再以种族的形式构成。工业化使人们**丧失了对某一共同体的归属感**，因为个体基本操作链中的主要部分——种族特性尤体现于此——要么被转移到机器设备中，要么自行去适应机器设备的自动化：

> 到了工业机械化时，情形就大不相同了。[……]工人被放在一段以机器节奏为准的生产线上，只需做把主体阻隔在外的机械动作。对个性鲜明、尺度适宜的群体的归属感丧失了，随之而来的是一种完全的“技术对文化的扼杀”。[①]

① 勒鲁瓦·古兰：《手势和言语·第二卷》，第59页。

西蒙栋已经指出，工业革命使技术的个体性从通过手与“什么”相关联的、工具化的人过渡到持工具的机器。由此而来的问题是：“谁”的**个体化丧失了**，而“什么”的个体化增长了。这个断裂如此之大，以至于勒鲁瓦-古兰认为人应当考虑**放弃其“智人”之名**：

> 我们可以把原木放进机器中而不必担心其枝节。标准的木板
> 395 被机器送出，并被自动包装好，这无疑是个极大的社会收益。然而这一切只是使人类不再是智人，而变成可能更高级的，但无论如何都不同的人。

那么，**“什么”的个体化**中是否还有“谁”的个体化的**新的可能性**呢？人类放弃智人之名意味着什么样的断裂？已经在此又会有哪种**非同寻常的延续模式**？欲严谨地提出上述问题，需要正确估价那些彻底失去的东西，那些可能保留也应该保留的东西以及我们**应当做好**的应付不确定性的准备。

上述情形的后果是：严格说来个体不再延续**传统**。让我们再用些笔墨讨论这一点，并由此返回选择的问题。

所谓**原理**指的是从起源就开始之物，比如我们在此讲的原初**缺陷**，还有从未开始过、却在**各种**缺陷（各种代具）的生成中也作为这种生成而持续之物。像后种系生成现象之原理那样自始就维系的原理其实是“外延”（尽管这个词很费解，我们还是沿用它）。从这个原初原理中衍生出具有双重意义的**选择**原理：它一方面体现在“谁”的**自由**（作为“适应”传统的自由）中；另一方面体现在“什么”的（构成技术趋势的）**动力**中。**技术趋势**并不**等同于传统**，事实上它普遍地贯穿于种族**多样性**之中——它是**传统的延异**。

对传统的选择原理是“谁”对它的重复，但这种重复是一种冲击——正因如此，重复也是适应和差异。然而这**首先**是**来自“什么”**的

冲击，即来自**作为**对“谁”及其传统（没有传统就没有“谁”）的**领先**的技术趋势的程序中止。于是，“谁”便成了这个“释放”“使种族记忆日趋完善之可能性”的偏差与膨胀的交叉点。

“谁”的**可能性**植根于“什么”的可能性之中，因为代具性提供通达已经在此的条件，从而也提供“谁”的先于自身条件，而这种代具性本身又是被技术趋势所决定的。**技术趋势与先于自身的“谁”一同构成选择原理**。技术趋势**贯穿**于传统中，既从传统中**穿过**又超越传统，并中止所有的界线，使不同的种族环境相互渗透，从而使翻译、转移及**特** 396
有语言之间的交流成为可能。正是由于上述事实，个体才能反过来中止种族程序，或者不妨说将种族程序作为已经在此的过去，以“谁”的特性所承载的未来之方式重新调整。

技术作为二次重复来选择：第一次是技术趋势对传统的重复，作为衍射环境的传统是技术趋势的临时载体；第二次是“谁”对技术趋势的重复。“谁”从隐匿在这个中止里的可能性出发先于自身，并把这个中止以特别的方式**切实地记录**到人们的记忆中，并使之作程序上的转化。在最日常的程序中以**重复**为参照当然不是第二次重复，因为趋势会落入重复中。“谁”随着**每次重复**时“什么”在趋势之压力下开启的**新的可能性**进行重复与分化：确正性正是这样产生的。

如果说在工业化尾声的**今天**有不再延续**传统**的倾向，那么在传统逐渐消失的情况下，寓于“谁”之中的第二选择原理又会怎样呢？

这个问题似乎与“手的归宿”有直接关系：

> 不用十指也能思考就等于缺少了正常的、种系生成的[原文如此]人类思维的一部分。于是，从此产生了手的退缩之问题，这种退缩即便不是在物种层次上，也是在个体层次上。[……]手的失衡已经部分地切断了语言与现实审美形象之间的联系，[……]非形象艺术与“脱离手工”的技术性的同时出现绝非纯粹的巧合。

我们曾在《爱比米修斯的过失》中指出，当今信息与通信技术的膨胀引起了内在环境的相互渗透，也导致了“内在”的消亡（如果说20世纪是在哲学中彻底批判来自各个流派的“内在神话”的世纪，这种说法并非偶然）。“内在”的消亡显然给西蒙栋所说的组合环境——我们前面已经对此概念作过分析——提供了发展的可能性。正是在此背景下出现了“实时”和“直播”的问题，以及我们在上一章结尾处提出的更广泛的背景解体问题。

决定性的技术趋势似乎就是作**计算**，即以有意或无意的方式确定
397 **不确定性**。这就通过速度构成了**非时间化**的**表面**现象。而当非时间化作为现代技术实现时，它同时“触及”了木匠和木材①，二者均被降低到“上手”和“在手”的存在者状态。此在的双手被剥夺了，其**传统的**历史性——海德格尔认为它来自“土地和血缘的力量”——也被摧毁了。**然而**，技术趋势在**中止**程序的同时**也**驾驭不确定性体验的可能性，并由此（重新）构建“谁”和历史性（如果不是人类历史的话）。于是，我们应当考虑的是非“传统的”即非种族的历史性的可能性。再进一步说，我们需要**确定，在当代技术条件下二次中断重复都有哪些可能性**。

5.“什么是在思维中定向？”——在已经在此中定向

“膨胀的记忆”是真正的记忆外延的历史，它从技术角度描述了补余历史的一般架构。勒鲁瓦-古兰揭示了由此提出的各种通达问题，他还揭示了在人为记忆的延续中，人类“知者”与“客观性”知识之关系

① 海德格尔：“技术的问题”，《杂文与讲座》，伽利玛出版社，1958年，原注。海德格尔常把思维活动与木匠的职业相比较：“人——手——思维”与“木匠——手——木材”之间有可比性，二者均为以手为工具的活动。——译注

的转化以及这一切所带来的知识本身的各种转化。早在1965年，勒鲁瓦-古兰就预见了向“磁带室”、**超文字**及**多媒体**——这些概念如今已相当普及——的演变，从而找到了研究后种系生成之动力的基本要素，其中包括随之而来的**把知识交付给自动化机器**的问题。

这个历史是在知识中**定向**的工具的历史。这些工具也是记忆原初的记载记忆，即构成知识的**被动综合**，它使代具代管定向功能成为可能。知识**传播**的条件也是知识**整编**的条件，而且记忆技术集体记忆的历史

> 可划分为以下五个阶段：口头传播阶段、带有目录或索引的书面传播阶段、简单卡片阶段、机械化阶段和电子串行数据阶段[……]，（同时）群体的知识资本是群体统一体及群体特性的基本要素，对这个智力资本的传播是物质延续和社会延续的必要条件。[①] 398

随着印刷的出现，

> 读者不仅要面对一个庞大的、他已不再能全部记下的集体记忆，而且也常会被要求去开发新的文献。于是我们目睹了个体记忆循序渐进的外延过程。在文字中定向正是从外部做的工作。[……]
>
> 18世纪的欧洲标志着印刷业和技术领域之旧时代的结束。[……]社会记忆在几十年内被湮没在各种书卷中，包括整个古代、各个伟大民族的历史，业已彻底全球化的世界的地理及人种志、哲学、法律、科学、艺术、技术以及被译成二十种不同文字的文学。如此浩繁的文献仍在我们眼前不断地成比例增长，人类历史的任一

① 勒鲁瓦·古兰：《手势和言语·第二卷》，第65页。

时刻都不曾经历过集体记忆如此急剧的膨胀。

这便出现了各种名副其实的导航工具。在需要它们的后种系生成领域中,这些工具通过把“谁”的主动性交付给“什么”而通达已经在此。这些“什么”是知识积累中产生的各种定向设施,比如**出版书籍**的编页、概要、目录、词汇汇编形成了藏书目录、索引、目录学和卡片。“谁”迷失了方向,不得不求助于“什么”,甚至求助于“什么”来通达这个必须在其中航行和定位的“什么”。新的程序技术如今导致了电子版面及计算机辅助阅读系统的问世,也促生了阅读的远程导航系统。

印刷的出现意味着已经在此之**拼写时代的重大变革**,它表明拼写的时代应当分成不同的时期。我们甚至可以通过印刷的出现而把存在历史和文字历史的特殊性与现代哲学的诞生联系起来(人们在分析新
399 教兴起时就曾提到过这一点);我们也可以进一步推断说:作为形而上学之实现的现代技术来源于,也只能**紧随**于文字的复制机制。这两种看法差别甚微。

而后,随着当代信息处理技术的逐步成形,出现了一种真正的自动记忆行为,它预示着大脑皮层功能和更广义的神经系统功能的外延:

> 在19世纪,集体记忆的总量如此之大,以至于不可能要求个体记忆去囊括各种书籍的内容,于是似乎有必要通过能显示思想内容之最简化图像的附加材料来把惰性的思想组织到刻印着集体性的大脑中。[……]当文件卡配有允许另一个参照系统与常用的索引系统交叉使用的索引方法(比如用不同的颜色)时,或者更方便地使用打孔文件卡时,就又向前迈进了一步。①

① 勒鲁瓦·古兰:《手势和言语·第二卷》,第73页。

这是外延过程中迈出的新的一步，也是一个崭新的拼写时代。我们将会看到，这个时代将产生数字的确正性，它意味着“谁”的参与性的降低，或者说“谁”的参与方式的改变，因为“什么”遥控“谁”的阅读。

> 原始的手册相当于手工工具，虽已大为改善，还是需要读者全面的技术参与。简单卡片已经符合手动机器的要求，因为部分操作已经转化并存在于卡片的只待激活的潜在状态中。打孔卡片代表着相当于最初的自动机器阶段的补余阶段。

这里我们看到，**第三记忆**获得了一种真正的动力，结果是很快出现了已经在此的（数字的）**动力载体**：

> 打孔卡片是汇集记忆的机器，它像容量无穷的大脑记忆那样运作，有可能超过人脑记忆的平均水平，也有可能把每个记忆与所有其他记忆关联起来。 400

这一点最有力地证明了动物与人之间的连续性，**正如**生命与非生命之间——更恰当地说，有生命的有机物与有机化的无机物（技术构件）之间——的连续性：

> 土虫、蛞蝓、帽贝之类的动物的记忆与电子仪器的记忆十分相像。①

我们需要将上述论断同流行的“认识科学”中提出的各种观点作

① 勒鲁瓦·古兰：《手势和言语·第二卷》，第14页。

细致入微的比较。令人惊奇的是，认识科学并不重视勒鲁瓦-古兰的论述。举例来说，勒鲁瓦-古兰曾写道：

> 设想机器不会很快在记忆和理性判断的运作上超过人脑就像直立猿人否认打拳的可能性，弓箭手嘲笑火枪或者荷马史诗的吟游者摒弃作为没有未来的记忆手段的文字那样荒唐。于是人类应当接受自己比不上自己制造的人工脑这一事实，正如他的牙齿坚不过风车的石磨。[……]无论怎样令人赞叹，与手和眼睛一样，大脑皮层仍是有限度的，[……]需要电子分析方法作补充[……]。总而言之，从其现状来看仍是活化石的人类，为了长期生存，他的进化途径必须有别于神经节的进化。①

这另一条进化途径也许正是认识科学尚未明确找到的，因为认识科学一如既往地设想用认识机器来模拟取代人类（“机器可以思考吗？”）。这里说的并不是复制人或人的思维，而是**转化一个整体**，其中有机存在者即人类，人类通过各种载体而积累的赖以生存的知识以及人类发展起来的器具组成一个三元复合体。勒鲁瓦-古兰把这个复合体的进化看作从技术的**高速**和人类生理的**低速**而来的非人性未来之可能性。

认识科学由于忽视了这种技术—人类学而无法想到器官。这一点
401 在杰里·福多尔的论述中尤为明显，特别是在借用诺姆·乔姆斯基的文章为他自己的“精神调节”假说作辩护时。如果说文字和对记忆的直线型记录在后种系生成的演化中起关键作用，我们仍可发现，让-皮埃尔·尚热在对文字、文化印迹、选择性稳定性及更广义的“人类天资”之概要的分析中，从根本上忽视了人类获取的基本经验。

① 勒鲁瓦·古兰：《手势和言语·第二卷》，第75页。

6. 程序与美学

勒鲁瓦-古兰的程序学不仅让我们从作为延迟重复的传播来思考进化，而且给这种传播增加了**形式的必要性**。这种必要性体现在程序的非动物性传播产生的行为多样性中；这种形式的动力是**美学**对象，也是技术趋势和“谁”——有欲望的“谁”——一道**构成**于其中的动力，仿佛这一组合带有**情欲**成分似的。

尽管只有从技术生物程序的特殊性出发才能将美学理解为群体构成和群体分化繁衍的因素，尽管“断裂”后的记忆中重复的动力是特殊的，我们仍应从最古老的生命趋势来研究美学。

> 鸟类[……]的诸多细节表明，最复杂的自发行为都与繁殖有关。[①]

于是，人类的服饰将作为对某群体所属性的标志，也作为权力、战争和引诱的标志而被重新纳入所有生物的关系行为中：

> 禽类的羽冠和人帽子上的羽饰，禽距与军刀，夜莺的歌唱或鸽子的咕咕求偶与乡村舞会之间并无本质差别。然而，这些表现形式之所以如此不同，是因为世间存在着迥异的种族，种族中存在着连续的世代，群体内部又存在着不同的社会层次。[②] 402

这种美学需要我们对既**作为节律**又作为记忆的程序作类型描述。

---

① 勒鲁瓦·古兰:《手势和言语·第二卷》,第16页。

② 同上书,第198页。

美学的内容正是建立在这种以**重复**的形式构成已经在此的传统和种族的程序之上。美学会使特有语言偏离主流，甚至有可能**让种族的发展消融到超级种族**之中。超级种族被描述为联觉变异，它使**运动机能渐渐超出身体附近，或者说超出身体极限与领土的关系**。上述过程的实现是由于把各种功能（先是骨骼的，再是肌肉的，再后是神经的，如今是象征的功能）都交给了器具程序（工具、机器或工业复合体本身）。在这个外延过程的"种系生成"中，我们看到的正是技术的后种系生成的进化原理，它被描述为对已构成程序之切实性的**中止**。

> 这是人类的特有属性，由于保持了活力的本能，所以它能周期性地脱离自身的肌体特性。身体的（和精神的）不适应性（人的特有属性）是很有意义的遗传特征：躲在屋檐下时他像只海龟，利用镊子把手加长时他像只螃蟹，成为骑士时他像匹马，但每次他都重新准备好应付别的变化；他的记忆被转移到书中，他的力量由于使用耕牛而成倍地增长，他的拳头因借助于锤子而变得更硬。[……]人类每次更换工具和制度时都在一点点地改变人种。[……]社会关系从动力的无限外延中获得新的特征。[……]电器运用的完善——尤其是电子设备的发展——在不到一个世纪的时间内导致了自动机器的突变（在此突变之外，人类再没有多少东西值得外延了）[①]；

它们也导致了组成最先进机器的，"给酷似生物装配的组装线提供零
403 件"的微型化设备库的出现。

然而，有节奏的美学程序**首推我们身体本身的程序**，更精确地说，是我们身体的"组成部分"，即五种感官，这正符合亚里士多德的哲学观。有关感觉的思考植根于对感官的思考中，其原初的多样性是不可

① 勒鲁瓦·古兰：《手势和言语·第二卷》，第48—51页。

缩减的。

这种美学阐明了植根于技术趋势中的形态及恒定状态的演化，让我们想到“个体自由”和产生象征与反思现象的记忆之“高层次”。中断性就是美学演化原理，正因如此，它与技术趋势和特有语言的特殊性有双重关联。这种“味觉生理学”建立在程序、特定记忆、社会种族记忆和个体记忆的概念之上，所以仍是来自动物学的思考，既不是单纯的“唯物论”（由于它与选择原理有双重关联），也不是简单的生机论（由于它普遍消除了动物与人、生物与非生物之间的对立）。功能美学原理“来自物质规律，因而它只是在很有限的程度上与人类有关”。美学的发展融合了生理美学、**服从于技术趋势的功能美学**和（包含纯粹符号层次即特有语言的）形象美学。这种融合纯属外延现象，因为

> 技术和语言只不过是同一现象的两个方面，而美学可能成为其中的第三个方面。于是，我们或许可以这么认为：如果工具和言语能够经过同样的发展阶段且几乎在同时期各自朝着机器和文字的方向发展的话，那么同样的现象也应出现在美学中，因为从消化的满足到称心的工具、舞动的音乐和从座席上看到的舞蹈都会有同样的外延现象。

这种外延从神话故事走上了当今“美学材料制造者与越来越多的预制艺术品或事先构思艺术品消费者之间比例严重失调的专业化平台”[①]。 404

7. 风格的标志与不确实性程序

作为程序重复的重复，“谁”与“什么”的相互关联产生一种**不确**

① 勒鲁瓦·古兰：《手势和言语·第二卷》，第89页。

定性。这种不确定性也是**风格**之谜——因其**不可描述性**而构成的谜。

风格是特殊性和特有语言性的标志和顶峰。特有语言不应被简单地视为语言，而应被更广义地看作诸如种族个性、某自然人或法人个性的表现方式。某人意味着**非某个人**，即无人称属性。个人风格总是成形于不大属于个人的风格中，即某种无人称性之中。莫扎特的音乐是德国的，格雷科的绘画是西班牙的，普鲁斯特的语言是法国的，策兰的诗歌是法意第绪语的。风格的个性表现为以已经在此之风格为背景的形象，它表现出最真实的，同时又最与众不同的一面。风格以**特定情境而定**，但莫扎特的风格又不仅仅从属于德国**音乐**风格的情境。风格总是区域性的，且越是有区域性和个性，就越能被人体验到；与此同时，风格又总是非区域性的，它挣脱时空的羁绊，游离、渗透、侵入、被转移、被翻译、被传播或流失。风格就是特有语言性。所有存在物——无论是物质的还是非物质的，无论是制造汽车还是制作餐叉的方式方法——之风格的渗透都是特有语言的传播，只是具有不同的现象性而已。风格总是来源于某地，代表着某群体或某个人、某作品或某技能的统一性。风格**像技术趋势那样**超越边界、渗透最密闭的保护层。特有语言的边界从根本上是模糊不清的，因为一种特有语言相对于在某种程度上总像是**非**特有语言的、野蛮的、无意义的另一种特有语言来说从来就不是完全陌生的——**真正的**特有语言是特有的、特殊的和奇异的。法语**同**西班牙语、意大利语**一样**属于拉丁语系，而拉丁语又**同**日耳曼语**一样**属于印欧语系，依此类推。**于是**特有语言的经验就可能消失。一种特有语言总是有另一种特有语言寄生其中，其特殊性总是已被抹去。然而特殊性还会回归，特有语言的寄生物——它的变种和可
405 变性——使本质的变异性**回归**。特殊性可重现、可消失，然而**终究是**消而不失或**永不消失**，因为特殊性是剩余的规律，也是偶然性和特有性的规律。

风格完全具有指示性，它是对时空与原初**地域性**的极端经验，是

所有背景化**和**所有背景解体可能性的停泊处；它不可描述，只能被重写、重复或在重复中转化成**另一种**风格——与被**重复**风格相对应的**另一种**风格，即它**切实经历**的延异：它从根本上抵制**必然性**，绝不可能被非指示。**正如所有的特有语言**，其真谛是**不可译的**。如此看来，与其说风格抵制工业（再）生产，不如说它被纳入工业（再）生产**之中**（因为风格完全可能寄生其中：爵士乐就是个例子。阿多尔诺[①]似乎没有明白这一点）。然而与阿多尔诺的作品一样，风格注定要被翻译，获得公众性——当然是为了创造另一种显然可能不会存在的风格。风格是不可描述的，正因其不可描述性，它又是不确实的。风格难以确定且不确定。真正的风格也是不确定性——**缺陷**，产生于风格制造者的缺陷——的标记、数字、文码和重量。**在工业社会中**，艺术家是具有不确定性和特有性的，受人蔑视且具有专长的社会畸形人物，人们从他们所表现的隐逸及非主流人物形象中领悟的正是这种风格。风格锋芒**所指**的一贯是起源的原初缺陷，它最直接地表现了**爱比米修斯原则**及其特有性。这种特有性比比皆是，任何材料都可以成为它的载体，不论方式如何。

> 经过详尽的机械分析，我们可以解释英国汽车的马达在何处不同于法国的或俄国的马达，尽管“汽车”这一事实是共同的。而要想解释观看者为何一眼就能认出某辆汽车是“英式的”，那就需要作相当复杂的分析了。[②]

风格承载着感觉的经验，人们在种族性消失时会惊慌失措，因为风

① 德国哲学家、社会学家、作曲家和音乐理论家，极推崇音乐美学而蔑视爵士乐。——译注

② 勒鲁瓦·古兰：《手势和言语·第二卷》，第90页。

格总是隶属于种族领土性，尽管它的构成抵制这一种族性。以普遍的技术趋势渗透世界并破坏了种族多样性的工业化是否意味着风格、感觉和世界的终结？要想回答此问题，就需要搞清风格（**如同趋势**）为何
406 具有渗透性和传播性。其实，我们应当彻底忘却的正是领土性。这里指的不是地域性——因为风格可以**产生**在地域之外，而是指采纳风格之新风格。**产生**并不意味着有父系、种系或有土壤与血缘证明的出生地，而是促使**新事物**的出现，新事物恰恰要忘却领土性。

可能存在着类似方位感的风格，因为时空性是按程序构建的：各种程序相互关联，从而**借助于**"什么"把"谁"的三个层次的记忆融为一体。关联首先指宇宙-生理程序的关联：

> 脏腑敏感性的最主要表现与节律相关。睡眠与觉醒时间、消化与进食时间的交替，所有的生理节律形成一个记录着所有活动的网状结构。这些节律一般都连接着一个更大的网状结构，即日夜的交替、气候的变迁和季节的更迭。①

这个稳固的基石之内涵来源于基本的种族程序，人们正是在此基础上从事宗教与美学活动，即实施（"逆生命节奏"而行的）**不确实性程序的休止技术**：这里说的是维持程序总平衡所不可或缺的生活中的星期天。信仰与欣赏都可以建立在这些已是技术的、纯属重复偶然性的**机制**之上。

然而，工业生产社会将宗教的、美学的休止活动与由专人安排的人类日常活动系统性地区分开来——但这种区分远在工业化之前就有了（古典主义时代就有人问：我们可以一边**做**弥撒一边用望远镜观望这个弥撒吗？），因为它自始就造成了特有性的边缘化：

---

① 勒鲁瓦·古兰：《手势和言语·第二卷》，第99页。

> 自然节律的破坏、熬夜、昼夜颠倒、禁食、禁欲让人想到的是宗教领域而不是美学领域，这是因为二者的区分在现代文化中已基本完成，这也是社会组织进化的新进展，即我们推动的理性化过程之结果。[……]通过区分宗教与美学领域来维持生命节律使个体处于有利于社会–技术机构发挥功能的位置。[①] 407

圣人的禁食被纳入构成历史–技术生活的休止性，也被看作脱离宇宙程序，只是他的做法过激，把休止极端化了：

> 对圣人来说，脱离红尘始于消化道，始于让他逐步达到仅靠吸入空气就能维持生命的纯化过程。

通过夸张或逆身体节律而动来"追求"不确实性也表现在舞蹈中。舞蹈是迄今仍完整地保留下来的最后的"休止"活动之一：

> 杂技、平衡节目及舞蹈在很大程度上体现了摆脱正常运作链的努力，也是一种力图打破人在空间中日常重复的姿势的创作。

8. 对时空的钟爱、技术趋势及节律

有一种与场所有关的病症，它钟情于有限性和被荷尔德林[②]用诗歌形式渲染为对神的创伤及疏远之经验的直觉实体性。这是任何程序都不能填补的缺陷之病，因为所有程序恰恰都是它的表现形式——这便

① 勒鲁瓦·古兰：《手势和言语·第二卷》，第100页。

② 18世纪德国诗人，浪漫派先驱。他特立独行，桀骜不驯，终至疯狂。——译注

是程序在中止其他事物的同时自身也终将被中止的原因。在此缺陷中构成了时间与空间,即“过分重视”场所的身体与程序之间的关联。

> 从动物或截然不同于我们的存在者的眼光看,人似乎对时间和空间过于重视[……]。对地理空间乃至宇宙空间的物质上的占领,速度带来的对时间的蚕食以及医学研究的种种努力构成他的实际生活;天文学、光学、计量学和原子物理学推算酝酿了他的
> 408 哲学梦与科学梦;对永恒和天体的征服滋养了他的心灵之梦。数千年来,他的最大任务便是在节律、日历和建筑上充当时空的组织者[……]。如果他隐退到人迹罕至的地方以便停下来沉思默想,那是为了脱离“世纪”,也就是说脱离流动的生命之节律所属的时间与空间。①

在脱离时空的同时,人重新获得的却只是时间和空间,只是表现为注定属于“不确实性”的地域或地点。正是在形象美学中表现了这种美学的不确定缺陷的不确实经验。如果说功能美学与形象美学——形式与质料——之间有某种原初关系的话,这便意味着风格与技术趋势像**实际的**功能性与**不实际的**已经在此之程序的交联那样不可分割,尽管

> 功能与形式的关系实际上有别于形式与装饰的关系。动物与人类的非功能性外表都是为了生存,为了标志行为规范(philétique)②的来源,它们与物种(动物)的或种族(人)的过去有关。蝴蝶翅膀上

---

① 勒鲁瓦·古兰:《手势和言语·第二卷》,第106页。

② 这是勒鲁瓦-古兰创造的词汇。phil意为喜爱、热衷;étique意为行为学,我们将其译为行为规范。——译注

> 装饰图案的迷彩用途与翅膀对飞行的适应毫不相干。飞行可以简化成力学公式和物理值，而翅膀上的斑点则属于风格的运动范畴[……]。人类的服饰只不过是对种族取代物种这一恒定特征的肯定。[①]

正因如此，根据拉康对鸽子性腺与蝗虫群居的论述，风格植根于动物性本身，与生殖情欲有关。这种情欲关联着技术趋势带来的程序化，关联着“什么”的能动性，也关联着由此产生的“镜子的阶段”，这是因为

> 造物与物体的集合在下列三种十分复杂的状态中达到平衡：一是每种功能都朝着令人满意的形式发展，二是折中不同的功能以便将形式维持在或多或少相似的水平，三是以“装饰性”来表现的生物或种族之过去所遗留下来的超级结构。因而功能美学分析常常只是对功能相似性的度量。 409

当后种系生成的载体——一般的技术客体——的历史等同于意像形成的历史时，这种相似性也许是**快乐原则与现实原则**的交汇处。

如果说由身体对时空的有限经验构成的身体的器具化是对时空的“驯化”，那么这种器具化如今就失却了时间与空间的神话色彩。

> 迄今为止，个体受几乎达到全部机械化（而不是人性化）阶段的节律性的浸润和制约，形象主义危机是机械主义控制的必然结果。在后面几章中，我们将反复论述不再神秘的时间与空间之延

① 勒鲁瓦·古兰：《手势和言语·第二卷》，第122页。

续的问题[①]。

也就是说非时间化和非领土化的问题——作为时间化与空间化的延异的危机(**决策**)。但领土的工业器具化过程只不过是空间的原初器具化过程的尾声,且正是在此基础上,我们才能理解西蒙栋发现的组合环境的构成:在城市化过程中,

> 各种韵律的节奏和有规律的间歇节奏取代了自然界混乱的节奏性,且成为人类社会化的基本有分和社会融入之象征,于是成功的社会只不过是城市与公路组成的格子,其中个体的行动由时间来支配。[②]

9. 速度、程序及节律

在被分解为抽象的时间与空间之前,**节律**标志着**作为速度文码**的器具化的实施。由于节律受制于程序,所以速度问题与程序问题是密不可分的:

> 区分空间与时间纯属技术习惯或科学习惯。当我们说莫斯科
> 410 与巴黎的距离是三个半小时的飞行时间时,我们说明的是比暗示
> 两个城市相隔两千五百公里更丰富的事实。[③]

---

① 勒鲁瓦·古兰:《手势和言语·第二卷》,第137页。

② 同上书,第142页。

③ “同理,钟表显示的钟点把表针的空间位置与时间相连。如果可以从种族学角度谈论时间的话,那么只能通过简单的抽象概念,像谈节律的两极之一端那样谈论时间”,《手势和言语·第二卷》。

程序间的交联就是被协调好的异质节律——宇宙—地理的、生理及风格的时空性节律——的交联：

> 作为规律性的节律，自然界只给了我们星辰、季节和日夜的节律以及行走和心脏的节律，这些节律从不同程度上给予我们时间优先于空间的观念。人类通过手势、发声直至在石头或黄金表面雕刻的图形痕迹而创造、加工的节律之生动形象与自然界给予的这些节律重叠在一起。

这种与宇宙程序的重叠也中止了宇宙程序的切实性，它是注定要在时空的非实现中实现的背景解体的首要原则。勒鲁瓦-古兰首次把工业“实时”描述如下：外延促成了“越来越快的改善(不是对真正个体的改善，而是对作为社会超机构元素的个体的改善)”，也导致了时间的外延。

> 当关联系统把传播时间降至小时、分甚至秒钟时，时间便成了禁锢个体的围栏。[……]个体像细胞那样运作，也像集体程序的元素那样作用于这个不仅操纵他的动作或启动他的有效思维，而且也控制着他缺席的权利——也就是说他的休息和消遣时间——的信号网。[……]空间只是为了需要穿过它的时间而存在。社会化的时间导致完全具象征意义的人性化空间，正如日和夜在一定的时辰降临到各个城邦中，其中，冬季与夏季以平均的比例缩减，个体与其活动场所之关系是暂时的。 411

10. 居住环境、技术趋势和非共同体化

器具性的居住环境受制于技术趋势，属于功能美学范畴：

> 居住空间的设计并不只是技术上的舒适，而是像语言那样对整个人类行为的象征性表达。[……]居住环境有三个要素：一是创造技术上有效的环境，二是确保社会体系的框架，三是从一个点出发建立周围世界的秩序。上面讲的第一要素属于功能美学[……]，因为所有的居住环境显然都是器具，因而服从于功能与形式之关系的演变规律。①

从其生成来理解，城市及空间的关系均为程序的（非）整合：地域化也从来都是非地域化。只有在后来产生的模拟与数字之延异同一性的电讯技术普及之时，这个事实才昭然若揭。如今，**寓于当代技术中**与其说是领土整治不如说是**非领土化**：

> 在19世纪中叶以后的社会中，技术设施已处于与人类先前总能从中找到其功能平衡的轨道不成比例的距离中。马格德林时期的狩猎范围、耕种者的土地分配、面包师或乡村邮递员的巡行、城里商贩的上门送货都勾画出铁路、电报、电话的迅猛发展使之越来越显得[……]不合时宜的[……]以个人为重心的范围。②

城市时间是种工业程序，它如今达到了这样一种记忆的工业化：新的确正形式从中产生出来，正如已经在此所构成的各种代具被**源源不断**地制造出来。然而，城市时间的延异看上去即便不能被抹消，至少也会被抛到传统上作为个体的“谁”之外：

> 由于电台、电视播放的节律对时间的标准化，城市时间的渗透

① 勒鲁瓦·古兰：《手势和言语·第二卷》，第150页。

② 同上书，第181页。

> [……]目前已到了日常细节的程度。超人性的时间与空间也许对应着所有个体——每一个体的职能和空间都已被规定好——的观念的同步运作。 412

而且，记忆的工业化意味着集体参与生产和集体分享象征物的丰富**经验**的减少，因为记忆的工业化意味着生产的专业化，于是，我们如今进入了外延的最终阶段，即想象阶段。在此条件下还能有什么样的**模式化**（"先验的想象"活动）呢？这便是隐匿在延异中的"谁"的问题。

在想象外延之前，象征物形成于全体成员对形象表现的直接参与中。如果说

> 现代社会逐渐把真正经历的体验与形象表现内容区别开来，我们不可能混淆舞会和芭蕾舞或混淆巴黎圣母院的弥撒和在同地举行的对耶稣受难的秘密祭祀[……]，这种表现方式乍看上去[……]的确与维持种族持续性的社会活动难以区分[①]。

这种形式的共同体建筑在被胡塞尔视为科学原理的象征物的共同体化之上，当时，知识的专业化已经取代了神话中或礼仪形式中的**共同体化**。在这种共同体之后出现的是中止直接参与形式的想象外延所造成的**非共同体化**。我们在后面分析模拟与数字的综合时，还会回到这个问题，它影响的正是胡塞尔所说的观念性。非共同体化也是求偶和物种繁衍之新条件下的非共同体化（然而在为物种准备的繁衍新条件中，可能消失的却恰恰是物种），这就把模拟、数字和**生物的**延异同一性都联系起来了。

① 勒鲁瓦·古兰：《手势和言语·第二卷》，第196—197页。

> 我们不禁要问：一个新的外延——社会符号体系的外延——是否正在产生？［……］我们还完全是为了生存，城里的工人仍需走出他的生活圈子才能去看球赛、垂钓、观摩列兵表演：他仍旧拥有社会关系，虽说有限，却足以让他参与社会活动。然而，超出生
413 存范围之外的、有直接关系的活动越来越局限于——直接参与这些活动作为集体生存之必要条件——青春期和婚前阶段。除非是为了达到家畜的最佳繁殖率，比如人工受精，社会美学现在似乎极少继续关注性成熟期了。

上述改变的后果也转移了英雄主义的象征意义，从而产生了一种全新的“死亡的文化”（英雄只不过是一个历史性的历史形象，而生存却有着更深远的含义）：

> 人不再热衷于扮演其种族冒险行为的英雄角色，而是旁观某些约定的代理人的活动，以满足他与生俱来的从属需求。

11. 从神话文字到确正文字，速度与思维

记忆的工业化以象征物制造者的专业化和消费主义[①]为前提。我们将会看到，这种专业化之所以可能，正是因为出现了比文字综合更有

① “越来越集中的少数人不仅制定生存、政治、行政和技术程序，而且也制定情感内容和消遣活动。这是一种已完全形象化的生活图像，因为真实的社会生活可能都已被纯形象的社会生活所取代。［……］今天的情感内容取自与鬼神（北美印第安人、食人肉者和海盗，他们构成贫乏且专横的关系体系）有关的风俗传说。我们会问：当这些粗糙图像的发明人在通过遥控与虚拟世界的视频接触中走到第四代时，他们的图像还有几分真实性呢？”《手势和言语·第二卷》，第203页。

器具特性的模拟与数字的延异同一性。勒鲁瓦-古兰指出,神话文字的再度流行恰恰同步于文字的普及。他从人们那时所说的**超文字**中洞察到思维的未来。

如果说“到本世纪为止,从统计数字上看文字只涉及人类的极少数[……]”,但仍决定了世界化科技发展的现状,那么

> 思维活动对文字的直线型发展的彻底依附对“智人”来说便成了只能由具有特殊天赋的少数人来实现的允诺;而对大多数人来说,[……]调动思维来阅读文章——即便是具体的文章——需要复现 414
> 各种图像,做到这一点仍非易事[……]。从19世纪起,由于扫盲运动普及大众,又兴起了对带插图的神话故事的阅读热。[……]广播与电视、电影一起完成了不通过想象形式而做出的向口头文学和视觉信息的回归。

模拟的延异同一性可以是后文字的操作者,它在产生想象外延过程的同时使记忆走出了直线型的框架。但这里说的不单纯是神话文字姗姗来迟的再现,而是确正文字。

正因文字

> 在几千年中除了它通过直线型发展而扮演的集体记忆保存者的角色之外,还构成了从中产生出哲学思维和科学思维的分析工具,

它才在技术演化成为“现代技术”时尚可驾驭其发展。随着电子技术的问世,服从于数字的延异同一性的文本性便由已经在此的崭新形式构成,且

> 思维的保存现在可以从有别于书——书只能在短期内保留其便

> 捷之长处——的形式中构想出来。电子选择的巨型“磁带资料室”将在不远的将来提供预先选择的、即刻重组的信息。[……]显然，如果某种手段能让书的各章内容以各种形式同时呈现，那么作者和读者都会从中受益匪浅。[……]新形式[……]与旧形式相比——正如钢与燧石相比——也许不仅仅是更锋利的器具，而且是更得心应手的器具。①

也就是说，首先是更快速。如果说思维是敞开的经验，即作为隐匿在已经在此之本质弱点中的不确定性时间之经验，那么正因其时间上的不确定性，思维就是“丢失时间”。正如卡尔维诺所言：“如果说节省时间是件好事，那是因为我们赢得的时间越多，供我们失去的时间就越
415 多。”要想丢得起时间，必须拥有时间，即大度、有实力，能不加计算地支出。然而，要想不计算又恰恰需要计算。字母已经是这么一种可计算、可加速，同时，如前所述，也可延迟的机器。思维的速度虽然从性质上不同于器具（字母或数字）的速度，却完全取决于器具的速度。

12. 新的偏差

《记忆与节律》系统性地阐述了记忆的动力原则并深入分析其历史过程。其中，外延过程与既作为同一化动力又作为中止动力的技术和美学趋势相聚合，而程序的概念使我们能够把身体与象征物的节律同由行星与天体的运转所构成的**宇宙程序**联系起来。这一切构成日历程序学，承载着区域性的不确定性经验，且向——天文学及最终导致神经系统和想象之外延的几何学的——时空性的理性未来敞开。这里指的从来是一个层次与另一层次的交联：生理的和宇宙的、功能的和生理

① 勒鲁瓦·古兰：《手势和言语·第二卷》，第260—262页。

的、象征物的和功能的、形象的和象征物的层次。这些层次并无先后次序，而是在其相互关联的整体中**构成**与**运作**，其中最引人注目的当数各种风格的特有语言性。

记忆的三个层次均为程序的层次，也就是说语法的层次。很晚才产生于自动编程机器之自控中的第四种记忆是语法的**载体**，它其实已是先前所有语法的构成条件，然而一旦成为机器的组成部分而赢得真正的动力，这种载体便似乎可以构成一个独立的记忆层次，这当然是一种空想。

记忆的三个层次从来都不是相互独立的，并不比亚里士多德理论中的植物灵魂、感知灵魂和思维灵魂之间的关系更相互独立。根据亚里士多德的理论，植物灵魂和感知灵魂存在于思维灵魂中，同样，植物灵魂也存在于感知灵魂中：共存之物——虽然被悬置在起始的切实性中，但并没有被消除——便是新生事物的**以其自身**，而这个新生事物也是**为其自身**①。 416

这一切都构成于后种系生成的断裂之后。如果说绝对不能把动物性与人性对立起来，那么将二者混淆的危险也就被排除了。把人的存在归入动物行为的动物生态学是行不通的，单纯的技术机械论也是没有出路的，因为没有时间化和特有语言就无所谓技术趋势，没有技术趋势也就谈不上时间化和特有语言，而且这个过程的历史就是它们之间**较量**的历史。

然而，今天的问题是“谁？”的问题。没有“谁”便没有特有语言，这意味着应当把社会分化及技术演化的条件与种族及特有语言分化的助产术，而不再是大脑皮层分化的助产术联系起来考虑。但是，以特有语言为基本内容的技术—种族发展却导致了**种族差异本身的中止**，除非种族差异仍以传统的方式植根于领土中。我们能够想象不仅存在着

---

① 黑格尔：《哲学史·第三卷》，维翰出版社，1970年，第569页。

游牧民族(领土化的一种特有形式)的特有语言差异,而且也存在着完全不具领土性的特有语言差异吗?那么我们是否也能想到这种情形所带来的后果,尤其是背景遭到破坏时所产生的后果呢?这一切仿佛告诉我们:当代技术开启了另一个世界,它既作为**新的偏差**,又位于偏差之中。这是个**极大**的偏差,足以开辟一个新纪元,因为对于本质**迟缓**的人类而言,发展的**速度**终究是核心问题:

> 进化跨入了一个崭新的阶段,即大脑外延的阶段。从纯技术的角度来看,突变已经完成[……]。对时间和距离的压缩、行动节奏的加快、对一氧化碳及工业毒素的处理的失调、放射物的渗透都提出了一个发人深省的问题:人的肌体是否适应这个长期以来被称作他的环境的环境?

这一切仿佛意味着"社会充分(受益于)进步",也仿佛意味着作为物种的人类必将使人类走向消亡:

> 个体的人可能已经是过时的肌体,虽有用[……]但已被置于
> 417 次要地位。"进化"更感兴趣的是人性的基础结构而不是人类。①

从神话文字到确正文字,存在者安置下来并**作为**程序而呈现。这个程序学是文字学的切实性,或者说**其实**就是文字学,它是作为补余历史,也作为消除——因超量印刷而消除的铭记——的延异的实现。

"谁"——此在——并不是"我"。"我"是此在从其存在中领会到的、与"什么"的程序状态相关联的历史形象。"我"的变异性,即广义的"我们"的变异性,也是"我"自身一贯的变异性,是更广义的程序中

① 黑格尔:《哲学史·第三卷》,第57—58页。

止之**机制**。此机制形成于无机物的有机化，也形成于技术趋势及其重复中。技术趋势在被重复的同时得到释放，这便构成了后种系生成演变的切实性。重复再次重复，并“适应”作为前面的已经在此的**业已完成**的技术趋势之效果，且通过这种重复而释放（不停地施加压力的）趋势的各种新的、**未完成**的可能性，因为起源的原初缺陷终究是无法弥补的。

技术趋势的完成是综合记忆的客观化，它经历了不同的时期，也就是说通过中止那些与交联着特定层次、社会种族层次和个体层次的节律稳定性相对应的支配性程序来达到。这种中断重复的运作（增添新的程序内容会部分中止旧内容的效力）是被动综合，这种综合也是一般意义上的“什么”的生成。第二次中断重复，即“谁”对第一次重复的“适应”，则是一种“主动”综合。但我们应当把这里所说的适应和主动加上引号，因为这种重复的重复从来是为技术趋势铺路，进而使被动综合跨入新的阶段。

在今后的重复中，我们需要重建一个超越东方与西方的坐标体系。 418

第三章

记忆的工业化

1. 滞留有限性的工业综合

用技术手段综合记忆导致了记忆的客观化。那么，属于现代技术的“什么”也好，代表“我们”的“谁”也好，它们的被动综合究竟是什么呢？

有了滞留有限性才会有被动综合。在模拟、数字及生物综合的时代，滞留有限性被经济核算，成为工业投资所看好的对象。经济导向其切实的“**主动性**”，这便直接导致了被视为计算的时间以霸权形式实现的局面。

早在19世纪初就萌生了模拟和数字的延异同一性。那时，通过赢得速度而迅速掌控信息显然有至关重要的意义。**信息**概念的出现无疑主导了二次大战之后形成的知识，在“认识科学”领域，它具有积极意义；当海德格尔把控制论推上至尊地位，即形而上学的实现时，它便带有消极色彩。

于是，主观性的“谁”开始“客观地解构”了。然而在信息范例起积极的主导作用之处，人们彻底忘记了这个解构既是一般性**解构**又是对“谁”的解构：无论是对于知识的中断性还是对于“谁”的时间性，这

个范例都是封闭的。在此，时间并没有作为问题来理解，而只是自行解 419
决问题之问题的一个侧面，它服从于新的逻辑。首先需要自行解决的是处于神经系统外延之最前沿的人工智能与认识论问题。

神经系统的外延是第三记忆——知识积累使之成为必然的后种系生成——的新阶段，其内容是代管“谁”在其世界历史中的定向功能。这就预示了数字的延异同一性的运作方式。神经系统外延与想象外延导致了种族／技术助产术的终结。

在《爱比米修斯的过失》中，我们也从对吉尔理论的分析中看到，热动力学革命强行**调动**了可快速**解体背景**的资本，为此必须建立一套交易所**网络**作为**信息**的基础结构。正是这种经济—信息的迫切需要使模拟与数字的综合随着技术趋势所开启的种种可能性而出现。由此产生了一种**新的价值观**，同时也产生了作为遗产的集体记忆所构成的**资产**这一新概念。过去，记忆的构成出于**政治需要**；而今，它已从**承袭**的资产率先变为**商业**资产。从信息概念估算的价值，一旦可用计算来考量并被归入不确定的确定性，便与接受新生事物、对不确定性的不确实性始终敞开的知识之价值格格不入了。

如果说在技术与种族助产术过程中，日常的已经在此之程序融汇人体固有的程序和“什么”的动力而产生了领土共同体特有的日历性及空间性，那么信息工业和记忆工业的发展则会**悬置**这种日历性及空间性，这便是维里略所言的**非自然日**，在其中构成另一种与时空的关系、另一种综合及一个全新的**直观**问题，即脱离“真正的身体”而开发**影像**工业、**远距离现身**及**虚拟现实**工业。

代具化影响《纯粹理性批判》中所说的理解、复制和再认识的综合。但今天之所以可能有这种影响，正因为它是原初的。我们必须记住这一点，二次中断重复才可能发生。

想象外延的结果首先是像建立**程序工业**那样建立**媒体**。信息工业
和程序工业（二者共同构成通信工业）是神经系统外延和想象外延的具 420

体化,并与遗传基质的技术内在化一道构成各层次记忆的工业化。

记忆的工业化利用一切可利用的载体,呈现出欲占有一切材料,包括有机材料的趋势。因此,我们不能忽视由于开发合成生物体细胞与生殖细胞载体所带来的生物的延异同一性。这个外延不仅通过无机物的有机化来实现,而且也通过旨在使其重新有机化的有机物的非有机化——如此说来,亦是**生物体技术外延性的重新内化**——来实现。与模拟和数字的情形相仿,我们将面临普及的、显然会问题重重的创造性,这些问题之严峻和艰难是人类前所未闻的。如今的问题不再仅仅是放弃“智人”中“智”这个形容词,“人”这个名词本身,他究竟是不是发育完全的个体也被质疑了。

继种族参与美学之后,工业美学将形象、图像及符号的制造者与使用者对立起来。于是出现了非共同体化,即对某一共同体的从属感的危机,因为技术形式无法取代种族参与的团结精神。我们后面将要阐明,这种情形是由新的延异同一性的——或许是暂时的——技术特性造成的。

上述载体均符合作为第三记忆的已经在此的新型组织形式之要求,这就找到了走出直线型思维的途径,也摆脱了人类固有的节律。如今,这些节律趋向于**融合**模拟、数字和生物技术,并开启了以速度为特征的动力载体四处普及的新时期。人工合成的生物载体无非是对自然进化的人为加速,载体自身的性质也因此被改变了。

海德格尔把时间化作为模式论来思考,而我们将其视为原初的代具性。假如时间化应被理解为滞留有限性,那么对记忆领域的工业投资就应该是**掌握滞留的机制**,从而在与技术趋势的较量中给新的延异
421 同一性赋予技术特性。我们在分析巴特和博泰罗的论述时已经看到,这些新的延异同一性构成了滞留有限性所包含的时间出离结构的补充形式。与之俱来的还有**时间出离**的全新形式,其直接后果是**从根本上转变了事件化的条件**。“实时”与“直播”便是这一转变的操作者。

事件化意味着**选择**。所有事件都铭刻在记忆中，所以事件化又是记忆机能本身。问题在于选择的**标准**（此外，也涉及已变成信息**储存**——如数据库、精子库、器官库和分子序列库——的记忆组织的标准）。广义地讲，以下两个因素造就了记忆选择的标准：一是技术趋势，它决定了通达和定向的代具可能性；二是“此在对其自身存在的理解”，它以普通形式产生于上述可能性中。我们也可以说：选择的可能性来源于与不确定性的关系，而不确定性则产生于开发已经在此的新的技术趋势的种种可能性。一旦带有工业性质，选择便被纳入受制于经济核算这一终极目标的庞大设施之中，而经济核算首先是试图化解不确定性。然而，正因为这种工业化需要通过发展**延异**的同一性来实现，化解不确定性就变得不可能了。换言之，转化中对峙着**两种不可调和的趋势**，未来只能是这两种趋势间较量的结果。

这样，“谁？”的问题便成了**记忆的政策**问题，它遇到经济指令的阻力，决策的性质也因此受到影响。

如前所示，起始于外延初期的非领土化构成了网络的发展。由于**信息的价值与信息传播的时空息息相关**，工业的滞留有限性需要一种新型的网域，以便消除信息的时差与地差。所以说当代的非领土化造成了对种族日历性的悬置，而从本质上讲，“发展”恰恰是**速度**的发展。

理解新的延异同一性的生成首先是理解新型网络的生成条件及特性，理解它们如何把信息概念开放为商品。在研究这个生成的历史条 422
件之前，让我们看一看70年代末法国最高国家机构对信息发展前景的分析。

2. 信息系统

信息系统是控制论在器具上与工业上的具体化。海德格尔发现，控制论的出现巧合于到那时为止一直为思维保留的某种可能性。他于

1962年写道：

> 不需成为先知我们也知道，现代科学不久就会从根本上被控制论这门新兴基础科学所决定和引导。[①]

1977年，瓦莱里-吉斯卡尔·德斯坦委托西蒙·诺拉和阿兰·孟克推测信息系统对法国社会各方面的影响。报告于1978年写成[②]，它充分认识到信息技术将会引起的政治、经济、战略和文化上的革命。

“信息系统”一词是德雷福斯于1962年创造的，它融合了信息与自动化这两个概念。但我们并不满足于这一习惯定义，而是在道麦斯的启发下拓宽其词义。道麦斯说：**信息系统**

> 指的是电脑通过电子技术手段从周边入口到周边出口处理或传递信息［……］
>
> 由于电子技术仍在继续扩展，我们不禁要问：在未来的几十年中，信息系统这个词是否将会有更广的含义呢？
>
> 既然信息系统涉及作为信号的信息的输入、处理和传递，而这
> 423 一切又发生在电脑之外的其他网域中，信息系统一词为何不能泛指这一复合体呢？[③]

如此说来，信息系统可以指普通信息工业的产品，因而也可以指我们所说的媒体。它不仅包括**数字**电子系统，而且也包括**模拟**系统[④]。

---

① 海德格尔：“哲学的终结与思的任务”，《问题·卷四》，伽利玛出版社，1976年，第116页。

② 西蒙·诺拉、阿兰·孟克：《社会的信息化》，瑟伊出版社，1978年。

③ 莫里斯·道麦斯：《技术通史》，法国大学出版社，1979年，第260页。

④ 当信号形式从比例上类似于被指示物时，我们称之为模拟信号；而当信号编码与被编码内容之间没有任何同形关系时，它就被称为数字信号。

通用于整个信息领域的主要概念从此便是：信息、光电、信号和网络。在此，**信息系统**指的是**一切以各种形式处理和传递信息的行为**，也就是说**既**包括模拟合成**又**包括数字合成（而信息一词通常仅指后者）。

道麦斯认为，信息与电子之间有着本质的联系，无论在历史、技术、军事还是商业上，都与信息的现状有关。我们今天使用的信息和**通信电网**的概念均成形于19世纪，电报便是它们最具体的证明。信息的实际意义正是由股市操盘人于1836年发现的：他们看到波尔多股市的股值追随巴黎的股值波动但又晚于巴黎，于是他们买通了一个公务员而得以使用连接两处金融市场的厦珀（Shappe）电报线。借波尔多股市的投机价差（任何投机说来都是基于某种价差），他们发了横财。这桩“买卖”后来招致了一场官司，被告被判为引发电信通信垄断的经纪人（1837年）。此案说明两个道理：一是只有在被个别人掌握时，信息才成其为信息；二是信息可以成为买卖对象，其价值与其传递时间和空间有关——信息传播越广就越贬值。

我们今天使用的信息概念指的是**信息工业**。**信息被看作信件的信号，人们可以通过网络来控制其传播的时间与空间**。信息因而成了一种**商品**，其价值取决于其传播**速度**。 424

道麦斯所说的信息系统是信息价值的工业利用，光电技术的发展使之成为可能。光电技术通过稳定、处理和传递可被记录、存储在记忆载体上的信号来控制其速度，并通过建立网络来控制信息的流通。

由于电子载体或光电载体是普通名词，再把信息概念延伸到生物技术领域就未免牵强，尽管生物技术确实处理了遗传信息。然而我们可以说，**广义的信息系统**和**生物技术**构成当今**记忆工业**发展的基本内容。电脑仿生学技术（生物电脑）在理论上和工业上还不够完善，将这两种技术合而为一还为时过早。

3. 信息网络

在信息系统全面普及并渗透各个社会阶层，同时数字技术与模拟技术融为一体之后，便有了名副其实的实时**社会**工业生产。诺拉和孟克把数字与模拟的融合称为**信息网络**。取其狭义即“在线信息”，而我们在此沿用其广义，即**网络融合**。

当信息处于可开发材料的某种**特定**状态，尤其是当这些状态的**连续性**——它们的可塑性——可被控制在无穷短的时间内时，信息便成为工业活动的原材料。对可塑性的时间控制会直接影响与一般时间的关系，它动摇了质料与非质料之间即目的与手段之间的关系，并唤起对质料和形式构成事物论模式的批判。从19到20世纪，从“重”技术的钢铁工业到“非质料”技术的信息工业，代表技术趋势的工业领域在对材料开发投资的同时，改变了材料的概念，从而也改变了“此在对其自身存在的理解”。

《社会的信息化》一书正是从社会、国家和国际的角度评价这场巨
425 变，并首先将其视为空前的文明危机之诱因：“社会信息化的加强是危机的核心。”① 这便是1977年和1978年的背景，而且这一危机仍在持续。

它首先是旧的工业制度与社会制度的危机，危机与制度互为因果；它是起源于1973年“石油风暴”的“文明危机”，是“长期以来人们对**权力的，归根到底也是对知识和记忆的**精英分布或民主分布的**质疑**”。**成为信息网络**的信息系统正是知识与记忆的主要载体。信息的网络发展构成其基本的、排他的、决定性的要素，这意味着电信网络与信息系统的共同发展也是实现信息化的基本条件。

技术带来的任何深层社会变革都会遇到障碍，因为**技术体系**的发

---

① 《社会的信息化》，第9页。

展一般会影响到其他社会体系从而受到抵制，它“既可能是危机的缘由，又可能是走出危机的办法”。然而**这场**变革之规模是空前的。

> “信息革命”**将会产生更深远的后果**。它虽不是近年来唯一的技术革新，却是引发和加速所有其他革新的共同因素。更有甚者，**由于信息革命彻底改变了信息的处理及储存方式，它将改变各个机构乃至整个社会的神经系统**。
>
> 信息系统不久前还耗资巨大、性能欠佳且让门外汉不知所从[……]，现在流行的已是大众信息系统[……]。这种转变归功于两个进步：一是以往只有大型电脑，如今却涌现了种类繁多、功能强大、价格低廉的微机；二是电脑不再孤立，而是通过各种“网络”相互连通。①

正是互联网形式的网络信息充分显示了这个转变的重要性：

> 我们把这种电脑与电信的交错成长称为“信息网络”，它开辟了一个**新天地**。公路、铁路和电网这类交流手段使共同体结构化。 426
> 此现象由来已久，家庭、地区、国家和跨国组织也都经历了相同的阶段。不同于电网的是，“信息网络”承载的不是惰性的电流，而是**信息，或者说能力**。[……]信息网络并不意味着多了一个新网络，而是建构了一个性质迥异的网络，它使图像、声音和记忆互动。所以说信息网络将改变我们的文化模式。

于是，信息与网络这两个概念决定了“信息革命”的特性。

如果说根本没有简单的交流“方式”，那就需要在不**抹杀**信息系统

① 《社会的信息化》，第11页。

之特性的前提下将其**相对化**。我们的全部努力都旨在证明：信息系统的特性是在本质上属程序化的记忆的后种系生成之基础上发展而来的。

然而诺拉和孟克认为，当代技术终归是以全新的方式作用于社会发展，这便构成了技术的一般历史中前所未有的断裂：位于政治经济决策与就业、投资问题中心的信息网络被用来改变各种权力关系，从而要求一种新的信息分配方式，甚至“触及主权问题”，这已不再仅仅是发展国营信息工业的问题了。我们必须

> 重视IBM的最新挑战。这家公司是昨日的机器制造商、明天的电信管理者，它所奉行的战略使它建立和控制了信息传递网络，**并由此侵吞通信这个传统上属于国家权力的领地**。缺乏适宜的政策就会导致相对于网络管理者也相对于美国各种数据库——IBM为通达这些数据库提供了方便——的双重异化。

非领土化因此变成了政治决策范畴。随之而来的是困难重重的局面，主要因为当时的政治理念建立在主权**领土**的概念之上。信息技术从毛细血管渗透整个社会，不可避免地影响了各种权力（政治与经济的）、知识（理论与实践的）和记忆（所有文化、社会财产、礼仪、技能），它要求国家在上层建筑和经济基础各个领域制定有胆识的政策。但在下列情形中，问题变得复杂且微妙了：一是当记忆这个与国宝、**国力**和
427 国民**精神**同级的，迄今为止归国家保护的对象不再是领土的产物而成了工业生产的材料时；二是当人们在令人不安、焦虑乃至自相矛盾的幻觉背景中感受到这一转变的必然性时①。**这样一来，信息化的主要后果**

① “悲观主义者强调的是风险：失业率上升、社会僵化、各种活动的庸俗化；[……]而乐观主义者认为奇迹就在眼前，因为信息学系统就等于信息，信息就等于文化，文化就等于获得自由和民主”，《社会的信息化》，第15页。

便是宣告了新型冲突，首先是**文化**冲突的**时期**。所以国家就不应像以往作规划那样致力于描绘与实现走向繁荣的**蓝图**，而是应当提出问题，或者让“文明社会”提出问题，以便找到制定**具体方案**而不是**程序**的真正可能性[①]：国家的同一性本身成了实质问题，这意味着迫在眉睫的是国家的前途问题，也可以说是国家与时间的关系问题。在这个新形势下，国家就需要通过大胆地摒弃传统的管理方式来营造一种非凡的能力。

狭义的经济问题与政治问题相结合，其实质既是**技术革命又是文化革命**。诺拉和孟克指出了四个核心问题：一是直播或实时传播的**卫星网络**的完善；二是各种**标准**、版权、**主权**问题以及随之而来的公私关系问题；三是**记忆**与**语言即知识**的工业化和信息商品的特性；四是与**文字**相比，信息系统对**权力**机制的影响。

4. 网络、权力与知识

“实时网络”的问世可谓一件大事，它不仅把数据送往信息数字处理中心，同时也融汇了供所有人索取的模拟资料。1866年铺设了布莱 428
斯特到纽约的第一条横跨大西洋电缆，后来，这一巨变又促成了卫星转播的实现。信息网络与**卫星转播**的结合构成了把各类资料**及时**送往世界**各地**的**切实**的可能性。

卫星“能以（与地面网络）相同的速度覆盖各大洲与各个国家”，形成全球的信息网，传播“包括声音、数据和图像的各类信息”。卫星没有赫兹线缆的“非覆盖区”，它均一或者说铲平了信息的传播空间，从而“使目前各国间的电信分界只剩象征意义”；它突破了**地面**网

① “未来不再是展望，而是具体方案和各国为实现其方案而具备的组织能力”，《社会的信息化》，第16页。

络的极限，造成了所有领土权力机构对传播系统的失控，也开拓了交流的新空间：在此，谁拥有**挣脱了国家权力**的最先进的技术，谁便是主导者。

从技术上和事实上避开国家法律的行为还表现在跨国工业集团间的**标准战**。对此，各国当局与其说是参与不如说是观战。法律受到了摆脱领土束缚这一**不可动摇**的技术事实的挑战。国家其实已丧失了对电信的垄断，这在1998年通过的电信非规章管理法中已被正式认可。在强行执行某种技术标准的同时，机器、处理程序及其处理数据也强加给人们。“高性能”的记忆设备即将淘汰具地区特色的旧的记忆技术结构，这便导致了国家势力与私企实力的新型关系：国家原来一向是通信基础设施的主人，如今却不得不向国际工业巨头妥协，即便保不住国有信息工业，至少也得保住对电信空间的控制权。但国家已不再是其领土的主宰，所以真正的问题在于：它是否能保住对整个社会发展的控制。

记忆一旦变成信息理论中严格定义的“信息”，且变成价值与其传播的时空有关的商品，就出现了记忆的工业化。于是，原有的各种记忆
429 和**所有的已经在此**都能被“再输入”并成为“原材料”，**所有的知识**都可以变为信息。信息“离不开其组织形式”，所以掌握其组织形式就等于掌握了信息。信息的组织形式决定了**通达**信息的条件，也决定了**选择**信息的条件，于是对组织形式的选择便是对信息内容的选择。如果说记忆在信息系统的最初阶段主要还是国有和私营管理范畴的话，那么随着时间的推移，

> 冲突就会蔓延到社会生活的方方面面，也蔓延到像言语和知识这样的“文化模式”的各个部分。
>
> 为制定加工整理集体记忆的条件而生的明争暗斗，其结果很难预见。面对这个充满未知数的未来，**重要的不是预测信息网**

> **络的后果，而是把信息社会化**[……]。信息网络将潜移默化地影响着文化的主要工具，比如关系着个体也具有社会功能的言语，作为延续集体记忆及平等对待或歧视某些社会群体之工具的知识。①

在《后现代条件》一书中，让-弗朗索瓦·利奥塔大量引用和评述了上述观点。问题在于知识的全新属性，它使知识模式进入了相对于持续了至少二十五个世纪的旧模式而言的突变阶段，言语的新型存在模式使之成为可能。这种模式始终受到技术科学的关注，无论在本质上还是在进化中都不可避免地受制于交流的技术载体。这便导致了“知识相对于‘知者’的外移”，尤其令人瞩目的结果是：

> 知识已成为并继续成为可出售的产品，而且目前是将来也是为了在下一轮生产中获得价值的消费品——两种情形都是在交易。知识不再是其自身的目标，它丧失了自己的“使用价值”。[……]
>
> 知识的信息商品形式是生产力所必须的。知识已经是也终将是世界范围内权力争夺的主要内容，或许是最重要的内容。鉴于列强们过去曾为抢占领土、控制原材料与廉价劳动力的支配权 430
> 及开发权而战乱不断，可以想象，他们将来还会为控制信息而再动干戈。②

这是两种价值观的冲突。**尽管**二者均为**全部**时间化的构成物，它们体现着两种不同的与时间的关系。

① 《社会的信息化》，第112—115页。
② 让-弗朗索瓦·利奥塔：《后现代状况》，午夜出版社，1979年，第14—15页。

5. 信息与文字

知识的信息化之所以可能，是因为作为记录、读取、传播技术的信息系统正是某种意义上的文字：

> 当苏美尔人把最早的象形文字刻在蜡板上时，也许他们自己并没有意识到，他们正在经历人类的决定性突变，即文字的问世。然而文字后来改变了世界。今天的信息系统或许预告了类似的现象。信息与文字惊人地相似：二者均为记忆的延伸，都是信息体系的繁衍与突变，也都可能改变权威的模式——我们还可以津津乐道地列出更多的相似性。但对于经历了这场变革的人来说，其严峻性是难以描述的，除非是用法布里斯看滑铁卢的眼光来审视。①

构想这样一场变革可能会触及极限。而严格说来，我们又不可能对这一变革之意义作完全的预测。雅克·德里达旗帜鲜明地把**爱比米修斯原则**的结构和《论文字学》之**结论**——亦是该书的宗旨——的结构归入言语控制论演变的背景中。正是从这个背景**出发**，“解构”才成为可能和必要。我们在诺拉和孟克的报告中亦可看到同样的担忧：一边是技术的领先，一边是思维相对于其器具性已经在此的后于自身，令人不安的正是二者之间的落差。已经在此的器具性对思维是隐蔽的，
431 也是思维的构成性遗忘，但又总让思维有理由认为

① 法布里斯（Fabrice）是司汤达的小说《帕尔玛的修道院》中的主人公。由于他是拿破仑的疯狂崇拜者，在看滑铁卢时，他的目光中充满了崇敬。这里指由于偏爱某种东西而夸大其意义。——译注

> 缺少的是方法本身：如果说从长远来看信息系统可以引发语言与知识的决定性突变，那么它也会导致思维、概念和推理的改变，而这些改变又将逐步摧毁辨别思维、概念和推理的工具。

把拼写文字与信息并列分析，我们可见二者共有的确正特性。如果说拼写文字的确正性**造成**了延异的效果(其中，知识作为"本体差异"的历史时期而构成)，确正性又是"谁"的不确定性的给予者，那么信息的确正性给人的第一印象为何却是在掩盖这一不确定性，进而改变知识的性质，使一切评判都受制于经济强令这种霸权呢?

信息化首先体现在书写的信息化，起初涉及的是"'意义'最贫乏的文字"，但后来通过数字扩展设备极大地改变了个体与知识及言语的关系，其改变之幅度与电子计算器所引发的进化不相上下。

> 十五年前，没人能想到这种价格低廉的计算器会风靡全世界，普及到每个人，首先是每个学生。今天的问题不是要搞清人的计算能力是否会退化，而是要搞清它何时会消失。①

这只是"把知识从'知者'外移"的一个例子，此外还有数据库、专家系统、人工智能、**拼写**自动修改、计算机**辅助**阅读/书写/翻译/构思/制作/决策系统等等，为在思维的已经在此中定向作辅助的例子不胜枚举。信息系统是有关言语的技术，亦是言语的技术化。过去曾决定了哲学与诡辩术之关系的有关技术与言语之关系的老问题现在又以新的方式被提出。这个最经典的问题曾使我们提出代具性的构成

---

① 《社会的信息化》，第117页。

性，它摒弃了对逻格斯和技术的传统划分，文字和信息被一视同仁了。作为记忆的技术、作为可能对社会和文化有同等影响的因素，文字与信
432 息面临着同类问题，这些问题比它们自身要古老得多。

文字使记忆精确地**形式化**。正因如此，它引发了已经**在此的转化**，进而也引发了先于自身的条件、各个社会与其自身发展的关系、言语（言语一旦被**写下来**，便不再是同样的言语了）、知识（知识一旦**被记录**，便毋庸置疑地变成了积累）及权力（社会一旦**被书面化**，便萌生了最具“权利平等”和公众权力意义的政治）的转化。文字的科学是语法，所以会产生**规则**。这些规则亦是记忆的规则，在记忆之前就一直是其运作条件，但仅仅因为被明示和“外移”而具有截然不同的调节功能，且变成了语言的全新的共时性和历时性。**作为语法规则的形式化**的文字有着本质的**创造性**。然而信息系统也应被理解为把已经在此形式化的技术和由此而来的制定记忆规则的技术。信息系统制造文码和新程序，把原先总是晦涩不清的规则明朗化，它开启了**语法的**——从这个角度上看，也是延异的——**新纪元**。

然而与文字相反，“信息化”的知识直接服务于权力。权力不能再被视为**政治**权力，而应被看作**经济**实力，这便是利奥塔所言的“后现代性”：

> 社会的文化模式也建立在其记忆之上。控制记忆在很大程度上就是控制各阶层的权力。通达日积月累的信息之源将引发种种根本的突变，改变获取知识的模式，从而影响社会结构。
>
> 信息网络改变了**存档**的规模与性质。资料输入电脑需要在组织上煞费苦心，既要考虑技术局限，又要考虑财政需求。各种数据库的建立迫使人们按至今难以规定的范围快速重整各种知识，促成这个突变是这些数据库的开发商，所有预测都认为它会发生在美国。因此，日后风行的将是源于美国文化模式的标准。

于是，信息的取舍与传播标准的制定便是为了创造剩余价值，需要记录下来的信息之价值也应当是**可计算的**。然而，如果说信息的价值 433
与信息传播到终点所耗的时间有关，也就是说取决于它的速度，那么作为延异的知识似乎恰恰与对其价值的计算及其时间性经验毫不相干。于是就出现了冲突或疑难，利奥塔称之为争议，知识性质的改变只是其征兆之一。

有了这种背景和“价值观”，因**领土统一性**而享有**历史统一性**的文化遗产便不会“代代”**相传**，速度的切实性仿佛成了真正的空间与时间的非实现。没有人比海德格尔更好且更早地认识到这种命运及其**严峻性**，也没有人比德里达更好且更早地重申这种命运的绝对**必然性**。在其**决定性的偏差**中，这种必然性与**正常状态**彻底决裂：

> 只有在最危险的形式中，未来才能被先于自身。它全然不同于墨守成规的正常状态，因而只能显示或**呈现**为畸形物。[①]

6. 模拟–数字仪器

哈瓦斯（Havas）于1834年创建了开发信息的工业设施：历史上首家通讯社，并很快开始使用电报网。

由于信息**本质上**是商品，它把时间与价值联系起来，这便决定了记忆的工业时代所特有的时间性。时事新闻**网络**是使记忆的商品生产全球化、日常化和持续化的庞大设施之基本因素。法国地方电台和**法国新闻台**的数字服务器中心给全球联网的交易所提供信息，也给各智囊团的电脑中枢提供信息。数字服务器以光速运转，**因为**时事新闻与信息均为商品，其价值高低依时间而定。

---

① 雅克·德里达：《论文字学》，第14页。

这种大规模传播要求工业化集中管理各种生产手段，因为只有在播放给上百万的接收者时，每个电视影像的成本才能收回。于是，仅有
434 几家电视时事影像通讯社向全世界所有电视台提供播放内容，对**可构成事件化的事件的选择**便集中在极少数记忆**原材料**制造商（通讯社）手中。

随之而来的是**当下**对**选择与传播——以光速传播——全球化的工业制造**。某事只有在"被报道"后才能达到事件水平，才能切实**发生**。尽管时间永远不会彻底降低到这种纯粹的人为性，它至少总是被媒体共同制造的。"报道范围"所遵循的选择标准是以创造剩余价值为终极目标。这种作为**持续流**的记忆一边被制造一边被删除，因为"一则信息驱逐另一则信息"，信息的原则就是被大部分人很快地遗忘。今晨卖五法郎的报纸，明天便一文不值，**因为一则**信息的价值与其传播时间相关联：**越不**为人所知就**越**是信息。所以各新闻社都竭尽全力缩短传播**与处理**的时间。

法新社每天都从数以千计的日常事件中挑选出一部分，用文字电讯形式寄给客户。从现场记者到决定电讯稿取舍的日报编辑要经过中央**指挥台**，电讯在那里被分门别类并标上紧急系数，其选择的标准是商业性的。这是一台制造现成思想或"现成版面"①的机器。信息应当是"新鲜的"②，正因如此，报社的理想便是杜绝传播中的任何耽搁。"挑战者"宇宙飞船爆炸事故的**现场直播**对里根当局来说是个极其惨痛的事件。他们"赌定"发射的成功，因而安排了这场超大型直播。八名宇航员在此举中殉难这一事件本身并不太异乎寻常，然而这个被地球上绝大多数人经历的死亡——在其发生之时或者说几乎同时——却是一场

① 现成版面是哈瓦斯发明的兜售随时可发表的文章的方法。

② "劳莱尔？""/嗯？""/你把报纸放到哪儿了？""/它应该在的地方［……］""/什么？""/冰箱里［……］""/你为什么把它放在冰箱里？""/为了有新鲜的消息［……］"

政治灾难和一出**触目惊心的悲剧**。这里，事件的事件性离不开媒体，因为媒体**至少**“共同制造”了这个事件。同样，要想搞清1987年股市崩盘的缘由，就必须正视如下事实：顷刻间传遍全球的不仅是金融信息，而 435
且也有随信息而来的各种推测。正因为这些推测是在仓促间做出的，也只能很快地被阅读和理解，才引发了完全非理性的后果。

1863年5月1日，法国军队开进墨西哥城，但这个消息耗时六周才传到巴黎。对整个帝国，尤其是对拿破仑三世来说，此事件举足轻重，但当时并未产生预期的重要性，原因是事件发生的三十多天以后，新闻已不再是新闻，而成了多少带些传奇色彩的**故事**。一般说来，那时的美洲在欧洲的普通百姓眼里还是遥不可及，生活着野蛮人的神秘国度。只有到了大东公司(Great-Eastern)于1866年铺设第一条横跨大西洋的缆线时，欧洲才**切实**发现了这块大陆和它的交易所。在此之前，这块新大陆对大多数欧洲人来说还只是**梦境**而已。那么“旧大陆”从那时就开始没落了吗？欧洲的辉煌是否建立在**传播的本质延迟**之上呢？

特劳波曼事件(1869年)最能让我们了解新闻和(更广义的)信息的本质特征。从庞坦(Pantin)森林中发现的八具被害人尸体入手，记者给他的读者们讲述了一段当时只有在连载小说中才能读到的“**真实**且**正在发生**的(耸人听闻的)故事”[①]。连续四个月内，即从案发到凶手伏法，整个案子由稽查方、司法部门和大众读物的**小报**报社共同审理，这使小报的发行量从三十五万份激增到六十万份。新消息的刺激性是销售信息的最佳手段，这便是所有新闻都在追求刺激的缘由(刺激性包含着差异性)。

信息的真谛是**光速时间**[②]。它**首先**指信息以光速**传播**，即没有延迟

① 迈克尔·B.帕尔默：《从小报到大新闻社》，Aubier-Montaigne出版社，1984年，第30页。

② 在蓬皮杜中心举办的以“未来的记忆”为题的展览(1987年)中，我们已探讨过这个主题。

的传播，模拟与数字的确正性使之成为可能。而文字的确正性却带有本质的**延迟**，即所谓事件或事件的输入与对此事件的接收或读取之间的延迟。然而，成形于模拟或数字技术中的事件一旦被**输入**和**处理**，便
436 被纳入光速时间。通达工业记忆的网络载体需要有入口和出口，亦被称为界面或终端。最早的模拟仪器和后来的数字仪器并不以出入网络为主要功能。相机和留声机均为模拟的输入工具，但并不负责远程传递输入的内容。然而照相技术的进步很快促生了图像传真与电影，电影又最终导致了影像的远程直播，而电报与留声机原理的交融则创造了电话以及后来的无线电直播。光速网络把传递时间降至几近于零，从而消除了事件的输入与接收间的延迟，而**模拟或数字的输入工具所消除的是事件的发生与输入间的延迟**，因为“我从眼下这张照片的静态可追溯到从前的拍摄，照片正是那一瞬间的停滞”。照片中弥漫着自爱与死亡学的灾难，类似于我们看刘易斯·佩恩的照片时的情形。追溯之所以可能，是因为拍摄（输入）的瞬间与被摄事物发生的瞬间**相吻合**，这就使我们能够**衔接**过去与构成照相意向对象的事实。这也意味着不可能**事后**补照某一事件，于是就产生了巴特所说的“确凿性”和“照片的证实功能”。（在场的）**真实效果**是所有模拟技术共有的，它开启了与过去——不能再被简单地定义为历史的过去——的集成关系。

7. 事件化

输入时，事件在时间上吻合于事件的输入；在**实时**或**直播**的传播中，输入的事件和对此输入的接收亦相互吻合并同时发生。模拟与数字技术把输入的（在场的）**真实效果**与实时或直播合并，开启了**既是集**
437 **体的又是个体的对时间的全新体验**。**如果说历史时期的出口建立在本质上延迟的时间之上**，也就是说建立在叙述与被叙述的时事之间的理论上的（当然是臆想的，但这种臆想会有非常真实的效果）构成性对立

之上，**那么这种对时间的全新体验也许就是历史时期的出口**。

新闻社对时间的制造并不是作单纯的报道，时事信息工业并不满足于记录“发生的事”，因为欲记录“发生的事”，就必须记录全部“发生的事”。然而“发生的事”之所以发生，正因为它不是也不同于**全部**“。发生的事”被分成不同等级之后，信息才有价值：时事信息工业把那些称得上事件的事筛选出来，至少共同制造了对具有事件水平的“发生的事”的通达。只有被“报道”了，事情才会“**发生**”或“**来临**”。至少有成千上万的事来临了但没发生，或发生了但没来临，因而对于不知姓名且不确实的接收者来说，这些事既没发生也没来临。

记忆——或者说**值得记忆**之事——的保存**也**一贯是它们的整理方式（选择**记得住的事**和保留值得回忆的事是相辅相成的）：根本不存在对“已发生之事”的单纯报道。已发生的事之所以发生，是因为没有完全发生。要想记住就必须遗忘、删除，在**原本可能**有价值的事件中选择值得保留的东西，同时也对不久**定会发生**的事作积极或消极意义上的**先于自身**（滞留从来都是前摄）。

随着当下（即时间）的工业生产而“**发生的事**”，其整体结构似乎毫无特殊之处，仍是事后难以区分事件和对事件的叙述。**事实上**在“事件、叙述、对事件的叙述或叙述的事件之间**从来**都无法定夺”（德里达）。如果我们可以说今天的“媒体”“共同制作”发生的事，从而制造其（**各种**）**效应**并使**即将**发生的事先于自身，这种局面本身并无新奇之处，因为记忆的法则就是领先于自身。于是当下的过去（即造成“我们的现状”的各种行为、决策、事实和事件）并不在发生的事之后，而“总是在其前”，尽管并不确定。

尽管如此，当记忆的条件，比如删除、选择、遗忘、滞留-前摄及先于自身的**标准**，均集中于旨在创造剩余价值的工业技术设备中时，上述局面就别具新意了：此时，以霸权方式主导记忆活动的强令是**赢得时间**，因为抽象的可资本化之物（金钱）说到底都不过是预支给未来的信 438

用。从各种意义上讲，工业滞留遵循的是**作为信用之源的公众兴趣**的法则。不言而喻，这一法则**预先确定**了事件的性质，因为“演员们”为其表演的可录制性提前做好了准备，他们的行动受这个时间工业层面的制约。如此说来，媒体并不满足于“共同制作”，而是越来越多地独家制作事件。一切都颠倒过来了：这些媒体每天都在叙述生活，其口气之肯定，就像对生活的“叙述”不仅先于自身而且也必然先于生活即**确定**生活似的。

不能把事实与其人为的实际性区分开来就是不能区分事实与理论（这种区分总是事实上不可能做到，理论上难以做到），这就构成了时间的工业制造所特有的前摄力，它与“以光速时间”运作的**模拟综合和数字综合所造成的时间出离之结构**有关。当记忆被以接近光速的速度制作时，无论从理论上还是事实上都不再可能区分“事件”和事件的“输入”，或者区分事件的“输入”和“接收”或读取：三个时段巧合于同一时空中，这就把它们之间的所有时间延迟和空间距离都消除了，这也消除了所有的**区域性**，因为区域性来源于各区域的差异性，比如不同的日历性和空间性，而导致这种差异性的又首先是**区域中**发生的事。虽说如此，同样的事在各地都有发生的**趋势**，各个区域渐渐变得雷同，也就是说趋于消失。背景解体不仅指陈述的背景，而且也指“接收”陈述的背景，于是所有的背景都将丧失殆尽。

如果不可能把叙述、事件、对事件的叙述和叙述的事件，或者说把事件、输入、对输入的接收真正区分开来，而只是从形式上（即理论上）区分；如果事件**终归**是事件的输入，且这个输入**终归**是其接收，同时文章**在历史中——在时间的精确记录中**——离开了阅读、离开了文章**之外或之前**的内容就不成其为文章，那么**上述情形就只能出现于延迟即**
439 **事后效应中——滞留-前摄作用于事后的断层中**。滞留与前摄既分化又延迟，这种分化与延迟在把握区域性可能性的同时，也在把握（有别于事实的）理论的可能性。

滞留有限性需要一种像能够确立差异、等级和先后顺序的标准那样的规则。这种规则也适用于记忆和领土：只有走过的领土才算领土，只有重新回忆的记忆才算记忆；在领土中需要定向，在记忆的已经在此中同样需要定向。地图虽然对应着领土，是领土的完全对等的复制物，却不能与领土“点对点”地完全吻合，“这种范围过大的地图（或许）没有多大用处”①，因为它没有给定向带来**更多**的方便。同样，记忆要想成为值得记忆之事，就必须减少可记忆之事；欲在记忆的已经在此中定向，就必须遗忘（已经在此）。不会遗忘的记忆就像费奈斯②的记忆那样不能**走出**当下，不能**让**当下**通过**，不能记住当下，甚至不能通达当下，因为它是非记忆，也是非思维。费奈斯

> 没有多少思考能力。思考即忘记差异，即概括与抽象。在费奈斯的超负荷的世界里，只存在着细节，几乎是过细的细节。③

滞留有限性的“什么”的**代具状态**使它通达**延异**，滞留有限性根据这个延异来确立差异和等级，也使领土的地图和对事件**记忆**的**特性**得到简化和差异化，从而使之达到事件水平。选择标准是“什么”在不同时期产生的延异的后果。后面探讨胡塞尔对**时间客体**的分析时，我们还会回到这个第三记忆的问题上来。被现场直播的时事是刚刚发生的过去，它**让**当下**通过**，从而构成已经在此。所以凯诺说电视“是冻结在历史中的时事”。 440

---

① J.L.博尔赫斯：《严谨科学博物馆》，《作者及其他作品》，伽利玛出版社，1965年，第198页。

② J.L.博尔赫斯：《费奈斯或记忆》，《小说》，伽利玛出版社，1965年，第109页。

③ 费奈斯是J.L.博尔赫斯的小说“费奈斯或记忆”的主人公。他有着惊人的记忆力，但他的记忆又过于细微甚至繁杂，比如每块石头、每只鸟、每片树叶都有自己的名字，于是他的记忆又是不切实的。——译注

8.“实时”、事件与历史

巴特谈到过一张“反映贩卖奴隶”的照片。那是他从一本画册上剪下来的，后来遗失了，也就没有给我们展示。同时他还提到威廉·卡斯比的肖像，说他“生来是奴隶”。

> 虽说是过去的事，也不完全有归纳性，这张照片仍然证明了奴隶制的存在［……］。它并非从历史取证，而是像做实验那样重新排列证据的顺序。[①]

他又对这张反映贩卖奴隶的照片作了如下补充：

> 这种事确实发生过。问题不在于精确与否，而在于是否属实。**历史学家不再是中介人**，奴隶制没有中介也存在，事实不需借助任何方式便可成立。

照相对（过去的）时间的经验是从对过去的**直观**中得到的某种证明之经验。我们虽然没有经历过这个过去，但也无须通过归纳来通达它。尽管要借助于记录载体，我们仍可从直观上即刻通达过去。对这个过去的某种证明存在于历史研究**之前**，但这并不意味着没有历史学家作中介我们也能描述奴隶制。然而，照相对过去的经验又迫使我们用另一种方法来思考历史——既是历史（Geschichte）又是**人类历史**[②]。

---

① 罗兰·巴特：《明室》，第125页。

② “对历史的叙述与真正的历史行为及历史事件同时出现”，黑格尔：《历史中的理性》。

《明室》揭示了如下事实：由于过去与事实之间建立起一种新型关系，照相与历史从此分道扬镳。这种关系**可能会中止**文字在**通达**过去中的公证性、证实性及真实性上的历史特权。然而这里指的不是为历史科学提供**证据**的新型管理制度，而是一种对时间的全新**体验**方式。“我绝不能否认照片里的东西存在过。这里包涵着真实与过去这两种相关的含义”。奴隶制这一**事实**被照片作为**事件**而**确立**，但“这种确凿性是任何文字都无法提供的”[①]。这里说的确立指的是通过**整体**重现的被摄物而做的**确认**。巴特把这种确凿性称为“照相的**证实**能力。它胜过照相的再现能力”。 441

> 众所周知，这些图像、这种所谓实事的再现是经过筛选、可修改、可转换的，因为它们可以通过无法核实的剪接方式、技巧或特技而被拼凑在一起。既然如此，我们怎能相信其真实性呢？历史学家当然不会以这类文献为依据。

上面是马克·费罗的论述。但他马上又补充道：

> 没人想过，他对文献（历史学家的书面文献）的选择、整理以及他的论证过程也是剪接、技巧和特技[②]。

以照片或影片文献的确凿性不足或者说用来辨别**这种**确正图像之真伪的程序不健全为借口，历史科学倾向于排斥上述两种文献，认为书面文献是更可靠、更能被“历史研究”掌控的记忆。而费罗不承认书面文献更具可靠性和掌控性，他坚决主张用**模拟方式**（不仅仅**以文字形**

① 罗兰·巴特：《明室》，第134页。
② 马克·费罗：“论电影”，《创造历史·卷三》，伽利玛出版社，1979年，第319页。

式)追溯历史。

巴特与马克·费罗的观点看似相近,其实有别,因为巴特认为照相排挤了历史、历史学方法和历史学的必要性。照相似乎有一种破坏全部遗产的、极端的确凿性,应当将其另当别论。

皮埃尔·诺拉则沿着另一条思路旗帜鲜明地反对用图像和当今一整套编码与传输系统来左右历史研究——**大众媒体**从此对历史的垄断。这种变化的缘由是**现代事件**:它是19世纪末随着新闻界对德雷福斯事件大张旗鼓的宣传而产生的新现象。德雷福斯事件

> 占据了所有报刊的版面,同时也给了报刊全部回报。[……]报刊、
> 442 电台和图片本应相对独立地报道事件,结果它们不仅非但如此,而
> 且索性变成了事件存在的条件。①

某类事件之所以可能,正因为存在着某些**媒体**。首先对历史学家来说,这是件畸形且可怕的事:

> 在**传统体系**中,事件属于(历史学家的)职能特权,历史学家赋予事件地位和价值:没有历史学家的批准,任何事件都无法进入历史。而从现在起,事件尚未整理——**远在时间产生效应之前**(黑体系本书作者加注)——就自动呈现在历史学家面前了。这种事件来自外部,承载着资料的全部分量。

在“传统体系”中,**历史学家**“制造”(取该词的法律意义)事件,**但在事后**。对于事件本身来说,叙述它具有**倒叙性**,只有在通过叙述而

① 皮埃尔·诺拉:“事件的回复”,《创造历史·卷一》,伽利玛出版社,1979年,第288页。

被输入之后，它才成为历史，**构成**事件。这种倒叙性构成于某种延迟之中。这种延迟的叙述一旦消失，历史——无论从历史学角度还是从时间性角度——即刻就会被**短路**：

> 这种没有历史学家的事件是大众情感投入的结果，也是他们参与公众生活的唯一且独特的方式。

如果说某个“我们”的事件是被历史学家记录下来的某种行为，那么这个事件似乎就脱离“我们”而存在，或者说是不“为我们”而发生的事件，因为历史学家（包括作为作家、评论家或历史哲学家的历史学家）一贯是这样做的：他让“我们”**回首观望**并**逆时而动**，他以真实——历史学家的真实——的方式构成“我们”，也就是说在事后**延迟的时间**中**回首观望**我们。

我们前面已经看到，“我们”和“为我们”被混杂和遮蔽，这是因为**事后**的概念**被消除了**：我们这个时代的当下“被我们”“**作为已经**具有‘历史’意义”的当下而经历着，它**发生**在“我们”身上时**已经**被“生产”、制造、构建、运作或撰写（**正如**巴特谈到照相的实在性时说的那样，被摄下的过去的曾经在此似乎**已**被确立）。如此说来，正因“我们这个时代的当下”已成为“历史”，它也许就不再具有真正的历史意义了，因为**时间的效应**被遮蔽、混杂或短路了。 443

模拟与数字的**传媒**导致了“**即时**报道的具有历史意义的飞跃”，这种可能性首先来自传播速度：

> 人类登上月球是现代事件的楷模，它自然离不开Telstar对**现场直播的转播**。[……]现代事件的特征可归为如下几点：第一，当前且当众展开；第二，报道者–观众或观众–报道者必不可少；第三，发生时即被看到，且这种“窥视现象”使时事具有相对历史而

> 言的特殊性，同时又散发出历史的气息[①]。

输入的真实效果已经与实时传播**合而为一**，所以事件、事件的输入和对此输入的传播构成唯一的也是同一的时刻、时间事实和**无处不在的时间客体**。时间客体开启了**全然不同的“时间效应”**。这种通过真实效果来呈现过去——首先包括这个“刚刚过去的”即初级记忆的过去——的方式变成了对当下的实时或（由“解说员”“解说”的）直播的制造，其确凿性是“任何文字都不能给予我的”。如果说时间的效应是感觉的不确凿性和某种**延迟**的结果，那么“这一切**还能**给出什么样的不确凿性，即什么样的‘谁？’或‘我们？’呢？”

陈述**历史**事件的“传统方式”是“书写历史”，它是记忆**文字**的延异同一性对时间所作的程序限制，因其文字输入“事件”之方式而带有独特的、不可避免的事后效果。文字的规则（例外自有其例外的特性）是：事件发生在输入之前，而输入又发生在接收或阅读之前。这便**设定**了对过去，也就是当下（时间）的呈现方式，如同对原初缺陷和对只能在事后构成的事件之“叙述”与接收相对于事件的延迟的回溯性。“叙
444 述”的时间永远落后于被叙述之事，引用总是重新引用。自始便有事后特征的重新引用必然是重复，所以保罗·利科认为“历史总是被重新讲述”[②]。在“传统方式”中，

> 事件被输出、传播、接收，因而**叙述**就是把事件从已消逝的某处转

---

① 《创造历史·卷一》，第295页。Telstar是“作为大西洋两岸电视节目直接交换中转站”的第一颗通讯卫星。这段话是海德格尔对此举的感触，摘自“传统语言与技术语言”，Lebeer-Hossmann，1990年，第19—20页。

② 在此我们不介入历史科学这一重要问题。它不属于叙述范畴，波米安为阐述它而提出了**编年学**、**年代表**及**编年哲学**（chronosophie）的概念。

> 移到正被**削弱**的另一处[①]。
>
> 事件以其自身的内涵划定其传播空间。事件的影响范围越来越多地由当事人来决定。[……]由于中介从此被短路，出现了混乱的局面。在使人眼花缭乱的种种意义中，人们茫然不知所措了[②]。

值得一提的是，某些**书面**文件因摆脱了“事件”、“输入”和“接收”的非重合原则而与众不同，合同、宣言等均属此类。然而，这类文件的**创造**性在于它们相对于规则的特殊性，即违反事件、事件的输入和对这一输入的接收之间的非重合原则，这种特殊性也决定了这类文件的权威性。公证**契约**就是这样一种重合：签约既是事实又是这一事实的输入，签约人的在场是他们在输入的同时对此输入的接收。

同照相机一样，所有的模拟和数字仪器都需要有**时钟般**或电子般**准确**的机制，这便是“什么”的机械技术性。这种准确性迅速抓住事件的轮廓，并将其定格在即时中，结果是时间客体被源源不断地制造出来，而且每天都被遍及各种日报的创造性所制造，并引发了一场真正的时间大战。如此制造的事件本质上带有感情色彩，也就是说总倾向于被当作非正统新闻，前面谈到的特劳波曼事件便是一例，原因是报刊一贯追求感官刺激。公共记忆反映轰动性事件，而且这种轰动性又趋于消除事后与延迟，因为它们标志着所有**非反射的反射性**。某种感官 445
记忆似乎在强加给人们，它将遮蔽、删除思维印记，乃至使之变得不再可能。

令人担忧的是诺拉和孟克预见到的文化冲突时期，它基于事件的感情，也就是激情。这种激情只不过是在时空无法实现时才以十分**奇**

① 《创造历史·卷一》，第297页。黑体系本书作者加注。

② 同上书，第300页。这个主题也曾是本雅明的思路，或者说其思路的梗概。

特的方式产生的，它属于那个已经**世界化**的“我们”，正经历着已超出文化范围的种种冲突。

9. 实时与政治

“实时”推销政治。如今的政治家越来越是舆论的**管理者**，而政治的成分越来越少。社会生活以及各党派行动**纲领**的制定与实施都通过民意调查而服从实时的评判。经过市场调研，用于民意调查的技术即“舆论度量”仪被开发出来，其目的是通过定量了解民意现状来掌握公众兴趣，然后反过来对民意的发展动向做“及时”、直接和“理智”的干预。实时信息系统把这些资料汇集起来并加以传播，再以百分比的形式公布原始资料，以接收人公开反应的形式（比如政治家本人、他们“私下的话”以及为表示收到原始资料构成的“信息”而做出的举动和姿态）反映这些资料所产生的结果。这便结束了严格意义上的政治纲领，即根据集体**思想**与集体**行动**而做出周密的、从长计议的选择，取而代之的是宣传战的**目标**与**策略**。当记忆的工业综合使“议会名存实亡”[①]时，政治的**首要**关注便是实时了解公众兴趣，这已成为一切活动的**准则**。受到威胁的是**民主的延异**。不存在直接的民主，民主都是间接的，否则就成了一张藏着妖魔的漫画。在此形势下，各政党纷纷要求举
446 行全民公投而否认国民议会的代表性，理由是从媒体报道的真实现场效果看，国民议会中有太多的议员缺席。这种态度的成因有二：要么滥用媒体的即时效果，要么在思考即**超越**媒体即时效果的**政治**任务面前临阵脱逃。

维里略思考的正是这个任务。他提出了传播的**因而也是**时间的政治地理与技术问题：当**景深**被**时间的深度**取代时，空间就变得至关重要

① 本雅明：《杂文》，第107页注解1。

了。从速度来理解的时间是空间的技术危机。《速度与政治》出版后，问题便成了把握时空性。从更普遍的意义上讲，时空性是由全球范围内技术装备的部署设定的，后者主要取决于战争的需要：

> 在古巴危机的关键时期，[……]两个超级大国规定的战争预告期限还是十五分钟。后来俄国人把导弹装到了卡斯特罗的岛国上，险些使美国人把这个预告期限降至三十秒，这当然令人难以接受[……]。
>
> 十载后的1972年，正常警告期限已剩下区区数分钟：弹道导弹是十分钟，而进入卫星轨道的武器只有两分钟。尼克松与勃列日涅夫在莫斯科签署了第一份限制战略武器的协议。该协议表面上是要限制对手/伙伴的武器数量，其实它更注重的是保留真正的“人控”权力，因为速度的不断提高迟早会把发动核战争的预告时间压到决定性的一分钟之内，这就剥夺了国家元首的思考与决策权，取而代之的将是纯粹的国防系统自动化。[……]由于有了战略运筹反馈装置，战争机器摇身变为战争的决策者。[①]

《决定性的空间》研究了所谓电子历法系统。此系统源于“这种取代以往的民间战争与地理战争的年历战和时钟战”，其中，时间性的宇宙条件（或程序）被中止了，这便是**非自然日**：

> 自从我们不仅打开门户而且也打开电视机以来，白天的概念改变了：在太阳的自然光线、烛光的摇曳光影和电灯的光照之外， 447
> 又有了电子效应的非自然日。非自然日的日历只用于“沟通”信息，它与真实的时间毫无关系，于是即时显示的时间便代替了有年

① 保罗·维里略：《速度与政治》，伽利略出版社，1977年，第136页。

> 代有历史的时间。在终端屏幕上，时间段变成了记录的“载体表面”，从字义上或者从运动学角度来讲就是：**时间构成表面**。[①]

实时是时间的非实现。似乎只有在非真实的、长期处于历时和异时或落后于自身的状态下，时间才能真正成为实时。

实时这种时间的非实现就是非区域化[②]，因为时间造成了空间危机，它影响了空间结构和建筑学，于是，消除了远近差别的技术超组织结构承载了一般意义上的**地质构造学**。我们已经看到，这个“超组织结构”已成为建筑学，所以也就**不再**为它**增益**。然而**电子技术**的特性是非实现，即“**到达替代出发**，因为一切无须出发就已‘到达’”，时空性因而被真正地中止了。在此，**真正——没有延迟地**——要到达的东西**已经**到达了，仿佛已经在此中的已经是多余的：倘若“某事无须出发就已抵达我们”属于信件的结构，那么它只能延迟地抵达我们，因为从某种意义上讲，它**已经**过去，**已经**到达。与此相反，实时的电子传播会混淆视听，也就是说**到达之物**和**到达本身在重合**中相互抵消，这种现象也是感觉直观程序的悬置。这便是以“时间深度”为原则的**透明度**之悖论，它取消城邦中的文明性[③]和社会群体中的群体性。

这就又回到了感性和**有限直观**的问题（**只有**通过**滞留**有限性才能
448 对此做出技术综合）以及滞留综合的工业发展问题。维里略说“**汇集各种先进技术来打造综合的时空**”，其言下之意并不是康德理论中的有

① 保罗·维里略：《速度与政治》，第15页。

② “由于有了监视器和控制屏幕的界面，彼处始于此处，反之亦然”。同上书，第13页。

③ “**很久以来，透明度替代了表象**；从20世纪初，传统透视法的景深已被先进技术的时间深度所取代：电影业和航空业突飞猛进的发展与巴黎道路的拓宽齐头并进，鳞次栉比的奥斯曼式建筑被卢米埃尔兄弟快速转动的电影画面所替代，城建规划的废除取代了巴黎的荣军广场，屏幕骤然变成了大众媒体的广场与交叉口”，《速度与政治》，第28页；“（光电目的论的）**时间深度**取代了原来拓扑学意义上的**景深**”，第37页。

限直观综合感知，因为这个综合与现实相对立，就像我们说合成的石头是假的、**毫无价值**的，因而也是不真实的一样。在我们这个时代，这种不真实使真实“像驴皮那样”[①]缩减。于是我们应当从**可能**的角度考虑真实，而不是从真实考虑可能。后面我们还会看到，此问题已成为生物综合的关键。

如果我们可以断言技术本来就是综合，是作为**“谁”的代具性条件**和**原初缺陷**的**原初综合**，那么到来的**另一个**就不会那么神秘，或者说那么怪异，那么让人忐忑不安。

“实时”中的回溯性变成了普及的创造性。在这种创造性中，说、揭示、选择便是做；与此同时，结构、持续性与事后效应也以某种特殊的方式被遮蔽了，原因是存在着时间背景（它同时“发生”在所有人身上）和空间背景（媒体空间已经非区域化）的理性化。在这种（非）背景化中，什么是**可能**重复的经验呢？如同会自行消失的信息流，“实时”趋于减少一切重新阅读的可能性，减少能消除一切重复的重复，那么实时是否能够排除一切制造差异的重复从而独占“拙劣重复”[②]的鳌头呢？

数字的创造性也通过我们前面称之为模拟的媒体运作的重合与组合而构成。电脑键盘是输入终端，当机器“实时”运转时，数据的输入与处理几乎重合，这便是所谓互动性。**信用**卡亦然：提款的动作（这是经密码确认的事件）在客人的账户上被自动监控和即时记录。若把此系统应用在核武器军事装备上，输入部件即雷达，输出部件则是带弹头的导弹发射口。对敌营的电脑监视是一种类似的网络，它先天就要 449
求机器对信息反馈的速度排除所有的人为决策。这里，“以光速”完成

① 出自巴尔扎克的小说《驴皮记》。驴皮比喻财产等物的逐渐减少直至耗尽。——译注

② 摘自吉尔·德勒兹的《差异与重复》，法国大学出版社，1968年，第36—37页。读者将会看到，我们并不赞同德勒兹用传统方法把**精确性**与**真实性**相对立的做法。

的已不再仅仅是输入与传播，信息**处理**也以实时**计算**的形式实现[①]：这便是数字技术相对于模拟技术的优势，但模拟如今也**整合**到数字中了。所有**决策**，首先是集体决策，都受到此系统的影响。我们说任何政治决策都不可忽视其后果，这并不意味着只能利用这些后果，正相反，政治决策的任务就是要证明：先于自身的实现既不是通过纯计算，也不是完全不加计算；政治决策的任务是通过重复文字延异的程序悬置来找出模拟-数字的延异。由于滞留有限性的综合目前属**军工**范畴，这一任务便更加微妙了：**被动**综合的**现状**是军工**活动**被技术趋势所贯穿，而政治的**艺术**则是以和平**为目标**的战争艺术。

10. 载体、复制、处理及存档

1934年，德国巴斯福（BASF）工业集团将首批磁化载体投入市场。这项发明可谓意义深远：它首先把直接输入但在网络传播后被删除的信息流保存下来——也带来了操纵信息的全新可能性，这便形成了模拟的存档方式。电磁技术促成了处理信息的数字机器：电脑中最主要的部件是中央记忆体，它由电流的两种磁感状态决定的“0”或“1”两种位置来运作。这种在电磁载体上书写或删除的可能性使信息能以接近光的速度被**计算**和处理。后来，大众的周边信息记忆体均采用了这项技术。

电磁收录使混合和剪接成为可能，也导致了新一代模拟技术的问
450 世。影像录制是电视——仅作为直播与传播技术——向录制和延迟时间的回归。

现在，大部分处理机——它们通常有别于输入和接收仪器——均

① 然而必须申明的是，实时只能是无穷短地延迟的时间，其速度之快，以至于这个延迟不能被人们觉察到。

使用电磁技术。这些机器一方面是简单记录仪的补充，另一方面承担了真正的书写功能，因而也必然是复制机。而复制机已经是书写文字的“机器”，即在写作时自我反射，也就是说**逐字逐句**抄袭自己、引用自己的作家。对记忆的书写总是在作剪接，时“剪”时“接”，这也是文字处理的基本概念。

随着复制机（磁带录音机、磁带读取机、磁带录像机和微型电脑）的陆续上市，各种磁性复制载体充斥着商店的橱窗。上述载体再加上光电技术载体（光盘）就成了多媒体，它们如今已进入了图书馆，与唱片、照片和少许影片[①]一起构成新的收藏物。

文件处理或传播的**流动性**及大批量**复制性**都因此而达到了真正的物理极限，即绝对速度。记忆技术的历史告诉我们，它们的发展是为了增加信息内容的组合流动性、信息进入载体的流动性和载体本身的流动性，以便最终增加信息的可复制性。这就使记忆文件的流通与复制随着时间的推移而不停地加快和加剧。然而从拉斯科到**小报**[②]，一切都颠倒了：**公牛厅**是把对“史前奥秘”的记忆定格在岩洞里[③]。如果说记录的场所是静止不动的，它毕竟还可用坟陵或庙堂的砖石来修建：载体已是位移的结果，然而仍需信息接收人主动走向它。信息传递的走向由于有了流动载体——从刻着图纹的物体到纸莎草、羊皮衫，最后到纸——而颠倒了：记忆文件可以从发件人“寄”向收件人，这种局面 451
在网络问世后真正开始。路易十一统治时期创建的邮政是记忆的里程

① 光电技术能以二进制形式将图像、声音与文字同时保存在同一载体上，于是文字与模拟技术便被数字技术彻底重新整合，这便使对文字、图像和声音的实时处理成为可能。

② 指前面提到的系列报道特劳波曼事件的小报。——译注

③ 拉斯科岩洞（Grotte de Lascaux）位于法国南部多尔多涅省（Dordogne），因洞中的史前壁画而闻名于世。公牛厅（Salle des Taureaux）是其中一个岩洞，由于一头彪悍的公牛占据着壁画的醒目位置而得名。——译注

碑，其重要性可与同时代印刷的普及相提并论。但"文字的"邮政网还不是完全真正的开始，从寄件到收件仍有延迟，比如在1765年，一则消息随邮车从巴黎出发，十五天后才能到达马赛。当流通中无延迟的信息与"即时显现"的时间融为一体时，发件人与收件人的走向才真正颠倒过来。

如今的存档载体处于这样一个阶段：记忆变成了经济活动的主要场所，其中记忆的保存和组织有着举足轻重的作用，而存档内容这个诱人的投资领域必然要考虑成本核算。载体越工业化，痕迹量就越大，存储的预算就越高。记忆只能建立在遗忘之上，删除不仅是出于经济的现实需要，而且也是为了能够记住：虽说把"阅读"的任务交给以光速运转的机器能使记忆量突飞猛进地增长，但记忆量过大又等于记忆的遗漏。下一步便是把握选择的问题：倘若删除的**标准**正在变成存储物严格的**商业盈利性**，我们可以想象"新的存档"将完全受制于经济效益这一终极目标吗？未来真是**未来记忆折旧**后的纯粹结果吗？问题是从整体上、从长远来看，记忆的"盈利性"对于共同体来说是以什么为基础的。**整体性**和**长期性**与主导经济的快速折旧法则相去甚远，而经济又处处受持续革新、速度和投资流动性的调节。然而真正的问题是要搞清这种"盈利性"是否可以计算。事实上，这不是一个问题，而是一种"分歧"：记忆储存的是不可计算的未来，它开启了某种不确实性，即开启了作为不确定性的时机。计算已经在此的存储盈利性或将滞留有限性理性化就是尝试着"确定不确定性"。

储存在信息网络数据库中的知识近来又借助于光盘载体进行传
452 播。除了能把大量文件（这些文件不久还会配有图像与声音）储存在同一载体上之外，数字化的主要优势在于它**以光速"读取"**的可能性。这是把阅读功能交给程控机器而获得的立竿见影的好处之一。记忆工业的技术发展使载体的存储能力每两年就增加一倍。于是我们可以想象，将来所有形式的痕迹，无论是文字的还是影视的、电台的，都能在此条件下几乎毫无遗漏地被读取。[①]如果说在时间的工业制造中，所有政治时事和社会生活都**发生**在共同制作因而也**先于自身**的传媒载体上，那么由已经在此组成的社会生活的**全部**过去——已达到事件水平的各种事件——则由于获得了全新的**流动性**而正在成为所有读者触手可得之物。

人们或许会以为，在此情形下记忆的盈利性问题将迎刃而解。这就大错特错了。这样想也是忘记了滞留有限性原则，那就是：无论其形式如何，滴水不漏的记忆都是不可能的，因为记忆**就是**遗忘[②]。只有上帝不会遗忘；但上帝无须记忆，因为他没有缺陷。

11. 非共同体化

尽管柏拉图**反复告诫**，我们还是常常忘记拼写文字**已经**是记忆技术。**事实上**，这也正是爱比米修斯的疏忽。"我们"这些西方人和西化的人已经把这一**技术**变成了我们的第二**属性**；与此同时，出于一种狭隘的、忘记一般技术之性质的理解，我们又常常只盯住技术中可见的物质器具。

如前所述，在事件的构成性上，文字综合的特性全然不同于模拟或数字技术。不仅如此，与新的综合相反，文字综合要求文件的接收者具 453
有读写能力。文字的读者**本身**就是一台机器，或者说是被"机器化"的

① 法国文学的大部分作品均可在法国国家科研中心（CNRS）的CYRIL服务器中读到，市场上也有这个五十万页的数据库光盘；"Thesaurus Linguae Grecae"系统让我们读到古希腊文的全部文献（收集了十几个世纪的文字作品），拉丁文作品全集也即将问世；报刊的部分版面和电台、电视播放过的内容在此条件下已经"可读"了。

② 于是就要管理遗忘。这就需要通过解决技术问题（比如用新标准复制录制的内容）——也就是经济问题，同时又是伦理、法律、政治的问题——来创建一整套有选择的进入、划分等级、调节制造当下与过去的条件的经济体系。

读者：由于成年累月地将自己的记忆**功能**仪器化、自动化、机器化，他把自己——也是为自己——改造成了阅读**机器**，以使**自己**通达文字记载之内容。这里又涉及身体（即大脑皮层的布罗卡氏区和其他几个区域，尤其是负责眼与**手**的区域）的技术。随着模拟与数字技术的发展，编码和解码的功能都交给了机器，这便是“谁”的**器具性**，或者说“谁”的部分器具性转移到了“什么”中。录像机“读”录像带，而电脑“读”的是磁盘。记忆不是骤然间被器具化的，而是相对于其起始器具性——也是其有限性和原初薄弱性——的位移。无论如何，这个薄弱性被转化了，并以截然不同的方式被动地综合。在文字技术中，文件的发件人也是此文件的编码人，而文件的收件人也是其解码人；然而在模拟与数字技术中，**发件人／收件人**并不一定对应着**编码人／解码人**。

上述情形不可能不影响到模拟-数字记忆的读与写。集体记忆被模拟化或数字化之后，**文件、发件人**与**收件人**之间的关系明显地改变了。首先是收件人不再需要接受任何有关记忆综合的特殊培训（在扫盲的年代，人们称之为教育，Bildung）；相反，要想真正通达诸如行政机构、法庭、图书馆之类在**历史-文字的已经在此中定向的机构**，必须事先接受学校的教育。

早期的模拟仪器——比如爱迪生发明的第一台留声机——同时配有“录制”（输入、编码）功能和“读取”（接收、解码）功能。随着网络的普及，这两种功能渐渐分开了：一边是输入机，另一边是接收仪，二者对应着网络的两端：一端是工业制造商，另一端是消费者。如果说持续不断的信息流能够引发记忆领域不折不扣的保护消费者主义，其原因有
454 二：一是技术趋势导致了机器代管“会读”和“会写”，二是记忆的商品发展。没有机器代管，记忆就不可能成为商品；正因投资开发新型机器的前提是要有市场，所以没有向商品发展的记忆也就不可能让机器去代管。因为消费者只有借助于输出部件才能上网，所以要想阅读记忆的模拟或数字痕迹，读者必须拥有一台阅读机。至于书写痕迹，阅读机

就是读者本人：他识文断字，掌握了从学校里学到的本领或者说确切意义上的**知识**，即解码，**同时也是编码**的技术。在文字综合中，**会读也是会写**，这种综合的**器具性**特征**意味着**读与写是相同的。在光速时间的技术中，“本领”变成了**购买力**，它远离了**政治**（拼写的知识一贯属于政治）而进入了**经济**范畴，文章的读者与作者之间那点起码的相互性——比如说他们必须拥有共同的技术（文字技术）本领——被中断了。正是在此意义上，模拟和数字技术悬置了共同体以种族形式参与的美学，并开启了**非共同体化**过程。

理性的知识是有关观念物体的知识——首先是几何知识，它离不开共同体化。从土地丈量过渡到几何，必须有观念性的生成。观念性不能没有经验，却又能与经验“脱节”，它可以脱离背景，在某时某地某几何学家之外进行交流。科学是在时间中（又超出当下）以积累的方式发展起来的，它可被再激活，因而具有历史性：如果不继承古今所有旧的几何论述，或者说如果不能把几何观念化运动的原初直觉“再激活”，今天的几何学家就不可能写出新的几何论述。所以说几何**知识**应当是几何学家们穿越时空构建的，它并不需要所有的几何学家都在场。观念的知识是无人称的、不依附于知者的知识，这也正是它能够也必须被写下来的原因。先前的几何思想欲得到所有人的认可，就必须在任何时刻、在任何几何学家面前都能重新证明，同时又丝毫不失前人思想的精髓。使之成为可能的便是拼写文字这种技术（我们可以证明，上 455
述情形从“理念”上适用于所有知识）。文字在此不仅是构成几何知识所不可或缺的**传播**方式，从更深远的意义上讲，它也是**理解**即**接收**几何论述的可能性。文盲当然听不懂几何论述，因为几何论述中的所有术语都要求接收者有能力把握这些**词**的**准确含义**。这样的陈述即便是口头宣讲的，也只能被**写下来**，也只能以书面形式**存在**。要想接受几何论述，就必须事先用自己的记忆学会阅读——也是学会书写，就必须具备**基本的**技术知识，还必须先天（在后天的自相矛盾的先天中，在某种偶然的、技术的先天中或先天的偶然性中）就有能力或者可能有能力理解论述的内容（stoikheia）。

至于**再激活**，它是科学繁荣的条件，其前提是胡塞尔所言的“主动”阅读几何学的已经在此。正是这种阅读的**主动性**酝酿出新的几何文献，并把几何学推向其观念的未来。然而这对我们意味着：当阅读不等于解码时，真正的阅读能力离不开写作能力。“理解”一段文字——感受布朗肖所说的奇特体验——永远是能够把正在读的东西写下来。我们永远也写不完，即读不完，因为文本是无终结的，正如未来因其不确定而不确实一样。这个文本的“什么”不是可从现实中构想出来的，一切现成在手的简单存在者①，但我们也从中看到文字器具性的实在性如何把“谁”**置于**其“什么”的这种特殊性之中。

每个语文老师都知道，学生的阅读刚开始都不着边际，都是阅读的缺陷；只有到了试着把所读内容写出来时，他们才真正理解读过的东西。同样，如果不先弄懂别人的想法，思考之人就不可能完全明白自己在思考什么——维特根斯坦在分析“我”的哲学-**语法**特权时揭示的正是这一点。读者应当写，并能**像别人一样**重读自己的文章，这样才能知
456 道他读的究竟是什么。正因如此，从古代的学校起，学生们就学习、比较、背诵和模仿大师的作品；也正因如此，我们才对大师的作品作“诠释”、论述、概述等。这便是高级语文课，即古希腊语、拉丁语课或法文课，只有这样才能彻底掌握拼写文字。

反之，写作**无非**首先也是阅读。卡尔维诺在庆祝**文学机器**的诞生并展望它在控制领域的前景时写道：

> 文学创作过程一旦被拆卸和重组，文学的决定性时刻就成了

① 摘自《爱比米修斯的过失》。

阅读[1]。

塞尚让我们**阅读**自然，因为他知道只**着眼于**他有能力**描绘**的东西。只有当他**能够**画出来时，他的山野景象才是真实的。圣维多利亚山[2]的**真实性**正是这种**可能性**：

> 让我们**阅读**自然，在个人的也是传统的美学中找到我们的感受。谁看得最深远，谁能像伟大的威尼斯画家们那样淋漓尽致地表现，谁的水平就最高。
>
> 风景写生并不是复制观察的对象，而是**表现**自己的感受。
>
> [……]阅读自然就是用和谐有序的色块在画布上**表现**自然、观看自然。于是可以从色调的细微变化来分析这些大的色块。**绘画就是记录五彩缤纷的感受**。
>
> [……]一言以蔽之：有所感和阅读自然。[3]

透彻的观看不**仅仅**是有所感，因为观看本身只是一个空想。透彻的观看是**表现**这些感受，就是说画家把感受**记录下来**，将其表现在**画面**上。这一切可归纳为：阅读自然、**有**所感**和记录所感**。**有**所感就是把感触**表现出来，让人们看到**。

真正的阅读是写作，或者说有写作能力的阅读；真正的观看是画出来，或者说有绘画能力的观看。

"参与性美学"把这样一种对知识的知识保留下来，"非共同体化"则将它遮蔽。然而，如果说我们一入学就通过**解析**来学习文学名

---

① 卡尔维诺：《文学机器》，瑟伊出版社，1993年。

② 位于法国南部的圣维多利亚山（Sainte-Victoire）是印象派画家塞尚的钟爱之一，他的许多代表作均以此山为题材。——译注

③ 《塞尚访谈录》，Macula出版社，1986年，第36—37页。

著，或者通过阅读前人的作品来学习写作，再或是通过写下所读内容
457 来学习阅读，那么这个道理也适用于文字之外的图像与声音：真正的模拟记录阅读机其实是容许我们通过演示，通过让人看而学习看的机器。只有在一幅接一幅地**展示**图像时——正如有拆有并地引用句子一样，我们才能从这个图像中看出些究竟。但我们永远不会从中看到同样的内容，因为图像显示给我们的东西是连贯的，是前后图像的过渡。

读，即看或听，就是理解时间，也是书写时间。不存在非技术性的阅读。时间是出离的，"谁"具有时间性，因为他外在于自身，也因为已经在此存在于他的"什么"中。"谁"只是他自身的过去，这个过去不在"谁"的记忆中，而是在"什么"中。这意味着他的过去不属于他，因为它尚未到来。这个尚未到来的过去通过"客观的"技术条件"传"给他，被记录在向他的不确定性敞开的载体上，并通过这些载体得以**传播**和延续。**什么是阅读**的问题因而就变成了**什么是时间**的问题，后一问题又意味着：**技术将带给我们什么**？

技术将带给我们各种发展"模式"间的纷争。这些模式包含着组织记忆过程中产生的各种相互矛盾的可能性。换言之，记忆问题——这里我们只揭示其紧迫性——同技术问题一样，是未来的政治问题。

12. 信息与知识

存档的"盈利性"是不可计算的，因为已经在此隐藏在存档中，也就是说作为**将要发生**但**尚未发生**之事，它已包含了不确定性。知识不是信息，因为从根本上讲，所有知识首先是知识的不确实性的知识，也是"谁"的不确定性的知识。应当记录的是不确实性和不确定性，应当**实现**的是延异。

胡塞尔指的再激活就是康德所说的对——与"历史"知识相对立

的——理性知识的再激活。**理性**知识是唯一可能的**知识**，它不能简单地**被接受**。

> 同理，专门**学习**某一哲学体系，比如学习沃尔夫体系的人，尽管所有原则、定义、证明以及整个体系的微妙之处尽在他脑中，尽管从某种程度上讲，他可以对此体系的各个部分了如指掌，但他还是只具备有关沃尔夫哲学的全部**历史**知识，只了解他学过的内容， 458
> 只能根据这些内容作出判断。[……]他以一种奇特的理性学到了这个体系，但模仿能力并非发明能力，也就是说，在他身上知识并不是**从**理性中来。尽管这个知识也许客观上是理性知识，但主观上它仍然仅仅是历史知识。①

所有阅读的目的在于写作，这也意味着作为真正知识的理性知识应当由懂得它的人重新构建。但知识的（重新）构建之所以可能，是因为存在着一种原初的知识，即古希腊文的“知识学（mathématique）”。

> 知识学是对待事物的这样一种基本态度：我们对事物的掌握就是将它们置于我们眼前，就像它们已经给予我们而且应当给予我们一样。于是，知识学便是了解事物的基本先决条件。②

知识要想被传播，必须原本就存在，**已经**存在。这也意味着各类知识本质上的不可传播性，仅仅接受知识是**不够**的。

当先验论分析变为存在性分析时，所有知识便成了有关（“孤单”的）死亡的知识的**呈现方式**。

---

① 康德：《纯粹理性批判》，法国大学出版社，1944年，第560页。

② 海德格尔：《什么是物》，伽利玛出版社，1971年，第87页。

存在性分析转化为文码学的解构时，就意味着几何知识成了有关死亡的知识——就像文字对知识的破坏。原初知识的不可传播性是原初缺陷的知识，它以滞留有限性或痕迹的延异之形式存在于所有在场之下或之外[①]，它是自相矛盾的传播，也是程序中自相矛盾的不确实性，
459 因为知识**就是**技术。

这种“知识学”的知识永远不会成为真正的知识，所以先验的想象高于理性。作为各类知识起点的总体知识是不确实的：它是有关走向终结的存在的知识，不能成为真正的知识，因为如果必死性是“知者”的“属性”，那么知者既走向又先于自身的死亡恰恰永远不会**发生**在他身上。我们不能**对**死亡妄加评论，正是**从**必死性和评论死亡的不可能性之角度，我们才无话可讲。有关死亡的知识是**基础**知识，而**作为基础知识**，它是**不可传递的**——这也是苏格拉底在《美诺篇》中得出美德无法传授之结论的原因。然而对于我们来说，这意味着原初知识——原初缺陷的知识——的补余性是基础知识，因为这种补余性只能是**补余**知识的**呈现方式**。补余知识作为实际性来源于原初知识的补余性，它掩盖和遮蔽这个原初知识，又只能作为终结的非实现来实现这个原初知识。对于初到这个世界上的人来说，这个基础性是世界的**已经在此**中**已**有的程序性、可编程性及可预先记录性，是过去的滞留有限性的痕迹的积累。基础知识是不确实、不可编程的，它只能通过程序获得。有关死亡的知识永远是不确实的，在这种不确实性中，先于自身也就即刻成了可计算性和可编程性，其中基础知识只能在非实现中实现。**也正因如此**，不可传播的总体知识之真谛是各类知识的可传播性。总体

① “印迹”是不可还原的。这也意味着言语本是被动的，但这种被动性是世上所有隐喻都必然显露的被动性。这种被动性也是与过去、与任何起源的再激活都无法主宰亦无法在场唤醒的永恒的已经在此的关系。于是，无法彻底恢复原初在场的明证性把我们指向一个绝对的过去，这样我们就有权把不能以简单的在场来概括的东西称为**痕迹**。摘自《论文字学》，第97页。

知识的确隐匿在各类知识中，对它的体验是通过各类知识而得到的。**事实上**不可传播的总体知识已经是各类知识**切实的**传播，也是其不确实性的持续性，这种持续性出现在各类知识切实的体验、标记、见证、积累和**记录**中。各类知识是总体知识的已经在此的痕迹，即它的过去、它的感受性及本质上属于偶然性的有限性。

这就是说，尽管**可传播性**来自极端的不可传播性，它仍是知识的**本质**属性，因为不存在不能交流的知识。只有**通过**传播，知识才成其为知识，尽管，也正因为，有这样一种不可交流的知识，即时间，它**或许不能传播**，而只能体验，只能在分化、变异、变化中体验。**于是**，**可传播性**既是知识的**本质**属性又是其**偶然**属性。这意味着知识的可传播性**正是**知识本身，即传播那些总是隐退的、缺陷的、开启“谁”的未来不确定性之事物的不可传播性经验。 460

正因如此，总体知识便是各类知识的可变性。**可变性**是知识的本质属性与偶然属性的代名词：不存在不可变的知识，而且**普遍**知识——尽善尽美的理性知识——必然是敞开的：各类知识的**传播**便是它们的**转化**，因而也是不可传播的总体知识之持续性通过各类知识的转化。各类知识经受现实的考验，而现实在占有它们的同时又受到它们的充实。各类知识的传播与再生产的条件也是它们自身整理与生产的条件。知识的各种表型来源于其可复制性，而知识的**可复制性**正是它的可制造性。

实时一词涉及的是**传播**。如果说各类知识的传播也是它们的整理，那么传播条件的改变便是整理条件的改变：滞留有限性的工业综合就是**知识的实时整理-传播**体系，它取代了以往那种**延迟**的知识传播。各类知识的传播总是对总体知识的遮蔽，但这种遮蔽又是各类知识和延异的效应，即对被遮蔽的总体知识的**经验**。那么实时的遮蔽中是否保留着仍向总体知识的不确定性敞开的各类知识之效应呢？

存档的成本核算也是被储存、被“信息化”的各类知识的成本核算，因而要受某种**价值**观的左右。抢在他人之前尽快获得尽可能多的信息便是信息的意义，也是信息的价值和把信息开发为商品的理由。只有在其利益不被所有人分享时，速度才有意义。速度因使部分人领先——这里指信息上领先——而造成差异。这种领先在交易所中会带来金融收益，它体现为一种能力。信息价值的持续性可长可短，从本质上取决于时间，它与知识和作品截然不同：若认为毕达哥拉斯的定律、柏拉图的对话集、牛顿的论著、歌德的诗歌和福楼拜的小说随着时间增值或贬值，就未免太荒唐了。作品赋予时间，而不是让人赢得时间。

信息能以几乎最快的速度被**处理**和**制造**。处理的结果无非是制造新的信息、增加可用的信息量，然后再处理这些派生的信息，依此类
461 推。发生**在我们思维范围内**和统觉能力中的这一计算，其**速度**快得使信息无限膨胀，终将达到**"我们"处理不了**的地步。我们动作太慢，不再胜任信息接收人的角色；由于信息无须"我们"干预就能自行处理，我们也丧失了利用所有信息来解决问题的能力，于是，建立自动处理程序——比如股票买卖的自动操作——便势在必行了。

这种计算和交易之所以可能，是因为信息价值由"信息"理论来确定。如果从某符号的"不确实性"来确定其信息价值，那么这个价值本质上就是暂时性的，因而**原则上**也是可饱和的，因为符号"后天的信息性"正是其不确实性的**枯竭**，也是信息"事件"的事件性特征的**终结**。**信息原则上不可重复**，重复便是**降低**价值。这与知识相反：知识**原则上**一定要被重复，它绝不会在重复中贬值，而只能在重复中**分化**。知识的重复是**延异**的重复，它不断**唤起**对它的重复；但这个重复又是**非延异**的重复，因为它不断减少信息的差异。

知识不能超越时间，它不是永恒或不朽的，因为作品是对不确定性的体验，是开放的，是时间。知识的时间是延迟的时间，所以注定是"实时"的，非延异的信息不可能产生知识的意义。思维只能是对其过去的思维，而**通达**这个过去的**条件**对于思维的形式具有决定意义。在向实

时发展的趋势中，信息–创造性结构**倾向于**消除这个思维的过去，并使之达到信息上的饱和。信息饱和就是抑制缺陷与过失（这当然是最大的缺陷与过失），抑制**爱比米修斯原则**，也是抑制知识。

然而，像**痕迹**一样，信息**仍**属于延异。

13. 速度、紧迫性及风险

先于自身的条件**如今**已完全改变了。由于新的综合被成本核算的经济强令所主导，把速度提到最高限便成了一个设施的主旨，其主要后果可以说是无处不在的紧急状态。工业先于自身似乎要以计算和程序 462 的方式抹杀所有未期待的经验，也是抹杀所有的期待。这便是“当前的困境”。

不可计算本质上属于未期待之物。在此，它不仅仅是多米尼克·雅尼科[①]、让·拉德利尔[②]、帕特里克·拉伽代克[③]所理解的不可计算。计算速度的**矛盾**是风险和事故的不可计算性。但存在着另一种不可计算，它不是无力先于自身或缺乏远见，而是时间本身，其中**风险**亦是**机遇**。工业紧迫性试图消除的正是**这个**风险，这便导致了如今困扰公共舆论的很难计算且略带灾难性的种种风险。

紧迫性是时间的某种存在形式。当未来迫不及待地闯入当下，作为偶然的、出乎预料的事件的虽不确定却在迫近的可能性时，紧迫性便产生了，它会使人不加思考地说话或行事。从整体上看，当代技术的特征就是高速生产和管理高速生产的设施，它受制于控制这种管理的模拟与数字技术，符合一般意义上的时间性，于是实时在其中起主导作

① 多米尼克·雅尼科：《理性的力量》，伽利玛出版社，1985年。

② 让·拉德利尔：《理性的实质》，Aubier-Montaigne出版社，1977年。

③ 帕特里克·拉伽代克：《紧急状态》，瑟伊出版社，1988年。

用。实时是自我遮蔽的计算时间，它使核武器领域中发射导弹的决策权理论上归计算机所有，**而不**归代表“我们”的国家元首掌握，因为我们动作太迟缓、不再合时宜。时事信息系统也以类似的原理运作，所以说报刊“制作”事件。此系统为达到实时而全力以赴，具有整合性却反而脆弱无比，所以极易受到严重干扰而得到适得其反的结果。紧迫性只是吉尔所说的持续革新的极端形式，它是潜在的动力也是使之削弱的因素，受到不同程度的抑制，但又更易突发式地出现。

适得其反的结果是由于混淆了事件、事件的输入与接收，也遮蔽了
463 反思时间所构成的延迟：民主“在实时中”实施，而某种“延异”的延迟也是民主之本。这就导致了媒体的紧急状态，恐怖主义便是其主要表现形式。恐怖主义运用的完全是**耸人听闻**的逻辑，因为普通事件一般不会被媒体选中。也正因媒体的直播方式，恐怖主义才可能**得逞**。政治秀则更加隐蔽，但性质更严重，它让短期的管理——首先是对舆论的管理——**目标**取代政治**理念**，因而无力解决滋生恐怖主义的长期性**问题**。

作为“持续革新”的技术发展也是对投资-决策者的束缚。技术可能性的不断进化会带来不可计算的后果，这些后果的累积使事态复杂化，再加上各种因素在业已全球化的整个技术体系中又相互依赖，人们对此已无暇作真正的分析，结果是发展了遵循尽快盈利的最佳可能性的商机之标准。如此看来，工业发展是盲目的。但这种盲目性又完全有助于获得最大限度的发展，因为工业的发展终究是**速度**的发展。

如果说盲目的工业发展中仍然有计算的话，那也常常是赌博式的，毫无新意地用不可计算性作赌注。机器以无法预测的方式越来越紧急、越来越确实地超速运转。多米尼克·雅尼科发现了当代科技体系内部的这个矛盾：

> 已降临的灾难和潜在的风险把理性与理性的效力相对峙。理

> 性告诉我们，彻底控制理性的效力比促生它们更不易。[……]理性的效力一旦超出正常范围，就会危机四伏：包括积蓄的力量突然失控的切实风险；更微妙的是，危机也包括思维的僵化或混乱。磁针在接近地极时会拼命摆动，同样，思维[……]也会因屈服于咄咄逼人的不可计算性而试图放弃统一性、和谐性和责任感。[①] 464

这里，降低风险的计算也几乎注定要引发另一种性质和另一种不可计算的风险。

紧急状态也是某报刊在1988年5月法国总统第二轮选举前的周末所说的"不停手的重击"[②]，仿佛紧急状态变成了法令，而法令本来是为了遏制紧急状态的。

紧迫性是速度的悖论，它有两种表现形式：一是为了降低风险而快上加快；二是借着加快速度而把风险推至极限从而**转移**风险。

人们管理的已不再是多如牛毛的"小"风险，而是实际上越来越频繁、越常见、越普通也越极端的数量较少的"大"风险。这是技术自我能动性的矛盾、自治与能动性的矛盾、出车祸与燃油耗尽的矛盾。具有优先权的车辆和特别法规靠速度来处理法规——这个法规**便是**速度——本身引发的紧迫性。欲排除车祸的影响，救急者必须超速行驶。但限速不正是防止车祸影响的基本措施吗？一辆救护车和一辆警车在前往出事现场的路上违规行驶而相撞，这反映了加速的结构性趋势所引发的**不足为奇**的情形。同样的结构亦可见于电信对股市的影响以及对一般记忆先于自身的通达中。这里的赢是相对于速度而言，更广义

---

① 《理性的力量》，第50页和52页。

② 《解放报》对乌维阿（Ouvéa）大屠杀的报道。——原注。法属殖民地新喀里多尼亚的反殖民武装于1988年法国总统大选前袭击了当地的宪兵队，并把27名宪兵人质挟持到乌维阿溶洞中。当时，以希拉克为总理的法国政府下令镇压叛乱，交战中有19名叛党被政府军击毙。——译注

地讲是赢得**时间**，是相对于未来的领先，其中技术的结构领先使技术处于危机和持续的紧急状态之中。

这似乎是技术的自主化与自我能动性问题，其法则只能是事故，即本质或存在——时间——的故障（缺陷）。这是**另外**一种时间，赢得时间的结果反而是缺乏时间。然而我们知道，技术的**自动机制**从来就是“自主化”。这里指的当然不是掌控“更接近”人的技术之黄金时代的自主化，而是基于对**价值**时间的某种理解：经济主导一切的霸权式发
465 展。如今已成为发展之**持续**动力的**现代化**一词当然会获得某种新意：它不是为找回和平而跨越的阶段，而是达到一种必须维持的、完全彻底且从不中断的能动状态。如果我们必须承认其中的某个阶段、需要完成的跃进、应当**跨越**的界限、告别一个时代且赢得另一个时代以及**风险的必要性**，那就不能把现代化贬低为仅仅适应新的生产条件。现代化的性质迥然不同：它是比希罗多德所描述的变化“大得多的变化”。

信息在网络中以光速流动，安装在这些网络界面上的信息处理系统也以光速运转，信息处理便是先于自身。在此条件下，通常的信息接收者——有思维的“谁”——似乎因思维不够敏捷而被除名了，所以先于自身的过程必须自动化。为此，人们开始使用被称为“实时”的控制系统。

信用卡清楚地表明了信息实时的最终目的：把赢得时间即刻变为盈利。全球通用的一整套货币交易和兑换平准系统都遵循这个逻辑，实时是这类**投机**的新条件。新的综合支配当今的**全球经济**，后者服从于交易系统中以“毫微秒”为时间单位的波动。信息可在世界范围内即时传递，这是“时间逻辑”，也是经济的技术逻辑，不明白这一点就不可能理解经济学家们所说的“自我实现的预测”。由于宇宙程序和种族程序被悬置，背景解体的局面通过背景的均一化而使自我实现的预测成为可能。

对“被选中”内容的**存储**和先于自身的悖论也是**风险**的悖论：人

们永远不可能知道**究竟应当**保留什么，因为“谁”是这个存储的未来接收者，他是**不确定的**。

速度悖论带来的风险或许建立在同一基础之上，但以其独特的方式。正是为了避免不确定的风险（**这个**风险即原初**缺陷**），计算和速度才带来如此多的风险。如今占上风的是对风险的某种理解，它原则上会遮掩**另一个**（另一种理解），**作为他人**的另一个。

> 正如美国汽车公司（American Motors）前总裁杰拉尔德·梅耶尔斯所言，在管理者所受的正统教育中，提出是否可能失败这个 466
> 问题本身就是离谱的。管理者全力以赴追求成功，只能考虑成功并为成功制订计划，而不能有“消极”的想法；他应与“胜者”为盟，强调成功而不是失败。梅耶尔斯还引用了ITT总裁、传奇性人物哈罗德·吉尼恩的名言：“目标一经确定，就无须再考虑达不到的可能。达不到目标的人不仅是不称职的管理者，而且根本就不是管理者。”①

此处被否定的是**爱比米修斯原则**，因为金钱作为“发展”的组成部分，已经是**与风险的关系**之模式——风险既是正在**到来**之物，**也是**时间。

> 控制一个过程的最佳方式是让现在隶属于（人们尚沿用的）将来。在此条件下，“将来”便被彻底地预先确定，现在也就不再向某种不确凿的、偶然的“以后”继续敞开。[……]
>
> 某人（X）于某时（t）把某物（a）交给某人（Y）。给予的条件是：Y将会于t’时把b物交给X。[……]只有在此交换的后项有充

① 参照《紧急状态》。

> 分保证,甚至可以认为已经实现的条件下,交换的前项才能发生。
>
> [……]根据这种时间处理方式,事成与否取决于信息的承诺,它保证在t'时不会违背t时的承诺。
>
> [……]时间间隔越长,发生意外的机会就越大,风险也就越大。风险的增加幅度可以用概率作计算,进而换算成金额。在此,金钱的实质似乎是以防不测的时间储存。[……]金钱不是别的,正是被储存起来的时间。所谓资本正是建立在这一原则之上。①

是思维的时间还是作为时间的思维?**相反**,只有在"某事已发生,原因尚不明了"的情况下才能**问**此问题。延异或德勒兹的游牧原则便属于这种意义上的思维。思维也是对文字的某种理解。利奥塔认为这种思维——**正如**文字——不属于也截然不同于他所说的"电报"。我
467 们对此不敢苟同:我们认为文字始终是电报,不能简单地把它与电报这种直接体现其本意的形式相对立,因为文字的本质是重复,是在延异中重复。思维的时间并不与技术的时间或科学技术的时间相对立,因为它是技术的时间的最高体现。这并不是以另一种时间持续方式——思维——的名义来抵制电报,也绝不是采取退避态度,认为仍可能存在着"另一种时间",因为思维的时间与技术的时间相辅相成。没有分化的技术就没有"延异",作为存储和计数技术的文字从来都是将二者并行发展。尽管文字对延异呈现敞开性,但总有向实时发展的趋势。技术本身非但不遮蔽文字的特性(Eigentlichkeit),而且还将其释放出来。技术也是文字特性的条件或"场所"(site,lieu,Ort)。

如果我们的世界不能为"什么"中的"谁?"的问题找到答案,那么混乱的命运就在所难免了,就只能等着灾难性的骚乱从其薄弱环节入手来击溃体系。但这样的话,先于自身只能是加快世界末日的到来。

---

① 让-弗朗索瓦·利奥塔:"今天的时间",《非人》,伽利略出版社,1988年,第77页。

我们不是要把真正的时间与技术或“实时”的实际性相对立，更不是要把文字与电报相对立。问题的实质是**价值的政治**。价值问题不可能继续被实时法则中单纯计算的理解方式长期支配，**时值今日**，政治经济只能是**记忆的政治经济**。

14. 记忆与政治

如今，“谁”与“什么”的关系问题以背景解体为特征。背景解体导致了滞留有限性的全新的工业综合，它在空间上的切实性体现为非领土化，即把“谁”与他的种族决定性脱离开来；它在时间上的切实性则是实时，文字上和历史上“延迟的时间”消失了，知识的价值同时也消失了。但更广义地讲，速度引起的领土向量化也是各式各样的**特有语言差异的消失**，其中包括方言和居住条件的地域特性的消失、艺术的末日以及为满足技术经济强令而实施的大学“理性化”。工业上的背 468
景解体遮蔽了延异，于是我们不禁要问：“我们”的技术共同体是否还**可能**存在呢？

电信网络正在非领土化，但又**只存在着电信**网络——网络以其传递**内容**来区分。一般说来，不论其“材料”如何，网络都是在远距离连接、同步信号，既向远方敞开又把远方拉近：通道、插口和连接使领土结构化、概念化，领土的统一性本身因而受到影响，或者在某种程度上改变了用途。

没有网络就没有领土，始终存在的只有网络或网络结构，领土的统一性纯属虚构。只有在自身之外，存在才具“社会性”。这里说的自身之外具有既基本又主导的含义，它意味着领土和分享领土的共同体在网络化的同时也改变了其先前的用途，只有在“非实现”时才能完成。领土在网络化，地球上只会有网络的未来。这并不是说网络化的条件一成不变，因为存在着各种类型和一般历史的过程。

网络结构物质化或客观化也是其用途的改变或非实现过程，即外延过程。网络既赋予又改变，既组织又打乱节律与记忆。从这个意义上讲，一般的网络是**程序性的**。程序节律的传播来自别处或外部，它一面向他方敞开，一面悬置其他节律与程序；与此同时，网络结构的物质发展——客观化或者说**在**非领土化**中**实现领土化的外延化——又顺从于技术趋势。我们可以根据输送内容将网络分门别类，今天的物质逻辑网络输送的是模拟和数字综合的记忆。语言的文字综合也曾有自己的更显而易见的网络，这便解释了为什么语言通过文字而位移，领土也随之移动了位置。网络技术的范型或许等同于记忆综合之程序形式的范型，因为它在不同程度上影响这些程序形式的目的场所。

工业计划的基本特征是领土整治，它对应着已过时的工业发展状态。综合以实时运作，支配整体发展，且被影响**所有**当地时间性的电信
469 网络传播到各处。于是全球性问题成了**非领土化整治**中的**领土整治**。

克劳德·马蒂南指出：网络

> 既是把系统**纳入**时空的优先形式，又是把空间变成**领土**的**组织形式**，因此网络与领土相互制约。某地的现实特性与这块领土的地理、历史相关，所以是**技术**现实与**社会**现实相交联的优先场所。①

在此，网络是通往真正领土化的途径。“领土的统一性以及从领土发展而来的团结精神[……]主要取决于在这块领土上普及的各种网络”。实现领土化就是**纳入**空间，就是物质化、组织化和器具化。领土是器官的空间。网络是一种组织形式，是交联着“什么”与“谁”的社会体系与技术体系相互较量的产物。在对《存在与时间》的解读中，我

① 克劳德·马蒂南：《城市中的天才》，法国资料局，1986年，第35页。

们已经通过对手的论述而触到这个主题；在前一章中，我们也提到了手的退缩：失去双手的“谁”如何能与“他的”“什么”相关联呢？

> 开发新型网络使我们越过现有的疆界，并在将来对这些疆界彻底改造或解构，再以不同的方式重新建构。

网络如同有组织的节律流，总在运载某种东西。从这个意义上讲，网络总是程序化的，它把各种程序联成一体：网络就是综合。

记忆的文字网络的扩展产生了社会群体：当空间变为文化人——公民是**读者**亦是**作者**——的共同体之空间时，它就成了政治。政治记忆需要记忆的文字技术，城邦便是文章流通的网络。如果公民不能平等地通达记忆（包括阅读和撰写记忆，即政治记忆网络的“双向终端”），作为**自治**条件的公民**权利平等**也就无从谈起了。马卢在谈到古希腊公民性的构成时一再强调文字教育的重要地位，因为必须为新的共同体打造各种界面，这些界面便是这些“谁”。但与此同时，它们身上“谁”的性质已经改变，原因是它们已获得政治的已经在此所构成的 470
文献技术性——文字的“什么”的技术性——的**自动性**。胡塞尔从第一部《逻辑研究》起，就把这种自动性视为观念性条件。

现在和将来的记忆是否还能造就一个政治共同体呢？文字普及已历时二千五百多年，这期间，书写记忆的保留——滞留有限性的组织——经历了不同的阶段。只要一涉及选择、整理客观记忆的载体，一涉及遗忘，就会关系到知识的构成和承载知识的文明力量。如果美索不达米亚人的黏土书版没有被分门别类地放入箩筐中，就不会有美索不达米亚文明。亚历山大城、弗朗索瓦一世于1537年颁布的蒙波利尔法令、法国大革命时期的记忆**国有化**、19世纪的国民义务教育、1992年成立于法国的电台电视版本备案机构均为大事记，共同体从这些事件中明白了以下三点：第一，共同体只不过是共同体的记忆；第二，这种记忆是器具性记忆，可以成为决策对象；第三，记忆的政治终究会影响到共同体的未来。

然而记忆的工业综合以实时为特征：这会成为构成共同体的主要障碍吗？它是表现特有语言差异的唯一方式吗？

如前所述，阅读不仅是解码痕迹，而且也是**重复**痕迹，并利用这些痕迹来制作新的陈述，因为完成的阅读行为可导致写作，而所有的写作也都是重复、引用或者把预制材料重新整合。

> 我们不能用字母表以外的字母来遣词或者用辞典中不存在的词汇来造句，我们同样不能写一本不使用他人句子的书。然而，如果我描述的事物之间具有这样一种和谐，它们如此贴切地联在一起并前后呼应，这就说明我并没有从别人那里剽窃这些句子，也没有生搬硬套字典中的词汇。①

“因为不借助痕迹的沉思越来越少见”。模拟、数字的复制仪器如
471 今已经普及，任何一个“谁”都会使用把文、图、声数据化的电脑周边工具。

换言之，已经在此的工业器具性正在改变。由于技术趋势给投资造成压力，最初的存储与组织记忆的模式被逐步废弃，于是出现了延迟的时间能够吸收实时**力量**的新局面。当工业记忆的接收仪器即消费仪器重新变为书写仪器时，实时就成了重复的力量。这种力量并未摆脱信息逻辑，而是与之合而为一，正如不可计算性与计算的结合一样。程序工业和出版业攫取了巨额资产，它们把所有古希腊、古罗马文明的遗产都刻到光盘中。这些资产对信息领域本身意义甚微，因为它们虽然给知识带来了信息化力量，但最终目标仍在遗产范畴之内，而所

① 笛卡尔语，让-吕克·玛里昂在《灰色的范型》（维翰出版社，1975年）一书中引用。

有人都是这些遗产的接收者。厂家开发这些遗产的真正动机是推销新设备，这是给未来创造机会。这并不意味着精于计算的先于自身——风险饱和的趋势——被置于理性中或者被“理性化”：电报**是**文字的**法则**。这意味着法则开辟了新的空间。这个法则如今表现为经济法则，这里指的是经济开辟了新的政治决策空间，也指（重新）建立了一套政治经济体系。我们不是要“走出危机”，而是要**投入批判**。技术通常造就**形式**，因而也造就**判断力**。当记忆的技术变为确正时，古希腊文明危机既产生了社会群体（法律，即正义的判断）又产生了逻格斯（知识，即正确的判断）。评判即决策（krinein），它来自工业的延异同一性。要像**发明**十字架那样发明决策①。

然而信息程序学也是一门语法，它以新的形式组织文章结构，于是出现了像SGML、HYTIME标准那样的结构化语言，我们亦可从中找到不合语法常规的能指单位。雅克·韦尔拜提出了文本数字化所必需的**用物质形式表达陈述**的概念。他用此概念证明意义可产生于笔录陈述时出现的排版印刷（拼写，也是排版）的结构化，他还证明做便是说。这 472
里的做是指在载体上安排陈述的**空间**位置，进而预先规范阅读的节奏和**时间**。这种信息载体的逻辑揭示了另一种语言逻辑，更广义地讲，揭示了它所记录的所有能指因素的逻辑，甚至包括由文本而产生的阅读方式，于是也规范了读者的行为——这种现象是随超文字而来的。在其他领域，诸如人工智能、专家系统以及微观世界、**记忆组织文件包**、启发式规律、推理动力等概念，都描述了**具有地域色彩的语义学**。这类语义学是**指示性的**、是与人们的行为或文化相符的**文学**语言和地域**修辞学**语言的结构化，也是对应着操作行为的**逻辑句法**。这类语义学带来

① 十字架是个假想，教会发明了它，并使人相信它是耶稣和真理的象征；同样，评判正误的标准也是人为制定的、为众人所接受的判断，所以作者把发明十字架与发明决策等同起来。——译注

了与波特·罗雅尔的模式相去甚远的新逻辑。这期间，语言工业制造出各种电子辞典，每部辞典都是汇总不同个案的语法书。技术趋势把各种仪器推向**多媒体**，这类规范整合了图像、声音、动作系列，甚至包括**身体的无定向运动节律**。于是，**虚拟现实**和**远距离现身**就不再仅仅是在过去的已经在此中定向的设备，而成了在遥远的，甚至不存在的空间里定向的**身体**代具，它们**通过身体的复制**和**体细胞语法**的建立而使其自身的远距离现身成为可能。

先进的计算机辅助阅读系统便是在这种背景下发展起来的。这些系统所采用的超文字技术使阅读，进而也包括写作，得到了明显的改善。

新资本与新仪器的组合给已经在此带来了全新的能动性：现有遗产与信息资源提供材料，引用并组合这些材料可使新式的“光速”——另一种“延迟的时间”贯穿其中——读写产生质的飞跃。在文本的不可计算性中，信息处理的光速计算构成了不得不承受各种文本——这里泛指**痕迹**——之文本性的新条件。

无论如何，这涉及工业选择系统。记忆的政策是优先发展适用于新的综合的器具性方法与文化，同时也对本质上只重视短期效益的先于自身所主导的标准进行调节。当今媒体中技术—军事—工业之间**错综**
473 **复杂的关系**比以往任何时候都更加令人担忧，对媒体问题及媒体所面临危机的分析也应从此入手。这个复合体的演化拓展了几乎可以全部通达的巨大的记忆存储能力，这便是定向系统呈现的已经在此的“在场”。定向系统建立在不可被人类历史的过去估量的、**客观记忆的动态载体**之特性之上，它打乱了时间出离的三个决定因素间的关系。然而，最触目惊心的尚未到来，它将发生在体细胞和生殖细胞的工业投资领域。

15. 生物综合，做就是说

政治问题其实是工业记忆问题，**即特有语言问题**。

特有语言的意义就是schibboleth[1]，是**通过身体**将某种关联性铭记在语言中的标记，也就是说，把某种关联性**用身体**铭记在缺陷（即一神论所言的原罪）[2]中。在明示性和暗示性**之前**，存在着关联性的**约定**：他人的schibboleth就是我**明知**自己说不清的东西，也是我不**能**用其他方式道出的东西。在**形成**共同体的躯体的伤口中或原初的不适宜性中，我与他人若没有一种**既是身体上的又是器具化的**关联性，我便不能深入也不能开启这种关联性。所以特有语言的问题也是技术的问题。[3] 474

胡塞尔认为关联性是可还原的，这便是想象变更的意义所在。想象变异反映一个核心，它不承受任何本质的缺陷，或者只承受没有缺陷的本质。这就解释了为什么多义性并非逻格斯的未来，逻格斯也不是特有语言。逻格斯绝对的多义性意味着它的技术性。特有语言总是被

---

① schibboleth指的是可识别某人的社会、地域来源的代表性词汇；更广义地讲，是标志着某人所从属的社会、文化群体的特殊行为。后面讲的爱弗拉依密特部落的人不会发“shi”音，他们把schibboleth说成sibboleth，因而很容易被辨认出来。——译注

② 摘自德里达：《致保罗·策兰的Schibboleth》，伽利略出版社，1986年。

③ 特有语言、特有语言差异和种族差异这个技术问题其实是个政治问题，德里达在《〈几何学起源〉导论》中从本源出发而作的所有分析都来源于此：“当我们欲在一种（黑格尔所言的）回忆（Erinnerung）中承担和**内化**对文化的记忆时，我们有［……］两种选择：一种类似于乔伊斯的尝试，［……］并找回被动性的诗意价值；［……］另一种则是胡塞尔的尝试。”——摘自德里达的《〈几何学起源〉导论》，第104—105页。然而，在写《〈几何学起源〉导论》的年代，他指的是文字，即技术和来自技术整体——活的在场的整体——的标志与起始。技术的起始恰恰意味着特有语言的完整性。正是在这一点上，海德格尔似乎因循守旧地把特有语言与技术对立起来。**因为**技术是完整的，所以特有语言也是完整的。政治问题是特有语言问题，而且**当前**的政治问题正是被作为技术的政治问题而提出，今天谁会对此视而不见呢？在《致保罗·策兰的Schibboleth》一书中，此问题也是日历性的问题、已经在此的问题和位于其绝对实际性也是绝对（无休止的）必要性中的日期问题。日期具有特有语言的结构，即不自我重复又只能是重复的结构：“淹没在其可读性中的日期［……］为了更久地延续而隐匿其自身的某种特异性标记。”问题是在这个既是特有语言的沟通又是对它的否定的同时中延续。这是记忆的问题，是“原则上没有记忆投射数量限制的载体问题”。

某种缺陷开启的。

让-吕克·南希写道:“从绝对意义上讲,‘技术’也许是常用语中最不严谨的概念之一(人们对此也就喋喋不休)。”[1]闲谈是“走向死亡的存在”的一种模式,加之如今谈的**完全**是人的死亡,其内容就更不会枯竭,这仍是谈论上帝之死和最后一个人之死的方式。这种谈论方式来自技术的最新发展所构成的、当下切实感受到的且非常可行的**可能性:人造人**——既不是最后一个人又不是超人——的可能性。

人的终结问题是人的“手段”即人的**发明**问题,也是人的终结的可能性。**最终**要问的是人的技术,首先是**人的**发明问题。我们问**这个终结**:人从哪里来?“最终”应如何把握?应当怎样理解**发明**?

至于“人**的**发明”这种说法,我们已指出其引人深思的意义十分含混。“人**的**发明”、“最终**的**问讯”、“技术**的**问题”(什么在提问?什么被提问?),所有这些模棱两可的含义都会把我们引向特有语言、特有语言记忆和文本的概念,它们总在“对/有关××的××”或“××做出/提出的××”之边界徘徊,正如我们在schibboleth中既可听出“si”又可听出“shi”一样;反之亦然。问题正是这个可颠倒的**可能性**及其效应。在这种模棱两可中,我们问这个终结:人这个发明从哪里来?变成了什么?如今怎样?此问题在双重背景下向我们提出,**强加**于我们。所谓双重背景,一方面是人的背景解体的**技术**现实,另一方面是既作为schibboleth——特有语言——问题**又**作为**技术**问题来烦扰**想象变异**之
475 保险性的“解构”。

既然技术**实际**上已成为“客观的”解构,那么想象变异目前的**可能性**是什么呢?

想象变异一向是人类学内容。所有想象变异均以偶然与本质的差异为前提,因而暴露出本质的核心,也**势必**将自然(phusis)与技术对

① 让-吕克·南希:《有限的思维》,伽利略出版社,1990年,第43页。

立起来。在哲学的现象学时代，自然属本质范畴，因而是先验主体的物质。这当然并不意味着从理论上用世界论题强行悬置人类可能性的人类学主体，于是本质的还原变成了先验论。然而，上述事实受到绝对的**本质–人类学视域**的**限制**。这是个**想象**的视域，它符合有关人类及人类地位的某种观念，也符合我们想象中有关人类的各种“可能性”、人类的起源及人类存在者（这个存在者定能在未来中证明自己的清白：若没有这个清白的可能性，任何同一性或本质的**不变性**都将无从谈起）的终结的某种观念。如果确实存在着某种本质嵌入，且这种嵌入又可以从充满幻想的想象中通达，那么在人类主题上变异的种种可能性以及相应的对人类本质的揭示会不会限制**一切**本质的可能性呢？**无论如何**，这不正是提出“我们就是我们自身”这一优越性的存在现象学之本意吗？

如果说人类学、想象、可能性和先验现象学之间的关系唤起了人们最大的谨慎，那么这些词的含义则在这种谨慎中**偏移**了，以至于有必要从**人类学自明性被悬置**的角度重新提出问题，这种例子不胜枚举。技术效率与工业效率占领了迄今构成人类视域最深处给予物的各个层面以及存在性分析所言的“它的世界”的所有组成部分，其目的是把它们变为可重新组合或理性交易的物体。工业投资在生命科学中异乎寻常地触到了个体的最隐私处，即他们的躯体，无论是身体还是用于生殖的部位——卓越的现象学物体。这种如此极端的例子显然不可能与“最极端的可能性”无关。那么，这种看上去**新得不能再新**，同时**又旧得不能再旧**的东西究竟是什么呢？ 476

“新”指的是**分子生物学在其运作中悬置了它自身的公理**。这门科学的科学性寓于弗朗索瓦·雅各布于1970年（克里克、沃森发现DNA结构的十七年之后）提出的“（遗传）程序不受经验影响”[①]之公理

① 弗朗索瓦·雅各布：《生物的逻辑》，伽利玛出版社，1970年，第11页。

中。分子生物学如今是**技术**与大规模工业生产的**切实性**，即**基因工程**的切实可能性。

1978年，韦尔内、史密斯和纳坦斯发现了能像**机械手**做手术那样精确切割DNA的限制性内切酶。这样一种发现之所以可能，显然是因为上述公理保证了分子生物学的科学性；然而这个公理同时又**从事实上，进而从理论上——至少从生物科学法规的角度来看——被悬置了，因为生物科学本应把真实生物的一切都实证性地阐述清楚。**

从分子生物学能够借助于手的干预而操纵生殖细胞以来，通过生物**图谱的绘制**，程序开始受经验的影响了，生命法则本身在此过程中确确实实地被悬置。这里有种客观的中断，**事实上**是由**世界主题**操纵的中断；同时，世界主题在此中断中变得不可还原了，即**不再可能**在想象变异和先验的还原中被悬置，也**不再可能**被简单地放在括号中并附属于纯粹的现象学研究，因为它直接影响了原型想象本身。**其实**这就导致了这种"客观悬置"，而我们尚置身于作为**后进化理论**雏形的"世界主题"之中。有趣的是从一个艺术家的视角来比较这些问题。这位艺术家认为可以通过添加**第三只**手来放大其身体，他毫不迟疑地写道：

> 重要的不再是男女的交媾，而是人与机器的交欢。身体已被弃置了。[①]

如果我们继续承认雅各布的公理是最具综合性的论断，那么分子生物学的技术切实性则使摆脱进化法则成为可能。更确切地说，已成
477 为基因工程的分子生物学的切实性使摆脱进化法则**看似**可能，因为我们也可以断定：**实际上**分子生物学首先表明，**"进化原则"**至少从人的

① 斯特拉瑞克："代具、机器人和远距离存在：革命之后的策略"，《莱昂纳多》，第24期（卷5），第591—595页。

发明即技术的发明起就被悬置了；我们也可以说：当这个悬置获得全新的切**实性**时，我们就不能再对它视而不见了。

雅各布认为环境对生殖细胞并无驯化作用，因为生殖细胞与体细胞之间没有直接联系。此机理也适用于**技术**环境吗？至少从南方古猿起，我们完全有理由对此理论表示怀疑，因为实际上四百万年前我们似乎就已摆脱了生物法则。这个“摆脱”并非一步到位，我们仍在不断地“摆脱”。无论如何，我们如今似乎是在一个入口、一个门槛前正准备起跳的时刻：确切地说，是基因工程强加给我们的一个跳跃。

如果说想象变异可使**本质稳步地同一化**，在人的本质这一点上它却行不通了。马文·明斯基让我们实践这样一种想象变异，其后果像基因工程展现给我们的结果那样层出不穷[①]。他让我们想象人体**可以撤换**，这种想象与另一种想象变异的可能性发生冲突。这里说的另一种想象变异关系到人的本质，它认为身体本身便是基本属性，所以实际上是不可撤换的。此处提出的正是场所的问题[②]。

当我们说有可能**远距离现身**时，其场所是什么？明斯基上述论述的前项提出**虚拟现实描述的是大脑与其他器官间的运作**。他先验地把二者分开：一个大脑可以指挥另一个或任意一个身体，于是就不再有真正的身体了。

虚拟现实的各种代具都是由“显像银幕眼镜”和“数据库手套”组成的。眼镜中呈现的虚拟空间要么根本不存在，而只是从其整体物理特征上模拟出来；要么存在于别处，但在眼镜与手套使用者的真实所在地被虚拟复制出来。比如说使用者可以遥控一个机器人，我们称其为远距离现身，使用者看到的也就是实际置身于这个空间的机器人所“看

---

① 马文·明斯基：“科学、艺术和心理学的下一次融合”，《艺术通讯》，1991年9月。

② “如果我把某场所归为己有，这个场所便也是我身体所处的场所”。摘自胡塞尔：《现象学的构造研究》，法国大学出版社，1982年，第61页（黑体系胡塞尔本人加注）。

478 到"的。数据库手套与机器人的手同步，使用者的任何动作实际上只能由机器人来完成，但使用者能感到所有这些动作的效果。以指挥机器人用活络扳手拧紧螺丝为例，手套的使用者会感到、会在其虚拟空间中看到扳子的重量和螺丝钉的阻力。

如果我身体的属性是其**不可撤换性**，且只有在此意义上它才是**我的**，那就成了自我格的问题。真实身体的不在场又给"自我格"、自我性和特有语言留下了什么可能性呢？或者说"自我格"、自我性和特有语言的可能性不正是寓于远距离现身和虚拟现实的可能性中并与之有绝对**关联**吗？

明斯基认为，**虚拟现实**和**远距离现身**只是突出了精神的模式结构和大脑的组织形式。**正因如此**，我们才能够也必须准备好通过我们头颅**内部**的某种工业设备来继续开发人类的工具。与基因操作相似，这里的技术化已不再是外延，而是通过肌体重组而实现的内化。现将明斯基对变异的整段论述摘录如下：

> 试想某人在几十年后购买一片直通大脑的纳米界面。医生将一根极细的针刺入他头部一个充满脑浆的小腔，随后把一台小型、可动、薄膜状的高性能电脑注入脑内。然后，这根被遥控的细线慢慢展开，发送出数百万顶端配有探头的微纤维来监控脑内状态。植入的电脑在颅内耐心地巡游，运用人工智能的高技术来识别大脑活动结构所代表的意向。此人刚想动手指，植入物就立刻把此信息传送给虚拟现实电脑："我的主人想动手指。"那时我们就不再需要20世纪这种笨拙的"数据库手套"了。
>
> 然而这个几乎是心灵感应的体系仍不够直接。首先，他为何要动手指？一定是要完成某项明确的任务，比如启动开关、打结或爱抚他的女友。于是动手指并非真正目的，而只是为达到另一目的的手段。他其实是想弹一个乐符、打一封信或爱抚那个女友。

既然如此，为何不让植入的电脑更直接地，或许在此人弄清自己的动机之前就达到目的呢？这便给我们提出了协调性和同一性的种 479
种怪问题。我们赋予界面的能力越来越多，于是精神与机器间的界限变得模糊了。谁是界面？是与什么的界面？主与仆之间的界限在哪里？然后，我们甚至还可以希冀这项技术导致大脑的扩充。**我们为何要把自己局限在进化带给我们的性状之内——为什么要满足于仅有两只手臂呢？**［……］

如此说来，我们可以着手探索人的其他局限，试着通过扩充和添加功能来**增强我们的生物能力**。①

暂且不论上述所有问题是否涉及当今已真正施行的器官移植，人们甚至不想搞清这一切是不是严肃的问题：把严肃与异想天开、空想与现实相对立是不可取的，这一点在此比在其他任何地方都更明显。真正严肃的问题是：这个空想是**可能的**。因为从这个像本质-人类学那样因其空想的技术-人类学性质而变得难以想象的视域出发，从这个几十年来主导着美国军工研究的科幻出发，有关人类本质的想象变异活动显然变得问题重重了，因为从中产生的只能是纯粹的**可能性**，而不是别的不变量。对此，任何其他"核心"都无法抵御，且这种可能性不会仅仅是这样一个"核心"，也就不再完全是人类**的**可能性。

问题不再是搞清明斯基的话是否属实。正如我们无权排斥基因工程或器官移植的假想，我们也无权排斥他的假想，因为二者均为假想的**可能性**，何况这个假想在基因工程上已有了切实性。如果我们把符合自然规律的事物称为真实，那么基因工程便是不真实，因为它已不再是自然规律。切实性不再是**真正的**真实，因为世界论题已**被**世界论题悬置起来。如果把可能性看作对现实的参照，那么这个假想的能量已不

① 马文·明斯基：《艺术通讯》。

再简单地指向可能性范畴，而是在本质上与“什么”的技术性部分相连，因而**也就**没有被包括在海德格尔对可能性的分析中。但在杰弗逊起草
480 和签署的美国《独立宣言》的创造性中，这种能量对我们并不陌生。

> 如果说独立是被这个陈述**证实**或**制造**的，我们并不能决定——这正是全部意义之所在——发表这样一份宣言的力量和冲击力[……]。美国人民是否实际上已获得解放而且不过是从这份宣言中得到证实？还是说他们刚刚由于这份宣言的签署而获得自由？[……]若想达到预期的效果，就**需要**创造性结构与证实性结构之间的含混不清和不可判断性。这种含混和不可判断也是维护权力的基本手腕——有人说这是虚伪、暧昧、难以定夺或虚构，我甚至认为所有签署的意义都因此受到影响。①

“如果说独立”——但这里说的**又**是哪种独立呢？——“是被证实或**制造**的”，那么在分子生物学与技术学悖论中，**我们也不能**“决定发表这样一份宣言的力量和冲击力，这正是全部意义之所在”。我们**不能回避**这样一个事实：如果在**做**的时候尚能够**说**，那么生物技术行动不仅“创造性地”制造陈述，而且也“创造性地”制造生物体，同时这个创造性也带来一种与众不同的证实性——证实某种可能性——如果我们可以说实验科学在要求对实验行为之描述的严谨性时也要求它自身纯粹的证实性，那么这里也指仅仅通过引入确认物来证实某种创造性。这便是生物记忆的生物综合结构，它与代表模拟或数字的事件化的事物性质相同：在此，生物事件的性质其实已被彻底打乱了。

而且是被**回溯性地**打乱的：证实可能性是什么呢？可能性应当位于其实现之前吗？我们需要回溯性地证实以前就有可能性吗？更广义

① 雅克·德里达：《自传》，伽利略出版社，1984年，第20—21页。

地讲，这又成了现代科学——技术科学，或者说成为技术的科学，成为科学的技术——中**事件**结构的问题。此问题贯穿着科学、哲学、人种学、政治学，**也**贯穿于媒体中。这是虚构的问题，它或许意味着今后要从这个问题出发来考量真理的**可能性**。 481

如果说"'虚构'是现象学及所有探寻本质的科学所不可或缺的成分"[①]，而且由此造成了想象的至尊地位，那么作为发明(inventio)能力的、其"结果"使想象变异活动变得**不可能**的想象究竟是什么呢？

想象变异进入了危机，因为虚构是其**负面**操作者：我从想象和虚构的可能性出发来变换它，然后又回到抵触我的虚构之物。它不具真实性，而是作为恒定性、作为"各种变异一贯吻合"的本质。然而虚构与现实的划分——它以存在论土壤的稳定性为前提——在此变成科幻现实的"现实"而被悬置，其结果也是本质的缺失或缺陷；更确切地说，既是**作为本质**的缺陷又是**作为缺陷的本质**。存留于"人类"本质中的各种变异，其唯一的一贯吻合便是"技术"本质，即虚构和(存在的)缺陷。《逻辑研究》第三卷证明存在着附属性物体，与之对应的是从想象变异中获得的本质的关联，《经验与判断》将它们视为嵌入。技术性的本质**附属**于人类的本质吗？或者说**此问题难道不悬置本质的本质吗**？技术的本质看上去不正像分子生物学公理那样，为了自己而把本质范畴悬置在其切实性之中吗？这个绝对的非**本质**，这个**否定式**的"本质"并非虚构的消极性，而是一种**积极的虚构性**。人的本质目标所带有的意向性通过把人的本质问题之相关性悬置在其技术切实性中而得到充实——这便是**充实**的问题。

如果说影响签署的结构也影响虚构的技术创造性，那么由全部标记构成的schibboleth、由schibboleth划分的界限、延异中的起始、起源及断裂的疑难——**原本**可能性的涌现——亦影响着虚拟的技术创造

① 胡塞尔：《现象学基本概念》，伽利玛出版社，1950年，第227页。

性。如前所述，如果说文字学

> 不应作为人文科学的一员，(那是)因为它首先提出的真正问题是
> 482 人的命名问题①；

如果说“意向性意识”在人类**之前**找到其可能性的起源只不过是“显现**真正的**文码”，**那么确定这种文码之显现条件的问题其实是技术的问题**，也是schibboleth的问题，因为技术就是特有语言。这也意味着“真正的”问题并非最深奥的问题。

从遗传到非遗传的过渡是第一在场的疑难，也是过去第一时间出离的疑难，正如继续一个从未在场的，呈现一个不继续任何过去在场的在场——**不在场的在场**——的过去。这便是被动综合的问题。②这个疑难使人奇怪地联想到杰弗逊的签署这一虚构行为。这是“属性”外延的悖论，因为这些属性在其外延**之前**并不存在。

延异既存在于人类学断裂之**前**也存在于其**后**，但**存在于**断裂之后的延异已不**同**于断裂之前的延异。“如同”意味着人或动物间**既**无差异**又**有差异的可能的理解。爱弗拉依密特人和杰夫塔的军队听不出schibboleth的异与同：他们共用这个词(否则他们的差异就无从说起)，**同时**又因这个词的发音而相互有别③，这便是他们的“如同”。他们听不出，因为他们做不到也说不出。如果他们听到了、做到了，他们本可

① 德里达：《论文字学》，第124页。

② 同上书，第97—98页。

③ 这是《旧约》中的一个故事：杰夫塔率其军队挫败了某部落的入侵后，爱弗拉依密特人气势汹汹地前来指责他没有让自己参战从而共享胜利，并扬言要烧毁杰夫塔的村庄以示报复。事实是爱弗拉依密特人在杰夫塔求救时按兵不动，而在他打了胜仗后才来寻衅。后来杰夫塔的军队击溃了爱弗拉依密特部落，战败者想蒙混出逃时，把守关口的士兵让他们说schibboleth，所有爱弗拉依密特人都把这一词说成“sibboleth”而被识别出来并被杀戮。——译注

以和平共处，即相互理解。但不再有需要听懂的东西了，因为特有语言已不复存在。人与动物之间也是如此：延异既是他们的同一性又是他们的差异性，但一方永远说不出另一方的延异。这种对双方都是只可意会不可言传的延异，我们可以在对动物的怜悯中感觉到，却又从来说不出，就像我们不能直呼上帝之名一样。但如果某种新的断裂果真像技术新生的schibboleth那样被预告和说出来的话，那么这里涉及的也是人的命名问题。有一种不容置疑又难以形容的**过渡**，正如总是有待思考或说出的东西。

当生命意味着把生物体纳入非生物体或者把非生物体纳入生物体时，当生命通过、来自或寓于逝去之物——与死亡的某种关系——而成为空间化、时间化、差异化或延迟时，我们面临的便是生命的时间性特征问题。这种交联和分界便是技术。“分界从来不是自然形成的”，所有的分界都是技术的。所有的分界便是所有的精神和所有的特有语 483
言。这个断裂——技术——是精神、特有语言和分界的总和，它始终是确定人类范围的属性。人性从来都要通过某种特有语言来表达，且来自普遍的但又总有区域性，被某一优先场所或地域的人所理解的特有语言性。人的命名问题反复出现在德里达的论著中，在《海德格尔之手》一文中则更为明显。与《论精神》相仿，文中谈的是动物、技术和问题，它们揭示了

> 在人性（与动物性相对）和人类问题上不可忽视的联系，可以说酷似名与“物”间的联系。人的名称与它所从属的语言的名词一样问题重重。当我们说Menschheit, Humanitas, Humantität, mankind等词或Geschlecht, Menschengeschlecht时，我们指的是什么？我们说的是同一回事吗？①

① 《海德格尔之手》，《心灵，发明他者》，伽利略出版社，1987年，第419页。

在这些不同语言的想象中变换“人”的本质或**缺陷**时，我们的目标在哪里？什么在聚合、在抵制？世上什么东西在以此方式抵制中断？这个难以改变之物是schibboleth，它在开启世界——精神——的同时，也留下了人类的烙印。但这条界线并不明确：如果说“石头没有世界（weltlos），[……]动物有贫乏的世界（weltarm）”[①]，那么贫乏是何意？“[……]如果说动物有贫乏的世界，那么它仍旧拥有**一部分世界**，因而就拥有**一些精神**，也就有别于没有世界的石头”。然而海德格尔认为：“动物的世界”并不是“某种程度上的人类世界”，因为

> 只有按其存在意义存在的存在者，或者说只有生存着的、总是曾在的且在曾在的某种持续模式中生存的存在者才能被感动。感动在认识论中以当前化为前提，就是说此在能在当前化过程中被带回它作为曾在的本身。问题在于仅仅有生命之物的感官刺激与触动应该怎样从认识论上界定，再者，动物的存在一般说来是如何且在
> 484 何处由某种“时间”构建的。[②]

德里达在《论精神》中评论一段类似的文字[③]时抨击道：

> 这种分析[……]仍旨在通过它假意回避的途径——比如欠缺或剥夺的意义——来重新引入人的尺度。这是人类中心论，至少它指的是被此在质疑的“我们”。这种分析不能作为分析而出现，而只能从非动物界、从“我们”的观点出发来获得一些意义。[④]

① 雅克·德里达：《论精神》，伽利略出版社，1987年，第76页。

② 海德格尔：《存在与时间》，德文版第346页，第68节。

③ 《海德格尔全集》，第276页，第29—30段。

④ 雅克·德里达：《论精神》，第79页。

需要在此详细说明的是延异中的中断问题和**原本**的困难，这也正是上述评论中的困难和把schibboleth中的shi发成si的爱弗拉依密特人有能力与无能力的困难：

> 动物［……］没有世界，因为它们的世界被剥夺了。而被剥夺又意味着它们的不拥有是拥有的一种形式，甚至与拥有世界有某种关系。“没有世界”中的“没有”在意义上有别，这个否定词对动物、对石头是不同的：对动物来说是剥夺，对石头来说则是纯粹的不在场。
>
> ［……］动物［……］**可以**拥有世界。海德格尔用“贫乏”（或被剥夺）来描述**能够拥有**中的**非拥有**形式（Armut［Entbehren］als Nichthaben im Habenkonnen）。这种能力、力量或潜力也许不具亚里士多德所言的**动力**意义，也不是由**终极目的**导向的虚拟性，但我们又怎样避免这种模式的回归呢？［……］动物**既**拥有世界又**没有**世界。①

这个**不**在场的在场正是“第一”在场的结构。同样，爱弗拉依密特人既**能**又**不能**区分这种结构。他们在说到——说他们自己的语言，说sibboleth——时也能做到；但在发不出schibboleth的时候，他又做不到了。这已经是“如同”，但**还不是**海德格尔所说的**原本**。

> ［……］世界的概念［……］无非是**精神的**概念。海德格尔强调精神性，这是一个缺之便不成其为世界的名词。［……］石头不能通达存在者，因为它没有体验；动物可以通达存在者，但与人不 485
> 同的是，它不能通达**原本**的存在者。

① 雅克·德里达：《论精神》，第81页。

原本的问题即延异的问题,也是作为**技术**问题的、中断前后的延异之间的差异问题:动物**能够**拥有世界但它们偏偏不这样**做**,它们明知自己可以在某种程度上拥有世界却又做不到,这首先是因为它们说不出来,做出来其实就是说出来。"缺乏命名能力首先不是或不仅仅是语言问题",而是缺乏找到本质或本质缺陷的能力。这需要**做**和体验,需要从想象出发体验变异。与某一schibboleth相关的语言与特有语言的差异之谜或许也是动物之谜或做之谜——这里指的是手的问题,因而也是技术的问题。海德格尔的人文主义及其"政治冒险"的暧昧态度都与这种差异有关。我们必须学会理解这种差异,**且**像shi和si之间那样,在"做"此动词时**做**出这个差异。需要**做**的正是对这个本体差异的暧昧态度。我们必须以当代生物—技术—人类学背景和潜在的优生学为尺度来衡量这种暧昧中不可低估的严重性,因为

> "很少的世界"或"没有世界"的说法——正如赞同它的现象学——涵括了一种价值哲学,后者不仅受存在论支配,而且也受真正的**本体-逻辑**可能性和本体差异的支配;它通达存在者的存在,然后对篡改做篡改,比如向世界——首先是向作为宇宙生成的(weltbildend)人类世界——敞开。**这个人文主义的目的论**[……]**迄今**仍是[……]从伦理—政治上废除诸如生物主义、种族主义、自然主义时所需付出的代价。①

这是技术的问题,它与分子生物学今天以最独特也最古老的方式带给我们的问题相同。**的确**,断裂本身已违反了分子生物学公理,因为出现了后种系生成的记忆,即超出个体生命来传播个体经验的可能性,也是存活的可能性,而"人"**只能是**存活的"结果"。

---

① 雅克·德里达:《论精神》,第87页。

通过**无机物的有机化**，通过出现在新石器时期且加深了“选择压力”之条件而改变的养殖，最终通过**今天的有机物的非有机化和重新有机化**，记忆被留存在身体之外。结果是分子生物学的公理被**悬置了**。所谓人与技术只不过是从原初缺陷的超悬置中产生的一些悬置物。 486

这种超越身体（这里说的是真正的躯体）的保存已经意味着这个真正的躯体本身——某种形式的“自我格”——可能会消失。这种技术保存全方位地影响了海德格尔的已经在此问题。但由于存在性分析从未被看作“后种系生成”的问题，它必然从人类中心论的角度来探讨已经在此。然而在哲学生物主义的直接威胁下，也许别无它策。我们要从生物主义中拯救人的哪些东西？抵制什么？换言之，我们在想象变异中寻求什么呢？无论如何，我们应当珍惜人的哪些品质？新生事物是柏格森给不确实之物的名称，我们寻求它也珍惜它。然而在珍惜这个“我们是我们自身的存在者”的同时，我们又试图排除它。从其难以分辨的起源开始，技术就一直在非凡地加快新生事物的产生速度。在我们珍惜的这个新生事物中，什么又使我们担忧呢？我们担忧的是人的消亡和**随之而来的**新生事物的消亡。

此类新生事物——这种不能再简单地用基因漂移来解释生物体分化的加速生产——究竟是与人同时形成的还是始于人之前？搞清这个问题并不重要，因为我们看到，它已不再纯粹是人的问题了，而是在遗传和后生成从**某种存在的缺陷或本质的缺陷**出发构成的条件中所获得的经验以及这些经验的传播。令人生畏的优生学是**消除缺陷，即消除终结的可能性——实际上是不可能的可能性**：如果说新生事物来自某种先天不足，那么尽善尽美将意味着新生事物之所有可能性的**枯竭**。

对缺陷的体验和缺陷的特性在人类之前——不仅在猴子的社会中，而且可能在很早的动物性中——就存在，这丝毫不改变问题出在那里的事实。**那里**指的是在缺陷和**当今**的技术中，人的问题只是对这一事实的狭隘观念而已。无论如何，人的出现与突现于当时的分化过程

487 中的后种系生成的支配权在时间上巧合。“人”充其量是这个支配权，其终结（我们在此特意保留该词模棱两可的含义）正是此支配权的延伸。特有语言的差异及其对schibboleth的从属则完全属于刻印在身体中及别处的技术记忆范畴。

在此，政治的紧迫性不正是揭露**人寿保险**的真相——正如延异已经提出的问题——同时也提出探讨生命与存活问题的必要性吗？我们必须驳斥这种目的论（同时又必须事先道出其确定的必然性），因为生命的技术化势在必行。当问题、动物和技术——也指死亡——都混杂在生命的技术化中，也就是说，当对《存在与时间》一书、“此书的研究领域、其论述的展开及概念的设置”构成解构之威胁的有关动物性和生命的问题缠杂在一起时，便又回到了**原本**的问题：

> 但即便是以先于自身的形式，此在对死亡有**真正**的体验吗？上述问句的意义是什么？走向死亡的存在又是什么？对于**本质上**从未被定义为生者的此在来说，死亡意味着什么呢？我们在此并不是要把生与死对立起来，而是在做出与死亡的关系或对死亡的体验与生者的生命无关之论断时反问自己：我们能赋予死亡什么样的语义学内涵呢？①

可怕的是：人类存在着，但又不存在，并不比语言更多地存在。存在着**各种各样**的人，所有语言也从来都是**各式各样**的语言——然而又是全部的schibboleth，且这个词的所有**发音方式**到头来总能成为真正的schibboleth，即标志着某人的地理、文化来源的发音方式。况且也别无选择，因为如果没有（被共用、被共用来抵制其他schibboleth的）真正的schibboleth，也就没有**这个坚持不懈、顽强不屈、不存在**却又**包罗万象的**

① 雅克·德里达：《论精神》，第88页，注解2。

“schibboleth”。

schibboleth就是技术，特有语言则是补余性，因为它变成了“谁”的（重新）构成性动力。特有语言是“什么”的**个例**。那么“谁”的哪种构成性有待考虑也**必须**考虑呢？ 488

16.“认识”科学

随着“认识”科学的产生，技术在西方思想史上首次成为启发性载体，一种新型的解释范例从机器的认识概念中找到了统一性：

> 这里谈的不是科幻，而是名副其实的科学，它建立在一种既深刻又大胆的理论概念之上，那便是：我们自己说到底就是计算机。①

于是“谁”与“什么”之间的差异便不复存在，因为**阐明**“谁”就是将他理解为“什么”。一个特殊的“什么”**引导**“谁”去理解他自己。研究这种认识需要汇聚心理学、语言学、语言心理学、人类学、劳动经济学、神经科学、逻辑学、哲学和人工智能的机器人学。这些学科均受到“计算机模型能力”的影响，即“在研究中将自然物与人造物一视同仁”②。认识科学初期的“正统”模式认为，推理只不过是计算，即“执行一组选自某既定范围的基本运算”。正是**从**图灵测试③和万能机器的概念**出发**，被称为认识的现象首先指技术的功能和动物或人的行为。结

① 海于格兰：《机器中的精神》，Odile Jacob出版社，1989年。

② 丹尼尔·安德勒：“不确定形势中的进步”，《争鸣》，第47期，第5页。

③ 图灵：“电脑与智能”，《思维与机器》，Champ-Vallon出版社，1983年。——原注。阿兰·图灵在19世纪40年代就提出了理性的智能机器“图灵机”，因而被誉为计算机理论之父。——译注

果是抽象机器的概念（它产生于数学领域，又被输出到技术领域重新使用）构成了有助于我们理解一般认识现象的既独特又丰富的启发性载体。通过同时延伸信息与抽象机器的概念，汇聚这些科学的计划试图缔造一种有关不同层次认识的遗传学从而搞清下列过程：物理化学层
489 次如何引发生物化学层次，生物化学层次如何表现神经生理功能，神经生理又如何造就神经心理，最后，神经心理又如何产生语言层次和社会层次。这样一来，认识科学的观点便被用来解释目前通行的所有进化理论，而且这种新生的动力终将成为普遍的进化理论。奇怪的是，尽管其聚合模式以技术为属性，认识科学却没有把技术事件作为记忆的外延，作为生命以生命之外的其他方式的延续——**知识**的**后种系生成**之本质特性——而归入其模型中。

在使之成为可能的工业领域中，认识科学最终研究的是知识而不是一般的认识。如果说绝不可能把汇总各类认识科学的认识概念从人类学或动物学角度先验地阐明，那么从真正的技术科学角度上看，其终极目标仍是要以机械的方式把**人类**认识模型化。因此，认识科学无法既共时性地（指不同层次的、潜认识的、认识的、象征的和社会的嵌入）又历时性地（指生物进化和生物体对非生物体的违反进化规律的制造）回避一般认识现象中人类知识之特性的问题。即便认识科学通过调整抽象机器的数学概念而把技术的人为性放在其启发性方法的中心，它们似乎仍不能从理论上解释生命历史中的**技术事实**。如此说来，与工具同时出现的大脑皮层化过程开启了生物体与环境的新型关系，其媒介是人为的层面，也是人类生存者不可或缺的人为记忆。认识科学并未理解此过程的特性，它们力图消除动物、人、技术之间形而上学的传统对立，这反而削弱了它们自身，同时也抹杀了由此而来的**动力特性**，即此过程的**时间性**。

这种做法忽视了下列事实：首先，人类知识的本质是技术；其次，没有记忆的人工记录表面就没有知识的可能性；然后，作为有机化的无

机质料，这些载体的具体特征**构成**了人类认识行为的实在性。认识模式先验地提出，用机器像生产思维代具那样模仿思维是可能的，但它忘 490
记了代具在思维中的原初角色：被忽视的是“谁”与“什么”的**偶合**，它比“谁”和“什么”本身**更古老**。

对于认识科学来说，技术在人类认识中无足轻重。把抽象的万能机器之概念纳入技术背景的图灵亦持这种观点。他似乎道出了这样两层意思：

第一，从理论上讲，可以先天地体现在任何载体上的万能模式之功能并不取决于该载体的量化性能，尤其与该载体的处理速度无关：

> 巴比奇[①]机器不是电动的，所有的数字电脑从某种意义上讲也都与之相仿，由此可见，电的使用不可能有什么理论意义。[②]

第二，为了评价某先天模式的后天性能，我们又必须重视电的使用。“当然，一般说来哪里需要快速处理信号哪里就会有电”。但快速没有任何理论效应，且速度只是一个“无关紧要的因素”。“只要数字电脑的运行速度足够快，它便可以模仿任何处于含蓄状态的机器行为。”[③]“足够快”是何意？尚无人问此问题，然而**它正是全部问题之所在**。于是，**载体**是否有中立性的问题即便不是从实践上也是从理论上被提出了。[④]

知识最基本的技术性问题，尤其是作为一切认识活动之前提的记

① 英国数学家、哲学家、工程师、可编程计算机的创始人。——译注

② “电脑与智能”，《思维与机器》，第45页。

③ 同上书，第48页。

④ 速度（和载体本身）的这种理论上的中立性问题已在别处有过探讨。比如亨利·阿特朗说过：“在系统研究中彻底改变计算能力的时间比例并不是一件无足轻重之事，因为这种改变亦会动摇决定论与新生事物之间传统的对立。”摘自“新生事物与意义的出现”，《自我调节》，瑟伊出版社，1983年，第117页。

忆问题，**都**被图灵束之高阁。图灵提出了技术记忆——比如书、纸或计
算机中央记忆体——理论上的中立性，并将其置于认识模式中。为了
描述数字电脑的运作功能，图灵把它们比作“人性化计算器”。人性化
491 计算器“是用来执行写在手册上的[……]固定规则的仪器，(而且)它
备有取之不尽的计算纸”①。然而，电脑的记忆体

> 是信息存储器，它相当于人性化计算器上用的纸——用来作计算或印刷其规则手册的纸。

图灵认为纸和手册只不过是人性化计算器的**辅助工具**，人性化计算器完全可以不需要它们：

> 人性化计算器用头脑作计算，(而手册只不过是)一个方便的虚构。其实真正的人性化计算器知道自己该做什么。

记忆不是原初就需要辅助。我们自然可以理解，**辅助**并非作为辅助来考量，而且载体**在此背景中**并不重要，因为需要阐明的是形式的、抽象的模型可以有不同的表现方式，且原则上又不受载体的影响：具体载体相对于普遍的、抽象的模型来说是无关紧要的。然而这又意味着机器纸带所构成的记忆在理论模型中是无穷尽的：形式模型考虑不到的正是**滞留有限性**，因为这种数学模型无法看到摆脱了质料和形式构成事物论之传统模式的动力。另外，“真正的人性化计算器”在计算中并不是可以不需要记录载体的。

于是，输出到认识科学领域的抽象机器的概念看起来有些自相矛盾：既然抽象机器的性质推翻了传统的知识理论所共有的质料和形式构

① “电脑与智能”，《思维与机器》，第43页。

成事物论的划分(因为批判精神与物质的对立只能是批判形式与物质的对立),那么它自己就不能再声称这种划分是有效的:机器**本质**上是“具体的”,也就是说**物质上是明确规定**的,其载体之性能也是有用的。然而,正因哲学已从传统上排除了人类认识载体的特性(虽然一贯模棱两可,当然还是有例外,莱布尼茨便是最好的例证),所以一般来说,它也把技术从总是建立在形式与物质之对立基础上的知识理论中剔除出去了。 492

由于未把电脑这一具体的数字机器看作**知识**记忆的特例(因为知识记忆本质上是**后种系生成的**,且总是寓于与“谁”的活着的、正在死去的、记忆相**偶合**的“什么”的代具性中),**认识科学把局部当成了整体**。整体是有机物与无机物的**偶合**,从中产生了后种系生成的记忆之复合体;而局部要么是有机物,要么是无机物。抬高其中一方而使之与另一方脱节的做法便是陷入了“谁”或“什么”的形而上学中,二者性质相同。把局部当作整体也是**忘记**了有限性,因为欲成为万能的模式,机器的记忆**必须是无限的**。

如今,万能模式尤其受到**多因子系统**理论的反对。这个理论发现,图灵试验因来自个体的局限而对知识的理解有欠全面[1]:知识应当从集体的角度出发且作为社会事件来理解。受到动物生态学研究的启发,多因子系统模式证明**动物群体的组构已经需要无机的记忆载体**。霍夫斯塔特从来自神经的自主网络模式即**自我调节**理论的模式出发,在他对作为**发生**现象的认识的研究中,对蚁穴的例子作了细致入微的分析。霍夫斯塔特的主体思想取自《昆虫社会》:

> “群体交流可被定义为在群组间传递某种不能由个体传给个体的信息。”有些信息、知识或想法很可能存在于集体活动的层次,而绝对不会存在于最低的层次。任何信息都无法在这个最低层

① 让·埃尔索、雅克·费尔贝:“分散的人工智能”,《研究》,1992年。

次上存在。此观点推翻了那种认为思维完全等同于控制论类型的“符号操纵”的理论。[①]

“最低层次”指的是**潜认识**过程的层次。由于潜认识过程产生更高层次的发生现象，所以应把它们作为研究的重点。与正统的认识论
493 观点相反，大脑的“中心程序”似乎并不比蚁群的多：

> 蚂蚁的行动并不是把某种“蚁穴水平上的程序”“翻译成机器语言”。唯一重要的是统计：通过统计，信息在一个远高于蚂蚁层次的层次上流通。这也适用于大脑中的神经冲动。

动物社会的确造就了某些群体行为。不能把这些行为简化为编码在遗传程序中的个体行为的总和，因为本质的东西应当发生在整体层次上，况且也不存在群体行为的遗传程序，遗传学**似乎已不再**是本质内容了。霍夫斯塔特认为，昆虫的集体行为或记忆与其说是**程序学**现象，不如说是**统计学**现象，且智力似乎是一种类似的发生现象：

> 出现在这个认识高层次上的行为既不能被编程也不能被预见。这便是我称为“智力统计发生”的现象的本质。

我们可以把蚁穴的例子说成“知识共享”吗？如果可以，那么蚁穴又是以什么“工具”来实现这一“共享”的呢？多米尼克·弗莱斯诺和让-皮埃尔·拉绍用数十只蚂蚁组成的蚁群所做的实验[②]颇具启发性。

---

① 道格拉斯·霍夫斯塔特：“认识与潜认识”，《争鸣》，第47期，第38页。

② 多米尼克·弗莱斯诺：“蚂蚁的社会：调节与学习”，摘自他的讲稿《多因子系统》。此讲座由勒内（Ch. Lenay）主办于贡比涅大学。

蚁穴由不同的个体阶层组成，这些阶层决定于“所执行任务”的行为，比如繁殖、照看幼虫、觅食及“非活化”阶层[……]。每一阶层的个体所占的比例是恒定的。如果我们做一个“社会摘除”[①]，即从蚁穴的某一阶层中除去一部分个体，我们会看到，平衡将重新建立，比如一些“猎手”会变成“保育员”。然而解释此现象的假设是：每个因子均释放出被称为外激素的化学信息，而环境会对这些因子的特异性起强化或抑制作用。从多因子系统模型发展而来的蚁穴信息模组化也证实了这一 494
假设。我们格外重视这种痕迹的释放，因为信息模型把这些因子作为“重新活化”的因子即对自身行为不具记忆的因子来处理。多因子系统实际上有两种模型：第一种假设这些因子是“有认识力的”，它们对自己的行为以及过去的行为经验有明显的再现；第二种假设这些因子“重新活化”，这里既没有再现也没有记忆，而是受刺激／反应模式的控制。第二种模型适用于蚁穴成员的模组化。然而，如果这些因子没有对原先行为的记忆，而且它们的特性又由其他因子的行为来决定，那么对集体行为的记忆就必然至少是暂时地铭记在某处。外激素便是印在作为载体也作为该群体版图的领土——蚁穴以及捕食个体在周围标出的路线——上的化学痕迹。这里确实存在着已经外延的记忆层次：已经存在着无机载体和来自领土的有机化，即蚁穴。

我们可以称之为后种系生成吗？当然不行。因为这不是个体或集体经验的**传播**问题[②]，所以也就没有**技术趋势**所导致的无机物的有机化，而只有动物群体与其环境之间的结构偶合。

在力图模仿执行更复杂任务的行为（机器人领域）的**认识**多因子

① 多米尼克·莱斯泰尔：“控制论的蚂蚁和昆虫机器人：位于机器人与实验动物行为学交界的社会性与认识”，《社会科学通讯》，第31期（第2册），1992年，第179—211页。

② 相反，我们知道，猿猴的部落中已有了经验传播和文化适应，而且越来越明确的是：我们在此描述为后种系生成的过程在人类之前便产生了。这就证明了问题不在于人类，而在于人作为其传播者的过程。

系统中，使“知识共享”成为可能的部件被称为黑板[①]，它能把数种因子的知识记录在所有因子共享却又不属于任一因子的载体上，这已是后种系生成之载体的模组化了。

对“重新活化的因子”和“有认识力的因子”的划分与勒鲁瓦-古兰对不同类型记忆的划分从根本上并不矛盾。在勒鲁瓦-古兰的记忆类型中，所有“高”层次的记忆都能调动比它层次低的记忆；同样，“重新活化”的层次亦可促生“有认识力”的层次。如此说来，我们必须**把握住程序的概念**，尽管它受到了发生模式的质疑。我们不是不需要程序，而是要**以其他方式**构想程序，将它看作不确实性因素。

495

认识论者无法考量程序、器官和记忆。为捍卫其“精神模式性”假说和重建伽尔的理论，福多尔对乔姆斯基的观点做了评论，其词不达意和概念混乱可谓登峰造极：

> 笛卡尔天赋思想理论的复苏是大家有目共睹的。特别是在乔姆斯基的倡导下，在心理或“器官”领域中，它被明确地誉为最早的（内在的、遗传的）精神结构化理论。[……]乔姆斯基喜欢把心脏、手臂、腿、翅膀等与精神结构相提并论。

遗憾的是，勒鲁瓦-古兰在动物学之外定义器官**分类**的**切实**条件以及这些条件引起的概念中断时所做的**严谨**的类比在此被忽略了。福多尔引用了乔姆斯基的话：

> 把语言能力、数字运算能力等看作类似于心脏、视觉系统或协调及运动预测系统的“精神器官”是有益的。在我们看来，实体器官、运动与感觉系统和认识能力之间似乎并没有明确的界限。

① 布鲁诺·巴希蒙：《知识系统的控制》，Hermès出版社，1992年。

这里的“精神器官”完全忽视了无机物有机化的必要性以及与此相关的作为记忆外延的滞留有限性。这在福多尔的评论中显而易见：

> “毋庸置疑，人体无须学习如何拥有双臂或如何长到发育期。[……]当我们转向精神及其产物时，情形与我们身体的例子并无本质的不同。”[……]如果我们假设有天赋能力，那么记忆一定是个合理的候选者。然而，从这种观念的新笛卡尔主义意义上讲， 496
> 记忆并不是一种能力。拥有记忆并非拥有某种信仰，且即便记忆是一种天赋能力，它也不是人类与生俱来的某种命题认识的后果。简而言之，我们绝对无意把记忆的结构与整个命题的演绎结构相提并论，倒不如说记忆是类似于手、肝脏或心脏的某种机制。至少从实体上看，记忆确实像某种精神器官；但即便是从实体上看，它也与语言能力无关。[①]

福多尔正是通过对“器官”之含义的这种“区分”来建立他的精神模式性理论：似乎存在着像语言能力那样的命题天赋以及由类似配有“周边设备”的电脑的结构模式组成的精神结构。明斯基通过更改远距离现身和虚拟现实的词义而使这种对“精神”的理解合法化，但他忘记了勒鲁瓦-古兰如何在1965年就预见到这种作为外延过程之继续的进化的可能性。

让-皮埃尔·尚热提出了文化烙印和选择稳定性的概念。在描述神经元的人类学起源时，他并未忽视文字的重要性，他似乎把神经生理学纳入了经验的“后种系生成的”传播问题：

> 随着文字的发展，脑外记忆把图像和概念固定在比神经元和

① 杰里·福多尔：《精神模式》，午夜出版社，1986年，第13—21页。

> 神经突触更加稳定的材料上。这种脑外记忆巩固和完善了已包含大量事件与“文化物体”及象征符号的、每一代人都要重新学习的、没有被刻印在基因里却得以延续的全部习惯与传统。精神图像或概念由此获得的寿命远高于在某一天、在几秒钟之内制造了它们的大脑。这种文化记忆是如何实现的呢？回答这个问题[……]需要触及一个让人着迷却对神经科学、社会人类学和人种学的交汇点极少问津的领域。①

概念的“寿命远高于大脑的寿命”是指概念可在其“发明者”及发
497 明者的（后生成的）神经记忆之外保存、传播、转化和**延续**，且不依赖通过生殖细胞留传给种系的遗传记忆。一种**新型的记忆**应当同人的肌体一道出现在生命的历史中：问题是要知晓“概念”或“精神图像”**在何处**且**如何**保存、复制与分化。这自然意味着探讨神经科学、人类学和人种学之间的关联，但它首先意味着了解技术事件在生命历史中的影响。于是我们不禁要问：真是大脑“在某一天[……]制造了”概念和精神图像吗？换言之，这是纯粹的“神经元”的问题吗？或者说难道神经元不是记忆载体的个例吗？在“神经元的人”的神经元中，这种载体只能以总是既有机又无机的**记忆原初复合体**形式运作。②生产者与产品之间的关系是什么？与其说是行动，不如说是互动。这是一个**复杂**而**矛盾**的过程：与表象相反，生产者不一定在产品之前。我们正是在这个意义上提出“如何实现这种文化记忆”的问题。对文字的认识从某种意义上也适用于最古老的工具，所以，与其问询文字出现的意义，不如探讨作为脑外记忆之发展的工具出现的意义。

今天由有限性综合的新形式——准确地说，它们是由吸引着认识

① 让-皮埃尔·尚热：《神经元的人》，Fayard出版社，1983年，第341页。

② 令人诧异的是，他对维果茨基和卢里亚的论述视而不见。

科学，其发展又受益于认识科学的代具制造出来的——构成的脑外记忆的问题其实是发明的问题。①

如果这意味着不仅把知识理解为共享，而且也将其理解为生成、演变以及在积累过程中产生新事物的效应，那么知识的**社会生成**就应当是其**技术生成**。这就**产生了行为中的**知识，它不仅被调动、作为预制数据被应用，而且也是其自身转化过程。仅仅集合规则但无法生成新规 498
则的"知识"不能算知识，

> 其结果[……]并不是完全切实的整体，因为整体只能在它的未来中构成；其目的本身是没有生命的普遍概念，正如趋势只是尚缺乏切实的实在性的冲动，赤裸的结果是趋势留在身后的残骸。②
>
> 只是外在地知道(可背诵)欧几里得定律却不会证明它们，也就是不懂得这些定律，无法内在地以对比方式表达它们的人，我们不会将他看作几何学家。同样，我们也不满足于直角三角形三边之关系这种通过测量大量的直角三角形而获得的、众所周知的知识。③

因为这个可证明的知识是矛盾的，所以存在着概念的**效应**。知识是一种效应，而效应是通过器具、劳动工具和技术来实现的；"真理并不像不留下工具痕迹的产品"，真理保存了对"概念效应"的记忆和对由

① 这是人的问题，也是发明的问题，或者依布朗肖之见，亦是作品的问题。第一个人的工具本质上已是记忆，即在他身后遗留给其继承人的动作的记忆。这就超越了他的生命(即他的生物记忆)，也就是说进入了死亡：人第一次便是这样死去的。正因如此(由于他把作品和文字**看作效应**)，布朗肖在《拉斯科岩洞中的动物图案》(Fata Morgana出版社，第13页)中写道：书中无人称的知识"关联着各式各样的技术发展"。

② 黑格尔：《精神现象学》，Aubier-Montaigne出版社，1941年，第7页。

③ 同上书，第36页。

此产生的工具的记忆。黑格尔当然没有把工具看作技术，而是将它归属于重新审视命题性质的**逻辑科学**。把知识的本质纳入器具和偶然性中也许意味着对这个引起重重矛盾与思辨的概念的另一种解释。

本质上从个体角度定义知识显然会忽视知识是由技术载体构成的，因为这种定义方法无须考虑知识是在个体之间、一代代人之间传播的，也无须考虑对于**连接**已经在此的"知者"而言，知识从来是已具有外延性的记忆。相反，质疑知识的社会生成就是在定义所有的认识之前质疑受认识调动的记忆之性质。

这种做法更具合法性，因为它符合认识论的要求，比如应在动物、人、机器的划分**之前**理解**认识**，这是我们在动物的社会行为模式化部分
499 看到的。

认识的本质是把无机物有机化或把有机物重新有机化（对选择压力的干预），问题在于无机器官——滞留有限性——的有机化。如此说来，认识科学的根本问题是有限性。若埃勒·普鲁斯特在一篇文章中无懈可击地解释了为什么有限性是问题之所在，也说明了此问题为何**没有**被认识科学正确地理解（即作为滞留来理解）：这意味着通过揭示康德理论与纽厄尔理论之间的相似性来用哲学语言分析人工智能所引发的问题。为了驳斥丹内特的观点，若埃勒·普鲁斯特重申："经验生成中不可见的所有纯粹的先验概念范畴"都与心理无关。她指出，纽厄尔的信息模式化

> 以承认"心理"因素与"形式上的"认识成分相对立的合理性为前提。心理因素与认识成分的对立是从福莱尔提出的"判断内容"与"判断行为的合法性"之对立中派生出来的，[……]目的是把康德思想中知识的事实生成与先验生成之对立绝对化[①]，

① 若埃勒·普鲁斯特："人工智能与哲学"，《争鸣》，第47期，第92—93页。

即把（康德所言的）历史知识与理性知识（这里指的正是胡塞尔提出的共同体化问题，同时也是滞留有限性问题，然而这段分析恰恰忽视了后一点）之间的对立绝对化。纽厄尔和康德都提出了普遍概念的观点，而且纽厄尔认为

> 人工智能的技术极限是次要问题，因为它们是事实的极限。**但这些极限恰恰表现了构成认识过程之特征的有限性。**

我们看到图灵的关于载体的无关紧要的观点是如何被合法化的。然而我们在此应怎样理解**有限性**呢？与纽厄尔相同，若埃勒·普鲁斯特没有看到这里说的是康德理论中的时间、内在意义和作为主体**无法修复**的裂痕的先验想象之问题。这个问题**本身**又引发了属于终结范畴的重复、习惯、自动性和**机器的**问题。 500

既受到马图拉纳有关说话行为的理论的影响，又受到海德格尔的启发，特里·维诺格拉德和费尔南多·弗洛雷斯[①]似乎反过来把知识看作是对工具构成的有限性的共享。在这种有限性中，"谁"与"什么"本应有根本的关连性。我们本可以期待这种有限性既被理解为由走向终结的存在构成的时间性出离，又被理解为始终是技术性的对已经在此的通达，然而事实并非如此。已经在此甚至没有被作为问题提出来。

维诺格拉德和弗洛雷斯在解读《存在与时间》时混淆了烦忙和计划。于是这种解释方式不仅误入歧途，而且在很大程度上与海德格尔的本意背道而驰，结果最终成了对海德格尔的非批判性阅读：若要对海德格尔的烦忙与计划之**对立提出质疑**并**批判性地接受**这种对立在《存在与时间》中的内在必然性，就必须从已经在此的代具性**出发**来理解有限性。显而易见的是，烦忙和计划被混为一谈了：

---

① 特里·维诺格拉德、费尔南多·弗洛雷斯：《有疑问的人工智能》，法国大学出版社，1989年。

> 我们与别人、与我们周围世界的互动把我们抛在计划中[……]。
>
> 作为观察者，我们可以[……]谈论斧头并琢磨它的属性；但对于被抛在使用斧头这一计划中的人来说，斧头并不作为单独的物体而存在。①

混淆烦忙与计划的原因是：语言的本质被看成了**行为的环境**。

> 不能把语言理解为信息传播。
>
> 语言是人类社会行为的一种形式，它朝着马图拉纳所说的“相互导向”发展。这种导向并不是建立在语言与世界的联系之上，而是作为交感领域，即作为交织着各种行为的模式而存在。②

维诺格拉德和弗洛雷斯大胆地综合了海德格尔、马图拉纳、瑟尔和
501 哈贝马斯的观点，并称之为“投入（engagement）”：

> 从描述语言到行为语言的过渡是言语行为理论的基石。此理论关注的是语言行为，而不是其表意功能。
>
> [……]言语行为造成一种投入。当我们把这种投入看作语言的基石时，我们便将它置于某种社会结构而不是个体的精神活动之中了。

如此说来，所有言语都是投入，比如投入到讲话人或听讲人的行动中。然而理性主义把语言作为不能体现这一语言本质的表意系统来分析，对这种做法的指责是有道理的。在世存在中的讲话受制于这个由

① 《有疑问的人工智能》，第69—70页。

② 同上书，第128页。

计划构成的在世存在的结构，讲话是世界与“讲话人”之间的“结构偶合”，正是在这一点上，马图拉纳的观点被引用。可计划与烦忙混为一谈了。瑟尔汇总的非词组类型其实是投入的类型。

这种混淆抹杀了作为终极结构的走向死亡的存在的本质意义，所以工具衰退所构成的器具性中的意义性中断被曲解了：

> 理性主义从传统上重视分析性理解以及与世界——包括与工具——互动过程中的推理所扮演的角色。海德格尔和马图拉纳都独具匠心地指出了“手下”之物（结构性偶合）的重要性，也指出了在达不到这一偶合时，物体及其属性得以存在的途径。[……]
>
> 海德格尔认为，当“事物”的不在场把“事物”显示为“忧虑”的对象时，它们似乎不能被支配。[①]

我们**在此**期望的是原初时间性问题被提出来。正相反，中断只通达对作为手下之物的现成在手的存在者的理解。海德格尔

> 把再现看作只发生在我们投入活动中断之时的派生现象[②]。

于是**数字**技术被纳入很大程度上与计划混为一谈的用具作用性范畴，与此同时，“原初”时间性即**有限性**的**问题**消失了。令人费解的是 502
“什么”的**创造性**，即构成“谁”的已经在此的不可支配性。“什么”的创造性体现在语言中，但又仅限于语言：

> 电脑归根结底是人类活动的工具，它们作为语言行为工具的

① 《有疑问的人工智能》，第122—123页。

② 同上书，第124页。

> 能力派生于它们把构成语言基本要素的形式元素组合在一起的能力。但电脑没有能力作投入,也不能进入到语言中。

什么是"作投入"和"进入到语言中"?"作投入"的是**语言**还是"使用"语言的**讲话人**?维诺格拉德和弗洛雷斯明白,讲话人**并不是在使用**语言,因为从某种意义上说,讲话人**就是**语言,是与他的世界结构性偶合的一种模式。但从某种意义上讲,他不也正是这个世界吗?或者说这不正意味着在区分讲话人与语言、语言与世界——也是在区分"谁"与"什么"——**之前**思考吗?倘若如此,这也将意味着把自己置身于语言与文字、**电脑**与语言的区分之前,因为电脑是特殊的文字机器模式。思考"谁"与"什么"之间另一种关系的必要性在此虽有触及,但未能深入探讨,尤其没能达到理解数字机器本质的愿望:

> 软件虽然可能是专家之间十分复杂的交流手段,但它毕竟不是专家。[1]

由于这种论断毫无实际意义,对我们来说它只是说明了**真正的**问题尚未被提出,维诺格拉德和弗洛雷斯终究还是没能摆脱图灵和图灵之后的"正统认识论者"以及先于他们又远在柏拉图之后的海德格尔都持有的偏见,那就是:在信息机器的运作中

> 必然有投入。但这是编程人的投入,而不是程序的投入。如果我写个东西寄给你们,你们自然不会把纸看作语言行为的体现。纸
> 503 是可使您与我互动的载体。[2]

① 《有疑问的人工智能》,第129页。

② 同上书,第193页。

这便是纸的永恒的庸常性，也是在从《斐德若篇》起总是把**记载记忆**看作**记忆缺失**、忘记了本质和“不留痕迹的沉思会逐渐消逝”的这些思维中对纸的永恒的**遗忘**。尽管如此，胡塞尔最终还是提出了滞留有限性的问题，这是一个了不起的贡献。

我们对“光速时间”和事件化的所有分析表明创造性比比皆是，而且在综合了滞留有限性的所有代具中——在**任何微不足道**的载体上，纸当然不是其中之最——都存在着行动和投入。语言是“什么”的十分特殊的个例，其创造性动力是“什么”的一般创造性的特殊化。把语言说成是“什么”的特例显然会招来非议，因为“语言不是简单的反射，而是构成性的中介”，然而这正是一般的“什么”之真相。作为自身之外的存在的时间出离结构，语言已属于“谁”与“什么”的偶合；更深入地讲，在语言的这种或那种规范之前，这个“什么”就已是所有时间性——比如通达已经在此，也是通达未来——的构成物。语言固然是已经在此的优**先传播体**，但**依笔者之见**，它**仍然**只是**众多传播体中**的一员而已。语言绝不可能削减其他传播体的多样性、独特性和特有性，同样也不能削减其自身的特性，即它的特有语言性。更重要的是，只有作为总被归入滞留有限性时代的“什么”或从“什么”出发才能通达已经在此。这在维诺格拉德和弗洛雷斯的分析中丝毫没有被触及，尽管他们在揭示“谁”与“什么”的关联上有着虽不突出却仍值得褒扬的贡献。他们这样写道：“海德格尔所言的我们的‘计划’使我们忘记了理解的社会含义和计划所引起的投入。”然而由于他们忘记了计划与繁忙的差别，也由于这个差别因开启了本体差异和存在的不同时期而忽略了海德格尔理论中作为遗忘因素的原初代具性，维诺格拉德和弗洛雷斯忘记了**爱比米修斯原则**，即构成与“什么”的关系的遗忘。爱比米修斯原则重复它所承载的**普罗米修斯原则**，并由此构成那个**在对经验**的一遍遍重新记忆中沉思其“过失”和遗忘的“谁”。

从图灵到维诺格拉德，无论是正统还是非正统，认识模式**无法**想到

504 的是“谁”与“什么”在其**助产过程**中形成的原初复合体、作为时间性的思维以及把滞留有限性纳入服从于技术趋势之外延原则的时间。这个演变不是遗传的，而是后生成的，也就是说创造性的：没有一种单一的解释原理能够彻底阐明生成问题，于是它便带有**占卜性**的预言色彩，因为对于欲在无思和思维对象中摒弃其复杂性和公共关联性的思维，难道还有别的**解释**吗？只有不确定原则，而且有限性的未来是不确实的。“谁”与“什么”的**复合体**不断变换时间化条件，如果西蒙栋所说的机器个体化的继续是把“谁”的器具能力交给“什么”来代管，那么只有在“谁”与“什么”的**关系**发生转化时，这个代管才可行。试想有生命的、会死去的因而也是先于自身的机器代具被制造出来，这在今天至少是一种可能性，对于“先于”或“制造”它们，并在其“组合环境”中**继续存在**的、“谁”的后生成的已经在此来说，这些机器代具将是先于自身的。

维诺格拉德和弗洛雷斯的批评并不会贬低马图拉纳的研究，也不能证明把这种思维方式与解释学[①]相提并论是徒劳的。事实恰恰相反。结构偶合的概念——尤其是弗朗西斯科·瓦雷拉所拓展的结构偶合概念——有种种理由引起我们的兴趣，首先是此概念给燧石岩层与大脑皮层提出的**助产术**问题，更广义地讲，给被普遍视为助产术的“谁”与“什么”之关系问题提供了要素。然而，瓦雷拉也像别人一贯做的那样，把质料、纸及其他诸多材料都忘之于脑后：

> 一台机器的决定因素是各种关系。机器的组成与其质料性——决定机器物理实体的各个成分之属性——无关。机器的组成涉及材料，但材料**本身**并不进入机器中。由此看来，图灵机器便是某种组织结构，但其设计方式和整体实现过程（电、机械等）之间

① 让-米歇尔·萨兰斯基和韦罗·阿维兰热已在这一领域做出了令人鼓舞的研究。

似乎又有一道不可逾越的鸿沟。[1] 505

的确有“不可逾越的鸿沟”，因为图灵机器**并不存在**，因为不存在拥有无限记忆的机器。这样的机器当然与质料性无关，但这样的话，它与**现实**，或者说与切实性也毫无关系了。至于质料在机器的切实动力中的作用，西蒙栋已告诫我们：它完全不是无关紧要的，尤其在具体化过程中。然而我们看到，生物研究卓有成效，且上面的论述旨在说明**它生**机器与**自生**机器（即有生命的存在者）的差异，前者不具备自身转化原则，而后者是封闭的、自主的运作系统。自生机器自己制造自己，因而不必听从外来指挥，也无法被编程。用编程的眼光看这台机器，这种做法则是从外部观察时产生的（必要的）幻想。把两类机器区别开来是非常合理的，然而，这些有关机器和质料的论断固然迎合了雅各布把活细胞比作化工厂的说法，却贬低了瓦雷拉对**认识**的研究。

“谁”与“什么”的复合性是通过作为载体的这个“什么”而**从根本上质料化**的。这是无机物的也是有机化的质料性，也就是说被技术趋势所渗透。忽略**这个**“谁”与“什么”的复合性，在我们知道的所有“认识”科学中已司空见惯，唯一的例外是尚处于萌芽阶段的多因子系统理论。[2]我们将会在本书最后一章中看到，此理论也混淆了意向性的含义，更有甚者，它没能考虑到**时间客体**构成于其中的意向性之**纵向性**。

17. 延异同一性的问题：谁编程什么？

虽然海德格尔在其晚期著作中把考察技术——这一词的含义完全不同于“海德格尔派”和“海德格尔反对派”在“技术问题”上喋喋不

① 弗朗西斯科·瓦雷拉：《自动化与知识》，瑟伊出版社，1989年，第42页。

② 还有布鲁诺·巴希蒙尚未发表的精彩论文：《伪迹的哲学》。

休的陈词滥调——的任务交给了思维，但他似乎从未想到技术有可能带来差异或“拯救”。他总是重申他的基本论点：“技术的本质不在于
506 技术。”

《传统语言与技术语言》使技术、知识和现代技术的关系综合发展，也构成了语言信息处理这一主题。

如果说现代技术已成为可能，那是因为技术

> 从古希腊语刚刚诞生时起就与知识同义。[……]
>
> 技术的概念不是做而是知识。[……]然而，由于在技术中知识原则主导一切，一旦出现并发展了与其相对应的科学，技术自身便提供以特殊形式建立其知识的可能性和要求，这便是一个事件。在人类历史的长河中，在西欧历史中，在所谓现代的初期，应该说作为现代的初期，这种事件只能发生一次。①

如果说光速时间的技术信息这一范例可能像控制论那样成为当代技术的知识，那是因为技术原本就是知识，这便使现代自然科学同技术结合起来，成为独一无二的事件。

结果产生了对认识的科学与技术的双重定义②，其中，一切事物都不再是一目了然的现象了。当有认识潜力的技术与科学相结合，并因此与科学一道具有实际的认识能力时，掌控与主宰的计划便得以实现，

自然界就被迫在可计算的客观性（康德语）中呈现。

> 然而，这种具有挑衅性的强迫（herausforderndes Stellen）同时

---

① 海德格尔：《传统语言与技术语言》，Lebeer-Hossmann出版社，1990年，第22—23页。

② “如今我们认为自然科学与技术的关系是‘相互支撑’（海森堡语）。[……]**技术在认识中起共同决定的作用**。”同上书，第24—25页。黑体系本书作者加注。

也构成了现代技术的根基，它强迫自然界提供能源。

这里我们又回到《技术的问题》之主题，即作为**能源储备**的自然理性化的主题。然而这种说法又经不起推敲。如今固然有作为现代技术基本特征的储存，但滞留有限性的理性化比能源储备和对“自然”所施的暴力更野蛮、更具打击性和吞并性。首先——或者说原初——要有滞留，才会有**储存**（海德格尔显然没有忽视这一点，且将它说成是Bestand，但并未视其为滞留有限性）。囤积草秸或木柴这个始于新石器时期的储存行为只不过是记忆、蓄积和先于自身的特例，它引发了真正的记忆、计数技术以及从中产生了数字运算、土地丈量及最终的几何理性的电报术、精确性和一整套度量过程：如果说技术与认识相关联，而且二者能与科学相结合，那是因为认识的本质及更深层意义的**知识**均为**滞留**有限性，即电报术。我们在此不能简单地把计算与不确定性对立起来，况且“知识”就是对**这种**有限性的知识。 507

在强调当代技术的信息特征时，海德格尔谈的正是这种电报术。“发生”在人身上最严重的事（再没有别的事会“发生”了）是语言的技术化[①]。如果语言能够变为信息，它先前一定已拥有这种可能性。如此说来，用电报发送语言陈述是可能的，也就是说可以把话语的多义性转换为符号的单义性，后者能“保险与快捷”地传播。[②]“语言的模式决定于技术”。真正的话语使人听到多种声音，而当单义、精确、可快速传播

① “语言不是简单的交换或交流工具。然而，恰恰是这种流行的语言概念因现代技术的主导地位而得到复苏和强化，且一反常态地被推到极端。可以把语言的定义缩减为：语言就是信息。”《传统语言与技术语言》，第35页。

② “让我们设想一下只限于点与横，且点与横的次数及顺序与口语发音相关的莫尔斯电报信号［……］。这类信息的先决条件是每个信号只能有一种意义，而且每个信号组也只能表达一段单义的陈述。语言在信息中保留下来的唯一特征是文字的抽象形式，它被转译到逻辑代数公式中，其中必不可少的信号和公式的单义性使保险与快捷的交流成为可能。”同上书，第37—39页。

的信息语言把多种声音扭曲成单一化的声音时，便是在破坏语言。“所以诗歌原则上不能被编程。”用莫尔斯电码写出的任何内容都是对一般
508 文字，尤其是对拼写这种精确的文字的破坏。所有这些针对**信息**的论述也适用于作为**知识**之器具中介的文字。这就提出了信息与知识的关系，知识的信息储存（即滞留有限性的储备）这些当代的实质问题。尽管海德格尔说过**速度**问题值得在《存在与时间》中作特别研究，但他仍未重视此问题的性质。在对“传统语言”的定义上，他的这一弱点便暴露无遗：

> 这里说的“自然”语言，即未技术化的日常语言，是我们在会议标题中所说的传统语言（uberlieferte Sprache）。传统不是单纯的约定，而是保留起始物，为已经开始说的语言保留新的可能性。①

什么是“未技术化”的日常语言？这显然是对语言的粗陋之见，常常出现在被海德格尔鄙视的对传统的分析中。传统和语言只能在已经在此、实际性及技术性的视域中开启。当代技术与其说是“说”和“恰当”的反义，不如说是已经在此的或来自其滞留精确性的、**不自然**且**暧昧**的新形式。毫无疑问，**土壤**和**血缘**的**种族**传统不见了。在这一点上，我们赞同海德格尔的观点。我们并不否认由此产生的**痛苦**，也深知传统消失所带来的巨大困境，但我们仍需自问：“**有必要为此惋惜吗**？”

当代技术的特征正是记忆的人为保存，这种保存也是记忆的制造及运作规则的更新方式，从中产生的是**规律**，而不仅仅是规则：这种记忆的有限性也是它**绝对的无规则性**，其构成性规则作为补余并以中断的形式从某种缺陷、特有性和本质上的不规则即**本质的例外**中产生出来。

---

① 《传统语言与技术语言》，第43页。

综合从来是这些规则的创造性(语法的本质是创造性，所以**构成规则的是不可确定的例外，同时规则又确定例外**)，一旦成为记忆的工业开发，它便消除了具有种族-领土特征的特有语言的差别。结果是彻底改变了时间的效应，首先是各类思维程序的效应，因为思维从根本上具有特有语言性；更广义地讲，也改变了受新型网络影响的各类知识的效 509
应。新型网络具有极端多态的编辑功能，构成了一个相互依赖的复合体，其中每个网络都能决定其他的网络。[①]

这也使新型网络变成了把知识、本领和教养普遍表现为信息、培训、外表及“生活方式”的网络。它一方面引起歇斯底里的纵欲，另一方面又带来难以估量的失落。**一般的过渡问题作为**越来越技术制度化、越来越非种族化的共同体——这里说的共同体也包括经国际组织磋商而形成的政治地理划分——之间的表达与界面问题被提出来：种族愿望是狂想、行凶、没有未来且完全受发展的驱使；而“人民”并不要求任何遗产，他们要的是生存权利，因为他们需要生存，他们只要求重新分配“发展的利益”。这个过渡、表达和界面的问题受制于信息与知识的分歧，它涉及到各类知识，也使分歧的所有个例以及各式各样的**利益**——比如大家熟知的红利——纠纷结构化。这种分歧受到信息交易特征的左右，也受到由此产生的与风险无关的机遇的左右。然而，因此便认为“金钱”是我们社会的罪恶就未免**眼光太短浅**，因为**原则上**使货币以易变和投机方式流通的脱离背景的资本化在解放技术趋势的发展中是必要的，信息正是因此而发展起来，并反过来影响知识及包括知识在内的各种形式的资本化或遗产化。虽然从变穷的风险这种逻辑来讲资本可能是种罪恶，虽然资本化和当今的各种投机行为使人备受折磨——少数特权人士所遭受的以精神为主的折磨和地球上几十亿人口的绝大多数所遭受的身心折磨，但资本本身并不是罪恶。诋毁货币恰 510

① 还有某些电视节目承办的书籍、报纸、周刊与期刊的销售。

恰是让这个风险逻辑负面实现，并彻底曲解应采取的决策之性质。[①]相反，对计算的专制和纯粹的“资本规律”听之任之又等于在思维这一政治任务面前临阵脱逃。

在批评与决策领域的这种危机中，“什么”似乎比“谁”更勇于批评。“谁”在各方面都太迟缓了，于是出现了**新型的技术反思模式**。这里指的是对共同记忆的诠释规则，它们仅通过**阐明**[②]记忆的运作规则而转化记忆，这便是有限性的构成性的创造性的**一般**意义。如今这个意义受到邻近极限的速度即所谓光速时间的制约。光速时间是争取能动性的继续，也是技术趋势的实施，但又释放出一种惊人的不确定性——就像可怕的不可避免的可能性——的能量。[③]这种能量导致了“无所不在”、“非自然日”和对时空性的毁坏，它们影响到人体的结构，使之变得像工具那样“可拆卸”，因而必然中止身体的**本性**及其“所有权”，比如身体、遗体、墓地的不可侵犯性；与此同时，遗体冻存生意兴隆——远距离现身、远距离生存甚至远距离死亡（冻存活人或垂死之人正属此类）把有机体投向业已完成的非领土化之外的**非地球化**的可能性。于

① 这种诋毁总在制造可诋毁之物，却不能抹杀金钱的逻辑。

② 这是认识论的惯用词。阐明（élicitation）是把知道怎么做（know how）的规则变为知道做什么（know what）的规则，是“单纯描述系统便能改变系统的动力。观察者在每一阶段都能通过可以改变他与系统之关系的理解来与系统发生关系”。摘自《自动化与知识》，第88页。

③ 这个记忆工业的复合体也支撑着对分子或器官的供求，而这些分子或器官又成为（1）合理利用动植物遗产，特别是热带动植物遗产，从而产生南北遗产之崭新关系的农业生物技术的原材料（摘自M.A.赫尔密特，《外交世界》，1992年4月）；（2）通过捐献、变卖、“回收”和更换标准零件而对身体施行的预防或修复性手术的原材料。某些器官，尤其是儿童器官的长期缺乏或者说供不应求造成了从南到北的器官倒卖，形成了一个复杂的技术犯罪地下网络（引自M.皮内罗，“儿童器官的摘除与倒卖”，《外交世界》）。如果此处没有像模拟、数字技术那样由输入器官所作的真正的信息铭记，而仅有通过捐献、索取、变卖或捕获以及外科手术或基因工程而作的器官提取和摘除，那就确实有保存、处理、移植之后重新进入生命循环和对整块记忆的移植了。

是，在这个模拟、数字、生物技术的复合体中表现出记忆的印记的统一
性，由此产生了大规模的、急剧发展的**有限性的印记**，即对陈述、信息及 511
各类遗产物的铭记、保存、处理、转化及扩散（销售和出版发行）。

界面**调动**各类记忆并使它们相互联系，并在这些记忆之间进行移植、转移、表达和再植。由载体、网络、程序和界面构成的种类繁多的器具则采集、处理和传播各式各样的一般记忆。对录像或电影、唱片、存档的照片、书写并保存于纸上的文件的存储构成了数据库。这些数据库与各个物种的分子序列一样，可以转移到计算机载体上。信息处理程序对记忆数据的处理方式做出规范，以便从中得出新的数据。不论这些新数据的形式如何，它们都可被其他记忆再处理。信息处理程序负责安排信息流程，并通过确正的规范来**记录记忆的运作方式**。正如言语因其自身具有器具性才可能被器具化，亦如对语言构成因素的阐述会改变这种器具性的切实性乃至改变整个语言，对记忆的任何阐明性规范都能回溯性地揭示其普遍的运作方式，并因此而改变这种运作方式：**描述**从来不是纯粹的描述，而总是对描述对象的**铭记**和更改。具有反思功能的记忆在无穷尽的器具助产术中**自视**与反思，而这些自视又难免会影响记忆本身。不付代价、不作努力就不可能通达滞留有限性。

电视节目（或电视节目表）与信息档案操作程序虽然看似迥异，却都是信息处理程序。对电影、报纸、畅销书、新光盘的简介或说明均属同类性质。记忆处理程序是记忆的理解与制作方式，具有或多或少的普遍性。它所遵循的逻辑很难立刻找到可比性，但这些逻辑无论异同都必须符合经济规律。由于它们在庞大的技术复合体中相互交织，我
们更有必要抓住经济规律之特征。程序概念应扩展到诸如教学大纲、 512
政治纲领、工作计划的各类活动中，它适用于以最复杂的形式来规范节奏、重复和习惯的各种活动。

工业化、理性化的记忆生产过程似乎是自动的，就像一条代具自动

生产线在运作，它超越了国家、种族和伦理的疆界与屏障，是个体记忆望尘莫及的。虽然"媒体危机"、操纵、控制欲、战略、掩盖以及毫无远见的政治计算每天都在滋生索然无味的国际舆论，但施加控制、影响舆论和操纵意识形态的幕后力量已威望大损：程序化带来的后果似乎越来越难以控制，仿佛在预测与监控的庞大体系中酝酿着不可预见的事物，仿佛程序化只能是疯狂的程序化。

> 提出问题便是探求，即彻底探求、深入发掘、刻苦钻研、追寻本质，最终揭开真相。通过抓住问题之本而揭开真相便是提问的效应，或者说时间的效应。①

皮埃尔·诺拉也会使用"时间的效应"一词。这个问题如今成了一切事物的问题：

> 当我们针对我们的时间提问时，无论是在时间内还是通过时间提问，我们自始就感到不可能停留在某个个别问题上。目前，全部问题即一切事物的问题②，

对有限性的印记就是问题，而问题又是恐慌：

> 在掌控、真理和权力的世界中，整体问题便是空间深处的恐慌问题。③

---

① 莫里斯·布朗肖：《未完成的采访》，伽利玛出版社，1969年，第12页。
② 同上书，第19页。
③ 同上书，第25页。

舆论的疯狂是作为计算的掌控、作为控制的计算和作为程序化的控制的背面、副本或重复:

> 我们可以在"各类"报刊而不是在某种特定的报刊中读到的舆论——没有载体的舆论——更接近于问题的恐慌特征。舆论用不决定也不明说的话来解决问题或做出决策。舆论是专制的,因 513
> 为无人能强加于它,无人能对它做出回应。[……]
>
> 诚然,舆论只是某种类似的或夸张的本质关系,因为舆论是由可动用的器具、新闻与施压器官、广播仪器及宣传中心所构成的有组织的体系。这些构成物把舆论本质上的消极性转化为行动能力,将其中立性转化为认可能力,也把舆论与其自身关系的软弱无能与优柔寡断转化成决策能力。舆论不判断却表态。舆论原本是不能随意使用的,因为它不带有任何立场;但也正因如此,它又可供人使用。这说明所有批评都有其合理性。然而,舆论的恐慌却没有受到那些推崇舆论的、既诱人又使人镇静的异化的批评。这种恐慌状态总是重新使这个异化一切的能力丧失殆尽或使之转化为不可异化的不确定性。谁要想利用流言蜚语,谁就会立即被流言蜚语吞没。舆论中总有某种无人称的东西在破坏所有的舆论。[……]
>
> 因此舆论从来就不仅仅是舆论(这正是舆论的特征)。

与"人们"一词相仿,"谁"不能被随意用于所有的确定性和程序化,这是因为它们像《理想国》的"乌托邦"那样被用在了所有的情形和程序化中,这便超越了悬置。对于"谁"来说,这种近乎恐慌的问题之不确定性似乎是种疯狂,是不能成为"我们"的"人们"。此问题

> 把我们同无终结之物联系起来,其中的某些东西一定已超出

> 了我们的问询能力。[……]当存在者不再有问题且一切都将在社会上、体制上实现时，提问者将以不堪忍受的方式感觉到对问询能力的问询——问询的不可能性问题——有多么过分。在这个深刻的问题中，不可能性在问询。

绝对的知识（全部问题都是辩证的问题）似乎是一种完全陌生的知识的实现，而这种陌生的知识又“非实现”各类知识，并把“知者”抛到知识之外，于是引起无名的恐慌、意义双关的精神错乱、对某一决定性时刻的无穷无尽且使人精疲力竭的等待。每个人都有过时的危险，仿佛上述情形会扫除一切合法性——无论是智慧的、道德的还是职业
514 的——并剥夺一切资源一样。被剥夺的首先是整个地区、整个国家、整个大陆、整个南半球的物质资源：正相反，这个可能性乍看却像是终结即将来临的可能性，这便是雅尼科所说的“危机**四伏**”，**也是没有人承担责任**。

在这个程序与计算的视域中，在原先总是作为理性化，且首先作为对理性的征服来描述和理解的工业化业已完成之时，受到损害的是最广义的**逻辑**因素——它来自“谁”对自治的追求，无论通过自由途径还是通过社会途径。而“谁”的自治似乎又仅仅导致了“什么”的自治，即“技术体系的自主化”。然而并没有真正意义上的记忆的“外延”（因为严格地讲，外延必须有某种先前的内在性），所以也没有技术体系的“自主化”；有的是记忆的**实现**，即“谁”在不同时代的连续的非实现（悬置）。它们一般不易被察觉或感受，但从19世纪起，尤其到了20世纪，就像气体骤然液化一样顿时备受瞩目，成了敏感的问题。这种实现完成于技术的复杂化过程，所以只有到了今天，个体才成为只能从复合体出发——而不是相反——来思考的对象。于是，在技术发展中，技术中介似乎成了使精神变物质的巨型珊瑚骨。通过精神向物质的倒转，精神的实现与发生只能像一只翻转且露手的手套，一只手从来就是（或

仅仅是)手套,即工具、衣着、住所和技术习性。

新的技术时代的人类正在也必将加入到网络和各类群组中,建立在共同领土上的集体性先前保存的、给人安全感的自然性已从这些网络和群组中丧失殆尽。人们已无须走出既定的种族环境来肯定自己的个体性,因为这种环境已不复存在。正在发展的已不是种族记忆,而是各式各样的记忆。随着种族的**分化**和领土的时空差异化,令人担忧的是特有语言的消失。此问题的**哲学**意义是:在这个新的视域即不发光的光速时间中,特有语言是什么?特有语言的分化又是什么?**特有语言**问题是“谁”与“什么”的关系问题,后者又成了**不确实性**与作为脱离所有既**定背**景的**程序**之关系问题。

当霍夫斯塔特借用源于联结模式的潜认识论观点来批评信息概
念时,他忽视了程序的概念。瓦雷拉也是如此。蚁穴中没有行为程序 515
的事实并不意味着其中也没有印迹(各种外激素的作用清楚地表明了印迹的存在)。不存在受某种外部行为支配的信息意味着无须把与程序——如果存在着程序的话——的关系理解为确定性关系,也无须认为“程序”只能制造可编程之物而不制造不确实之物。

程序**存在**着。不存在并非总是人工的、后种系生成的生物体的“自然”记忆,因为自然记忆是由程序,同时也是由各类记忆代具制作的。但又**只**存在这种记忆。“谁”在其不确定性中编程自己。是“谁”编程“什么”,还是“什么”编程“谁”?“谁”在编程“什么”的同时也在自我编程吗?在读书、看电影或听唱片时,人是否在通过代具自我编程呢?或者说从他所归属的一个或数个程序出发来处理储存在载体上的数据之人正是这个阅读者、观看者或聆听者吗?相反,这些记忆技术的数据不正构成了能让他“处理”他“自身”记忆数据的种种程序,而他只不过编写了其中的执行程序吗?唱片启动的是什么器官(器具)呢?是电唱机,是听者的听觉,是二者兼而有之,还是完全不同的东西?在读者与构成庞大的群体记忆的文学之间,书籍是表达(同时也是制造）的界面吗？有个“软件”在使这个装置运转吗？

我们很清楚，上述问题应当以不同的方式提出。我们将考察意向性的问题，从中我们又会遇到时间客体的时间性中的被动综合的疑难，其结构完全类似于“‘谁’编程‘什么’还是‘什么’编程‘谁’”的疑难。通过考察意向性的问题，我们将看到，程序便是现象学意义上的**时间客体**，但程序迫使我们超越对时间的现象学分析。当我们说“**媒体**每天都在提前叙述生活，其口气之肯定，就像对生活的叙述必然先于生活似的”，我们是想说这些程序大量制造公共生活，各种界面进入到每一生命的**时间的内在意识**中，结果是公与私之间的区分成了问题，同时又
516 **似乎**使“人们”获得了过分优先的地位。

随着模拟、数字及生物确正性而来的是**所有**物体向**时间客体的演变**：从媒体系列到生物基因序列，再到对复制过程的分析和对移植与杂交时间的掌控，当然还有由转化为工业技术的生物创造性所构成的**生物进化**的加速和**调控**。20世纪末的发现是所有事物（事物的综合演变及系列演变）的**综合**的**切实性**，它把所有**分析**都变成了对某一过程的**时间性**分析。正因如此，本书最后一章将考察对时间客体的现象学分析，此外，也将展开对胡塞尔思想的疑难以及“**我们**”在先验历史中的构成性问题的研究。

也许文字的确正性已经又一次在语言中制造了时间客体的系列性，并为语言开启了它自身的另一种效应——由此产生了逻辑。语言中广泛存在的系列特征和命题特征或许只是近来才有的。即便在西方，几个世纪以前，农民对陈述的概念与其说是系列的和直线型的，不如说是环型的。有些话天天都说，有些话只是周日说，另外一些话则一年说一次，甚至一生说一次：比如在出生、婚庆或临终时。那时，事件是个点，是圆环的中心，尚未被纳入**流程**中。对流程的意识虽然不在睡眠
517 中，却没被彻底唤醒。

第四章

时间客体和滞留有限性

内在体验的时间性必然是时间出现的绝对开端，而这个时间性正是借助于“滞留”且作为绝对开端而出现。它只能在传统中开启；它之所以创造，是因为它继承了历史遗产。

——雅克·德里达

1. 意向性、图像意识和“认识”有限性

意向性是个核心概念，认识科学不经意地试图借此概念把**时间客体演变**的**技术**过程提升到理论层次。鉴于认识科学提出的问题是用以实现技术趋势从而实现知识**切实性**的，认识技术复合体中最尖锐的问题，鉴于这些问题也是**当今**所有问题的焦点，我们必须**经验**和体验它们。

所有“发生之事”的时间客体演变也是随计算机的**计算**而来的至关重要的现象，构成其运作方式的是媒体，尤其是标出空间—时间—光速之节律，并与之水乳交融的、无所不能的新型程序。在构成所有事件化的崭新形态中，模拟和数字的延异同一性系统地使所有(**被选中**的)**存留内容**具有时间性。综合认识是把执行指令或运算的算法序列化， 519

其中的调节环决定反馈式的循环。在大量串联(相互联接)的程序结构中和最常见的非线性模式中都可以找到这种连续性。显而易见,产生于神经自主网络的所有物体的结构都具有(内)时间性,因为网络的任何**状态变化**都会像整体变化那样被固定在由钟摆的摆动决定的“当下”之上。

“正统的”认识科学从信息模式和执行计算指令的计算程序模式出发来理解认识。但将此模式应用到对一般认识的研究时,遇到了意向性这个难题,即现象学家在所有时间客体中发现的“活的当下”的**纵向**结构,也是由此产生的质料与形式构成事物论的种种疑难。认识科学不能解决(尽管发现了)意向性的难题,也就无法将连续性概念化,亦无法理解数字物体的时间特性。

现象学的困难在于:意向性一旦变为纵向,滞留就**必然**成为滞留有限性,因而也成为被动综合。由于胡塞尔不能接受被动综合(否则就会与《内时间意识现象学》的主题相抵触),他不得不像图灵那样把记忆有限性观念化——这种记忆在时间的图解中具有无限性。

认识科学想不到意向性,这意味着它们无法对胡塞尔的现象学及其意向性概念中**排除滞留有限性**的做法提出批评。它们应当为使用抽象机器的概念而自责。令人诧异的是,正是图像意识或我们所说的第三记忆的问题不承认意向性的**认识主义**概念属于**胡塞尔思想**。胡塞尔的意向性与机器的意向性相去甚远,因为后者对胡塞尔来说只能是“图像”流、数字流或无意识的文码流、记录流(不然的话,就意味着考察有生命的机器,但这并不是我们在此谈论的认识科学的情形),也就是说某种本质上非意向性的被动综合,它既没有在场的生命也没有生命的
520 在场,亦没有呈现时间客体之活的当下的活的在场。换言之,选择不可能是胡塞尔所言的滞留,但这里可以有如下两层意思:

要么计算机模式因其有限性而无法**把握**人类认识,而且扭曲“人类认识”,正如所有内时间性器具均遮蔽“存在差异”。用来作**选择**的

计算机模式是各类**图像意识制造方式**中的一种；

要么滞留**本质上**受图像意识之偶然性的影响，于是**当下**便受到被动工业综合的选择的影响。认识技术使我们看到(不管它们是否有意)，时间性是生物体与非生物体的原初偶合，其中，生物体(作为活的在场的生物体)离开了无生命物就不成其为生物体，但后来在《现象学观念》中变为**自我**先验范畴的观点又无法接受这种说法，因为如果说第三记忆影响滞留，那么它的变异也是只能作为起源缺陷的延异而呈现的原初同一性的变异。同理，遗传序列本身像图像意识那样受到影响，并会破坏已经在此中看似永恒不变的东西，即身体本身的结构，所以认识科学的首要问题便是**人造生命**。于是，现象学分析——比如提出本质核心的可能性以及通过初级记忆与第二、第三记忆的对立把意识的时间性植根于不受任何滞留有限性影响的活的在场的做法——就会受到这种人造生命观念的质疑。

与胡塞尔一样，认识科学也忽视了滞留有限性，因而在引用乔姆斯基的语言学时抹杀了语言的特有性。但正因认识科学另一方面只从命题分析理论来理解胡塞尔的意向性(这仅与《逻辑研究》[①]中阐述的意向性的某个层面完全一致)，所以它们无法承受先验性在其中不可还原的时间性疑难。现象学也避不开这个疑难，无法摆脱它的影响并在其中不断变化直至终结。

2.《内时间意识现象学》源于《逻辑研究》

随着滞留有限性的工业综合，所有事件的时间客体演变问题被提出来。胡塞尔当时考虑的是悬置，且遇到了从意向性观点出发——离开了这一观点，作为流程的意识的时间性就不可能以**现象学**方式构

① 《逻辑研究》第五卷，第十章："作为'意向'体验的行为"。

成——阐述像乐曲那样的客体的时间结构之困难。我们将说明这种现象学是不能成立的,它只能草草地提出切实**有限的**滞留概念,使得由此变成先验历史的时间综合带有被动性。这样一来,构成总是真正的**已经**构成,而且只是一种(重新)构成。

首先让我们回忆一下,我们在《爱比米修斯的过失》中把先验问题的起源置于美诺两难中:寻找我们原先不认识的东西是不可能的,因为我们要么与它邂逅却不认识它,要么认识它,**已经**拥有它,所以宣称找到它便是自欺欺人,这便是美诺两难。

苏格拉底是这样回答的:事实上我们应当**已经**认识它,因为所有的认识都只是重新认识,即回忆。知识就是记忆。**灵魂**不死,所以能够回忆起**本质**。

《美诺篇》是**先验**思想的最早版本。对苏格拉底提出的"什么是美德"的问题,雅典的年轻人有各式各样的回答。欲把**这些答案**系列地纳入同一性中,即把这些源于经验的观点统一在同一概念之下,必须**事先**了解什么是美德,即美德的本质。所有对具体美德的经验均取决于对抽象美德之本质的看法。抽象的美德并不存在,只存在着具体的美德。然而,如若没有抽象美德的**非实在性**,任何具体的美德都不会出现。通过已存在的所有具体美德的系列,抽象的美德虽不存在却又存在着、反复出现着,并回到系列中:它是一种精神。

继《斐洞篇》之后,柏拉图建立了**他自己的**哲学,即传统上称为**理念实在论**的哲学。灵魂与肉体、知性与感性、回忆过去与记载记忆都完
522 全**对立**,正如更有涵括性的存在与变化之间的对立。

有关这些对立物起源的对话集的意义正在于判断的可能性。困扰全部哲学的疑难占据了胡塞尔意向性概念的中心地位。胡塞尔在《逻辑研究》(1901年)中断言,所有意识都是相对于某个意识对象的意识。现象学家不能事先自我给予构成物,因而必须杜绝有关其对象之存在的一切论题。现象在**体验**中构成,体验的意向目标总是艾多斯的目标。

这个希腊词汇通常被译成“本质”，但我们在此不需翻译它，因为翻译会降低自苏格拉底以来该词所含的疑难意义，1901年的现象学只不过是这个疑难的再激活。我们在此欲指出，这个疑难在现象学中作为时间问题而重新构成。

对象不会事先**已经**给予，但艾多斯却通过对象被**事先针对**。艾多斯是观念客体，它不存在于世界中，但也不存在于意识中，因为倘若艾多斯**已经**存在于意识中，意识就不会在总可能失败也可能总是失败的充实程序中针对它了。这个作为意识**流**而实现的充实便是时间性本身，这一点在《逻辑研究》第五卷的第六节中被以程序的方式作了介绍。

问题是既然除了构成性意识和被构成的世界之外**别无它物**，那么**艾多斯**究竟在**何处**呢？①

《内时间意识现象学》中的问题源于《逻辑研究》第五卷，题为《意向体验及其“内容”》。

这些**讲座**提出了现象学的核心问题，即针对非时间的观念性本身的“体验”之时间性。现象学是一种先验的本质，因为它从客体的观念性即**统一性**出发来考察客体。这个统一性并不存在于世界中（就像几何学的点不存在于世界中那样），但针对统一性是为了意识且由意识构成的真实存在的构成条件。现象学有别于诸如康德哲学的先验哲学，胡塞尔认为后者只是在**形式上**提出所有经验的可能性条件之问题，而现象学家是**在体验中**观察现象，使体验与实在的关系中立化（不允许对 523
欲阐明的构成物作任何参照），以便通达纯本质的（先验的）明证性。仅通过其**内在性**来抓住体验就是在参照某种存在之前找到支配着体验构成的**观念规定性**的唯一方法。这种中立化的做法使我们**看清与非实在**

① 雅克·德里达在《马克思的幽灵·卷二》（巴黎，伽利略出版社，1994年，第215页）一书中提出了这个问题。

的关系，即与所针对的观念性的关系。这种关系总是自然而然地躲避意识，而意识又总是针对观念性。正如亚里士多德所言：水是鱼看不到的东西，而鱼只有透过水才能看到。

考察**现象**就是区分显现和显现之物，区分对客体的体验和客体本身："我们体验的**现象属于意识范畴**，向我们显现之**物**则属于现象范畴。**现象本身并不向我们显现，而只能被我们体验**。"[①]这里有主体与客体的关系，即现象关系，也有当下体验"的意识内容与意识**内容统一性**意义上的意识"之关系，切不可把这两种关系相混淆，因为"前者指的是两种现象事物之间的关系，后者指的是特殊体验与"由现象学观念中的意识构成的"**体验复合**之间的关系"。现象学家用**现象**和构成现象的**意识流**来取代客体与主体——意识流也构成这种意识的统一性，即**统一各种体验的能力**。

胡塞尔在第四节中断言，现象学家完全没有必要通过将**自我**构成实体化来把握意识的统一性。正是意识的**流程**特性［……］构成意识的统一性。**自我**似乎是物化流程之方式，它排除流程自有的**流动**特性，使之成为独立于其内容的形式：我们可以把种种体验放入一只箱子中，再把箱子和置于其中的体验分开考察。然而，从体验**着手**并且从未放弃体验的现象学不应将意识视为先于其内容的框架，而应在内容中找到意识。流程的物化必然使意识即**体验**的**活的**在场丧失其优先权。

上面讲的现象学的中立化把自我还原为意识的统一性，即体验**复合**。显然，我们每个人都被给予了这个体验**复合**的一部分，而且"有充
524 分的理由接受其**剩余部分**"[②]。《内时间意识现象学》中的所有问题都与这个剩余部分有关。这个剩余部分便是时间问题，即现象的**连续性**问

① 胡塞尔：《逻辑研究·第二卷》，巴黎，法国大学出版社，1972年，第二部分，第149页。黑体系本书作者加注。

② 同上书，第153页。

题：体验需要的不是意识的统一原则，而是它置身其中的各种体验的**连续性**，于是，“被现象学还原的自我并非凌驾于诸多体验之上的特殊事物，而仅仅等同于这些体验之关联的统一性”。这种连续性法则是观念的规定性，它们满足体验的**充实条件**。

问题在于搞清什么造就或给予了统一性。各种体验在统一性中且通过统一性而前后连续，即从一个活在场给予的体验**过渡**到另一个活在场——前面的体验在其中已变为过去——的体验：

> 在这些内容的本性中和规范这些内容的法则中形成了某些关联形式，它们以多种方式发展，从一项内容到另一项内容，从一个内容复合到另一个内容复合，最终构成一个统一的内容整体——它无非是从现象学上还原了的自我。各种内容自有[……]其被法则决定的方式，它们汇集起来，形成更广泛的统一体。由于这些内容以这种方式统一起来并融为一体，这就构成了现象学的自我——或者说意识的统一体，它并不需要某种自我逻辑原则(Ichprinzip)去承载所有的内容或者把它们再次统一起来。

规定性有两种范畴：本质范畴和像体验之连续性那样的流程范畴。存在着两种嵌入结构：一种是**全部时间**的本质，即这类本质中的种属**本质**；另一种是**时间**的流程，即关联中的内容或内容整体。上述嵌入的内在关联构成现象的材料本身(其统一性的充实)，作为世界的理想可能性构成世界。这便是这个**实际存在的**世界从时空上决定的世界的**可能性**。

透过(使其成为经验体验的)所有观念目标而确保体验之间**在流
程上的**协调性就是构成世界的表象，**因而**也是构成现象学意识的统一 525
性。意识的统一性就是世界在其可能性中的统一性。

然而人们会问：自我岂不成了观念**目标**？它是在**像**《内时间意识

现象学》中谈到的**乐曲那样的**目标中既不断变化又永远相同的交汇点，它将调动所有体验的所有目标，以根据聚合所有体验的法则来保证体验间的谐调性。

我们应当用下列关系来取代主体／客体的关系：

流程／（实在内容→观念内容）

这个客体指的是对客体的体验，它所**针对的观念内容**实际上不同于**包含实在内容**的流程。流程是个自我封闭的统一体，然而自身又具有**置统一性于身外**的"本质视域"。**本质既不**存在于针对它们的**意识中，又不**存在于由这个针对所**构成的世界中**，那么**它究竟在哪里呢**？这是个空洞且缺陷的问题，它位于这么一种流程中，像即将到来的观念统一性那样既自我分离又自我抛置。将本质置于自身之外并非先验，它是**流程内部的不相应性**。如果统一的流程本身是个目标，即透过所有体验的连续性而追求自我统一性的**充实超程序**的话，那么此流程便在某种程度上与自身**不相应**。所以我们应当这样表达它们的周全关系：

［流程／（实在内容→观念内容）］→流程的观念统一体

仿佛流程统一观念性的非充实将赋予流程真正的流动特性，即它的运动性，也就是作为其动力之源的**未完成性**。**但在此情形下，"意识流"便成了海德格尔存在性分析中的此在，即走向死亡的存在。**

对于这个不相应性即**充实**的问题，《逻辑研究》第五卷的第五节作了精确的阐述。所有相应性感知都是内感知，但内感知不都是相应性感知。不相应的内感知与相应的内感知之间有着（总可能失败的）充实之趋势。内感知即对我自身体验的感知，而相应的内感知则是对我的体验**中**明证性的感知，即对我**作为**明证性体验之体验的感知：任何体验都具有明证性，但并非所有的体验都是明证性的体验。心理学家看不到这一点，因为他们混淆了内感知与相应性。然而，将二者区别开来又把**外感知从现象学视域中**彻底**剔除**了。外感知不再有存在的理由：**心理学家在外感知中所关注的是主体与客体的不相应性**，即客体的某种东西在所有外感知中总是逃离主体。**需要研究的不是主体与客体的不相应性，而是一贯内在的感知（即体验，它构成外在客体，因而也构成外感知）与追求体验内部的观念性之间的不相应性**。作为内感知范畴的主体与作为外感知来源的客体之间的不相应性因此变成了体验的（本质上是内感知的）**实在内容**与该体验的**观念内容**之间的不相应性。体验的观念内容既不内在又不外在：那么**它在何处呢**？ 526

您所读的**我**写的东西并不是我**写**的东西，而是您**读**的我写的东西：您的“外感知”的实在性——您在我的文字中感知的实在性——并不是我的文字，而是您的意识流的产物，是您从我的文字中制造的、纯粹内在于您的意识流的意义。如果说我们的内感知可以相互吻合从而排除外在性（由此构成观念的科学共同体，胡塞尔后来称之为**先验的我们**），那是因为我写的语句针对一种观念意义（您读到的**也**是这个观念意义），也因为我们试着通过“明见（livisibilisant）”[①]观念意义而**一同充实**。问题是我们在什么条件下能够一同充实某种意向性？

我们坚信这些条件具有时间性和技术性。

胡塞尔指出，问题不在于内在与外在的对立，而在于相应性与不相应性的差异，因此他把不相应性置于意识的核心。这个**不相应性不是别的，正是时间性**。

《逻辑研究》第五卷的第六节涉及真正意义上的**意识流之时间性**问题，因而也涉及时间与所有时间之观念性的关系——无论如何都**维持**它们的同一性。这亦是**充实**的问题，即**不相应性与相应性之关**

① 这是米歇尔·塞尔维叶创造的词。

系。这种关系处于**内时间性**中，而不处于证实、体验与承受**存在**的世界在变化、太阳西斜及日日相随这些事实的外在时间性中。

内感知的明证性或相应性内感知首先是**我**——正如**我在**的我——
527 的明证性。尽管这个**我**"不可言传"，它仍以明证的方式自我给予在所有的体验中，即总是**我的**体验中。**体验的明证性与明证性的体验**之差异自我给予在**我预先的明证性视域**即统一性视域中。统一性视域通过体验流而**形成**，并像**当前**那样通过体验自我**维持**，且似乎总是与体验一道被**共同针对**。这种统一性视域伴随着所有形式的判断（诸如**我感知**）或所有的确认（诸如**我希望**）等等。"**我思**伴随着我所有的表象"，只是其中略有差别，那就是：胡塞尔在任何情况下都没有把作为主体的**我思**与客体相对立，也没有把我实体化，而是——正相反——把我还原到流程的统一性。这种做法与其说与《纯粹理性批判》相仿，不如说更接近于尼采。

意识可以像所有个别体验的交汇点那样试着为其自身而针对**我**，我就会变为意向内容，即实在内容与观念内容之间的**张力**。这个**我**难道不是我的**观念性**吗？在所有的体验中，这种观念性不是被共同针对吗？其"实在内容"是什么？**这个实在与观念之间的张力**及其**充实的可能性**之**实质**是什么？海德格尔的答复是：死亡是充实的完结，是在生活中被针对的意识的终结，即延迟终结，通过延迟终结来实现的终结。延迟又是差异，作为他者的差异。但这将会**放弃体验的优先权**并引入历史的**非体验**之概念。

同所有"显现之物"一样，**我**的核心指向一种本质的相关性（它有一种本质，这个本质又是其综合之条件）。我由**我的历史**构成，是变化的，只不过是其连续的体验流；我同时也应当是观念的，因为它指向这个相关性。那么这个观念性会由什么**组成**呢？这个纯粹的我是被追求的观念的同一性，它把统一性赋予所有同一性目标。在此意义上，它把这些同一性目标"先验化"。但它**既不是真正的也不是形式的**先验，而是**本身构成于流程统一性中**的先验，一种“内在的先验”。

体验是流程的**颗粒状**统一体，而流程则是**各种**体验的**综合**统一体。如此说来，体验是充实，是时间性的，是个**展开**的统一体；而且在展开的**同时**，它**延续**到另一个体验，并让位于一个继它之后的体验。展开的时间就是作为**流程超充实状态**的充实的时间。这种超充实状态是相互**连接**的体验，亦是镶嵌在超统一圆环上的活在场之体验。

我在是以相应方式感知的但又“**不可言传的**”明证性，它构成“从 528
把经验现象的我还原到［……］可以用纯现象学方式领会的内容而来的，基本的且绝对肯定的范畴”。所以“在**我在**的判断中，**我**指的是以相应的方式被感知，这就构成了唯一使明证性成为可能的且奠定了明证性的核心”。然而，这个明证性之所以“不可言传”，不正是因为它**不能**以相应的方式被感知吗？正如自相矛盾地不相应的明证性，又如把意向性（intensio）看作不可还原的**膨胀性**——时间性——的自相矛盾的**不相应性的明证性**，这个核心不正是**不相应性的成因**吗？

因为在明证性即**相应性**感知的范畴中，尚需加上“另一个范畴”，它涉及下列内容：

——**滞留**：这里指的是在**当下**的体验中**仍**具有某种**初级过去**或最近的过去——这种过去本身使充实（即以**流动**为前提的程序）的动态特性成为可能——之事物的滞留。

——**重新记忆**：对可从记忆通达的、先前的且关联着现在的体验之体验的重新记忆。把某个体验中未完成的充实延续到另一个体验的可能性显然以存在着这种**第二**滞留的可能性为前提，这就构成了作为“**我的现象学内容**”的体验流的结构和统一体。

存在着滞留的最近的过去，它与作为体验的活的在场息息相关；也存在着先前体验的又与当下体验相续的过去，它是完成的、实现的。此外，当下的体验与过去的体验之间也有着难以分割的联系，即“总在逐步合并”的统一体，这些联系被纳入既不断变化又顺从于其先天恒定性的流程之动力。这个先天的恒定性无非是作为“总是同一的形式”的时间。时间是体验流的统一性，也是我的现象学还原。**于是体验的概念被“扩展了”**。我是自我维持之物，正如所有体验（这个我的体验，它总是我的）中的同一性。但这样它就与所有体验的时间性混为一谈了，正如它把共存关系和回忆纳入滞留中。这种共存关系和回忆迫使我们考虑处于总是同一的时间流中的相互衔接的体验之**连续性**，与此
529 同时，体验的内容又是不断变化的。被现象学还原的我变成了体验的时间，**而不是别**的。体验的概念扩展了，因为只有被纳入决定一切现象的同一性的时间流中，它才能被理解。

3. 时间客体的现象学分析和向内在时间意识过渡的内在性的发现

1905年，**现象的时间性**问题变成了**时间现象**的问题，即变成了内在时间意识的现象学。

所有意识都是对某种东西的意识。这个意向结构坚决反对没经验过物体的显现就对意识高谈阔论。如何**通过物体**来通达流程呢？答案是通过**时间**客体：意向性因关系到时间客体（Zeitobjekt）而与本身就是流程的意识的时间流动性相**吻合**。

客观的时间被悬置，

> 对声音过程的意识与对我正在聆听的乐曲的意识之间有一种接替性，对我们来说，它是自明性对象，它使任何形式的疑惑与否定都显得空洞无物。[①]

---

① 胡塞尔：《内时间意识现象学》，法国大学出版社，1964年，第7页。

在对时间客体的感知中，对持续的感知和感知的持续以某种方式相互“黏合”在一起：

> 显然，对时间客体的感知本身具有时间性，对持续的感知首先意味着感知的持续，对任何一种时间形式的感知本身都具有时间形式。如果我们撇开所有的先验不谈，感知在所有的现象学构成物中保留其现象学的时间性，这种时间性属于它的不可还原的本质。[……]对时间的现象学分析不可能[……]在忽视时间客体之构成的情况下清晰地阐明时间的构成。我们所说的时间客体具有特别意义，它们不仅是时间中的统一性，而且本身也含有时间的延伸性。 530

对时间意识的分析是**真正的过渡**问题。胡塞尔事实上发现了当前是**过渡**之物，它总是且即刻是**正在过去和已经过去**之物：虽然**尚在**当下，但**已经**过去（滞留），因而也已经是未来（前摄）。这便是明证性，即在时间客体的现象性中分析时间时提出的现象学素材。

这个当下时间客体的——目前正在流逝且被如实地感知的——刚刚过去的当下或者说滞留，胡塞尔也称其为初级记忆，并把它与第二记忆对立起来。第二记忆是对已经消失的，但我能够回想起来的时间客体的重新记忆。这种重新记忆的第二性与重要的滞留内容之间的根本差别使胡塞尔更有理由认为滞留与已经在此毫不相干。已经在此属于第三记忆或客观记忆，胡塞尔称之为图像意识。然而，德里达与利科的所有批评，比如被动综合的先前性，都动摇了这一对立的绝对性。我们欲指出的是，如果他们的批评成立的话，初级记忆与第三记忆的对立就不可能超过初级记忆与第二记忆的对立：作为“什么”的已经在此——历史世界的第三性——应当**构成**时间性，这个时间性一贯来源于其严格的内在性。

《内时间意识现象学》的第一节阐述了还原客观时间的必要性，以便在全部心理学和全部历史学之外，同时又在内感知的范畴之内把握时间意识的内在性——后者可以与其对象**完全**相应。我们应当从世界的时间和事物的持续中挖掘“真正显现的时间和真正显现的持续，[……]即意识流的内在时间”。在时间客体的现象学中以此方式揭示的时间意识之内在性就是“没有间隔”：

> 即“内”(inneres)。这个形容词包含所有时间意识现象学的发现和疑难[……](德语用Zeitbewufstsein，即时间意识这一复合
> 531 名词恰如其分地表达了意识与时间没有间隔的意思)。[①]

如果我们“看一根粉笔”，然后“闭上再睁开眼睛，我们就有两种感知”，我们应当看到，“对象是延续的，现象是转换的”。相反，在时间客体中，比如听一段乐曲，意识中的变化只能是发生在该物体中的变化。对于非时间客体，我们“主观地感觉到时间的接替性，我们在其中客观地观察到的应当是某种共在”[②]；而对于时间客体来说，意识的**过渡就是物体**的过渡。对时间的心理学分析看不到

> 由于(外在)刺激的持续，人们的感觉没有持续性，而仅仅是感觉本身在持续。感觉的持续与持续的感觉截然不同。这个道理也适用于接替性：感觉的接替性和接替性的感觉不是一回事。

时间客体意识的初级内容作为接替性与这个接替性的客观性**相**
532 **吻合**。正是从这种内在关系出发，胡塞尔把先验的时间性与经验的时

① 保罗·利科：《时间与叙事·第三卷》，瑟伊出版社，1985年，第38页。
② 胡塞尔：《内时间意识现象学》，第13页。

间区别开来。布伦塔诺——我们后面谈到有关**改变**与**滞留**的论题时①还会重新回到他的理论——没有理解到这种内在关系需要作先验的分析，所以他“把经验与原初混为一谈了”。533

明证性就是改变。问题是怎么改变。胡塞尔后来排除了这个怎么改变的**复杂性**。在谈乐曲时，他想的实际上是声音，因为乐曲**同**奥古斯丁的诗歌一样**过于复杂**。然而，诗歌与乐曲所共有的复杂性不正揭示了时间客体**本质的复杂性**吗？这个复杂性不正来源于诗歌与乐曲所共有的、总是**程序化**的特性吗？

4. 原初联想、助产术与爱比米修斯原则

布伦塔诺试图通过原初联想的概念来解释**想象**如何把当下的声音（原本与声音**表象**相关联的，即正在**流动**的声音）变成过去的声音。胡塞尔对这一概念做了更改，从而提出了滞留现象或初级记忆的概念：滞留时间确实与当前相关联，但不可能是想象的产物，因为它**属于**当前，作为时间客体的当前**构成**当前。“纵向的意向性”便是这样产生的。对时间客体的先验分析所揭示的确实是一种完全特殊的意向性，这种意向性赋予直观的原初特征就是其纵向性，它与“在感知中强调物体统一 534

① “[……]当一个新的声音响起来的时候，前面的声音并未完全消失，否则我们就不可能注意到这些声音前后相继的关系，也就是说，我们在每一刻只能听到一个声音或两个声音之间的间隔，但从来不是乐曲的表象。另一方面，声音的表象也不可能停留在意识中。如果它们真的不变地停留在意识中的话，我们就不会听到一支乐曲，而只能听到同时的声音的和声或不和谐的杂音，正如各种声音同时响起时我们所听到的那样。只有在这种渐变出现时，也只有在有关刺激消失后，每一种声音感觉又产生一种与时间的规定性相应的、与自己相类似的表象，并且这种渐变在时间中不断进行的条件下，才会产生乐曲的表象，因为乐曲中每个单音都有其自身的确定位置，都有其确定的时间的度。”胡塞尔：《内时间意识现象学》，第19页。

性的先验意向性相对立”[①]。当前的“刚刚过去”在**被**当前留住时才会有延续的感觉，而不仅是感觉的延续。这种联想不可能靠想象来达到，因为来自这个在延续中变化的物体的时间性**感觉**的明证性只能作为**感知**而获得。若认为联想靠想象完成，就是抹杀想象与感知间的所有差别：

> 布伦塔诺的理论得出的结论是：不存在对接替和变更的感知。我们相信自己听到一支乐曲，这意味着我们还听到了刚刚过去的声音，但（按照布伦塔诺的观点）这只是一种从原初联想的生动性而来的假象（Schein）。[②]

相反，胡塞尔认为“囊括现在与过去的意识统一性是现象学素材”，而且感知与想象之间理应有差别，否则便是无稽之谈。然而，这就会把感知像在场那样加以隔离和纯化，虽然感知是对**扩展的**当前的感知，即对所有（总是以某种形式想象出来的）第二记忆的感知；这也就更有理由把依赖已经在此的所有可能性都排除出去。但我们看到，胡塞尔因此也不得不排斥对时间流的**动态**理解。欲把想象与感知、第二记忆与初级记忆**区别**开来，同时又不把在场与不在场相**对立**，就必须放弃感知的优先地位。这势必给对实在与虚构的绝对区分，即对实证性与创造性的绝对区分造成危机——在滞留有限性被工业合理化之时，在**所有事物**及所有事件的**时间客体演变使创造性四处普及之时，骤然产生的正是这种危机**。换言之，如果说

> 布伦塔诺[……]对这个不可回避也不可能视而不见的对时间的感知与想象间的区别置之不理是令人吃惊的，

① 《时间与叙事·第三卷》，第43页。

② 《内时间意识现象学》，第21页。

那么**在工业中**把这种区别**横加抹杀**不是**更令人诧异**吗？

为了克服时间客体固有的困难（通过想象而达到的原初联想不 535
是一个真正的解决方法），胡塞尔赋予意向性**双重含义**，“一种指意识与‘以意识形式显现之物’的关系，另一种指意识与以普通形式显现之物——先验的被感知之物——的关系”[①]。但我们将看到，胡塞尔**事实上**如何且为何只能考虑到这个二元性中的一个侧面，这是一种过分的简化。

> 事实上原初联想的整个领域都是当下的和实在的体验。原初联想所产生的一系列原初时间环节以及属于时间客体的其他环节都属于这个领域。[②]

感知与想象之间似乎存在着一种**本质上的非持续性**，与此相反的是**“活的当下”的持续性**。乐曲中的每个音之所以是乐符而不仅仅是声音，正因为它把前一个音留在自身之内，这就把乐符之特性赋予了这两个音。前一个乐符中又留有更前面的所有乐符，乐曲正是以此方式**呈现**在其统一性中。乐曲这样产生的原因是：物体具有时间性，当前把刚刚过去的一切留在它自身之内。于是，这个后来被胡塞尔称为“原初印象”的当前就成了刚刚过去的、持续的、持续在场也持续过渡的变化。原初印象构成接替的印象，是物体的时间性，在其过渡期间改变它留住的、在它内部流动且通过它而流动的滞留。

然而我们将指出，必须从**动态**上重新考察有关时间客体的所有问题。从动态上看，即刻呈现的声音已经是对初级记忆中刚刚过去的所有声音的**重新阅读**，因而也是对过去的声音的改变。但这样一来，这种

① 《时间与叙事·第三卷》，第46页。

② 《内时间意识现象学》，第29页。

改变又**反过来影响**在作为原初印象的当下听到的声音的**过渡**。所以原初印象只是以**环绕**的方式从某个已构成物（即某个初级滞留印象的，本身又在不断变化的已经在此）的**事后**构成“原初”。

况且胡塞尔**似乎**是这么说的，但他言下之意**并非**如此：如果在作为当前的原初印象之后**累积的滞留**被这个当前及其印象的**过渡不断改变**——时间流动现象本身，那么这个印象的过渡势必先于这种改变并制约它，而且本身并**不受这种改变的制约**，因为这种说法如若成立，印
536 象便不再是**纯原初**的，也不再是**纯感知**的了。把事后纳入原初印象中势必打破初级记忆（滞留、制造）与第二记忆（再回忆、再制造）之间的对立，因为倘若想象与感知间的持续性要求初级记忆与第二记忆间的**绝对**对立，那么出于同理，这种持续性就不会允许滞留的改变**回到**由当前的过渡构成的印象的条件中，也就必须把总是由第二记忆构成的**重复**在初级记忆的构成中可能起到的作用排除出去。然而，假如这种情形在声音（但**声音**并非**乐符**）中尚可成立的话，在**乐曲**与**诗歌**中它就站不住脚了。

的确，诗歌中的诗句只有在它本身构成时间客体时才可能构成诗句，只有从各诗句间接替性内部呈**个体化**的**趋势**中才能产生诗意效果；然而**与此同时**，是否只有在与**前一句并（通过前一句）与所有更前面的**（与其韵律格律**相对应**的）**诗句的时间统一性相互衔接**时，这个诗句才能进入时间客体统一性的构成中，也**进入唯一的时间客体即诗歌之内**？我们是否可以说给予其**时间统一性**的**某个**诗句的**诗意**特性来自前面的诗句，而前面的诗句在其滞留统一性中所获的“诗意特性”又有**更原初**的来源？我们是否可以说诗歌的意境恰恰是这么一种**张力**？但**诗句与诗歌关系中的意义不也正是诗歌与整个诗集关系中的意义吗**？这种假设倘若成立，初级记忆与第二记忆之间的对立就将难以存在（但我们不妨保留这种区分），因为我**可以暂停**阅读诗集，同时又不破坏诗集给我的统一性，也不因此排除下列事实：我过去对同一诗集中我正在

读的诗之前的诗的阅读**构成**我正在读的诗的呈现，使它的过渡成为**可能**，并**进入**过渡（《几何学起源》中有关几何直观的论述正是此意）。最为重要的是，倘若诗歌在背诵中才**传达出**诗意，倘若诗歌的韵律已全部由重复构成，那么时间客体便在阅读诗歌的重复中**构成**。对于意识来说，它们**每次都是新颖的**，同时又与其诗歌性的开启**密不可分**。倘若上述一切都成立的话，**第二记忆**就会**开启初级记忆的可能性**，因而**第三**记忆可能性的存在对第二记忆来说也就同样具有本质意义了：诗歌**文学**正是这种本质可能性的确正模式（同理，没有界定就没有几何）之**重复的精确性**，其中以文字方式保留的书写特性对于通达诗歌文学性的可能性是必不可少的。文学的本质是**技术**。

对一首新诗的阅读在此被纳入超出体验流的环形动力中，它改变了对所有已读过的诗歌的通达性，并从中释放新的通达之可能性，但**这个已经在此的改变**又**反过来**以奇特的**助产术**方式构成新诗本身的过渡。这种助产术只有在事后才成为可能——事后来自原初的**爱比米修斯原则**，而后者又由这个滞留有限性即**普罗米修斯原则**构成。

阅读的诗歌当然不像听到的诗歌那样具有时间性。但如果我们可以揭示——正如我们在此试图做的——**这一切**适用于**所有时间客体**的构成，那么自我呈现之物的已经在此就会在其滞留的整体中被自我呈现之物改变，而这种改变又会反过来影响当下的**呈现**。当下就是新的当前，它落后于对其自身的已经在此的通达。这种**循环**和动态加入到与之**相续**的流程中，通过流程**以**不复存在的**第二种方式与已经在** 537
此的其他时间客体相续，进而达到**自我连续**。我们在此谈的是乐曲，而不是胡塞尔实际谈的某个声音。乐曲由乐符组成，只有在与别的**声音-乐符**构成一种类似于诗句构成诗歌的关系之关系时，**声音**才变成**乐符**。但胡塞尔只**局限于**对**某个**声音的意识，这无疑是一种模棱两可的词义偏移，存在于纯质料层次的愿望使其合法化。然而声音仍是个组合因素，不仅因为它在意识中持续，而且因为它是作为音谱且最终作为一贯是某种东西的声音。这就意味着从来不可能有纯粹的**质料与形式**的划分。

于是问题就成了搞清纵向的意向性如何成为可能。胡塞尔试图在其纯质料的内在性中理解纵向的意向性,后者不会动摇把意向性视为首要问题的立场。但我们将指出,倘若声音总是某种东西的声音,那么胡塞尔在抹削这个现象视域必然造成的复杂性的时候,就不得不排除如下观点:现在的过去是刚刚过去的代价,这个代价只有脱离了滞留、第二记忆和图像意识——或作为对过去的记录(第三记忆)的“什
538 么”——之间的划分才能成立。

对声音的纯质料分析拉平了听的现象,并且事先遮蔽了“能听到”的问题。“能听到”的“失音”后来是存在性分析的最深层次——这样的分析让人很难看到它如何把握听到与听的区别。当我听到一段乐曲时,我的意向并不比我听到某种“响动”时更集中到声音上。这里说的不是一种**纯粹**的响动,而总是某种东西的响动。

> 现象学中的听比人们在心理学中“首先”规定为“听”的东西——对声音的感知——更原始。听也是理解地听到的存在方式。我们永远不会“首先”听到很多响动或一串声音,而总是听到汽车或摩托车的刺耳声响。我们听到的是行进的军队、呼啸的北风、笃笃的啄木鸟、噼啪作响的火焰。[①]

听到某个声音总是向着作为某种东西**的**声音的“意识”蔓延。这种听到是听的**条件**,包括听**某个**真正的声音、有意听到的声音,它**脱离使**其**首先**听到的意向性,它的来源在意向性中被悬置但仍能以原初状态显现。然而涉及乐曲时,声音的乐符性便丧失了。

① 海德格尔:《存在与时间》,第34节。

> 我们听到乐曲就是感知到乐曲，因为听到就是感知到。第一个乐符刚一响起，第二个乐符就接踵而至，然后是第三个，依此类推。我们是否应该说：第二个乐符响起时，听到它我就听不到第一个乐符了（并依此类推）呢？事实上我听不到乐曲，而只听到当下的单音。如果流淌而过的乐曲片断对我来说客观地存在着，（可以说）那是多亏了记忆。但不是一有声音响起，我就假设它来自一个整体，这是因为存在着预设的期待。但我们不能满足于这种解释［……］。 539

胡塞尔不满足于缺乏当前——其中滞留属于声音的时间性呈现——延伸的解释。我们更有理由认为，胡塞尔想表明他指的不仅仅是声音，而且也是乐曲的声音，因而也**已经**是乐曲本身，同时乐曲只有在已超出**某个**声音的基本统一性——总有某个声音**呈现**在其中的补余性——的延伸中才能构成其统一性。然而胡塞尔排除的恰恰是这一点：

> ［……］但我们不能满足于这种解释，因为上述一切都涉及单音。单音响起时，它作为当下被我听到；但当单音持续时，它便有一个总是全新的当下，永远是之前的当下就变成了过去，于是我每次听到的都只是声音的现状。持续音整体的客观性在某个行为（这种行为一部分是记忆，极小的一部分是感知，另一大部分是期待）的连续统一体中构成。这种说法似乎回到了布伦塔诺的理论。我们应当在此作更深入的分析。①

胡塞尔声称在**乐曲**中分析听到的现象，但由于受到**声音**统一性的

① 《内时间意识现象学》，第35页。

影响，他仅仅关注由滞留构成的改变这一侧面，即滞留的积累，也是滞留的逐渐消失，而没有注意到听乐曲时对滞留和滞留之滞留的重新阅读总是随着新的声音出现而产生的原初印象反过来对当前的影响。

困难的是，**对意向性的绝对忠诚这一现象学原则似乎使时间客体不能作先验还原**。

5. 流体力学和流程动力学，声音个体化及空间比喻

“我们应当作更深入的分析”，但这个更深入的分析不会对改变的
540 概念作变更，而只停留在其表面上。由于注重单音，一切都步入歧途，因为**单**音在乐曲中**毫无意义**，它总是在其前或在其后的**其他的**音。正因为单音不是点状的，或者说是非点状的，它**仅仅是个体**尚未**给予**的**个体化过程**中的**过渡点**：按柏格森的说法，这种过渡点**数不胜数**；按西蒙栋的补充说法，这些过渡点具有前个体性，构成的个体只不过是其结果。个体只有在**有益于乐曲**（而非**声音**）的个体化的总体过程中继续分化，才能构成自身的统一性——正如语言的声音因为音素组成的系统才能成为音素，亦如语言音素的存在不能先于语言“系统”，只能由音素构成这个事实。语言音素构成丰富多彩的特有语言之特性。孤立地理解乐曲的声音和语言的音素就像通过研究质料来理解听到噼啪作响的火焰那样徒劳无功。无论这个质料研究属于感知心理学还是属于感知现象学，它都像《内时间意识现象学》一样植根于对物质与形式的严格区分，提倡把“声音作为纯质料”来分析，从而揭示《现象学的观念》中的深层内涵并恢复作为原初区域的**自我**——尽管胡塞尔在《逻辑研究》中批评康德的先验形式主义时已经摒弃了这种原初区域。

胡塞尔放弃了乐曲（乐曲只是到了分析重新记忆的第二性时才重新出现），所以浪费了时间客体的现象性所构成之问题的绝大部分资源。由于放弃乐曲而关注**纵向的意向性**，胡塞尔丢掉了**物体的意向性**。

> [……]让我们把声音看作纯质料[……]。在这个意识流的“期间内”，我意识到唯一的也是同样的一个持续的、现在正在持续的声音。“以前”(假如这个声音没有被听到)我对它没有意识；“此后”，在作为过去的“滞留”中的“一段时间”内，我对它“仍”有意识。在固定它的目光下，它可以被滞留、自我保留或自我维持。可以说声音持续时间的所有延伸或者说在其延伸中的声音像逝去之物那样维持着，不会再生动地自我制造。这是当下的制造点不再赋予其活力的形式，但这种形式仍继续改变，并回落到“虚空”中。 541

对声音的意识有始有终。但若说“我意识到唯一的也是同样的一个声音”是否有些言过其实？当统一性——正相反——从多点状流程中**事后**产生出来时，它是否被引入**尚未**构成之处？难道反而存在着统一于声音的总是产生于其中的**前个体**时间性**基础**吗？这个道理同样也适用于交互主体性的问题。在交互主体性中，由于个体**事先**自我给予，以贯穿个体的方式、从前个体本质中产生的**个体化**便被抹消或丢失了。[①]在此情形下，质料与形式构成事物论总是徘徊于殊途同归的两种可能性之间：有时像《内时间意识现象学》那样事先偏重**质料**，有时像《现象学的观念》那样事先偏重**形式**。

声音在其持续时间内像河水一样流淌和远去，流淌即是远去。这种机械的流动性来源于一开始就干扰所有分析的空间的恒定参照性。在这个显然不能与**时间视域的非决定性**相提并论的**空间视域的不定性**中，丢失的是时间流的动力。对时间体验的理解是极其困难的，而空间比喻似乎有助于这个理解：

① 我们将在本书第三卷中评述西蒙栋的《精神的个体化与集体的个体化》时讨论这一点。

> 这些持续的点远离我的意识而去，其方式与“我远离物体时”空间中静止物体上各个点远离我的意识而去的方式相仿。物体保持其位置，声音则保持其时间。任何瞬间都没有位移，它却逃逸到意识的远处，与当下的制造者总保持越来越远的距离。声音本身是同一的，然而“在其(显现)方式中”的声音(der Ton “in der Weise wie”)却不断显现为别的声音。

但人们在此**为何需要借助于**空间比喻呢？如果不是因为时间走出自身，被置于自身之外，出离，受到一种**最初辅助状态**的要求——它本身又是滞留有限性所要求的——而**膨胀**，为什么一定要借助于时间来呼唤空间呢？只要空间比喻在胡塞尔眼中不**构成**问题，它就与**某个**声音的优先地位一道构成这些分析的诱因：过去变成了前景，在此前景
542 中——如同在物体构成的世界之空间性中——存在着内与**外**、**始**与**终**、**远**与**近**。如果说不能把滞留与记忆混为一谈，那是因为在时间客体流程的末端，

> 一切都消失在影子里，消失在空洞的滞留意识中，而且滞留一旦停止，便**最终彻底消失(如果可以确认这一点的话)**(注解1)。[①]

是否可以确认这一点呢？这里有个注解。胡塞尔在此注解中指出，空间事物自我给予于其中的时间前景自身也在空间前景中自我给予。时间前景表明，空间前景也是时间客体，但它使我们走出内在范畴，因为空间前景本身并不是**像**声音或乐曲那样的时间客体。何以言此呢？不正是因为与意识流相**吻合**的时间客体流之特性**不容许**乐曲**像属于非内在范畴的空间**物体那样**有始亦有终**吗？海德格尔则把整个问

① 第9节，第40页。黑体系本书作者加注。

题颠倒过来，他把空间性作为植根于烦忙中的各种存在，即作为忧虑或时间性来分析。

此外，胡塞尔**同时也提出了**（尽管放在了括弧中）一种切实的、实现的、纯粹的和绝对的消失之可能性，且正如我们将要看到的，他也**假设滞留性和更广义的记忆从理论上讲都是无限的**。

把过去作为“某种时间前景”来分析便提出了双重意向性的主题，同时又把两种目标隔离开来。

> 我们显然应当承认“意向性”一词的双重含义，根据我们的观察，它要么指显现与显现之物的关系，要么指意识与“以意识方式显现之物”或者意识与以普通方式显现之物的关系。

声音**的**对象是其纵向性的对象。但我们是否能把声音**的**对象与**构成声音的**对象分开，但又不丢掉声音之时间性的**整体性**呢？

> 我们从流淌现象中得知，正是不断变动的持续性形成了不可分割的统一体：不可被分割为本身，又可能变成持续点的片断或 543
> 阶段。[①]

适用于片断与阶段的原则是否也适用于**作为乐曲之音**的乐曲的声音呢？

> 我们在抽象中发现的碎片只能存在于流淌的整体中，流淌的持续阶段与持续点也是如此。[……]这个持续性[……]从形式上是不变的。[……]同理，每个瞬间（以及每个微小的时间段）与

① 《内时间意识现象学》，第41页。

> 每个其他瞬间可以说有“个体的”不同。任何瞬间都不能发生两次,同样,任何流淌方式也不能发生两次。

对时间的意识确实只发生一次,而难题恰恰是:**同一个声音**的重复每次都造成**不同的声音意识**。但这个**重复**的难题没能困住胡塞尔,难题对他**恰恰**不成其为**难题**,原因是即便把“个体性”放在括弧中,也无法容纳上面讲的推理的“刚刚过去”。似乎只有事先自我给予“个体性”,才能构成作为个体化过程的时间性。西蒙栋后来正是用这种方式来评判个体的质料与形式构成事物论的概念。

6. 过渡、漩涡与掉转方向

在对声音的质料分析中,乐符的音乐性丢失了。**由于胡塞尔排除逻各斯的特有语言性,他把所有听到内容的音乐性都取消了**,因为所有的声音都在前个体的音乐性背景中被个体化,所有的语言都“歌唱”,任何微小的声响都会从世界的交响乐中传出。耳朵本来就有乐感,**这正是它的时间性**。所有的时间客体都在这种无休止的音乐性背景中显现,从这一背景中脱颖而出并以“迭化”的方式与之相续。

然而只要一作任何流淌方式都不能发生两次——因为时间客体有
544 头(或者说核心)、有尾(或者说滞留的滞留)、有界定现象**纯粹统一性**的**始**与**终**——之断言,上述观点就被胡塞尔排除了。在此,本源问题被重新提出:

> 内时间客体的流淌方式有一个开端,可以说有一个源点。它是内在客体能够开始存在的流淌方式,以当下为特征。[……]流淌的每一后续阶段本身都是一种连续性,一种持续增长的连续性,一种过去事物的连续性。让我们把持续中每个点的流淌方式之连

> 续性——当然包括在最初流淌方式的连续性之中——置于客体持续的流淌方式之连续性面前，这样一来，持续客体流淌的连续性便是连续统一体，它的各个阶段便是客体持续性中各个瞬间流淌方式的连续统一体。

我们需要把解释这个分析的图表同《质料与记忆》中的锥形表作个比较。后者更具动态特征，因为其中不存在当下与记忆的划分（但缺乏对**初级**滞留的理解）：柏格森认为“记忆所回应的召唤始于当下”，**反之亦然**——这里谈的是第二记忆，因为感知与记忆之间存在着一种原初的“**摇摆**”。《内时间意识现象学》中的图表描述了时间客体的个体化过程，它以作为流淌方式的**源点**（O）为中心，内在客体通过这个点**开始**存在即开始**过渡**，也就是说开始**消失**。这里的开始即开始终结，开始要终结。

但如果开端自始便是终结的开端，那么如何把开端与终结区分开来呢？我们能够肯定并严格区分开端与终结吗？如果作为流程的时间 545 客体是在意识流中延续的体验，那么这个体验是否在某种程度上来自先前的体验（正如柏格森的例子）呢？**然而**，如果说这个流动的意识只有在其新内容中**偏离**——由作为流淌的已经在此的第二记忆本身构成的——所有过去的流程时才在意识流中开始，那么这个偏离不正是河水（在意识流**即时间**中流动的**时间**客体）中**漩涡流**的偏离吗？这个偏离从河水中翻卷而出，而河水又形成偏离。**我们不能说偏离的本源在河水中**，因为**河水不是本源**，而是**漩涡**，是河水无论如何都无法与之分开或对立的漩涡。然而，要分析这个作为活的当下的偏离就必须把与偏离相续的流程搁置一旁，因为与布伦塔诺相反，胡塞尔认为有必要**让感知的开端绝对偏离想象**，从而还原所有声音的音乐性，**即所有声音的时间性**。

毋庸置疑，柏格森的锥形表中没有区分下列三项内容：（1）在时间客体的在场中作为初级记忆的“过去事物的连续性”；（2）“有可能被其他物体充实的当下的直线”“E→”所代表的第二记忆；（3）与第二个图表中下行的对角线所代表的OE相关联的消失。[①]但胡塞尔宣称的初级记忆与第二记忆之间的**隔绝性**真有必要吗？倘若时间客体于现在这个当下的在场**确实**有绝对的特性，那么需要澄清的问题是：这个在场是否从本质上落后于记忆的**原初第二性**，且**从本源上**落后于起源的缺陷，在
546 场是这个起源缺陷作为**回应**的后果。

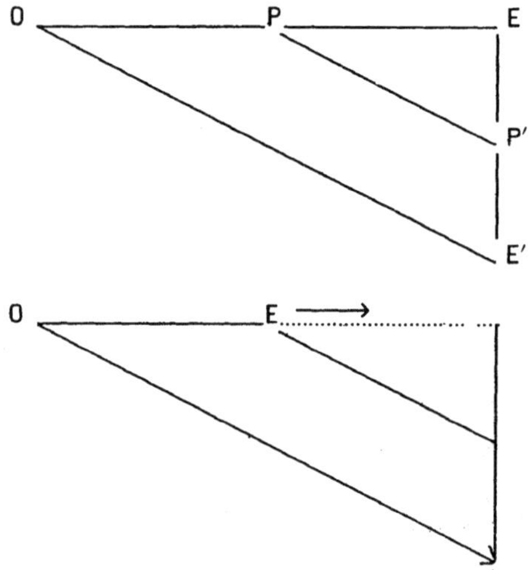

OE　当下瞬间序列

OE'　下行线

EE'　各个阶段的连续统一体(具有过去视域的当下瞬间)

E→　有可能被其他客体充实的当下的直线

① “我们图表中的纵向直线代表持续中的客体的流淌方式，它们从O(点)延伸到一条确定的延长线，后者具有终点之前的最后一个当下。此时，不包括任何(属于这个持续的)当下之后续的流淌方式才真正开始。持续便不再属于现在，而属于过去，它不停地滑向过去的深处。这个图表由此勾勒出流淌方式双重连续性的完整图形。”

图表的目的在于揭示活的当下中初级记忆的连续性（与之相对立的是第二记忆的非连续性），也进一步揭示第三记忆的超级非连续性，因为它构成代表**非体验**的可能性。但这种揭示方法的代价是冻结了个体化的时间过程，正如对现象过分重视、谨小甚微就反而抓不住现象，亦如试图从乐曲中听出每个音就**无法听到乐曲**。

垂直线EE'

> 在各个时间环节上都把当下瞬间系列与下行线相连。这条垂直线代表着当下与其过去的视域在各阶段的连续中合而为一。任何一条单独的直线都不能代表滞留，只有三条线组成的整体能够把滞留体现出来。①

利科遗憾的是两种连续性（OE' 与EE'）的静态分离所构成的现象物化。这种静态分离与初级记忆、第二记忆和第三记忆的分离息息相关，时间性在其中分解并完全消失：

> 这个图表展现了一连串临界点，但未能表现源点的滞留蕴涵，简而言之，未能表现远与深的同一性，这个同一性使已成为其他瞬间的瞬间以独特的方式被纳入当下瞬间的厚度中。其实，能够正确表现滞留与（滞留在瞬间与持续之间的）中介之关系的图表并不存在。②

然而，把**改变**视为我们后面说的**循环**——视为滞留的改变向表象构成的回归——显然是个失败，且尤其是个失败。

---

① 《时间与叙事·第三卷》，第43页。

② 同上书，第48页。

到了第十一节，一切都有了定论。问题的实质显而易见：正是作为**印象**开端的**绝对性**将其绝对性**传给**了滞留，同时又划定了滞留的界限。

> 与持续物体的“制造”一同开始的源点是一种原初**印象**。这种意识在连续的变化中被抓住：“有血有肉”的声音之当下不断变为过去，总是新声音的当下不断与在变化中过去的当下相续。然
> 547 而，当声音的当下——原初印象——过渡到**滞留**中时，这个滞留本身就成了当下，即某个当下之物。在它作为当下之物（并非当下的声音）期间，它便是过去的声音**的**滞留。[①]

真正的**过渡**在此被描述为植根于持续、展开、过渡、**边**展开**边**过渡的印象之开端中的不断改变：这正是对纵向意向性的切实描述。但作为**绝对**开端的**源点**观念妨碍了我们探索这个被称为**变更**（即作为**循环**的改变）的本质现象，因为这个观念把时间客体仅局限于原初印象即在场的领域中，从而掉转了方向。时间客体在此转向中变得支离破碎了。

我们的观点像原初的明证性一样明了：由于这是（先于听到一切或倾听一切的）“传统的”和“历史的”预先听到的结果，所以改变反而来源于某个**已经在此**。**正如很久以后胡塞尔对待几何的（变成历史的）活的当下一样**，滞留的**循环**应当作为（重新）构成初级记忆的第二记忆的“原初”循环来理解：只有这样一种对“沉淀滞留”的循环才能使作为回溯性探问的延异的再激活现象成为可能。

开端自有其**后果**，即新的开端。人们当然可以反驳道：这种把所有开端都植根于已经在此之重复视域中的做法会破坏这个当前的特殊性——这首诗而不是那首诗，**这**段乐曲而不是其他任何一段乐曲，**这唯**

① 《内时间意识现象学》，第43页。

一一次听到的诗歌或乐曲而不是同一首诗或同一段曲的其他任何一次重复。然而，这正是特属或特有语言的问题，此问题总是被**共同的**特有语言性所引导、所贯穿。共同的特有语言性与另一个永远更具“合并性”但更乏“特属性”的特有语言**有关**，同时也与其他更具“被合并性”和“特属性”的特有语言有关，所以我们应当像承受时间问题那样承受特属性或特有语言的问题，因为它**既是**计算**又是**非确定性，既是特有语言平庸的共有性又是特有的绝对特殊性。

> 意识的每个现在的当下都服从于改变法则，它持续地从滞留变为滞留。滞留的连续统一体便不断从中产生出来，以至于每个后面的点都是前面的点的滞留。 548

然而循环圈必须改变滞留的滞留，不仅把它当作消失的现象，而且已经当作位于**正在过渡**的原初印象内部的某种再激活，也当作改变并丰富声音的**回应现象**。回应现象使我们拥有大量和谐、合并、和弦、切分音、音色、音色与不协和音等形成物，它们**组成**乐曲的时间性即**音乐性**。**简单的**“滞留突变的连续性”无法描述这种现象。这里的全部诱因是声音相对于乐曲的每况愈下的优先地位，其中的描述只能流于形式且内容空洞。的确存在着一种循环形式，一个循环圈，正如利科指出的，它没有被图表中任何直线表示出来，但原因并不仅仅是受到图像表达形式即空间性的限制。胡塞尔之所以能在这个空间图表中重新找到所关注现象的时间性的表达模式，是因为他所针对的循环受到开端和**能够达到**、**能被确定的终结**的局限和抑制。从这个角度上看，这个终结不是后来说的走向终结的存在之意义上的真正的终结，**事实上**也不能产生循环，而只能产生某种反馈。名副其实的循环似乎是不确定游戏的非疑难实质，它来自一个我没有经历的过去，既是我的又是非真实的，把我切实经历的过去的已经在此与这另一个没有经历但我需要它存在的已经在此相关联；它是被强加的循环，强加来自滞留有限性，也来自——总是对“在已经在此中定向”(也在自身经历的过去中定向)的必要性作出回应的——地图绘制术**必将**带走之物，**即对真实领土的想象，也就是说一种先于自身**。

然而，这里引入了一个新的比喻，即**遗产**，海德格尔正是运用这个比喻把此在的可能性和此在的决定解释为可能性财富——作为**非体验**的已经在此——传播的切实性。

7. 遗产

> 每个滞留都已经是一个连续统一体。声音先开始，然后“它”持续地延伸。声音的当下变成了声音的过去，印象意识一边持续流淌，一边过渡到总是更新的滞留意识中。我们顺流而行或随波
> 549 逐流就会拥有属于起点的一连串滞留。然而除此之外，在这个作为“当前”的连续点上，前面的每一点也以滞留减弱的方式自我给予。这样一来，滞留变化的持续性便抓住每一滞留，且这个持续性本身也是以滞留减弱的方式自我给予的当前的一个点。这种现象并不会导致无穷尽的单纯退化过程，因为每个滞留都是自身持续的变化，可以说滞留在一连串减弱的形式中都承载着过去的**遗产**。

胡塞尔的确在谈遗产，然而他想的不可能是遗产。我们或许可以认为他说的是再现，因为他补充道：

> 但并不是说前面的每个滞留都沿着流程的方向被一个新的滞留——哪怕是以连续的方式——简单地代替。每个来自原初印象的后面的滞留都不是单纯的持续改变，而是同一起点的持续改变。

但这就意味着在滞留的**初级**连续性中，印象的当下总是透过每个作为"同一起点的持续改变"的滞留而自我展开。区分初级滞留与第二滞留的正是这一点。需要证实的是：

> 滞留是**扩展了的当下**，它不仅保证时间的连续性，而且也保证**源点的直观性以递减的方式传播给一切当下瞬间在其内或在其下保留之物**（黑体系本书作者加注）。[……]滞留的效应不仅是把新的过去与当下衔接在一起，而且是将其直观性传达给这个过去。

然而，如果说"原初印象本身过渡到滞留中"[①]，那么它**在其中**既过渡又不**过渡**，因为原初印象无法从滞留那里**回归**，或者说它从滞留处回归时没有受自身过去的**影响**，却反而**影响**了自身的过去。的确，作为遗产的过去应在**其通达条件中**受到原初印象过渡的**影响**：一个新声音的过渡应当为已切实过去的声音创造新的通达条件，并揭示其**不确定性**。这些滞留的滞留应当反过来因其改变而影响过渡的切实性，于是滞留的回归便成了过渡即印象的（重新）建构。所有滞留的滞留都受到起点 550
改变的影响，所以滞留也应当反过来影响这个起点的改变，且"起点的改变"中的所有格应当**保持**其双向：活的当下的当前应当是这两个方向的保持。

胡塞尔似乎是这么说的，但这并非他的本意，因为果真如此的话，他就应当像在一切再激活过程中那样去听乐曲。正如几何的例子，被保留物在来自回溯性探问的给予中自我改变。回溯性探问是"回归的问题"，其中被保留物在**回归时确实在事后**（作为回归的结果）构成此问题。**但这似乎涉及到初级记忆与第二、第三记忆之间的事后渗透性问题。**

① 《时间与叙事·第三卷》，第48页。

遗产之主题完全内在于原初印象，不能从已经在此出发来理解它。与海德格尔作了比较之后，利科当然可以说："这个次极意向性表明，最老的滞留不断受到最新滞留的改变，由此构成时间的去远化。"但什么受到改变？什么引起改变？海德格尔认为，受到改变的是最老的滞留，引起改变的则是最新（最直观）的滞留。

遗产——遗产的改变——始于何处又"源"于何处？漩涡的**力量**从何而来？让我们再回到阅读诗歌的问题。我先读第一句，读到句尾时，起始的滞留已被继续引向第二音步、第三音步……的原初印象重新贯穿。所有音步都带有充满音乐性的迭韵、韵律和诗律，而音乐性本身又包含着音色、和音、切分音等等，它们给滞留的过去**和**正在过渡的原初印象同时赋予充分的内容，给第一句的过渡**赋予诗意**。然后，第二句重读第一句，为的是与之重新呼应。但这个（不）确定阅读的重新阅读确实与**阅读相吻合**。假如我能背诵这首诗，或者我只是从前读过它，这个已经做过却属于"真正过去"——**属于第二记忆**——的阅读便寓于第二次阅读中，**正如**对第一句诗的阅读寓于第二句诗中一样。我们的确说记住一首诗，但这里的记住意味着把它**留住**，把它作为与初级记忆相**黏合**、相交融的"第二"记忆**保留**在自身之内。

第二滞留已经存在于原初印象中，它传递原初印象并从中传递其不确定性的切实性。非体验的滞留寓于第二滞留中，对于第二滞留来说，
551 非体验滞留是本质的，**且正是它的世界，而不是别的**。使第二滞留成为**可能**的是本质上由非体验回忆构成的，作为图像意识保留的已经在此。

正是**体验**妨碍了胡塞尔以这种方式思考，海德格尔后来说：体验是现象学的形而上学概念。

引入遗产之比喻时，胡塞尔

> 排除了滞留过程无限萎缩的假设[……]，（而且）他似乎因此把遗产的观念与时间场的限制之观念连在一起，他在第十一节的第二

部分又回到这一论题。[①]

然而,这个时间场的限制性并非滞留有限性。那么它的性质是什么呢? 换言之,扩展的真实属性是什么?须扩展的内容**实际上**是什么?

在展开先验历史的问题时,胡塞尔把原初几何直观的可能性植根于累积式科学的可能性中,作为发明当下的再激活之可能性。他不会再把第三记忆置于构建之外,因为活的当下将会变成特大的当前或者说超级当前,建构也将变成(重新)建构。《几何学起源》一书把第三记忆(由文字的确正代具化给予的世界历史的图像意识)变成**第二记忆进入初级记忆的条件**和作为复苏或继续存在的再激活之条件。由于**活的**滞留的限制,没有文字(没有活的在场的改变)就既不会有发明也不会有几何传统。但**在此**不区分体验与非体验、初级记忆与第二记忆、第二记忆与第三记忆就意味着对现象学本身的原则提出质疑。遗产**始于**感知,且仅仅始于感知,亦终于感知:正是作为最高原则提出的感知的直观性不允许把第二性纳入到遗产中。 552

8. 图灵机器关联物的回声

然而,正如开端的主题限制了分析的内涵,我们必须在胡塞尔后面的章节中推迟**消失**的主题。

> 如果在乐曲演奏中出现了停顿,那就没有任何新的感知阶段而只有新近记忆的单纯阶段与上一感知阶段相连接,然后某种类似的记忆又与这个新近记忆相连,依此类推。在过去中的推迟便这样不断产生了,这一属性不断被改变直至消失。事实上衰退与

① 《时间与叙事·第三卷》,第48页。

改变相辅相成，最终导致非感知性。[1]

终结在何处终结？上面说的消失何时完成？既然属于感知的滞留**比感觉持续更久**，那么**感知**何时停止？

对于**初级记忆**，已不可能再谈论严格意义上的单纯感知，因为滞留总是寓于“活的当下”中：**感知的在场延伸到滞留的不在场之中**，且某种**非感知性**像其自身改变那样已经作用于时间客体被感知的存在。开端从来只是开端的**改变**，因而它永远不会是真正的开端，而已经是**消失**。我们看不出是什么容许人们谈论终级的非感知性。显而易见，当感觉本身终止时，非感知性仍会改变性质。但此时此刻，与其刻意提出一种似乎无法描述的终极界限，我们是否应当越过表面上的非连续性来探寻无声的持续、深层的不停歇以及构成曾经存在之物的**未完成**呢？这就成了**回声**的问题。

然而这全然不是胡塞尔在此提出的问题，他的问题之关键在于把初级记忆与第二记忆间的对立**绝对化**。他认为，假如开端与产生开端的已经在此之间，终结与终结回归到的流程之间没有明显界限的话，时间客体的此在与其不复此在之间，感知与想象之间也就不存在着界限。

但令人诧异的是，这种推理使胡塞尔得出了如下结论：第一，事实
553 上**时间场**受到**绝对限制**；第二，理论上**记忆没有限制**。

“显而易见，正如在感知中那样，原初时间场受到了限制。”

首先，它受到绝对的限制。对这个原初时间场的**有限延伸**无论在事实上还是理论上都没有任何填补的可能性，这个受限制的延伸具有与开端同等的绝对性。时间场**同眼睛“在客观空间中”的视野一样**，本质上从来都以相同的方式被局限：

① 《内时间意识现象学》，第45页。

总体上我们可以大胆地认为，时间场总有同样的延伸。可以说正如视野随着客观空间而移动，时间场随着近期被感知且被重新记住的运动及其客观时间而移动（注解）。

再者，初级记忆理论上是无限的、观念化的，正如第十一节这个注解中审慎地指出的那样：

> 我们在此图解中没有考虑到时间场的有限特性，没有从中预见到任何滞留的终结，因而把一切以滞留方式保留在其中的意识观念化也是完全可能的。

也就是说，他认为事物的正反两面都有道理：欲构成绝对开端的可能性，需要有绝对的终结、完结与消失。然而，为了确实能把这么一种绝对性描述为某种现象的绝对**持续性**，必须在现象过程中将滞留的绝对效力观念化，也必须悬置对初级记忆的**所有事实上的限制**，使之回到其自身的庸常性，并排除填补时间场限制的所有可能性。简而言之，这意味着把代具排除在外。但观念化**在此**意味着什么呢？这种做法与图灵的做法如出一辙，即先建立一个描述机器的公理，然后把该机器的机器特性置于括弧中，也就是说把机器抽象化、非具体化。于是机器就不复存在了，所有机器的关联物也不复存在了。

然而，问题正是机器关联物的回声问题。这个回声像"什么"的回声那样构成时间性，即以**不可还原的先验性**而不以**质料给予的方式**构成时间性。 554

9. 可见的时钟之时刻

胡塞尔使用空间视野这一比喻，是因为他严格运用"原初时间场"

的先验概念来推理，似乎某种时间仪器（或者说测时仪器）及其时间深度（或时间前景、时间滞留的递减定义等，直至最终消失）有可能被某种光学仪器及其景深和图像的“定义”等所取代或相比拟。这样，可见之物便支配了对时间的一切分析，仿佛在此情形下在场比声音更有保证似的。那么我们是否应当反过来质疑“原初时间场”早已被——尤其是从初级记忆与第二记忆之关系的角度观察时——纳入**器具的客观性**中这一**事实呢**？它是否像照相机镜头那样，在这一非常时刻（im selben Augenblick）“咔嗒”一下就实实在在地把时空“抓住”的可见的时钟呢？

“重视”时间特性的有限场及其有限性——意识有限性——就意味着用“活记忆”连接总是使活记忆成为可能的死记忆，连接某种填补。当活记忆“失灵”时，这种填补不仅起支撑作用，而且也把活记忆建立在其原初可能性之中。于是，“无终结的观念化意识”只能是上帝的意识，被排除的便是（生命的）**终结**（和生命中的生命之终结）。

扩展当前的概念便是改变。但改变的定义来自它的积极性与**可靠性**，不包含（伯格森的）地图绘制术的有限性：

> **初级记忆是印象——而不是其差异——的积极改变**，它与过去图像的再现相对立，而与活的当下共享原初的优先性，尽管这种共享方式是递减的。

这就是为什么它不可能涉及图像表现。第十二节清楚地阐述了滞留**并非**感知却又**属于**感知的事实，同时也通过初级记忆与再现或图像意识的对立而阐明了“我们视为滞留的改变之性质”。

555 这种论点向来与布伦塔诺的观点背道而驰。若存在着图像的表现，就会存在着想象，也就不可能区分过去与幻想。初级记忆是“过去的给予物”，这也意味着**第二**记忆并非**第三**记忆，因为记得的东西应当在其时间内构成，并且构成于原初**印象**。

如此看来，完全没有必要把第三记忆考虑在内。一般现象学——尤其是时间现象学——把世间全部实在物（当然也包括第三记忆）都悬置起来，以便把握其构成方式。然而在图像意识也是时间意识的情形中，比如在一张尚未成为真正时间客体（它并不流动）的照片前，本来具有时间性的对象**不再能将先验性还原到对象身上**。之所以有**真实的效果**，是因为意向对象本身带有**曾经存在**的确凿性，这种确凿性**产生于**（载体的）对象的**先验性**和**非体验的侵占性**。照相的意向对象之特征是把我**没有经历过**的曾经在此给予我，这就需要把问题像时间客体那样延伸到电影的已经在此的时序性中，同时也延伸到**剪接**即所谓电影地图制作的问题中。

10. 图像意识、记忆丧失及重新开始的自由

所有的时间**印象**中都包含着滞留，而所有的滞留，**无论是初级的还是二级的**，都与原初印象衔接在一起（第十三节）。所以滞留在其可能性中无论如何都不会产生于非体验之后，或产生于作为第三痕迹经验的绝对的非感知性之后。正相反，原初印象应当**像**建立初级滞留那样建立重新记忆（第二记忆）的明证性：我可以重新激活这个记忆。它之所以能被重新激活，是因为它被体验过。**不同于所有图像意识的是**，这个回忆**建立**在原初印象的基础上。

当滞留不属于初级滞留时，过去的意识便享有一定的自由度（第十四节）。这种自由可以是相对于第二记忆的自由，人们可以在第二记忆中重组过去，与其一道“编织”，我们不久就会回到这个至关重要的问题上来；这种自由也可以是相对于真正的图像意识的自由，真正的图 556
像意识即诸如图形、图案、照片、各种痕迹以及世界历史的其他“什么”的先验表象。

然而如何看待**记忆丧失**的问题呢？第三记忆首先是对记忆丧失的填补，也就是胡塞尔声称理论上已消除，但事实上仍存在的滞留有限性。

马尔罗在分析波德莱尔的视觉记忆失误的可能性时就谈到这种滞留有限性。视觉记忆难免出错，人们无法用它来弥补陈列在博物馆的艺术品系列的全部艺术的缺陷。[①]能让人弥补记忆缺陷的是照相技术。并非要弥补全部艺术的缺陷，而是要在比较各种作品时体验它。

胡塞尔认为第二记忆的可能性先于并独立于第三记忆的可能性，他还认为第二记忆的可能性原则上可以构成，而**不需要**第三记忆构成的可能性，这样他就把“谁”的记忆中的一个重要因素删除了。“谁”的记忆正是其有限性，即消失的特性，**因为它在本质上可以被一个先验的第三者**，一个“什么”**来填补**。丧失记忆的可能性恰恰**构成**记忆本身。记忆被纳入我记得起来的**意向中**，它可以消失；与此同时，这个消失又可被某种固定或记录所终止、恢复或填补。如若不然，我的尚有活力的第二记忆将在何处寻找支点呢？在其**随机过程中**，什么在启动重新记忆链和被称为**流程**的有意或无意的模糊记忆链呢？如果我的活记忆不能与减弱的、有印迹的、重复的和自动的记忆衔接在一起，如果我的活记忆不能也不应被死记忆再激活，那么我对它还会有什么**意向信心**呢？是否还存在着第二性的**意向可能性**呢？如果这种意向可能性不被这些客观记忆**所需要**，那么其真正作用又是什么呢？如果这种意向可
557 能性**能够**且最终**应当**被需要，那是因为客观的填补在它是必须的。莱

① “直到1900年，其艺术思考给我们启发或具有特别意义的那些人，我们认为与我们谈论同一作品、使用同一参照的那些人，他们看到的是什么？无非是两三个收藏丰富的博物馆和一小部分欧洲杰作的照片、镌刻或复制品。他们的大部分读者看到的就更少了。于是，对艺术的知识中存在着模糊区域，原因是比较卢浮宫的某幅画与佛罗伦萨、罗马或马德里的某幅画其实是比较一幅画和一个记忆。视觉记忆并非准确无误，况且两次研习之间常常隔着几个星期的时间。”马尔罗：《想象中的博物馆》。

布尼茨及其普遍几何公式让人想到回忆载体的本质特征是**从停留处重新开始的可能性**，无论第二记忆有限性的后果如何，无论这些后果能够也必然引发的消失会怎样。一般说来，"什么"作为记忆和第三记忆的载体将**自主的可能性给予**"谁"或给予这里所说的意识，**使它们独立于一般的生命流程，独立于再激活和激活的纯粹时间，也独立于受生命反应系统支配的肌肉与神经的时间**——正是在此意义上，柏格森的理论不再满足我们的需要了。然而胡塞尔的理论也不再满足我们的需要了。如果说海德格尔似乎把类似的可能性视为**数据性**①，如果说他把原初时间性植根于存在有限性的自由中，那么现在我们就明白，为什么在步倒退的胡塞尔之后尘时，他自己也倒退了。

第三记忆的"先验性"具有**构成性**：我们不能还原任何时间客体的技术性，也不能还原照相的曾经在此的技术性。先验场因此变成了**非先验场**，即**超越**经验与先验的对立：将二者加以区别但不对立。

11. 重新建构、留声机这种模拟的时间客体的指向和脚②

第十四节又回到半途中断的乐曲问题，描述了在第二记忆中**重新建构**准聆听的前摄与滞留初级链的可能性。

> 让我们看一个第二记忆的例子：我们可以记起不久前在某场音乐会上听到的乐曲。很明显，记忆现象的构成整体上与对乐曲的感知之构成完全相同，那就是：需要改变的东西已经改变了

① 海德格尔：《现象学的根本问题》，伽利玛出版社，1985年，第314页及以后。

② 脚的概念见《爱比米修斯的过失》第一部分的第三章第二节"一切从脚开始"。——译注

> (mutatis mutandis)。它们有这么一种优越性:记忆的当下瞬间与感知的当下瞬间相吻合。我们在想象中回顾乐曲,作准聆听,先听
> 558 到第一声,然后第二声,依此类推。每一个当下的瞬间都有一个声音(或一个声音段),但前面的声音并未被从意识中抹去。通过领会现在出现的声音,即现在准听到的声音,我们把刚刚准听到之声音的初级记忆与对即将到来的声音的期待(前摄)融为一体。当下瞬间重新为意识产生时间光晕,后者产生在理解记忆的持续中。[……]上述一切都**与**感知和初级记忆**相同**,但它们又不是感知和初级记忆本身。实际上我们什么也没听到。①

我们可以谈论重新建构,因为重新记忆

> 本身是原初构成的、随后又刚刚过去的当下的重新记忆。它本身形成于原初给予和滞留的连续统一体中,因而构成持续的客观性。

此处正是被作为重复来分析的第二记忆的典型可能性。然而正如利科所言,这种分析过于简单化了:

> 这个例子过于简单,因为记忆的全部目的在于依照所涉及事件的新近特征**重新制造**一个时间客体。胡塞尔或许认为一切与**重新建构**过去有关的复杂性——以及历史的过去,甚至遥远的记忆——都因此被剔除出去了。②

如果在分析第二记忆时考虑到这个与**不可避免**的**遗忘**可能性相

---

① 《内时间意识现象学》,第51页。

② 《时间与叙事·第三卷》,第51页。

关的复杂性，那就不可能不在初级滞留中给这种复杂性赋予**构成性**意义。在后面的章节中，第二记忆中的重复使记忆的**选择**、**拆卸**与**重组**活动成为可能。我们必须承认，如果滞留所构成的改变不是自动或确定的过程，那么这种选择就**在全部滞留中**进行：假如存在着这么一种确定性，那么对**以客观方式**（确正方式）**录制**在光碟上，并**以客观方式重复的同一乐曲**的两次聆听就会获得完全相同的经验。然而**毋庸置疑**的是，对同一乐曲的聆听**从来都不是**相同的，正如胡塞尔本人所言，任何事物都只能发生一次，这是时间客体的属性。对同一对象的两次重复会带 559
来两种不同的聆听，因为像滞留的滞留一样，每次聆听**都是一个选择的过程**。

我们一旦开始重视这种音乐经验的**复合性**，初级记忆、第二记忆与第三记忆这三种划分就会相互关联，它们之间的界限也就变得模糊了。一段录制在模拟或数字载体上的乐曲先被第一次聆听，**以后，同一首**乐曲从**同一**光盘上被再次聆听。第二次聆听时，刚刚**过去**的声音在其**过程**中产生的全部意义都归功于**上一次聆听时似乎已经消失的前面的过程**：声音的**改变**就植根于**对第一次聆听的第二记忆之中**，不仅这种改变指向第二记忆，而且这个**指向**也构成这种改变。这一切均为**孕育**过程。初级滞留**已经**是**根据先前孕育过程中建立的标准所作的选择**。这是绘图意义上的选择，即把**正在发生**之事缩减为**只留住第二记忆**——第二记忆已经寓于初级滞留**过程**中——构成的**标准**允许它留住的**过去**。如若不然，任何事都不会被留住，因为正如费奈斯的寓言与《严谨科学博物馆》告诉我们的那样，任何事物都无法发生，都不会发生。**改变正是**这一过程，它像根据某种**可能的也是先于自身的**标准作淘汰和留存那样运作。因而我们必须把改变作为走向终结的存在来思考。

而且，**这个与初级记忆不可分割的第二记忆也是第三记忆**，即“图像意识”，比如提供对某种模拟或数字时间客体的经验之可能性的记录载体。正因存在着这些重叠与巧合，初级记忆植根于第二记忆所构成的延异中才**在所难免，也不可能不被切实体验到**。第三载体是绘图仪。因为**同样的图像意识**——比如电唱机——是初级记忆与第二记忆最终共同植根于其中之物，所以第二次初级记忆植根于变成第二记忆的对第一次初级记忆的记忆便是**不证自明**的道理。这种自明性只能来自记录的（确正的）精确性这一**事实**。然而正因存在着**照相的**显影，这种确正的自明性又是**所有**时间客体结构的照相**显像**。

这又给我们增添了一些有关模拟出离的知识：与拼写文字一样，输入之物与输入的时序相互吻合，通过同一化而释放某种延异。但有
560 别于文字综合的是，这里所说的时序完全吻合于聆听的时序，因为乐符在客观时间中展开的方式每次都是相同的（不包括光盘旋转的细微变化）。输入的时序客观上吻合于第一次聆听的时序，而第二次聆听的时序又与第一次相吻合，依此类推。在这种客观的吻合中，“谁”的时间性与模拟或数字的“什么”的时间性比在直线型文字中更为密切地相互交织，因为确正文码的读者不会每次都在相同的客观时序中重读文本，他可以停留在某个句子上，而不失去由语言间歇所构成的流程的同一化运动，倒是流程整体有时可能受到干扰。我们在此可以举出各种各样的例子：诗歌中的格律可以与乐曲如此相近，以至于需要正确的节律与气息。这当然还需要读者的参与，读者的地位类似于演奏某段乐曲的钢琴家。显而易见，上述一切都不排除一次聆听与另一次聆听之间的差异，正如一次阅读与另一次阅读之间存在着差异一样。正因为先有孕育后有差异，情形才会如此。

12. 事件化，滞留切实的出错可能性

重新记忆之所以归属于**第二**记忆，是因为**在此**（第十四节中，乐曲是在对已结束的音乐会之重新记忆中的准聆听）**想象**同本应**自始**就使

问题复杂化的选择能力一样切实地起作用：

> 然而这个例子并非绝对简单，因为这次涉及的不是同一个音，而是人们可以按声音的前后顺序**在想象中回顾**的乐曲。

想象引出了“就好像”的虚构：

> 于是差异便存在于被感知和被准感知的乐曲之间、聆听和准聆听之间。这个差异意味着准时的“当前”于准当下有其对应物。准当下在“就好像”之外具有与滞留和前摄相同的特征，因而具有
> 准时的“当前”和其零乱的滞留间的同一性。选择这个简化的例 561
> 子——重新记忆的同一支乐曲——的唯一理由是：它允许我们把印象意识和滞留意识间的连续性及一切有关分析都转移到“就好像”之中。①

现在需要强调的是初级记忆与第二记忆间的连续性，以便把它与第三记忆**绝对的**非连续性相对立。利科发现，这种重复的可能性构成**历史**意识。然而这就必然意味着如下事实：为了让历史学家有可能促成“所有被保留下来的过去”（包括所有可能形式的滞留，特别是客观滞留或客观上完结的滞留，它们是“带有自身回溯与先于自身的准当下，一部分回溯与先于自身属于切实的当下的［被留下的］过去”②）之崛起，不仅需要把初级记忆与第二记忆相对立，而且也需要把初级记忆与第三记忆相对立。

对胡塞尔而言，原初性意味着连续性。如果说第二次重新记忆是

① 《时间与叙事·第三卷》，第52页。

② 同上书，第52—53页。

准聆听,那是因为它能重新构建这种连续性。但这种重建总是局限在某种程度上,原因是第二记忆有出错的可能性,**这正是**它的第二性。这是现象学家没有注意到的素材。无论情愿还是不情愿、有意还是无意,选择**总是**存在着——**唯有确正的第三记忆能够在某种程度上避免选择,它的正确性只是使“谁”的错误移位**:第二滞留性一旦终结,第三滞留性便来填补它,因为这个有限性已经寓于初级记忆之中,否则就不会需要第三记忆来**辅助**第二记忆,而只会有同一事物的单纯重复。而当同一事物因第三记忆的填补而得以保留时,随即产生的已不再是同一个时间客体。有限性是想象的**幻觉**选择,它开启了通达时间客体的**时间性**途径。所以历史科学的构成并不是要排除这一想象,而是要把想象的条件作为主题。

胡塞尔让连续性优先于差异,感知优先于非体验,这正是他与海德格尔的争执所在。但海德格尔并没有在辩论中把此在的弱点视为滞留
562 的特有性(爱比米修斯的遗产),即技术与代具。当然,位于这场辩论之核心的还有在有意识记忆的可能性中显示出来的**先验自由**的问题。

> 重新记忆能以不同的形式实现:要么我们像忽然“冒出”某个记忆那样[……]信手拈来,这不是重复式记忆;要么我们完成一种真正再制造的记忆,一种重复,时间客体再次完全依此构成于再现的连续统一体中。整个过程是由感知过程的再现——包括直至滞留的所有阶段和所有程度——所造成的改变:但一切都具有再造之改变的指数。

然而有意记忆与无意记忆之间的对立不堪一击,因为**之所以需要载体,一方面由于存在着有意记忆的可能性;另一方面由于有意记忆会消失,只能以未完成的方式完成,从来都不是完全可能的,且总是不可能的,因为其本质是健忘的。有意记忆从来不是完全有意的(在其世界**

历史性中独立于世界)，在对他人之体验的有意记忆中就更是如此——这便是再激活的情形。但这在自我回忆中已经如此。胡塞尔在第一部《逻辑研究》中把明证性与内在感觉对立起来，从而把出错的可能性放到了各种意识**之间**。出错的可能性一旦被纳入初级滞留甚至第二滞留中，意识本身便显得**脆弱**了。这是胡塞尔绝对不能接受的，因为脆弱的意识就不再是单纯的**意识**了，而属于逝去的当下，属于活的在场的活力中死亡的"在场"和作为体验的生命中死亡的"在场"。

13. 脆弱与回溯，作为"我们"的"谁"的延迟可能性

如果第三记忆的意向只有在其载体、辅助、拐杖、代具的视域中才成其为可能，那么重复的可能性就应是第三记忆的可能性，而且这种可能性本身由时间客体构成，所以会影响思维。

> 在滞留的基础上，我们也可以立刻找到像观看或捕捉这样的简单意向：当处于某个滞留统一体内部的乐曲流淌而过，而我们重新思考(反省)某一段落但又不重新制造这一段落时便是如此。对 563
> 于所有以连续阶段——即便是像思维那样的自发性阶段——构成之物，这种行为都是可能的。

对于思维来说，第三记忆的可能性就是其自反性的本质可能性。在此自反性中，这种可能性揭示同一，将其视为同一，并通达本质的可变性，进入本质的正题，这便是回溯，它预示了再激活的到来：

> 思维的客观性事实上也是以连续方式构成的。因而我们似乎可以说：客观性原初就建立在时间过程中，被时间分期或分段构成(作为以持续多样的方式相互连贯并组成一个统一体的相关行

> 为)，所以客观性能够在**回溯**中把握，仿佛它们是某一时间点上准备就绪的物体一样。但这种自我给予的方式指向另一种“原初”的自我给予方式。(黑体系本书作者加注)

这段引言本应出现在《几何学起源》中，也本应通过有关再激活的文字来描述内在感觉，但这样的话就必须赋予第三记忆某种地位以便建立一种先验的**共同体**，同时也必须使先验之物具有构成性。存在着**回溯**的可能性，它对**内视**是必不可少的，而内视本身对于通达先验意识的可能性又是不可或缺的，因为“思维的客观性实际上也是以连续方式构成的”。思维是**像接替性那样可以客观化的**时间客体，因而也是**可以再激活的**时间客体。正是这一点使诸如滞留有限性的工业化的当代技术之问世成为可能。

《几何学起源》的全部纲领都由此揭示出来，但在此期间已变成“我们”的先验意识必须走出其自我单一性，以便最终在第三记忆中找到像确正的“什么”那样的可靠的(重新)构成性，其中，当下的时间意识与**借助于确正文字，以程序方式固定在时间客体中的**过去的时间意识有可能相互吻合。在确正文字中，事实上“刚刚过去的给予物看上去
564 等同于被重新记忆之物”[①]。

与再激活性和重复性相同，刚刚过去之物与被重新记忆之物客观吻合的可能性是隐匿于后种系生成可能性——它悬置世界时间流程并恢复代具化的时间性流程——之中的观念性可能性。

14. 流程的剪接

将连续性与非连续性相对立就是将制造与再制造、构成与重新构

① 《内时间意识现象学》。

成相对立。而自反性——没有它就不可能有再激活的回溯性探问——是在第二记忆的可能性所构成的**重复中的自由**之果[①]，仿佛存在着一种重新记忆的剪接和拍摄，即重新记忆的可靠性：

> 在同一个时间的内在延伸中——电影便是依此制作的——我们能够以其流淌方式把重新显现过程中或大或小的片断“随意”安排，从而以更快或更慢的方式浏览。[②]

然而正因每次聆听相同的东西都会有差异——最显著的是听电唱机的经验，**这种剪接（重新）构成总是正在逝去的活的在场本身，仿佛活的在场仅仅是与另一层面相续的层面（第二滞留），它位于即将到来（第二前摄）的层面之前**。这种剪接在重新记忆中尤为明显，被胡塞尔视为“卓越的”**重叠**现象（其中，“我在持续中的过去被给予我，恰恰作为持续的‘再给予’而给予”[③]）之物其实不仅是例外，而且根本就不存在。正是这个不可能性

> 困扰胡塞尔[……]：如果说重新记忆带来的过去当下化与滞留中
> 过去的在场截然不同，那么再现如何忠实于其对象呢？这种忠实 565
> 只能是当下的“现在”与过去的“现在”之间的相应性忠实[④]。

除非存在着第三记忆，否则重叠是不可能的，而这种不可能性必然

① “重新记忆及其自由流动性同自身的概括能力结合在一起，以提供自由反馈的回旋余地。于是再制造就变成了‘自由途径’，它可以给过去的再现提供具有变化的时间性、关联性和明晰性。”《时间与叙事·第三卷》，第54页。

② 《内时间意识现象学》，第66页。

③ 同上书，第60页。

④ 《时间与叙事·第三卷》，第55页。

使第二记忆进入初级记忆。正因几何能**确保**达到这种重叠(无论存在着积极的阅读与否,因为第三重新记忆使不可理解的重复像回溯性探问那样成为可能,因而也是本质上的**不确凿性**标志),才有先验的“我们”可以构成于其中的观念性知识的**后种系生成**的积累。正因构成发明的活的在场**已经**是逝去的在场,即自身的不在场,这样一种**先验传播**才是**可能**的。几何发明家必须能够终止其发明过程,重新自我阅读,仅仅作为这种重新阅读的连贯后果来自我撰写,来远距离自我传递“其”延异同一性,以便在重复中**为自己**(重)建一种观念性。由发明构成的**过渡**必须已经**被**发明过程的已经在此之重复所开启,这个过渡便在任何时候都能被终止或恢复,并在朝向观念的同一性这一**终极目标**的恢复中被重复或分化。正是评论胡塞尔在《几何学起源》中的有关文字时,德里达提出了我们在此引用的滞留有限性之论题:

> 文化共同体世界中传统沉淀的作用在于超越个体意识的滞留有限性。[①]

然而,只有当这种超越在活的在场**之外**构成几何学家共同体的超大当即并影响几何发明本身的原初环节时,上述论断才有意义。对胡塞尔的整体研究来说,这无疑是根本性问题,因为

> 重新记忆中对过去的自由重复对于过去的构成具有特别的重要
> 566 性,以至于现象学方法本身就建立在这一重复的能力之上——它具有双重含义,即召回和重复最原始的滞留经验。[②]

---

① 《〈几何学起源〉导论》,第45页。

② 《时间与叙事·第三卷》,第55页。

只有“电影”的原初可能性才允许生活及各个时代的图像中有停顿，从而制造出放慢、加快、省略和**观念化**的特殊效果，先验历史中的新内容就是通过这种效果而产生的。

对观念化的自反式思维的论断也适用于对像时间流那样的所有思维：流程的统一是剪接。每当一个新物体到来之时，重新记忆的重新剪接便与当下物体的“剪接”同时进行，既**让新物体通过**又**造就过去**。

15. 历史、期待的回溯性及延迟的时间

于是，受抑制的期待**作为**重新记忆中的期待——也就是**已经**得到满足的期待——提出了一个特殊的问题。对滞留与前摄链的重复是可能的。对于利科来说，这种重复也使历史的过去之构成成为可能：

> 当下既是我们正在体验之物，也是重新记忆的过去之先于自身的实现之物。这个实现又反过来进入回忆中；我回忆起曾经期待，现在已经实现的东西。这个实现从此属于重新记忆的期待。（这一特点对分析历史的过去来说自然十分重要：其意义在于历史的过去，并通过构成过去的未来之视域的期待而把历史的过去引入当下。）①

然而，初级记忆、第二记忆与第三记忆的对立在此已变得**完全**不可能了，因而对期待的**等同**重复也成了问题：

> 从这个意义上讲，当下是重新记忆的未来之实现。无论与重新记忆的事件相连的先于自身能否实现，都会影响记忆本身，且通

① 《时间与叙事·第三卷》，第57页。

过回溯而将某种特殊色彩赋予再制造。[……]转向某种记忆的可能性和针对记忆中后来实现(或非实现)的期待的可能性都会把回
567 忆纳入体验的统一流程中。

“体验的统一流程”会导致等同重复的不可能性,**因为**前摄、期待,即前摄与期待中的**选择**都**在此之前实现了**,也因为对这一实现的知识会在成为滞留的前摄之基础上通过**回溯性**而不可避免地立即产生**新的**前摄的选择。**延迟的时间**——本身来自“什么”的确正可能性的**历史的**时间——正位于此处。滞留有限性强加给人们一种选择,这个选择是先于自身的核心,而先于自身又已经是作为遗忘的记忆。

这第二部分与回溯密不可分。通过回溯,重新记忆由于其期待在当下得以实现而获得某种崭新的意义。区分重新记忆与滞留意识的鸿沟在消除重新制造与滞留的差异之前就被填平了,从而导致了重新记忆意向与滞留意向之间的混乱。①

这些期待的实现一方面改变了在其内涵中的过去,另一方面改变了与过去相续,被纳入由再激活性构成的期待之新视域中的当下。**然而这种再激活性本应引向对初级滞留本身的分析**。

16. 体验流的初级记忆与第二记忆的统一性和非体验的第三记忆的曾经存在

空间比喻使胡塞尔无法考虑到真正的**连续性**。一切事物都在这种连续性中**绝对**地连成一体,所以也就没有真正的首与尾。这种观点

① 《时间与叙事·第三卷》,第57页。

似乎更忠实于原初的现象学意向，比如相对于确实有始有终的空间世界的物体之先验同一性，它是一种解放。胡塞尔一直受到来自绝对始终的对立和绝对始终的问题之困扰（他被迫认为滞留**似乎**可以是无限的），总试图把先验性从“什么”中排除出去，但又因无法从感知给予的时间客体的同一关系中解脱出来，他反而坚定地维持这种关系，于是提出了机械流程的概念。根据这一概念，任何事件都没有发生，期待从来 568
都只是某种“感知的先于自身”①。使机械流程运作的正是这种感知的优先性，它因排除了第三记忆而限制了当前扩展的范围。第三记忆不属于流程，而初级记忆与第二记忆在流程中统一起来——流程不外乎是这两种记忆的统一：

> 问题不在于像用图像（画像、半身雕像等）表现的意识形象那样用某个类似的物体来再现。与这个图像意识相反，再制造具有再现本身的特征［……］。记忆是过去意义上的再现。当下的记忆是完全等同于感知的现象，它和相应的感知都有对象的显现，只是显现的特征改变了。正因如此，对象不是作为当下而是作为曾经在此的当下而存在。②

然而胡塞尔无法把**电唱机**与**电影放映机**归入他的例子中（半身雕像、画像等），因为这两种机器所涉及的**“图像”同时也是先验的时间客体**。而且，由于他把第二记忆与第三记忆间的**本质**差异植根于某个曾经存在的**感知**中，所以不能把照相的曾经存在作为曾经在此来把握。这个**超出所有体验**即**所有**照相**之外**的准感知的**客观性**所带来的确凿性或明证性必然会**阻碍**胡塞尔的研究。

---

① 《时间与叙事·第三卷》，第57页。
② 《内时间意识现象学》，第78页。

17. 现象学的困境

德里达在《胡塞尔哲学中的生成问题》一书中指出：胡塞尔从其哲学沉思的最早年代起就把生成视为起源；本质的意向性与直观最初不是“非时间逻辑意义”的意向性与直觉，在意识的体验中一定有这种直觉和“具体充实”；他还指出，需要开创一种超越心理主义与逻辑主义的先验生成学。然而胡塞尔不得不一再拖延进入构成原初时间性的起源：一切心理—物理因果论所必需的中立化不可避免地把所有生
569 成分析转变成一种倡导**更原初的新综合的静态构成**。所以胡塞尔现象学的历史是个困境的历史，其中有五个连续阶段，它们分别对应着下列著作：1.《逻辑研究》，2.《内时间意识现象学》，3.《现象学的观念》，4.《经验与判断》和《笛卡尔式的沉思》，5.《欧洲科学危机》和《几何学起源》。但《几何学起源》**没有被单独放在这个第五阶段**，因为它似乎通过引用某种“**技术生成**”或通过在技术生成中起作用的**文献**而使经验与先验的划分陷入了危机。胡塞尔现象学的每个“时代”都以其特有的方式**推迟**解决困境的问题，这期间他作了最终变成某个“我们”的先验历史的先验范畴的**扩展**。在此扩展过程中，**还原**变成了**再激活**。被动综合的问题便是上述思维活动的关键所在。

在《内时间意识现象学》的时代，从时间客体的现象学分析而来的困境问题使（客观时间的）还原与意向性处于矛盾之中，这使胡塞尔重新考虑现象还原本身的问题，其中生成问题“既未被否认又未被排除，而是被放在了括弧中”①。此后便进入了《现象学基本概念》阶段，即从本质还原过渡到先验还原的阶段。

然而《现象学基本概念》只是把困境推迟了，因为“还原之后还剩

① 雅克·德里达：《胡塞尔哲学中的生成问题》，法国大学出版社，1990年，第130页。

下尚未触及的存在论范畴”，即意识范畴。这样，“生成问题不再被中立化，而是像经验的实际性范畴那样被排除了。在此问题上，我们的态度低于现象学立场”[①]。然而此结果只是向“原初范畴”的过渡，只有通过回溯——我们在回溯中实际上看到构成《几何学起源》中回溯性探问与再激活之意义的事后主题的出现——才能通达原初范畴。

必须首先还原意识范畴，然后再恢复其构成性。但正如《内时间意识现象学》一书中指出的那样，各种原则的原则（“原初给予直觉”的内在性）与“应当使（‘我’）以原初方式脱离其纯粹内在性的”意向性之间出现了不相容性。胡塞尔在第五十七节中把“我”定义为“内在性中的先验性”。德里达评论道： 570

> 然而，如果不是描述一种困境的话，他在这里做什么呢？这是调和与统一某个纯体验的先验之物与某种**非体验的先验起源**的困难吗？纯体验的先验之物有可能仅仅是体验复合，因而有可能把我们引向“经验主义”；非体验的先验起源则使我们避开纯粹的经验主义，但有可能因脱离体验的明证性而只是徒有其形的空洞产物，只是某种客观统一体或构成的先验性。[②]

这个“内在性中的先验性”又面临着《内时间意识现象学》中的主要困难。第八十一节中重新出现了“**无始亦无终**”的流程主题（“如同纯粹的‘我’，整体流程与无限流程［……］不是构成于内在性之中的先验性，而是不与所有的体验相混淆，同时又与观念性截然不同的体验”[③]）。“我”就是同单子一样的“时间本身”“以原初方式接纳他者”，

① 雅克·德里达：《胡塞尔哲学中的生成问题》，第137页。

② 《〈几何学起源〉导论》，第150页。

③ 《现象学基本概念》，第165页。

即接纳一个**先验的他者**。从这种说法中,我们似乎看到先验交互主体性概念的出现。

于是接下来需要探索的是一个崭新的范畴,即"至关重要的综合"。在这此范畴中,经验与先验的区分此时**确实**进入了危机,因为

> 在这些"基本的"思索之后,人们看到的是相反的局面:[……]时间**质料**的被动综合以及由此而来的所有一般**质料**似乎让我们重新考察实在与实项体验的区分。[……]看来不仅有必要把先验生成主题化,而且也有必要由此寻求新的基础,以便区分先验生成与实在生成。**严格区分经验与先验似乎并非易事**。①

18.《几何学起源》之几何的爱比米修斯原则

在《经验与判断》中,"自生的先验主体不再是一种理论意识,而是一种存在"②;来自判断之前的现实的谓项生成遇到了同样的困境,因为
571 范畴判断的同一性涉及到判断之前的给予物,谓项的范畴性应当是"超时间性"的。胡塞尔试图解决这个困难,他从逻辑出发提出了判断之前的要素与生活世界的**事后**沉淀和再激活的论题。《笛卡尔式的沉思》也相应地引入了目的论与被动综合的论题。主体间的时间性在滞留与前摄之间的偏差中构成。

> 人们了解到,在偏差中本质时期先前就由某种生成构成,因而属于第二性,所以人们像接近以现象学方式显示的生成之绝对开

① 《〈几何学起源〉导论》,第172页。

② 同上书,第179页。

端那样接近本相时期。[1]

于是主动生成变得越来越“肤浅和次要，它自然需要建立在被动综合的基础之上”。现在我们必须通过认识的客观性所假设的“先验交互主体性的原初性”来把握“时间与感性**质料**的被动综合”[2]，而且“活的当下”似乎引发一种超出自我逻辑即超出体验的扩展。存在着一种“不具备由自我主动性产生的意向意义”的被动生成，必须“靠某种意向性赋予其活力，并靠意向性将其转化为[……]纯理论意义上的前意识和前主动的计划”。然而这只是上述困境的新的表现形式而已，因为目的论“在驳斥现象学的同时”也挽救了现象学。

> 从本质上讲，目的论不可能在原初明证性中被给予某个具体的主体。为了忠实其使命，目的论应当先于所有的主动构成，也应当先于所有主体的意识。[……]把意向性变为超主观的主动性——超时间性或者说无所不在的时间性之主动性——不正是否定现象学之前的所有成果吗？[3]

在《欧洲科学危机》中，本质与存在层面（即欧洲本质观念）的混同，涉及科学历史的开启与定位论题的发明问题以及先验的“我们”之问题又制造了主动性与被动性“辩证法”的所有疑难，同时也把这些疑难转移到最起始观念的生成问题上来，其原因是：要么从未有过这种 572
启动，从未有过任何开端，也从未有过真正的欧洲（只有历史被造作的欧洲）；要么并没有经验与先验的分水岭。然而，这个主题又把现象学

① 《〈几何学起源〉导论》，第226页。
② 同上书，第239页。
③ 同上书，第248页。

引到有限性问题上来，于是该问题变得像“技术生成”的假设那样不可还原。《几何学起源》探讨的正是这一问题。胡塞尔使用的仍是“先验还原的方法，这种还原不再有单纯的自我意义，而是被运用于先验的共同体”[①]；而且这种还原无法还原的——不属于实际性的——正是技术性，**同时**也是真正的传统的沉淀，二者都涉及事后的疑难结构：

> 传统的沉淀应当能被还原，以便使我们回归到原初的基础上；然而与此同时，正因存在着沉淀和传统，这种回归才成其为可能，

仿佛现象的现象性只能在根本上与**普罗米修斯原则**一致的**爱比米修斯原则**中（作为已经在此，也是对普罗米修斯原则之重复的事后的爱比米修斯原则）自我给予，这是因为

> 真正的“传统性”一贯被胡塞尔定义为经验现象，比如掌握使观念的传播与继承变得越来越容易的技术。即便胡塞尔不告诉我们这个技术生成是如何实现的，我们也知道它是建立在所有构成的时间连续性之上。意义产生的任何原初时刻都需要有一种“传统”，即已在实际性中构成的存在。

所以我们必须描述观念化过程，也

> 必须从“生存环境的前科学素材”出发，再回到前科学状态和原初
> 573 观念性的生成。[②]

① 《〈几何学起源〉导论》，第261页。

② 同上书，第267页。

19. 技术的延异

德里达于1953年提出了对《几何学起源》的解读[①]，而到了1961年，他又提出一种截然相反的解读，从而开启了真正的德里达哲学。胡塞尔的这一著作似乎抛弃了现象学自始就想方设法保留的东西：

> 于是，对意向的先验分析似乎堕落为一种令人诧异的解释。这种解释内容贫乏，以近乎荒唐的方式集中了来自混乱的概率主义和前哲学的经验主义的武断的解释假设中的所有不足。[②]

令人诧异的是，德里达在结束其现象学研究之后，又引用了《几何学起源》中的这一段话[……]：

> 早期的几何学家刚开始以口述方式合作时，就自然而然地感到需要**精确定义**对原初的和前科学的材料的描述，于是最初的几何观念性与最初的几何"公理"的方法便应运而生。

这种解释"把我们禁锢在恰恰需要'悬置'的纯经验的实际性范畴中"。这是一种**技术意义上的**解释，"精确定义描述"的可能性**被**这个生成的**技术性**所开启。由于胡塞尔在引用磨光技术时把一般技术纳入先验生成中，所以他在**确正的演变**中看到几何的观念可能性之起点，这就把事情完全颠倒了，他对此也心知肚明：

---

① 德里达于1990年针对这些句子声明："我后来写道：不对，需要斟酌！"

② 《〈几何学起源〉导论》，第267页。

> 需要把历史的解释与认识理论观点的解释[……],把认识理
> 574 论范畴的起源与生成范畴的起源从原则上区分开来。然而,由于我们没有界定通常意义上的历史、历史的解释和生成的概念,主导上述区分的宗旨被彻底颠倒了。①

此问题后来在德里达那里变成了通常意义上的文字问题,它使德里达的思想踏上了超文字之路。然而,《几何学起源》中提出的**技术**问题并不局限于通常意义上的文字问题。我们必须搞清这对超文字概念,对有关痕迹和延异的思考来说究竟意味着什么,因为原初观念性的生成学意味着有一种“产生于时空事物世界的[……]严格的‘公度性’”,而且

> 它的起源在人类活动中纯属技术性。正是“磨光技术”给予我们表面的纯粹观念,几何的点与线来自“或多或少纯粹”的点与线。同理,经验、技术和心理上的“比较”行为促生了同一性。这种超常分析的所有细节都描述了一种纯技术的生成。②

由于排除了连续性问题和作为(几何学时间构成于其中的)延迟的历史问题,源点和绝对开端的观念都被抛弃了,

> 事实上要想进行还原,几何的历史必须已经存在,我必须对几何已有简单的了解而不必从头开始③。

① 《〈几何学起源〉导论》,第201页。

② 同上书,第270页。

③ 同上书,第20页。

否则就必须断言：几何的观念性——其统一性——是一个当前，一个从古希腊时期发展而来的，独一无二的活的当下。但这样一来，基本上以文献为特征的科学结构在这个活的当下中，在这个对当下的扩展中就变成了**构成性**因素，因而必须将此结构扩展到**所有**对时间连续性的理解中。**原初**更改——在场——是从已经在此（作为磨光技术和获得一般精确性的文本化的第二记忆）发展而来的。存在着过去滞留的循环，它可以被再激活，从而进入**所有**的时间化。我们必须从《几何学起源》的**事后**和作为事后思考的**起源**（原初缺陷）出发，回溯性地重 575
新考查《内时间意识现象学》中谈到的所有遗产之结构。

具有时间特性的**有限**场在当下被**第三种**记忆扩展开来。这个第三记忆把过去向未完成任务的未来敞开，而自我范畴的“滞留有限性”像几何可能性那样扩展到“我”的先验共同体的无限性之上。同样，这个扩展以文献性即以唯一能使再激活成为可能的**技术**沉淀性为前提，它一方面向沉淀物**解构**的内在可能性敞开，另一方面受其总是可能的不确实性的影响。科学和哲学的传播过程因此变成了

> 类似于（如果不等同于的话）内时间意识的过程［……］。当下的呈现既不像断裂也不像过去的结果，而是像过去之当下的滞留，也就是说像滞留的滞留等。活意识的滞留能力已经消失，但它以习惯和沉淀的形式把过去的意义、价值和行为保留下来。[1]

这就导致了先于自身的优先地位：历史的当下“总是几乎立即指向寓于其中且总以计划的一般形式呈现的全部过去”[2]。这个先于自身

① 《〈几何学起源〉导论》，第45页。
② 同上。

就是迟到:“迟到的原初意识只能具有纯粹的先于自身形式。”[①] 如果意义的呈现条件存在于其重复的技术可能性中,那么直观与意义的扩展[②]则**来自**本身是技术构成的当前的扩展。文献性是原初的。言语属于“文献性”,但前提是

> 语言的观念性是观念物体——也是沉淀物或人们的存储物——的栖身处。但这里的原初寄存(dokumentierung)并非记录某个私有物,而是制造某个公有物,即不再属于原初物主之物[③]。

576

不可能有无终结的**自我**意识。与此同时,

> 在生动且短暂的明证性之后,在有限且被动的滞留消失之后,意义可以在重新记忆行为中以“等同”的形式再制造;它并没有回到虚无中[④]。

重新记忆变成了**构成**超大当即、**历史的**当前以及维持拼写的第三滞留的可能性。然而,在目的论—先验自我意识之真理——在由几何的“我”组成的共同体中——的事后实现之前,第三构成性就已存在于自我意识的**内在性**中:

> 对于其他主体来说,意义在成为相同客体的观念性之前就已相对于同一主体的其他时刻,它以这种方式构成观念性。于是,交互主体性在某种程度上首先是非经验的我与我之间的关系,我目

① 《〈几何学起源〉导论》,第171页。

② 这里的意义来自让-吕克·玛里昂的《还原与给予》一书(第10—63页)。

③ 《〈几何学起源〉导论》,第72页。

④ 同上书,第82页。

前的当下与其他真正的当下——作为其他也作为当下的当下——之间的关系[……]

从第三记忆出发追溯超自我流程并克服自我流程的事实中断之可能性悬置了印象意识的法则。滞留有限性既可被视为真正的滞留有限性，又可被视为准“替换”的（没有被剔除的）滞留有限性。缺陷已变得**不可或缺**，它开启了没有主体的先验中断：

> 依波利特在谈到中断的一般意义时，提出了“没有主体的先验场”之可能性。在这种可能性中“出现了主观性条件，而且主体的构成来自先验场”。可以断定，文字作为绝对恒定的、观念的对象性场所——因而也作为绝对的客观性场所——构成了这样一个先验场，正是从这个先验场或其可能性出发，先验的主观性才能预示和呈现。①

中断的**可能性**是**爱比米修斯式的**重复，也是无意识或下意识开启性的**普罗米修斯原则**的延迟的重复。延异**属于**技术范畴。

自由处于文献和更广义的作为记录载体的“什么”给予的恢复与重复之可能性中，这就是重复**爱比米修斯原则**之差异的**普罗米修斯** 577
原则。在此，从习惯中解脱出来就是把痕迹置于外面，置于自身之外，并把自己与痕迹一道置于自身之外，同时保留回归自身的可能性。这种**重新构成**——也意味着**综合**——的可能性对构成来说是不可或缺的。

然而在滞留有限性的工业综合时代，重新构成和由此而来的二次中断重复又处于什么状况呢？

① 《〈几何学起源〉导论》，第84页。

20. 程序工业的时间客体

我们的时代确实是程序工业与工业化记忆的时代，其后果是**工业化记忆的产品成了流程，出现在这个流程中的是一种完全特殊的时间客体**（它的流程特性与受其影响的意识流程相吻合）。

程序工业[①]——尤其是**广播电视信息的媒体工业**——制造大量的时间客体。这些时间客体的特征是**被上百万，有时上千万、上亿甚至数十亿的"意识"同时收听或收看**[②]。这种**规模宏大的同时性**促生了与群体意识和群体下意识相符的，形态新颖的新型事件结构。

胡塞尔的卓越贡献在于提出了初级滞留和纵向意向性的概念。如
578 果说他未能考虑到**工业时间客体**，那是因为他在意识流的构成中排除了客观综合的记忆。我们若不借助于对工业化记忆诸领域的研究，就很难对工业时代作出认真的思考。在工业记忆的各个领域中，无论涉及"鼠标的事件"，即电脑使用者（电脑即时钟）激活中央系统的图像界面，还是涉及把非生物体的规则引入生物体——从而引入作为胡塞尔对时间的思考之出发点的活的在场——的分子测序与基因治疗所导致的新生物体的出现这一事件，序列性都与事件化相互交联。

① 在世界贸易组织的谈判过程中，法国曾提出把程序工业作为"文化例外"来处理。这种提法不无道理，但很难说此方案是否真能解决问题。我们在下一卷中还会重新讨论这个问题。

② 有人会反驳道：电信高网（信息高速公路）将会通过让人们接收种类更加繁多的视听节目而改变这种局面。这种说法在某种程度上是有道理的，但我们在此必须指出：一方面，世界范围的媒体系统把事件制约在主要集中于控制文字与视听信息的几家国际通讯社的工业经济内部。这种事件的结构不应受其破坏，反而会从中得到强化。显而易见，这并不排除事件的结构也会因此而向各种新的可能性敞开；另一方面，来自所谓"多媒体"的极其丰富且尚未开发的可能性本身还只是可能性而已：纯经济的逻辑很可能导致多媒体最贫乏的表现形式。

工业时间客体**以其接收的同时性和世界性**趋于悬置**所有的**背景化。记忆的工业化使**背景解体全面普及**。文字的背景解体促生了越来越多的解释，拼写文字在特殊此在的已经在此中**重新背景化**，而已经在此在**当地**节律的环境中重建其特性。相反，工业时间客体使节律几乎完全离开原位，它（通过卫星电信网络）来自一个不具名称也不具此时此地的它处：延异的遮蔽就是无场所的非延异（“无未来”意味着“任何事情都不会再发生”）。

我们在第三章看到，直播的时事是即刻的过去，它**使**当下**过渡**，从而构成一个已经在此。如果说在时间客体的当前中，初级滞留的选择标准在滞留有限性的工业综合中事先被变成第二记忆的、先前的时间化所影响，那么这种选择性就会被**第三滞留**的**即刻性**短路。由于模拟与数字综合特有的时间出离之形态，第三滞留与**初级滞留和第二滞留相吻合**，所以凯诺说电视“是冷冻在历史中的时事”。既然发生之事**通过**图像意识即刻发生了，那么如何在时事这个时间客体中切实区分**初级记忆**（即“刚刚过去”之事）与**图像意识**呢？对这种时事的**体验**就是时间客体，**也必然是图像意识**，而当下则**趋于不再仅仅表现为时间客体**（听广播、看电视）。 579

当下是图像意识，因为它是世界的**表象**，是操纵和“导演”“直接”剪接的对象，也是把（我没体验过，但被同样没体验过它们的“解说员”“解说”的）事件搬上银幕的“导演”“制作”的对象。

当下又不是图像意识，因为它是**“我们”的意识的集体当下**，其中，这个“刚刚过去之事”——也就是这个即刻变成**过去**的即刻过渡——**已作为**已经在此并以已经在此的全部**力量**而真实地构成了。它一方面构成我虽未体验过但又在某种程度上作为补余而被体验过的**我的**已经在此，另一方面也构成“**我们这些人**”的但又不是**真正意义上的**“我们”的已经在此。如果说初级记忆与第三记忆之间的区分还有可能成立甚至不可或缺（并非对立）的话，那么这种区分在此却变的完全流于形式且内容空洞了。

前一章谈到事件化——作为所有发生之事的时间客体演变——遮蔽时间的延异时，我们本可以借用利科评述**重新勾画时间形态的不可能性**时所持的论点[1]。然而利科揭示的胡塞尔无法理解“宇宙关联物”[2]的事实又敦促我们去分析**技术关联物**，它们勾画并不停地（重新）勾画宇宙形态；在我们所说的二次**中断重复**的**第二击**过程中，它们也是重新勾画或需要被重新勾画的主体。

这个第二击的概念就是**特有文本**，即记忆流程，它的构成一贯来自其滞留有限性所强加的重新构成性。

特有文本尝试着思考场所、场所的（重新）构建和真正的生成问题，即事件的时间发生中空间性的开启问题。这种尝试“发生”在被我们描述为背景解体的“上下文”中。我们在本书中试图提出有关迷失方向的——我们认为是当代“特有”的，但也是从起源缺陷以来就已预示的——生成学和系谱学因素。我们在第三章的结尾处询问：共同体（在共同体的缺陷和缺陷的共同体中）的（重新）构建是否可能？如何在
580 背景解体中成为可能？

特有文本的这个尝试欲通过有活力、有动力的方式，即通过重温胡塞尔、柏格森和海德格尔的理论来深究此问题，同时做出新的努力来体会我们读胡塞尔的著作时提出的问题，那就是：**本质在哪里**？

胡塞尔通过我们前面评论过的图表来勾画时间客体的流程意识。柏格森则运用锥形体来描绘感知与记忆的关联性。

时间客体是流程中的**漩涡**，即螺旋式漩涡。

所有“意识”本身都具有时间性，因而都是漩涡式的，形成事件的漩涡呈现在“意识”的涡流中。这正是特有文本的结构，因为此结构是

① 《时间与叙事 · 第三卷》，第259—265页。

② 同上书，第154—183页。

产生漩涡的涡流。然而它本身又被卷入已经在此的涡流中，被以代具方式承载和综合；更广义地说，这个涡流不应被称为“交互主体性”，而应借用西蒙栋后来教给我们的术语：**相间个体化**（transindividuation）[①]。 581

① 这个词是本书作者创造的，它衍生于西蒙栋的相间个体（transindividus）一词，意为个体与个体之间在参与集体行为时的个体化过程，所以也可称之为预个体（pré-individus）或共同个体（co-individus）。本书作者认为，相间个体化是个既稳定又不断变化的结构：个体在参与集体活动的同时，又有可能发展自己的个性，因而既有个体的同一性又有群体、社会、国家和种族的认同。然而，这种相间个体化如今受到程序工业化的严重冲击。这便回到了本书的主题：技术是人的属性，但又有将人类推向消亡的趋势。——译注

第三卷

电影的时间与存在之痛的问题

方尔平　译

谨以此书献给雅克·德里达

为了尽可能地与神灵相似，今天的人类感觉不到幸福。

——西格蒙德·弗洛伊德

在我看来，人类的牺牲，一座教堂的建设，或是珍宝的馈赠，其利益并不亚于麦子的出售。

——乔治·巴塔耶

观众的情感和理性处在一个过程之中。

——谢尔盖·米凯洛维奇·爱森斯坦

我是商业妥协的囚徒。我希望依据自己的想法来拍电影，但是这不可能，除非影片和纸笔一样便宜。如果给画家一张价值100万美元的空白画纸、一块25万美元的调色板、30万美元的画笔、75万美元的颜料，然后告诉他根据自己的灵感画出他想画的东西，但必须切记画作完成后应带来230万美元的收益，那么将会发生什么？

——阿尔弗莱德·希区柯克

当代工业还是得留出一些无偿的缝隙，使诗意的历程能够试图从中滑过。这样的裂缝实属罕见。因此，法国的广播电视有时做好了破门而入的准备。它一定是举世无双的，也得到了诸多恩宠。

——皮埃尔·谢费尔

现代人由于拥有众多强大的手段，有时会因此而不堪重负。我们的文明倾向于使我们离不开那些来自诸多伟人与一大群普通人之间热情协作的令人惊叹的体系。我们每个人都在享受利益，承担压力，同时接受着百年来的真理以及资本化了的秘诀。我们每个人都无法避开这巨大的遗产，也都无法承受它，甚至不再有任何人能够对这一压倒性的整体进行反思。

——保罗·瓦雷里

继续推进发展的可能性本身已成为“馈赠”的附属物：对于美国经济而言，全球的工业发展要求美国人清醒地抓住这样一种必要性，即为无收益的行为留出余地。管理一个庞大的工业体系与更换一个轮胎不可同日而语……这个体系需要以巨大的、不受限制的精力为依靠，而且不得不顾后果地忽视其法则。有些人的思想和更换轮胎的技工一般狭隘，他们不遗余力地想掌控这一超出他们想象的运动，这是他们的不幸。

——乔治·巴塔耶

告读者

作为《技术与时间》一书的第三卷，《电影的时间与存在之痛的问题》不妨以独立的方式被阅读。当然，要想理解这一卷，就必须知道前两卷[①]已经介绍了哪些研究问题。不过，在该卷中，那些问题会重新被介绍、深入分析和考察，使读者不必为了理解第三卷而去参阅前两本书。从某种角度来看，可以说《电影的时间与存在之痛的问题》堪为《爱比米修斯的过失》和《迷失方向》的最佳引言。

从《迷失方向》出版到这本新书完稿，历时五年。早在五年前，原本构成《技术与时间》第三卷的书稿就已从1992年开始逐渐写成，基本有形，本可以而且也应当紧随《迷失方向》之后出版。不料，种种原因导致了书稿出版的延期，同时也使内容和出版次序发生了深层次的变化。这样一来，那部本该成为第三卷的作品，即《必有的缺陷》，就不仅落后于这本《电影的时间与存在之痛的问题》，也落后于即将面世的《象征与魔鬼或精神之战》了。

当我把《迷失方向》递交给伽利略出版社之后，《必有的缺陷》并

① 贝尔纳·斯蒂格勒：《爱比米修斯的过失》，伽利略出版社，1994年；《迷失方向》，伽利略出版社，1996年。

未如我所愿地与前两卷书一起相继出版。我找不到无可置疑的力量，不觉得我的文本受到了无可争议的必要性的驱使。为了达到整个计划
589 的初始同时也是终极的目标，我仍需继续工作，因为《技术与时间》最后一卷的最初版本写于二十年前，从那时起，它已构成一个初始目标，此后一直伴我左右，而先于它的一切，包括现在的这本书，都可以看作它的引言，对它所必有的缺陷以及它所缺乏的东西做出解释。

然而，在《迷失方向》一书于1995年完稿的过程中，当我觉察到这一延续中的脱节之时，我再一次阅读了《纯粹理性批判》，它是现代哲学的核心，是各种哲学道路的交会之处，也是思想的十字架，而我一直以来总有一种感觉，似乎尽管我已多次重读，但仍然与其意义中的精髓擦肩而过。1995年的重读经历带我走向了一个假设，我立即察觉到，这个假设使我跨越了一道鸿沟，使我终于熟悉并理解了一个之前仅远远一瞥的地带：康德哲学的问题。我觉得，这次阅读引发的假设一旦得到证实，那么对于我接下来的工作必将具有重要意义。

这一假设在本书中将有陈述，其形式虽已确定，但它的论证仍需再等五年，因为我当时致力撰写的新书由于职业生涯中的一次变动而突然中断。在贡比涅大学的研究活动领域内完成了一项任务之后，我受邀出任法国音像研究所主任，1996年春任职，1999年离任。

那三年宛如地狱，历险重重，使我几乎筋疲力尽，不过这部书却也拜其所赐——这样的结果使我事后对那次奇异的考验同时也是机遇深感欣慰，何况之前我对康德的思考也需要经历一个缓慢的转变。就这样，尽管俗事缠身，使我没有任何时间去思考、去研究，甚至连那些迫在眉睫的学术义务也难以完成，但是它在我内心运作：“它”，指的正是《纯粹理性批判》以及1995年的那次重读。之前的假设又一次走进了我的思想。我没有对这一假设给予任何关注，但是它仍在独自运作，与
590 此同时，我正为了那些表面上看来属于另一个种类的俗务而忙忙碌碌。

然而，也仅仅是“表面上看来”，因为确切地说，面前的这第三卷正

是通过将康德的问题与我在法国音像研究所承担的课题——时间客体新工业的发展——结合起来而最终成形的。对此，读者随后即可了然。

2000年11月14日，迈涅雷-蒙蒂尼 591

导　论

在《迷失方向》的最后一章里，我引入了一个论题，认为**工业时间客体**已成为20世纪的决定性因素：

> 程序工业，尤其是广播电视信息传媒工业，大量地生产着时间客体，它们的共同特征是被上百万个，有时是上千万、上亿乃至十几亿个“意识”同时收听和收看：这种时间上的大范围重合使事件具有了新的结构，与这一新结构相对应的，是集体意识和集体无意识的新形式。[①]

此外，我在封底处以另一种方式重新提到了这一观点：

> 当某一客体的时间流与以该客体为对象的意识流相互重合（例如音乐旋律），那么该客体即为“时间客体”。在新的时程区划中，全世界人的“意识流”与程序工业产品的时间流相互重合，其结果是“事件化”过程（“到来之事”，发生之事，使时间与空间相

① 见本书第601页。

> 像、相结合之事的“事件化”)受到了震撼。同时,这一震撼也影响了生物事件,支配着数字化的“即时性”。
>
> 对记忆的工业化进行分析,意味着再一次提出“综合”这一哲学问题(意识流统一性的综合,判断力的综合),但不同之处在于:它与无法对代具这种“综合”进行反思的东西相互分离。[①] 593

从代具性出发来反思“综合”的问题,这便是我们在本书中通过阅读《纯粹理性批判》而进行的思考的核心。

自《迷失方向》出版以来,以被普遍称为“internet”的众网之网为核心,紧凑的数字化进程成了刚刚落幕的20世纪最后十年的主要特征,而与此同时,工业时间客体的普及骤然加速并复杂化,在此背景下,“综合”这一哲学问题便越来越清晰地凸显出来。因特网其实就是数字设备之间的一种互用性协议,即TCP-IP协议的应用,这一协议使无数新型服务、工具和用途相继出现,与此同时,它与文本、图像、声音的各种压缩标准相结合,导致了被称为“信息科技、远程通信科技、视听科技的聚合”这一广泛存在的现象。不仅如此,随着移动通信设备、车载电子设备以及最新的UMTS多媒体移动通信协议的发展,冶金技术、汽车产业技术等也跻身上述聚合的各种科技之中。

人们一致认为,上述事实所导致的震撼是一个对于工业社会而言具有重要意义的现象,同时是“全球化”进程中具有决定意义的一个阶

---

① 借此机会,纠正当时我没有发现的一个印刷错误。《迷失方向》中有这样一段话:“《爱比米修斯的过失》一书的意图[……]是[……]想说明,作为素质低下的预言者,人从一开始就迷失了方向,因此便需要指南针的帮助。”在这段文字中,“预言”(prophétique)其实应该是“代具的”(prothétique)。不过这一错误也有一定的合理性。在《技术与时间》的各卷中,我们逐渐走向了对“所有代具性所具有的不可避免的预言性维度”的考察。对此,《技术与时间》第四卷《象征与魔鬼或精神之战》(尚未出版)将详细探讨。

段。然而，这一震撼只迈出了一步，当前它正在迈出第二步，这将使数字网络终端大为增多，其影响是**一种新型的时间客体——可非线性的、可离散的**客体，它是超视频链接[1]科技的结果——的出现。

毋庸置疑，当前的发展进程将使在各类“屏幕”前消磨的时间再次增长，其中最主要的是电视屏幕，电视的“概念”已有创新，它的功能已被重新定义（成为远程行为的终端），它的用途已扩大到各个领域，尤其是学术领域。除此之外，**当前发展进程将继续进行，并且将会使诸多意识在工业上的时间化更为复杂和完善**。这是因为，科技的聚合（参见本
594 书第三章和下一卷）在使**物流**产业（信息技术）、**传输**工业（远程通信）、**象征符号**产业（视听节目）相融合的同时，还会促使**记忆术体系与物质资料生产的技术体系在科技、工业、资本、功能等层面上相互融合**（参见第四章），使工业社会发展到**超工业化**阶段，而且使整个文化界、知识界、思想界以及艺术创作、高等研究、高等教育等均臣服于社会经济发展和各类市场的迫切需求。

要知道，无论是消费品市场还是金融市场，**市场**首先是**意识**，消费品市场的意识是消费者，金融市场的意识是投资者和投机者。然而，当市场管理完全听命于“当时当地做出反应”的时候——便会导致**“反应性”**（réactivité），这个词有两层含义：在管理学中，它指的是高效和适应能力；在尼采那里，它指的是与例外情况相悖而行的感觉与行为——象征符号产业和物流产业的功能性融合就**使人们得以完全控制市场，市场是诸多意识的时间流的总和，市场就是要使诸多意识的时间流共时化**。

① 超视频链接（hypervideo），信息技术科学术语。当前网络页面之间的链接主要通过超文本链接（hypertext）技术实现，即把一个网页上的文字以超链接的方式链接到另一个网页，使原本独立的文本相互联结。视频超链接技术旨在将网页上的视频文件以超链接的方式相互联系，点击一个视频或视频上的某个形象，便可链接到另一个视频，构成复杂的视像网络。——译注

根据“意识”一词在17和18世纪的含义，意识**从本质上说是自由的，也就是说它是历时性的**，或者说是特殊的、特别的，是**必然属于我自己的**——这也被称为**“白身性”**。

共时状态和**历时状态**是两种不断相互组合的倾向，但我们将会看到，二者不可能一直**对立**而不带来消极后果。然而，时间客体的超工业化所分解的，恰恰是共时状态和历时状态的组合。

不过，无论物流产业（数字化）和象征符号工业（字母符号、相似性符号）的融合是多么的**显而易见**和**不可避免**，目前都没有任何迹象显示这一融合会在当前它所呈现的形势下（也即**对诸多意识进行系统的、无限制的开发，将此作为“进军市场”的前提**）一直保持其**有效性**。这是一种**斗争**，这一斗争正是当前工业革命的目标，也就是为我们在第三章中所称的“**新型商业**”（该词在此取其广义）创造条件。

20世纪下半叶，**电视系统**以霸权的方式付诸现实：1997年全球共有电视十亿多台，全世界人民，即全球人的意识，受到了相同的工业时间客体的影响。通过电视系统具体化的事物在已经揭幕的新世纪之初 595
将演变成一个**远程行为系统**。这个演变过程将继续推进一个已经由电视启动的**意识活动深层次转变的过程**。意识具有时间性，不仅因为它与音乐旋律一样都在不停地流逝，总是刚一出现就会消失，还因为它的形式具有历史性，处于演变状态之中，它不是一个永恒的存在物，而是一次征服、一种结果和一个历程。尽管在演变的过程中，一些倾向、一些动态稳定的结构和一些理想状态的客体维持不变，但是意识的形式却有成百上千种。

在意识活动转变的进程中，代具有着决定意义，我们将会看到，代具影响了康德所说的**图型法**的条件。这便是我在《迷失方向》中所说的新型第三滞留在发挥作用。第三滞留指的是在记忆术机制中，对记忆的滞留的物质性记录。在阐述这一概念时，我参考了胡塞尔的初级滞留和第二滞留这两个概念（我将在第一章里详细分析这些问题）。我将论证这样一个主题，即随着时间客体的工业化生产，构成意识流统一过程的“综合”(这也是康德对“综合”的定义)的代具化过程达到了一个特定阶段，在这个阶段中，意识的转变**能够**导致该意识完全被摧毁。确切地说，这意味着，当前正在进行的意识的代具化过程，也即**所有滞留机制的系统性工业化**过程，已成为**个性化**过程的一个障碍，而意识正是由个性化过程所构成。

物流科技和象征符号科技的发展和融合，导致了西蒙栋曾分析过的手工劳动社会里的个性化的丧失，这是以机器作为工具的19世纪的典型特征。当机器成为工具之后，“技术个体”便取代了工人，这样一来，工人将知识外在化之后，从此就被剥夺了个性化的可能，也就是说不得不**变成无产阶级**[①]。物流与象征符号的混同，也即**二者之间的融合**，

596 导致了**思想的无产阶级化**，同时也导致了**文化的贫瘠**。

上述现象导致的结果，是**时间流的统一能力逐渐被摧毁**，而诸多个体意识正是由时间流所构成。这也意味着，诸多个体意识的投映能力，即它们必然具有特殊之处的**意愿**，逐渐被摧毁：个体意识除非与“世界”相割离，否则便注定会沉溺于程序工业的“巨流”之中，或是落入“用户归档”(user profiling)的渔网之中，被它**次标准化**并**聚集到一些次级群体中**。要知道，这正是针对媒体节目与网络信息的消费者行为监测机制所致力达到的目标，这些机制根据它们的监测结果为广告发布者编制模型，对信息接受群体进行**极为细致的分类细化**，同时使信息接受者觉得系统是在**一对一**地对他们进行回复。这种感觉显然纯粹是错觉，因为其实这是把个体**行为**这种此前未能工业化的东西工业化了，从而使上述体系更为强化，以致消费者无法从中脱身，被禁锢于其中，同

① 参见西蒙栋：《论技术客体的存在方式》，Aubier-Montaigne出版社，1969年，第15页，以及《爱比米修斯的过失》，第82—83页。(参见《爱比米修斯的过失》中译本第81—82页。——译注)

时使消费者可以完全被预测和掌控，使诸多不同的**个体**不再能够个性化，而是在某种程度上变成一般性的群体，变成没有视野的独眼怪物。

在个性化丧失的背景下，“我”成了一个空泛的概念而被体验，“我”不再与“我们”相对，而且“我们”也根本不是融合在同一个时间流中的所有“我”的集合（参见本书第三章），因此“我们”不得不解体，变成意义贫乏的泛指代词**人们/大家**。个性化的丧失导致了普遍的人生苦痛。在最具悲剧性的情况下，这一“近乎不存在”催生了多样的人格，催生了致命性毒品的消费，催生了集体或个体的暴力行为，其中自杀首当其冲。在法国，自杀是致使少年死亡的第二大原因，是青壮年死亡的第一大原因。

这就是“存在之痛”，而今已无人能够完全逃脱。从某些角度来看，或许可以说“存在之痛”是当今时代的特征，假如海德格尔所说的“存在的问题”仍然成其为问题，假如“时代”这一概念本身没有受到全新的**演变**历程的影响，假如**存在论的无差异**没有主导这一**演变**历程，假如——换句话说——在“病痛”这一问题回归的过程中，“存在之痛”并非“存在的问题”的边界或界限。这里的“病痛”，同时也是**演变之痛**，
是一种**恶性演变**的载体。 597

西蒙栋把个性化的丧失看作19世纪的特征，在他看来，这同时也是一个新的个性化过程的揭幕，召唤着他所说的“机器学”（mécalogie）的到来[①]。以这一问题为主线，我们将在本书中着手一项**批判工作**[②]，而这里的“批判”具有**全新**的含义，在从康德时代到马克思时代的哲学史上尚无前例。因此，本书致力寻找的是一条**新批判**之路，它能够做到这

① 西蒙栋：《论技术客体的存在方式》。西蒙栋还从熵和冷热均衡的角度分析了这些问题。他在数字机械中看到了一种新的潜在的冷热均衡。这一分析在我们看来极为重要，但是在第五卷中，我们将会说明为什么西蒙栋的分析具有根本的局限性。

② 在《技术与时间》的最后一卷里（尚未出版），我将试着说明为什么西蒙栋的某些前提使他没能很好地完成这项工作。

一点，也应当可以做到这一点。根据20世纪被命名为“社会批判”的思想，例如法兰克福学派曾力求实践的那种批判，对当前现实进行批判是可能的，同时也是必须的，但它的代价和前提是对**在很大程度上还有待继续完成**的现代思想的根基进行一种激烈的批判。

正如海德格尔曾按照他的方式所论述的那样，康德哲学思想中**最为关键**的时刻，也就是说康德在面对批判问题时以一种或多或少有些盲目的方式做出抉择的时刻，他在人类历史中或者至少在现代哲学的历史中以一种极为隐蔽的方式（这种方式甚至界定并长期限制了一切批判的框架）做出决定的时刻，是**图型法**以及引出图型法的**先验演绎**。在接下来的章节中，我的核心目标就是从“意识犹如电影”这一角度出发，重新阐释这一批判时刻。“犹如意识的电影”这一概念将在本书第二章中得到阐释，它是一种“大电影”（archicinéma）。在此之前，我将研究“电影的时间”，即电影制作的艺术与方式，这是第一章的主要内容。

这又把我们带回到“何谓在思想中确定方向”这一问题上来。在当今时代，思想变成了“技术科学”，取代科学的传统模式即康德时代的模式，不得不在多种可能性之间做出决定。这些可能性**均为虚构之物**，但是我们必须对它们进行区别——在存在论的无差异中进行区
598 别，就像**必须对优秀影片和差劲的影片进行区别**那样，尽管所有影片（film）都从属于电影（cinéma）这个大范畴。“确定方向”这一问题——以及“迷失方向”的问题——将再次引出康德的“进行区别所依据的主观原则”的问题及其不可分离的理论基础，这是第四、第五和第六章的内容。

马克斯·霍克海默和狄奥多·阿多诺在他们的论述中与**美国的文化工业**针锋相对，认为图型法可以作为他们论述的基础。很明显，即便不说他们的论述具有预言性、反叛性，那么至少也是既清晰明白又不乏错误之处的。从某种意义上来说，他们的论述揭露和阐释了当

前的“存在之痛”，但是没有深入领会、看清或真正批判这一病痛，因为他们的论述太过泛泛，而且**和演变的内容一样**，方向相当混乱，他们对《纯粹理性批判》的重读并没有提出新问题，采取的是一种非批判的姿态。

时至今日，他们的分析是五十多年前的事了，他们既论述了美国，同时又过早地表述了当代生活的“存在之痛”。确切地说，“存在之痛”源自大西洋西岸，在那里，工业技术是重中之重[①]。在他们的分析中，在已经**淹没**了整个公共生活的当代的“存在之痛”中，我发现了思想中以及思想之外广泛存在着的一种阻碍因素。

这一形势经受着时间的考验，而时间的考验尚未终结。在《爱比米修斯的过失》与《迷失方向》中，我已研究了时间这一进程的问题和各种条件。在时间的问题中，我研究了当代的一种特殊的“中断性”这一问题及其条件，以及我在别处所定性的“中断性的双重重叠”这一难题。我所说的“中断性”，指的是将某一时代所特有的、处于运作中的各种程序悬置起来，同时开启某一新时代的各种条件的事物所具有的性质。

在《爱比米修斯的过失》中，我力图阐明：

(1) 上述条件总是根植于贝特朗·吉尔所说的每一时代所特有的技术体系的潜在动力之中，当该技术体系进入革命之中，它就构成了第一次中断性重叠，以及第一次程序的悬置；

(2) 只有当技术体系的断裂所引发的“程序的悬置”使一些新的程序得以构成，同时导致了第二次悬置（或者说重叠的重叠），并且借由它，一种新的时空单位、一种新的心理层面和集体层面上的个性化过程 599
得以构成之时，一个时代才会**完全地**构成。

① 我们将会发现，海德格尔1935年的著述从根本上说也是对北美洲的地缘政治的批判。

第一个阶段是一个可称为**技术演变**的过程；第二个阶段是**该演变转变为未来**的阶段。

今天，第二次重叠的各种条件尚未齐备。

第二次重叠**尚未发生**。**演变**，已变得**势如闪电**，却没有给出任何
600 未来。

第一章

电影的时间

1. 故事欲

对故事和寓言的癖好，对小说的痴迷，至今仍为老人们所有，并在孩童那儿得到满足。这种癖好和痴迷代代相传，是各代人之间前后维系的纽带。由于欲望难以得到满足，这种癖好和痴迷定会促使后代人继续创造，继续杜撰，将未来的生活写成新的篇章。

这种**故事欲历史悠久**，并仍然支配着现代社会，使其最为复杂和隐秘的部件得以运转。然而，满足这一欲望的条件已经发生了**急剧的演变**。而今，它已成为一项世界级工业活动的对象。霍克海默和阿多诺所说的“文化工业”已经构成了经济发展的核心，它最直接的动力当然一直是古老的故事欲——而故事欲本身是普通欲望的关键。当前，这一欲望已经高度**臣服**于传输工业的发展。在20世纪末和新纪元之初，**传输工业**大获成功，人们至少可以把传输工业看作一种继承活动、一种有效的纽带，看作各代人**前后联结的表现方式**，并以此**质疑传输能力的永久性**。

世界贸易在运用各种说服技巧的同时得到了发展，而所有说服技巧都应归功于叙事的艺术。任何事件的发生都离不开故事欲。媒体网

601 络和程序工业系统地使用视听技术资源，开发了这种令人惊异的爱好。在这个宽广的背景下，电影占据着一个极为特殊的地位。

近年来，图像和声音的技术与信息技术、电子通信相互结合，在讲述故事时具有了一种极为特殊且前所未有的力量，激发了人们对故事的信仰，但与此同时，这些技术在很大程度上震撼了世界的未来，对世界的未来抛出了疑问，撒下了怀疑的种子。

从根本上说，电影叙事对观众的统治源于最为古老的故事欲，源于一个存在于人类历史的各个时期、先于所有特定的艺术时代、先于使人相信故事的一切方式的欲望。因此，我们应当从细节上分析与电影一同出现的各种技术的**特殊性**，这些技术前所未有地控制着所谓“程序工业”的所有产品。这一分析的目的，是为了能够认识动态有声图像所具有的**无可比拟的高效性**，理解它对观众所施加的**信仰效应**，阐释电影在变成了电视，即一种**全球工业所生产的象征物与传播技术网**之后，为什么以及如何满足了普遍存在的故事欲，阐释电影为什么以及如何冒着穷尽人类故事欲的危险，**调节了整个人类的演变过程**。

电影的特殊性揭示了“人类灵魂”的特殊性：它以技术逻辑的方式，发掘了“隐藏于人类灵魂深处的一种技艺”的“机制”①。由此看来，这一分析更显必要。

2. 烦恼

一个郁郁寡欢的人，一个秋天周日的午后。这个下午是诸多类似的下午中的一个，他什么也不想做，正因什么也不想做，所以他倍感烦

① “从现象及其单纯形式而言，我们知性的这个图型法是隐藏于人类灵魂深处的一种技艺，而且要揭示它的机制总是一件难事。”伊曼努尔·康德：《纯粹理性批判》（法译本，特莱内萨格、帕戈合译），法国大学出版社，1944年，第153页。[参见《纯粹理性批判》中译本（邓晓芒译，杨祖陶校，人民出版社，2004年2月第1版），第141页。——译注]

闷。这样的人，在这一时刻，怎会没有去看一部老电影的欲望？故事情节并不重要，若是城里人，手里又有几个小钱，那便去附近的电影院；若是家里有录像机，那便在录像机上看；倘若真的懒于动弹，那就打开电 602
视，或许未必能收看到电影，但糟糕的电视节目总会有，盯着电视画面，看它们前后更迭。

他为什么不关了电视，拿起一本书，比如一本故事情节娓娓动人、写得相当不错的书？在这样的周日午后，为什么与好书里的词句相比，图像的运作占尽上风？

这是因为，他什么也不用做，只需观看即可。即便所看的东西无聊透顶，只要导演在运用视频与电影的特性方面稍显纯熟，懂得将我们的注意力吸引到图像的流动上去，那么无论图像本身如何，我们都愿意一直看下去。我们附着在这段流动的时间上，并且在其中忘记了自我，或许还遗失了自我（遗失了我们的时间），但是不管怎样，即便我们未被俘获，至少已经在相当程度上被吸引，以至于一直走到尽头。这段**流逝的时间**或为90分钟，或为52分钟，在此期间，我们的意识所经历的时间将完全在被声音、音响、台词和语音联系在一起的图像的运动中流逝。我们生命中的90分钟或52分钟在我们的现实生活之外流逝掉了，在那些或真或假、亦真亦假的主人公的生命中流逝掉了。我们的时间与主人公的时间相贴合，我们**接受**了他们所经历的事件，这些事件**似乎就像**发生在他们身上那样发生在**我们**身上。

我们可以带着彻头彻尾的慵懒去观看影片，只有动态有声图像才允许我们这样慵懒，因为面对它的时候，人们可以任由它作为，无须进行任何干预或介入，根本不必像读书那样需要浏览句子，需要翻页，需要聚精会神，担心遗失了文本的主线。倘若有幸，影片还不错，那么当我们离开它之后，就不会太过懒散，甚至反而充满生命力，满怀情感和行动的欲望，对事物的看法也会焕然一新。电影的职责针对的是我们的烦恼，它将我们的烦恼转化为新的精力，转移了该烦恼的实体。针对我们周日午后“什么也不想做”的那种可怕的、近乎致命的情绪，它做了一些事。电影使我们重新拥有了对某些事物的期待，这些事物总会到来，将要到来，将要来到我们身边，它们源自现实生活：以非虚构性为特征的生活，是当我们走出电影放映厅的黑暗、陷入白昼的光明之后所
603 处的那种生活。

3. 电影的两大根本原则

对于电影，我们无须为担心丢失文本的主线而注意力高度集中，因为那里本来就没有文本。换言之，假使有的话，那文本也会自主进入我们脑中，我们无须去寻找它。它与我们的时间相互交织，在我们无意识的意识——这正是电影观众的特征，面对图像的运动，观众本人一动不动——所经历的90分钟或52分钟里，它成了时间的质料。

这是因为，电影将两大根本原则结合了起来：

(1) 电影记录是摄影的一种延伸，而摄影是一种相似性记录，对此我在《迷失方向》中已有分析。摄影具有“现实性”的效果，罗兰·巴特已经注意到这一点，他认为照片的意象内容(noème)是“曾经存在”。

> 我所说的“摄影的指涉物”，指的并不是图像或符号所指涉的那个具有“任意的”现实性的事物，而是位于镜头前的那个具有“必然的”现实性的事物，如果没了这一事物，摄影便无以存在。美术作品可以假造一个现实物，而不必看见过它。[……]对于摄影，我从来都无法否认事物曾经存在。在此，两种姿态相互结合：“现实性”和“过去”。
>
> 每当观看一幅照片的时候，我就会在观看的过程中考虑到这样一个时刻：在那个即使稍纵即逝的时刻里，某一现实的事物在镜

头前处于静止状态。我会将眼前照片的静止状态回溯到它过去被拍摄的那一刻，那暂停的一刻就是"曝光"。[①]

抓取的时刻与被抓取之物的时刻相互重合，正是这两个时刻的重合使"现实性"和"过去"的相互结合成为可能，而这一结合又促成了照片静止状态的"回溯"，从而使观众的现在时与"spectrum"[②]的显现相互契合。[③]

（2）有声电影出现之后，电影把声音记录也纳入旗下。录音与照片一样，都是来自人工的相似性记忆技术。因此，对照片的合理分析在某种程度上同样也适用于录音。听一张记录某场音乐会的碟片，我就会在听的过程中认识到这场音乐会"曾经存在"、已经发生。然而，关于照片的合理分析只在一定程度上适用于录音，因为录音是一个流动的客 604
体，是一个时间流，这使分析的对象发生了改变：音乐客体是一种"流"，不可能抓取它的某个瞬间。音乐客体中不存在类似于曝光的时刻，它属于埃德蒙德·胡塞尔所命名的"时间客体"这一现象学的范畴。

电影之所以能够有声，是因为电影不仅是图像记录技术，可以重现运动，同时电影本身也是一种"时间客体"，适用于时间客体的现象学分析同样可用于分析电影。电影和音乐旋律一样，从根本上来说都是一种"流"：它在流动中构成了自身的整体。作为"流"，这一时间客体

---

① 罗兰·巴特：《明室》，瑟伊出版社，伽利玛出版社、《电影手册》联合出版，1979年，第122页。

② 罗兰·巴特认为摄影中有三个介入者：Operator（操作者，即摄影师）、Spectator（观看者，即观看照片的人）、Spectrum（"幽灵"，被拍摄的对象）。罗兰·巴特之所以用Spectrum来指代"被拍摄的对象"，是因为他认为这个拉丁语词语的词根既保留了"节目"（spectacle）的含义，又体现了所有照片中都蕴含着的一种现象：死者回归。关于这一问题的详细阐述，参见《明室》第一部分第4节。——译注

③ 参见本书第二卷《迷失方向》，第349页。

与以之为对象的意识流（即观众的意识）**相互重合**。

对以上两则考察进行总结，我们可以知道，电影记录技术的特殊性在于以下两种重合的相互结合：

一方面，摄影与录音使“过去”与“现实性”相互重合；（“在此，两种姿态相互结合：‘现实性’和‘过去’”，这促成了“真实效应”，即使人信服；正因为观众怀着这种信服的态度，技术本身才得以提前确立了观众的姿态。）

另一方面，影片的“流”与影片观众的意识流相互重合。声音流将图像联结起来，图像的停顿构成了图像的运动，上述“重合”正是通过这一运动而启动了“完全接受”的机制，使观众的意识流接受了影片的时间。由于观众的意识流本身也是一种“流”，因此就被图像的运动吸引，被它“疏通”。观众的内心总有故事欲，在它的作用下，图像的**运动**使具有电影特性的**意识的活动**得到了解放。

4.“电影幻觉”的意识

亨利·柏格森在《创造进化论》里谈论过“电影幻觉”，在《影像—
605 运动》一书中，德勒兹试图推翻柏格森的相关言论。他概述道：

> （电影）的进行离不开两个互补的材料，一是若干被称为图像的即时性片段；二是一种运动，或者说一种无人称的、均匀的、抽象的、不可见的、不可捉摸的时间，它位于机械“之内”，“有了”它，画面才得以前后相连。因此，电影给予我们的是一种虚假的运动，它是所有虚假运动中最为典型的一种。然而奇怪的是，柏格森却给这最为古老的幻觉起了一个如此现代和新潮的名字（“电影的”幻觉）。我们是否应当这样理解：按照柏格森的说法，电影或许只是在投映和复制一种永恒而

普遍的幻觉？难道人们一直在做电影，却并不知道这一点？[①]

德勒兹认为幻觉的复制“同时也是以某种方式对幻觉进行纠正”，并以此反对柏格森，这或许有一定道理，但是他并未从他的观点出发，找出它所造成的所有后果。确切地说，这是因为他在考察这种复制的特殊性之时，不是把它看作融合罗兰·巴特所说的“曾经存在”的、具有相似性的图像复制，也不是把它看作在时间客体流动过程中诸多相互融合的即时性停顿。因此，我觉得无法阐明“人们一直在做电影，却并不知道这一点”的含义，无法分析是什么使活动图像具有了巨大的**力量**。

胡塞尔曾对时间客体进行过思考，但是以胡塞尔为依据来批判柏格森和德勒兹是件极为复杂的事，因为胡塞尔本人在他的分析中根本没有去关注“记录”的问题，甚至应该说他已将这一问题排斥在外。在此，胡塞尔犯了一个严重的错误，我曾试图说明这一点[②]，而**这也使我得出了一个关于“具有电影特质的一般意识结构”的假设**，好像这一结构“一直在做电影，却并不知道这一点”似的——这或许可以解释为什么导演有独到的能力去说服他人。本书将致力于阐释我的假设。为此，接下来我必须简要地回顾《迷失方向》的最后一章《时间客体与滞留的有限性》的主要内容，但是我在这里将参照一个新问题，即关于“库里肖夫效应”的问题。 606

5.“库里肖夫效应”

在《逻辑研究》的第五研究里，胡塞尔试图把所有意识看成“流”

① 德勒兹：《电影1：影像—运动》，午夜出版社，1983年，第10页。

② 在《迷失方向》的最后一章《时间客体与滞留的有限性》中，我已指出：胡塞尔本人在不久之后部分地“修正”了这一问题。

的结构，以此对意识的时间性进行详细分析。正是在那里，他走上了时间客体的道路。当时的问题是对意识流在构建的过程中所依据的现象学条件进行分析。然而，对于现象学家胡塞尔来说，以这样的方式来分析意识是一件不可能的事：意识的结构具有意向性，所有意识都是以某一事物为对象的意识；只有通过分析一个本身具有时间性的客体，对意识时间性的分析才有可能实现。

1905年，胡塞尔找到了这个客体，它就是音乐旋律。音乐旋律只有在它的绵延中才能构成，从这个意义上来说，一段音乐旋律就是一个时间客体，它的现象是一段时间的流逝。一只杯子，或是一只盛有糖水的杯子，当然也是一种“时间客体”，因为它存在于时间之中，所以从这个角度来看，它也受制于普通物理学和熵的法则——它具有时间性，因为它不是永恒的，所有现实事物也都是这样。然而，真正的时间客体不仅简单地存在于时间之中，还必须在时间中**自我构成**，在时间的流动中进行**自我组织**，例如：在行进的过程中显现的事物、一面呈现一面消失的事物、在产生的过程中消逝的“流”。为了分析意识流的时间质料，时间客体是一个很好的对象，因为它的时间的“流”**完全**与以之为对象的意识的“流”**相重合**。分析了时间客体时间流的构成，也就分析了以之为对象的意识流。

在音乐旋律这个时间客体中，胡塞尔发现了初级滞留。

初级滞留是一种记忆，但并不是对记忆之物的回顾和回想。胡塞尔有时候把对记忆之物的回顾和回想称为“再记忆”，有时又称之为第二记忆。

某一时间客体在流逝的过程中，它的每一个“此刻”都把该时间客体所有过去了的“此刻”抓住并融合进自身，这就是第一记忆。在时间客体中，虽然那些“此刻”先于当下的这一“此刻”，虽然它们已经过去，但是它们仍然会保留在当下这一“此刻”之中。从这个意义上看，虽然它们是过去之物，但是它们仍然在场，存在于当下的“此刻”之中。

在当下的这一正在流逝的“此刻”之中，它们既在场，又不在场。只要 607
时间客体没有完全流逝，没有完全过去，这一现象便一直如是。

每当我聆听一段音乐的时候，客体就以流逝的方式向我呈现。在流逝的过程中，此刻存在着的音符会把位于它之前的那个音符抓住，而之前的那个音符又会把位于它之前的音符抓住。此刻的音符把位于它之前的所有音符保持住，它既是“此刻之物”，同时也保持了客体的在场——时间客体之所以在场，正是基于这一“保持”。就这样，时间客体具有了**统一性**。此刻在场的音符抓住了位于它之前的所有音符，以及所有音响时刻，正是因为这样，它所发出的声音才具有韵律性和音乐性，显得和谐，并成为一个真正意义上的音符，而不仅仅是一记声音或噪音。

显然，这些初级滞留不能够与一般意义上的“记忆”相互混淆，例如，它与“我们能够记忆昨天听过的一段音乐”不是一回事，因为第二种情况只是一种回顾或回忆，只是回忆起某个已经过去了但此刻不再存在的事物。相反，初级滞留是一种原始的联系，它把“此刻”和胡塞尔所说的“刚刚过去的时刻”相互联系在一起，使“刚刚过去的时刻”仍然存在于“此刻”之中。

“刚刚过去的时刻”被保持在正在流逝的“此刻”之中，从而使此刻呈现之物具有了内容：音乐所体现的显然正是这一点。很明显，在一段音乐中，某一音符必须与之前和之后的所有音符相互联系，否则便无法发出乐音。（在之后的音符中，此刻的这一音符将变成被滞留之物而发出声音。而且，从位于它之前的被滞留之物开始，它由于包含并维持着即将到来的“此刻”，因此它也是一种前摄。）与此同时，我们所说的“库里肖夫效应”也以一种特别明晰的方式说明了这一点[1]。对于“库里

① 夏维耶·勒马尚曾经从这些分析的角度比较了库里肖夫效应，参见他在贡比涅科技大学的博士学位论文《延迟差异与数字视听》，1998年。

肖夫效应”，弗朗索瓦·阿贝拉认为不过是个“传说”而已，他强调指出，库里肖夫本人对他的实验从未有过描述，而且普多夫金此前已经做过类似的实验证明了库里肖夫效应[1]。在库里肖夫实验中，演员莫斯尤金的脸部镜头被插入不同的段落中，与三个表现其他主题的镜头相连
608 接。每个段落中用的是同一个莫斯尤金的脸部特写，但是在观众的意识中，他们觉得那是些不同的镜头，每个镜头展现的是同一张脸的不同表情。

实际上，人们意识里的“电影”就是这样。对于影片段落所展现的客体，意识会不断地把位于这些客体之前的物体形象投映到这些客体之上。此外，这其实也正是电影的基本原则：对若干要素进行配置，使之形成同一个也是唯一一个时间流。

为了分析而今广泛普及的电影，胡塞尔关于“初级滞留”的理论是最为丰富的概念基础。弗朗茨·布伦塔诺第一个对“刚刚过去的时刻”的初级滞留进行了分析，但是胡塞尔认为，布伦塔诺并未成功，因为布伦塔诺把初级滞留看作意识中在当下时刻存在的“此刻”所构成的过去时刻，认为“想象”把作为“过去时刻”的初级滞留与感知联系在一起。在布伦塔诺的分析中，“想象”减弱了滞留中的“过去时刻”的征象，同时把当下的“此刻”及其滞留放置在时间流之中，使得正在流逝的时间客体最终完全消逝。然而，在胡塞尔看来，这一观点令人难以接受，因为它承认时间客体的时间是被想象的，而非被感知的，并且由此认为时间客体不是现实存在物，而是“想象”的效应：这种观点完全否认了时间本身。

不过，既然胡塞尔认为初级滞留并非想象活动，而恰恰是对时间的感知这一现象，那么他不仅应当**区分**初级滞留和第二滞留——我们

① 参见弗朗索瓦·阿贝拉，“列夫·库里肖夫导读”，《电影艺术与其他随笔》，L’Âge d’homme出版社，1994年，第11页。

知道，这是必要的——还应当将二者**对立**起来[①]。将第一记忆与第二记忆对立起来，将感知的初级滞留和回忆的再记忆对立起来，其实就是在“感知”与“想象”之间进行绝对的区分，也就是认为感知与想象毫无瓜 609
葛，被感知之物在任何情况下都不是被想象之物，被感知之物绝对不可能受到想象活动所致力达到的虚构性的影响。总之，生活即为感知，感知并非想象。

换言之，生活并非电影，哲学思想也不是。

生活是对活生生的当下的感知，**它并不是在给我们讲故事**。

6. 遴选、准则与记录

不过，作为特例的“库里肖夫效应”以及宽泛意义上的电影同时也说明，初级滞留（也即在一边流逝一边被滞留的时间客体中对“刚刚过去的时刻”的滞留）与第二滞留（也即在一般意义上的回忆中对过去时刻的再记忆）相互**独立**，这种对立其实是一种假象。

假如我们能够说明**活生生**的现实总是包含想象，它只有被虚构之后才能被感知，也即不可避免地被幻觉所萦绕，那么我们或许就可以说“感知”和“想象”之间总是存在着相互性的关系，即任何感知都具有想象的因素，反之亦然。感知是想象得以投映的银幕。因此，我们或许就

① 让-米歇尔·萨朗斯基曾对《技术与时间》的前两卷进行过细致谨慎的批评（《瞧这个手艺人》，载于《现代时代》杂志第608期，2000年4—5月），但是我觉得他并未理解最后一章。他认为我在那一章中揭露了胡塞尔对初级滞留和第二滞留的区分（在此先强调一下，也即对“感知”与“想象”的区分）。恰恰相反，我的目的是再次肯定这一区分，同时指出由于胡塞尔本人将这一区分理解为对立，从而削弱了区分的内涵。显然，我由此提出，感知从来都不纯粹，总是含有想象的成分，任何感知都是一种投映。因此，我只是认为“区分”与“对立”不是一回事，认为形而上学在一开始就混淆了。对于这一问题，我将继续进行分析。在本书稍后部分以及《技术与时间》的最后一卷（尚未出版）中，我将回到我的朋友萨朗斯基所揭示的问题上来。

可以说生活**总是**电影，而且正是由于这个原因，才会有“如果热爱生活，那么就去电影院”一说。似乎我们去电影院的目的，就是为了找回生活，从某种意义上来说，也即为了能够**复活**。

因此，哲学提出了一个问题：“这些假象来自**何处**？”然后又提出了一个问题：“不断需要**复活**的生活，是怎样的一种生活？”

我曾尝试过挑战这些问题，并为此而去探寻**第三种类型的记忆**，它不是第一记忆，亦非第二记忆，而是**第三**记忆。所有记录，无论其形式如何，都属于这一类型的记忆。胡塞尔本人将这一类型的记忆称为**图像意识**。我们稍后将转向弗洛伊德，将会看到[1]为什么第三滞留同
610 样也是**前摄**的载体——在这些前摄中形成的期待激发了某种意识，其基础是以无意识为核心的死亡、复制的欲望、消费的欲望等“宏大的前摄”。

按照胡塞尔的说法，初级滞留绝对而且仅仅建立在感知当中。由此可见，构成某一时间客体的初级滞留并非意识进行**遴选**的结果。这是因为，在时间流逝的过程中，如果意识在它所抓住的流逝之物当中进行遴选，并因此而没有抓住所有流逝之物的话，那么这就不是纯粹意义上的感知，而**已经**构成了某种想象，至少是一种带有缺陷的想象。

只要将同一段音乐听上两遍，我们就会发现，在这两次聆听的过程中，意识听取这段音乐时的听觉并不相同。在这两次聆听之间，一定发生了某些变化。这是因为，每一次聆听构成的都是一种新的现象，音乐越出色，现象越丰富，音乐越差劲，现象就越不丰富，所以有音乐癖的人（音乐**发烧友**）会一次又一次地不断重复聆听音乐。显然，两次聆听之间的区别源自滞留的现象发生了异化，也即“遴选”发生了异化。意识不会抓住所有一切。

从一次聆听到另一次聆听，听觉之所以不同，确切地说是因为第二

[1] 《技术与时间》第四卷，《象征与魔鬼或精神之战》，尚未出版。

次聆听时的听觉受到了第一次聆听的影响。音乐没有变，但是听觉变了，因此意识也变了。在两次聆听之间，意识发生了变化[1]，这是因为服务于意识的听觉发生了变化；服务于意识的听觉之所以发生了变化，是因为它已经经历了第一次聆听。

根据一般准则，意识会受到呈现在它面前的现象的影响，但是面对时间客体之时，意识却会以一种特殊的方式受到影响。这一点对我们很重要，因为影片和音乐一样，也是时间客体。理解了意识受到时间客体影响的特殊性，也就理解了电影的特性、电影的威力，以及它为什么能够**改变**人的生活——**例如，它为什么能够使全世界接受"美国的生活方式"。**

这就要求我们去分析记录技术的特性——它使电影流得以构成——以及电影流对意识所产生的效应。从在第一记忆当中进行**遴选**所遵循的**原则**来看，记录技术**已经具有电影的性质**。这种遴选必然有着一些遴选的准则，而提供这些准则的则是**使第二记忆与第三记忆相互联系的活动**，其整个过程形成了剪辑，借助剪辑进而形成了一种统一 611
意识流。从形式上来看，这一意识流与时间客体（即通过剪辑而得到的影片）所形成的"流"完全一样。

我们现在即将探寻的就是第一记忆、第二记忆和第三记忆相互联系的条件，也即"滞留的剪辑和联系"的条件。

我们说在两次聆听之间，意识发生了变化，而且从一次聆听到另一次聆听，意识所选择的第一记忆有所不同。客体每次都一样，但是每次的现象却都不一样。不过，我们现在要提出的问题是：**意识为什么能够连续两次聆听同一个时间客体？**

实际上，如果没有将音乐录制在**唱片**上的**相似性记录技术**，那么意识就不可能做到这一点。

① 柏格森深谙此道。

换言之，只有通过唱片这个**第三滞留**，意识对初级滞留的遴选，也即想象介入感知之中这一事实才变得**显而易见**。唱片第一次使得同一个时间客体多次绝对相同的重复成为可能，使该时间客体形成多个前后更迭的现象，使同一个客体多次出现。

现在，我们来详尽地考察这一非凡的"可能性"。

我先听一次记录在声音载体上的一段音乐，该载体或是相似性的，或是数字化的。**稍后**，我再听一次记录在**同一**张碟片上的**同一**段音乐。显然，在新一次的聆听过程中，成为"刚刚过去时刻"的声音构成了一系列初级滞留，并将其他初级滞留聚合在一起。它**在流逝的过程中**，流逝的方式和进行的方式与第一次聆听时不一样。否则，我所听到的声音或许就和**已经**听过的声音完全无异了。

成为"刚刚过去时刻"的声音与位于它之前的"刚刚过去时刻"聚合在一起，在第二次聆听的过程中，它流逝的方式与第一次不同，它的材质是全新的，它所构成的是一个新的现象。在再次聆听同一段音乐之时，我所经历的是另一种体验，也是另一种意识，因为尽管同一段音乐重复了两次，但是给我的却是两种不同的体验。与此同时，成为"刚刚过去时刻"的声音的流逝，在初级滞留的各个特有而新颖的片段中所
612 构成的时间流，这一切**在流逝的过程中都不同程度地归功于上一次聆听时声音的流逝，尽管表面上看来，它已经消逝殆尽**。第二次聆听时所发生的**改变**应归功于上一次聆听。

在流逝的过程中，滞留之物发生了改变，并因此成为过去了的时刻。从根本上来说，流逝过程中的滞留是对它自身的更正。然而，这一改变明显根植于**对第一次聆听的第二记忆，尽管确切地说，这一改变发生在第一次聆听之后**。我在第二次聆听时所听到的东西离不开这样一个事实，即**在此之前**我已经听过一次。可是，**确切地说**，令人困惑的是，恰恰因为我之前已经听过一次，所以当我再次聆听时才听到了其他一些东西。因为第一次聆听的时候，我没有听过那段音乐，而第二次聆听

的时候，我已经熟悉了的事物却神奇地给了我一些陌生之物。第二次呈现给我的，我已经熟悉，但是与此同时，由于它呈现的方式有所不同，以至于意料之中成了意料之外而呈现。

第一次聆听发生在过去，已经被记录在我的回忆之中，它属于第二记忆，即属于想象和虚构。显然，奇特的是，这个“已经”引发了“尚未”，“已经听过之物”**促生**了“尚未听过之物”。我们将会看到，这一现象是对某种嫁接在“大前摄”之上的前摄性期待的回应。

在两次聆听之间，意识有了变化，因为发生了某种磨损。初级滞留是一种**依据在上一次磨损的过程中建立起来的准则而进行的一种遴选，同时上一次磨损本身又是一次遴选，源自更早时候发生的磨损**。之所以会是这样，是因为初级滞留作为记忆活动，本身也是一种“第一遗忘”，是把**正在流逝**之物**简化**为**过去时刻**，它所**抓住**的**仅仅**是**第二滞留**所构成的准则允许它去遴选的东西。第二滞留早就寄居在初级滞留的全过程之中。

当我已经听过那段音乐之后，情况正是如此，但是如果我从未听过那段音乐，情况还是如此，因为我之所以去听那段音乐，是因为有着这样一个期待，它由我已经**经历过的音乐**体验所构成，使我内心深处一直保留着探寻事物本来面目的欲望。

情况之所以是这样，是因为**任何回忆都是一种遗忘**，而且如果没有一定的准则，也就没有遗忘——这是一个值得进行分析的主题。如果说回忆并不意味着有所遗忘，那么我们什么也无法抓住，因为什么也没有流逝，什么也没有发生。

假设我拥有无限的记忆力，能够记住昨天一整天，也就是说能够把昨天的每一秒乃至每一毫秒都确切地依照原样记在脑海里。到了一整天二十四小时终结之时，我才能发现，我记住了昨天的一整天，然后我又继续开始回忆，再一次把每一秒都确切地依照原样记在脑海里，并如 613
此反复。这样一来，就没有了任何差异——因为没有了任何遴选：时间不再流动。什么都不会到来，什么都不会发生在我身上，因此也就既没有现在的时刻（当下的时刻总有一些新事物在呈现，包括由于没有新事物而引发的烦恼），也没有过去的时刻。既然当下的此刻不再流逝、不再发生，那么时间也就不可能有任何流逝，因此也就没有了时间。

记住昨天，拥有过去的时刻，换种说法就是将昨天简化，使之比今天短，也就是将昨天减短。我们只可能拥有有限的记忆。这就是滞留的有限性，它是意识的条件，因为意识总是一种时间流。对第二记忆的正确分析适用于任何类型的回忆，同样也适用于第一记忆。这就是为什么第一记忆只能是一种遴选，为什么它只能以遴选的方式呈现，只能根据源自遴选的准则进行。

不过，对于此处提到的情况，也即聆听**录制在声音载体上**的一段音乐而言，**第二记忆与第一记忆不可分离，同时与"第三记忆"**——或者说"图像的意识"，即唱片本身——**也不可分离**。

关键之处，就在这里。

7. 录音的启示

关于"图像意识"以及我在这里所说的第三记忆，胡塞尔给出的例子是油画或半身塑像。在他看来，这种"图像的具象化"，即"图像意识"的客体，严格地说在时间客体的构建中没有任何作用，因此在意识流本身的构建中也没有任何作用。这种类型的记忆不仅不属于感知，甚至也不属于过去时刻的意识流。这和第二记忆恰好相反，尽管第二记忆也不属于感知，但是却与过去时刻的意识流紧密相连。作为过去的时刻，它**曾被感知**，因此确实属于意识。

"图像意识"并非意识里的某种记忆，而是一种对意识没有感知或对体验过的事物的人为记忆。一幅19世纪的油画的确是一种记忆，但
614 是胡塞尔认为，我们不能说这一记忆就是这幅油画的观众的记忆，它其

实应该是创作这幅油画的画家的记忆的一些痕迹。从某种意义上来说，画家将他的记忆外在化，使之定型，从而使得另一个意识能够在一个世纪之后去审视这幅油画，将其看作过去时刻的某一图像，而且在任何情况下都会把它看作过去曾经被人体验过的某一记忆。然而，在胡塞尔的现象学里，只有那些属于曾被意识**体验过**的事物才是确定无疑的，才能够在分析现象得以构成的条件时对它们进行考察。现象学的态度是把意识看作客观世界的构成要素，而不是将意识看作由客观世界构成之物。作为物质世界里的一种现实，第三记忆不是客观世界的构成要素，它不可避免地偏离了意识，而意识与它也毫无瓜葛。

不过，只有当技术能够将音乐时间客体一成不变地记录下来，并使之得以不断重复之后，第一记忆和第二记忆之间的关联才变得明显，因为显而易见的是，虽说时间客体每次都一样，但是带来的却是两次不同的音乐体验。我知道这是同一个时间客体，因为我知道那段音乐已经借助某种技术被记录下来，知道被记录之物的"流"和记录之物的"流"相互叠合。我知道记录仪器的时间和音乐流的时间相互叠合。**机械流**和**时间客体的时间流**相互叠合，对以该客体和该记录过程为对象的**意识流**产生了"过去时刻"和"现实性"相结合的效应，也就是罗兰·巴特在照片中所体验到的那种"现实感"。在声音这个领域里，"现实感"有所更新，因为有这样一个区别存在：对于摄影而言，"现实感"与**曝光**有关，而对于被录制的声音或**电影**而言，它却是一种"流"。

在"图像意识"中——这里指的是唱片（当然也可以是影片）——第一记忆和第二记忆最终相互渗透，这必须归功于技术已经能够使得时间客体多次重复。在摄影和电影出现之前，这样的重复根本不可能实现，对此我们无须过多强调。与此同时，第二记忆深入到第一记忆之中，第一记忆变成了第二记忆，这也成了一个明显的现象，其根本原因是记录成为事实。这就是声音记录给我们的启示，也正是所有时间客体的结构给我们的启示。 615

8. 再论《访谈录》

上述现象的后果非常重要：意识对初级滞留进行遴选和简化，同时使它们流逝，这个过程所依据的准则不仅仅与意识曾经体验过的回忆的第二滞留有关，而且与第三滞留也有关系。电影很好地体现了这一点。

我曾经对费里尼《访谈录》中的一个片段进行过分析[①]，为了阐明上述观点，在此我必须再次引述并深化我的分析。

影片中，费德里克·费里尼自导自演，他在马塞罗·马斯楚安尼的陪同下，一同去拜访安妮塔·艾克伯格。那个晚上，三人观看了影片《甜蜜的生活》[②]中的一幕，即小城特瑞维的喷泉的那一场戏。这样一来，我们就看到了一个观看自己的表演的女演员，而该电影片段的张力正是来自场景中的不可判定性：女演员又一次出演费里尼的影片，但是她这次所要表演的是观看自己三十多年前的演出。当安妮塔·艾克伯格看着那段过去的光影记录的时候，看着她那业已逝去的青春和生命之时，她肯定难以扮演出“观看自己”的样子——对于这一点，任何一名观看《访谈录》的观众都会深信不疑。当一个女人在三十年后年华老去之时审视自己三十年前的样子，面对摄影的“曾经存在”，面对电影的时间流所激发的“现实性与过去时刻的结合”，她不可能不体会到时间流逝所造成的切实的恐怖。我们看到的是一个在观看自己当年

① 1985年，应让·洛克瑟鲁瓦之邀，我在罗马首次发表了我的分析文章，并于1990年将它发表在《哲学杂志》上，题为《左侧的回忆》。随后，我在《迷失方向》的第一章中引用了那篇文章。在本书中，我将对《迷失方向》第一章中所做的时间客体分析的结论进行补充，同时结合本书的目标，对其中的主要结论在此进行概述。(《访谈录》，又译《费里尼访谈录》《追访费里尼》，费德里克·费里尼执导，1987年。——译注)

② 《甜蜜的生活》，旧译《露滴牡丹开》，费德里克·费里尼执导，1960年。——译注

演出的女演员，那时候她是片中的主人公，此时她是一个真实的人物。我们深知，当她“扮演”观看自己曾经模样的时候，她所经历的不只是一种表演或纯粹的做戏，亦非所有演员都必须全身心投入的那种伪装（扮演这样或那样的人物），而是将**她的**人生以一种绝对悲剧的方式搬上舞台，因为她的人生**正在流逝**，不可避免，而且一去不复返：一切都会**一去不复返**，只有**她留在电影胶片上的画面**依然存在，仿佛拯救了她。 616

当罗兰·巴特看着被处绞刑几小时前的刘易斯·佩恩的照片时，跳入他眼帘的是先将来时[①]。当安妮塔观看自己三十年前的演出时，她所体会到的也正是这种先将来时。

> 1865年，年轻的刘易斯·佩恩试图行刺美国国务卿W.H.西沃德。亚历山大·加德纳在牢房里给他拍了一张照片，那时刘易斯正等着被处绞刑。照片很漂亮，男孩也很漂亮：这些是照片的“studium”。不过，照片的“punctum”是：**他就要死去**。我同时解读出两点：“这即将发生”和“这已经发生”。我惊恐地注视着一个关于死亡的先将来时。照片的曝光给我的是绝对的过去时（也即不定过去时），它告诉我的是将来即将发生的死亡，而刺伤我的正是二者之间的对等。面对母亲孩提时候的照片之时，我心想：她即将死去。面对着**一个已经发生了的灾难事件**，我战栗不已，就像温尼科特分析的精神病患者一样。无论主角是否已经死去，所有照片都是这样一种灾难。[②]

---

① 先将来时（futur antérieur），法语时态之一，表示动作在将来某个时刻之前完成。——译注

② 罗兰·巴特：《明室》，第148页。

另外，亚历山大·加德纳（1821—1882），美国摄影家。“studium”和“punctum”是拉丁语词，前者大意为“基础”“载体”，后者大意为“刺点”“局部小细节”，关于这两个概念的详细阐述可参见《明室》第一部分第10至21节。不定过去时是拉丁语（转下页）

“所有照片都是这种灾难”，所有照片所述说的都是关于死亡的先将来时——这一先将来时也是一切叙事、一切戏剧、一切电影情感的剧情推动力。

至于安妮塔，她心里想的不仅仅是她死了，或是她即将死去，而更是：“我就快死去，我是一个正在死去的人。”这是一个**现在分词**①，是她逝去的生命**流**的现在分词，是记录了她的影片流的现在分词，也是她当下以该影片为对象的意识流的现在分词。这一意识在流逝的过程中占据了她，使她的生命流逝，赋予她时间，将她带向“时间的缺席”，带向时间的停滞，带向无尽的回忆，在那里，什么都不会被遴选，一切都滞留在这样一个时刻：**“我死去的那个时刻。”**

不过，所有这一切都停留在“此时此地”，因为影片是一个时间客体。在这个时间客体中，“演员的躯体和片中人物的躯体合为一体，影片的**流逝过程必然也是**该演员的**过去**时刻，片中人物生命中的所有时刻**严丝合缝地**对应着演员的所有过去了的时刻。**在电影记录中**，演员的生命与片中人物的生命合为一体”②。

演员的生命与电影记录相互融合，这种融合实际上是**初级滞留**、**第二滞留和第三滞留融合在同一事件**，也即真正意义上的**电影**事件之中。费里尼将电影的这种叠合现象成功地搬上了银幕，他自己也置身于画面之中，对**任何**一位曾经看过《甜蜜的生活》又看了《访谈录》的观众而言，《甜蜜的生活》**必然也**属于**他的**过去时刻。在一部影片中参照一
617 部先前的影片不只是一种简单的参照，不只是一种引用，即不只是在一

（接上页）中过去时态的一种，在法语中，它通指简单过去时和确指过去时，表示过去的某个动作已经完全终结，并与现在时刻没有任何关联。温尼科特（1896—1971），英国精神分析学家、心理学家。——译注

① 此处的“现在分词”指的是上一句中的“正在死去”（mourante）。在法语中，动词的现在分词表示该动作正在进行当中。——译注

② 见本书第二卷《迷失方向》，第355页。

个故事中引用另一个故事。《甜蜜的生活》是一个故事，它被另一个故事《访谈录》所引用，与此同时：

（1）它还是一个**第三滞留**（是记忆的一个人为载体，该载体的一个片段，也即影片的一个小段落，在另一部影片中被放映，被另一部影片的段落所记录）；

（2）它还是一个**曾被观看**并**再次被观看**的**时间客体**，而且此刻正被《访谈录》的观众又一次观看；

（3）它还是该观众的**第二记忆**，属于他过去时刻的、此刻被激活了的意识流；

（4）它还是该观众逝去**生命里的90分钟**，在这段时间里，影片《甜蜜的生活》作为持续不断的滞留而被体验，也就是**将初级滞留不断地保留住**，构成某一流逝中的叙事的现在时刻，这个叙事的标题（它的整体）正是《甜蜜的生活》。此刻，观众看着这个叙事的一个段落，也就是此时已包含在《访谈录》的影片流之中的那个段落……

（5）……“包含在《访谈录》的影片流之中”，意即“**也**包含在安妮塔此刻**正在流逝的意识流**之中”。

这样一来，对于观看《访谈录》的观众而言，《甜蜜的生活》不再**只是**一则虚构故事：它已成为**观众的**某一过去时刻，以至于看到安妮塔在有关《甜蜜的生活》的那个片段中自我观看的时候，观众也**看着自己在流逝**。他在其中流逝，因为《甜蜜的生活》属于他的过去时刻，尽管这与《甜蜜的生活》属于安妮塔、马斯楚安尼、费里尼的过去时刻不尽相同，因为这三人在实地真真切切地看到了观众“在电影中”所看到的段落。《访谈录》作为时间客体，之所以具有时间性，是因为它使这一时间客体**回到**当下，《甜蜜的生活》曾被《访谈录》中的人物所体验，也被当下的观众所体验，**每个人都有自己的角色**。

结果，**我们在此已经无法区分现实与虚构，无法区分感知和想象。**每个人都有自己的角色，**大家**心中都想着：“**我们**在其中流逝。”

在下一章中，我们将会看到，这种"无法区分"的现象在《纯粹理性批判》中一直纠缠着康德。

在第三章中，我们将会看到：一方面，这一"无法区分"的现象是构成"我们"这一概念的前提条件；但是，另一方面，我们又**必须**进行区分。

9.《美国，美国》[①]

或许，我们可以指出，这一场戏揭示了一个更具普遍性的体系，也
618 即一个幽灵出没与生死轮回的体系：苏格拉底曾对雅典人预言它的到来，并称其为**灵魂的不朽性**[②]。

灵魂的不朽性是使这一体系**得以呈现的银幕**（其中感知和想象、**公众意见**和**认知**、可被感觉的和可被理解的相互混合，我们必须对之进行区分，而不是将其对立起来），这一体系投映在这个银幕上，同时也在其中消隐。这个银幕同时也是一部宏大的电影的开头，该片名为《形而上学》，揭开影片序幕的伟人则是由柏拉图饰演的苏格拉底。

在《访谈录》最后一部分里，费里尼展现了演出节目的运作机制，展示了形而上学乃至其产物"意识"的"运作"方式。正是在电影中，而且正因为电影是一个时间客体，所以这一结构**体现**得最为突出、最为明显。

我们还记得《我的美国叔叔》[③]里的人物，他们的回忆里交织着从其他影片中引用的段落。筹划影片拍摄之初，阿伦·雷乃曾打算创作一部完全由其他影片中的片段构成的影片，但是由于经济原因，他不得

① 《美国，美国》，伊利亚·卡赞执导，1963年。——译注

② 参见《象征与魔鬼或精神之战》，尚未出版。

③ 《我的美国叔叔》，阿伦·雷乃执导，1980年。——译注

不放弃了这个计划：

> 从剧本第一稿开始，引用其他影片选段的想法就已存在。有一段时间，我们甚至想过从电影史上数百万部影片中选取片段，专门以此为基础创作一部影片。小说、电影和戏剧可以运用所有可能的表现方式。随着时间的推移，凭着耐性，我们或许能够达到目标，但是从经济角度考虑，这或许是个疯狂的计划。[①]

在由吉拉尔·德帕迪约所扮演的勒内·拉格诺的记忆里，我们看到了让·加宾。

加宾：二战前人们称他为电影“名角儿”(vedette)。后来，人们开始谈论“明星”(star)。作为“星星”，他们是不可接近、不可触及、**冷漠**的人，但是由于可以被看见，所以他们同时也是可以被感觉到的人。他们介于心智层面(在前哲学时代的思想中，他们是具有神圣性的人；在后来的希腊哲学思想中，他们又是具有理想性的人)与俗世(在这儿，一双双眼睛凝视着他们)之间，而俗世本身极为**脆弱**，明显注定会消逝，它正在消逝，处于消逝过程之中。

在电影这个时间客体中，演员的真实生活与他们所扮演的虚构人物的生活相互重合。基于这个事实，好莱坞的明星若想真的成为一颗“星星”，他们就必须经历生死轮回的幽灵游戏，在这个游戏里，现实与 619
虚构、感知与想象混为一体，同时第一记忆、第二记忆和第三记忆也相互混合。

我们也还记得《欲望号街车》[②]里的费雯丽。在影片中，她饰演一

---

① 阿伦·雷乃：《电影前台》，第263期，1981年3月，第7页。

② 伊利亚·卡赞1951年的一部影片。该片在法国发行时，片名为*Un tramway nommé Désir*(《欲望号街车》)。

个名叫布兰奇的南方女子。布兰奇青春不再，她失去了父辈的房舍，失去了一间“有廊柱的屋子”，一间《乱世佳人》[①]里的郝思嘉不惜一切代价也不愿舍弃的宅第。看着费雯丽扮演布兰奇，我们心中肯定会想到，在费雯丽、卡赞以及《欲望号街车》所有观众的脑海中，郝思嘉的形象定然挥之不去：她那非凡的美丽，她那南方少女的执着狂热和清丽脱俗，全都扑面而来，令人难以自持——我们心中怎会不这样想？谁不曾在银幕上见过郝思嘉，谁不曾爱过或恨过她？《乱世佳人》于《欲望号街车》十二年前拍摄，早已成为世界电影史上最为成功的影片，已经传播到世界各个角落。乘着影片的翅膀，郝思嘉，也即费雯丽，也已被全世界所崇拜或记恨。当卡赞做出选择的时候，他不可能故意无视这一点，也不可能不小心忽略了这一点。当我们看到布兰奇永远地离开了家门的时候，我们怎会不浑身战栗，就像精神病人由于已经发生了的灾难而战栗不已那样？我们怎会不感到自己也变成了疯子，被美国疯狂的宏伟蓝图所攫取？这项蓝图一面让我们开怀大笑，让我们提前为命运泪流满面，一面抓住一切时机，向我们兜售“美国的生活方式”。**《美国，美国》**！

10. 重复与无意识

这一切之所以成为可能，是因为意识的整个结构都具有电影特质，这里的电影特质是从广义上说的，指的是通过对**时间客体**，即**由运动构成的客体**进行**剪辑**而运作的事物所具有的属性。

声音记录和电影记录使得同一个时间客体能够不走样地重复，而且每次重复都会产生两种不同的现象。胡塞尔虽然没有对这一事实所

① 法文片名为*Autant en emporte le vent*（《一切随风而去》），维克多·弗莱明执导，1939年。

带来的问题进行研究，但是他却分析过第二记忆是怎样通过想象主动地重复之前曾被感知过的时间客体。 620

他注意到，在这种情况下（比如我回想昨天曾听过的一段音乐），由于我们身处“想象”之中，因此意识拥有一种在“感知”过程中所不具有的自由。例如，在回忆昨天听的那场音乐会的时候，我能够使回忆加快或放慢：

> 我们能够按照其流逝的方式，将被表现过程中的那些或大或小的碎片“完全自由地”进行归置，更快或更慢地去浏览它。[①]

这时，胡塞尔提到了一个值得注意的现象：再现（recouvrement）。在再现的过程中，

> 我过去时刻的绵延被给予，或者确切地说，被作为“再次被给予之物”而给予我自己。[②]

这意味着，在这种情况下，第二记忆应当能够重复先前的时间客体，并且重再现**与它之前发生时一模一样**，既无增添，亦无减损。然而，这样的再现事实上并无可能，这是因为：事实上，时间客体的构成要素不仅包括滞留，还包括**前摄**，也即期待，因此当我第二次聆听同一段音乐的时候——要么借助于第三滞留，要么通过想象对它进行复制，即借助于第二记忆，但**无论是第一种情况还是第二种情况**——在第一次聆听时尚处于空白状态的“期待”都已不再空白。无论是第三记忆还是

① 埃德蒙德·胡塞尔：《内在时间意识现象学讲演录》（法译本，H.迪索尔译），法国大学出版社，1964年，第66页。

② 同上书，第60页。

第二记忆，它们都无法避开上述情况。那段音乐已经存在，正如我们所说的“曾经存在”。当然，在第一种情况中，音乐的重复是客观的，所有具有相似性的第三滞留（摄影、录音等等）都是这样，但是**意识**这一现象（任何现象总是某一意识中的现象）每一次都有所不同。在第二种情况中，即在第二记忆中，它的重复是主观的，此时只有“重复”这一现象，而没有客观性重复，因此作为现象，两次聆听已然不同。如果事实并非如此，那么胡塞尔最初的观点或许有待商榷：他认为，想象和感知之间有所区别是一个原则；由于在第二记忆的想象中，期待或者说前摄已经被填满，这是想象过程中的意识所无法抹杀的，因此这一事实使他确信
621 自己的观点。正如保罗·利科所强调的那样：

> 如果“再记忆”呈现过去时刻的方式与过去时刻在滞留中的出现完全不同，那么［对第二记忆中的、已经完结了的时间客体的］再现怎么可能会忠实于所要再现的客体？①

因此，“再现”是不可能的。至于为什么不可能，我在上文已经指明，这是由于滞留的有限性，即记忆原本就是遴选和遗忘。这意味着，在所有对过去时刻的时间客体进行再记忆的过程中，必然存在着一个镜头选择和蒙太奇的过程，存在着诸如慢镜头和快速剪切等特技效果——甚至还会出现画面定格：这是思考的时刻，胡塞尔对此曾有分析，他认为这是记忆过程中的分析时刻，即对回忆之物的剖析。

我们在前面已经看到，这种遴选首先影响了初级滞留本身，那么我们现在可以认为：**从某种意义上说，意识总是一种蒙太奇，是在第一记忆、第二记忆和第三记忆之间进行剪辑的结果**。要知道，我们所说的第三滞留指的是“客观性”记忆的所有形式：电影胶片、摄影胶片、文字、

① 保罗·利科：《时间与叙事》第三卷，《被讲述的时间》，瑟伊出版社，1985年，第55页。

油画、半身雕像，以及一切能够向我证实某个我未必亲身体验过的过去时刻的古迹或一般实物。

从某种意义上看，任何形式的记忆总是某种对镜头的选择和蒙太奇使其前后相连，形成蒙太奇效果。这与意识的素质有关，与在意识中呈现的客体的性质有关，与遴选（即第二记忆，也即意识对于该客体所拥有的经验）的准则有关。

在影片《我的美国叔叔》中，勒内·拉格诺将让·加宾出演的影片的一个场景投映在他此刻所看到的载体上，这个镜头是他记忆的载体，也/或是他记忆的银幕。显然，这种“投映”和弗洛伊德在《元心理学》中所说的并无不同。

我们所说的“意识”，或许正是一个**后期制作**的中心，一个进行剪辑、场面调度，并**实现**初级滞留、第二滞留以及第三滞留的“流”的控制室，而**制作者**或许就是**无意识**，其职责是对前摄以及思考进行配置。

当镜头选择和蒙太奇之间存在时间差的时候，后期制作便会出现：这是梦的现象。当意识一面“抓取”一面“剪辑”的时候，现场直播 622
式的控制便会出现：这是清醒状态。电影遵循着梦的逻辑，而清醒状态是一种“远程视觉”的电视效应。当然，在清醒状态下做白日梦也是有可能的，因此我们才会谈及“电视化电影”。

11.《四点整》里的前摄

记忆本就是遗忘，这是因为记忆必然是对曾经发生之事的剔减。既然是“曾经发生之事”，那么它就已经流逝，属于过去时刻，因而会**少于**现在时刻。

在此刻回忆过去时刻，过去时刻总会被**剔减**，否则回忆便**可能**无法进行，而过去时刻或许也就不成其为过去时刻。一般意义上的“流逝”——时间——的常见结构正是如此。同时，正是由于这个原因，电影，或者更宽泛地说，一切形式的“故事讲述”都会而且必须在讲述的时间里，对被讲述之事的时间进行删节和压缩。花两小时的时间，我能够讲述一个时间跨度为两千年的故事。这一压缩在过去时刻（被压缩的时间）和现在时刻（进行压缩的时间）之间进行，二者之间压缩关系的**合法性**构成了各种类型的知识传播的基础，也是家庭教育、体制化教育等一切教育形式的基础。

这种“压缩”（condensation）——柏格森倾向于称之为“收缩”（contraction）——是一种蒙太奇，也是一种遴选。通过感知的方式，或是通过投映在现在时刻这个银幕和载体上的各种画面，我能够体验到一些场景，而“压缩”则是对这些过去的场景进行精选。这是一个概括摘要的过程，其中电影是一个特殊的实例，其特殊性在于电影是一个时间客体，而且借助电影拍摄设备、后期制作设备、放映设备、观影设备等，人们能够掌握电影时间的流逝，也即我们今天所说的“时间码”[①]。

对于压缩，也即蒙太奇，弗洛伊德在《梦的解析》中亦有分析，而希区柯克则在他的《四点整》[②]中成功地运用了它。在剧中，滞留和前摄之间的配置非常巧妙，并且与时钟指示的时间建立了关联，因此我们能够详细地分析时间码标记的时间和时钟指示的时间之间的关系，衡量时间压缩的效应。

让我们简单地回顾一下剧情：身为钟表匠的丈夫心怀妒忌，计划在下午四点整的时候炸毁他家的房子，因为那会儿他的妻子将在家中和情人幽会。就在他启动**定时炸弹**（炸弹的引爆器由闹钟控制）的时候，却不小心惊扰了地下室里的几个小偷。经过一番搏斗，小偷们把他铐在炸
623 弹旁边，而他却没有任何时间向小偷说明情况。该片时长48分23秒，在

① 时间码（time-code）也称时码，是为了便于后期制作而记录在磁带上的时间标记码，每一帧画面均对应一个时间码，以××小时××分钟××秒××帧的形式表示画面的具体位置。——译注

② 电视系列片《嫌疑》（1957年，旧译《深闺疑云》）中的一集。

最后一部分的32分23秒中，观众早已知道炸弹爆炸的时刻，而钟表匠的恐慌心情也让观众的内心感到了炸弹即将爆炸所带来的恐慌。

希区柯克对时间的压缩不难度量，因为在影片最后同时也是最长的一部分中，时间被标记了十六次之多。

该片第一部分时长9分08秒，介绍了人物及其计划。这一部分描写了主人公大约一天的生活。

第二部分时长6分52秒，展现了主人公逐渐加深猜疑，直至做出决定，执行他的计划。这一部分描写了主人公大约两天的生活。

最后一部分介绍定时炸弹的倒计时过程，用32分23秒的时间描写了主人公所经历的两个小时。然而，在这32分23秒的过程中，主人公所经历的时间与影片时长之间的关系变得更为紧密，同时情节的进展并不是线性的，而是根据几个影响等待节奏的事件发生变化。（希区柯克将滞留和前摄连接起来，利用蒙太奇阐明了时间关系的非线性发展，从而制造了悬念。）

至于炸弹爆炸前的一分钟，它竟然持续了……**72秒**。希区柯克将最后一分钟**延长**，使之**膨胀**。

影片时长与倒计时的关系简表：

时钟指示的时间	时间码标记的时间	影片时长/故事情节的时间	
2:00	16′		
2:15	25′	09′	对应 15′
2:27	26′20″	01′20″	对应 12′
2:40	27′27″	01′07″	对应 13′
2:50	28′	00′33″	对应 10′
3:00	29′3″	01′3″	对应 10′
3:04	30′57″	01′54″	对应 04′

	3:09	33′3″	02′6″	对应	05′
	3:11	34′59″	01′56″	对应	02′
	3:28	37′13″	02′14″	对应	17′
	3:46	38′26″	01′13″	对应	18′
624	3:52	40′52″	02′26″	对应	06′
	3:56	44′06″	03′14″	对应	04′
	3:58	45′03″	00′57″	对应	02′
	3:59	45′34″	00′31″	对应	01′
	4:00	46′46″	01′12″	对应	01′

最终，炸弹没有爆炸。显然，令人诧异的是，每当我再一次观看该片的时候，我便再一次战栗不已：我深入了主人公的内心世界，似乎被他的忧惧所同化。事实上，期待（前摄）事先已经被补足，但是这一事实并没有消除前摄的效应，因为我又一次被“流”所占据，尽管每次我都会从中注意到一些不同的东西，但是它依然会使我再一次接受主人公的时间。那时间已被简化、压缩、收缩，但是最后一分钟在“现实时间”里的**扩张**（一分钟膨胀为72秒）却激化了之前被简化、压缩、收缩了的每一分钟所带来的效应。

然而，前摄的实现具有不可倒流的特征，这一特征构成了所有前摄的助动力。确切地说，这种不可倒流性是所有前摄都包含着的前摄，是一种“大前摄”：对时间本来面目的认知是电影场景苦心经营的目标，构成了所有影片最为玄秘的基础。在这方面，希区柯克的导演手法独树一帜。[①]

① 在希区柯克的电影中，《擒凶记》占据了一个特殊的位置（以至于导演竟拍了两个不同版本），其特殊性在于电影的时间性，在于观众的意识流和电影流的流逝方式，同时也在于声音与图像的对应关系，以及由此而产生的“接受”过程。影片的高潮是一个“现实时间”，此时剧情演绎的是一场音乐会，按照正常的方式表现在银幕上。（转下页）

12.《蚀》

在影片《蚀》①中，当证券交易所宣布一位经纪人的死讯之后，安东尼奥尼插入了一分钟的无声镜头，这个镜头在片中持续将近一分钟（有一部录影带显示为56秒）。

尽管这一"现实时间"与现实生活中的时间相互重合，但是它并不意味着电影的时间更为真实或更具"现实性"。恰恰相反，这死亡了的 625 一分钟，这静默的、静止的一分钟让我们清楚地看到：由于观众活动中的**意识的时间**总是一种被收缩、压缩、简化、剪辑了的时间，总是**电影的时间**，因此电影流和观众的意识流的重合才得以实现，观众才能够接受主人公的时间，主人公的时间被嫁接到观众的时间上，它是**对观众记忆的遴选、收缩与剪辑**。

这实际持续了一分钟的一分钟被嵌入电影被压缩了的时间里，仿佛一次日（月）食，既是面对死亡时的停顿，也是因死亡而起的停顿，而且这死亡并未被压缩，而是被**整体扩张**了。电影就是运动，电影就是生活，这一切都得到了尊重：证券交易所本来只是人群的拥挤、此起彼伏的叫声，以及**股票的买入和卖出**，但是这一片躁动却突然中断。这一分钟被精确地记录下来，仿佛使现实生活像**遴选**那样被延长了。

"这里的一分钟价值数十亿。"皮耶罗（阿兰·德龙饰）轻声对维多利亚（莫妮卡·维蒂饰）说道。接着，股票交易继续进行。

电影的一分钟价值几何？电影的一分钟与现实生活中的一分钟之

（接上页）这里的音乐与《四点整》里的时钟一样，扮演着同样的角色。有人原本计划在钹发出一记声响之时执行一起谋杀，但是在关键时刻，女主人公多洛蒂（她是个女歌唱家）发出了一声尖叫，既打破了该电影段落的现实时间，也打破了音乐的时间：音乐会就此中断。（《擒凶记》，也直译为《知情太多的人》，希区柯克执导，1935年。——译注）

① 《蚀》（旧译《欲海含羞花》《情隔万重山》），安东尼奥尼执导，1962年。——译注

间的重合告诉我们，如果**没了**这一重合，那么剩下的就纯粹是电影，就只有电影，只有无须这一重合而以其他重合为基础的电影；此外，一切皆有代价，以流逝中的时间为代价——以不可递减、不可回溯的遴选为代价。所有电影都具有好莱坞影片的性质，所有影片都在等待它的“遴选”和代价，连此处分析的这部影片也不例外，尽管在该片中，沉默的那一分钟持续的时长恰好是代价不菲的一分钟，尽管该片在欧洲电影史上属于继新现实主义之后的“新浪潮”时代，给我们展示了一幅纯粹的“等同于时间的画面”。

13. 他者的时间

我的时间总是他人的时间，电影以其特有的性质揭示了这一点。由于意识流是对时间的压缩，因此在电影被接受的过程中，我的时间在电影的时间里变成了他人的时间，变成了另一种时间。

我的时间在建构的过程中，被嫁接到它从他者时间那儿提取的时间——与此同时，在各种“流”交织而成的网络中，我的时间也将它自己赋予他者的时间。

这就是为什么寂寞令人难以承受。在寂寞的时候，由于他者缺席，
626 时间便不复存在，“什么也不发生”，“什么也不到来”，因此我陷入了烦闷，因为我遇到的只是“我”空空如也的躯壳，没有他者的时间可以作为支撑。

在那些郁郁寡欢的周日午后，电影和电视的消遣之所以能够为我提供一个他者，那是**因为电影流为我做出了遴选**。电影的到来使我的状态发生了改变，它使我的渴求得到了满足（使我放松），它使我脱胎换骨（它是个改装者），它给了我通往他者的入口，而这个他者首先处于我的内心，他在等待生命，等待电影，等待着具有生动的形象，为的是投映在电影中，在电影中运动起来。

只有在内心，才能找到他者；只有在内心，才能围绕着一个或真或假的他者去找到一个等同于自我的他者，一个有别于自我的他者，一个全新的自我。这是对自我的追寻，也是对历史的追寻，而所有他者都是这一历史的额外篇章的契机和嫁接体。我将自己投映在他者身上，我期待着他走进我的电影，成为我的电影的载体，成为我的电影得以投映的银幕，他就像是该影片的合作制片人、剧本作者、主人公、背景或道具等等。对于这一现象，我们稍后[1]将把它称为“我”的引文，其中的“我”已经是一种“我们”。

因为，正如柏格森所说，意识的当下时刻是记忆，是对所有过去时刻的压缩，因为时间是初级滞留，是第二滞留所进行的遴选，所以就像在电影中那样，我在现实生活中也会对所有已经远去和尘封的事物进行选择、审核和剪辑，例如画面、声音、味觉、触觉等等。我再次拿起所有这一切，将它们拆离，然后对它们进行剪辑，使之简化，从而得到各种人物和各种情境。我把影片的某些段落投映到这些人身上，而某些事物则构成了这部影片的布景。

他者不仅仅是复数概念。我有时也会执导纪录片：我看着花园、街道、山坡、大海，看着道路、路上的车辆、行人和人群——我观察着整个世间，在那儿什么都没有发生在我身上，而是整个一块儿来到我面前。

与此同时，我也可以将“我”看作他者，拍摄“我”，投映“我”，将“我”嫁接给“我自己”，将“我”当作主宰、载体或银幕，例如写作。这也意味着，我将我自己“客观化”“外在化”，我将我自己“表达出来”，**也即使我成为第三者**。

这还是蒙太奇，这已经是电影了。 627

① 《技术与时间》的最后一卷。关于这一概念，也可参见贝尔纳·斯蒂格勒的《那些缺失了的》，载于《顿挫》杂志第54期，1995年。

14. 电视

20世纪下半叶之初，电影兴盛至极，电视随之登场。1954年，1%的法国家庭拥有电视机。1960年，这一比率为13.1%，1970年为70.4%，1980年为90.1%，1990年为94.5%。据估计，而今全世界已有不下十亿台电视机，几乎“覆盖”了全世界人民。

20世纪于电影诞生之时揭幕，到了落幕之时，媒体节目通过数以百计的渠道将视听时间客体传播给人们的意识，使人们的意识被视听型时间客体的时间所掌控。这些媒体节目形成了一种新的社会时间和一种新的时程区划[①]。经济学家将这一领域称为程序工业，而程序工业本身正是“Kulturindustrie”（意即“文化工业”，霍克海默和阿多诺1947年命名）的一部分。

电影技术继承了摄影技术，并且结合了录音技术，而电视技术的到来则使电影又具有了电视所独有的特点，实现了真正意义上的电视效应。

照片的观众总是不自觉地相信摄影“镜头的客观性”，相信照片的“曾经存在”。他们之所以认为照片所展示之物“曾经存在”，是因为他们（凭着直觉）知道感光胶片上分布的颗粒是一个现实的实体在过去某一时刻发射出来的，这些颗粒通过光学和化学效应，将被拍摄实体反射光的明暗对比关系重新构建起来，从而再现了被拍摄的实体。相比之下，电影不仅具有“镜头的客观性”和“曾经存在”，还具有时间长度：画格的前后更迭和视觉暂留现象使电影成为一个**时间客体**，它由前一时刻、当下时刻和后一时刻所构成，处于运动中——这种运动感存在于观众的意识中，观众意识的对象（影片）在流动，而意识本

① 关于“时程区划”的含义，参见本书第三章第11节。——译注

身也随着对象的流动而流动。然而，时间客体的特征在于：时间客体的绵延在流动的过程中，与以该时间客体为对象的意识流的流动“点对点地”（point par point）[①]相互对应——这意味着，以时间客体为对 628
象的意识接受了该客体的时间，意识的时间就是该时间客体的时间。以这一“接受”过程为出发点，电影所特有的“自我认同”现象成为可能[②]。

除了具有摄影和电影所特有的这些效应，电视还具有以下两大决定性特征：

（1）作为远程传播技术，电视使某一观众群体得以**在领土各个角落同时观看同一个时间客体**，使诸多大型时间客体（即媒体节目表）的构建成为可能。在电视节目表中，不同视听时间客体的绵延一个接一个地首尾相连，形成了一个“巨流”[③]的链条，即电视频道；

（2）电视具有信号捕获技术和**现场直播技术**，它使该观众群体得以在某一事件发生的同时，在领土的各个角落集体体验这个被捕获的事件。此时，电视所传播的是一种**即时性**时间客体。在法国，1998年7月12日的世界杯足球赛堪为例证。在这个例子中，正是事件的“接收”使该事件立刻得以构建。

电视所独有的这两大特征既改变了事件本身的性质，又改变了某一领土内的居民最为私密的生活。程序工业使构成**文化**的历时性要素，即**意识，突然间急剧地共时化**。这个过程是对霍克海默和阿多诺所说的文化工业进行批判的基础。 629

① 这一表达方式来自胡塞尔，参见《内在时间意识现象学讲演录》。

② 此外，塞尔日·达内和让-米歇尔·弗洛东所说的两种现象也成为可能，一是电影作为“驯服机器”，二是“机械式补救”效应（rédemption mécanique）。参见让-米歇尔·弗洛东：《国家的投映，电影与国家》，Odile Jacob出版社，1998年。

③ 参见第三章第12节。——译注

第二章

意识犹如电影

1. 精神灾难

早在电视刚刚诞生之时，霍克海默和阿多诺就已经在与广播和杂志保持紧密联系的好莱坞电影中，看到了一种“精神的灾难”的逼近，它是一种异化机制的产物，机制中的“汽车、炸弹和电影使机制的体系更为严密”[①]。作为一种野蛮的美学，这一精神灾难

> 采用相同的方式，使知识生产的所有领域无一例外地从属于唯一一个目标：在人们从头天晚上走出工厂之后直到次日早上到达考勤计时器之前的这段时间里，使他们的生活具有意义。[②]

这两位哲学家怎么可能提前描写了当今法国工人——或失业者——的生活，这些人每人每天要在电视屏幕前度过将近四个小时的

① 狄奥多·阿多诺、马克斯·霍克海默：《理性的辩证法》之“文化资产的工业化生产”一章，伽利玛出版社，“如是”丛书，1974年，第130页。

② 同上书，第140页。

时间？对于数字化网络以及随之兴起的事物，他们又作何期待？要知道，毫无疑问，数字化网络将在不远的将来从深层次上震撼大众媒体，尤其是电视，它将把电视纳入 个新的体系，或许正是两位哲学家所预见的全球范围的“异化机制”。在这一机制中，随着电视变成远程行为，“电视社会”的时代终将到来，并且将易如反掌地实现欧洲社会民主人士所谈论的“市场社会”。 631

2. 从客体图像到先验想象力

图像具有实实在在的物质性。关于这一点，我在几年前曾这样写道：

> **宽泛意义上的图像**并不存在。人们所说的“心理图像”和我在这里所说的“客体图像”（它总是属于某一**历史**，属于某一**技术**史）是同一个现象的两个方面，二者就像以前确定语言符号的能指和所指那样不可分离。
>
> 雅克·德里达曾有评论，认为所指是**理想状态的不变物**，而能指则是对所指的**偶然性变动**，从这个角度出发，他建议将“心理图像”和“客体图像”这两个概念**对立**起来。这一观点颇具决定性意义。既然“先验的所指”并不存在，那么普遍意义上的心理图像，或者说先于“客体图像”的“先验性想象活动”同样也不存在。剩下的就只有“先验**想象力**”这个问题，而我在这里将暂不讨论。①

---

① 贝尔纳·斯蒂格勒、雅克·德里达：《电视的回波描记》的第三章“谨慎的图像”，伽利略出版社，1996年。本文曾于1992年在普罗旺斯埃克斯美术学院的一次报告会上宣读。[“能指”和“所指”：结构主义语言学的基本概念之一，二者是构成语言符号的不可分离的两个方面。关于二者的定义和详细阐述，参见《普通语言学教程》（索绪尔著，高名凯译），商务印书馆，2007年，第100—102页。——译注]

然而，从滞留的有限性这一角度分析“客体图像”这一问题，我们要考察的正是“先验想象力”这个问题：

> 心理图像和客体图像之间有着明显的区别，但这一区别并非某种对立。这意味着二者之间总是相互关联，任何一方都不能减少另一方的不同之处。
>
> 首要的一个区别在于，客观实物持续存在，而心理活动转瞬即逝。同样，以现实客体形式存在的记忆持续存在[……]，而心理意义上的记忆注定会消逝，而且转瞬即逝。从根本上说，强烈的记忆、曾体验过的记忆都会逐渐衰弱，终将离我们而去。死亡不是别的，正是记忆的完全消逝。[①]

在将滞留的有限性作为其他一切哲学分析的原则的同时，我在《爱比米修斯的过失》和《迷失方向》中发展了“后种系生成”[②]和“第三滞留”这两个概念。海德格尔在评论胡塞尔的时间观时，从中得到启发，提出在“我们自己所是的存在者”之前，总是有一个既成的“已
632 经在此”、一个人们不曾经历的过去时刻，而且“我们自己所是的存在者”总是从这个既成的“已经在此”、这个不曾经历的过去时刻那儿继承而来。可见，这一过去时刻并不属于“我们自己所是的存在者”，但却注定会变成该存在者的过去时刻，而且从某种意义上说，该存在者必须接受这一过去时刻。对于上述事实的结果，《存在与时间》却未作阐述——海德格尔论述的所有政治问题均具有这一模糊性——而我则曾经试图指出，它的结果在于，**除了胡塞尔分析过的初级滞留和第二滞留之外，还应当有第三滞留**，即**技术**的痕迹，是技术的痕迹使“此在”**得以**

① 贝尔纳·斯蒂格勒、雅克·德里达：《电视的回波描记》。

② 关于“后种系生成”，可参见本书第一卷《爱比米修斯的过失》，第168页。——译注

进入那个既成的过去时刻，该过去时刻本来不属于“此在”(Dasein)，是“此在”未曾经历过的，但是它又必然会演变成属于“此在”的过去时刻，而“此在”也必须将它继承下来，使其**成为**“此在”的历史。这就是“此在”的历史性(Geschichtlichkeit)。

对于我说的第三滞留，海德格尔将其命名为“世界的历史性”(Weltgeschichtlichkeit)[①]，但是他并未将其纳入“真正的时间性”这一范畴之中。

然而，我们在本书中即将看到，这个问题在康德分析“先验想象力”的深奥的哲学思想中占据了核心位置。

3. 好莱坞，工业图型法之都

只有从技术这一事实出发，“文化”和“思想”才可能存在。如果承认这一观点，那么对霍克海默和阿多诺所阐述的“文化工业”概念的批判将会受到很大的影响。

为了描述文化工业的特征，霍克海默和阿多诺参考了康德所命名的“纯粹知性概念的图型法”[②]。康德哲学区分了感性和知性，认为它们是人类获取认知的不可或缺的两大源泉，而想象力所实现的图型化则使二者得以统一，同时也使意识本身具有了统一性。然而，由于文化工业往往是想象物的工业，所以在霍克海默和阿多诺的描述中，想象活动的工业化其实就是**图型化力量的工业外在化**，因此也是认知意识的异化性物化，即变成具体实物：

---

① 参见马丁·海德格尔：《存在与时间》，1986年，第75节；以及第一卷《爱比米修斯的过失》，第299—300页。至于胡塞尔，他分析的是“图像意识”(Bildbewuβtsein)，《迷失方向》各章节对此均有涉及。

② 《纯粹理性批判》，“原理分析论”第一章“纯粹知性概念的图型法”，第150页。(参见《纯粹理性批判》中译本，自第138页起。——译注)

633 **工业剥夺了个体的功能。工业提供给顾客的第一大服务是为顾客把所有一切都图型化。**康德认为，一个隐秘的机制在人的思想中运作，随时将所需的信息准备好，使这些信息适应纯粹理性的体系。而今，这个机制的神秘性已经被解码。①

从某种意义上来说，具有统一功能的想象力或许就此短路，被文化的工业化进程消除殆尽。与此同时，文化的工业化使文化的消费者变得迟钝和麻木，而且急剧地异化了理性的自由主体——确切地说，是征服了理性的主体。从此，文化资产普遍的“商品化”或许注定会解放社会中较为非理性的事物——不太“文化的”、更为“不合理的”，也即更为“野蛮的”事物。

因此，霍克海默和阿多诺对电影大加指责，认为它麻痹了观众的想象力，而且更为宽泛地说，麻痹了观众的**判断力**，以致观众不再能够**区分“感知”和“想象”**、现实和虚构。今天，这一言论仍然适用于各种虚拟现实和电子游戏：

（文化工业）越是能够成功地凭借技术制造出与现实客体相像的复制品，它就越能使人轻易相信外部世界只是电影所展现世界的简单延伸。声音的突然介入使工业化复制过程完全致力于这一目标。从此，现实生活不再可能与电影相互区别。②

因此，**工业图型法**已经存在，它的首都是好莱坞。

---

① 狄奥多·阿多诺、马克斯·霍克海默：《理性的辩证法》，第130页。粗体为笔者所加。

② 同上书，第133页。

4. 胡塞尔、霍克海默和阿多诺共同关注的领域以及意识的政治经济学

如果上述论断是正确的,那么我们或许就得**解释为什么**影片的放映会如此**紧密地进入并控制**意识,**阐明**它是**怎样**达到这一目标——并说明电影揭示了哪些关于意识和现实生活的**真理**。

在上一章中,我们已经看到:

(1) 影片是一个与意识相互"重合"的时间客体,而意识作为滞留的过程,总是受到第三滞留的影响; 634

(2) 在分析时间客体特性的时候,胡塞尔发现,**初级滞留**和**第二滞留**不可混为一谈——初级滞留是一切时间客体的组成部分,**属于感知的当下时刻**;第二滞留是我**在想象的过程中**,能够通过回忆而激活的滞留,它构成了我的意识的过去时刻。换言之,胡塞尔断言,感知和想象不可混为一谈,这一观点的提出比霍克海默和阿多诺要早四十多年。此外,与文化工业的发展即将带来的后果相反,"现实生活应当能够与电影相互区别";

(3) 胡塞尔、霍克海默和阿多诺揭露了将感知和想象**混为一谈**可能带来的危险,他们说得很有道理,因为这一混淆势必造成心理层面的混淆——**这里**指的是**工业维度**上的**心理混淆**。我们现在知道,感知和想象之间应该相互区分,而不应当演变为相互对立,而且上述揭露也并非**否定**。关于这一点,我们可以通过录音现象来理解。录音第一次使人们得以**不走样**地重复同一个时间客体,每次重复都会造成两种不同的现象。这一"重复"之所以可能实现,全都得益于录音技术,得益于技术上和工业上的**可复制性**,它是文化工业在客观层面和基础设施层面上的基础。对于可复制性,瓦尔特·本雅明曾有论述,之后霍克海默和阿多诺也有论述。然而,虽然有本雅明的论述在先,但是霍克海默和阿

多诺的思考仍然未能与胡塞尔比肩，他们的分析对象是**文化工业**（这是他们有别于胡塞尔的地方）。

霍克海默和阿多诺的思考之所以未能与胡塞尔比肩，是因为他们没有理解以下事实：初级滞留和第二滞留的**组合**构成了时间客体的真正现象，同时解释了为什么同一个时间客体重复两次会造成两种不同的现象；与此同时，初级滞留和第二滞留的组合决定于第三滞留的技术特征和中断性特征[①]；这样一来，**文化工业问题的核心就在于文化工业以工业的形式系统地使第三滞留的新型技术投入运作**，并且借助这些新型技术，使新的**遴选准则**投入运作，具体而言，**也就是完全臣服于市场法则、臣服于股份制的遴选准则**。

这一切构成了一个新的时代，一个真正意义上的革新时代，也即**意
635 识的政治经济学**的时代。

从宽泛意义上说，第三滞留是意识的代具。没有这一代具，就不会有思想，不会有记忆的留存，不会有对未曾经历的过去的记忆，不会有文化。录音就是这样一个代具，但它是代具中极为特别的一种。之所以说它特别，是因为它使以下事实变得显而易见：作为对客体某一痕迹的记录，作为**模拟**记录，**第三滞留同样也决定了初级滞留和第二滞留之间的联结**。在分析《访谈录》时，我们已经看到了这一点，假如我们参照的是伍迪·艾伦的《开罗紫玫瑰》或王颖的《烟》[②]，同样也能说明这一点。

胡塞尔拒绝承认感知过程与电影类似或只与电影类似，认为被感知之物根本不像电影银幕。因此，在胡塞尔的分析中，第三滞留尤其是录音技术被排斥在外。然而，在胡塞尔进行这一分析的四十年之后，为

① 关于"中断性"（épokhale/épokhalité）的确切含义，参见《技术与时间》前两卷的相关章节。

② 《开罗紫玫瑰》（旧译《戏假情真》），伍迪·艾伦执导，1985年；《烟》，旅美华裔导演王颖执导，1995年。——译注

什么霍克海默和阿多诺会重蹈覆辙，而且此时距本雅明写成《机械复制时代的艺术品》已有十年，为什么他们二人没有抓住本雅明文章的广阔幅度[①]？那是因为，他们想到的是《纯粹理性批判》，并以之为参照，对意识流的构成（这也是康德哲学的主题之一）、第三滞留功能的形成，即**作为种系生成体系的一般技术**的形成进行了思考，正是这一反思构成了对《纯粹理性批判》的质疑。这两位德国学者曾移居美国，并于1947年计划回到他们那几乎已化为废墟的祖国，他们的失误或许是康德哲学思想神秘性即"图型法"的深奥性的标志。图型法有待深入挖掘，这或许会改变《纯粹理性批判》中提到的"准则"这一问题——"准则"的问题，其实也是一个很好的**批判的问题**。 636

这样一来，我们就需要对《纯粹理性批判》进行批判，进行一次"新批判"，针对"意识犹如电影"这一问题，即技术的问题，而技术的范畴涵盖了所有第三滞留，它是工业技术的初始条件。我在别处所阐释的"思想的生态学"[②]，在这里将被称为"意识的政治经济学"，它的基础正是本书的研究对象。

---

① 正如布克哈特·林德纳（参见《关于可复制性的理论》，美茵河畔的法兰克福，歌德大学，1998年）所指出的那样，在霍克海默和阿多诺的观点中，"复制属于对既定客体的拷贝这一范畴"，然而瓦尔特·本雅明所说的可复制性"并不是涉及既定客体这一整体"，换言之，复制远远不只是对现实存在物的拷贝，而且还在拷贝的过程中增添了一些东西，构建了一些东西。本雅明认为，在文化工业中发展起来的复制技术具有这种"构建性"，这一性质不仅赋予电影以异化的威力，而且还使之具有分析的力量——霍克海默和阿多诺似乎根本没有注意到这一"分析的力量"。恰恰相反，布吕诺·拉图尔（参见《媒体学手册》，1996年第一期）完全错误地阐释了本雅明——之所以说"恰恰相反"，是因为他把《机械复制时代的艺术品》（参见瓦尔特·本雅明：《文集》第二卷法文本，莫里斯·德·冈底亚克译，1971年）解读为一篇反对现代性和技术的文章，而阿多诺则认为这篇文章的主题是技术所带来的解放——对于这篇探讨可复制性所带来的巨大难题的文本，他们二人均浅尝辄止，理解得不尽正确。

② 参见贝尔纳·斯蒂格勒：《低级骗术的时代》，载于《艺术杂志》1999年11月特刊，以及《意识的价值》，载于《外交世界》2000年8月。

在人类历史的整个过程中，直到克罗斯[1]和爱迪生发明了录音技术之后，**同一时间客体的重复**才**第一次**成为可能。录音技术的发明从深层次上改变了记忆、想象和意识的机制。随着电影、电视以及所有**文化工业**的出现，这一变革将继续进行，同时使想象活动外在化和物化，尽管想象力是“先验的”。

这一切是怎样成为可能的？

5.《纯粹理性批判》中的“三重综合”

霍克海默和阿多诺以康德的图型法为依据，似乎这一概念显然正确，概念本身没有任何问题或可批判之处。

图型法这一概念出现在“先验分析论”第二卷（即“原理分析论”）的第一章中，紧随第一卷（即“概念分析论”）最后一章之后。第一卷最后一章题为“纯粹知性概念的先验演绎”，而这一“先验演绎”又是以《纯粹理性批判》中所说的“三重综合”为出发点而进行的。

“先验演绎”这一章位于“图型法”概念那一章（第二卷第一章“知性纯粹概念的图型法”）之前，并且影响了“图型法”概念的阐述。然而，众所周知，“先验演绎”这一章有两个版本，二者之间有很多矛盾，这些矛盾之处成了后来很多评论和批判的对象。尽管两个版本之间有着很明显的矛盾（参见本章第8节），但是康德却接受了两个版本，而我们
637 在本书中即将看到，这两个版本无一例外地指向了“意识犹如电影”，即“所有按照三重综合进行的意识活动的构成要素均具有电影的特质”这个问题。

在“先验演绎”的第一版中，康德区分了“领会的综合”、“再现的

① 1877年，法国人查尔·克罗斯邀请爱迪生为他研制一种能自动记录电报信息的装置，爱迪生经过试验，最终发明了录音设备。——译注

综合”和“认定的综合”[①]。其实，以上三者与初级滞留、第二滞留和第三滞留均密不可分，而且只有**当第三滞留在这里（即在“意识的构成”中）发挥至关重要的作用的条件下**，文化工业才有**可能**“为顾客把所有一切都图型化”——对于这一点，康德当然没能发现。再者，康德谈到了初级滞留和第二滞留之间的不同之处，但是他一带而过，没有专门对二者进行区分，也没有看清它们之间的区别。换言之，这一区别在他身边审视着他，与他探讨的问题密切相关，但是他却没有发现。这样一来，“先验演绎”的两个版本之间便有了极大的混淆，二者相互抵触，但却都得到了作者的认可。

换言之：

（1）从1781年的A版到1787年的B版的过渡，证明了**对想象力的三重综合的阐释以失败而告终**。A版中定义的“想象力的三重综合”在B版中也有提到，但已更名为“统觉的先验统一性”（想象由此退居二线，而知性则夺回了绝对的统治地位）。

（2）在A版中，**康德没能成功地反思，也没能清晰地阐述**的（他在B版中也没能做到，但是B版消除了A版中存在的一些矛盾之处），**是初级滞留与第二滞留之间的区别**。胡塞尔后来曾对初级滞留和第二滞留进行思考，而在康德那里，二者作为“领会的综合”和“再现的综合”，一直相互混淆。

（3）“工业图型法”之所以会存在，是因为**借助第三滞留**，即借助技

---

① 康德：《纯粹理性批判》，A版第107—123页。（参见中译本第114—124页。——译注）

关于这三种“综合”的译法：在《纯粹理性批判》的法文版中，第二种综合被译为“synthèse de reproduction”。其中“reproduction”一词的字面含义是“再次生产”，引申义为“复制”、“再现”。鉴于斯蒂格勒在本章第6节中认为“reproduction”与“第二滞留”，即“再回忆”“第二回忆”极为贴近，因此从这个角度考虑，本书译者将第二种综合译为“再现的综合”，没有遵循《纯粹理性批判》中译本的译法“再生的综合”。第一种综合和第三种综合的译法则与中译本一致。——译注

术、科技以及今天的工业，**图型甚至图型的内部结构本来就是可被工业化的**。对前两种综合进行区分遭到了失败，也就等于试图找到第三种综合所不可或缺的“载体”遭到了失败——我们将会看到(见本章第14节)，《纯粹理性批判》以它的方式告诉我们，找到第三种综合所不可或缺的“载体”是有必要的。638

6. 康德的混淆

“三重综合”指的是康德所说的“知性的自发性”的运作过程：

> 知识是一个由互相比较、互相联系的表象所组成的整体[……]任何一种综合总是与某种“概述”(synopsis)相对应，而且接受性只有与(知性的)自发性相结合的时候，才能使知识成为可能。然而，这种自发性是“三重综合”的原则，在一切知识中都会出现，它包括：对“直观中思维的各种变化”表象的领会的综合、这些表象在想象中的再现的综合、这些表象在概念中的认定的综合。由此一来，这三种综合便成了知识的三种主观来源，而这三种主观来源本身使知性成为可能，并且通过知性使一切经验也成为可能。①

这一“三重综合”的问题，尤其是其中第一种综合，即所谓的“领会的综合”问题，是一个时间的问题：直观的杂多之所以需要被整理，是因为我们的所有表象都“受制于内感官”：

> 我们的一切知识都受到内感官的形式条件，即时间的支配，一

① 康德：《纯粹理性批判》，第109页。(参见中译本第113—114页。——译注)

> 切表象都必须在时间里得到整理，进行结合，互相建立关系。[①]

这就是为什么在杂多之中，直观必须“在印象的序列中对时间进行区别”。将延续的时间与所有现象区分开来，使“领会的综合”成为可能。

接着，康德指明了何为“再现的综合”：

> 那些常常前后相继或互相伴随着的表象，最终互相联结，从而形成某种关联，以至于即使对象不在场，这些表象中的一个也能根据某一固定的规则，使思维过渡到另一个表象。[②]

在这里，康德描述了胡塞尔后来分析过的第二滞留的现象。然而，本段结尾处出现了一个问题：他把“再现”这一能力与初级滞留的能力混为一谈。从这时起，康德就不得不提出，“再现的综合”其实就是**领会** 639
本身之中的滞留：

> 如果我总是任由先前的表象（例如线条的前几段、时间的先前部分，或相继被表现的那些单位）从我的思绪中流逝，如果在到达后继的表象之时，我不使先前的表象再现，那么任何一个完整的表象［……］乃至时间或空间这样的表象，可能都永远不会产生。[③]

换言之，确切地说，康德犯的错误正是布伦塔诺后来再一次犯了的错误——对于后者，胡塞尔曾进行过指责。这是因为，康德**明显**是在谈

① 康德：《纯粹理性批判》，第111页。（参见中译本第114页。——译注）
② 同上书，第112—113页。（参见中译本第115页。——译注）
③ 同上书，第114页。（参见中译本第116页。——译注）

论**初级**滞留，但此时他却以为自己是在描述再现的综合，认为再现的综合使领会成为可能。正是从这个意义上，康德才不得不总结道："因此，领会的综合与再现的综合不可分割地联结着。"[①]换句话说，康德并没有说第二滞留作为遴选的准则总是伴随着初级滞留的过程；他说的是，领会从一开始就是再现，即再现；在这里，"再现"的定义很清晰，与胡塞尔所命名的"再记忆"，也即第二滞留几乎没有迥异之处。

康德所说的，并非我们在阅读胡塞尔作品后进行总结时所支持的观点，即使康德在陈述时用了"几乎"一词——要知道，初级滞留和第二滞留之间总是有所结合。假使他能够辨明初级滞留的特殊性，他或许能说出我们的观点。然而，确切地说，康德没有能够将初级滞留从第二滞留中区分出来，上述引文已经说明了这一点。在谈论"领会"，即初级滞留的现象的篇幅里，康德认为他是在描述再现的综合，而初级滞留显然不应当与构成"再现的综合"之精要的第二滞留相互混淆。

此外，从另一方面来看，康德错误地引入了"初级滞留与第二滞留的联系"这一问题，但是胡塞尔后来排斥了二者联系的可能性。这就意味着，康德已经为"想象在感知中扮演的角色"这一问题留出了位置。

将滞留的两种形式混淆在一起，其实也就是将两种综合混为一谈。显然，这一混淆将会对第三种综合的定义产生不利影响。毫无疑问，正是由于1781年的这次混淆，康德的陈述才显得十分晦涩，从而使他不得
640 不于1787年写了"先验演绎"的新版本。

如果说"领会的综合"，即"对持续发生的杂多的理解"，并不是"当下时刻发生之物对已经发生之物的滞留"，那么它到底是由什么组成的？如果康德将第一种综合视为"'刚刚过去的时刻'在当下时刻中的存留"和"'尚未到来的时刻'的前摄"，那么他或许能够将"领会的综合"与第二滞留（即"对象不在场"时的再现，这是"再现的综合"的

① 参见《纯粹理性批判》中译本，第116页。——译注

定义)清楚地区别开来。

7. 认定的综合,即可再现性意识流的统一

行文至此,第三种综合,即所谓的“认定的综合”介入了进来:

> 我们的知识必须与某个对象建立联系,与此同时,在与该对象的联系中,它们相互之间还必须协调一致,也就是说,它们必须拥有那种构成某一对象概念的统一性。[①]

认定的综合确保了意识本身的协调一致,而意识作为一种“流”,它的统一性必须得到**保证**:这种流自身不可以相互抵触。这种“流的统一性”决定了“领会的综合”和“再现的综合”的统一,使二者统一为“认定的综合”。通过“领会的综合”和“再现的综合”,某一对象才会出现在意识中,并且基于“意识流的认定的统一”这一简单的事实,对象本身也得到了统一:

> 显然,对象必然构成的那种统一性不可能是任何别的东西,而只可能是意识在对表象的杂多的综合中所具有的形式上的统一性。当我们在直观的杂多中实现了综合统一性的时候,我们才会认识对象。[②]

这种意识在其对象中的统一性,其实是统觉的外在表现。康德认为统觉是先验的,因为它体现了**规则**(概念)的先天必然的必要性:

① 康德:《纯粹理性批判》,第117页。(参见中译本第118页。——译注)

② 同上书,第118页。(参见中译本第118页。——译注)

> 但是，如果直观不能够通过综合的这种功能，并按照某一条规
> 641 则（这规则既能使“杂多的再现”成为先天必然，又能使“这些杂多结合于其中的一个概念”成为可能）而产生出来的话，那么这种统一性就是不可能的。不过，**这种规则的统一性决定了一切杂多，并将其限制在那些统觉的统一性成为可能的条件上**。[……]概念之所以能成为诸直观的一条规则，是因为它在给定的现象中表现了这些现象的杂多的必然再现，并且进而表现了我们意识中所具有的综合的统一性。①

简言之，意识的先验统一性同时也是意识的对象的先验统一性，因此也就是宽泛意义上的外在世界的先验统一性——这便是康德所说的**先验亲缘性**。概念将经验中的再现之物的杂多统一起来，从而形成了概念的本质与必要性。通过对过去时刻的杂多的“再—生产”，概念实现了它在未来时刻的统一性：从更深层次来说，“再—生产”就是“生产”，因为概念使由范畴组成的时间流具有了先验的合法性。从这个意义上看，**认定的统一化**（也即意识流本身的统一化）**根据可再现的过去时刻，为即将到来的“流”**以及在这些“流”中构建起的对象的**统一化做好了准备**。

可是，**为什么要在这里申明我所说的“第三滞留”的必要性呢**？因为，认定具有一种高层次的可再现性，也具有再现的合法性，而且在认定中，再现这一现象显得既像“生产”，又像“再—生产”，也就是一种以再现的材料（即再现的综合的材料）为**前提**的生产（即认定），而这种生产本身需要借助于对“感性的杂多”进行“领会的综合”。

然而，这一切若要成为可能，条件必须是意识流本身具有可再现

① 康德：《纯粹理性批判》，第118—119页。粗体为笔者所加。（参见中译本第118页。——译注）

性：在意识的整个现象中，三种综合是三种形式的滞留的另一种表述方式——也是将三种滞留必然地联结在一起的因素的另一种表述方式。这就是我们接下来将要考察的对象。

8.“面对全体读者群”的康德意识的两个版本

前两种综合只有在第三种综合，也即“认识的综合”里才能铸就它们的统一性：“认定的综合”将前两种形式的综合（也即两种形式的**滞留**）融合进**统一化了的意识流**之中。康德将这种意识流的统一性命名 642
为“统觉的统一性”。换言之，第三种综合的功用在于使构成某一意识的所有初级滞留和第二滞留变得可以**相互兼容**，而且无论这些初级滞留和第二滞留具有怎样的多样性，该意识总是**同一种**意识。通过这些初级滞留和第二滞留，该意识得以构建，并处于流变之中。

第三种综合对前两种综合进行配置和**剪辑**（从某种意义上说，前两种综合是一些**样本**和**模板**），使二者成为**同一个独一的时间流**——这一切在某种程度上就使“意识犹如电影”，**投映**到它的未来时刻。①

然而，我们怎么会没有发现，**康德本人的意识流**的统一性（很明显，康德将他自己的意识流作为分析对象，作为**一切**意识活动的例证）是在他的每一卷著作的**写作工作**的过程中形成和构建起来的？我们又怎会没有发现以下事实：

（1）该统一性不是既定的，而是人们所期望的；

（2）康德著作的力度在于他的意识的**物质化**要素具有统一性，这些物质化要素是由康德著作的**文字性**第三滞留而构成；

① “当观众观影的时候，摄影机就转了向。观众的头脑中也有一种摄影机：一架在放映的投影仪。此外，当卢米埃尔发明电影的时候……当他发明摄影机的时候，人们立即利用它制造出了投影设备，这是具有两种功用的同一架机器。”让-吕克·戈达尔：《“一种真正的电影史”之导言》，Albatros出版社，1980年，第145页。

(3)“康德”只是著作**作者**的姓名,而引起我们关注的只是作者本人,我们之所以认识他,只是因为他所有的意识**流**已经**被**他的著作滞留下来,并**形成**他的著作。

以上情况造就了康德的**权威**,而这种情况之所以成为可能,是因为通过由某一“客观性记忆”——例如一本书籍或一部影片——所组成的综合化的(意识)流,初级滞留的综合和第二滞留的综合**从本质上**说是可以**相互综合**的。

《纯粹理性批判》有两个版本,即两次拟定,也就是说康德本人的意识流经历了两次修正和综合;而且,通过康德,《哲学意识的历史》也有同样的经历。《纯粹理性批判》的第一版发表于1781年,第二版发表于1787年,每个版本都有不同的序言。在第二版中,康德对“先验分析”这一部分,尤其是涉及“纯粹知性概念的先验演绎”的内容,进行了大幅修改。可是,关于如何看待第二版,即第二次编撰对第一版的改
643 动,第二版的序言告诉了我们什么?

快速地概述一下:它告诉我们,**第二版没有对第一版进行任何改动**,如果有的话,只是第二版更为清晰,而且基于这一事实,第一版仍然完全有效,尽管两次编撰之间存有一些差别之处。确切地说,它告诉我们,第二版之所以试着进行了一些“修改”是因为:

> 这些修改给读者带来了一个轻微的损失,我们无法既避免这一损失,同时又不使本书卷帙浩繁。确实,对于很多章节,可能不少读者会感到遗憾,因为这些章节虽然对整部作品的完备性来说并不重要,但是对于某一其他观点而言,还可以是有用的。之所以将它们删去或压缩,是为了给现在我希望更为清晰的表述留下位置。①

① 康德:《纯粹理性批判》,第28—29页。粗体为笔者所加。(参见中译本第28页。——译注)

这些言论令人惊讶不已，要知道，第二版与第一版在某些地方有着深刻的矛盾。这些地方主要包括：将想象置于知性的法则之下；将内感官置于统觉的统一性之下；“三重综合”被删除，代之以对两种新的综合即“形象的综合”和“智性的综合”[1]的区分，因而关于“三重滞留”可能性的一切文字和一切问题全都随之消失殆尽。然而，**这些有关第三种综合的功能和想象的功能的矛盾之处，恰好表明康德难以解决他的自我与他本人的矛盾**，而这正是这一**自我的时间性**，德勒兹将此称为康德的“分裂”[2]。

不过，第二版的序言继续镇定自若地解释道：

> 此外，这一新的表述对实质性内容根本没有任何改动，甚至也没有改动与之相关的观点或论据；但是，在有些地方，新的表述和原来的表述**在阐述事物的方式上**有着很大的偏离，因此不可能将新的表述插入到原有的表述中去。[3]

可见，两个版本“在有些地方”存在着很大的偏离，但只是形式上的偏离，至于实质性内容，则没有任何变动。这样一来，今天出版康德作品的出版商们就必须将两个版本编辑成一部书出版，而这也是康德本人的建议： 644

> **每个人都可以按照自己的意愿，通过和第一版进行比较，来弥补这个轻微的损失。**我希望，通过一种更高的清晰性，这个损失将

① 康德：《纯粹理性批判》，出处同前，B版第128—129页。（参见中译本第100页。另外需要说明的是，斯蒂格勒在脚注中指明的“A版/B版第××页”与中译本页边标注的“A版/B版第××页”不符。——译注）

② 参见吉尔·德勒兹：《差异与重复》，法国大学出版社，1968年，第116页。

③ 参见《纯粹理性批判》中译本，第28页。——译注

能够得到很好的补偿。[①]

简单地说，1781年版和1787年版之间有着深刻的矛盾，但是康德肯定是想**在这流逝的几年之中维持他自己的意识流的统一性**。几度春秋不再，康德老去六岁，但他根本没有否定他的过去。然而，从1781年到1787年，除了时光流逝这个事实之外，还发生了些什么？在这流逝的时间里，定然发生了一些事件，其中就包括读者对《纯粹理性批判》的批判，这批判将迫使康德换一种方式进行撰写[②]，也即"面对着读者群"[③]**重新书写他自己的意识流的历史**。

9. 作为投映的质料的"自我"及其位置

意识若要成为为某人所拥有的意识，其前提条件必须是该意识能够以某些痕迹的形式外在化和客观化，同时通过这些痕迹，使其他意识能够进入该意识。尽管康德和胡塞尔都没有引入"第三滞留"，但显而易见的是，康德本人意识流的**文字性记录**是对所有意识活动进行分析的首要前提条件。这一文字性记录导致了《纯粹理性批判》的写作，而该作品的目的正是对意识活动进行分析。康德的**思想只有以书籍**的形式**才能够呈现在我们面前**，正如呈现在他自己面前那样。换句话说，在写作的过程中，他的思想呈现在他自己面前，也出现在他的内心里。他

① 参见《纯粹理性批判》中译本，第28—29页。——译注

② 第二版为康德提供了一个契机，使他得以"尽可能地去除那些有可能产生误解的难懂之处和模糊晦涩之处（思想敏锐的人在评价这本书时产生的这些误解，我或许难辞其咎）"。（参见《纯粹理性批判》中译本，第26页。——译注）

③ 在《从世界主义的角度看世界通史的观念》里（S.皮奥贝塔译，Flammarion出版社，1990年），康德写道："我所说的'我们自己的理性的公共用途'，指的是面对读者群时，以学者的身份而实现的用途。"

的写作，也就是他的**剪辑**，将剪辑后的成品展现在他面前，展现在投影银幕上，也就是**承载**着他思想的那些纸张，那是真正意义上的“知性的拐杖”。

正是由于这个原因，1996年我将《从世界主义的角度看世界通史的观念》里的这样一句话用作《迷失方向》的题记：“我所说的‘我们自己的理性的公共用途’，指的是面对着**读者**群时，以学者的身份而实现的用途。”——当然，这也就意味着“我们作为自己而去写作”。众所周 645
知，康德从未随随便便地写下任何东西：他之所以能够将**其意识的统觉的统一性辨识出来**并固定下来，仅仅是因为他能够以第三滞留的方式（即写下来的那些句子，《纯粹理性批判》通过它们而得以成书），将他那可能会有所遗忘的意识（该意识的记忆力是有限的[①]）中的想象活动所进行的初级滞留和第二滞留（也即领会的综合和再现的综合）记录下来、保存下来，并对之进行配置。这些句子被固定、记录和保存下来之后，它们才能够被再次阅读、批评、分析、客观化、选择和配置。对于这些句子，康德所能做的便是对它们进行保存、识别、比较和剪辑，使其形成一本具有统一性的书，而**这本书的统一性**同时也就是他的**思想的统一性**。这些句子是康德的初级滞留和第二滞留的**客观性物质化**的产物，而客观性物质化又使得这些句子变得**可以被人操作**[②]。

从1781年到1787年，康德“自由自在地”[③]审视了他过去时刻的意识流，从中寻求他**未来时刻**的意识流的恒定统一性，因为他能够固定、辨识并

---

① 上帝的直观具有生产性，而且按照莱布尼茨的说法，上帝的记忆力是无限的，但是与上帝不同的是，人类的直观是有限的，也即只具有接受性。

② 确切说来，根据康德在《实用主义观念下的人类学》中的分析，“保存”、“比较”和“辨识”是想象活动的基本功能。在此，我们显然必须参考胡塞尔对“文字在数学理想性的形成中的作用”的分析——在《迷失方向》中，我曾从同样的角度评论过胡塞尔的分析。

③ “自由自在地”（tout à loisir）：这是莱布尼茨在谈论“写作”时所使用的一个表达方式。

统一其思想的诸多变化，使它们物质化。这样一来，他自己就成了研究对象，因而也成为一种反思性批判的对象，在这种批判中，他自主地改变、影响了他自己：通过这样的方式，而且也只能通过这样的方式，他才能够对自己的可能性的条件进行考察，这些条件也是所有对象的可能性的条件。对于这些条件，海德格尔批判康德忽略了它们的“最极端的可能性”。

批判**既进行分析，也进行综合**，但是它之所以能这样做，只能是因为批判能够进行**操纵**，在这里指的是**对时间的操纵**，也即初级滞留和第二滞留通过它们的第三滞留的物质化而进行运作。

然而，**对内感官的批判的物质化**同样也能通过**文化工业**的操纵而实现，因为文化工业**将若干意识作为它的原材料**，这种原材料所以能够客观化和物化，是因为它本来就被处于文化工业之外。正是由于这个原因，我们今天有必要再次进行一次**康德意义上**的批判——进行一次“新的批判”。

换句话说，康德之所以能够并且必须写出，一切现象均处于“自我”之中，也就是说这些现象“是我的同一个自我的一些确定状态，它
646 们必然体现出这些确定状态在同一个也是唯一一个统觉中的完全的统一性”[1]，那只是因为“自我”本身并不仅仅处于**康德本人的内心**，而且**原本就处于他本人之外**。“自我”处于“他本人”之内，也即处于他自己的诸客体和代具之内，而在这种情况下，这一位置不仅仅包括康德本人，还包括相对与他相对的别人。

这里的“别人”是一个先于康德本人的他者，是一种“已经在此”，是他所未曾经历的过去时刻[2]，这一过去时刻只有在成为康德的未来时刻的前提下，才能够变成康德的过去时刻。第三滞留的可能性奠定了

① 康德：《纯粹理性批判》，第145页。（参见中译本第133页。——译注）

② 包括我未曾经历，但却被纳入我的现在时刻的“发生过的事情”的“即时性过去时刻”和“刚刚过去的时刻”，这得益于当今现场直播的数字化和模拟复制等技术。关于这一点，参见本书第二卷《迷失方向》，第500页。

"代具的先于自身性"这一结构的基础，这一结构是意识的**投映载体**：使某一意识得以从先于该意识的所有意识的过去时刻那里——同时也从**现在时刻的我们自身**这儿，例如阅读康德作品的所有读者——继承遗产；与此同时，这一投映载体还使该意识得以投映（想象）一个未来时刻。

这就是在我们关心图型法这一问题的同时，即将探讨的问题。这也为我们提供了契机去回顾"先验演绎"的第二版。

10. "图像"与"图型"：作为"内感官与外感官共时化的能力"的知性

按照"原理分析论"（"判断先验法则"）的解释，要将直观归结到概念之下，那么在"认定的综合"的过程中，

> 必须有一个第三者，它必须一方面与范畴同质，另一方面与现象同质。[……]这就是先验的图型。[……]概念包含着感性的形式条件，[……]这些形式条件中包含着使范畴得以应用于任何对象的普遍性条件。[1]

而且，"这个条件就是该概念的图型。图型的目的不是某一特殊的直觉，而是感性的统一性"。这也就是我们为什么必须将"图型"（schème）与"图像"（image）区分开来的原因。例如，某个数的"图像" 647

cinq[2]

可以是：

5

① 康德：《纯粹理性批判》，第151—152页。（参见中译本第139—140页。——译注）
② 法语数词"五"。——译注

或是：

V

也可以将它表现为：

· · · · ·

在某些仪器所采用的二进位计数制中，它还可以是：

101

可见，这样的“图像”具有经验性和偶然性（因为同一个数字可以任意地由这些不同的“图像”来表现），它与针对同一个数字的思维完全不同。这样一种思维

> 与其说是“图像”本身，不如说是在符合某一概念的同时，把一个数目（例如“mille”，即1 000）表现在某个“图像”中的方法的表象。如果是“图像”本身的话，那么它或许难以一目了然，而我或许也难以将该“图像”与概念进行比较。①

确实，下面这个“形象”（figure）中有一千（1 000）个点，这并非“一目了然”：

648

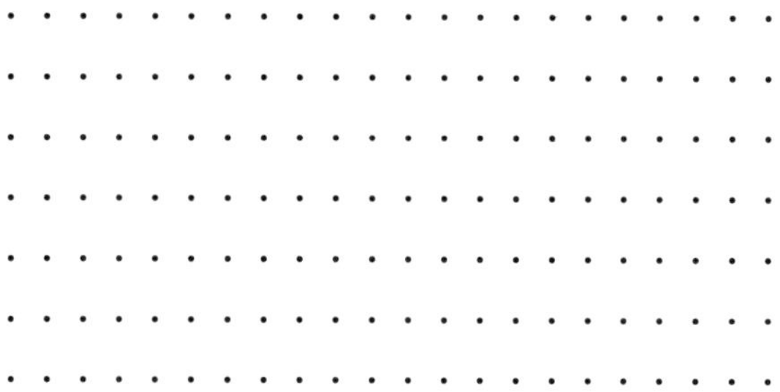

① 参见《纯粹理性批判》中译本，第140页。“mille”是法语单词，意为“一千”。——译注

虽然“figure”(“形象”)一词在拉丁语中是“skhema”,但上面的这个形象却并非康德所说的“图型”:它只是一幅“图像”而已。既然几何“形象”原本就是“图像”和“线条图案”(法语为“tracé”,拉丁语为“graphein”),那么为什么“形象”(figure)这个词在拉丁语中却是“skhema”呢?而且,既然数字是以该数字为对象的意识中“符合某一概念”的方法,那么在什么情况下,一个例如“mille”这样的数才**可能不带有任何“图像”**呢?

答案很简单:在**任何**情况下都不可能。事实上,数字**总是**以这样或那样的方式,以某一第三滞留(它可以是孩童的手指、巫师的身体,也可以是计数盘、算盘、字母数字计数法等)为前提条件,只有这种第三滞留才能使人们得以具体地进行计数。这种能力经历了一段**历史**,在这段历史的进程中,“1 000”(或“mille”)这个数字的**构思**终于在某一天成为可能。在这里,我们想说的是这一构思首先是一个过程。在过去的某段时间里——从人类如此漫长的历史这一角度来看,这段时间离我们很近——对于人类的**意识**而言，数字“1 000”一直是**根本无法构想**的；在那段时间里，人们的意识还不**具备足够的条件来思考**这个数字，而“1 000”（或“mille”，或是前面那幅形象/图像，或“1111101000”）尚未被**构思**出来。

康德本人之所以能够探讨“mille”这个数字（或“1 000”等等），正是因为他拥有一些**物质化了的、技术性的概念体系**，这些体系使他能够去**操作**象征符号，并利用“图像”（**“mille”一词**就是从该图像中得来，而且**这个词本身也是一幅“图像”——是一幅有声图像**）来固定知性行为所得到的结果，而**这一“知性行为”在这里首先是内感官和外感官之间的联结**。

计数行为首先是外感官在掌控内感官的时候所进行的操作，随后它被心理化和内在化，同时忘却了它的源起，也就是在空间里进行的操
649 作，这里的空间是内感官的“直观的纯粹形式”。与此相同，对于所有知性行为而言，它们构建时的源起很可能都是这样一种先于外感官和内感官的对立、先于外部和内部对立的**共时化**。（关于“知性行为”，我所说的并非理性，因为理性不是由“行为”构成，而是由**控制知性法则统一性的原则**构成，它在无条件性的权威下，形成了感性的法则。无条件性指的是过去从未存在过、将来也永远不会存在的东西：绝对的过去及其反射、绝对的未来。关于这一点，稍后我还将提及。）

内感官和外感官的共时化在这里调节着知性的行为。与此同时，这一共时化受制于它的“工具”的被动综合[①]——在这里指的是**预想**的综合。事实上，一般意义上的数字若要被构思出来，其条件是它必须出现在由某些痕迹所组成的体系里，这一体系被称为“计数制”。计数制总是指向某一肢体动作，而该肢体动作本身就是在**操作**那些本质上外在化的**象征符号**——任何心理方式的计数都源于将“通过对象征符号的操作而进行的计数”**二次内在化**，也就是将某些**人为**动作内在化。

① 关于一般意义上的“被动综合”的概念，参见《迷失方向》第四章。

> 我们总是不厌其烦地提到那第一批艰辛地在沙滩或沙地上画出一条条直线以计数的人。[……]他们也会在一块木板上画出有规律的痕迹[……],为的是将某一数字的记忆保存下来。
>
> 同一数字的所有物质化体现都运用了"相通性"这一原则,但是,[……]事物表象的差异如此之大,以至于对于羊群中的每一只羊,人们都必须在各个器皿中都摆上一只泥丸。[……]或者,在某种具有表达意义的模仿方式的帮助下,人们会把他们的身体当作机器来使用,以求表达出他捕获的鱼的数量。
>
> 在第一种情况下,人们获得了一幅有关羊群的抽象图像:一只羊对应一只泥丸。**人们没有必要知道怎样去命名最初的几个数,那是在静默中就可实行的一种兼容性方法。**[……]器皿可以被纳入主管的记录中,他知道怎样计数,而羊倌却不会。①

一些**肢体动作**在完成的过程中,将某一相通性原则落到实处,数字的**构思**正是这些肢体动作的结果。这些肢体动作可以产生一幅图像,**这图像必然是抽象的**,但却是一幅**抽象的客体图像**,它是另一幅抽象的 650
心理图像得以投映的载体和条件,而且开始时没有任何有声图像与这幅抽象的客体图像相对应(**"人们没有必要知道怎样去命名最初的几个数,那是在静默中就可实行的一种兼容性方法"**)。不久之后,**数字的有声化**催生了**语音操作**,它不再由手指来执行,而是由**颌骨**来执行。然而,数字"mille"的构思以"书面文字计数法"为前提,其语音来自书面文字,而且这些语音并不先于书面文字而存在——这是一个"抽象化"阶段,起源于对象征符号的操作,被称为"书面的数位计数法"。很明显,在这个阶段,图型以图像为前提,与此同时,二者**互为**前提,也即

① 热纳维耶夫·吉代尔:《文字计数的比较史》,Flammarion出版社,1975年,第19—20页。粗体为笔者所加。

图像的可能性也以图型的可能性为前提，也就是说，以康德所说的**图型化**为前提——他将“图型化”定义为“内感官在第三记忆（即外感官能够进入其中的图像）中进行投映的过程”。

对于这种相互性，西蒙栋在批判形质论[①]（康德思想一直深陷其中）的时候，将它称为一种“转导关系”（relation transductive）[②]。我们应当将图型从图像中区分出来，因此更应当知道，任何图型在展现的过程中，均有图像（心理图像或非心理图像）的存在。当康德为了给出“cinq”的一幅图像而在一条直线上画出五个点，并将“· · · · ·”这一图案插入到句子中的时候，他很不凑巧地忘记了“cinq”这个单词**已经**是一幅图像，一幅来源于漫长历史的图像。

在探讨“先验想象力”的问题之时，我们曾指出，不存在不伴有客体图像的心理图像。羊群的图像是一个由一些泥丸**以物质的方式构成的抽象性表象**，由此可见，那些最早的作为抽象实体的数字首先是一些非常具体的记忆载体：意识流**在滞留上是有限的**——在意识流中，数字构成了内感官的某种确定状态，而且在这个过程中，各个单位前后相继，在统一的统觉里形成了一个数字性的、可综合的整体。作为对流动中的自身的记忆，意识流转瞬即逝，因而必须以外界载体、记忆的代具为支撑，而这些外界载体和记忆的代具同时也是想象活动所指向的崇拜物，是想象活动的各种幻觉的**投映银幕**[③]。就这样，意识流的时间性直
651 觉（即**意识本身以及某一他者的意识**的时间性直觉）在流逝的过程中，

① “形质论”（hylémorphisme）是亚里士多德提出的一个观念，认为一切存在，包括客体和人，都是由某一质料和某一形式组合而成。——译注

② 此外，值得一提的是，雅克·李维莱格似乎根本没有注意到这些问题，但他解释说康德所说的“范畴”是“一种关系……它构成了各种术语”，这恰好定义了西蒙栋所说的“转导关系”。

③ 这些图像一直处在变成被崇拜物的过程中，它们同时也是承载着意识流的被代具所补缀的活的身体、“知己”（alter ego）的身体以及躯体性本身所具有的幻觉图像。

滞留的代具为意识流（即意识本身，意识本身只是一种“流”而已）提供了一些空间性直觉。这就是为什么“记忆的艺术”（ars memoria）能够存在的原因。

这些空间性直觉的优点在于它们能够被“客观地”滞留住，同时允许对流逝中的意识流进行**简化**：我们或许能够粗略地读出前面那个由一千个点所呈现的“数字”，但是这一阅读历时应该比较长，而且难免会出差错。相比之下，在“1 000”这个书写的数字里，某一图像被时间的流逝这种粗略的操作取代。图像来自这样的时间流，而且当意识委身于一系列实际操作之后——先是用身体（手指）来数数，然后是在用于书写的石板上计数，然后是在纸张上计数，然后是以心理方式计数，然后是操作键盘以控制字母数字机器的方式来计数（在此，知性将它的一部分操作交给了机器）——图像就变成了该时间流的对等物。

正是“空间使时间具有形象”这种一般的对等性，使马克思所说的“一般等价物”成为可能：货币使人们能够将某种抽象的价值**聚积**起来，**因为**该价值已变得可被操作；与此类似，资本使人们得以将时间储存并且保存下来，或者从某种意义上说，正如格诺所说的那样，将时间结晶化，使时间凝结。货币是第三滞留的最为抽象的形式，而且以相通性原则为基础，第三滞留使抽象化成为可能，同时也使简略化操作成为可能。作为时间性操作（意识流可能出错的流动计数方式）的空间对等物体系（数字的图像），数位计数法是对第三滞留的系统运用。

11. 作为“第三滞留的一般系统”的意识的位置以及思维的活动

> 如果我总是任由先前的表象（例如线条的前几段、时间的先前部分，或相继被表现的那些单位）从我的思绪中流逝，如果在到达后继的表象之时，我不使先前的表象再现，那么任何一个完整的表

652 象[……]乃至时间或空间这样的表象，可能都永远不会产生。[①]

康德在这里描述的是初级滞留，但是他误以为是在描述“再现的综合”。他没有看到何为第二滞留，不知道第二滞留其实根本不是初级滞留。我已经指出为什么意识流在滞留上的有限性使第三种形式的滞留成为必须，其推论是：如果说“形象的综合”[②]——**在1787年的版本中，“形象的综合”变成了真正的生产性想象力的综合**，而不仅仅是再现性想象力的综合，也即先验想象力——使我们得以**在脑海中画一条线**[③]，进而构建出空间，那么这种能力作为**几何构建**的基础，应该离不开“在实际空间中用手画出一条线”。

1787年版序言所提到的泰勒斯的经历颇具**启示**意义。在任何情况下，泰勒斯在对几何进行理性思考的过程中[④]，都必须进行这样一种**活动**：将纯粹空间即经验性空间的**先验**条件呈现在**经验性空间本身之中**。泰勒斯之所以构建了一个形象而且不满足于遵循该形象，是因为他所构建的是这样一种形象：没有它，也就没有概念。概念的构建就是形象的构建，反之亦然。当然，在这种构建的过程中，必然伴随某一**言语**，但是这一言语本身必须被**文字**记录下来：它必须被固定住，正如形象必

---

① 康德：《纯粹理性批判》，第114页。（参见中译本第116页。——译注）

② 同上书，B版第128—129页。（参见中译本第100页。——译注）

③ “如果我们不在脑海中画出一条线，就不能对任何线条进行思考；不在脑海中描绘出一个圆，就不能对任何圆进行思考。”（参见《纯粹理性批判》中译本，第102—103页。——译注）

④ “第一个论证等边三角形的人（泰勒斯也好，其他人也罢）曾有过灵感一现：因为他发现，他不必亦步亦趋地去遵循他在图形中所看见的东西，也不必被这个图形的单纯概念所束缚，仿佛这样的做法能够教会他这一图形的属性，相反，他应当凭借自己所想到的，凭借自己根据概念（即根据构建）先天地想象到的，将图形实际地画出来（或者说构建出来）……”康德：《纯粹理性批判》，第二版序言，第17页。（参见《纯粹理性批判》中译本，第12—13页。——译注）

须在可感知的空间里，把对纯粹空间，也即直觉的可能性的**先验**条件的理性思考的痕迹**保留**住。在此，就像在计数法中那样，如果没有线条图案、**思维的动作**等形象化的过程，那么任何思维都不可能存在，因为思维必须以它在空间里的记号为支撑，这些记号使人们得以在经验性直觉中，把该经验性直觉的形式条件的某一纯粹直觉给抽离出来。我们已经强调指出，这样的记号就是“知性的拐杖”，而不仅仅是希望和信念的拐杖。[1] 653

生产就是“使……形象化”，第二版将其定义为“形象的综合”[2]。如果形象在这里并不重要，或者说不是最为重要的，那么为什么要把这一“综合”定性为“形象化的”(speciosa)，并把这个拉丁词语译为德语词“figürliche”？“figurer”的意思是“给出一副形象”：这正是拉丁语动词“skhematizô”的含义。我们已经考察了图型构建的条件，以及图像在其中发挥的作用。康德认为图型先于图像，我们则认为二者同时出现，也即二者之间是“转导关系”。图像和图型是构成某一**历史进程**的同一个现实的两个方面，而这个历史进程受到了“后种系生成结构”的调配。[3]后种系生成结构指的是：作为**意识所处的位置**，作为“世界的历史性”，**第三滞留的一般系统**将过去时刻以及正在流逝的意识的时间空间化了。

海德格尔曾说，在“先验演绎”的第一版中，第三种综合是对将来

---

① 信念的拐杖确实存在，我将在《象征与魔鬼或精神之战》中回到这个问题上来。“或许，如果我们谈论的拐杖是宗教的话，那么希望也需要拐杖。”参见M.纳阿尔为康德《单纯理性限度内的宗教》所写的“导言”(法译本，J.吉伯兰译)，维翰出版社，1996年，第14页。

② 对于“形象的综合”，康德用的是拉丁语“synthesis speciosa”(参见《纯粹理性批判》中译本第100页)，法语译为“synthèse figurée”，其中“figurée”是动词“figurer”(意为“用形象来表现，使……具有形象，使……形象化”)的被动式，二者的词根为“figure”(意即“形象”)，由此引出下文的论述。——译注

③ 关于这一点，参见本书第一卷《爱比米修斯的过失》，从第183页开始。

的综合，故而“认定的综合”同时也正是“预先认定”的综合[1]，也即计划的综合。这样一来，三种综合在它们的三重性当中形成了时间的各个维度[2]，尽管海德格尔不仅在任何时候都没有提到胡塞尔关于滞留的论题，而且在我们看来，他最终也没有看清核心问题之所在。事实上，我们认为，“领会的综合”是对现在时刻的初级滞留的综合，“再现的综合”是对过去时刻的第二滞留的综合，“认定的综合”是对意识流在其整体中的统一性的前摄的综合，也即意识流的未来时刻与终点的投映。然而，它的前提条件是**投映的质料**（图像），也就是这种我们称之为“第三滞留”的综合记忆。

这种时间的三重性在第二版中已被删除，一方面是由于对三种综合的陈述不足；另一方面是基于一些更为深层次的矛盾，这些矛盾恰好构成了康德的局限，使他未曾触及我们在这里所说的意识所处的位置，也即第三滞留。要理解海德格尔关于“认定”（未来时刻的统一性投映）的观点（我们在这里只是提到他的观点，但并没有逐字逐句地遵从他对
654 “先验演绎”的各种分析），我们就必须承认：“此在”的过去时刻由于本来就已被第三滞留化，也即作为代具而变得可被综合，所以“此在”的过去时刻的**实际性**[3]使“此在”的未来成为可能（“最大限度地成为可能”）。[4]对《纯粹理性批判》进行一种真正的批判，也即某种意义上的“新批判”，必须提出这个关于“外在化”的新问题。只有这样，继承才有可能实现——**“接受”**才有可能实现。

《纯粹理性批判》的两个版本研究了时间的线性概念，而海德格尔

---

① 海德格尔：《康德与形而上学问题》，伽利玛出版社，1953年；尤其可以参见他的《对康德〈纯粹理性批判〉的现象学阐释》，伽利玛出版社，1982年，第316页。

② 海德格尔：《对康德〈纯粹理性批判〉的现象学阐释》，第320页。

③ 关于“实际性”（facticité）这一概念，参见《爱比米修斯的过失》中译本第6页的脚注2。——译注

④ 关于这一点，可参见《爱比米修斯的过失》的最后一章。

则在时间的整个线性概念里看到了一般意义上的形而上学的典型表述[①]。这一点体现在当康德从第一版过渡到第二版时，先验想象力被归到知性的管制之下，被纳入了理性的管辖范围中。这样一来，《纯粹理性批判》回到了在形而上学中自笛卡尔开始就已存在的一种传统对立，也即主体和客体之间的对立：想象和内感官只不过是主观性的标志，知性及其范畴对它们做出判断，以达到客观性；在判断中，系动词“是”是客观性的界限。这就是从A版到B版的过渡中最为关键的一点。[②]

不过，海德格尔没有看到，此处真正的问题在于第三种综合，在于它的**前提条件**是作为一切投映（包括弗洛伊德所说的投映）的初始动力的“外在化”过程（“世界的历史性”）。此外，他对康德的反思要求他必须明确区分前两种综合，并将“初级滞留”的概念看作对“领会的综合”的描述，也就是说它赋予时间和空间以直觉。然而，在“纯粹理性的谬误推理”中，我们将会看到，**康德所做的分析本身已经使第三滞留成为必须**。

12. 谬误推理以及意识流中的不相符性
本章概要以及“接受”的问题

对于初级滞留的外在化以及由此而产生的第三种综合层面上的投
映性，这一问题原本就与另一问题联系在一起：意识流的未终结状态， 655
以及意识流本身**与前摄的**不相符性。只有在这种不相符的状态之中，
判断力才可能存在，而且可能会冒做出决断的风险。说是风险，是因为
前摄是即将到来之物在其**不确定性**中的投映，前摄对尚未到来之物敞

① 例如可参见海德格尔：《对康德〈纯粹理性批判〉的现象学阐释》，第302页。

② 康德：《纯粹理性批判》，“纯粹知性概念的先验演绎”第19节，B版第119页。（参见中译本第94—95页。——译注）

开了大门，它必须从已经存在之物的统一性中显现出来。

这种统一性是一种成问题的、有待质疑的统一性，在《爱比米修斯的过失》中，我曾将其称为“谁?”的统一性，它投映的代具是一种“什么”。

显然，这一质疑不是别的，正是对**意识流未终结状态**的质疑。如果将问号换成句号，将**“谁?”**换成**“谁。”**（也即“某个曾经如是的人”。），那么意识流也就走到了终点，不再会有前摄的过程。然而，对于那些关注过去的历史并**继承**这一生活历程的人来说，情况并非如此，因为这一生活历程总是存在于第三滞留的物质之中，它已经完结，但又被回忆了起来，而这些人从中激活并再次发起他们自己未来的不确定性，这样一来，句号就变成了省略号（总之永远不会有句号）。

从这一意义上来说，意识流的未终结状态由于总是以“即将到来之物”（海德格尔所说的“不确定之物”）的形式存在，所以它同时也是**意识本身的切实的不相符性**，是一种德里达所定义的“延异”①，也是一种西蒙栋所定义的“个人化”的过程。这种不相符性是由“极为可能”的未终结状态所导致——在《爱比米修斯的过失》中，我们已经指明，这一不相符性的前提是代具性，也即后种系生成所针对的先天缺陷，其实也就是一种技术性，是一种重要的“世界的历史性”。

由于具有投映性，“认定的综合”——海德格尔称其为“预先认定的综合”，从某种意义上来说，它将意识流的过去和未来聚集在一起，如

---

① “延异”(différance)，或译作“延迟差异”，是法国哲学家雅克·德里达根据法语动词“différer”创造的一个新词。在法语中，“différer”一词有两层含义，一是“进行区别，发现差异”，二是“在时间上推迟”。然而，名词“différence”的含义仅仅是“不同之处”，没有“时间上的延迟”这一含义。为此，德里达创造的新词“différance”旨在体现“différer”的两层含义（故译为“延异”，也有学者译为“延迟差异”）。[参见雅克·德里达1968年的论文《论延异》(*La différance*)，后收入《哲学的边缘》(*Marges de la philosophie*)，午夜出版社，1972年，第8页。]——译注

果无法使之完全相符的话（倘若没有这种综合，未来的开放性或许也就不复存在），它就试图使二者相互兼容——将康德意识流本身不相符性的所有问题集于一身。我们曾在上文看到，“认定的综合”的意识需要有第三滞留的记号，这些记号由于可被诠释，因而强化了意识本身的不相符性，换言之，由于它们的存在，康德的过去的意识流“在面对读者群”之时更有可能被读者进行**各种各样的诠释**。由于这个原因，在《纯粹理性批判》的第二版中以及在海德格尔或德勒兹的分析中，这一投映 656
仪器（它是一种“隐藏的艺术”[①]）作为一种倒退，变成了知性的神秘使者和幻灯片。

尽管相符性只是偶然情况，但是当相符性发挥实效的时候，未终结状态便不复存在，“我思”也就不再带有“意识流走到了终点”这一表象，而这一表象也将不会出现。这样一来，可以说，个体就把这一**终结了的不相符性**留给了他的继承者、他的后代——以第三滞留的形式：一根烟斗、一小片花园、几封情书、一些工具、一本蝴蝶标本的集子、几件衣物、若干藏书（甚至一些他自己写的书）、一只猫、一些照片、一块墓地，或者公共墓穴、公共垃圾场，一切皆有可能。

而且，

> 以下现象并不是什么非同寻常之事：或是在通常的谈话中，或是在书本中，通过走近作者针对他的研究对象所表达的思想，我们便能理解这位作者，甚至胜于他对自己的理解，这是因为他并不曾充分地断定他的概念，而且由于这个原因，他有时是在以违背他自己本意的方式来言说甚至思考。[②]

---

① 康德：《纯粹理性批判》，第153页。（参见中译本第141页。——译注）

② 康德：《纯粹理性批判》，第263页（“先验辩证论”的第一卷第一节“一般理念”）。（参见中译本第270页。——译注）

换言之，他仍然处于不确定的状态里，也即按照他的本意，他对即将到来以及未来将会到来之物不太确定。基于**第三滞留的不相符性**，继承者们总是想要在所有事物的未终结状态中找到某一未来，这些事物则试图通过某些完美的代具来填补其未终结状态，这些代具突出体现了它们所要填补的缺陷，但也总能明显地填补这一缺陷：确切地说，未终结性的问题其实就是代具性的问题——这种代具性却总是许下承诺，要在绝对未来中实现相符性①，这一允诺有可能被肯定，也有可能被否定。

如果要概括本章至此的整个历程，我们会说：意识是一种由初级滞留、第二滞留和前摄联结而成的“流”；作为对统一的意识流即将到来的条件的预见，这些前摄（通过再现性想象力）来源于过去时刻的意识流，并（通过领会）出现在当下时刻，它们同时也是“认定的综合”的
657 投映；“认定的综合”保证了所有这些镜头、触觉以及一般意义上的外感官之间的剪辑组合，使它们构成**素材**，用于构成同一个也是唯一一个统一的意识流，该意识流在流逝的过程中与其自身完全相符，但与认定的投映有所不同，正如《四点整》的最后一场戏所体现的那样。在那场戏中，所有观众在接受钟表匠的时间的同时，都感觉到了死亡的恐怖，他们“辨认出了”这一恐怖，因为从影片的第一秒钟开始，看着钟表匠的所有举动，观众们就已经“提前知道”了“他死亡的时刻”，但并没有将这一点作为所观看影片的主题：这个“提前知晓之事”，观众一直带着它，尤其在影片中，它伴随着所有的电影表象，成了“我思”的切实存在的现实性；而且，这个观众一直了解的“提前知晓之事”不仅是记忆再现（一种“认定”），而且也是一种“不知晓之事”。这就是所有前摄的投映的复杂性。

意识流中如果存在**前摄**（预先认定），其前提条件是意识流**未终结**

① 关于这一点，参见《技术与时间》第四卷（尚未出版）。

状态的存在，而且意识流中有某些事物即将到来，这些事物必须从**已经**发生之事中呈现，成为此刻的第一记忆所承载的第二记忆。然而，这种未终结状态本身是意识流**中**某种不相符性的结果，也即意识流与**其本身**的不相符性，换句话说，意识流中一直都可能存在各种连接、分离和分岔，而前摄则在其中去寻找意识流的统一性（意识流的统一性**从来都不是既定的**），这与康德曾分析过的先验幻觉完全相反。这些多种多样的"连接"永远都有可能发生，它们使对过去时刻的意识流进行诠释、对意识流的未来做出决断成为可能。这些诠释所依据的准则是什么？

在海德格尔看来，我必须经历的"已经在此"具有多样性和实际性，而不相符性则是这种多样性和实际性的结果：是我所继承的各种滞留的结果。与海德格尔相反，我们已经推理出不相符性首先是第三滞留造成的事实，而且我们还看到，为什么在第三滞留所构成的准则的基础上，第二滞留本身也成了准则。

各种滞留总是而且必然是可被诠释的（因此才会有不相符性的存在），它们若要被诠释，就必须依照某些准则而被诠释，但是这些准则同时也是一些前摄——正是由于这个原因，作为第二滞留的素材的过去时刻就已经变成了前摄的素材，并且和第二滞留的动机一样（就像康德在谈论图型时所说的"单子"那样），被融入组成当下时刻的初级滞留之中。这样的**前摄**是目的，或者正如康德后来所说的那样，是**终点**： 658
它们之所以是目的或终点，是因为它们将知性的法则归到了理性的原则之下，并且在各种缘由的现象和时间序列中，理性总是会上溯到一种无条件性，上溯到那些不具有时间性的事物，也就是我们将在下文说的那种"绝对性的过去时刻"。然而，这种无条件性作为绝对性的过去时刻，同时也是无条件的且无条件地统一为一体的未来时刻，这是一种绝对性的未来时刻——它构成了一切自由所遍及的幅度：在这里，"绝对性"指的是"绝对开放的"，但却是"必然的"以及"必然地统一为一体的"。从"无条件地统一为一体和开放的"这一意义上说，"绝对性"指的是"绝对地统一为一体和开放的"。它是一种**必须**，来自**事实与律法之间**的**区别**，而**理性**必须将这一区别**维持**在开放状态（这就是理性的维护作用，是它的公正性、高贵性和权威性）。

我在初级滞留的过程中对第二滞留进行遴选，而这些遴选本身又屈从于一些对过去时刻的遴选，这过去时刻我未曾经历，而是以第三滞留的方式将其继承下来，这样的第三滞留就构成了我所在的、被我接受了的客观世界。在那里，第三滞留体系中的行为体现了无条件性的关系，并且使后种系生成，也即作为**"我们自身所是的存在者"的生活方式的接受过程，具有了现实性，也即实际性。"接受过程中的生活方式和存在性"是从以下意义上来说的：由于第三滞留必须不断接受新的代具，而且滞留和技术的领域又是不断创新的领域，所以第三滞留既是对技术革新所带来的新生活方式的接受，又是对未曾经历的集体过去时刻的滞留的接受**。技术性代具使后来人能够进入这些滞留，而且这些滞留能够被**嫁接、转移、综合和融合。我们稍后即将看到，通过滞留的嫁接、转移、综合和融合，基于一种具有统一化功能的电影，"我们"可以得到构建**。

我的意识流连接在其他过去的意识流（包括我自己过去的意识流）之后；而且，借助于第三滞留，我在某些条件下可以进入到一部分过去的意识流之中。基于这种连接方式，我既能够进入某个我未曾经历的过去时刻，又能够进入我自己的过去时刻，这样一来，我便能再次经历这些过去时刻。这样的连接方式使我能够进行"认定"，而通过这样的认定，我又能够实现这样的连接。此外，这一认定同时也使我提前注意到，我的意识流在延续的过程中必须保持一致性，也就是说，必须与第二滞留和第三滞留使我得以进入的过去的意识流保持一致，甚至包括我自己未曾经历的、只是在**接受其不确定状态**的同时继承下来的过去
659 的意识流，这一确定的不确定状态仿佛一种**承诺**，昭示着某种**必将到来的一致性**。

上述一致性恰好就是一种统一性，它就像未来时刻那样必将到来，但它的必然性尚未确立，因为它受到了以下这一切实存在的事实的影响，并被其"撞出了裂缝"：同一事物会产生不同表象，也即杂多，而我的重复也会使我认识到**我本身是一个他者**——也就是说，"我"或许并不存在；和"我"一样，我或许只是一个虚构的、投映的、作为假象的"自我"，也即**接受了各种人物角色的"自我"**；在使我变得与电影相似的同时，我也使我自己销声匿迹：

> 在某种形式下，未被确定的存在可以通过"我思"而确定下来，这种形式就是时间的形式[……]我的未被确定的存在只有在时间中才能被确定下来，被确定为某一现象的存在、某一现象主体的存在，这一主体或是消极的，或是接受性的，它出现在时间中。这样一来，我在"我思"中所意识到的自发性就不会被看作某一实体性的、自发性的主体所具有的属性，而是被看作某个消极的自我所具有的情绪，而且这个自我能够感觉到他自己的思想、智性，他因此而言说"我"。这种自发性在他内心对他产生影响，但并非通过他而产生影响。一段漫长的历史就此揭幕："我"是一个他者，或是内感官的悖论。①

这一"裂缝"是"我思"的"缺陷"——是一种必须的缺陷：只有当我处于未终结状态之时，我才可能是一个他者。这一未终结状态源于存在于我自己内心深处的一种不相符性，也是我的意识流未终结的结果（"流"的将来状态会变得与其自身相符，例如一段终结了的、完全流逝了的、找到其统一性的音乐）：**我不断地成为我自己，也即成为我自己的滞留领域，而且我不断地诠释我自己**——并且描绘和诠释即将到

① 吉尔·德勒兹：《差异与重复》，第116页。

来之物、紧随已经发生之物之后的流逝之物。

由此可见，康德所说的“意识的同一性”几乎不可能，那只是一种假设；作为意识流的一个形式条件，同一性并无**实效**，它**并非**而且也**不可能**作为**事实**而存在——而只能以**被投映**的方式而存在，别无其他方式：同一性必然是意识的电影。想要让这形式条件成为事实，那可能就是沉浸到某一幻象之中。同一性或许只是先验电影（康德说的是“先验幻象”）的一种投映，但任何人都无法避开这一投映（无论我们做什
660 么，目的都是为了达到一种与这一形式条件相符的状态）：

> 在不同时刻的我自己的意识所具有的同一性只是[……]我的各种思想以及这些思想相互联结的一个形式条件，这种同一性根本不会证明我的主体在数量上的同一性。在这个主体中，尽管“自我”在逻辑上具有同一性，却仍然可能产生这样一种变化：它不再允许主体保持其同一性，同时能赋予这个主体一个同名同姓的称号，旨在使该主体在任何情况下，甚至在主体完全变了的情况下，仍然可以保留**前一个主体的思想**，并以这种方式将前一个主体的思想**传递**给后一个主体。①

意识的同一性是意识中的尚未到来之物、即将到来之物，是意识的未来，只有在意识终结之时才可能实现——但是，当意识终结之时，同一性也将不复存在，使意识仍然言说“我”：若要言说“我”，必须是以将来时的方式。它总是带着“谁？”这一问题。因此，“我思”这一**断言**总是有“（即将到来的）我是谁？”这一问题伴随左右。

在此，我们来回顾一下第一版“纯粹知性概念的先验演绎”第三节里的一则脚注：

① 康德：《纯粹理性批判》，第294页。（参见中译本第320页。——译注）

一切经验性意识都与一个先验的(先于我们的特定经验的)意识——我指的是作为本源统觉的我自己的意识——之间有一种必然的关联。因此,在我的知识中,所有意识都与(我自己的)某一意识相互关联,这是绝对必要的。然而,这里就有(意识的)杂多的一种综合的统一性,这种统一性已经被**先天地**认识,并且正好充当了有关纯粹思维的一些**先天**综合命题的基础,正如时间和空间充当了有关单纯直观的形式的先天综合命题的基础一样。"所有各种经验性意识都必须与一个唯一的自我意识相互关联":这个综合命题是我们的一般思维绝对首要综合的原则。不过,我们不应忽视的是,相对于其他一切表象而言("自我"使这些表象的集体统一性成为可能),"自我"是先验的意识。然而,**无论这一表象是清晰的意识(经验性意识),还是模糊的意识,在这里都无关紧要,甚至这一意识的现实性在这里也不构成问题。**①

此外,在"纯粹理性的谬误推理"的最后部分,康德总结道:

在我们称之为灵魂的东西中,一切都处于连续的流动中,没 661
有任何东西是永恒的,但"自我"或许应排除在外(如果非得这样说的话)。正是因为"自我"这一表象不需要任何内容,并由此没有任何杂多,所以"自我"才如此简单,这使它看起来像是在表现,或者说得更恰当一些,指向某一简单客体。[……]这个"自我"并非某一对象的概念,更不是某种直观:它只是意识的单纯形式而已。②

① 康德:《纯粹理性批判》,A版第131页。(参见中译本第125—126页脚注。——译注)

② 康德:《纯粹理性批判》,第308页。(参见中译本第332页。——译注)

简言之，先验性的实际效应在于那些影响意识流之物，这是一种自我影响。在《迷失方向》中，我们已经看到，胡塞尔将这种“先验性的实际效应”称为一种“目的”：以某种理想的统一性为目的。

13. 闪回：活跃了胡塞尔的电影

在《迷失方向》最后一章里，我分析了所谓的“认知”类科学在哲学和认识论上的意义，以及它们对电脑这一电子算法时钟的参考。随后，我将胡塞尔为分析“时间客体”这一论题而走过的道路纳入了**涵盖一切事件的“时间客体演变”这一历史、工业以及技术背景**之中。按照我当时的描述，导致这一背景的是“滞留有限性的工业化综合”，这是20世纪的典型特征[①]，它通过相似性数字技术以及由这些技术构成的**确正性**[②]**技术综合**的发展而实现，并且震撼了之前的拼写时代，那里曾是**书面文字**技术综合的天下。

在本书中，我将通过电影（以及电视）这一问题，继续我对“时间客体演变”的分析，并提出以下观点：首先，在三重综合里，电影**已经**为康德哲学意义上的意识（以及这一意识所致力触及的所有意识，也即所有各种类别的意识）构建了结构，正是由于这个原因，电影才能够**影响全球几十亿人的内感官**；其次，如果不考虑电影**在科技上的启示**（也即电影能够使同一个视听时间客体一成不变地进行重复）尚未发生这一事实，那么康德哲学意义上的“电影”所缺少的最为重要的一点，就是胡塞尔提出的“初级滞留”这一概念，以至于康德没能对我在本书中所说
662 的“意识犹如电影”进行真正的思考。

---

① 主要参见《迷失方向》第三章“记忆的工业化”，第一节“滞留有限性的工业综合”，自第436页起。

② 该术语的原文是“orthothétique”，由对应的名词“orthothèse”变化而来，即“确正性”。关于该术语的含义，参见本书第11页的译注，此处不再赘述。——译注

当我们近距离地考察意识流中的不相符性——西蒙栋把意识流运动中这一重要的张力称为“相位差”(déphasage)——这一具有决定意义的问题之时,我们应当回想:胡塞尔所定义的意识流运动是由什么组成的?《纯粹理性批判》显然是他分析的主要对象,那么他在阅读此书的过程中找到了哪些源泉?

《内时间意识现象学》尝试解决的是以下这一矛盾:这本书所要描述的“被体验之物”的时间性指向一种本身不具有时间性的理想状态,但与此同时,这种“无处不在的时间性”,也即在时间流逝的整个过程中一直维系着的东西,必须在时间中才能被找到。我曾指出:现象学主要通过客体的“现象性”,也即客体出现在意识中的方式来审视客体,意识是诸客体理想状态,也即诸客体统一性的目的地,因而从这个意义上说,现象学首先是一种“本质学”①。

本质学之所以被称为“先验本质学”,是因为构成它的“理想状态”或“统一性”(也即“本质”)并不存在于客观世界之中(正如几何学中的点也不存在),而“目的”却是为意识并通过意识构成的**存在的**现实的**构成条件**,就好比纯粹空间是由一些并不存在的点而构成,并进而构成了经验性空间。

从这个角度来看,胡塞尔**对康德的学说进行了一种重大的双重性修正**。毫无疑问,这一修正澄清了一个在康德那里尚处于萌芽状态的观点,即现象在意识流中的构建。《纯粹理性批判》并没有将“现象”与“客体”明显区分开来:

---

① 本质学(eidétique):该术语的德文原文是“Eidetik”,一般译为“本质学”或“本质论”。在胡塞尔的现象学中,它指的是一门关于“本质”(eidos、eidès,也音译为“埃多斯”)的学说。从这个意义上说,“本质论”与胡塞尔所说的“本质科学”(Wesenswissenschaft)或“存在论”(Ontologie)是同义的概念。参见倪梁康:《胡塞尔现象学概念通释》,三联书店,1999年,第110页。——译注

> 我们所体验各种**现象属于意识的质料**，而呈现给我们的**事物**则属于现象学意义上的客观世界。**各种现象本身不会呈现在我们眼前，它们是被体验到的。**[①]

换言之：

（1）康德哲学中所分析的客观性继承自笛卡尔，而到了胡塞尔这儿就变得有失妥当了。胡塞尔认为，**不应将以下两种关系混为一谈，一是“主体—客体”这对关系，二是“意识在当下体验到的内容”与“意识内容的统一性这一意义上的意识”之间的关系**。这是因为，“在第一种情况
663 下，涉及的是两种现象学事物之间的关系，而第二种情况则是‘某一特定的被体验之物’与**‘各种被体验之物之间的结合’**之间的关系”——这种“结合”从现象学角度定义了“被体会的意识”。“客体”与“主体”分别被“现象”与“意识流”（现象在其中得到构建）取而代之。“各种被体验之物之间的结合”构成了意识，并形成了意识流，而意识流同时也构成了该意识的统一性，这种统一性是被体验之物所具有的统一能力。

（2）一方面，“现象—意识流”这对新的关系取代了“主体—客体”这一关系；另一方面，所有意识针对的“本质”通过现象使意识**处于运动之中**：二者造成的后果是“意向性充实”（remplissement intentionnel）这一概念的出现。康德不可能构想出这一概念，尽管它是“意识流中的不相符性”这一问题必然引出的主题，而且这一问题在康德那儿一直非常重要。

以这一方式来表述“不相符性”尽管尚不充分[②]，但是它和“第一

① 胡塞尔：《逻辑研究》第二卷第二部分（法译本，H.艾利、A.L.凯尔克、R.谢莱尔合译），法国大学出版社，1972年，第149页。

② 在《迷失方向》的最后一章里，我曾指出过为什么这一表述不够充分——在《技术与时间》的最后一卷，我还将回到这个问题上来，继续详细阐述。此外，很明显的一点是，在海德格尔那里，“本体差异”这一概念既来自“填补”和“不相符性”这一论题，但同时也否定了它。

滞留”的概念一样，都是现象学的重大贡献——很明显，“新批判”必须以这些贡献为支撑。因此，我们在这里必须回顾一下我们在前面对胡塞尔关于“被体验之物”的哲学思想所进行的分析。

这一回顾对我们的研究过程非常有利。从某种角度来看，胡塞尔和康德一样，也承认为了分析意识的统一性，现象学家并没有必要赋予某个“我”(ego)以实体。这种方式其实是将意识流物化，剥离了意识流所特有的“处于流动中”这一特征。就像我们曾在《迷失方向》中说过的那样，这其实是“将意识流看成一个独立于其内容的容器，看成一只匣子，我们可以将若干‘被体验之物’放进这只匣子，而且在审视这只匣子的时候，不必去考虑匣子里头的‘被体验之物’。然而，现象学**始于**被体验之物并以之为支撑，不可以将意识看作一个先于其内容的框架，而必须在内容本身之中去发现意识”，并找到意识的统一性——康德所说的“先验亲缘型”也是这样。

因此，以一种与康德极为类似但显然更直截了当的方式，胡塞尔总结道：“现象学上还原的‘自我’并不是一种翱翔于各种‘被体验之物’之上的特殊事物，而只是一种与这些‘被体验之物’的结合所特有的统一性完全相同的事物。”[①]然而，正是在这里，我们必须引入一个新的现 664
象学概念，一个康德的先验哲学所缺乏的概念：**填充**。

事实上，“被体验之物”在意识中按照一些法则，也即一些理想的规律性前后连接在一起，通过这些法则和规律性，某一“被体验之物”的**填充条件**得到了满足——这与《纯粹理性批判》中的“认定的综合”和“领会的综合”非常相近。填充的目的是某种理想性，也即一种不具有时间性的规律性，它标志着**“被体验之物”与其目的之间的不相符**

① 在《现象学的主导观念》中，胡塞尔将围绕一种重建的自我重新对整个现象学进行调整，从而倒退了一步，比康德从《纯粹理性批判》的第一版到第二版的倒退更为明显和不幸。

性，但是对某一客体的体验与该客体理想的统一性之间的不相符性**本身也处于某一意识流之中，而且该意识流的目的在于它自身的统一性，因为它缺乏统一性：它也即是以某一自我的理想的统一性为目的的意识流**，可这种统一性和其他任何理想性一样，都不存在，它是一种具有完全的统一功能的统一性（是一种“严谨的科学性”），也是所有理想性致力达到的目标。

因此，本质是对**仍然缺乏之物**的一种**投映**，而且存在着一种意识流本身的**本质**，即意识流的统一的目的，它在所有现象学意义上的本质中得到投映，正如“我思”伴随着我的所有表象那样。“自我”本身是一种理想的目的，仿佛美术作品中的没影点①，既不断变化着，又具有完全相同的目的，就像《内在时间意识现象学讲演录》所分析的**音乐旋律**那样。正如“先验分析论”中所说的，这个统一的维度在对所有“被体验之物”进行场面调度的同时，还根据“所有被体验之物之间理想的会聚”这一法则，确保它们之间协调一致。这个法则既是意识流的统一的一致性，即意识流本身的一致性法则，同时也是客观世界里各个客体（“被体验之物”是这些客体的现象）之间的一致性法则（康德将此称为“先验亲缘性”）。

然而，这一“理想的会聚”事实上是一种分歧——这一分歧感动了“我”，启动了“我”，使“我”朝着它的统一性运动，行使它的自由和它的意愿。一方面，“我”这一意识流一直与本身不相符（否则它就会消失）；另一方面，客观世界本身也是一种“流”，也即一种“演变”的过程，在以客观世界为对象的意识之外，在作为“在世存在”的客观世界本身之外，客观世界持续演变并永远存在着：那么，“我”与客观世界之

① 没影点：透视学的一个重要概念，意思是美术作品中透视线的会聚点。例如，当我们站在铁轨中央向铁轨的远方望去的时候，在我们的视线里，两条实际上平行的铁轨似乎在远方会聚于一点，这个点就叫“没影点”。——译注

间的差距是怎样一种情况？ 665

这个问题带来了两大论题，本书最后一章将致力于第二个论题，而我们在此处所要分析的正是第一个问题：

一方面，具有不相符性的意识流走到终点并达到相符性状态之后，它对于仍然存活着的意识而言，仍然以第三滞留的方式实际存在，而且又会在这些意识中变成各种不相符性，并重新推动这些意识流的未终结状态；

另一方面，一边是某一意识以及该意识与其他意识组成的领域，也即**在某一“我们”中连接在一起的意识流的集合**，另一边是现象学意义上由“被体验之物”与能够被客观化的事物共同构成的世界，以上两者之间的差距是另一种不相符性，它构成了“自由”在自然中（也即在一切可以作为某一理论的理性确定的判断对象的事物之中）所处的地位——用康德的语言来说，也就是伦理与实践所处的地位。

在本书的结论里，我们将看到，第三记忆这一论题作为上面所说的**两大论题的核心**，将引导我们颠覆形而上学里的一个古老的**偏见**。从亚里士多德开始，至少到康德，该观点一直认为，技术（也即由第三滞留组织起来的领域）既不属于真正意义上的实践的范畴，也不属于理论的范畴，理论范畴没有技术的存在。工业化第三滞留出现在“技术科学”[①]之中，这一技术科学，**包括生存者层面上**的技术科学，已从根本上颠覆了关于技术的哲学用语，也即赋予这些术语以这样或那样的意义，以至于亚里士多德曾命名的“praxis”（实践）和“phronesis”（实践智慧）已经变得完全不再适用于技术科学，而且在康德的话语体系里也找不到合适的术语。

在形而上学这部影片中，技术没有找到可扮演的角色。严格地说，形而上学里不存在真正意义上的技术，有的只是理论哲学的一个相关

① 关于“技术科学”（technoscience）的含义，参见本书第三卷第六章。——译注

物而已[①]。然而，当科学——理论的纯粹理性的领域——变为“技术科学”之后，每天都在召唤康德意义上的“实践”，也即“伦理”做出回
666 应：**理论和实践的相互渗透**不断变得确凿无疑。对于事实所造成的一系列革命性的后果（既然我们有诸如“哥白尼革命”的说法，那么此处不妨用“革命性”一词），我们今天已不可能视而不见。

然而，理论和实践之间的相互渗透却**从未引起人们的反思**。

此外，**通过技术科学，科学变成了科幻片，变成了一部电影**，而且遍布着**已经成为现实**的图像、模型和模拟，以及我们可称之为“空想”[②]、存在论的圈套之类的东西，它们就像**畸形的、魔鬼般的现实**那样，被**公众偏见**所刺透：对此，我们能否忽视？在此，我们必须提出这个关于“魔鬼”“空想”“科幻片”的问题，更何况在文化工业生产象征符号的过程中，这一问题对第三滞留的工业化来说同样非常重要。

我们将在《象征与魔鬼或精神之战》[③]中继续阐述上述问题：这些问题我们不可能视而不见。

这样的研究道路要求我们重读康德，他曾对“魔鬼性”“不可社会化的社会性”必然造成的“弊病”进行过思考。这一重读应当以胡塞尔为出发点，从初级滞留的角度、从对意识进行批判的角度进行；对意识进行批判，也就是将意识视为一种流动，它由一些填充过程而启动，而这些填充过程从某种意义上来说也就是意识这个**投影仪**的**动力装置**。我们在《迷失方向》中曾说过，现象学已将“主体—客体”这一关系替换为以下关系：

---

① 正如皮埃尔·奥本克所说：“在《判断力批判》的导言里，康德要做的是将‘哲学体系’划分为理论哲学和实践哲学，而他之所以谈论‘技术’的规则或‘实践技术’的规则，只是为了重申这些规则从真正意义上来说并不属于实践哲学，而只是‘理论观点所造成的结果’，也即‘理论哲学的必然后果’。”《亚里士多德的谨慎》，法国大学出版社，1993年，第186页。

② “空想”原文为“chimère”，指的是古希腊神话中狮头、羊身、蛇尾的吐火女怪，后引申为“空想、无法实现的计划”等含义。——译注

③ 即《技术与时间》第四卷（尚未出版）。

意识流／（现实的内容→理想的内容）

在此，“客体”变成了客体的某一“被体验之物”，而且“理想的内容”与意识流区别开来，二者之间有了“现实的内容”的介入。意识的某一“被体验之物”使该意识的意向性付诸实施，而该意识以某一客体为目的，也即去**体验**这个现象学上的“被体验之物”的客体，此时就对“意识当下体验的内容”和“意识所指向理想的内容”（也即本质）之间的差异进行了定位——意识尝试着去填充这一差异，胡塞尔将此称为“意向性填充”，这是一个由某一期待所启动的过程，而对于它所具有的前摄性质，我们不得不承认。

换言之，意识流是一个自我封闭的统一体，其中遍布着若干“本质的范围”并由它们组成，而且有多少“本质的范围”，就有多少期待的范围。从某种意义上来说，这些期待也就是前摄，是预先认定的综合，它**们将意识流的统一性投映在意识之外**，而意识也因此努力去填充自己、 667
完成自己，变成自己所是的样子，同时在初级滞留的期待（从某种意义上来说，也即**本质**）的接续中圆满地完成自己。因此，我曾经提出过下面这个问题（在《技术与时间》的最后一卷中，我还将继续探讨这一问题）：既然“本质”**既**不在以之为目的的**意识**里（否则意识就没有必要去满足它的期待，也不必去填补什么差距），**也**不在由该目的**构成**的**客观世界**里（因为客观世界是由该目的构成），那么：**本质在哪儿？——或者进一步说，“本质”来自何处，“本质”的图像被捕获和记录下来了吗，被摄取、剪辑、校准了吗？如果答案是肯定的，那么这是何时以何种方式完成的**[①]？拒绝迎战这些问题，拒绝以非经验主义的方式去面对它们

① 在此，我们应当注意到，“eidè”（本质）对应的动词“eidô”既有“看见”“观察”“回想”的含义，又有“使具象呈现”“出现”等含义，而“eidôlon”指的则是“假象”“幻景”“图像”“肖像”，甚至“想象”等等。

并在解决它们的时候满怀勇气和专注，这或许意味着在面对“思考”的任务之时辞职不干、一走了之，意味着放弃思考，将思考交给奇迹和魔术来支配。如果我们注意到，思考所具有的奇迹和魔术的特征不可抹杀，或者说注意到思考确实具有电影的特性，那么我们就有可能，而且也必须从这一事实去发现很多结论。

从这个角度来看，让我们再次引述《迷失方向》：“这是一个有关意识流中的某种空洞和缺陷的问题，作为即将到来的统一性，该意识流自我复制、自己投映。这一位于‘自我’之外的本质并不具有某种先验性，而可能是**意识流本身内部的一种不相符性**。如果统一的意识流本身也是一种目的，是一种通过所有‘被体验之物’的前后连接而达到某一‘自我’的统一性的**填充过程**，那么从某种意义上来说，意识流与其自身或许**并不相符**，或许应当将这整个关系表述为：

[意识流／(现实的内容→理想的内容)]→意识流的理想的统一性

在整个过程中，意识流理想的统一性的填充，似乎赋予意识流以真正意义上的“处于流动中”这一特征，并且使意识流运动，也就是使其处于**未终结状态**[在此我们必须将这一表述补充为‘思考的未终结状态’]，这是意识流动力性的源泉——**但在这种情况下，‘意识流’就变成了海德格尔在分析存在时所说的‘此在’，就像‘走向死亡的存**
668 **在’那样。**”①

① 本书第二卷《迷失方向》，第549—550页。至于“填充”：“(《逻辑研究》里)第五段对不相符性，也即‘填充’的问题做了一些非常重要明确的阐释。所有相符的感知都是内感知，但不是所有的内感知都是相符的感知。在不相符的内感知与相符的内感知之间，有可能存在着‘填充’——但这一填充总是以失败而告终。内感知是对我自己的‘被体验之物’的感知，而相符的内感知则是对我的‘被体验之物’中的明显性的(转下页)

14. 统觉的基础

正如胡塞尔后来也曾认为的那样，康德已经把“同一性”定义为一种形式条件，仅此而已，这一形式条件不应当被“物化”[①]，虽如此，但“认定的综合”还是不得不将它投映到所有客体中去。从这个角度来看，伊曼努尔·马尔蒂诺在翻译“纯粹理性的谬误推理”的开篇时将德语词“aufzuführen”换成法语“mettre en scène”[②]，真可谓神来之笔。在

（接上页）感知，是对我的‘被体验之物’（当它是明显的‘被体验之物’的时候）的感知。心理学家没有看到这一点，故而将内感知与相符性混为一谈。不过，**从现象学的角度来看**，将二者区分开来会使**外感知**完全被剔除在外，使外感知不再有存在的空间。**心理学家在外感知中寻求的是主体与客体之间的不相符性**，也即以下这一事实：在所有外感知中，主体总是抓不住客体的某些方面。然而，我们**应当研究的并不是主体与客体的不相符性，而是‘被体验之物’这一总是内在的感知（它是外在客体的构成要素，因此也就是外感知的构成要素）与作为‘被体验之物’目的的理想性之间的不相符性**。这样一来，主体（内感知所在的地方）与客体（外感知的源头）的不相符性就变成了本质上是内感知的‘被体验之物’的现实内容与该‘被体验之物’的理想内容之间的不相符性。——**理想内容**既不是内在的，也不是外在的，那么**它在哪儿**？”［“走向死亡的存在”（法文：être-pour-la-mort；德文：Sein zum Tode）：在《存在与时间》中译本中（陈嘉映、王庆节合译，熊伟校、陈嘉映修订，三联书店，1999年12月第2版），该术语被译为“向死存在”。关于这一概念，参见《存在与时间》第二篇第一章“此在之可能的整体存在，向死存在”。——译注］

① “为了一般地认识一个客体，我必须以某一事物为前提，但很明显的是，一方面我不能把这个事物本身当作客体去认识，另一方面确定性的‘自我’（即思维）必须与被确定的‘自我’相互区别，正如认识必须与对象区别开来一样。不过，在各种思想的综合中，这些思想的主体的目的是真正地感知到的某一统一性，但是如果某一表面现象使我们失去了所要寻找的统一性，那么还有什么能比这种表面现象更为自然、更具诱惑力呢？我们可以将这种表面现象称为‘物化意识（aperceptionis substantiatae）的偷换。’”摘自康德：《纯粹理性批判》，第325页。（参见中译本第345页。——译注）

② 参见马丁·海德格尔：《对康德〈纯粹理性批判〉的现象学阐释》，第329页。

伊曼努尔·马尔蒂诺，法国学者，曾将海德格尔的《存在与时间》《对康德〈纯粹理性批判〉的现象学阐释》等著作译成法文，并撰写了多部阐释和评论作品，以此扬名法国哲学界。在该句中，“aufzuführen”是动词，意为“上演”、“放映”、“演奏（转下页）

那段文字里，康德明确指出，“我思”这一概念是“所有一般概念的承载者[……]，只能用于将一切思维作为属于意识的东西搬上舞台或银幕(aufzuführen)”。[①]这样一来，

> 在灵魂中，我们遇到的永久性现象只有唯一一个表象：自我，它伴随着其他所有表象，并将它们联结在一起。既如此，我们永远无法断定，这个“自我”(即一个单纯的思想)是否与其他那些通过它而
> 669 相互联结的一切思想一样，都在流逝。[②]

换句话说，就像“纯粹知性概念的先验演绎”**第二版**所论证的那样，尽管内感官作为流逝之物，区别于统觉的统一能力并受制于它的权威[③]，但是“自我”本身**或许**完全是一种永久性的流逝。这一流逝永不停息、从不停止，构成了最为**基础性**的必然性，那么在这一流逝之上，“永久性”位于何处？这是个问题。

然而，这个问题在“一般经验性思维的公设”一节的论述中，恰好支撑了对经验唯心论(必须将它与先验唯心论区别开来)[④]的反驳。只有借助于外部经验，我们才会“即便不一定可能意识到我们自己的存在，但至少这一‘存在’在时间上的确定性，也即内部经验，总是可能的”[⑤]。这句话意味着：

(接上页)(音乐)”、“组织举办(演出)”等；“mettre en scène”是动词词组，意思是“将……搬上戏剧舞台或电影银幕”、“导演”或“对场面进行调度”。——译注

① 康德：《纯粹理性批判》，第278页。(参见中译本第288页。——译注)

② 同上书，第295页。(参见中译本第321页。——译注)

③ 同上书，B版第131页。(参见中译本第102页。——译注)

④ 此处“唯心论”原文为“idéalisme”，在《纯粹理性批判》中，这一术语有时也被译为“观念论”。参见中译本第202页脚注3。——译注

⑤ 康德：《纯粹理性批判》，第206页。(参见中译本第204页。——译注)

第一，意识是“既有材料性”的[①]、代具性的；

第二，从这个意义上说，**这一“既有材料性”是一种投映性、一种投映、一种预见：一些由各种期待所构成并以既成材料、崇拜物及其他第三滞留为载体的范畴**——这是因为，在考虑周全、审慎忖度之后，得出的结论是：“内部经验只有借助外部经验并以间接的方式才是可能的。”[②]如果没有边缘和堤岸，那么“流”或许就不成其为“流”，边缘或堤岸并不流逝——至少它的流逝与它们所包围和界定的“流”的流逝不在同一个节奏上。正是在这样一种差异里，第三滞留找到了它的位置，它在那里刻下自己的痕迹、写下自己的文字，并相对流逝之物将自己保留下来。

既然已“考虑周全、审慎忖度”，那么我们或许就必须**对一类特殊的“外部”经验进行分析，即第三滞留，它被某一意识所领会，并将其作为“我自己”的痕迹**，也作为某一“他者”的痕迹；同时，还必须通过具有纪念意义的地点和建筑、礼仪实践的工具和机制、洗礼和赐名机制，以及第三滞留的一切工具和联结，去理解**“我们”（其中交织着诸多“时程区划”和“方位区划”**[③]**）**的时间性在规划上的维度。通过第三滞留的工具和联结，由诸多意识构成的诸多集体与智者的思想建立了联系，以上帝的名义去祈祷和领圣体，纪念某一革命性思想的共同的历史，纪念

---

① 此处，作者用了一个合成形容词“pré-textuel”，其中前缀“pré-”表示“（时间上）在前的、先前的”，形容词“textual”由名词“texte”（意为“文本”“文章”）变化而来，表示“文本的、书面文字的”“与原文相符的”等含义。结合上文所说“借助外部经验，内部经验才有可能”，作者在此处表达的意思应该是由于诸如文本（书面材料）、影像（视听材料）等材料的存在，意识才可以被记录和保留下来；而且，意识的保留和记录必须借助于“第三滞留”，所以也具有“代具性”。从这个意义上来说，不妨将“pré-textuel”译为“既有材料性”。——译注

② 康德：《纯粹理性批判》，第207页。（参见中译本第205页。——译注）

③ 关于“时程区划”和“方位区划”的含义，参见本书第三卷第三章第11节。——译注

某个**理想国**的成立，并将它们存在的“流”结合在同一个历史，也即被**共同地接受了**的历史中。正是在这一维度里，而且正因为这一维度的
670 前提是某种**材料**，所谓的“程序工业”和“文化工业”才得到了发展。

这些工业之所以能够“为它们的顾客把所有一切都图型化”，不仅是因为“我”只有通过其遴选并剪辑的图像才能自我投映，**同时也因为他能够而且事实上也必须将“遴选”委托给他人**——首先，根据“尽可能地付出最小的努力”这一原则，他必须这样做；其次，**一直以来，他总是将这一能力委托给他的前人**；而且，他若要**继承**前人，同时**接受**前人的过去时刻并将其作为他自己的过去时刻，也作为他自己在某一“我们”的范围中的未来的前提条件，那么他就必须对前人抱有一种**绝对的信任**，而这信任也将一直掌控着他。显而易见，这种**无条件的信仰**只可能是一种投映，而且假如没有了它，那么也就不会有任何持久性的委托，也即(不可社会化的)**社会性**。通过这些受委托人，某一**绝对性的过去时刻**的权威审度着“我”，正是这一权威使象征符号具有了“有效性”。

自我投映的“我”对他的那些作为既有材料的图像进行遴选和剪辑——这是一些承载着心理图像的客体图像，而心理图像正是从这些客体图像中抽象而来，正如最初的数字是一堆“代表”或“象征”一群羊的泥丸那样。“我”在自我投映的同时，首先对第三滞留进行处理，并从中进行遴选，这样的遴选必须服从于诸多范畴，因为范畴是遴选的条件(是“我”的前提条件，也是构成“我”的时间流的统一性条件)。范畴作为条件，本身受到了图型的调配：“范畴若是没有了图型，就只是与概念相联系的知性机能，而不表现任何客体。它们的意义来自在限制知性的同时实现了知性的感性。”①

换句话说，“流”在进行捕获、剪辑、混音、综合控制、后期制作和投

① 康德：《纯粹理性批判》，第156页。(参见中译本第145页。——译注)

映之时，所依据的**基本规则**是各种范畴。我们在这里所说的“流”，海德格尔则将其称为“时间”：

> 作为纯粹直观，时间提供了一种先于一切经验的视觉画面。正是由于这个原因，我们应当将“纯粹图像”称为“纯粹视觉画面”（依康德所言，即前后相继的一系列诸多当下时刻），二者呈现在同样的纯粹直观中。在图型法一章中，康德本人也这样说过：**“一般感官的所有客体的纯粹图像［是］时间。”**[①] 671

海德格尔认为，知性的纯粹概念是由图型法“在时间中引入”的一些规则[②]。说实话，这一说法相当奇怪：这些规则构成了时间，使时间成其为时间，却并不先于时间而存在。不过，不管怎么说，各种范畴是时间的各种**可能性**：

> 与诸范畴的划分过程中的四个时刻（量、质、关系、模态）相对应，时间的纯粹**视觉画面**的显现方式应当具有四种可能性，即“时间序列、时间内容、时间次序、时间综合”。[③]

范畴和图型互为条件（而且范畴在图型中具体化，成为时间流的可能性），这就是我们在分析图像和图型的关系时所说的“转导关系”，其中任何一方都不先于另一方存在，而且当一方不存在时，另一方便什么也不是：“我”不是一只可以被内容填满的匣子，而是由某一时间流的**动力**所构成的一种形式，而且它本身就是它在时间流的统一性中的内容

① 海德格尔：《康德与形而上学问题》，第161页。

② 同上书，第162页。

③ 同上书，第163页。（或参见《纯粹理性批判》中译本第143页。——译注）

（它接受了这些内容，就像接受影片里的人物的时间那样）。

（这一时间流本身是另一个更大的时间流里的一种形式，正是由于这个原因，我们在《迷失方向》中曾将它称为“旋涡”。——在本书后面的部分，尤其是在《技术与时间》的最后一章，我们还将回到这一问题上来。）

然而，对唯心论的反驳恰好意味着第三滞留的可能性和必要性，这里的第三滞留当然是相对于某一主体的客体，它就像一片土地及其上的石块，位于可见或不可见的激流的边缘和深处，决定了这条激流的节奏和形式：

> 呈现在外感官面前的现象拥有[……]某种固定且永久性的东西，它提供了一个载体，可以用来为那些变化不定的规定做基础，因此也提供了一个综合性概念，也即关于空间以及空间中某一现象的概念。与此相反，时间作为我们内部直观的唯一形式，却不具有任何持久性的东西，因此它只能让我们认识到规定的变化，却
> 672 不能让我们认识确定性的对象。[①]

我们应当将上面这段文字与另一段文字联系起来：

> 某一永久性的事物在存在中的表象与永久性的表象不是一回事，因为永久性的表象与我们的所有表象乃至物质的表象一样，可以是极为变化不定且多种多样的，但是它总是与某一永久性的事物联系在一起，而这一永久性的事物必须是一种与我的一切表象完全不同的事物，它外在于我，它的存在必然被包含在我自己的存在的规定之中，并与这一规定一同构成了唯一的经验。只有当

① 康德：《纯粹理性批判》，第308页。（参见中译本第332页。——译注）

这个经验（或它的一部分）是外部经验的时候，它才有可能发生在内部。[①]

对唯心论的反驳意味着第三滞留有必要而且也**能够将某一永久性的表象记录在某一永久性的事物之中**，并且将内感官和外感官共时化。这种共时化则保证了“流”的同一性，尽管在“流”当中，“没有任何可持续之物”因此也没有任何相同之物，因此这种共时化既是导向的基础，也是导向的条件[②]。作为**统觉时间的统一性基础**，这种可持续性被定义为“统一”这个过程的性质，而该过程本身完全是流动的，因此自身仍有不足之处，从而必须赋予第三滞留一个至关重要的地位：通过它所具有的可持续性，第三滞留构成了时间流的过去时刻以及其中已经结束之物的持续性。

从这个角度来看，“我思”的对象——例如我在读的这部康德的著作，或是康德出版于1781年并于1787年重读和重写的那部著作，或是1 500万或2 000万法国人每天晚上在同一时间收看的电视新闻，或是1998年7月12日全球几亿人通过电视机收看的足球世界杯总决赛——在作为“我思”的第三滞留的同时，是一种客体图像，而且**它不仅仅是内在的图像，也不仅仅是外在的图像**。对于所有第三滞留，也即所有技术客体来说，情况都是这样，它们能够变成崇拜物和投映的银幕——以及痕迹，并或多或少地忠实于过去时刻的、已经消失了的意识流的“被体验之物”，与之“确切相同”（具有确正性[③]）。 673

我们之所以花很多时间在这些分析上，是因为它们的结论具有重

① 康德：《纯粹理性批判》，第28页。（参见中译本第28页的脚注。——译注）

② 在阅读《何谓在思想中确定方向？》（A.费罗南科译，维翰出版社，1978年）时，我们还将看到这一点。

③ 关于“确正性”这一概念，参见《迷失方向》中的“拼写文字的时代”，自本书第335页起。（或参见本书第11页的译注。——译注）

大意义：**第三滞留既有空间性，又有时间性**，而且它调整了区分空间与时间的可能性。正是由于这个原因，作为第三滞留的工业，文化工业和程序工业同时也是速度的工业。

15. “流”的共时化与意识市场的构成，兼论“降解体系”

第三滞留由于具有这种空间性，因此必然被人以各种可能的方式操作。第三滞留的空间性使**各种多样的意识流集中在一起**，与此同时，不仅将这些意识流的注意力集中在同一时刻（参见上一章最后一节），而且由此在第三滞留的支配下，使第二滞留在初级滞留中启动了遴选过程，而这些第三滞留有时候会被上百万或上千万意识同时遴选、“调控”和“接受”。因此，第三滞留的空间性使这些意识**几乎被物质化**，而且在任何情况下都会使它们“物化”，所以**意识群体**才可能会变成“观众工业”，即程序工业的**原材料**。这样一来，一个广袤的意识市场在20世纪末完成了构建，而且它注定会超越一切障碍，变成一个世界级大市场。

这个市场落实了一系列投资，并期待着投资的收益。此外，这一市场还构成了一个**全新的前摄过程**。

我们已经指出，由于不相符性的存在，前摄才有可能存在。这一不相符性是即将到来之物的不确定性（以及处于过去时刻之物的可诠释性）所造成的结果，它促成了**意识之间的本源性的历时状态**，也就是说，它构成了每个意识流，也即每个“我思”的特殊性。因此，“我思”被认为是一种自动的运动，是思想的一种自主性，确切地说是作为某一“自我”的统觉即“自我”的意识，是一种**自省性**。

然而，针对意识群体的第三滞留的工业化生产是遴选准则的一种共时化和工业标准化的过程，这个过程使由意识构成的各个意识流汇聚到同一个，也是唯一一个熵的环境或降解池[①]中，在那里，思想自我分解。霍克海默和阿多诺分析的正是这种“降解体系”，它是意识的异化和物化机制。 674

对于康德“面对着读者群”之时的过去时刻的意识流，我们**可以进行多种阐释**，这一阐释的多样性构成了一种负熵，这是思想的机遇，而且首先是康德本人的机遇，因为他恰好处在一个“并不是什么非同寻常的”，也即一个普遍的处境中，在那儿，人们“能理解这位作者，甚至胜于他对他自己的理解，这是因为他并不曾充分地断定他的概念，而且由于这个原因，他有时是在以违背他自己的本意的方式来言说，甚至思考”。与此同时，思想（这里所说的“思想”指的是先辈们的意识，它们回到了某一意识或当下存活着的某一意识群体中）所在的领域而今已经被工业化了，这一现实包含了一种明显的而且绝对处在当前时期的危险，即意识的熵的共时化，它恰好构成了时代末日的可能性——指的是在这里所描述的机制中，**因为上述分析显然没有以同样的方式涉及被排斥在工业世界之外的意识**。

时代末日的**可能性**并不是一种极为可能的可能性（那样的可能或许难以论证），而是一种**有待讨论**的可能性，是**放弃自由**的可能性，也是“放弃自由”的唯一结局即**政治与思想的末日**——即便不是物质与躯体的末日——的可能性：从某种角度来看，这也是“思想”这枚中子弹的结局，它在爆炸之后留下的是一些不可居住的物质与躯体，从某种意义上来说，也就是一个自动装置的世界。

16. 新的前摄过程的悖论以及欲望的崩溃

换句话说，作为共时化过程，新的前摄过程是一个悖论，而且不可

① “降解池，即‘化粪池’，设置它的目的是使其中的物质转变为[……]无味无毒的矿物质化合物”，参见《罗贝尔法语词典》。

避免地会导致权威性和信誉的损失，包括经济损失。在各种时间流中，世界的“刚刚过去的时刻”被不停地制造出来，一分钟接一分钟、一小
675 时又一小时，从不间断，这一切决定于一种完全受制于信息机器的即时性遴选和滞留机制①，而记忆的工业、想象活动的工业以及信息工业则在这些时间流之中建立了一个永久性当下时刻，与此同时，这些工业的发展所造成的事实以及给人带来的感觉，一是记忆中有一个巨大的空洞，二是与过去失去了联系，三是世界淹没在一种信息的混沌中，处在“遗产无人继承”的状态，其中由欲望所构成的期待的范围已消失殆尽。

上述信息机器之所以被创造出来，其目的在于激发一些幻象，使它们密集化，使它们复生，而这些幻象是当**主体与客体的关系**变成了**消费者和商品的关系**之后，以**计算**的方式去系统地组织主客体关系而造成的后果，它们本身无法自我维持。这一信息机器注定要倾覆，所造成的只可能是欲望的崩溃，**使欲望最终筋疲力尽，越来越受制于计算，受制于被确定之物的“非延异”的确定性**，走向保罗·瓦雷里曾担忧过的那种全球范围的崩溃：

> 我们现在必须[……]自问：这个由诸多强烈而密集的冲动、改头换面的虐待、体系化的惊奇、过于组织化了的快感共同构成，并且具有严密的实用性和简易性的体制是否可能造成思维永远的畸形化，使其失去或获得某些属性？更为重要的是，对于那些使思维期望上述**进步**、使思维倍加努力地去追求发展的馈赠物而言，它们是否会因为被过分使用而受到负面影响，是否会由于本身的效应而降低档次，是否会由于它们的行为而筋疲力尽？②

---

① 关于这一点，参见《迷失方向》的“记忆的工业化”一章以及“时间客体与滞留的有限性”一章的结尾。

② 保罗·瓦雷里：《漫谈智力》，全集第一卷，“七星文库”丛书，伽利玛出版社，1957年，第1048页。

新世纪是一个数字化集成的世纪。在新世纪里，电视机成了服务于远程行为的一种仪器。随着新世纪的到来，世界遇到的主要风险是一种停滞不前，它源于过高的生产能力带来的诸多严峻问题，但更为重要的原因却在于以下严重现象：**作为一切投映的前提条件，“利比多经济”**（économie libidinale）导致了消费能力的衰退。很明显的是，上述风险与广泛的不平衡结合在一起，这些不平衡不仅影响了利比多经济体系的外在性，而且对它施加的压力越来越大。

欲望的对象必须是特殊的，欲望的主体必须在其中找到他自己的特殊性——也就是其**反思的历时性**。[①]然而，**消费已经变得没有了对象**（产品并不是对象，它的存在不是为了满足欲望，而是为了促使需求转变为集体幻象和大众行为），因而强化了一种**失望的**沮丧情绪。一种选 676
择性市场营销的实行，通过确立消费者与产品之间的“一对一关系”而实现所谓的市场分割，这一切根本没有改变我们在这里描述的状况，而对视听型节目和资讯类节目的传播媒介进行操作也未能做到这一点。作为一种施行缓和准则的市场营销机制的结果，个人的“选择”只是一些代用品，而媒体的多样化充其量只是借助于新的划分大众的可能性，将同样受控于计算的滞留准则付诸实施。

这样一来，消费的熵或许注定走向自我消除，走向失效和虚无。假如我们不考虑其他实际情况的话（例如以下两个事实：一方面，新的分析能力在社会上出现；另一方面，始于20世纪70年代的危机是一次全球性剧变，它的跨度或许将长达千年之久，但是因剧变而产生的消化过程却稍显缓慢，或许太过缓慢，但总之，对于它已经牵涉的几千万受害者，以及它还将继续牵涉的数十亿受害者而言，这一消化过程来得太晚了些），那么很明显，正是这一感觉激起了当今多种反对话语，同时作为

① 任何反思都与爱有关，我们在下一卷中分析柏拉图的《会饮篇》时会再次看到这一点。

这些言论的基础使这些话语团结起来，指责那些控制了观众和全球市场的主导者的明显不负责任的态度。

17. 思想的未来

20世纪90年代，通过信息技术、视听技术和电讯技术的汇聚，文化工业走上了数字化集成的道路——随着英特网于1992年通过TCP-IP互用性协议的施行向全世界民众开放，随着图像与声音压缩标准MPEG[①]的接受，以及电讯运营机构大范围的私有化，文化工业数字化集成的进程越来越快。

这种集成往往被称为“汇聚”，它已成为第三滞留生产和传播的一个新范畴，也是**思想的一个新领域**。正是在20世纪，思想的领域成了对意识的时间所进行的工业开发的领域。这并不是一个可怕的演变，并不意味着“图型法”突然就走出了意识：**只有当某一意识投映到它自己外部的时候，它才能是为某人所拥有的意识**。不过，在信息工业尤其是
677 相似性数字技术的时代，这一外在化和物质化了的意识变成了“对流的操作”和“大众的投映”的材料。对于世界市场上的工业产品和生活方式的消费者来说，**“为某人所拥有的意识”已经可能会由于外在化而完全被消除**：这就是我们在面对意识流的同质化和共时化之时所应当反思的。视听类时间客体使意识流同质化和共时化，这一进程已颠覆了国界和地理界限，因为数字技术不会止步于无线电传播所受到的那些限制。

在大众视听类工业时间客体的时代里，这种意识的共时化要求我

① “MPEG”是“Motion Picture Expert Group”的缩写，意为“运动图像专家组”，是隶属于国际标准化组织（ISO）和国际电工委员会（IEC）的一个机构，其职责是制定视音频的编码标准，对视音频进行编码和解码。鉴于该机构制定的标准对多媒体技术和产业的重要性，机构名称的缩写“MPEG”如今已被用于视音频格式的名称。——译注

们对此类操作进行批判，但是这种批判并不要指控电影扭曲了意识；相反，它应当阐明，意识的运作与电影类似，这使电影（以及电视）得以掌控意识。这样一来，电影和电视作为一种可能摧毁意识本身的社会现象（这是一个“思想的生态学”的问题），对它们进行批判就要求我们对意识本身进行一种新的批判，并对康德的哲学体系进行修正。

第三滞留可处理、可存储、可交换，因而也可以用于销售，从中获利。在第三滞留的空间里，初级滞留的时间和第二滞留的时间普遍地等价化了，这便调节了“一般等价物”，也即资本和市场的前提条件：货币。然而，在市场中，随着文化工业的发展，意识的时间也成了一种商品。对于这一有关滞留的资本问题，马克思未曾思考，这就成了一个很大的缺陷，尤其是在文化工业的时代，当文化工业数字化之后，就成了一个调控工业整体演变的领域——无论我们是否将文化工业称为“新经济”。

在文化工业的演变过程中，被销售的是意识本身。在此，我们总能够揭露一种野蛮的颓败，一种可怕的事实：这不过是所有意识流具有有限性和代具性的直接后果而已。若要反抗这一可能性，我们就必须承认它的存在，也即必须从先前的分析中得出以下结论：**没有客观性滞留的位置，便没有“思想”**，而且客观性滞留的历史同时也就是技术的历
史，在今天也就是工业的历史。思想的未来只能由文化技术的地缘政 678
策而构成，它或许也是思想的生态政策，因为意识的政策（要知道，政策首先是意识的政策，否则何为政策？）必然是技术的政策。

而且，技术的政策必然是接受的政策，这就是我们接下来要关注的 679
问题。

第三章
“我”和“我们”：美国的接受政策

1.“外在化过程”与思想的地缘政策

在成为一项心理能力之前，计数本是一种运动行为，经过内在化之后，它最终与所有运动行为（包括最终心理化或未心理化的）一样，变成了一种**机械**行为。从此之后，“计算”就意味着操作键盘去控制一台字母数字机器，知性已将它的某些操作移交给了这一机器。《爱比米修斯的过失》的目的正是要说明，人类的理性和知性始于这种把某些操作移交给某一代具，也即借助既已存在的、作为后种系生成的传播能力的某一技术领域。计数制体系就属于上述情况。

在《人类历史哲学的观念》中，赫尔德写道：

> 只有人才真正拥有直立行走这一方式：为此，他才拥有了有机体，这决定于他所属物种的终极目标，也是他区别于其他物种的特征。[①]

---

① 转引自康德对赫尔德《人类历史哲学的观念》的分析，参见康德：《历史小集》（法译本，S.皮奥贝塔译），Flammarion出版社，1990年，第96页。

在康德看来，赫尔德在总结上述事实之时，进行了一种目的论上的倒置：

> 直立行走阶段之所以为人类所拥有，根本不是根据人类将来朝向理性的迈进使他理性地去使用四肢；恰恰相反，[以下还是赫尔德的观点]正是由于直立行走阶段这一事实，他才获得了 681
> 理性。①

康德完全同意赫尔德的观点，并总结道："理性不是别的，只是一种后天获得之物。"

> 想要确定头部的哪一部分构造（包括从外部看到的头部外形和从内部看到的大脑）与直立行走这一能力有着必然的联系；更有甚者，想要确定头部组织（它无一例外地演变成了同一个样子）是怎样包含了人这种动物所拥有的理性能力的基础，这一雄心明显超出了人类的所有理性：不管人的理性是沿着生理的主线一步一步地发展，还是在与形而上学对立的过程中实现了它的飞跃。②

其实，我们在这里所要拥护的既不是赫尔德的观点，也不是康德的观点，因为赫尔德忽视了打开制造类处理这一空间的"手的解放"③，忽视了与直立阶段的关联物，也即技术性，而康德的先验哲学则无法阐明

① 转引自康德对赫尔德《人类历史哲学的观念》的分析，参见康德：《历史小集》（法译本，S.皮奥贝塔译），Flammarion出版社，1990年，第96页。

② 同上书，第106页。

③ 参见安德烈·勒鲁瓦-古兰：《手势与言语》第一卷，Albin Michel，1965年；以及《爱比米修斯的过失》中的相关评论，自第156页起。（参见《爱比米修斯的过失》中译本，自第168页起。——译注）

这一技术性在滞留上的功用。正因为**滞留的领域**对人而言至关重要，正因为如果没有人的客体（它们已经是技术客体）作为载体，那么**人的理性和智性或许就会像蒸汽一样烟消云散**，所以“构成者”（先验主体）反过来却是由他所构成之物构成——这意味着，他只能**在后天中**得以构成，因此他总会遇到他自己的“再次构成”这一问题：他从一开始就是一个被“再次构成”的主体，从**这个**意义上说，他同时也是一个**综合性**主体（在《爱比米修斯的过失》中，我们曾将这一现象称为人的初始缺陷；在下一章中，我们将称其为“先天的代具性判断力”）。然而，如果没有这一滞留的“再次构成”，那么“构成者”便什么也不是；在滞留的“再次构成”中，有一个悬而未决的，而且**一直是非经验性的**问题，那就是**准则**，因为准则是**投映性**的。

在这一分析里，经验不再是某种先验先天性的后天过程，但这一分析并不是经验主义。前摄的遴选并不是一种简单的联结，通过它，滞留得以在某一投映的过程中被记录下来。从深层次上来看，经验主义者

682 忽略了前摄遴选的过程和重要性，也即忽略了**准则**，这样的经验主义者是一个毫无保留地相信他所见之物的观众，他是一个“优秀的观众”，却是一个“糟糕的批判者”，而且更为重要的是，他错误地以为他并不相信他所见之物。

康德重新评价了经验，他向休谟致敬，但却在准则的问题上反对休谟。然而，康德和休谟一样，都没有理解滞留的问题，而是将滞留的问题与习惯的问题混为一谈。

在这里，我们既否定了经验主义，又否定了先验哲学[①]，这样的观点介于英美哲学和欧洲哲学之间。上述两大思想体系之间的交流之难，

① 我把这种既非经验主义又非先验哲学的哲学称作“非先验哲学”（philosophie atranscendantale）。至少从形式上的相似性来看，这一术语和巴塔耶曾采用的修饰语“非神学的”（athéologique）互为呼应。关于这一术语，《技术与时间》第四卷（尚未出版）将详细阐述。

体现了“思想史”上英美的经验主义和欧洲所谓“大陆派先验哲学”之间的某种分裂。这一英美的哲学传统已扩展到北美大陆，并在那儿通过计算机器的文化，通过将逻辑知识运用于物流产业（也即所谓的“控制论”），得到了落实，以至于美国最终成为信息技术的大国，并拥有了第一个从事信息科学的跨国公司IBM。对于上述英美哲学传统在工业上的实践，无论是“大陆派”哲学，还是“英美”哲学，都显得束手无策，不知该如何对其进行反思，而“历史哲学”也不例外。虽然毫无疑问，马克思（和休谟一样）是一个研究工业的伟大思想家，但是他一直没有能够进入“计算和滞留领域的工业化”这一问题，而且和他的前辈们一样，马克思最终也没有谈到这一概念。

我们在这里想要尝试的，是力求避开大西洋两岸的这一对立，而二者之所以对立，是因为它们都没有关注思想的质料，也即意识流（思想位于意识流之中）的载体。

知性将它的某些操作移交给机器，这个过程主要是在北美工业的推动下得以实现的。最近，这一事实造成了诸多急剧性的后果，在这些后果中，我们不可能不看到意识发生了一种**急剧**的变异，更不可能不看到一个非常可怕的事件。意识即为变异。我们并不认为这一变异不会造成一个本身非常可怕的事实，因为它可能会导致意识的消逝：恰恰相反，我们并不排斥这一可能性。相反，我们认为这一**可能性**被包含在意识之中，认为意识本身即为这一可能性，因为意识犹如电影，将它的幻 683
景投映在诸多银幕之上。

至于当前北美工业的地缘政策，它的急剧性源自资本被大量地投入到某种**断裂的技术**之中。换言之，使意识流共时化的能力、以工业的方式来组织计算的能力、遴选的准则在第三滞留中的运用——如果这一切并未在意识流内在结构中构成某种断裂，那么相反，技术体系中的某种断裂确实已经存在，而且这一断裂对思想的存在和意识的历史造成了重大的后果。这些后果再次提出了**批判的问题**。而且，“知性将它的某些操作交给机器”这一过程在工业层面上得以实现，这是一个新的现象；这样一来，**滞留的准则的制定**便不得不完全受制于**计算的法则**，并成为计算的对象。

在《迷失方向》中，我们已经看到，上述演变隶属于安德烈·勒鲁瓦-古兰所说的“外在化过程”的第三阶段，也即“神经系统的外在化”，这一阶段紧随“肌肉组织的外在化”之后，以自然能源的开采为前提；而“肌肉组织的外在化”则位于“骨骼体系的外在化”之后，后者构成了人类化的全过程。文化工业是“外在化过程”的第四阶段，它触及了人类的想象力：电影所具体落实的，正是使知性将它的某些操作交给机器。电影发明于法国，但它在工业上的未来却属于美国，一个拥有好莱坞的国家，一个拥有IBM的国家，而且在那里，电影变成了电视，也即一种大众现象；对于这一大众现象，安德烈·勒鲁瓦-古兰曾于1965年进行过一些框架式的分析[1]，当时电视机已成为家用电器，正以迅雷不及掩耳之势渗入欧洲家庭中（1965年，46.5%的法国家庭有电视机；从1960年至1970年，电视机总数增长了537%）。

2. 皮埃尔·布尔迪厄谈电视

社会学家皮埃尔·布尔迪厄在《关于电视》一书[2]中，忽略了上述所有人类学分析。《关于电视》这本书最初是以讲课的方式呈现，是一门尚有争议但又不乏科学严谨性的学科中的一次课程。那次课程首先
684 是**在电视上进行**，也就是说既**在电视屏幕上**进行，又针对着电视这一

① 安德烈·勒鲁瓦-古兰：《手势与言语》，第203—204、第260—266页。

② 皮埃尔·布尔迪厄：《关于电视》，Liber出版社，1996年。（《关于电视》一书是根据1996年3月18日录制的两次电视讲座的内容修改、整理而成，这两次讲座属于法兰西学院系列课程，于1996年5月在巴黎电视一台播出：由此引出下文的论述。参见《关于电视》中译本，许钧译，辽宁教育出版社，2000年9月第1版，前言第1页脚注。——译注）

“远程视觉”的对象（即电视观众和演员）而进行。然而，《关于电视》这本书根本没有去参考一个同时代其他著作或之前时代的著作曾经分析过的问题，这与那些失去记忆的即时性媒体的运作方式如出一辙，而《关于电视》一书所揭露的正是这些媒体中的电视的运作机制：在整个过程中，仿佛社会学家布尔迪厄的意识已经把这本书所批判的电视的运作机制**内在化**了。

关于上述事实的结果，我们在这里有必要强调指出的是：不管怎么看，《关于电视》一书的作者根本没有去分析“面对电视之时的思维在结构上的弱势”，他没有在这一问题上花费哪怕一秒钟的时间，然而这个问题或许恰恰是最主要的问题，而且在任何情况下都是一个具有先决意义的问题；此外，他也没有意识到，如果考虑到电视的诸多效应，那么对电视这一对象进行分析就需要在理论上、哲学上和科学上付出非比寻常的全新努力。这部著作忽视或否认了这样一点：从屏幕到书本的变换其实是载体的变换，而这一变换本身要求我们去思考一般意义上的载体在思维中扮演的角色，并对电视和书本这些特殊的载体进行反思。对于这一在面对**思考的任务**之时的懒惰，我们或许可以从中看到本书在出版上获得巨大成功的缘由：在把屏幕施加给他的限制转移到**书本**中的同时，布尔迪厄无心插柳，为市场营销造就了一个出色的产品：它于转眼之间便惬意地销售一空。它是可被遗忘的；它不是不可被遗忘的。

这样的解释即便有一定的基础，但是对于书的读者而言，它或许还不够，而且也不太正确。布尔迪厄的演说得到了广泛的接受，这首先表明，法国社会尤其是年轻一代有着一种巨大而且严重的不安情绪，正期待着一种更有能力的思想，能够对我们这个时代里的一个以电视为主要标志却又超越了电视的进程进行考察；其次，这同时也体现出，占据主导地位的滞留机制在本质和性质上遭到了质疑，遭到了摈弃，正如今天一般的工业商品尤其是食品那样，正如苏格拉底所说的“粮食”那样：苏格拉底试图说服希波克拉底，当“粮食”为灵魂提供给养的时候，它所构成的危险尤为严重：

> 希波克拉底，智者难道不就是一个出售灵魂所需摄入的粮食的批发商或零售商吗？[……]与购买食品相比，购买知识所冒的风险确实要大得多。事实上，从零售商或批发商那儿购买吃的和喝的东西的时候，它们可以被装在罐子里带走，而且在把它们吃下
> 685 去或喝下去之前，它们可以被储藏在房子里。[……]至于知识，它却不能被装在罐子里带走：一旦付了钱，人们就得马上将它接收进自己的内心，将它放到自己的灵魂中去，而且当人们离去的时候，它的益处或害处就已经注定。[①]

这正是电视提出的问题：电视将一个源源不断的“流”注入诸多意识之中，电视的时间与这些意识相互交织——而**书本**则从原则上避开了这一问题，书本就是一个罐子，可以被考察、被质疑、被批判，这本为电视而“写”的书也不例外，但是对于话语或流逝中的图像，我们却不可能那样做。简言之，**记忆力退减、记忆术或第三滞留**——这是我们在这里的考察对象，而且柏拉图在《斐德罗篇》中对此也曾有批评，认为书本是用一种人造的已死的记忆去替代活动的话语流——同时也使我们得以批判智者的“粮食”；另一方面，众所周知，智者则使用文本、技术和第三滞留，为他们口头演说中的**现场效果**做准备，那些演讲并非即兴而作，不是从内心直接蹦出来，也不是在激烈的辩论中随机创作而来，而是将提前备下的修辞效应转录下来——皮埃尔·布尔迪厄在摄影机前所做的，似乎也是如此。

① 柏拉图：《普罗泰格拉篇》，314a-b。（或参见《柏拉图全集》中译本，王晓朝译，人民出版社，2002年1月第1版，第一卷，第434页。——译注）

简单地说，柏拉图既在《斐德罗篇》中批评了书本，认为书本使话语的效应和话语的时间在无对话者的阅读的时间中产生了“延迟差异”，又在《普罗泰格拉篇》中对智者的现场发言进行了批判，因为发言的时间流中没有思考的时间。

这样一来，问题肯定就变得复杂了：一方面，记忆力退减迫使人们将“灵魂的粮食”储存起来，从某种意义上来说也就是使其产生“延迟差异”；与此同时，当代的记忆力退减技术，也即工业时间客体的技术则使人们得以捕获灵魂的时间，使工业时间客体在灵魂中相互交织，产生益处或害处，而且这一技术**不可能在时间上回溯**。

确切说来，《关于电视》一书没能或不愿分析并认为可以略过不谈的，正是上述复杂性——《关于电视》是一种“记忆力退减”，是一种书写下来的“灵魂的粮食”，它把在电视摄像机前做的演讲直接用文字记录下来，而且采用虚假的现场直播的方式，不经剪辑就与巴黎电视一台的观众的意识相互交织。

这部平庸的作品获得的成功，体现了一种谁也逃脱不了的文化和学术上的颓败无力：电视不仅仅是它的**观众群体的灾难**，同时也标志着它所在时代的概念机制在面对该时代的“实效的现实性”之时所呈现出来的一种**极度的贫瘠**。关于电视不可避免地引发的灾难的哲学，同 686
时也就是这种电视哲学的灾难。灾难也好，极度的贫瘠也罢，从多个角度来看，电视都明显是它们的原因之一。然而，如果本书前两章中阐述的论题可以被接受的话，那么这一“原因”的出现恰好证明了意识具有电影性质的特征，这一特征使电视的出现成为可能，而且如果我们不对这一特征进行反思，它将必然导致意识在面对电视之时变得瘫软无力。

关于这一点，它从布尔迪厄试图分析的第一个问题开始就已经显而易见，也即“电视中的时间”这一问题，布尔迪厄在提出这一问题的时候，认为不可能对它进行论证或展开论述——这一事实其实是可以被质疑的，而我们应当揭露其后果：这也正是我们在这里所要做的。然而，“电视中的时间”这一问题同时也是，而且首先是一个政治经济学和思想的工业生态学的问题，布尔迪厄看起来根本没有触及该问题的本质，而且该问题或许迫使我们将马克思的《资本论》继续写下去，或不妨大胆地说，它迫使我们对**大工业的本质**和**无产阶级的灾难**给予更多的关注。

这是个宏大的规划，其结果或许是我们必须对《资本论》的某些分析进行回顾，对之提出质疑，尤其是有关时间问题的分析。在《不合时宜的马克思》一书[①]中，尤其是开篇处精彩的“历史的一种新书写”那一章里，达尼埃尔·本萨义德指出，整个马克思哲学首先是一种关于时间的哲学，也即关于资本这一抽象时间以及劳动时间的衡量的哲学。此外，作者还指出，这一哲学作为政治经济学，同时也是一种历史哲学，它在揭露宿命论和目的论的时候，首先批判了唯心论中的一种“回溯型反思的电影”(cinéma rétrospéculatif)：通过“接受”和“虚构”的过程(这也是我们在本书中想要描述的)，这种“回溯型反思的电影”把即将到来的必然性投映到当下时刻和过去时刻。这一“接受”的过程将马克思在《德意志意识形态》中所命名的“反思的技法”(artifice spéculatif)付诸实践，《路易·波拿巴的雾月十八日》[②]对这种“接受”的过程也有描述。

马克思沿袭了黑格尔的轨迹，但颠覆了黑格尔的言论，断言一种
687 “外在化的过程”的存在；马克思对商品进行了思考，并将商品从根本上看作一种拜物的过程——尽管如此，马克思并没有对**知识资本**的积累(在我们这个时代里，它已变成一种最根本的目标)进行真正的分析，而且从更宽泛的层面上来看，他忽略了我们在这里所说的“人造的滞留”。尽管《政治经济学批判大纲》对机器进行了思考，并将它视为知

① 达尼埃尔·本萨义德：《不合时宜的马克思》，Fayard出版社，1996年。

② 主要围绕着这篇文章，雅克·德里达写了《马克思的幽灵》。

识的外在化(对此我们稍后将继续分析),但是劳动工具并没有被当作记忆的载体而得到真正的分析,它依然被归类到生产资料的范畴中,而且恰如本萨义德所强调指出的那样,这一点并未由于以下事实而改变,即时间的空间化在马克思所探讨的论题中占据着核心地位:时间的衡量是资本主义的一个构成条件,社会时间的抽象化(劳动力的商品化)和物理时间的形式化因而相辅相成。[1] 688

---

① 在此,我们必须回顾一下科思塔斯·阿克谢罗斯在《反思技术的思想家马克思》中的观点(在一次以阿克谢罗斯的著作为主题的研讨会上,让-菲利普·米耶和法国国际哲学学院也曾倡议大家进行这一回顾):他与学院派和马克思主义学派背道而驰,断言马克思不管怎么说都是第一个从哲学角度对技术进行思考的人,而且这构成了对形而上学的首次抨击,海德格尔也曾这样说过。通过资本,通过资本之外的东西,甚至通过共产主义,作为对大工业进行反思的思想家,马克思对技术也有过思考。

我在很多方面都赞同阿克谢罗斯的观点——例如以下观点:在马克思那里,技术一直是被当作一种生产资料被思考,这是因为形而上学对时间的理解尚未遭到质疑,仍然主导着马克思对技术的思考。雷蒙·阿隆曾反对阿克谢罗斯的观点(据弗朗索瓦·夏特莱所说,雷蒙·阿隆在博士论文答辩的时候有过这一态度),认为马克思首先是对资本进行思考的思想家。阿隆似乎没有看到,对资本的思考同时就是对技术的思考,二者不可分离;他之所以没有看到这一点,或许是因为他低估了海德格尔和马克思在关于资本这一问题上的相通之处,而阿克谢罗斯显然强调指出过这一相通之处。在海德格尔那里,资本意味着"计算",也即想要对不确定性做出决断的一种超脱于俗世之外的时间性。事实上,面对技术这一问题,海德格尔和马克思一样,都遇到了"计算"这一问题,它同时也是与时间的不确定性(与死亡)的关系的问题:关于这一点,我将在《象征与魔鬼或精神之战》一书中继续阐述。在对资本进行简化的尝试中,也即在隐藏着不确切言辞的、有关资产阶级所有权的论述中,马克思没能构建起关于不确定性的问题,也即关于终极目标的问题:关于死亡,关于死者,关于技术——技术是一种"有组织的无机体",它通过劳动使死亡延迟,将死者的思想保留下来,将那些曾对思想进行过组织的人的思想保留下来。与此同时,死亡正是海德格尔曾错过的研究对象。在这里,方式与目的的关系一直处在问题之中。海德格尔和马克思遇到了同一个难题。

从这个观点来看,本萨义德将海德格尔关于时间的存在论与马克思的非存在论对立起来,这一做法显得仓促了些(参见《不合时宜的马克思》,第102页)。在对"计算"进行批判的过程中,海德格尔和马克思在思想上有共通之处,发现这一共通之处并认为它具有先决意义或许比明确指出二者的对立之处更有意义。因为,在二人都赞同的观点之中,他们在思维与物质之间的诸多关系这一问题上都有过形而上学的游历。(转下页)

时间的问题在电视这一**媒体节目**传播的工业活动领域中被提出来，是因为视听时间客体的**前提条件是一种机器被另一种机器奴役**，这就好比无产阶级化了的劳动时间的前提条件是机器（这个词在这里的含义是它在机械学上的意义）被奴役，是劳动者被机器奴役——这样一来，劳动者就被剥夺了一切知识，从这个意义上来说，他们不是被称为工人，而是被称为**无产者**。正如西蒙栋曾经指出的那样，劳动者被奴役的过程凭借着机器这个“工具的承载者”[①]，导致了工人**个性化的丧失**。这就是无产阶级工人的灾难。当上述机器变为程序化机器和数字化操纵型机器之后，它就可以不需要无产者，那么无产阶级工人的灾难将更为严重。

尽管马克思一直支持这样一种观点，认为只有以对技术和科技的**物质材料**的分析为基础，我们才能**真正地开始**思考，但是《关于电视》处在大学悠久传统（它与哲学一样古老，认为技术和科技都是庸俗的）里的一种灾难性思想之中，没有对电视的技术方面进行任何分析——更没有从**个性化这一角度**分析电视导致了意识的贫瘠化等现象学上的影响。[②]这一灾难性思想构成了一种形而上学的态度，并要求我们对它进行激烈的批判，进行一种新的批判，该灾难性思想造成的后果是使人

（接上页）在我们看来，当本萨义德写下“死者抓住了生者”的时候，他没有理解海德格尔关于决断和不确定性之间关系的论题，也没有理解另一个将他禁锢在一个对立，也即一条死胡同之中的问题，可以说，“马克思的幽灵”就在那里。

① 参见《爱比米修斯的过失》，自本书第87页起；西蒙栋：《论技术客体的存在方式》，第15页。

② 在当代社会批判和“抵抗运动”的参与者之中，布尔迪厄并不是唯一一个严重地忽视了对技术性进行思考的必要性，并错误地估量了该研究道路的重要性的人，诸如苏桑·乔治（参见《鲁卡诺报告》，费雅尔出版社，1999年）、约瑞·波维与弗朗索瓦·迪福（参见《世界并非一种商品》，La découverte出版社，2000年）也属于这种情况。相反，维维亚娜·弗雷斯特（参见《经济的恐怖》，Fayard出版社，1996年，第156—157页）却值得称道，她认为资本在当前之所以具有威力，是因为它的基础是控制论技术的智慧，而且这一智慧却为思想家、政治人士和激进分子所严重缺乏。

完全忽视客观记忆的问题，忽视以机器为具体呈现方式的滞留机制。

从霍克海默和阿多诺到布尔迪厄，“思想家”在面对动态图像和文化工业的时候一直非常尴尬。我们在这里批判他们，是因为他们构成了一个障碍，使我们无法去思考已经出现的事实、正在到来的事实，以及关键之处即将从电影的问题中而来的事实，电影的问题是上述各种事实发展演变的载体。这一思想的重任在今天尤为紧迫，因为当今的 689
科技已经出现了一种聚合之势，它从深层次上重新分配了经验的现实与有待采取的政治决策的空间。

面对这一情况，政治当局处于严重的不利地位，在欧洲尤为如是。对于上述聚合之势所造成的最初的一些后果，《关于电视》未有只言片语，然而在那些后果当中，显然可以看见一个新时代的景象，可以看见世界化的一种前所未有的集中式发展，以及事关人民与民族的诸多严峻问题。

3.“大都市”
接受：“我们”得以统一的条件

1917年，厄普顿·辛克莱写道：

> 有了电影，世界便得以统一，也即世界美国化了。[①]

一种**世界统一化**的过程**通过电影**得以实现，而且辛克莱告诉我们，这一过程若要实现，就**必须是在北美的领导下**实现。是什么允许他如此断言？何以见得电影**必然**是世界的**统一者**，世界的统一化为何**必然**意味着世界的**美国化**？

① 转引自让-米歇尔·弗洛东：《国家的投映，电影与国家》。

我们已经说了，图型法之所以工业化，只能是因为它已经处于第三滞留的运作之中，而且有多少第三滞留，就有多少意识流在它们本身之外得以投映，就有多少物质化过程，这些物质化过程可以被所有开发方式所处理，包括——而且越来越多的是——经济开发。现在我们应当自问：为什么图型法的工业化同时也就是一种**世界的**统一化的过程，为什么这个过程能够，而且必须发生在**好莱坞**？换言之，为什么好莱坞能够，而且必须成为世界的都城，成为**“大都市”**[①]？

我们已经指出，电影的特征在于电影流与观众的意识相互重合，同时也在于以下现象：以电影为对象的意识的时间会接受电影的时间。事实上，由于意识的运作，即“我”的运作在某种方式上已经具有电影的特性，否则电影就没有能力去干扰图型法；与此相同，通过电影工业，
690 美国的地缘政策（其“传道士位于好莱坞”[②]）得以去开发**构成政治的一个维度**，也即**“我们”**的维度：“接受”，而且美国发现并揭示了这一“接受”的过程的激进性。

我们已经看到，与所有**公开地**使用其理性的意识一样，康德的意识也能够，而且必须去寻觅意识流即将到来的统一性；在这个寻觅的过程中，他的意识首先使意识流中已经出现的多种多样之物，也即以第三滞留的形式呈现的诸多思想同一化和物质化，然后对这些思想进行再次激活、排列、处理和诠释，使意识流延续下去，为该意识流打开一个与其过去时刻具有一致性的未来，其中混杂、插入、镶嵌着其他意识（例如休谟、沃尔夫、莱布尼茨等人的意识）的过去时刻的要素。然而，过去时刻是被一个**前摄的过程**所激活，也即一种作为自我的意识的欲望，或者说是一种自恋情结，而且康德意识统一化的过程是对激活所有意识之物

① 此处“大都市”呼应本节标题，而由于标题中“大都市”（metropolis）一词为斜体，故而不妨推测它影射的是影片《大都市》（弗里茨·朗格执导，1927年）。——译注

② 这是克里斯托的言论，载《华尔街日报》，转引自赫伯特·席勒。

的**典型的投映**，已经将“我们”——勒鲁瓦-古兰所说的“人类群体的统一化演变”，或康德本人所说的“所有意识的理想状态”——的结构构建了出来。

某个“我”如果想说些理性而且具有普遍性的话语，就应当一直自称“我们”。这就是**我们**在本书中所做的——而且与此同时，“我们”自问“我们”在谈论谁，以什么或谁的名义，我们能够以“我们”为自称而言说。

我们怎样才能够继续自称“我们”，为什么能这样做，在什么条件下才能这样做？

勒鲁瓦-古兰所说的**统一化过程**是一个**“接受”的过程**，通过这一过程，某个“我们”作为其他“我”和其他“我们”的集合者才可能得以构成、联结、固定、持续并得到**拓展**。一般来说，种族这个最基本的社会群体是通过该群体分享某一共同的过去时刻这一事实而定义，对此大家都无异议——我们以这一方式来定义种族，而种族本身也是以这一方式来自我定义，而且更宽泛地说，按领土划分的人类社群都是这样。然而，这样的定义来自通过领土传递下来的过去时刻，使人信服关于纯粹起源的神话，因此无论是从结构还是从字面上看，这一定义都是不正确的。事实上，使人类群体得以构建的，是他们与**未来**的共同关系。种族（以及所有人类社会群体）首先分享的是对一个共同未来的欲望，并通过该群体使这一欲望得以投映。没有欲望，人类群体便不可能存在，正是这种与未来的关系支配着种族的“统一化演变”：

> 与其说种族[……]是一个过去时刻，不如说它是一种演变。初始特征，也即创建了政治统一体的远古群体所具有的特征，即便没有完全被抹去，也已经模糊不清。纷繁杂芜的人群逐渐在语言、社会、技术和人类学等各个层面上统一化，从而最终演变成某一“人民”。因此，虽然一般来说，人种学的常用概念更多地关注过

691

去，但是与这些概念并列，人种学还有另一个侧面：种族统一性是在未来的支配下得以实现的。[①]

群体成员**切实拥有的共同的过去**不仅不是属于该群体的一个条件，而且它或许会使该群体**不可能**得以构成——勒鲁瓦-古兰曾指出这一点，他用的例证是中国。奠定人类群体的，是与未来的关系，而这一关系的前提条件显然是该群体分享着一个共同的过去，但是这个过去**必须通过"接受"的过程**才可能成为共同的过去——而"接受"的过程又必须通过投映才能得以实现。初级滞留、第二滞留、第三滞留的总和构成了前摄机制，同时将其投映出去，某个"我"的具有统一性的"流"在这个过程中得以构成；与此类似，构成即将到来的"我们"的图像的过去时刻无论有多么虚假，它总是一个"接受"的过程，即接受在时间中进行导航的某一共同机制，该导航机制由"能够帮助我们去演变"（瓦雷里语）的诸多机制的一系列奇异的工具构成：

> 过去时刻或多或少是虚幻的，或是后来或多或少地被组织过，它对未来施加效用时所具有的威力与现在时刻的威力不相上下。感觉和欲望更多受到的是对阅读的回忆、对记忆的回忆的刺激，而不是来自感知和当下的材料[……]。只有当人们在自身之外找到对未来的某一激情的时候，过去时刻这一观念才可能具有某种意义，才可能构成某一价值。从定义上看，未来根本不具有什么图像，而是历史给了人们思考未来的方式，它为人类的**想象力**构建了**一张摆有各种情形和灾难的桌子**，一条祖辈的画廊，一张记录了各种行动、表述方式、态度、决策的表单，将这些东西提供给具有**不稳**

① 安德烈·勒鲁瓦-古兰：《环境与技术》，Albin Michel出版社，1945年，第308页。

定性和**犹疑态度**的我们，从而帮助我们去**演变**。[①]

然而，这个"接受"的过程只有在自我隐匿的时候，它才能有效。勒南说过，它只有自我遗忘，才有可能实现：

遗忘，甚至可以说历史误差，是一个民族得以创造的基本要素之一。[……]民族的实质在于所有个体拥有很多共同的事物，同 692
时也在于所有个体已经遗忘了很多事物。[②]

这种遗忘的能力经历了遴选、"样片选择"和"蒙太奇"的过程，也即对过去的片段和将来的片段进行滞留和前摄，并最终构成了某个"我们"的"流"(其中的每次历史和政治波折都是一次新的场面调度)。一个种族中的所有成员的最基本特征在于：他们处在某个具有统一性的群体当中，而处在时间中的这个群体则在自身演变的过程中施展并**确认**了它的统一性，从而最终获得了它的统一性——通过落实遴选和遴选所需的"准则"，群体的统一性得到了投映。群体之所以得以构成，其首要决定因素一直是它必须不断地强化它统一性的身份，而这种统一性总是即将到来。这就是种族的"统一化演变"；对于这整个过程，艾蒂安·巴里巴尔称之为"虚构的种族性"(ethnicité fictive)[③]。"混杂"是各个人类群体得以构建的条件，它使人类群体在人类历史的进程中变得越来越庞大——当然，这并不妨碍各个人类群体在内部层面上存有区别。只需通过分工的密集化这一项，人类群体在内部层面就可以

① 保尔·瓦雷里：《当今世界遍览》，伽利玛出版社，1945年，第13页。除"演变"一词外，其他粗体为笔者所加。

② 恩斯特·勒南：《什么是民族？》，口袋书出版社，1992年，第41—42页。

③ 艾蒂安·巴里巴尔、伊曼努尔·华勒斯坦：《种族、民族、阶级》，La découverte出版社，1997年，第30页。

有所区别。

然而，**“接受”的过程**的条件在于以下这一由后种系生成，也即技术性记忆带来的可能性，即能够**进入一个从未被某人体验过，也没有被此人生物学意义上的祖先们体验过的过去时刻**。接受过程的前提条件是能够进入一个既成的过去时刻，过去时刻的实际性却构成了一种“已经在此”的基础，以这种“已经在此”为出发点，继承者便能够幻觉般地与其他通过接受幻觉般地分享同一过去时刻的人一起期望一个共同的未来。从某种意义上来说，勒鲁瓦-古兰对“未来”——对某一共同的未来通过“我们”而进行的投映——给予偏爱，这与“未来”在海德格尔“此在”的三重时间中占据首要地位[①]极为相似。此外，还是海德格尔，他使我们能够去思考被继承的过去时刻的实际性，也即这样一个事实：我继承一个我不曾体验的过去时刻，它很有可能也不是我的祖先们
693 的过去时刻，但**随着我将它转变为未来**，它却变成了**我的**过去时刻。然而，海德格尔之所以让我们能够进行这一思考，大致是因为**他的哲学排斥了一个问题，即过去时刻得以被传递的技术条件**——该条件在这里被称为“后种系生成”，在《存在与时间》里则被称为“世界的历史性”。然而，这使分析发生了**急剧的**转变。如果我们希望在这里以海德格尔为参考，展开“接受”的问题，以此反对当前又已兴起的民族主义和新法西斯主义，那么**很显然，前提条件是我们必须看到，技术性在二者之中发挥了首要作用**。海德格尔曾犹豫再三要不要这样做，但他最终选择了放弃。因为在1933年，或许在海德格尔看来，《存在与时间》里对“继承”的分析与他暂时加入纳粹主义，甚至与那次短暂“介入”的核心

① 当然，在海德格尔那里，“我”的未来是不确定的，因为“我”的未来和某一“我们”的未来不是一回事（否则泛指代词“on”就没有意义了）。

在法语中，泛指代词“on”通常指一个或几个身份不确定的人，意思是“有人”“大家”“人人”“人们”等等，因此下文将把“on”译为“泛指代词‘人们/大家’”。——译注

都是相互兼容的,而他“介入”的基础是**明确或不明确地排斥了移植和“接受”的可能性**,总而言之,移植和“接受”与“计算”的可能性完全相似。

从后种系生成的角度出发来思考“继承”的问题,其实就意味着**和既成的过去一样,技术也一样必须被接受**,它使投映的“我们”得以构建。与此同时,技术显然也使投映技术本身得以被接受。这样一来,这个“接受”的过程就既是“物质性”的,又是“观念性的”,而导致“虚构的种族性”的“混杂”就同时是**身体、观念和资产之间的商业交换**。

对技术的接受(也即对日用商品的接受)和**对既成的过去时刻的接受**使一个共同的未来得以投映,从而也使某个“我们”得以构建,而“爱比米修斯的过失”那则神话故事所体现的人的本源缺陷所要求的正是上述两种形式的接受。由此可见,“接受”的问题就是代具性的问题,以及代具性所涉及的问题:**第三滞留在所有意识流的构建中所发挥的重大作用**,当然也包括移民的意识流。

4. 现代性:“接受”的组织

“接受”之所以是人类社群的构建模式,首先是因为各种技术工具(如果没有技术工具,任何人类社会或许都不可能存在)**可以被撤换**,因为社会可以**交换**并接受这些技术工具。由于这个原因,**一般意义上的“接受”所需的条件与各个时代所独有**后种系生成的记忆的特殊性相互 694
联系,而且当记忆术也存在的时候,上述条件与记忆术的特殊性也相互联系。同样由于上述原因,**“接受”的问题与商业以及市场的问题密不可分**。

在技术趋势的压力下,技术不断演变。19世纪,随着资本主义大工业的兴起,技术演变骤然加速,这就要求人们必须对各种新工业品的**“接受”进行组织**,这些新工业品后来被称为“消费资产”。社会对技术变革的抵抗是自发的：社会惰性就是这一关系的法则。发生工业革命的社会仍然期望事物的秩序维持稳定，因为在一个大家习以为常的形势下，几乎所有人都能从中找到某种利益，获得某些优势或某种利润，或者只是养成了某些习惯，但是任何创新都会使这种大家习以为常的形势变得不再稳定。总之，技术体系的变革造成的现象是使社会体系发生一些动乱。然而，工业革命造成的结果是使流动资本与公司企业之间、科学与技术之间、工业与变成科技的技术之间相互靠近，以至于一个持续创新的过程拉开了帷幕，持续不断，而且速度越来越快。

因此，必须对社会对创新的“接受”进行组织，必须迫使技术和得益于技术而生产出来的新型日用品——包括铁路、电影、自行车，乃至牙刷、牙膏等等——进入日常生活：新事物社会化的条件是信息的发展以及后来市场营销的发展，而这种社会化是一个**被称为现代主义的大众“接受”的过程**。**现代性**始于工业革命之前，工业革命有效并集中地实现了现代性，它指的是**对某种新型时间关系的接受、对传统偏好的摈弃、新的生活节奏的确立，而且在今天，它指的同时也是生活本身的各种条件在生物载体和滞留机制方面发生巨大震动**，并最终导致**信息传递乃至“接受”的条件发生了工业革命**。

衡量一个国家的“现代性”的指标，是“接受”过程的组织程度。在工业革命之前，“接受”过程在实现的过程中依据的是传统的节奏和
695 制度，而传统则将稳定性置于首要地位，希望它亘古不变，并从稳定性的角度来审视一切变革：这是一种不幸。现代性颠覆了这一视角：从此，稳定性变成了例外情况，而变革则成为首要法则。从19世纪开始，工业革命使众多网络得到了发展，这些网络势必导致市场变得越来越广阔，而且倘若没有这些网络，变革或许就难以渗入社会之中，需要不断更新换代的机器在发展过程中所需的投资或许也就难以收回成本。信息使投资者和企业相互联系，同时也使消费者和商品之间相互联结。1834年，路易·哈瓦斯创办了第一家新闻通讯社，并且开发了第一个远

程通信网络，也即始于1844年的电报。这样一来，信息立刻就变成了一种商品；时至今日，信息的工业化生产已成为第一大投资领域。

曾几何时，“接受”的首要决定因素是政治与宗教制度，而今它已受制于一种由市场营销体系全面掌控的“计算”，各种媒体则成为“接受”的传递媒介。各种媒体构成了新型第三滞留的领域，而第三滞留所具有的物质性则使第三滞留的工业化成为可能，其具体表现包括报纸（每天可以印刷十几万份）、胶卷等等。这些技术与公共义务教育、新的叙事手法结合在一起，与新闻报道和各种事实，也即叙事文本和**世界演变过程中那些令人惊叹的调度安排**结合在一起，将使更多广泛的读者群得以构建，人数将超过19世纪末以前的一百多万读者。上述工业化同时也是“思想”的工业化，它直接影响了“我们”在构成的过程中所需的条件。

因此，某一“我们”的统一过程也就是**人类群体诸多过去时刻的一种同一化、一种组织和一种统一，使该群体的未来得以投映**。然而：

（1）该统一过程的前提条件在于：过去时刻的统一是一种假象（在大部分时间里，过去时刻的统一都只是假象而已）；换言之，其前提条件在于：“我们”的过去时刻没有被这一“我们”体验过，既没有被组成“我们”的成员体验过，也没有被这些成员的祖先体验过。

（2）该统一过程要求“我们”通过一种蒙太奇和一种投映式的场面调度，构成一个协调一致的“流”——“它的”历史；这也就是说，“我们”必须有能力向前自我**投映**，有能力**欲求**一个共同的未来，尽管揭幕这一未来的过去时刻并不是共同的过去时刻。 696

（3）该统一过程要求以滞留为基础，从而得以进入未曾被体验的过去时刻，并在前摄的投映中接受这一过去时刻，而这一投映则由第三滞留机制来实现。

（4）统一过程是一个“接受”的过程，该“接受”过程的基础是“外在化过程”，也即技术领域，因为技术领域同时也就是滞留的领域。

(5) 技术领域变为工业技术领域之后,“接受”的条件就会受制于滞留的新范畴,并且使一种肩负全球职责的新前摄机制投入运行。

直到电视在全世界范围内被大量地普及之后,人们才真正地感受到了上述演变造成的后果,而且有了数字化网络和我们随后将提到的“文化的超工业化”,该演变过程还将进一步加剧。这一演变过程的结果在于:社会机制将越来越被视为“有害”,而且令人困惑的是,它生产出来的更多是冲突,而不是和谐;更多是紊乱的节奏,而不是共时化的步调;更多是**魔鬼**,而不是**象征**[①]。

5.“我”和“我们”
“存在之痛”问题的出现

毫无疑问,“我”和“我们”不是一回事。“我们”由人类群体和文明组成。与“我”不一样,“我们”既不是活着的,也不是死去的,虽说1919年欧洲曾发生过“文明之死”的精神危机,当时的欧洲几乎已化为灰烬,而好莱坞却蒸蒸日上。

第三滞留的痕迹总是能够被清除的:将城市夷为平地,将藏书付之一炬,将语言和宗教消灭干净——假如有必要的话,还可以将宗教的信徒全都消灭:这些人作为多个“我”的集合,构成了一个“我们”,因为通过祈祷、拜物、宗教节日、唱诗等活动,他们在一个共同的日程中,部分地将他们的意识流共时化了。为了“我们”,印第安人可以被消灭一空、彻底铲除。这样一来,剩下的就只有“我们”,虽说无法长生不老,但不像“我”那样会死去,因为它不像“我”那样活着:它没有初级滞留,也没有统一的“领会的综合”——它不像胡塞尔意义上的“我”那样,拥有“活着的当下时刻”。因此,它不会像“我”那样,暴露在理

① 此处影射《技术与时间》第四卷的书名:《象征与魔鬼或精神之战》。——译注

性的谬误推理面前。

然而，它也有**它自己**的谬误推理，政治哲学的研究对象就是对这样的谬误推理进行批判的。要知道，“我”和“我们”之间无论存在着怎样的差别，“我们”的统一性和“我”的统一性一样，都是具有投映性的： 697
“我们”的统一性不是给定的，而总是即将到来的，这种共同的投映性使这两种**个性化过程**有可能**相互混淆**。这是必然的，就好比“我”总是必然投映出某个“我们”那样，这一点我们已经看到。我们认为，“我”和“我们”是两种西蒙栋所定义的“个性化过程”：个人**既可以是心理层面上的，也可以是社会层面上的**，但“我们”却不像“我”那样不可分割。个性化过程是一个未终结的过程，处在一种“动态稳定”（métastable）之中。它既不处在稳定的均衡中（否则它就终结了），也不处在不均衡中（否则它就解体了）——“稳定的均衡”或“不均衡”一旦到来，它也就消失了。由此可见，它既不是**纯粹共时的**（否则它就处于某种均衡状态），也不是**纯粹历时的**（否则它就处于某种不均衡状态）。

然而，这两个个性化过程，也就是说两种“动态稳定”的平衡，其实是同一个事实的两个方面。为了领会它们，我们必须在分析的过程中将二者分离开来，但是为了理解它们，我们在分析中又必须将二者集合在一起，考察二者所共有的唯一的过程性：心理层面上的个人从一开始就是社会心理层面上的个人，而社会层面并不是一个先于社会层面存在的诸多个体“相互主体性”的集合体。“我”的个性化**其实也就是**“我们的”个性化，反之亦然，尽管“我”和“我们”之间**存在着“延迟差异”**。正因为如此，众多个体意识才可能去接受同样的一些时间客体，同时使他们的意识流共时化。不过，在这种情况下，以下事实将不再明显：“我”和“我们”**持续地、强力地延迟着**某种动态平衡的状态，也即“我”和“我们”在**同时保持着相互之间的差异与趋同**的过程中，继续相互区别并实现个性化。正是由于这个原因，我们才害怕意识的时间**在工业上的**共时化带来某种熵的过程。

这样一种共时化之所以成为可能，正是因为“我”已经属于某个“我们”：“我”和“我们”是同一个个性化过程的两个方面。“我”的个性化必然也就是“我们”的个性化，立足于“我”和“我们”所共有的某一“先于个体的现实”，“我”的个性化投映了“我们”的个性化：

> 对于个体而言，参与［社会层面］意味着以下事实：**通过个体所含有的先于个体的现实**的作用，也就是说凭借着个体所隐含的潜质，**个体成为一个更宽泛的个性化过程中的一个因素**。[①]

698 这一“先于个体的现实的作用”是一种**潜在的“接受”**。个体处于未终结状态，因而不可避免地具有不相符性，而这一不相符性所造成的结果正是个性化过程，这是“先于个体的现实的力量”（也即被内在化了的、可被阐释的第三滞留）在个体中的运作，而且它同时也在心理层面上的个人在个性化的同时所参与的社会层面上的个性化中运作着。以上述方式所阐释的“先于个体的现实”（与西蒙栋的阐释不尽相同[②]）就是我们曾命名的“已经在此”，它是促成不相符性的潜能，由**心理层面上的**个人所落实。然而，群体**同样也是**通过上述“已经在此”而实现社会层面上的个性化，因为在促成不相符性的潜能的作用下，群体同样也是**“先于个体的现实”的承载者**。

在“我”的个性化和“我们”的个性化这两个过程中，当**心理层面与社会层面上的**个性化是某一**从未完全构成的**个体身份的延迟差异之时，“动态稳定”就会出现。无论是“我”还是“我们”，对于总是处于即将到来的状态的个体而言，“动态稳定”就是它的**绵延**，也即它的未终结

① 西蒙栋：《心理个性化与集体个性化》，Aubier-Montaigne出版社，1989年，第1页。

② 对此，我曾在《西蒙栋著作中的时间、技术与个性化》一文中做出解释，载于*Intellectica*杂志第26—27期，1998年。

状态,是构成它个性化的动力的要素,是它终结的延迟差异。

在心理层面与社会层面上的个性化的过程中,“先于个体的现实”既在社会层面上个性化,**同时**又在心理层面上个性化,因为心理层面和社会层面是同一种“转导关系”的两个极点,在这一关系中,二者构成了缓解先于个体的“已经在此”隐藏的紧张局面——该局面为二者所共有,体现在“我”和“我们”的不相符性之中——的出路,但是这出路总是处于延迟差异的状态,在延迟差异的过程中,这出路同时也是**结构和稳定性的生产者**。

然而,**激活了“我”和“我们”的不相符性首先是“我”相对于“我们”的不相符性,以及“我们”相对于“我”的不相符性**:它们在理想状态中、在投映中趋同,在现实中相互分歧,这也是二者个性化的动力的源泉。作为同一个个性化过程的两个方面,“我”和“我们”并不重合。

> 集体形式的个性化使个体通过他所承载的先于个体的现实,变成某一群体中的个体,变成与该群体相联系的个体。他所承载的先于个体的现实与其他个体的先于个体的现实集合在一起,在统一性的集体中个性化。①

对两种个性化进行思考,必须在“顾及了(心理的)内部个性化与(集体的)外部个性化之间系统的统一性的超个体范畴”②中进行,而 699
个性化的这两个方面作为**不相符性的组成部分**,是一个**“接受”**的过程,也即某一未来以某一过去时刻为基础而得以投映,该过去时刻并非“我”的过去时刻,而是被“我”的个性化链接于其后的过去时刻。从这个意义上来说,“我”的个性化紧随“我们”所共有的过去时刻的个性化

① 西蒙栋:《心理个性化与集体个性化》,第19页。

② 同上书,第12页。

之后，是一种带有倾向性的、理想状态的、“奇异的”个性化过程。“我”在个性化的过程中，通过个性化、区别化和统一化，紧跟着“我们”的个性化，同时群体中其他诸多“我”也在个性化。

> 被一体化了的成年人[……]会使赋予其生命的个性化运动延伸并永久持续下去，而不愿仅仅成为个性化的结果。[……]
>
> 个体和社会之间的一致性是通过两种网络的重合而得以实现的，个体必须通过业已存在的社会网去投映他的未来。[……]从社会的过去时刻里，个体提取出它的趋势，将自己推向一定的行动，而不是满足于真正意义上的回忆；个体从中提取的，是与推动未来的动力相联系的事物，而不是与他个人的过去时刻所构成的网络相联系的事物。①

然而，“我”从来都不是“我们”，因而只有当“我”在构成“我们”并与“我们”相对立的时候，“我”才会参与到“我们”的个性化之中。在“我们”的个性化的过程中，“我”的个性化过程仿佛构成了“一种颠覆”：

> 社会的灵魂与个体的灵魂以相反的方向运作，二者的个性化过程互为逆反。正是由于这个原因，个体在躲避到社会中并在社会对立面中确认自己的存在的时候，他就会意识到自己的存在。②

不相符性的实效性就在这里。如果说群体确实具有共时性，是一

① 西蒙栋：《心理个性化与集体个性化》，第176—177页。

② 同上。

种“共时结晶”，也即诸多个体在一种“转导关系”中个性化的共同过程，而且群体在这种“转导关系”中形成并演变，那么这一共时性若要成为可能，就必须始于历时的不确定性，而“共时结晶”之所以成为可能，是因为群体

> 与个性化之前的个体一样，处于紧张状态，部分仍未确定下来。 700

心理层面上的个人也是如此：

> 一个绝对完整和完美的个体不可能进入某一群体；个体必须仍然承载着紧张局面、某些倾向和潜质。①

存在者的自我保存借助于演变，借助对先于个体的现实进行个性化的传输，也即将被保存物纳入某一个性化的流程中这样的操作。然而，虽说西蒙栋使用了“业已存在的社会网”这一表述方式，但是对于他而言，**真正意义上的**“已经在此”的概念并不存在。西蒙栋是柏格森的继承者之一，他和柏格森一样，也和康德一样，错过了胡塞尔后来发现的初级滞留的特殊性。进一步说，他从未提出真正意义上的**第三滞留**这一问题，即使他所谈论的一直是它，尤其是当他写道：

> 无躯体、无联系、纯粹精神层次的群体不可能被创造出来；与个体一样，集体也具有“心理—躯体”这一双重性。②

---

① 西蒙栋：《心理个性化与集体个性化》，第183页。

② 同上书，第176—177页。

我曾经强调指出[①]，**心理层面与社会层面上的**个性化具有“动态稳定”的特征，它是某一**从未完全构成的**个体身份的延迟差异。与个体身份相对应的，是**各种技术客体，以及一切一般意义上的、已经构成了的人造客体**[②]。**相对于心理层面与社会层面上的个体，技术客体的身份具有一种“先于自身性”，但是西蒙栋没有考虑到这一点**（相反，正如达尼埃尔·本萨义德曾强调指出的那样，马克思谈论过这一先于自身性）。然而，这一先于自身性同时也是我们在前一章中所说的“**载体的恒久性**”的基础，而这些载体作为第三滞留，它们在作为“**认定的综合**”的意识流中，使“再现物的恒久性”成为可能。

701 在《技术与时间》的最后一卷中，我们将继续探讨这些问题。

在这里，我们只要记住，个性化是一个**不断成为多极过程的双极过程**：心理层面上的个体与群体紧密相连，群体是社会层面上的个体，由多个心理层面上的个体构成；在群体统一性的投映过程中，所有的“我”都是通过某个统一的（这种统一是假象）“我们”的投映而得以投映。这一多重归属之所以成为可能，是因为滞留具有可撤换性，因为“接受”由于滞留的可撤换性而具有实际性。正是这一多重归属使“我”处于运动中，并且**使“我”产生情感波动**：这仍然是不相符性的效用。这个“我”中存在着间距，将“我”本身的**多个理想的可能性**投映出来，成为“我们”。这样一来，就有了情感、冲突与剧情、情节和故事，正如“动态稳定”导致了运动、结构和转变那样。

① 参见贝尔纳·斯蒂格勒：《西蒙栋著作中的时间、技术与个性化》一文。

② 它们属于一些“技术系谱”，这一概念在《论技术客体的存在方式》以及我在《爱比米修斯的过失》中的论述中已有阐述。这些技术系谱本身也是“动态稳定”的——它们从未完全构成，也不曾个性化。对于社会层面和心理层面上的个体来说，这些技术客体和人造物由于是先于个体领域的组成部分，因此使存在者和个体得以完全形成。

6. 特例与失望

“多级性”指的是包含在“先于个体化的现实”中的相位差的潜能**以历时的方式现实化**，而“我们”的个性化则把这一“多极性”以共时的方式具体化，**这种共时总是稍纵即逝的，因此也是动态稳定的**。在心理层面上的个人与社会层面上的个人之间，总是存在着**对立的趋向**，因为“我”总是以某个**特殊的“我”**为目标。关于这一特殊的“我”：

- 他是一个被纳入“我们”之中的“我”，而且在这一“我们”中，他是一个**不可消除**的特例；与其他“我”相比，他是一个不同于一般的“我”，不能与其他构成“我们”的所有“我”相提并论，而且从这个意义上来看，他与这一“我们”相对立，是一个寄居在这一“我们”中并使其产生运动的张力；
- 在另一个层面上，这个特殊的“我”将他自己的特殊之处投映到一个特例层面，将这一特例层面**递交、托付、遗传**给“我们”(而非他自己)，给某一特别的“我们”，他投映出这一“我们”的特殊性，同时在其中自我投映，并且属于这个特殊的群体。

在所有心理层面的个性化和社会层面的个性化中，特例的这两个方面总是以明显或潜在的形式存在并运作。总有一个特殊的“我们”推动着其他一些“我们”，乃至某些具有普遍性的“我们”。例如，在海德格尔那里，“我们自己所是的存在者”就是这种特殊的“我们”，只有这一类**具有优势的**存在者才能对存在问题做出回应；在基督教与天主教中，成为上帝宠儿的大众，以及上帝按照其形象而创造的人，就是这种特殊的“我们”；对于资产阶级革命来说，肩负着国际使命的人民就 702
是这种特殊的“我们”；在马克思那里，激情澎湃的革命群众就是这种特殊的“我们”。

由此可见，“我们”亦犹如电影。

这里的“特例”不应被神圣化，甚至不应被看得太重，因为所有那些在统一化过程中以正面或负面的方式促进了多样化的个体，也就是说所有那些形成动力并为此付出各种代价的个体，均属特例。某些存在者因其美丽而特殊，也有一些存在者因其丑陋而特殊；某些存在者因其精细而特殊，也有一些存在者因其粗鄙而特殊。反过来，对特例的正面性滞留则可以被定义为“能够**免于死亡**的特例”，它们将留存在记忆中，就像那些能够超越自我、超越死亡、作为遗产而遗留下来的特例。通过这样的特例，个体就能够将其**既已终结的不相符状态**以第三滞留的形式遗留给他的继承人[①]，康德的著作就属于这种情况，我们曾经提到过这一点。与此同时，在遗产的所有结构中，上述特例均普遍存在并运作，因为这里的遗产都是本义上的遗产。这样的特例是阿兰·巴迪欧所说的“人的‘不朽者’身份”[②]的前提条件。正是在这层意义上，西蒙栋写道：

> 对于个体而言，或者说对于主体而言，永垂不朽的唯一契机是变成表意系统，使属于他的某些东西变成表意系统。[③]

这之所以可能实现，必须是因为

> 通过技术客体，[……]人与人之间的某种关系建立了起来，这种关系是个体特性相互传递和转化的模式。来自技术创新的客体随身

① 参见本书第二章第11节。

② 阿兰·巴迪欧：《伦理学：关于“恶”之意识的文集》，Hatier出版社，1993年。在《技术与时间》最后一卷中，我还将回到这部重要著作上来。

③ 西蒙栋：《论技术客体的存在方式》，第207页。

“表意系统”（signification）是一个语言学概念，指的是“能指”与“所指”结为一体、产生符号并表达某一意义的整个过程。——译注

> 带着某些原本属于其生产者的东西，并且能够体现出该生产者的一些并非转瞬即逝的东西。[①]

表意系统本质上是一种能够在稳定和被滞留的同时被传输的东西，它同时需要有载体，也即**知性用来使它的“流”稳定下来**（也即**使之“动态稳定”下来**）的**载体**。——这是一个后牛顿时代的概念，但是康 703
德却没有看到这一点。

假如表意系统不能被**遗传**，那么或许就不会有所谓的“移交”，也就是说不会有社会化，不会有社会表象，等等。反过来，正因为“移交”，也即外在化已经一直存在，所以才可能有遗传和遗产。然而，对各种滞留进行工业化管理导致的共时化却使“遗传”变得越来越不可能。

我们说过，在“我们”这一层面上，不存在胡塞尔定义的“我”所拥有那种“活着的当下时刻”，或者更确切地说，不存在康德所说的“领会的综合”。然而，“意识流的工业共时化”[②]所致力实现的正是要让“我们”也拥有“活着的当下时刻”和“领会的综合”，不过这是一种混杂性的共时化过程和“领会的综合”——在这种“活着的当下时刻”中，初级滞留、第二滞留趋向于和第三滞留混合在一起。这样一种共时化过程通过中断个性化过程，也即时间化的过程，消除了所有未终结状态，并进而消除了所有历时化过程。与此同时，它还消除了被传输之物，也即表意系统本身，从而使特例时刻产生的表意系统的遗传过程和移交过程变得毫无意义。

在公众活动中，在私人节庆日或集体节庆日中，在拜神仪式中，总

① 西蒙栋：《论技术客体的存在方式》，第248页。在《技术与时间》最后一卷中，我们将继续深入探讨这些问题。关于这些问题以及西蒙栋的整个学术体系，有一部高水准的研究成果值得一读，它会使人受益匪浅：《西蒙栋的哲学相对性观念》，让-于格·巴特雷米，南特大学DEA学位论文。

② 关于这一点，参见本书《迷失方向》最后一章的结尾处，第602页。

之，在这些**特例时刻**中，总会有某一共时化过程在运作。在大部分宗教仪式中，且不说全部了，在通俗节日里（这样的节日很多，多为年轻一代人在参与），人们总会聚在一起聆听音乐，这些意识体验到的快乐说明共时化过程是多么受人追捧。然而，上述事实同时也体现了以下两者之间存在着关联：一方面是“我们”的共时化过程及其特例，另一方面是“我”的历时化过程及其特例；而与此同时，泛指代词“人们/大家”又总在制造混淆。然而，随着媒体的发展，共时化过程已经变得几乎将永恒存在并系统化了；而且，由于**所有劳动工具和社会化工具均有演变为媒体的趋向**（在学校里也是如此，我们稍后将回到这一点上来），因此共时化过程将越来越具有持久性和系统性。由此可见，这一共时化过
704 程表明，通过上述诸多媒体，**一般意义上的个性化过程已经丧失**，而且在程序工业发送给超大型意识群体的连续不断的“事件流”中，铺天盖地的特例时刻淹没了“事件流”的全部。个性化的丧失同时也是一个大范围的令人担忧的“**失望过程**”，与“工具的承载者”——机器——不一样，它所危及的不仅仅是无产阶级，而是整个社会以及社会中的所有生活方式，这些生活方式已经通过市场营销这种“说服的技术”①或者说“舆论经济”②的道路而被广为“接受”。

正是出于这样的原因，“我”可以被视为“我们”，反过来，“我们”也可以被视为“我”。这样一来，泛指代词“人们/大家”便独占统治地位，它既控制了极权体制，又通过极权体制来进行统治；既控制着“保护消费者权益运动”和“市场社会”的聚生状态，又通过这二者来进行统治。“市场社会”被称为“个人主义社会”，可见有多么矛盾和荒谬。诸多“我”的意识流的共时化，意味着特例的可能性的消融。这是一个“我”失望以及“我们”失望的时代，“我”和“我们”在相互混合中

---

① 这里借用了雷吉斯·德布雷的说法。

② 同上，见《金融的力量》，Odile Jacob，出版社 1999 年。

消失了。这是一个“非个性化”的时代，而断言它是一个“个人主义的时代”，则表明了人们对它的失望以及否定。在这个时代里，“存在的问题”变成了一个“存在之痛”的问题。

“存在之痛”的问题是**病痛问题**的一种新形式，而在“病痛问题”中，“存在的问题”从某种意义上说已经被演进过程给“消灭”了。

在阅读《会饮篇》时[①]，我们将会看到：没有哪一种爱不带有特例。爱就是一种特例状态。小爱神厄洛斯处于这种状态。正因为俄耳甫斯也处于这样一种状态，所以他才得到了人们的宽宥。《文明的不适》强调了这一点：

> 至少，从外部来考察，“自我”看起来带有清晰而明确的界限，只有一种状态——这种状态确属特例，但不必因此便将其定性为病态——能够从本质上改变这一情况：当爱的状态达到最强烈的时候，“自我”与客体之间的界限可能会消除。[②]

正是对这样一种状态的**崇高欲求**使“我们”得以形成，正是由于一直想让这样一种状态成为可能，“我们”才投映出某一总是首先以外在之美为评判依据的知识，包括黑格尔想要“放下”的名为“对知识的爱”的知识[③]。

---

① 参见《技术与时间》第四卷（尚未出版）。

② 西格蒙德·弗洛伊德：《文明的不适》，法国大学出版社，1971年，第7页。厄洛斯（Eros）和俄耳甫斯（Orphée）均为希腊神话中的人物。——译注

③ 黑格尔：《精神现象学》的“序言”，Aubier-Montaigne出版社，1947年。——原注

黑格尔的原文为：“真理存在于其中的真正形态只能是该真理的科学体系。我想做的正是致力于这一任务，使哲学靠近科学的形式——达到这一目标之后，哲学就将能够放下它的名字‘**对知识的爱**’，而成为在**实际中真实的知识**。”根据《精神现象学》法译本译出，可参见《精神现象学》中译本，贺麟、王玖兴译，商务印书馆，1979年6月第2版，正文第3页。——译注

> 705 这种爱造就了家庭，并且在文明中继续发挥它的影响力……它的作用永远存在，也就是把人与人团结起来，构成一个人数众多的人类群体。[……]在这方面，它比建立在劳动基础上的群体的共同利益更为有效力，后者并未成功地做到这一点。[①]

这种爱也还不足以构成一个真正的"接受"过程，因此

> 从遗传的角度来看，"爱"这个字眼在语言中的使用往往是不贴切的。[②]

使社会变得值得人们欲求的，是"绝对的友爱"(philia)，它若是消亡了，那么社会将与地狱无异。在大范围地共时化了的社会里，共时化时刻不再是例外。这样的社会不再是**个性化的**社会，它**从根本上敌视**个性化过程，敌视多样性、特殊性和特例。它不是由诸多个体和特例构成的社会(这样的社会总是具有某种历时性，其中所有个体都具有特殊性和非共时性)，而是由**诸多超大型群体**和**失望**构成的社会。我们将会看到，它甚至不是创造型社会，而是一些模仿性的和适应性的聚居群体[③]。

知性从一开始就是一个共时化过程(内感官与外感官的共时化)，社会则以某种共时性的"动态稳定"过程为前提。然而，知性的共时性

---

① 弗洛伊德：《文明的不适》，第53页。

② 参见柏拉图对话录的《吕西斯篇》、亚里士多德的《优台谟伦理学》，以及德里达的《友谊的政治》，伽利略出版社，1994年。

原文为古希腊语单词"philia"，意为"无条件的爱、绝对的爱"，兼具"友谊"与"爱"的含义，故译为"绝对的友爱"。——译注

③ "尼采之所以反对达尔文，是因为尼采认为适应是对创造的否定，适者生存的理论意味着不可能存在任何特例，因此也就不可能有任何进化。"芭芭拉·斯蒂格勒：《尼采与生物学》，法国大学出版社，2001年。

综合以直观的历时性杂多为前提，而社会的“动态稳定”则时不时地遇到特例时刻，因为不存在某种或许是纯粹共时性状态的纯粹的稳定。“我”的身份的辨认——个性化过程、**自恋式的稳定过程**，没有这个过程，“我”或许就无法辨认出自己，这是“我”的思维和社会性的前提条件——同样也以共时化过程为前提。可见，共时化过程总是存在着：任何“我们”以及任何“我”都离不开共时化过程。

共时性是必要的，如果没有它，那么人类群体就无法构成，就没有集体的个性化；历时性是**个性化过程**在那些**持续存在之物的空间**里的**时间**，它同时也是这些持续存在之物的未来，是某个共时化的“我们” 706
的永恒。那么，这种共时性和历时性之间有着怎样的紧密联系？在什么样的条件下，这两个趋势——共时和历时——能够不再是一个与另外一个一同运作，也就是说一个与另外一个**相对立**，在一种**对立的“转导关系”**中运作，而是可以独立运作，在相互独立的同时，它们的外在表现能够产生同样的效果，并且与此同时，**纯粹的**共时性要求有**纯粹的**历时性作为它的反应，反之亦然？

纯粹的共时性与**纯粹的**历时性回到了同一个地方：虚无。

在此，研究**“特有语言”的问题（它同时也是魔鬼与象征的问题）**还为时过早。我们只需知道，共时化过程应该是有规律地出现在历时性之中，而不是强加在共时性之上，想要将它消除掉。这意味着，“我”消融在“我们”之中，也就是说“我”和“我们”都被《存在与时间》中所说的泛指代词“人们/大家”给吞没了——《存在与时间》的作者本人后来也身陷其中：这是个可怕的问题。

“我”和“我们”具有延迟差异，二者之间的**“无区别化”**揭露了一种**存在论上的无区别**，“我”和“我们”的流的共时化过程将“我”以及“我们”本身都给吞没了。“无区别化”将趋向于在一种熵的融合中消除历时性，这一融合无论是从政治角度，还是从经济角度来看都具有霸权特性，它既是涵盖一切的，又具有极权特征。当“我们”变成泛指代词“人们/大家”之后，便没有了未来：它是无人称的，既不知道它是“谁”，也不知道除了它之外还有他者；无论是对于自身还是对于他者，它都不再能够提出“谁?”这个问题，而且与此同时，它不知道、不认识，也不接受任何人或任何事(不懂好客和敌对)，甚至不再对“谁?”和“什么?”进行区别。

尼采说过:“沙漠在扩展。”①这里的**沙漠**就是一种**地狱**，是一种**演进**，是沙漠化拓展的必由之路，它没有**未来**，但是这并不意味着它不可能持续存在。无论是月亮上一块没有未来的卵石，还是本身也是一块巨石的月亮，二者都持续存在了数十亿年。然而，沙漠的时间不过转瞬即逝。

如此快速地回顾了西蒙栋的观念之后，我们看到，“接受”的可能性建立在以下事实的基础上，即“我”和“我们”是两个不可分离的、相互联结的个性化过程，应当同时从心理层面的个性化以及社会层面的个性化这两个角度出发，才能对它们进行论证。此外，我们也看到，使这一联合的个性化过程得以实现的，是一种先于个体的“已经在此”的领域，这个领域是存在者在演进的过程中凭借第三滞留为载体而实现的(可转变的)个人存储，不过西蒙栋和康德、胡塞尔一样，都没有注意到第三滞留的存在。最后，我们还看到，这一**相互联结的个性化结构以**
707 **心理滞留和集体性滞留的技术载体所具有的可撤换性为基础，使“接受”成为可能**，而且在文化工业时代，当上述滞留变成工业控制的主要对象之后，这一相互联结的个性化结构会使个性化过程的两个方面发生混淆，并且导致意识本身丧失其个性化，导致特例的可能性被消除，导致大众产生某种失望，最终走向一个“存在之痛”的时代，此时，正如“工具的承载者”机器剥夺了工人成为技术个体的潜质那样，当以客体

① 参见尼采:《查拉图斯特拉如是说》中译本，钱春绮译，三联书店，2007年12月第1版，第370页。——译注

为对象的意识，也即主体变成产品的消费者之后，他便**被剥夺了他参与确定并使用构成其精神生活的滞留准则的能力**。

7. "我曾有一个梦想"①
美国的"接受"政策，1912年

"我"和"我们"无论怎样不同，总是在投映中相互融合。"我"在"我们"中自我投映，而"我们"也在"我"中自我投映，二者不可能不是这样，因为它们都是由时间流所构成，而该时间流的边缘是一些"可以用来为那些变化不定的规定做基础"②的载体，**这样的载体为二者所共有**。和"我们"的流逝一样，"我"的流逝也是一种投映。

好莱坞已经成为全世界图型法之都，因为电影这一技术能够使各种具有统一化功能的表象和幻象得到接受。美国早于其他国家发现了这一点——苏联、法西斯意大利和纳粹德国紧随其后——这既是因为美国必须融合那些持续不断地涌来的移民，包括那些被迫来到美国但随后就被"融合"了的奴隶们，又是因为在原先那个原始或者说野蛮的国土上，美国人消灭了原有居民之后，所有一切百废待兴，美国与技术之间建立了一种新关系。

正因为"我们"的构成方式与"我"一样，都是通过投映而实现，所以电影才有可能在美国演变的过程中发挥作用。然而，美国在世界舞台上的表现必须与其他任何国家都不一样，而电影在美国之所以成为**必然**，是因为美国没有继承任何既有的投映机制，正如让-米歇尔·弗 708

① 此处应该是影射美国黑人民权运动领袖马丁·路德·金的著名演说《我有一个梦想》(*I have a dream*)。需要注意的是，斯蒂格勒在此将路德·金的演讲标题改成了过去时("I had a dream")。——译注

② 参见本书第二章第14节。

洛东在引用并评述马丁·斯科塞斯时所指出的那样[1]：

> “美国导演总是更为关注故事片形式的确立，而不太关注对某一现实的揭露。”(《马丁·斯科塞斯的美国电影之旅》[2])若是对于法国关于梅里爱和吕米埃尔的古老论题，他说的有道理，但是对于“美国导演”而言，问题却不是这样：在美国，揭露某一现实就是确立故事片的形式。这是因为，美国的现实**就是**一个有待构建的历史，而不是一个有待记录的“在此的存在者”(我们稍后将回到“在此的存在者”这一问题，在这里先不讨论，为的是将位置留给“美国的现实”)。[3]

领土是众多投映屏幕中的一种。这是一种场面调度的机制，它与电影一样，都是假象，二者现实程度相同，因为它已经存在：总是会有一片领土，那儿记录了一些为有待征服的广袤的印第安平原所缺乏的象征符号——它们为征服者所缺乏，却为原住民而存在着。

从这个角度来看，在人类历史上，美国人与领土的关系是一种全新的关系——由来自西班牙的欧洲人开始进行的大屠杀也是如此。紧随大屠杀之后的，是来自所有殖民国家的欧洲人；与大屠杀相伴始终的，是奴隶制和黑奴贸易(以及华奴贸易)；而为大屠杀画上句号的，则是北美殖民地移民及其后代。大屠杀沉重打击了整个美洲。弗洛东指出了电影是怎样成了大屠杀以及后来其他野蛮行径得以展现的屏幕，而这些野蛮行径至今仍在大量地上演着，它们的持续令人恐慌。

领土这一投映屏幕一开始的时候并不存在，但是却在美国成立的

---

① 在这一引用和评述之前，弗洛东明确指出：“关于美国与电影之间的类似性，最明显且最重要的一则解释是二者同时都有待构建。”

② 纪录片，马丁·斯科塞斯、麦克·威尔森执导，1995年。——译注

③ 让-米歇尔·弗洛东：《国家的投映，电影与国家》，第106页。

过程中得以构建，其实美国的“我们”的统一性画框并不是通过领土这一投映屏幕而形成，而是通过电影布景所给予的画面而实现。领土屏幕（和滞留空间一样）的画框是由（好莱坞的）电影银幕所划定的，电影银幕先于领土屏幕而存在。

在一般规则上，人类群体中种族或民族的形式与时间和空间的关系是由某一领土的统一性决定的，而正是该统一性铸就了某种归属感。709
领土本身就是集体记忆（包括游牧者的记忆）的第一个载体：作为空间，人们在领土中出生，在那儿生活、居住并且留下他们的痕迹；人们在这个空间里进行传递，同时也将这个空间传递下去，它由前人遗留，它被后人继承，通过它，某一共同的过去和代代相传的亲缘关系被传递下去，而共同的过去和亲缘关系则铸就了归属感。人们对领土的偏爱，缘由就在这里。

这种偏爱在美国却大为削弱，而工业图型法则在好莱坞必然地变成了该偏爱的主导形式，因为美国是第一大移民国家——不仅是第一大殖民国家和第一大奴隶制国家。美国很早就懂得了视听时间客体的威力，因为美国对待“接受”问题的态度和其他任何国家都不一样，正如托克维尔所说的那样：

> 在不同时期移居到现今美国领土内的移民在许多方面各不相同；他们的目的互不相同，并依据各种各样的原则自我治理。①

美国所执行的电影的“国家放映”**使上述杂多得到了统一**。正因为美国必须持续不断地将美国模式放映给新来的移民看，正因为美国在南北战争后必须统一它的各个联邦，所以美国最终变成了电影之国——与此同时，年轻的美国文明由于出生在这个尚有待建设的国度，

① 阿列克西·德·托克维尔：《论美国的民主》，伽利玛出版社，1961年，第71页。

而且优先继承了英国的帝国主义思想(洛克曾围绕这一点树立了他的政治主张[①]),所以总是比其他国家更为迅速地**发展并接受了技术**。

《乱世佳人》在全球范围内大获成功,既升华了血淋淋的南北分裂,同时也在全世界人眼中打造出了一个美国的形象,这一形象在《欲望号街车》与《美国,美国》里再次出现:这样一来,美国的接受文化在境内和境外都收到了实效。

这一打造"我们"的形象的政策同时也是一种打造"我"的形象的
710 商业政策,此处的"我"指的是**消费者**,美国人为之**树立了典型**。先是在美国内部,而今几乎是在世界各地,"融合"已经**借助**消费而得以实现:确切说来,这正是我们所说的"美国化"。自1912年开始,美国某参议员说的一句话后来变成了美国20世纪文明的重要格言之一:"**贸易随电影而至。**"[②]**意识的时间对影片的时间的接受,使电影这一技术变成了一个无与伦比的推销工具**——这个最佳工具可用于推销美国的生活方式,并由此进而推销经济、技术、工业、政治、社会**产品**和**模型,将它们"推荐"给全世界**。

文化侵占和传递总是一种"接受"的现象,尽管这一事实在大部分时间里隐藏在"共同起源"这一假象之下。全世界人民行动一致地接受了可口可乐和万宝路,欣赏乃至崇拜着好莱坞明星,并且发现自己已经深受20世纪60年代所说的"美国的生活方式"的影响。美国的生活方式本身是**一种生活模式,它以"接受"为基础,同时也是"接受"的对象**。最终,人们要么倍加努力,希望至少接受这一模式的一部分,要么在构建自己未来的过程中与该模式背道而驰,总而言之,人们总是以该模式为依照,与其进行协商。

---

① 1690年,洛克在他的政治主张中首先谴责了奴隶制。约翰·洛克:《政府论下篇》(法译本,B.吉尔森译),维翰出版社,1977年。

② 参见让-米歇尔·弗洛东:《国家的投映,电影与国家》,第104页。

这样一种全球文化扩张在人类历史上是一种史无前例的现象，其后果不仅严重，而且远远没有终结。该现象之所以成为可能，正是因为**“接受”是传播的法则**，而继承一个纯粹的过去时刻、一种从未被**移植而且**从未与多种外国文化杂交的过去时刻，从来都只是一种假象罢了。

让我们顺带注意一点——随后还将回到这一点上来——在康德那里，**人类的存在方式**是**必然性弊病（必有的缺陷）**的汇合，这一汇合因**移植的存在方式**，也即**“接受”的存在方式**而起，它同时也是**使象征和魔鬼成为可能**所需的条件。

对一个**纯粹的过去时刻**的继承——深信他的过去时刻，而该过去时刻被共同拥有只是一种假象——深信不疑，是一种必然的、不可避免的假象，它是一种充分且完整的主权以及一种绝对的权力的缔造者：这就是国家的电影所提出的问题。对于这个必然的、不可避免的假象，美国电影既懂得了怎样去“满足”它，又知道了怎样利用征服西部的神话 711
去使它转向或者颠覆它。显然，征服西部的神话涂改了历史，擦除了对印第安人的屠戮[①]，以至于全世界的儿童乃至成人均对这一神话深信不疑。美国的威力在于远远胜过美国货币和军队的好莱坞图像的力量，这是一种通过在世界层次上对程序工业进行掌控，以此生产新的象征符号、生活模式与行动规划的能力：

> 影片和电视节目取代了美国部队士兵，这不乏有利之处。此外，它们并没有花费资金，而是赚回了利润（而且是赚回了很多利润：在美国商业的收支表中，视听节目是继航空业之后的第二大赢利行业）。[②]

---

① 这导致了“一种无时不在的禁忌，即禁止真实地表现印第安人和黑人。很长一段时间里，这一禁忌极为强大”。让-米歇尔·弗洛东：《国家的投映，电影与国家》，第120页。

② 同上书，第209页。

8. 电视全球直播
1969年7月21日的圣体礼

在冷战的背景下，随着电视的发展，通过对电视的特殊维度，也即“现场直播”的开发，美国的接受政策得到了落实和强化：

> 月球上的人就此被拍摄了下来。[……]某些画面，同时也是最为迷人的画面，被阿姆斯特朗扛在肩头的摄像机捕捉了下来。他扫描着景象，确定着区域，抖动或摇晃着摄影机的取景框（乃至使画面模糊难辨），并跟随着他的同事奥尔德林的动作，将航天器摄入画面，同时注意着照明的方向和镜头的构成，确定着镜头画面的空间，仿佛一名摄影师（他被休斯敦航天中心的“导演”引导着，这些导演在地面上通过控制中心给这个带着摄像机独自工作的人遥远地发出建议）。电视在一种“自我指涉的悬置”（suspens autoréférentiel）中转播了这些画面，也即以全球直播的方式将它们传输了出去。画面连续不断，现场直播。[……]那是1969年7月21日。那一天，为了这一全球性事件，全世界将眼光死死盯住一面小天窗。[……]那天夜里，守在电视机旁的人们既能够“真切地”看见月球本身，[……]又能在同一时刻，就在身旁，看见两名宇航员，仿佛是在一种极为神奇的特写中看见了他们二人，那个时刻是那么的确切……同时看见两人，在同一时间看见两人。[……]既身在地球，处于人群之间（这一感觉非同寻常，仿佛是一次“圣体礼”，因为人们意识到全世界都在同时看着这些现场直
> 712 播的画面——我们所有地球人都被我们看见并注视着的电视**同一化**了），同时又身在那里，或更确切地说，身在那上面，在另一个

星球上。[①]

换言之，这也是身在别处、身在明天，处于"我们"的领土扩张的一种未来之中。这其实是在构建人类的历险记，而人类所处的星球先是被图像统一（从某种角度来看，被派遣出去的图像仿佛是"侦察兵"），随后又被市场统一。在美国的星条旗下，"所有地球人都被电视同一化了"。这种借助图像而实现的统一在形式上是新颖的，仿佛"一种极为神奇的特写"，但是在"我们"得以构建的过程中，图像所扮演的角色——与国旗一样——显然并非史无前例：

> 特写早已发明。可是，中世纪的明星们或路易十四与希特勒或尼克松并无任何联系，他们的图像相差甚远。路易十四的图像只出现在钱币上，这是人们唯一知道的一幅图像，此外并没有那么多图像四处流通，除了一两幅虔诚的图像之外。然而，当时的人们却能认得路易十四，因为他们每天都会在钱币上看到他。[②]

在共时化和统一化的过程中，钱币是一种至关重要的第三滞留，而通过共时化和统一化的过程，西方先是征服了拜占庭帝国，然后征服了全世界。对于拜占庭帝国圣像破坏运动的危机，玛丽-约瑞·蒙德赞指出，其实是"权力的设计"在被一再玩弄[③]。

---

① "人类已踏足月球"，收入弗兰克·波、菲利普·迪布瓦、热拉尔·勒布朗主编的《电影与最新科技》，法国音像研究所、德伯克大学出版社联合出版，第7—8页。45年后，这次电视节目被作为对一个真实事件进行的场面调度，在普罗多赞诺夫执导的影片中再次回放，他的影片讲述的是"布尔什维克理想在火星上的胜利"。（让-米歇尔·弗洛东：《国家的投映，电影与国家》，第46页。）

② 让-吕克·戈达尔：《"一种真正的电影史"之导言》，第59页。

③ 玛丽-约瑞·蒙德赞：《图像、圣像、经济：当代想象的拜占庭源泉》，瑟伊出版社，1996年。

20世纪末，借助图像而实现统一性已成为政治经济体系乃至地缘政策体系中的主导环节。在这些体系中，在全球商业战的背景下，技术使以下现象成为可能：

（1）通过国际技术标准，生产得以统一化，而技术作为生产的全球技术体系，它使旨在生产消费资产的劳动的工业化分工得以世界化，并且使一种远程通信机制成为可能，工业迁移和远程管理则凭借着远程
713 通信体制实现了普及；

（2）作为程序工业（其中主要是美国程序工业）传播的全球技术体系，它使大型大众市场在有偿债能力的国家里得到了构建。

正是因为在全球商业战中，占领市场变得比提高生产力更具决定意义，所以就像霍克海默和阿多诺所揭露的那样，文化在美国变成了工业，而且该经济领域的发展至关重要——似乎欧洲人一直没有明白这一点：1999年，欧盟委员会将预算的0.06%用于多媒体规划，约占用于支持烟草种植的预算的三分之一。

正是因为“接受”是现代性的核心问题，正是因为美国遇到的这一问题与其他任何地方的都不一样，所以才会有《关于电视》所分析的那种电视的存在，所以电视才以美国模式而发展。依照这种理解方式，文化——它显然不会像在法国那样，仅仅局限在文化部所辖制的那些领域之内——就是**通过对滞留进行工业化组织，并总是以技术为实现这一组织的条件，来制造象征符号**。

一般意义上的文化本来就具有技术性，因为文化是以技术和科技基础为载体，并且由它们所**构成**。然而，文化构成了一个必不可少的要素，无论它受到的污染将会变得多么严重，集体行为都总是通过这一要素而铸造成形；集体行为调配着社会体系的统一性、预见能力，以及它与未来的关系，也即它**对未来的欲望**。我们将会看到，数字化使超工业化成为必然，而在超工业化的道路上，文化成了第一大政治问题：这同时也是像当今名为“信息社会”的工业政策那样拓展到了最宽泛范

围之内的“接受”的问题。

委身于市场而且（在一个父亲可以被生物技术所取缔的时代中）不再代代相承之后，被工业化了的文化就变成了 种工具，服务于一种新精神发展，也即比以往任何时候都更为现代的“现代性”精神，同时服务于美国的生活方式，而在美国的生活方式中，物流产业的计算已经变得完全霸权主义了。这一切是通过国家的清洗运动实现的，而电子计算机、传输机器、远程通信机器等集成性数字化对这一清洗运动有着 714
不可估量的推动作用。通过集成性数字化，信息技术和通信技术走进了文化的超工业化时代，在这个时代里，IP网[①]使消费资产的生产（信息化生产、信息化物流）、推介（来自技术聚合的新型程序工业）和传播（电子商务）得以相互融合。在上述融合的过程中，电视机转变成了一种远程活动的工具[②]。通过上述演变，**技术体系真正地变成了一种帝国式的、全球性的体系**。

① 此处“IP网”指的是“因特网”（internet）。在使用“internet”这个英文单词的时候，有些人会将它的首字母大写，并且像使用“l'inter-urbain”（城市间的）一词那样给它加上定冠词，仿佛这是一个神圣的名称。最令人烦恼的是，“internet”一词隐藏了它的所指：因特网是网中之网，它之所以能够存在，是凭借着遵循TCP-IP协议（即“传输控制协议/网际协议”的简称）的数字基础设施之间的交互性协议。由于这个原因，我们将“因特网”称为“IP网”。

② 最近，蒂耶里·布勒东宣称，汤姆森多媒体公司设计的电视机已成为接入因特网的主要入口。1997年，微软公司副总裁克雷格·蒙蒂也曾这样说过。事实上，电视机之所以成为远程活动的终端，是因为它处在一个设备链条中，而且能够与链条中的设备进行信息交流。另据飞利浦公司的米歇尔·阿耶尔所说，他们公司设计的设备是“一种个人电视，而不再是家用电视”。飞利浦公司计划投入市场的接收设备配有“飞利浦/索尼I3E1394”型数字芯片，它是数据从一个用户到另一个用户的接入点，是输出数据的一个出口，此外不仅可以接入录像机、DVD机，而且还能够接入其他多种外围设备。在必要时，它可以不使用电脑的数据线路，并且能够承载各种因特网协议。更为重要的是，它具有Java语言，这意味着它能够接入远程活动服务。

这种工业化的**全球的**共时化的危险，在于它可能会铲除欲望，即对未来的欲望，并进而打断**统一化演变**。事实上，问题在于我们必须弄清楚，象征符号的工业化建设是否会变成一个魔鬼一般的过程，也就是说它是否会引发一种灾祸性的精神病症，在病变的过程中，象征符号摇身一变，成为“魔鬼”。

9. 令人惊叹的人所具有的可怕的脆弱性

有人觉得，文化超工业化这个新时代是艺术死亡的舞台，或者说，在这个时代里，至少某个事物消逝了，而没有了它，也便没有艺术，没有艺术，也便没有什么生机勃发。这种感觉很强烈，它或许无处不在，但是若要说它只是一种错觉，那只能是自欺欺人。人们强烈地感觉到，上述消逝了的事物已经被一种“新得令人惊恐”的事物取而代之，后者的对立面则是莫里斯·布朗肖曾称为“旧得令人
715 惊恐”的事物，但是在他的友人乔治·巴塔耶的眼中，拉斯科岩洞投映出的却是一幅青春永驻的图像，是对“革新”一直抱有期望的源泉：

> 从表面上看来，远古人类最为关心的——古代社会依然如是——是使劳作与游戏、遵守禁忌与违犯禁忌、非宗教的时刻与宗教节日的狂欢协调一致，形成一种低度的平衡。在这种平衡中，事物的对立面仍有构成，游戏的本身从表面上看与劳作相仿，对禁忌的违犯致使禁忌得以确立。带着某种自信，我们更进一步，认为从严格意义上来说，违犯禁忌是从艺术本身出现之时而开始存在的；同时，在驯鹿时代，艺术的诞生与游戏、宗教节日的喧嚣大致上是相一致的。岩洞深处的那些画面宣布的正是这一点，在那些画面中，生活气息大放光彩，总是超越了它自身，并在生与死的游戏中

得以完结。[①]

拉斯科岩洞里的画面描绘了一个庞大的"我们"的形象，它比在月球上行走的人的"我们"要大得多。

今天的我们仍然属于那个庞大的"我们"，无论我们多么健忘和后继无人。正是为了这个"我们"，而且**仍然**是为了今天的我们，地球才将那些图像维持和保护了下来，仿佛将它们藏在一个（旧时教堂用于陈列或埋葬殉教者和圣者尸体的）**地下室**里，同时也把当今艺术这个宽泛的"此时此刻"维系在我们身旁。正是**为了我们**，同时也是**朝向着我们**，那些壁画描绘了一个广袤的未来——无边无际、无法衡量。

每当我们回顾那个看上去极为古老但同时又永葆青春的时代，我们便能再次体会到这一无边无际的未来。这未来是无边无际的，而索福克勒斯在《安提戈涅》中的一首合唱诗中所说的"令人担忧的""我们"也是无边无际的，二者其实是一回事。根据海德格尔（由康恩转译为法文）、荷尔德林（由拉库-拉巴特转译为法文）、让·波拉克和迈约特·波拉克以及保罗·马戎等人对"deinoteron"一词的翻译，**"我们"是**最为"令人担忧的"、最"魔鬼般的"、最为"可怕的"、最"令人惊叹的"。

索福克勒斯的原文为：

Polla ta deina kouden anthrôpon deinoteron pelei.[②]

关于该诗句的法语译文，我们能搜集到的依次如下：

---

① 乔治·巴塔耶：《拉斯科岩洞或艺术的诞生》，收入《全集》第九卷，伽利玛出版社，1979年，第41页。——原注

在这段引文中，"驯鹿时代"指的是旧石器时期的一个阶段，因为当时驯鹿是原始人类最主要的狩猎对象。——译注

② 索福克勒斯：《安提戈涅》，Les belles lettres出版社，1994年，第332—333页。

Multiple l’inquiétant, rien cependant au-delà de l’homme, plus
716 inquiétant, ne se soulève en s’élevant.①

（令人担忧的事物有很多，但是除了人类之外，没有更令人担忧的事物在成长的过程中出现。）

Beaucoup est monstrueux. Rien cependant qui soit plus monstrueux que l’homme.②

（很多事物都是魔鬼般的，但与人类相比，没有什么事物是更为魔鬼般的。）

Combien de terreurs! Rien n’est plus terrifiant que l’homme!③

（可怕的事物如此之多！没有什么比人更为可怕！）

Il est bien des merveilles en ce monde, il n’en est pas de plus grand que l’homme!④

（在这个世上，令人惊叹的事物有很多，没有什么事物比人更令人惊叹！）

引用赫拉克利特和弗朗索瓦兹·德勒巴利-雅塞姆的说法⑤，这里的“deinoteron”同时也会“令人绝望”，因为：

---

① 马丁·海德格尔：《形而上学导论》（法译本，吉贝尔·康恩译），伽利玛出版社，1967年，第153页。[在《形而上学导论》中译本里（熊伟、王庆节合译，商务印书馆，1996年9月第1版，第147—148页），该句被译为“莽苍万景，而无苍劲如人者”。——译注]

② 荷尔德林：《索福克勒斯的〈安提戈涅〉》（法译本，菲利普·拉库-拉巴特译），Christian Bourgois出版社，1998年，第47页。

③ 索福克勒斯：《安提戈涅》（法译本，让·波拉克、迈约特·波拉克合译），午夜出版社，1999年，第29页。

④ 索福克勒斯：《安提戈涅》（法译本，保罗·马戎译），伽利玛出版社，“Folio”丛书，1994年，第96页。

⑤ 弗朗索瓦兹·德勒巴利-雅塞姆：《暴露在赤裸生活前的存在》，载于《何所求？》杂志第10期“绝望”，L’Harmattan出版社，1998年。

sophon ti to mechanoen
tekhnas uper elpis ekhon
tote men kakon allot ep esthlon eppeι. ①

保罗·马戎将其译为：

maître d'un savoir dont les ingénieuses ressources (mechanoen tekhnas) ...
（作为一种知识的主人，这知识的宽泛源泉……）

海德格尔（由康恩转译为法文）将"sophon ti to mechanoen"译为"作为运用技能的制造者，他拥有娴熟性"，荷尔德林（由拉库-拉巴特转译为法文）则译为"在某些方面他是智者，在艺术中他是才能的主人"；

maître d'un savoir dont les ingénieuses ressources
dépasse toute espérance (elpis) ...
（作为一种知识的主人，这知识的宽泛源泉
超越了一切期望……）

让·波拉克和迈约特·波拉克将"uper eplis ekhon"译为"将他带向他未曾料想到的遥远处"，海德格尔（由康恩转译为法文）译为"在期望之外"，荷尔德林（由拉库-拉巴特转译为法文）则译为"比他所期望的还要多"②；

① 索福克勒斯：《安提戈涅》，第364—366页。

② 说到"eplis"（期望），让我们在此回想一下，在赫西奥德给我们讲的普罗米修斯的故事中，它扮演着重要角色。参见《爱比米修斯的过失》第二部分第一章"普罗米修斯的肝脏"。

maître d'un savoir dont les ingénieuses ressources
dépasse toute espérance,
il peut prendre ensuite la route du mal tout comme du bien.
(作为一种知识的主人，这知识的宽泛源泉
超越了一切期望，
他便能够踏上恶的道路，正如踏上善的道路那样。)

对于“tote men kakon allot ep esthlon eppei”一句，荷尔德林（由拉
717 库-拉巴特转译为法文）的译文是“他时而走向恶，时而走向善”[①]。

或许，我们之所以**与以往一样**属于始于拉斯科岩洞，始于那个发现于19世纪的**地下室**的“我们”，是因为我们有这样一种感觉，觉得自己可能是它的边界并且看见了它的终结，觉得自己站在一个将善与恶分离开来的深渊旁边，这深渊轻易就能越过。在拉斯科岩洞，我们看见了“我们”的诞生，也即它的图像，也即“艺术”和“文化”这两个相互分离的领域。或许，在一个各时代之间不再相互区别、资源得到全面开发的时代，我们已经不再像巴塔耶那样，确信“艺术”和“文化”相互分离。巴塔耶写道：

历史和人种学的所有信息为我们展示了**这样一种人类，他在以下这点上与我们一直相一致**：对于所有已被了解的人类，劳动与性、死亡是相互对立的。[……]谁若扰乱了对劳动而言至关重要的事物秩序，谁若是不能够与稳定而明晰的客体世界同质，例如逃避或突然出现的生命，谁很快就会被抛弃在外，并且在不同情况下会被视为或是有害的，或是扰乱性的，或是神圣的。进一步看，性与神圣之间并非泾渭分明。[……]在那些目光远大的人看来，这个制造混乱的领域终将退化为动物的世界——动物的世界是不受

① 保罗·马戎译，Les belles lettres出版社，1994年。

> 制于劳动的。与此同时，这也是一个令人着魔的领域，我们将在本书中听命于它：它就是拉斯科岩洞。[1]

在拥有生殖科技和生物技术的现代社会里，一方面劳动空间和居所混合在一起，成了同一个也是唯一一个交流系统中的两个彼此相互联系的侧面；另一方面，一切活动变成了商品，能够而且必然成为评判计算或批判计算的对象。这样一来，现代社会里已没有了任何“相互分离的领域”。

原始人类令人惊叹，但他们已经令人感到可怕：他们已经成为“一种知识的主人，这知识的宽泛源泉超越了一切期望，(他便)能够踏上恶的道路，正如踏上善的道路那样”。或许正是由于这个原因，他们才没有将自己呈现在图像中。巴塔耶曾指出：岩洞里只有唯一一个场景中出现了原始人，以寥寥数笔勾勒了他的轮廓，那画面就像一幅儿童的画作一样，但是与此相对，一头逼真而生动的野牛则使原始人的画面黯然失色，

> 仿佛是出于一种系统的考虑，原始人对自然性避而远之，但如果画的是动物，自然性却达到了一种完美境界，这使人迷惑不已。[2] 718

对于“没有羽毛的两足动物”而言，后种系生成的条件注定了人会朝向美与善上升。“井中人”，人类的第一副形象，就这样“跃然石上”，这副形象仿佛呈现了一种“令人惊叹的人所具有的可怕的脆弱性”。

> 对于这些魅力四射的壁画，原始人定会和我们一样感到自豪

---

① 乔治·巴塔耶：《拉斯科岩洞或艺术的诞生》，第35页。粗体为巴塔耶所加。

② 同上书，第65页。

（不过我们的自豪只是一厢情愿），然而除了自豪之外，他们还会有怎样的感觉？无论我们怎样想，壁画魅力与对意料之外的事物的揭示是联系在一起的。正是从这个意义上，我们才会有“拉斯科岩洞的奇迹”这样的说法，因为在拉斯科岩洞里，尚处于年轻时代的人类第一次衡量了他所拥有的财富的幅度。他的财富，指的是他在触及出乎意料的、**令人惊叹的事物**这方面所拥有的威力。①

谁？“我们”？

10.“接受”与发明，一个一切皆有可能的国度 1866—1776—1915

康德认为，在人的本质中，脆弱性是致使人倾向于恶的第一大因素。不过，脆弱性与人生产的产品失灵一样，也会使人类遭受到打击。脆弱性或许甚至是人类的初始特征，是人类自起源开始就有的缺陷：在爱比米修斯的过失中，技术的失灵与道德和政治的脆弱性不可避免地联系在一起——“我”的脆弱性、“我们”的脆弱性，它是“我”和“我们”之间不相符性的法则。正是为了弥补由于分歧造成的损失，使分歧变为趋同，正是为了使历时性的无序达到“动态稳定”，使历时性转变为共时性（我们必须保证共时性的存在并使之处于开放状态），宙斯才派赫耳墨斯去把“aïdô”和“dikè”交给“会死者”（即人类）②。

借着对“挑战者号”升空进行全球现场直播的机会，美国又一次试图将美国人的“我们”的实力搬上银屏。可是，与科学相结合了的技

① 乔治·巴塔耶：《拉斯科岩洞或艺术的诞生》，第16页。黑体为巴塔耶所加。

② 简言之，“aïdô”和“dikè”的含义分别是“羞耻心、对他者的尊敬”和“正义感”。该段所述故事引自希腊神话传说，可参见《柏拉图全集》中译本第一卷中的《普罗泰格拉篇》，自第443页起。——译注

术、技术科学的假象既然**从一开始而且永远会介于现实和虚构之间**，那么它们就不会一直运作下去。它们的具体呈现不仅仅是电影，不仅仅是想象之物。当"挑战者号"在升空的过程中爆炸的时候，数亿地球人全都瞪大了惊恐的眼睛。

"挑战者号"失事使人们对事件的一种新认识得以普及，对于这种
新认识，皮埃尔·诺拉曾以登月为话题，分析过它的一些因素。[①]与爱 719
比米修斯的教训一样，各类事故教会了我们很多东西。它们使我们注意到，哲学所关注的首要问题，同时也是最合理的问题在于：现实与想象之间的**混合**（而且首要的当属本质与图像的混合，正如形而上学的洞穴那则隐喻[②]所揭示的那样，它与拉斯科岩洞既十分遥远又非常靠近）是**灾难性的**，必须将其揭露出来；而哲学思考的出发点正是找到某一**准则**，对二者进行**区分**。

提出"建立上述准则所需的条件"这一问题之后，我们就开始以哲学的方式思考了。这样一来：**不把**感知活动和想象活动**对立起来**；始终致力于揭示真正的形而上学；阐明《纯粹理性批判》论述的关键正是在于上述问题；阐明胡塞尔依据"初级滞留和第二滞留之间在原则上并无关系"这一观点来反对《纯粹理性批判》其实毁了他自己的研究；阐明海德格尔所关注的"世界的历时性"以及我们所说的第三滞留都是来自上述问题——所有这一切却都需要我们对感知和想象进行区分。

所有的一切，只在区分。

由想象之物所构成的现实，与想象之物不再相符，正如"我"和"我们"不相符那样，"我"是"我们"的条件，反之亦然。这些术语之间存在着"转导关系"，而且如果多个术语相互混合的话，那么它们之间

① 参见《迷失方向》，第142页。

② 柏拉图：《理想国》，第七卷。

便不可能存在关联。如果强行施加相符性,将会招致严重的灾难,乃至祸乱。

是“区分”,而不是“使之对立”,这同时也意味着未来并非处在现实(即感知)之中,意味着现实所拥有的未来并非它本身:未来并非处在(已经)存在的事物中,保罗·瓦雷里在第一次世界大战那次欧洲灾难之后这样说道,这从某种程度上沿袭了索福克勒斯的思想:

> 凭借着他的各种梦想并且不遗余力地想让自然服从于这些梦想,人这种动物[……]凌驾于其他动物之上。我的意思是,出于对**尚不存在的事物**的顾虑,人不断地而且必然地与**已经存在的事物**相对立。[①]
>
> 其他一些强烈的梦想[……]适应了[……]它们所处的境地
> 720 的状况,达成了平衡。
>
> 人类根本没有习惯去主动打破这种平衡。[……]他们并没有感觉到这种理想状态的刺激,而这刺激正是“善”的死敌,会使我们与“恶”发生对峙。
>
> 人[……]拥有他所需的一切,但却对满足了他的欲望的事物心怀不满。每时每刻,他都是另外一种他所不是的事物。他并不是一个由各种需求与这些需求的满足所构成的**封闭**体系。在需求得以满足的过程中,他汲取了无法估量的巨大力量,这力量颠覆了满足感。他的躯体和胃口刚刚得到满足,他内心的深处便会有些事物开始活跃,在暗地里折磨着他,点燃着他,控制着他,刺激着他,操纵着他。这就是“精神”、由无穷无尽的问题武装着的“精神”……

① 保罗·瓦雷里:《精神的危机》,收入《全集》,第1001页。

……他将过去与现在、未来与过去、可能性与现实性、意象与事实对立起来。他既在前行，又在倒退；他既在建设，又在拆毁；他既是偶然，又是注定；所以他既是不存在之物，又是不存在之物的工具。归根结底，重中之重，他就是我所说的那些幻想的神秘主使者。①

这个镜像般的存在者只有在运作的同时——在把他所想象的、尚不存在的事物付诸现实的同时，**在发明创造的同时**——才会进行投映。而且，必须首先承认的一点是，**以真实性为名来拒绝虚构，这会使发明创造变得无法企及**。所谓发明，指的是前行中的、具有实效性的现实，而不是哲学家们所梦想的那种现实，尽管哲学家有他们自己的“发明”，有他们自己的“天空”——这种现实是必需的，但同时也是必须批判的。对虚构重新进行评价，并不意味着低估真实性，而是意味着在虚构中提出真实性这一问题，拒绝差劲的虚构、谎言般的虚构，揭露造假者。

瓦雷里对“欧洲精神危机”颇有微词；掩卷反思，在他的词句之间，我们怎能没有品味到，他宣告了**美国的梦想**具有一种非同寻常的**发明特性**——美国在对**现实性和虚构性、当下和未来、图像和事实之间针锋相对的关系**进行组织这方面具有超常的能力？

欧洲人至今仍未看清楚美国的真面目，没有认识到美国所包含的各种新颖之处、美国值得欧洲学习的各个方面，以及所有那些永远不会为欧洲所具有的要素。欧洲真正结识美国，是始于1866年：是年，“大东方号”敷缆船在大西洋海底铺设了一条电报电缆，这第一条国际远程通讯线路将布雷斯特和纽约连接了起来。随后，在两次世界大战期间，欧洲对美国的认识又加深了一步，而至于两次世界大战极大地改变了

① 保罗·瓦雷里：《精神的危机》，收入《全集》，第1001—1002页。

721 美国人与世界其他地区之间的关系格局，这是众所周知的事。对二战的终结起到决定性影响的，是对传输科技的掌握，这一技术在战场上已经发挥了很大作用。在“第二条战线”上展开的心理战其实是一次媒体战，而密码和计算工具的技术战则使英国和美国得以在大西洋战役中获得最终胜利，随后又因氢弹的制造而超越了纳粹德国。二战结束后，在实施马歇尔计划的过程中，美国落实了一项旨在传播美国文化的系统性政策。美国为支援一些国家进行重建拨付了援助款，而对拨款额造成最主要影响的则是美国影片在受助国的大范围传播。

美国将电影当作工具，用于心理战、意识形态战和商业战。在这种图像战争的过程中，美国曾先后攻击了德国纳粹主义、苏联共产主义，美国在图像战争中的目的是想让全世界接受美国的生活方式。要让他者接受这种生活方式，就必须改变他们的行为和表象，改变他们的消费习惯和人际关系模式，同时让全世界为一段经历了多个时期的特殊历史而“震动”：从《乱世佳人》到《阿波罗13号》[①]，其间尚有卓别林、西部片、罗纳德·里根、《与狼共舞》[②]等，所有这一切构成了一部美国的**历险记**。在好莱坞影像以及后来的电视连续剧的帮助下，美国变成了**最优秀的现代化国家**——变成了一个让所有移民申请者梦寐以求的国家。

事实上，20世纪的美国将19世纪工业革命给欧洲带来的启蒙完美地继承了下来。二战结束后，美国似乎成了一个**一切皆有可能**的国度，一种闻所未闻的巨大变革在那儿找到了真正的故乡，它始于工业化，并作为一个持续创新的过程而得到发展。

而今，美国似乎仍然是这样一个国家：在那儿，演进过程能够得以圆满完成；即使有时候在世人看来，这一演进过程当前似乎没有未来，

① 《阿波罗13号》，朗·霍华德执导，1995年。

② 《与狼共舞》，凯文·科斯特纳执导，1990年。

是地狱般的，是魔鬼般的。或许，这同时也就是美国的新颖之处。在具有实际效用的全球化这一背景下，其中尤其要注意到信息技术与通信技术的数字化集成，美国似乎成了唯一一个真正全球化了的强国，但与此同时，**从其内在层面上来看**，美国正一步步地成为一个帝国主义的、统治型的、有威胁力的强大国家。 722

欧洲想沿着美国的光荣之道紧跟着美国，同时相信那是一种可以共享的光荣（它是西方的光荣，而我们大家都是西方人）。然而，这条光荣之道离不开记忆术的政策：欧洲这个小海角上的官员们已经忘记了这一点——因为我们看到的只是欧洲在其历史上曾经施行过类似的政策。“旧大陆”还有什么契机能够成功地维持自己的强大，也即保住自己在主动权方面的实力？这个问题如果还在被人提及的话[1]，那么我们必须先来回答另外一个问题：美国的真正实力是什么？

凭借着卓别林、《乱世佳人》和米老鼠，通过高科技以及华尔街的摩天大楼，美国打造了它的现代性的形象。美国的历史就是一部对记

---

① 不过，我们不确定“旧大陆”这一问题是否还在被提及，提出该问题或许为时已晚。如果说这是不确定的，那么确定的是“未来”将跨越大陆，超越东西方之间的错误对立。自从世界全球化以来，西方便已无处不在——凭借着它的记忆术、生产体系、市场体系在全球范围内的扩张。西方**已经不再有任何外界**，不再有任何所谓的“外国”作为西方的外部、界限或边界。然而，西方本身已包含着相对于它的他者，包含着它的终结：在“西方”本身之中，一个“自我免疫”的过程（auto-immunité，雅克·德里达语）在运作，通过这一过程，西方将会消逝。“西方”不再有“东方”与之对立，因此西方迷失了方向，并将由此而亡（假如它尚未死亡的话）——也就是说，西方将“熵化”（entropisation）。在全球熵化的过程中，西方化（occidentalisation）得以完成，而西方化必然是一个“非西方化”（désoccidentalisation）的过程。分裂起于内部，表现为民族主义的狂热、邪教、各类极端主义、没有发展前景的特殊化、坏死，以及弥补性、自杀性和失控的应对措施——这是一个失败的负熵状态。不过，负熵状态仍在自我寻觅，以一种“新型国际关系”的形式：这是一场前所未有的战斗，其界限在一切既有边界之外，至今尚被视为极不可能。我担心的是，作为一项从未成功的政治“计划”，欧洲将继续停留在过去，它在我们所说的“未来”中只能占据一个次要地位。

忆术的掌握，对滞留的工业化体系以及想象物的技术、计算技术、物流技术掌握的历史。就近几年来看，美国的历史同时也是对上述各种技术很久以来的聚合进行工业化、系统化和理性化的组织，构成唯一一个也即同一个集成化数字技术的技术体系。这一技术方面的政策与美国的接受政策密不可分，而接受政策同时也正是美国的发明政策和艺术创作政策的基础。

接受文化是美国历史的酵母，它在吸引和接收外来者这一方面构成了一种无与伦比的力量。很多伟大的欧洲导演选择了去好莱坞工作
723 （且不说那些不同研究领域和不同国籍的科学家、艺术家、作家、大学教授等，其数量之众堪比好莱坞生产的影片）。每当这些导演与美国行政体制发生公开冲突的时候，美国却总是能够将他们转变为美国"形象"的杰出代言人。当卓别林受到"麦肯锡主义"的纠缠，执导了《纽约王》[1]并在片中揭露美国的虚伪的时候，不管怎么说，他终究还是颂扬了美国的伟大，尽管这是违心之举——美国为卓别林成为世界最伟大的艺术家之一提供了条件，同时也通过他宣扬了美国的历险记。

由此看来，美国实力所体现的问题，在于将"接受"和技术联系在一起，而这却是欧洲所无力企及的。一直以来，美国总能建立起这一联系，也即开发这一联系。美国的实力之所以得以成就，显然是因为它拥有一项发展记忆术的有效政策，也即它的接受政策，因为自从过去几十年以来，接受政策以各种形式服务于商业文化，包括学术、艺术、科学、外交等形式以及真正意义上的商品形式等。这种致力于"演进"的智慧在欧洲严重缺位："接受"的过程与政令完全是两码事。

"接受"之所以促成发明，是因为接受一个未曾经历的过去之必然性离不开接受技术之必然性，而接受技术意味着接受若干可转变的客体，商业由这样的客体转变而来，而且通过这些客体，"我"和"我们"之

---

① 《纽约王》（又译《一个国王在纽约》），卓别林执导，1957年。——译注

间形成了一种基础性的**竞争**，这是康德所说的“不可社会化的社会性”以及赫西奥德所说的“éris”——好胜心、纷争、竞争①——的基础。这一限制曾经使宙斯被迫将赫耳墨斯派往人间，把“dıke”和“aĭdô”交给了“会死者”，它对新生的美国也产生了作用：当时的美国面临着初期时的分裂局面，分裂的形式前所未有，有着巨大的威胁力，而从这分裂中也产生了一种无与匹敌的发明创造性。

美国的发明创造性由于美国通过电影而实现的发明，以及电影本身这一梦一般的技术的发明，而成为必然并得以实现。不过，美国的发明创造性其实早就开始了：始于1776年。在某种程度上，它主导了美国的独立宣言。雅克·德里达在独立宣言发表两百周年的庆典上（庆典在弗吉尼亚州举行）对托马斯·杰弗逊的**精彩**演说进行了分析：

> 最有意思的是，我们无法判定这样一个宣言行为的力量和强力冲击，也无法判定该陈词[即杰弗逊撰写的宣言]是觉察到了独立，还是导致了独立。[……]是人民事实上已经解放，只是通过宣 724
> 言意识到解放这一事实，还是在这则宣言签署之时并借助了它的签署，人民才得以解放？……可以说，这一隐晦之处，这一无法判定性，介于语言性结构和评估性结构之间，二者的目的在于制造所寻求的效应。它们对这样一种权利的地位来说至关重要[……]。宣言中的“我们”以“人民的名义”而言说。
>
> 然而，这一“人民”并不存在，在宣言发表**之前不存在**，那时的它**与现在有所不同**。②

① 赫西奥德，古希腊诗人，生卒年月不详，代表作有长诗《工作与时日》《神谱》等。“Eris”（首字母大写）即希腊神话中的厄里斯女神，也被称为“纷争女神”，是不和、争执、纷争的象征。——译注

② 雅克·德里达：《听闻录：尼采的与教诲与专有名词的政治》，伽利玛出版社，1984年，第20—21页。

其实，这一“人民”在宣言发表之后也不存在。这一“人民”，**也就是说这一“我们”**，总是处于**即将到来**的状态。

托克维尔曾经强调过美国的极端特殊性，即从某种意义上来说，我们能够看到这个国家的诞生。我们从中看到了什么？我们看到的是，“接受”促成了一个“我们”被发明出来，这一“我们”并不先于“我”而存在，但却依据某一逻辑得以投映和虚构。在分析知性的时候，我们曾见过这一逻辑：借助于“移交”的方式①——在这里，是通过“以人民的名义”而言说的代言人，他们担负的责任是遴选出那些构建某一“我们”的词语，让这一“我们”得以投映和虚构，成为**权利**（同时也是以上帝的名义，我们将在《象征和魔鬼》中看到，这也就是以某一绝对性的过去和某一绝对性的未来的名义）。美国的发明创造性始于1776年，始于杰弗逊这个“我”所言说的“我们”；这一发明创造性已经是一种电影，类似于幻象、诱饵或“做作”。这一切始于一种幻象——从某种意义上来说，与爱比米修斯的过失一样。这一“电影”构建起了美利坚民族（同时也构建了所有机构），也为即将到来的电影工业的霸权做好了准备，从《一个国家的诞生》②到后来的《乱世佳人》《欲望号街车》《美国，美国》等等。

弗洛东指出，这一“我们”是在美国南北战争中——康德可能会说“是在一种‘纷争’之中”③——才真正被打造出来：

> 从第一部美国著名影片开始，一个虚构故事的成形就已变得非常明显。影片名为《一个国家的诞生》（1915年），这太具有象征性了。[……]“一个国家的诞生”这个标题不但恰如其分，而且表

① “人类的理性和知性始于这种把某些操作移交给某一代具。”参见本章第一节。——译注

② 《一个国家的诞生》，格里菲斯执导，1915年。

③ 参见《从世界主义的角度看世界通史的观念》中的第四命题。

面上看也非常邻近：在美国历史上，独立宣言于1776年发表，美国 725
就此诞生，但是影片的历史背景却是南北战争以及它的直接后果。不过，从创世的神话这一角度来看，正是南北战争造就了美国这个表象，正是那次内部冲突及其战果使美国得以腾飞。

美国的电影工业得益于一种总是更为活跃的发明创造性，它的统治力从一开始就影响到了全世界的电视频道——借助电视连续剧以及通过远程传播在电视上播出的电影。不过，在20世纪末以前，电视触及的幅度受到了无线电波传输模式的技术限制和地理限制：无数电视节目来源于美国，但是**由它们所构成的"节目流"局限在各国范围内**。

数字化打破了上述限制：**辛克莱所说的世界的"美国化"将得以真正揭幕**。而今，美国程序工业的霸权在IP网上施展开来——美国在线公司和华纳时代公司的合并堪为见证——并将导致我们所说的"远程行为的数字化集成"。这是一种新的"接受"的工具，它或许将达到一种迄今为止尚无可匹敌的威力。

然而，美国在**演进**方面的杰出智慧是否能有**未来**，我们对此仍表示怀疑。

11."广播电视"时代的时程区划和方位区划 1998年7月12日

1939年，45%的法国人听收音机。媒体节目流的传播系统——广播电台和电视频道——在美国被冠以"broadcast"之名，它在所谓的"辉煌年代"[①]中得到了快速发展，在那段时期里，消费模式得以确

① "辉煌年代"(Années glorieuses)，也说成"辉煌三十年"(Trente glorieuses)，指的是"二战"后直至70年代中期石油危机爆发，法国经济在此期间得到了高速稳步的发展。——译注

立并广泛普及。在20世纪60年代(1960年,13.1%的法国家庭配备有电视机,1970年该比例增至70.4%),无论是宗教仪式还是普通节日,无论是礼拜日还是家庭团圆日,广播和电视中的各类节目,由相关负责人编制的**节目时段**,也即我们所说的**媒体节目表**,开始与这些
726 日子形影不离。在那些节目中,最主要的一种当属电视新闻,它为世界时事打开了大门,使它们得以渗入各个家庭。与此同时,第一批严格意义上由电视播送的世界大事也得以出现,例如英国伊丽莎白女王的加冕、1998年7月12日法国在世界杯上夺冠等,都是在数亿电视观众的眼前进行。问鼎世界杯数天之后,法国媒体宣称"我国已重拾信心"。

广播和电视里的视听时间客体构成了一个**连续不断的媒体节目流**,而"广播电视"则将这一媒体节目流传播给了不计其数的听众和电视观众,从而构成了时程区划的一个新时代。在20世纪里,程序工业彻底重新配置了以下两大要素——没有这两大要素,任何人类群体,任何"我们"或许都不可能得以建立并持续存在:

(1)**时程区划**:它将宇宙的节奏融合进具有象征性的仪式中,与此同时标记了社会生活的节奏。它包括一般意义上的历法,以及所有具有地方性特性的**行动规划**、社会共时性活动、各地方的历时性活动等等;

(2)**方位区划**:它划定了领土的界线,界定了表象的范围,是在空间和时间中进行导向的**导向系统**和**导航工具**(包括航海地图、分类辞典、目录索引,以及学校教材和专有名词——例如街道名、城市名,乃至人名,所以人名既是方位区划的元素,又是时程区划的元素)。

时程区划和方位区划决定了一切集体事件——乃至历史,乃至地理。然而,在不到五十年的时间里,电视的到来(当广播备好了场地之后)吞并了地方性的时程区划和方位区划,将其融合到媒体节目表之中;与此同时,通过媒体节目表,电视对观众群进行了**分割**,以观众群体

为首要目标，并为此而制定了节目时段和各类节目、确立了节目的**规格**（26分钟、52分钟等）。事件的性质——说实话，乃至事件化[①]的各个条件，都有了深层次的改变。

这是一个**大众“接受”的过程**被付之于实践。同一个节目可以被数百万观众在同一时刻观看，数百万意识可以同时与同一个时间客体的“流”相互交织，并且受到同样的信仰效应和“接受”效应的左右。“广播电视”是时间客体的一种工业化生产，这些时间客体被现场调控（即便它们不是被现场制作出来），使意识群的意识流共时化。就这样， 727
自广播时代（1923年）以来，相关基础设施真正地投入运营，而一般意义上的文化工业也由此得以展开。到了20世纪40年代末，这一体系变成了电视系统。

12.“巨流”与媒体节目表

我们已经看到，作为各帧画面在瞬间的前后更迭，影片是摄影的一种延伸，既因为它结合并**激活**了摄影的现实效应，也因为它将每秒钟二十四帧静止的画面融合成一个持续不断的“流”，也即影片的各个段落，并与观众意识的时间流相互重合[②]。至于电视，它又是电影的一种延伸。作为广播传输技术，电视在具有电影所独有的两大“重合”之外，还使现场时间，即摄像机进行捕获的时间与观众通过电视机进行接收的时间相互重合，使观看同一个节目的大量意识的时间相互重合，**这些意识相互隔离，分别在各自家中，相互看不见，但却实现了共时化，并且知道自己属于同一个大众群体**，面对的是同一个节目链。这就是

① 关于“事件化”这一概念，参见本书第二卷《迷失方向》，自第454页起。

② 这是借助视觉暂留原理而实现的。（我们不可将视觉暂留与初级滞留混为一谈，不过，以第三滞留为基础，视觉暂留使初级滞留的效应在生理和技术上成为可能。）

新的全球滞留领域，它使诸多“我”在“我们”当中实现了社会心理层面上的个性化。既然我们都存在着，那么我们怎会不深受上述现象的影响？

在《迷失方向》的结尾处，我曾指出，我们必须将在本书中研究的意识的三重综合与一种“代具的综合”结合起来，后者使滞留有限性的工业化综合成为可能。尤其是对于时事类节目，同时也包括谈话类节目和综艺节目，电视开启了一种新的能力，即它能够对摄影机镜头捕获的画面进行现场直播。这样一来，摄影机记录下来的“过去时刻”变成了一种即时性过去时刻、一种“刚刚过去的时刻”：在当下刚刚发生的过去时刻和意识的当下时刻相互重合，这既是“领会的综合”，又是对来到该意识面前的事物（同时也正是**来到“我们”面前的事物**）的初级
728 滞留。

“捕获”与“接收”之间的重合是“我”的个性化与“我们”的个性化相互融合的技术条件与工业条件，而这两种个性化的融合意味着“我”和“我们”湮没在泛指代词“人们/大家”的状态中，成为一种商品，即意识的时间，在广告市场上出售。“捕获”与“接收”之间的重合似乎消除了电影所拥有的后期制作时间。其实，电视并未消除这一时间，而只是将它**隐藏**了起来，使之与另外三种重合进行重合：它在电视中是视频调控的时间，在这一时间中，由数百万意识构成的群体得以将他们意识的时间流重合在一起，使他们的第二记忆趋同，并服从于遴选第三滞留所依据的工业准则，这些准则本身则是由不同频道共同“调控”并付诸实践的（其依据是对观众群进行同样的计算——除此之外，电视频道并无其他准则）。

我们在《迷失方向》中说过，现场直播的电视新闻是一种即时性过去时刻，它**使当下时刻流逝**，并由此构成一种“已经在此”，从而截断了以往该“已经在此”用于建立其权威性的过滤器。在滞留有限性的工业化综合中（也即第三滞留的工业化生产，从代具的角度来看，这同时

也是意识这种综合的综合性生产[①])，如果说初级滞留在某一时间客体的当下时刻中所依据的准则，比如遴选，是通过变成了第二记忆的前期时间化而预先开辟道路，那么该遴选的过程已经被第三滞留的即时性所截断，因为由于数字化相似性综合所特有的时间配置，**第三滞留与初级滞留、第二滞留绝对地重合在一起**。这样一来，在电视新闻这样的时间客体中，既然那些发生的事物是通过"图像意识"而即时性地发生，那么怎样才能将**第一记忆**，也即"刚刚过去的时刻"与胡塞尔所定义的**图像意识**[②]区别开来？

电视新闻的"被体验之物"是一种**必然是图像意识的**时间客体，但是当下时刻却**趋向于不再仅仅以时间客体的面目而呈现**(例如听广播、看电视)。在"我们"的意识的**"集体性当下时刻"**里，"刚刚过去的时刻"、立刻变成**过去时刻**的即时性**流逝**，其实早已经构成，并且一成不变，成为"已经在此"，具有"已经在此"所拥有的所有**张力**——它既是 729
我未曾体验过的，或从某种意义上来说以"附加"的方式曾经体验的我自己的"已经在此"，也是"我们其他观众"的"已经在此"，虽然并不是**真正地**属于"我们"。如果说第一记忆和第三记忆之间的某种区分(而非"对立")总是可能，同时也是不可或缺的，那么在这里，这样的区分却变得绝对形式化且空无意义。[③]

电视首先是一种对捕获和调控了的图像进行现场直播的技术，后来运用了在电视上播放电影的技术，再后来又利用录影带进行视频记录，并由此使剪辑成为可能(再次引入了后期制作的时间)。电视的四种重合形成了一个整体的体系，它将各种时间客体编制成程序，纳入对

---

① 也就是说，将意识生产出来。"生产"这一动词在这里的含义与它在电影界的含义几乎一样：生产一部影片，意思是投资一部影片。

② "图像意识"的德语原文为"Bildbewuβtsein"，胡塞尔用这个词所指的是我们在本书中所说的"第三滞留"。

③ 以上分析是对本书第二卷《迷失方向》第602—604页内容的概述。

各个节目进行组织的“节目表”。这个时间客体编程体系构成了一个**“巨流”，其中各个节目的“流”前后连接在一起**，而这个“巨流”恰好被称为“频道”[①]。作为**程序工业**，广播电视构成了一种几乎以秒为单位而被控制的全球性时程区划，其基础一是“时间码”，二是一般意义上的“社会时间经济”。社会时间是诸多共时化了的意识的总和，其中**时间的价格**根据一定的准则而定，例如在同一个电视频道里，一分钟的电视广告在下午三点的时候价值几千法郎，晚上八点半的时候则为几十万法郎。广播电视的时间段使人们能够对大众进行划分，并制定时间流，也即意识每一秒的价格，而这一切总的来说都得到了收听/收视率测定器的认可。时间经济同时也是媒体间的战争，目的在于占领观众能够倾注在媒体上的**有限**时间。对意识的时间的疯狂开发导致了诸如“枯竭”“污染”等问题，这些问题与无限制开发自然资源而遇到的问题如出一辙。

如果说康德的分析最终走向了对三重综合的区分，而且在我们看来，三重综合作为先验想象力的根本性操作，必然要求我们从对胡塞尔的批判分析出发，定义出三种形式的滞留，那么电影和电视之所以能够具有象征的实效性，必然是因为它们考虑并且落实了上述结构，而且它们的相似性复制技术使上述结构的“外在化”——勒鲁瓦-古兰所定义的“外在化”——成为可能。从此，这一实效性先是在电影中，随后在电视中介入了个体和集体的意识流的过程，调节着意识的图型法。多
730 个意识流的重合并不意味着所有这些意识观看和体验同一个事物。我们并没有说视听节目为意识的时间“编程”，即决定了意识的时间，而只是说这是一种调节。不过，这样的调节所具有的效用是巨大的，而且确切地说，其效用已经被应用数学和运筹学技术所量化。正是由于

① 这是一个文字游戏：在法语中，“前后连接在一起”的原文“s’enchaîner”与“频道”的原文“chaîne”是同根词。——译注

这个原因，广告公司才会毫不犹豫地购买电视广告时段，让观众的意识在那里得到投映，并最终接受新的行为范式。

电视频道由社会群体的相聚所构成，媒体节目根据观众的共同准则被生产出来，这样的组织模式事实上导致了**滞留准则的强化**，而这些准则相对于意识群体逐渐变得具有共性。熵正是处于这一层次上，这恰好解释了电视所特有的象征的实效性，即使电视节目的质量有时候非常差劲——但是电视不乏电影的某些优秀性质（拜现实效应、前摄性所赐），例如特写、蒙太奇、优秀的剧本等。当选定的节目的组成要素——新闻、资讯、影片以及政治、文学、科技题材的谈话节目，也包括综艺节目、纪录片等——或多或少地服从于同样的遴选准则，并且触及大范围的观众群之后，它们就会作为第三滞留的同质化、标准化的机制而发挥作用，这样的第三滞留将决定第二滞留的运作，而我们已经看到，第二滞留又会对初级滞留进行调节。

从更宽泛的意义上来看，这也是一种扩大了的“库里肖夫效应”，只不过它在这里是在媒体节目所构成的**“巨流”的层次**上运作，因此也就是在意识本身的层次上运作——每个节目都决定着后一个节目的接收，同时被前一个节目决定。这样一来，不同节目表之间会在很大程度上相互模仿：某个频道在进入观众意识群的市场之后，从它的竞争对手那儿抢占了一定数量的观众意识，如果它想要增加它的市场份额（所有频道在构思节目表时都是为了达到这一目标），它就必须将竞争对手至少一部分的滞留准则内在化，尤其是那些已经被观众意识群所接受了的准则，同时还必须使它的各个节目的时间与总体时程区划共时化，只 731
有这样才有机会在节目变换的时候招徕观众。正是由于这一原因，播送频道的多样化（它从更高程度上划分了观众群）并不是一个与滞留的熵相断裂的因素，而是一种改善，明确了整个体系所**触及的对象**，虽说这种新组织模式明显极大地改变了共时化的条件——我们稍后将回到这一点上来。

13. 1997年的转折：文化超工业化的时代
从发射机到服务器

杰克·朗担任文化部长期间，曾经说过视听节目“是一种不同于其他商品的商品”：此言甚是，因为视听节目属于“文化”，位居艺术创作和“精神作品”之列，而且作为节目和时间客体，它**在全球商业战中是最为有效的竞争工具，因此也是第一重要的竞争工具。**[1]当前，数字化技术使视听节目能够通过远程通信网络传播，而IP协议已使远程通信网络具有了交互性，与此同时，电视机（“远程视野”接收设备）已变成远程活动的一种终端。在此背景下，视听节目在接受的过程（启动于工业革命也即“现代性”）中所独有的威力将不可估量地强化——以至于对于媒体节目、构成媒体节目的时间客体、第三滞留的生产和传播机制而言，它们的性质都将发生某种重大演变。

20世纪20年代，电台围绕着发射机而建立起来，受这一模式的启发，电视画面传输的相似性技术体系得以构建。在该体系中，图像的传播必须通过笨重而且昂贵的无线电波中继站进行，因而限制了可供使用的单向渠道的数量。MPEG标准（图像与声音压缩标准）和TCP-IP协议（数字网络的交互性协议）的结合导致一种新型视听节目传播网络
732 的出现，该网络形式多变、渠道众多、非常细致，而且具有“互动”性，它能够使用电话线路将动态图像传播至电视机和电脑。这种网络具有多

[1] 在谈论这一问题时，法国高层官员和政治人士总是显得有些轻率。这表明他们要么基本没有意识到这一现实，要么就是在面对这个制造他们个人形象的机制的时候，他们表现得极为胆怯无能——如果不使用“恬不知耻”来形容的话。对于这些通过公共空间里无处不在的事实来领导公共生活的人，他们所具有的领导能力显然是由于对第三滞留的生产进行工业化控制而造成的直接后果之一，因为第三滞留最终构成了政治领域本身的客观性。

种涉及媒体节目链的“巨流”的能力，我们目前还难以想象它的各种用途和它将实现的各种服务，但肯定是它必将导致**大众的“社会时钟”发生急剧的转变**，而此前充当“社会时钟”的是电视。

由于优化传输的技术原因，无线电波中继站体系局限在各国之内，而数字电话网络却是全球性的。影响了视听节目乃至整个程序工业（摄像机、调控设备、数字网络、数字电视）的集成式数字化**将通过电视传播以及聚集在电视传播中的各种服务的世界化而得以实现**。在此过程中，图像的作用越来越重要，拓展到各种实用性活动。远程活动的设备将不再仅仅是最为主要的家用电器，它还将成为一种用于移动工作的工具、一种家用的或专用的附属设备，并具有多种功能。

交互性网络——它的先期步骤包括移动电话的通用移动通信系统（UMTS）频率[1]、固定电话的XDSL网络[2]——这种全球性基础设施将“接受”的问题变成了地缘政策的首要对象。我们已经将“接受”同时定义为：

（1）人类群体的个性化过程，且该过程是隐藏着的；

（2）消费资产（在现代）的获得，而消费资产是生活模式的媒介；

（3）（当代的）典型现象，即意识附着在视听时间客体的时间上，且多个流相互交织。

视听节目网络已经融合到数字化远程通信系统之中，而且这一融合已经直接与广告推销机制和商业互动服务[3]所播送的节目相互联系， 733

① UMTS频率能够将超媒体信息发送到移动电话的收音机频率上。这样一来，移动电话将成为视听节目流的接受设备，成为接入IP网的终端。

② XDSL网络能够将电视画面传送到电话交换网络上，进而无须借助无线电波中继站就可以将视听节目传输到电脑上。

③ 1998年，Avid Technology公司，虚拟剪辑行业的全球领袖，将一种新产品投入市场。该产品在剪辑后的图像流中融合了一个“HTML轨”，它位于音轨旁边，能够在节目制作之初，在节目的镜头或段落与因特网服务（例如商业服务）之间建立起关联。

上述现象将“接受”的三个维度彻底地共时化,使之转变唯一一个现实。在此背景下,**“接受”的地缘政策**将会成为商业竞争的决定因素,其背景是20世纪最后一个年代IP网在全球范围内的安装:接入IP网的服务器数量从1992年的26台上升到1993年的130台,到1997年的100多万台,再到1999年的700多万台。不过,与全球电视机的数量相比,全世界电脑的数量相对较少。正是以上述发现为基础,美国制定了它的新战略。大约50%的美国家庭已经能够接入IP网,但是与此同时,只有10%到20%(视国家而定)的欧洲家庭配备有电脑,而1997年分布于全世界的电视机却高达10亿多台。

在赫伯特·席勒引用的一篇文章中,美国共和党的一个名叫克里斯托的意识形态专家于1997年在《华尔街日报》上断言:

> 未来某一天,美国人民将会意识到[美国人民已成为]一个帝国式的民族这一事实。[……]欧洲民族是一些非独立的民族,尽管它们享有非常宽泛的地方性自主权。[……]我们的传道士生活在好莱坞。

同年,基辛格同仁咨询公司总经理戴维·罗斯科普夫在《对外政策》杂志上发表了一篇文章,标题颇具表现力:《文化帝国主义之颂?》,他在文中写道:

> 对于美国而言,信息时代一项对外政策的核心目标是必须赢得信息流世界之战的胜利,同时还必须像昔日的英国统治海洋那样,对电波进行统治。①

① 转引自赫伯特·席勒:《走向一个美国帝国主义的新世纪》,载《外交世界》,1998年8月。

关于信息流世界之战，兹比格涅夫·布热津斯基在1969年就已宣布开战。它是模式之战，它的基础是由于技术聚合而导致的新的全 734
球时程区划和方位区划体系。它将是“信息社会”的模式之战。然而，1997年4月3日，当全世界开始衡量“因特网现象”之时（当时服务器数量刚刚达到100多万），美国联邦通讯委员会——相当于法国的“视听高级委员会”和“电信监管局”——向全美国宣布，从2006年起不再用无线电波传输电视节目。此外，委员会还要求美国3800余家发射站全力筹备，在2003年之前“完全实现数字化”。75年前，**无线电波相似性视听技术系统**以发射机为核心设备投入运营，但是此时它就这样被列入规划，将会在不到十年的时间内消失一空。

无线电波相似性系统一直在运行，曾在短期内受到了卫星的竞争，但是现在正在被一种数字化传播机制所取代，该机制以IP网和MEPG标准为基础，**用服务器取代了发射机**。对于上述现象的主要后果，我将在下一章中进行考察，在这里只指出一点：在不远的将来，这一数字技术系统将**传播一种新类型的时间客体**，即“超媒体”，它是非线性的，而且是“可导航的”，因为它是“可点击的”。最终，整个文化工业将围绕着这一新型客体调整它的产品。当前，电视化的时程区划以由节目表构成的“大绵延”链条为节奏，将来也会从深层次上发生转变。围绕着节目流并以它为出发点，数字化的程序工业将提供进入若干**“仓储”**的入口，将会把时程区划和方位区划的各种机制纳入同一个体系，把**按时段播送的节目表**和**各种导航导向工具**结合在一起，形成多个大型**“图像库”**。上述现象的后果将会是电视的各种用途发生一种深层次的演变，而现在就应该为这些用途去制定新的模式并使这些模式得到接受。

迄今为止，由媒体节目链所构成的“大型客体”和“时间性大绵延”主要还是以国家为界限，因为无线电波相似性电视传播依然局限在

735 领土范围内。数字化打破了这一技术和地理上的限制[①]，因此我们应当严肃认真地对待克里斯托和罗斯科普夫的言论。正如雅克·布拉蒙在一次演讲时所强调的那样，美国的空间政策旨在获得绝对的控制权，掌控远程通信系统尤其是卫星导航系统，也即**方位区划**。[②]

最后，互联网名称与数字分配机构（ICANN）的创立是**地缘政策的一个先例，具有极端的重要性，而且由于欧洲各国政府对这些问题不予关注已经令人震惊，所以它的重要性就更为突出**。ICANN是一个私有机构，经美国政府授权，负责IP网的管理、域名与电子邮箱的分配，其委员会由网民选举产生，不受任何政治力量的限制。

面对这些如此重大的任务，我们必须指出，欧洲的政治阶层和高层公共机构很不幸地毫无文化与战略智谋，完全被"由市场来决定战略行动"这一神话所毒害了，而美国政府的力量显然在于战略行动的决策，联邦政府借助公共投资的支持，并可能通过军事渠道去打开诸多空间，继而使市场的行为者能够占据这些空间。从这个角度来看，ICANN的

① 迄今为止，为占据DVD这一得益于激光技术而研发出最新光学载体的市场，美国工业部门在该产品中加入了多种语言（有时多达七种），以求产品一出国门，便可在全球范围内传播。然而，数字化技术能够制造出**世界维度的电视频道与媒体节目的"大绵延"**——而且它们当然是由美国人来设计：美国在线公司与华纳时代公司合并的意义就在于此。以前，无线电波相似性传播必须以领土为范围，但是数字化技术不仅不会遇到这样的障碍，而且还能够融合各类网络，所以它将会使视听节目的传播实现全球化。

② "卫星导航技术是美国和苏联出于军事需要而发展的。然而，这些体系对不计其数的人类活动的贡献已经超出了它们最初的使命，并有趋势成为一种大众消费服务，被用于众多经济领域。卫星导航作为一个难以避开的'环节'而出现，不仅民用与军用航空航天发展过程的各个阶段难以避开，而且其他重要经济领域（电讯、运输、银行系统……）也难以避开。利用全球定位系统'GPS'对民用航空的所有导航进行控制已经得到研究。然而，这一技术今天是美国的领地。美国政府1996年3月颁布法令，将GPS交由美国空军管理。在短时间内，卫星定位全球垄断的存在，带来的风险是造成一种战略依附关系，影响到绝大部分涉及国家主权的领域……"雅克·布拉蒙：《空间，信息社会的重大主题》，演讲全文发表于2000年10月10日的《世界报》。

成员让-弗朗索瓦·阿布拉马迪克的评论极具启示意义： 736

> 美国联邦投入的资金[……]使因特网得以诞生并在学术领域得到施展，同时建立了第一批基础设施，最为重要的是，培育了一代高素质的美国人，但是在欧洲却找不到同样的一代人与之比肩。以那些基础设施、那些高素质的美国人……以因特网在欧洲的实施为出发点，寻找新界限的美国经济已经开始去开拓新的市场。如果欧洲和法国仍然以遵守不干预原则为由，满足于鼓吹“市场为唯一法则”，那么美国将更具优势，以至于相互之间的差距将继续加大，有利于那些进入欧洲市场的新秀（MCI Worldcom、思科、AOL/Netscape、雅虎……）和那些转移生产的领军人（微软公司、太阳计算机系统公司、IBM……）。
>
> 今天，在行动上优先考虑的是落实“对电讯业不加干预”这一政策，这[在法国]制约了因特网的发展，例如发展中的地方环节（二线承包、电缆使用、ADSL的拓展……）。[①]

经济合作与发展组织曾一度施加压力，希望促成一项“多边投资协议”的签署，使任何一个国际投资者都能吞并地球上任何一个国家的某个视听业公司，但却无功而返。此后，甚至对于公共或国有视听产业的存在，世界贸易组织和欧盟委员会的各个机构一直争论不休。在法国，社会党一帮蛊惑人心的代表接过欧盟委员会递来的接力棒，不假思索地提出了建议，要求废止视听节目的定期费用[②]，尽管这一费用远远低于德国或英国。然而，一个国家的经济发展首先必须凭借该国程序

① 让-弗朗索瓦·阿布拉马迪克：《因特网的技术发展》，呈交给工业国务秘书克里斯蒂安·皮埃雷的报告，第15页。

② 此事发生于2000年7月。当时，法国文化和通信部部长卡特琳娜·塔斯卡对此迅速而明确地做出了否定的回应。

工业的活力，这已是不争的事实，而且随着技术的聚合，这一事实越来越明显。与此同时，**数字化视听节目工业的未来和与教育相联系的诸多问题越来越密不可分**，而教育产业有着**巨大的全球市场**，已经构成了**各种新兴服务发展的首要目标**，温哥华国际会议①说明了这一点，同时
737 这也是世贸组织当前仍在讨论中的“服务贸易总协定”的内容之一。

而今，程序工业已经离不开信息处理技术和电讯服务，它已成为经济发展、国际影响乃至社会关系、民族群体的未来的**关键因素**。在文化超工业化的时代，对于欧洲和世界其他地区来说，目标已经很明确：使非美国的程序工业持续存在，同时使知识生产和传播的一般条件、使
738 “新商业”以及“接受”的过程在全球范围内的未来持续存在。

---

① 2000年5月。

第四章

我们的教学机构的动荡

1. 全球记忆术体系

人有别于其他生物的一大不同之处，在于人死后，他的故事可以存留下来。在人所生产的诸多痕迹中，某些不是为了将记忆保存下来，而是为了达到其他目的，比如制作一件陶器或工具，其目的并非传递记忆，但是它们却会自动地去传递记忆，这就是考古工作者要去寻找它们的缘故，因为它们经常是那些最为久远的**时代**的唯一见证。也有一些痕迹专门致力于传递记忆，文字、照片、录音、电影等均属此例。有了电影，上述痕迹——我们所说的“滞留”——的生产和传输就成了一种工业。

我们认为，技术从一开始就是记忆的载体之一，这也就是我们所说的后种系生成。然而，并非所有的技术都是记忆的技术（即“记忆术”）：最早的记忆术体系大约出现于新石器时期之后，后来演变成了文字，并一直沿用至今。

可见，技术体系先于记忆术体系，后者与前者并不相互混杂。所有文明都是围绕着某一技术体系而建立起来，该体系围绕着既有知识和为该体系所独有的一种主导技术，在技术演进的过程中逐渐确定下来；

739 所有技术形成了一个体系，维持着相互依存的关系，当主导技术有所变化之时，以之为核心而建立起来的技术体系便会随之发生变化[1]。

按照这样的理解，技术体系就具有了一个传播幅度和一个时间长度。分析显示，随着时间的流逝，技术体系的拓展幅度趋向于越来越宽广，而它的时间长度则越来越短。技术体系中交织着各种演变趋势，而且会定期陷入危机，这会使体系发生断裂。在危机期间，体系高速演进，导致它与其他社会体系——法律、经济、教育、宗教、政治表象等——的关系发生“调整”。当这些“其他社会体系”**接受**了新的技术体系之后，稳定性将重新建立（这种稳定性总是相对的，是一种“动态稳定”）。

工业技术体系最初的一些因素于18世纪末在英国出现，而今它已经世界化了——而且，它进入了一个持续革新的时期，以至于我们可以认为它是完全不稳定的。它的幅度不再能够拓展，除非离开地球，而且它的时间长度也不再能够缩短：真正意义上的技术稳定性已不复存在。我们不再可以谈论什么亚洲技术体系、欧洲技术体系或美洲技术体系：同一个也是唯一一个全球机制展开了它的画卷，它具有地方特色，并从投资者的角度出发、依据地缘政治的机遇和政治的偶然性来组织劳动力的工业分工。信息技术和通信技术在很大程度上使上述演变得以实现，因为这些技术使人们得以实现自动化，得以对生产、分配以及资本的国际流通进行即时性的远程控制，并且为大众消费开拓了诸多国际市场。

这一切众所周知。然而，鲜为人知的是，当信息技术被纳入工业体制中之后，造成的后果是在技术体系自起源以来的历史中构成了一次前所未有的断裂，因为**迄今为止，与在时间流逝的进程中前后更替的技**

[1] 在《爱比米修斯的过失》第一章“技术进化论”中（第43—57页），我们已经阐述了贝特朗·吉尔的这一理论。

术体系相比，记忆术一直是一个独特的领域。 740

技术体系致力于物质的转化，而在各种技术体系前后更替的同时——先是希腊人的技术体系，后有罗马人“及其后继者”的技术体系（在同一时期，其他一些技术体系与之共存，例如那些所谓的“中断了的体系”），经由中世纪以及古典时代，再到第一次工业革命——**字母文字作为第三滞留的主要机制和教士神权与政治权力的基础，构成了一种在二十五个世纪里始终保持稳定的记忆术体系。**当然，字母文字经历了多个时期，例如印刷术时期（我们稍后将考察印刷术的重大影响），但是无论是它的知识基础，还是**对言语进行复制所依据的一般原则和形式原则**，从印刷术之后就再也没有演进。

然而，**时至今日，记忆术相对于生产技术体系的独立性已经不再是不争的事实：技术体系拓展到全世界范围之后，它同时也是，而且首先是全球性的记忆术体系。与此同时，技术体系、记忆术体系乃至世界化在某种程度上相互融合在了一起。**这一转变始于19世纪，从这个角度来看，随着最早的通信技术、信息技术和信号处理技术的出现，19世纪成为了一个过渡时期。到了20世纪，通信业和信息业已经成为物质资产的生产技术体系的核心。这样一来，我们在前面已描述过的信息科技、视听科技和远程通信科技的“聚合”或许同时也就是物质转化的技术体系和记忆的科技之间的聚合。

然而，这还不够全面。在19世纪以前，记忆术体系的寿命还能够长于技术体系的寿命，因为**教士神权与政治权力仍然控制着滞留的机制**。随着工业革命的到来，人们开始探求“上帝已死”的可能性，而上述现象也随之开始改变。如果历史能够而且必须作为技术体系的演进与其他社会体系的演进之间的关系而加以分析，从而提出了“调整”这一问题，那么**对记忆术的分析则表明记忆术总是决定着“调整”，也即“接受”过程的条件**。作为交流的技术，记忆术支配着个体与集体之间的关系，以及集体内部的那些使该集体得以组成的各种体系之间的 741

关系。

全球的技术体系已经完全变成了第三滞留的工业化生产的记忆术体系，也即以工业的方式生产滞留遴选的**准则**，这些准则在“接受”的过程中为意识流所用。这就意味着，“调整”的条件同时也经历了一次巨大的震动，在对IP网的发展所造成的直接影响（例如在税收和司法方面造成的影响）进行分析的时候，我们很容易就能看到这一点。在IP网的发展中，我们不仅看到了一个技术体系是怎样在其他体系之间发展壮大起来，并且同时震撼了这些社会体系，这一现象幅度之广虽然史无前例，但仍是一个典型现象。与此同时，我们也看到了该技术体系是怎样在成为其他社会体系的竞争对手的同时，试图成为这些社会体系中的一员，这是一个全新的现象，它是技术体系与记忆术体系相互融合而造成的后果——因此也是IP网这一全球网络的用户（其实是某些用户）于近期在ICANN“选举”IP网的管理机构①所造成的后果。

当前，这个互用性网络已经变成了数字视听节目工业的传输媒介，成了技术体系全球化的决定因素，而且凭借着该网络，记忆术已切实变成了技术体系的核心，**将时程区划与方位区划——二者是各个社会的最为重要的黏合剂——融为一体**。时程区划和方位区划形成了滞留的体系，而滞留体系是时间与空间之间关系的构成要素。时程区划和方位区划与宗教问题、精神问题和形而上学的问题从来都是不可分离的：二者均不可避免地指向起源和终结，指向界限与边界，以及各种性质的投映机制的最深层的方面。而今，时程区划和方位区划已经受到了强有力的干扰。在电灯泡和显像管的人造光源下，黑夜与白昼之间已没了界限。讯息、信息之间的流通距离与期限已经消除，而且与此相对应，人们的行动计划也世界化了。在经历这一切的时候，人们仿佛体验到了一种**文化的熵**，也即**生活的摧毁**，因为，基于一些我们稍后将详

① 参见本书第三卷第三章。

细分析的缘由，**所有人民在体验其文化特性之时，都把它当作了生命力（负熵）的一种保证**。正如我们已经看到的那样，卫星导航已经投入使用，电子定位已经从领土和国家等局限中解放出来；我们接下来还将看到，地理信息和信息的流动性已经开始采取工业的方式，担负起组织个 742
体与集体的迁移之责任，并且将空间以及地域关系作为新的投资领域，对它们进行开发①。

作为共同空间与共同时间（时程区划和方位区划）的入口的滞留体系所受到的这种震荡，早在第二次世界大战后就已大范围地、切实地拉开帷幕，而且随着数字技术势如闪电的发展，该震荡的强度空前提高。当前，它在大范围内使人迷失方向，虽然这种迷茫或许尚未引起关注，它所造成的问题的深度或许还无人察觉，但是它的危险性在于它可能会招致一些强大的抵抗，这些抵抗具体体现在原教旨主义、民族主义、新法西斯主义以及其他诸多倒行逆施的现象中。遭受其影响的，是文化与社会的核心，是它们与宇宙、与它们的记忆、与它们本身之间最为密切的关系。忽视它，或是无视它，可能会导致极具灾难性的后果。因为时程区划与方位区划是生活节奏、信仰、与过去和未来之关系的基本质料；**在未来，对导向机制的掌控，将会是对全球想象之物的掌控**。

毋庸置疑，一次真正的文化冲突已经吹响了号角，也即施加**行动的模式、集体的计划**并通过它们去**控制市场**而斗争，因为问题在这一切背后隐藏着的，是一次史无前例的、无情的全球商业战；在这场战争中，各种数字化网络已经成为、**首先是**而且**越来越会是**斗争的工

① 以下事件可为见证：2000年9月19日，在布鲁塞尔的一次资讯日期间，有人向欧盟委员会提出了一项关于某“跨计划行动”（Cross Program Action）的倡议，令人惊讶的是，该行动名为“信息的流动性与地理信息的智能体系”。在于2000年3月31日递交给法国政府总秘书处的一份报告中，我本人也分析了这一论题，报告名为《关于在信息社会与文化领域的背景下进行领土整治所需条件发生演变的预测》，该报告在以下网站可见：www.pm.mtic.gouv.fr。

具，被用来占领全球市场——既包括全球**商品**市场，又包括全球**思想**市场。然而，我们不妨试问：这一新的市场中是否存在着一种一触即发的矛盾，它是**理性的遗失——动机的遗失、投映能力的遗失**——的
743 源起。

2. 领土和地理信息的数字化复制

人类群体之间接触点和交流机制的增加，导致他们在抵御技术趋势的落实，也即抵制接受新的生活模式之时的能力呈现出下降的趋势。在《爱比米修斯的过失》里，我们曾探究过这一渗透趋势是否不会导致组成社会群体的“内部环境”越来越快地融解于界定该社会群体的“外部环境”。①各个内部环境之间接触点的增加，在增进了所有群体对技术趋势的一般渗透性（即熵）的同时，**或许会促成使这些群体融合进市场这个“外部环境”之中的趋势**。对于市场这一外部环境，当它变得完全以记忆术为重，并以此为基础，变成不具有公共空间的商业交换空间之后，它或许也就变成了西蒙栋所说的“技术地理环境”②。

这些“接触点”先是物质与人，随后由图像、货币、书籍、电报、电话担当，它们已经变得无处不在、普遍存在。它们不再是真正意义上的“点”，而是无线电语音和电视等“流”，相互交织而且共时化，并最终完全融合在诸多数字化信息网络之中，构成了储存库的入口；无论何时何地，只要通过包括电话、电视等远程行为终端在内的任何移动工具，人们就可以进入这些储存库之中，而我们将会看到这些移动工具是怎样

① 见第一卷《爱比米修斯的过失》，第75页。

② 关于这一点，参见西蒙栋：《论技术客体的存在方式》，自第50页起；以及第一卷《爱比米修斯的过失》，第93—96页。

改变、维护了“流”的组成，怎样使之复杂化。

接触点的密集化、接触点转变为“流”，以及由此导致的交互性行为（如各种形式的全球商业）必然要求数字化电子导航工业生产出新的导向技术，而且不再是在历史传承下来的过去的经验中导向，而是在信息事件的即时性时间中进行导向，这些事件每秒钟都在发生，而且是通过全球数十亿人发生在数据的“虚拟空间”里。 744

我们给“虚拟空间”这一字眼打上引号，因为它是一个**隐喻**，隐藏了当前正在进行中的进程所具有的真正活力。在此，我们把储存在各种数字化载体中的滞留数据的总和称为“虚拟空间”，而且如果不通过这些信息的某一表象机制，人们便无法进入这些载体中。以上述表象机制为基础，一种直观图像得以建构，它通过各种接口，将那些**无法解读的物质**（意识若没有配备相应工具，便无法解读这些物质）呈现出来，使其能够被人操作。无论在何种情况下，“虚拟空间”都不是“非物质性”的：很多不知所云的言论对“非物质性”这一概念津津乐道，但其实它完全是一个空洞而无意义的概念。

对于在当下通过网络和服务器中心而进行的活动，上述数据的电子空间能够用来作为它们的**投映表面**，这些活动可以在电脑屏幕上通过图像呈现出来，而且图像本身是与活动同时运动的。从这个意义上来说，我们可以说“虚拟空间”或“网络空间”被构建了出来，似乎那些图像是一个有别于“现实空间”的另一种空间。数字化复制这一现象意义深远，有必要对其进行深入分析①，但是此类论述大多云里雾里，其视野仅仅局限于那块或多或少可被触及的屏幕的表现效应，却将它的真正意义遮蔽了起来，最终总会使新出现的、**以电脑屏幕作为投映屏幕**的事物变得无法理解。

① 我本人也曾关注过该研究对象，主要撰有《虚拟现实与现象学》一文，见《拉鲁斯大年鉴》，1994年。

上述“真正意义”与第三滞留的数字化设备给**投映**带来的新的可能性有关。“虚拟空间”并不是一个有别于“现实空间”的另一种空间，而是**世界自我投映所借助机制的拓展**，它具有出众且前所未有的实效性，并促生了一个新的假象空间，既为“我们”——以及“我们”在泛指代词“人们/大家”中的**消逝**——打开了新的天地，也为谎言时代开启了新的大门：这是一种新的“电影”。

虚拟空间这一假象从一开始就具有特殊的投映能力，它以一种异常的方式提出了新问题，反过来却也明显地在“接受”过程的历史中构成了一次断裂，同时也在时程区划和方位区划的历史中构成了一次断裂。我们或许要说，随着这一传播/滞留的新机制，正如海德格尔1926
745 年谈论无线电广播时所说的那样：

> “此在”实现了一次“世界”的“去远”，至于这一“去远”的存在意义，我们尚无法一目了然；这一“去远”掩盖了日常周围世界的一种拓展的形式。[①]

不过，正如我们即将看到的那样，如果说**空间性**确实受到了影响，那是因为作为“在世存在”的方式，空间性一般来说决定于第三滞留的体系，而这个世界是由第三滞留的体系所构成——在任何情况下，第三滞留的体系都不会构成“另一个”空间。

与其说“虚拟空间”，倒不如说这是一个新的滞留体系，它是数字化的，对时间与空间的直观均产生了影响；它既不比其他任何形式的第三滞留更为虚拟，也不比它们更为真实，它既与时间相关，又与空间相关，既与时程区划有关，也与方位区划有关。时间之所以总是虚拟的，总是当时当下、此时此刻地介于一个虚拟的过去和一个虚

① 参见本书第三卷第五章第1节。——译注

拟的未来之间，**确切地说是因为第三滞留无论是不是电子材质，它都既是空间性的，也是时间性的**[1]**，而且只要它不在某一此时此刻的意识活动中经受第二滞留和初级滞留的某个遴选行为，它将一直是虚拟的**。

因此，“虚拟空间”并不存在。不过，地域、国家、地理幅度的某种电子复制性正在研发当中。虽然发展程度还不高，但是它已经打开了广阔的空间，并且在一定程度上实现了**领土和居住空间的数字化**，这得益于以下事物的发展：移动客体（如移动电话）、服务于移动客体的基础设施（以通用移动通信系统UMTS为最）、GPS全球定位系统、摄录工具（其典型是网络摄像头）、各种地理参数的数据库（包括城市地理、军事地理、人口统计学地理、经济地理、物流地理、气象地理等）、地理信息电子系统、卫星、导航系统……**通过这些事物，一个“二次领土确立”**[2]**的过程正在网络上并借助网络而进行着**，从而打开了全新的视野，同时使“信息社会”的各种地缘政治方略重新洗牌。 746

领土的联网和数字化呈现正在进行当中，而定位信息的发送设施已得到普及，并经历了“第二代”数字化导航技术的落实，即**地理信息导航技术**。领土的数字化其实既与**导航系统**有关，也与**标记体系**有关：前者指的是以融合了照片、视频、遗产的各种复制、路程向量等数据的电子地图为基础，在地理参数的数据中进行导航；后者用于电话、航海航天辅助，从宽泛层面上说，更用于移动设备、移动工具以及各类交通

---

① 参见本书第三卷第二章第9节、第10节，尤其是第12节。

② “领土确立”指的是使领土空间内居民的数量增加；“逆领土确立”指的是突破当前地域界线的限制，从中解放出来。请别误解：“二次领土确立”并不是对“逆领土确立”这一趋势的颠覆，而是这一趋势的强化。我在《迷失方向》中已经说过，领土是在它扩展以及它的内在接触点和外在接触点的增加过程中构成的，从这个角度来看，只有在同时发生“逆领土确立”的情况下，才会有“领土确立”。确切说来，对于我在这里所说的“二次领土确立”，其情况恰好也正是如此。

工具的管理。然而，这意味着用户本身也变成了一种数据[①]，在“数据的景观”中四处流动，也即在诸多电子数据（以物理的方式，定位并存在于模拟领土空间的界面上）之中流动。这样一来，地理信息使各领土具有了导航的技术功能——例如西蒙栋曾指出，海洋中的水已变成了一种“组合环境”，它既有以潮汐为动力的工厂配备的干巴尔涡轮机所具有的那种技术功能，同时又是一个融合进“具体化过程”的自然环境，因此从功能上来看，它决定于这一“具体化过程”，**本质上已经变成了一个技术地理环境**[②]。

3. 传输工业与教育系统

（1）意识和载体：回顾与发展

由于各种计算工业的融合，象征符号生产的发展以及象征符号远程通信的发展，记忆术得到了发展，由此揭开了一个新的后种系生成时代。在这个时代里，我们不再能够将工业技术体系与记忆术体系区分开来，这是一个**全球一体化的传输工业**付诸运行的时代。传输是构成
747 社会联系的滞留机制所具有的功能，也即心理层面的个性化和集体层面上的个性化所具有的功能。

“接受”并非传输。传输构成的是**遗赠机制**，而“接受”则是**继承机制**。不过，如果没有传输机制，就不可能有“接受”——而且传输机制显然能够完全不被接受，它可以自行垮台。

这个新的后种系生成时代必然要求某种全球一体化的时程区划和方位区划处于运行中。

---

① 这也就是为什么现在正研究给用户分配一个不变的、普适的用户号码，取消以前分配给终端设备（座机）和移动设备的号码，这或许能够避免号码剧增，同时也有利于将用户这一地理参数用作数据。

② 参见本书第一卷《爱比米修斯的过失》，第100—102页。

在宇宙秩序和天相中，那些最为古老的时程区划体系和方位区划体系（二者同为起源和边界）找到了它们共同的源泉。昼夜更迭、月相圆缺、四季更替，这些都是时程区划最为普遍的经验，而记忆术则通过天文计算、星历表中对星体运行的记载等使这些经验变得更为丰富。在日晷、铜壶滴漏之后，从18世纪开始，就已经有一些机械能够对时间的流逝进行衡量，使其客观化，并将其记录在某些人造制品中，戴维·兰德斯将这样的机械称为"时间的守卫者"[①]。此外，通过诸如钟楼的敲钟声，这类机械还能够使社会生活共时化，因此也便成了最早的聚会的基础，听到钟声后，人们就必须"准时到达"宗教场所、作坊、学堂等地点。在《内在时间意识现象学讲演录》里，胡塞尔曾把钟声作为例证之一：它是一种时间客体。

天空是一个广袤的舞台，人类在那儿学会了凝思，也即学会了理论。它同时也是方位区划得以构成的空间，而且

> "确定方向"的本意指的是：根据一个给定的天空区域——我们已经将天空划分为四个区域——找到其他区域，尤其是要找到东方。[②]

确定方向以这一划分为前提，不过这种划分和星历表的时程区划不一样，并不是根据天空的直接经验而得到，而是根植于

> 某种差异给人的感觉；我的意思是左与右的差异。 748

① 戴维·兰德斯：《当前时间、时钟、时间的衡量与现代世界的形成》，伽利玛出版社，1987年，第43页。

② 康德：《何谓在思想中确定方向？》，第77页。

关于这一“感觉”，海德格尔曾对其进行过激烈的批判，我们后面还将继续阐述。这一感觉是不可否认的，也无法化归为所谓的方位基准点（“我们已经将天空划分为四个区域”），除非是以空间在某种具象表面和图型表面上的呈现为基础，这样的表面我们称其为“地图”，其中也包括天空的“地图”。

在《地图帝国》一书中，克里斯蒂安·雅各布认为“空间并不先于其地图而存在”[①]：要有空间，就必须确定方向；要确定方向，就必须有承载“左与右的差异”这一“感觉”的载体；要有确定方向的实体，就必须有预测和行程重构的“载体”（sustratum），也即将行程在一幅**使任一第三滞留的方位区划内在化了的心理地图**上重新勾画出来。地形图、测绘图等机制，也即地名的形象分配的空间，**一直以来**都存在，而至于**真正意义上**的地图，新石器时代的一幅原始地图——贝多里纳岩石[②]上的那幅原始地图——早已预示了它的出现，岩石直立在一片平原上，上面刻有一幅地图的形象。

这幅原始地图同时也是一幅巨大的地图，每当伫立在它面前的时候，我们同样也处于直立状态，站在已被绘制成地图的领土上，这领土处于暂停状态中，处在世界的一次“中断”（épokhè）中，而“中断”同时也正是世界得以**构建**的条件。这是个非同寻常的地方，它向人们揭示了地图使方向的确定成为可能，揭示了地图是怎样做到这一点的——这是一个简化、遴选、编制象征符号的过程，**在此过程中，地图的空间与领土的空间收缩为一体，正如我们已经看到的，电影的时间与生活的时间收缩为一体**。岩石上的地图就是这样一种压缩，而岩石本身则以一幅垂直的画面展示着它所呈现空间的真实全貌；通过岩石上的地图而非通过岩石本身，我们进

① 克里斯蒂安·雅各布：《地图帝国》，Albin Michel出版社，1992年，第50页。

② 贝多里纳岩石位于意大利北部的伦巴第地区，岩石上的地图是迄今为止欧洲发现的最古老的地图。——译注

入了领土的一幅真正意义上的“地理”图像之中，也即一幅人文图像，它构成了一种“绝对视角”，一种纳入了方位区划的界线之内的视角。①

时程区划和方位区划最初是在天空一目了然的广袤中构建起来的，随着度量仪器、具象表现机制等记忆术的出现，二者得以继续发展。作为世界的时间和世界的空间，二者打开了与世界的关系，成为世界的构成要素。我们只可能进入一个处于这些体系之内的世界的时间或空间，在这里，我们显然不应当仅仅满足于认读日历、地图、钟表和指南针， 749
同时还须参照所有那些订立着共同节奏和共同地域的机制：它们是更高一级别的滞留机制，是一些决定着人们能否进入一般意义上的各种滞留的“元滞留”，它为一般意义上的各种滞留共有，并已被它们所接受。

作为**内感官时间流的综合载体**，作为**与这些时间流对应的行程的导向载体**，上述机制承载着三重综合，而呈现在直观的空间形式和时间形式中的杂多借助着这三重综合，在统觉中得以统一化，成为概念，并作为图型而投映。

在一种全球性的时程区划和方位区划的运行过程中，世界化无处不在。这正在进行中的世界化经常被认为是一种“世界末日”的临近，这其中并非只有经济原因，或者说经济原因并非主要原因。与此同时，由于**全球的“存在之痛”**，世界化也经常被作为一种精神、文明、存在的崩溃而被人体验。

从这个角度来看，兴起于美国的、围绕着“鬼节”万圣节的市场营销手段值得我们进行深入的分析。

《纯粹理性批判》没有将第四种综合纳入考察范围，因此不可能对作为**“我们”的时间和空间的组织模式**——作为**政策**——的时程区划和方位区划的机制进行反思。海德格尔曾关注过这些机制，或者说

① 在《在那边》一文中，我曾试图阐发雅各布的这些分析在现象学上的结论，见《变换》杂志第4期“空间与想象”，1996年。

他在采用了其他术语（主要有“日期性”“公共性”“确定方向”“去远化”“差距”等[①]）的同时，只是绕着这些机制四下转悠，却未能沿着这一方向再上前一步：他在面对“世界的历时性”这一问题之时的退却阻止了他继续前进的步伐。

在前一章的结语处，我们曾提到，由于跨国程序工业对接受的技术的掌控，造成的后果将会是教育在全球范围内的商品化（这是一种同质的全球性得以构成的条件）。这意味着，由于**教育系统首先是获得时程**
750 **区划和方位区划的机制并将它们内在化的地方**，因此我们更应正确地理解滞留机制和“元滞留”的机制这一问题。更有甚者，按照西方的设计，教育系统的宗旨在于获得关于时间和空间的个体经验和集体经验的**科学基础和哲学基础**，例如思想史，因为思想史是一种“我们”，包围在我们四周，比当下现实中的“我们”更大，并且为我们打开了某一空间和某一普适性时间的视野——上述表达方式的含义远在其物理含义之外。

在意识的三重综合之上，从一开始就叠加有第三滞留的技术综合。这第四种综合在调节认定的综合的同时，还承载着意识的三重综合，并将它们联结在一起。我们可以将第四种综合称为一种“滞留的综合”，正如我们说代具性复制手法是“综合的”那样。从这个意义上来说，我们不妨谈谈先天的代具性。综合判断力应当以一种“先天的”代具性综合作为支撑——但是我们将“先天的”一词放在了引号里，因为仔细一看，意识的综合判断力的先天性其实是存在于某一“后天的”代具性综合的“事后阶段”。（后天的代具性综合，意思也就是经验性的代具性综合，而且它在时间上先于意识，从而使该意识的“已经在此”成为可能。）不过，“后天的”代具性综合虽然（在一种从某种意义上来说是虚构的、有效力的、基础性的“事后状态”中）使先天的综合判断成为可能，它

① 参见马丁·海德格尔：《现象学的根本问题》（法译本，J-F.库尔蒂纳译），伽利玛出版社，1985年，自第314页起。

同时也是从判断力综合的先天性中继承而来。**作为经验的条件之一，同时由于经验是认定性的，后天的代具性综合是“先验的”，但同时它仅仅存在于技术发明史的“后天性”的条件中并受到这些条件的制约。**

这种状况，我们形容它是“非先验的”(a-transcendantale)。

这样一来，我们现在就可以强调指出，知性在进行计数的时候，它将计数这一操作内在化了，而这一操作首先是由与内感官共时化的外感官所具有的运动性所构成，内感官与外感官共时化的前提是需要有某一计数的技术体系作为载体，它在意识的历史中形成，能够将时间流的痕迹保存下来，并使其处于稳定状态。在此，我们应当回顾一下我们以前对几何的分析①，在那次分析时，我们已经指出，文字性滞留的综合弥补了早期几何学家的意识**在滞留上的有限性**，它以几何学的推论为前提——胡塞尔也发现了这一点——同时也使几何学家这一群体的“我们”得以构成，并且打开了几何学这一无边无际的领域，使其成为这一“无边无际”的投映屏幕——而且，任何“无边无际”都有其投映屏幕。 751

不过，从更宽泛的意义上来说，意识流的文字性综合同样也使**矛盾原则的“发明”**成为可能。在此，我们取“发明”一词的古义“挖掘”(譬如“圣十字架的发明”)②。矛盾原则不是被发现的，更不是被发明(意即“制造”)的。所有意识全都处于矛盾原则之中，从这个意义上来说，矛盾原则不是被发现的。然而，由于缺乏对意识流统一性进行掌控的机制(该机制使矛盾原则得以遵守)，因此不是所有的意识都能够成

① 本书第二卷《迷失方向》第二章第379—382页，第四章第593—596页。

② 热拉尔·格拉奈尔在1980年所做的一次讲座中也是这样说的。讲座在图卢兹大学举办，内容是柏拉图对话录《斐德若篇》与《斐洞篇》，讲座题为《灵魂的发明》。

“圣十字架的发明”(Invention de la sainte croix)：圣十字架，也称真十字架，即耶稣受难时被钉死在上面的十字架，是基督教圣物之一。相传，公元326年5月3日，君士坦丁大帝的母亲海伦娜(Hélène)在耶稣受难地找到了圣十字架，后来这一天成了一个宗教节日，被称为“圣十字架的发明”。在这一节日的名称中，“发明”(invention)一词即取其古义“挖掘、发掘”(exhumation)。——译注

功地将矛盾原则付诸实施，从这个意义上来说，尽管矛盾原则不是人为制造的，它却是被“发明”的，也就是说存在着这样一个日子，从那一天起，矛盾原则就被表述成了**如是这般**，或者说，它是从某种程度上被“生产”出来的，正如我们面对观众席“生产”一幕剧那样。这里的“如是这般”的前提是有一种机制将它投映出去。

正是矛盾原则的“如是这般”确定了“论述”（thesis）或“论述性陈述”，也即**确然推论**（raisonnement apodictique）所特有的那种**刻意的态度**，这同时也是使“城邦”（polis）得以建立的法令的颁布所具有的态度。正是“变得公共化”这一过程正式地造就了矛盾原则。矛盾原则决定着所有意识的投映活动，但是如果不能**将转述意识流的逻辑性陈述按照其原样记录下来**，矛盾原则也就不是必然地被获得的——这还是因为以下事实：意识受制于滞留的有限性，滞留的有限性使意识无法在其整体的统一性中去领会（也即无法**统一**）构成意识本身的时间流。

正是由于上述原因，任何意识虽然均决定于矛盾原则，但是它**可能而且也必须受制于以下事实**，即意识本身是矛盾的，意识“之内”含有反命题而且这反命题是“针对它自身的”，意识最终总是必须做出判断，也就是说做出决定，对这一存在状态进行“综合”。这一经验是对存在的一种持续的考验，没有可以求助的对象，无论矛盾原则有多么明显。这一经验名叫“时间”，延伸于已经被遗忘的过去时刻和尚未到来的未来时刻（也即尚不存在的可能性所在的时段）之间——这是“尚未存在”的一种矛盾的经验，如瓦雷里所言，如果没有“尚未存在”，就不会有未来，而任何未来的构想如要成为可能，就必须找到矛盾原则的最
752 终解决方案，也即将所有被体验之物的“流”在“形而上学的对峙的平息”[1]中、在**理想状态的“我们”的普遍的“流”**中统一起来。

① 热拉尔·格拉奈尔：《时间与感知在埃德蒙德·胡塞尔作品中的含义》，伽利玛出版社，1968年。

与此同时，尽管一般意义上的意识满足《纯粹理性批判》中所说的经验的类比——持存（实体）、生产（相继）、群体（并存）——的诸多条件，但是在进行思考和推论的时候，所有意识却无法进入在同一时间内决定着各种现象之间的关系的、由三种类比建立起来的各条先验规则。三种类比的原则，

> 对于**在每一个时间内的**一切可能的（感知的）经验性意识而言，是建立在统觉的必然统一性之上的。这样一来，由于这一统一性是“先天”的基础，因此从诸多现象在时间中的关系来看，类比的原则也就是建立在一切现象的综合统一性之上。事实上，本源的统觉与内感官（与所有表象）相互关联，而且我们必须注意到，它先天地与内感官的形式，也即与杂多的经验性意识在时间中的关系相互关联。①

可是，不是所有的意识都能“意识”到什么是意识，尤其是意识是一种能够将上述经验的规则付诸实践的、具有统一性的“流”：这些规则形成的前提是意识流的自我检测，是意识流的定位和空间化。

至于**数学性**判断，它们“都是综合的”，它们的前提是几何的统觉统一性的后天的代具性综合，作为先天地出现在事后阶段的理想状态的某一“我们”的意识，也即出现在这一“后天性”的经验（它是某一**必然性的思想**的经验，这一思想**在具有痕迹的同时具有了必然性，例如为他自己把他的推理记录下来的几何学家的思想**）的事后阶段，尽管当数学性判断被发现之时，不可避免地发现的是先天的代具性综合，也就是

① 康德：《纯粹理性批判》，第174页。（参见《纯粹理性批判》中译本第167页。——译注）

说包含着“无法从经验中抽取出来的那种必然性”[①]。

不过，我们在这里谈论的是两种意义上的“经验”，一种是与外感官能够进入其中的诸现象的空间**这种永恒存在物有关的经验**，另一种是**与浮动之物有关的经验**，但在领会、再现、认定以及内感官中，这些浮
753 动物**能够理想地被统一化**，因为内感官可以以各种永恒存在的再现方式为支撑，**这些再现方式虽然一直变动着**，但是**它们在第三滞留中永恒不变的记录**由于同时属于内感官和外感官，所以**能够使内感官和外感官稳定下来并使二者共时化**。当我们回到语法问题上来的时候[②]，我们将会看到，对于范畴而言，情况也是如此。

正是从上述**极端的**含义上来看，在意识的三重综合之上，一开始就叠加有第三滞留这一技术综合，而正是由于这一原因，我们在“记忆的工业化”一章[③]中才谈到了**滞留有限性的工业化综合**。然而，这也意味着**上述工业化综合对意识“本身”**——在思想的某个时代里，确切地说是在一个**有关意识的**思想的时代里，也称**现代**哲学[④]的时代里，其“本

① 康德：《纯粹理性批判》，第40页。

② 参见《技术与时间》第四卷（尚未出版）。

③ 参见《迷失方向》第三章。

④ 此处应当澄清一个误区。在这里，“现代性”的含义与我们在前面第三章第4节从对工业革命的分析中得出的含义不一样。我们在这里所谈论的“现代性”是一个哲学时代的特征，它**调配着**工业现代性的出现，但它并不是这个由一个新的“接受”过程所构成的工业现代性在历史、社会、经济、政治等方面的**现实**。让-弗朗索瓦·利奥塔所谈论的“后现代性”正是以前者为主题。对于工业的现代性而言，“后现代性”只可能是它的一种不幸——它是“现代性”时代中一个**令人沮丧的时期**，在这一时期中，工业演进的标志被颠覆了，不再以“我们”所投映出来的进步为标志。不过，我们或许应该称其为“超现代性”（hypermodernité/ultra-modernité），因为我们还远远没有进入一个“后工业化”的社会空间，而是正经历着一个超工业化的时代，也即一个包括生物滞留机制在内的所有滞留机制均受制于工业开发的时代，在这样一个时代里，意识的时间及其物质载体都受制于由技术科学的进步所打开的新型市场。“后现代性”或许是“现代性”的出路，而对前者进行论证，其实是从哲学史的周期上高估了“现代性”的定义，同时低估了工业革命所构成的断裂带来的深远影响。与尼采和我们之间的差距相比，卢梭和（转下页）

身”能够被领会的意识——**直接进行了质疑**。

上述“质疑”成为可能，意味着**意识流之所以具有一种流动的过程，必须是依据着促使这样的流动过程成为可能的各种载体**。意识是一个“流”——这个“流”催生了若干“旋涡”(tourbillon)，它们源于我们在《技术与时间》最后一卷中命名并分析的“循环”现象(récurrence)；换言之，意识是由一些旋涡状的微观流所构成的——而且在这个“流”的流动过程中，形成了一些历史的单元，它们总是既大于 754
意识流本身，又小于意识流本身。因此，几何学的历史长于几何学家的历史，而与此同时，某一几何学家总是不仅仅是一个几何学家而已，从这个角度来看，几何学又“小于”几何学家。

我们已经看到，意识流是一个蒙太奇的过程，通过捕获、移植、混合、后期制作而进行，并由此产生了“接受”这一现象：它促成了流在投映方面的统一性。捕获、移植、混合、后期制作以及蒙太奇的前提条件，是意识流的流动过程依靠滞留的工具，将某些必然行为压缩在一起。这些必然行为使三重综合付诸运行，而三重综合本身也就这样在技术上受到了第三滞留的各种载体的调配，后者通过它们的可持续性构成了意识流的流动过程。

从19世纪开始，一种“新型意识”开始流动，但是从17世纪开始，也就是说在发现美洲、发明印刷术的150年之后，它就已经被人作为“我思”而思考。随着学校教育的发展，书籍变成了一种工业，上述“新型意识”的载体被大量地内在化，这种意识也随之得以普及。

国家教育部门开展的公共教育就是对“先验”代具性综合的内在化(自然化)进行组织。

(接上页)马克思之间的差距要大得多。不过，以上评析并不意味着“后现代性”是一个空洞的概念，相反，让-弗朗索瓦·利奥塔的《后现代状况》是一部重要的作品。我们应当明确界定后现代性的意义，以及**“‘现代性’时代中一个令人沮丧的时期”**的含义。

我们将会看到，**这个意识得以安置的时代（从印刷术、殖民主义开始，直到于尔·费里**[①]**时代）**同时对应着一次**精神之战**和**语法的技术之战**。至于“语法的技术之战”，西尔万·欧鲁[②]曾称之为“语法化”（grammatisation），通过它，西欧试图使它的神权模式和政治模式得到接受：正如“殖民网络”和“文字共和国”那样，**印刷术之战**在全世界已势不可挡，它同时也是一次**精神之战**。

第一次工业革命结束之后，通过**大众**对支配着“我思”之流动过程的各种载体的**内在化**，“我思”于19世纪得到了具体化和普及。[③]入学儿童的人数从1832年的193.9万上升到1886—1887年间的552.6万；1850年，入学儿童的人数占学龄儿童总数的47.5%，1896年的这一比率上升到了93.5%。[④]随着一种建立在识字、计数、书写以及对普遍观念的熟记等基础上的教育系统的普及，上述内在化过程被内在化了。对于
755 这种教育系统，德国人称其为“Bildung”[⑤]，意即“培训”，而且在这种培训中，某种图像（“Bild”）得到了投映。

上述**全国的文字性投映**是一种共时化行为，它构成了一个统一的、民主的、工业化的“我们”，但是与此同时，它的目的同时也是一种历时化行为，例如某一判断能力的获得（以及各种矛盾的综合）[⑥]，或者更确

---

① 于尔·费里（1832—1893），法国政治家、教育家，曾任法兰西第三共和国教育部长、总理等职，在他的倡议下，法国政府于1881年和1882年颁行了一系列教育法规，史称“费里法”，确定了免费义务教育和世俗教育的方针。——译注

② 西尔万·欧鲁（1947—　），法国语言学家、哲学史家。——译注

③ 关于教育与工业化之间错综复杂的关系，其中工业化在很多情况下，尤其是在一开始的时候曾一度给扫盲带来了制约，参见弗朗索瓦·费雷、雅克·奥祖夫：《读与写》第一卷，午夜出版社，1977年，第259—269页。

④ 同上书，第275—276页。

⑤ 主要可参见康德：《对教育的思考》（法译本，A.费罗南科译），维翰出版社，1967年。

⑥ 引用卡特琳娜·金茨勒的说法，获得判断能力的前提是有一个解决认知问题的机构。卡特琳娜·金茨勒：《孔多塞，公共教育与公民的诞生》，伽利玛出版社，“Folio”丛书，1984年，第32页。

切地说，例如这一已经存在的判断能力的“发明”。然而，和矛盾原则一样，上述共时化行为也需要被提出来，它在“面对着读者群”之时所具有的公共用途必须被表达出来，也即被**付诸实践**。这一公共用途构成了一个公共空间，一个以学校为机构的“共和国”（res publica）。文字性投映是“共和国”得以投映的空间与屏幕——而且从希腊时代开始，它就已经是城邦得以投映的空间与屏幕。不过，我们即将看到，无论是主体的意识的“发明”，还是现代共和国的空间的“发明”，二者之所以成为可能，都必须以文字印刷的**标准化**为基础。

在公共教育逐步发展的同时，大众书面媒体尽管仍然深受公众舆论的影响，但也已经开始运作；在前一个世纪，公众舆论造成了“各种思想之间的对立”这一现象。毫无疑问，我们不应该低估以下事实：这种新型意识从某种意义上说既是诞生于18世纪启蒙时代的革命思想所留下的足迹，尤其是卢梭、康德、孔多塞等人留下的足迹，同时也是“接受”过程的组织的一个主要方面，我们曾将这一方面称为“现代性”，即源自工业革命的现代性（以上正是公共义务教育的双重意义）。

经历了17世纪和18世纪的启蒙，上述教育系统诞生于19世纪，这个机制将构成知识史和“我们”（二者均为从各国历史中总结出来的普适性意识）的代具内在化。**而今，机械化的知性和文化工业的图型法逐渐走向聚合，技术体系也已转变为全球记忆术的工业滞留体系，这一教育系统也受到了质疑。而且，与这一教育系统一样，“意识”也同时遭到了质疑：跨国程序工业正逐渐取代各国的程序工业，也即教育系统，而** 756
后者已经显得不再与由全球记忆术的工业体系所确立的传输要求相互兼容。随着这一演变的进行，一种真正的精神之战揭开了帷幕，主要由美国主导，我们即将看到，它其实是紧随始于西欧的精神战争之后，而且**它的可能性从一开始就决定于作为一切社会化过程的特征的“接受”的程序**。

4. 传输工业与教育系统

(2)导向和滞留

国家教育系统的危机很早之前就已拉开序幕。自从**程序工业**广泛地扎根于日常生活之中并重新定义了时程区划以来，**教育系统**由于本身是**时程区划和方位区划的一种机构**，难免受到上述演变的负面影响。然而，在这一演变之前，教育系统的机制所具有的实力一直能够抵御媒体节目这一干扰因素，至少从表面上看来是这样的，因为它的实力所依靠的基础是在两千年里一直**独立于生产技术体系**的记忆术体系所具有的威信和机制。

现代教育系统构建在所处时代的滞留基础之上，其中记忆术体系与一种既没有世界化，也没有完全融入市场的技术体系相独立。然而，随着传输工业的一体化，知识的传输明显已经成为**最主要的市场**，上述情况也就随之发生了变化，以下事实说明了这一点：当温哥华国际会议研讨新型教育科技的全球市场之时，数字化程序工业已大量存在，并从此与出版业密不可分。

上述演变不可避免：它是源自传输工业的导向机制付诸运行带来的后果。传输工业的支撑点是各种数字化的滞留载体，它们动摇了文字性综合的霸权地位，将文字性综合纳入它们的超文本机制和超媒体机制之中。国家教育计划的执行机构曾经是“**我们的**教育机构”（海德格尔语，粗体是我所加），作为它的竞争对手，跨国数字化程序工业的力量远远大于大众媒体，而大众媒体已经极大地震撼了学校，而且在法
757 国，随着国家电视台的自由化、与此相应的广告的出现以及后来电视频道的私有化，大众媒体在不到三十年的时间里便得到了蓬勃发展。

从19世纪下半叶开始，直到程序工业的出现，学校几乎以霸权的姿态承担了在时程区划和方位区划方面进行导向这一职能。报纸延伸

了这一职能，这显然是得益于大众对阅读的习得。最初的学校教学传授的是拼写与算术的基础知识（它们是**滞留技术的基础**），也传授历史、地理的初级知识——包括祖先与国家领土的名字，以及这些名字在地理地图和行政地图上的投映等等。这些基础知识都是**“接受”过程的基础**，它们在传授某一共同过去的同时，也创造了**内在化了的、第三滞留的滞留条件**，从而使某个被共享的未来的投映机制成为可能，并且使每个人都能够在其中根据他自己的判断力确定理想的方向，也即自由地确定方向。国家的统一性就这样在学校里得以铸就。

只有学校才有能力赋予集体的意识以某一历史意识，只有学校才有能力赋予它以某一地理意识，这既对知识本身的历史产生了作用，同时也对知识的地理产生了作用，也即促使所有知识对人们理解地球物理学和“等级”做出贡献，既包括感知的等级，也包括“无限大”与“无限小”的等级，涉及各种语言和艺术形式的象征空间、机械现象的物理空间、自然生物的生存空间、人类的历史空间等等。

学校作为在知识中确定方向的体系，它是一个对知识的历史和知识的未来进行压缩、简化、收缩和投映的机制，它们会一次又一次地被反复重申，因为意识对知识的获取具有不同级别：基础（小学）、中等（中学）、高等（大学）等等。**与地图的空间一样，与电影的时间一样，学校的时间也是一种收缩。**由于滞留的延绵（无论是“我思”的滞留的延绵还是“我们”的滞留的延绵）本身本质上均服从于收缩、简化、压缩（亦包括弗洛伊德对该词的定义）、简化、理论化，所以学校这一体系才能够运转，不断对各种知识（各种方法）的演进进行概括。

因为，知识本身本质上注定要经历各种简化和形式化——而且，形式化首先是为了传输，从而使学者能够获取知识。知识总是一种“被压缩的知识”（是被描述、分析、形式化、综合了的知识）。形式化作为教育 758
的前提，其本身已经是一种压缩。思想者所做的就是压缩和形式化，而且他正是以这样的方式来思考、传授和改造。在《技术与时间》最后一卷中，我们将看到柏格森是怎样提出这一问题的。作为代数学家，作为数字综合即“通用表意文字”[①]的先驱，莱布尼茨的哲学也是一种有关“简化”的思想。“简化”是知识的构成因素。

根据（**科学的、共和式的或宗教性的**）**蒙太奇原则和遴选原则**，通过将过去进行压缩的意识流**再次激活**，学校生产出了“我们”的绵延。作为这样一个生产体系，它对“我们”这一绵延的“身份意识”进行了组构。此外，作为在拥有学识的“我们”的历史中进行导向的体系，教育系统同时也应当是一个对“我”的绵延的各种构成模式的**形式化**进行内在化的地方，并且借助这一内在化，使“我”作为一个**具有一致性**的绵延而得以**形成**——这首先是通过对“我”的**话语要素**进行分析。**语法分析**打开了一个入口，它使我们能够通过意识流的话语来**对意识流进行分析**，通过“我们”的运用法则和形式化来对**“我们”的绵延进行分析**；与此同时，语法分析还使我们得以进行**逻辑分析**以及**综合判断和分析判断**，它们构成了各个学科。

我们说过，各滞留机制均为内感官时间流的综合的载体，同时也是行程导向的综合的载体，**也就是说**是外感官所进行的**实践判断和理论判断**的综合的载体，它们承载着三重综合，而通过三重综合，出现在直观的时间形式和空间形式中的杂多便在统觉中得以统一，成为概念，这一概念又被作为图型，也即方法而投映出来。这些滞留机制在学校里被内在化了，而且为了使方法能够被获取，上述图型的生产就要求人们进行**各种实践**，这些实践是各种性质的**动作行为**，例如背诵、听写、撰写、计算、证明、解方程、文本分析、论述、试验、作文，它们被记录在练习簿里，等待着在考试和竞赛中被评判。

① “通用表意文字”（拉丁语为“characteristica universalis”），又译“普遍表意文字”“通用语言”“普适语言”“普适科学语言”等，是德国数学家、哲学家莱布尼茨构想的一种通用的形式化语言，旨在表达数学、科学以及形而上学的概念。——译注

此外，在国家教育这个体系中，教授是它的一个要素，练习簿、书籍、教室、黑板等是其他一些要素，所有这些要素导致的结果是将文字这一记忆术体系付诸实践。这些要素构成了一个复杂的滞留体系，以法国为例（在法国，学校被公认为既传授各种基础知识，又培养未来的 759
教授），这个滞留体系中存在着：

（1）各种考试和竞赛。经历了这些考试和竞赛之后，教授们**才被认为具有了运用教学的各种载体的资质，也就是说，使根据学科的规则而选定的各种滞留被人接受；**

（2）一个学术审查机关和一个一般性的审查机关，它们负责**制定教学大纲**，并对大纲的实施进行监督管理；

（3）若干所大学和若干国家级委员会。在大学里，**各种知识，也即这些知识所构成的各种准则被批判并重新制定**，而国家级委员会则负责对上述工作**进行评估；**

（4）若干师范学校和大学研究所，专门培养**获得教师资格证的老师和教授；**

（5）若干中小学出版机构和大学出版机构，专门出版**教材和研究著作**，也即建立并推广真正意义上的滞留载体。

进一步说，上述专业出版机构受到之前参与者的知识的约束，他们为各种教材制定了**编写大纲**，已由教育部的官方刊物发表，同时也为大学出版机构组建了**由学界人士组成的评阅委员会**。上述出版部门必须受制于这些机构，后者负责编定**官方的滞留**，旨在生产出为大学教授和大学生、中小学教师和中小学生所用的各种载体。总之，生产这些出版发行物的是某一些教授——这是一个体面的、令人羡慕的肥差。

与此同时，上述一切还须以书店、造纸厂、图书馆等为前提。这一体系的基础是记忆术的文化，它为所有参与者所共有，或是必须变得为所有参与者共有，它既是他们的领地，**又是他们意识流的统一性的“发明”的前提条件**。这一体系就是写作文化，它是**过去的诸意识流的文字**

性综合，它被存储下来后，就成了**可获取的知识的宝库**，成了**意识各种载体的运行机制**，而该意识已经逐渐公开地**意识到了它自身的存在**。

这一传输体系的受益者，也即新生的一代又一代人，通过该传输体系，同时根据“我们”的时间的压缩机制（这也是“接受”的条件），在数年之内就可遍览所有的理性知识。这些受益者所应获取的基本原则早就在写作文化中并通过写作文化而铸成：这些基本原则是写作文化所具有的分析能力与综合能力的具体呈现，在现代民主国家里，它们本身
760 即为接收过程的基础。

然而，这些基本原则在未来能否继续被传输，乃至它们在今天能否真正地被传输，我们对此毫不确定。它们曾经在其中被铸就出来的滞留机制，如今已经变得边缘化了，以至于整个体系看起来似乎是在无效运转，其功能已经发生了改变。不过，与其说**教育系统中的这一动荡**或许是源于一种社会、经济、政治乃至伦理的危机，倒不如说它是源于一种**绝对非同寻常知识危机**——知识**常常**处于危机之中。

这一“非同寻常”的性质很是关键，它使负责传输知识的人完全束手无策，将他们置于一种危险的罪行中，他们不可避免地会做出应对，而他们的应对是如此的激烈，以至于各种言论，包括诺贝尔奖在内，都毫不犹豫地、不遗余力地、历尽艰难地去揭露他们的无能和非法性。这种无能和非法性或许是因为行业保护主义或工会组织方面出现了偏差——如果不是因为教师职业内在地具有一种堕落的本质。这一切都是“存在之痛”的一种负面的外在呈现，它们在20世纪末的法国占据着主导地位。

5. 传输工业与教育系统

（3）知识的分解和对“非知识的知识”的否认

教育问题是一个极为严重的、令人极为担忧的问题，即便是科学研

究领域内的先行者，也没能看到它的存在。如果说社会、经济、政治、伦理危机已经存在，如果说这些危机有时候不可避免地导致了事实上应该加以批判的行业保护主义，那么这一切只是一些后果而已。在“我们的”教学机构的日常运作中，这些社会、经济、政治、伦理危机已经变得难以承受，它们是以下事实造成的影响，即在面对着**科学在技术科学上的演变所造成的后果**的时候，**各种知识分崩瓦解**——其中也包括**政治知识**，由于政治知识的缺席，**各种手段取而代之**[1]，因此政治知识显然无法对学校的未来或是“我们”的未来的各方面进行反思。 761

无论是中小学老师、大学教授，还是研究员，大部分教师都有这样的感觉，觉得技术科学的知识以这样的态势发展下去，**知识作为“我们”理想的普适的统一性**，将进入一个不可扭转的崩溃过程，最终在这个过程中消失一空——胡塞尔、瓦雷里等人已经感觉到了这一点，而随着数学借助着计算工具和“获取分身术”的工具逐渐技术化，如此经历一个世纪之后，上述现象显得极端严重，几乎将要使世界走向末日，这或许不是一般大众的末日，而是**理性的大众**的末日。

从本质上说，“学校危机”不是学生不守纪律，不是“敏感社区”里的“野蛮蒙昧”，不是家庭单元的分裂，不是家长或地方团体过重的压力，不是教师变得类似于机关职员，也不是经济危机造成的压力，甚至不是媒体工业和新型媒体带来的日益强大的影响。显而易见，它也不是因为移民现象，与以往相比，移民问题的严重性如今已大为下降；在一个**现代**国家里，移民现象对经济、社会、技术和科学的发展都有重要影响，这在前一章中已有阐明。其实，“学校危机”包括以上所有这一切，它们是以下事实所造成的不同后果，即**知识没有能力对新形势进行**

① **甚至是通过一种特殊的市场营销方式**，从某种意义上来说，也即一种“元市场营销”（métamarketing），其中政治不是为了对“变革”进行**构思设计**，而是为了将其**销售出去**。

分析，与此同时，由于缺乏相应的分析准则和理论准则，无法构成一个合适的认识机制，因此也就无法形成某个“我们”赖以建立的具有融合功能的基础，也就是说无法构建起一个被人期待的未来的远景，哪怕这个未来的远景处于未终结状态，在现实中不可能实现，其边界模糊不清，具有**理想性**的特质(此处的“理想性”一词兼具康德和胡塞尔的定义)。

只有某种**批判**才能化解危机，也就是说开启另一个时期(这个时期包含着其他危机)，而且只有某些**准则**才能使我们进行这一批判。我们之前所说的“新批判”，指的就是这样的批判。然而，如果这样的准则总是，而且主要是**滞留的准则**，那么知识就不可能不对最近几十年里**出现在记忆术的滞留科技中的各个断裂过程**(它们构成了此次**欧洲科学危机**的独特性，况且欧洲科学已经变成了**美国乃至世界的技术科学**)进行**当前这样的理论化总结**，而上述所有**关于知识以及“非知识的知识”**的后果也就不可能出现。

而今，生活的诸多方面随着市场营销的行为技术科学化，新的滞
762 留技术导致了基础知识的危机，再加上我们前面说的“知识的分崩瓦解”，所有这一切导致了**很多“非知识的知识”**的产生，这是不可避免的。导致知识的分崩瓦解的原因是学术活动的新型分工模式，对于这一新模式的影响，尼采早在1872年就曾有过揭露：

> 而今最受期待的，是学者应当服务于他所在的领域，这使学者的**培养**变得越来越偶然，而且似是而非。这是因为，科学研究领域如今已是如此宽广，以至于那些具有良好素质但并无杰出才能、想要在其中有所作为的人，只是致力于某一非常特定的专业，对于其他专业则漠不关心。在他的专业领域里，他确实比一般人技高一筹，但是在其他领域，或者说在其他所有重要领域，他却只是看客。这样一来，一个特别专业的学者就好比工厂里的一个工人，毕生只

> 在为一种既定工具或机器制造某一螺钉或把手，尽管他在这项任务上的技艺毫无疑问地达到了炉火纯青的境界。[①]

随着人们对工业化的追逐，上述情形还会更为严重，这将不可避免地导致“非知识的知识”广为扩散。然而，**“非知识的知识”的扩散却被掩盖了**：这一现象遭到了恶意的**否认**，尽管如今与尼采所处的时代相反，大部分意识群已经普遍感觉到了它的存在，觉得他们的“物化”无法避开任何评判，无法避开以前所说的“仲裁”，以及商人们一无所知的所谓“人之常情”。

因此，这些意识群开始**怀疑——但是**，这是一种**危险**的怀疑，而不是**有方式方法**的怀疑——似乎**学者及其代言人的职责**在于打点一切，使每个人都对知识抱有**欲望**，而非使人们对知识产生**恐慌**的心理。与此相反，媒体对那些虚伪做作的积极人士做出了回应，但是这些人没能欺骗任何人，除了某些幼稚无知、虔诚勤勉、使人极为担忧的记者[②]；最终，这些积极人士就像今天的政治人士那样，被“送上了审问席”。 763

作为被公共管理的全球滞留机制，教育系统是一个导向机制，它若要正常运转，条件是它必须——通过教授（这些人出于对知识的担忧而

---

① 弗里德里希·尼采：《论我们的教学机构的未来》（法译本，J.L.巴克尔、M.阿尔、M.B.德·洛内合译），收入《全集》第一卷第二册，伽利玛出版社，1975年，第96页。

② 关于科学与媒体之间的关系，尼采这样写道：“我们如今已经到了这样一种境地，即对于所有本质上严肃的一般问题，特别是对于那些最为重要的哲学问题，真正的科学研究人士不再有任何发言权。相反，新闻界，这个已经渗入各种科学之间的高黏度的胶水层，自认为应当在那里行使他们的职责，而且按照他们的本性去完成他们的任务，也即一种日工的任务，正如他们的名称所指明的那样。[……]报纸取代了文化，甚至以学者为名，对文化抱有企图，使文化像往常一样，以这层高黏度的胶水层为依靠。这层胶水已经将所有生活方式之间、所有社会阶级之间、所有艺术之间、所有科学之间的缝隙黏合起来。正是在报纸上，我们这个时代的文化蓝图达到了制高点。新闻界，当前的主宰者，取代了伟大天才的地位，取代了能永远行使职责的向导的地位，取代了那些能够摆脱时代限制的人的地位。”尼采：《论我们的教学机构的未来》，第97页。

被**驱动**，并且**受到情感上的触动**）以及他们对知识的“信任”，一种既非消极亦非积极的信任，而是一种**质疑态度**的信任，即便面对年轻一代的意识时，也是如此——具体呈现出**知识与“非知识的知识”之间的差异和共同点**，并最终呈现出有关这种差异的总是强烈的体验。这是**一种必须教会人们去发现并使之转变的差异**，无论它可能而且必须有多么**细微**，同时也是一种**必须亲身实践从而将其传输**的差异，事实上，它也必须被传输和接收，因为它**不是自动地就能被人发现**，而且对于那些有待培养和教育的意识，它与康德所说的“进行区别所依据的主观原则”（也就是**在实践的同时使之增长**）**相吻合**。

作为某一理想状态的“我们”的投映机制，现代教育系统的**动力性**的前提是这一差异总是得到确认，这样的确认可以有多种表达方式，例如“若A=A，则A异于非A”，或是“正确的异于错误的”，或是“法的权威性来自它与事实之间的巨大差异”。没有这样的动力性，机制便无以运转，而动力性的前提在于承认：应当在那些运用诸多准则的领域中去习得上述差异（这种差异并非一种简单的对立），而这些准则本身也总是有待批判的。

然而，当科学变成了技术科学之后，我们便无从知晓这样的领域及其准则都有哪些，而上述批判本身似乎也崩溃了。在最佳情况下，这样的批判被称为“抵抗”，但是，抵抗什么？

批判就是**对被抵抗之物、是否应当抵抗、被内在化之物（假如它必须被接受的话）进行分析**。

在此，我们认为，有待分析和批判的首先是我们所说的各种滞留机制。只有以认识这些滞留机制为出发点，才能够理解与按照从柏拉
764 图到康德的原则而定义的科学领域相比，技术科学这一现实所具有的新颖之处——诸如：在物理学中，工具在实验与模拟中的作用；这一模拟作为投映的可能性；用于认识的认知模型以及它们在当代滞留的代具的确立中，尤其是在经济与管理领域（也即如今所说的“管理知识”）

中发挥的作用；分子物化和不断的工业复制对生物进化环境的震撼；古资料与新资料在历史学中的作用；人类生活方式在地理空间中的记录；通过电脑辅助阅读对文本进行的分析；工业复制导致的前所未有的法律问题；数学中的计算能力理论；等等。

从校历到数字化网络实现的全球时程区划，从贝多里纳岩石到各种地理信息系统，对导向进行调节的滞留机制被用于构建各种“导航”系统，它们经历了一次巨大的转变，它们的功能大为拓展，用于对各类进程进行**控制**，这一现象不仅出现在社会领域，同时也出现在技术科学领域之内，而技术科学本身也被用于服务这一新型工业。这一演变的影响在于它动摇了导向机制的原型，也即各种教育系统。教育系统能够使奠定与空间和时间的关系的滞留机制内在化，它们是一些程序机构，其功能是创造诸多普通进入模式，使年轻人的意识（也即若干进入到“我们”之中的“我”）进入“我们”的时间与空间之中，也就是由海德格尔所说的“关注”从学校之前的教育系统（即家庭教育系统）开始，提前在别处准备好的普通进入模式——这就在**教育系统**中提出了**“遴选”这一难题**：要解决这一难题，只能是从某种**普遍性的遴选思想**出发，而**这一思想显然构成了各种滞留机制的核心**，并且通过这些滞留机制，构成了科学与技术科学的实践和理论。

公共义务教育（大约是从留声机出现的时代开始实施）既是启蒙时代的计划，也是对现代性的“接受”进行调节和组织的机制。从19世纪末到20世纪末，它一直是最为主要的导向体系——在那时，这意味着：通过**进行区别所依据的原则的运作，在思想中**导向，这样的原则为所有人共有，但并不是所有人都将其付诸现实或形式化，因为并非所有 765
人都已接受教育。“在思想中导向”：这里的“思想”是可以获取的，它们处于各种第三滞留等“我们”所不可或缺的载体中。在当时，第三滞留的形式主要是“被倾注了思想的客体”——胡塞尔采用的这一说法指的主要是书籍，也即文字形式的“认定的综合”。如今，这一体系已经过时，或者说已基本过时，因为它所付诸运用的诸准则已经不再能够满足新的滞留现实所要求的“接受”、导向和导航的迫切需要。

然而，我们也可以反过来说，即**这种新的滞留格局没有准则**。由于缺乏更好的准则，它其实是在盲目地运用“眼前利益”这一准则。要知道，在当今世界里，滞留的综合没有引起人们的反思，同时知识又处于后继无人的状态，因为人们没有能力生产出一种普遍的理解力，去理解当前正在进行中的演变进程。

面对普遍化了的“存在之痛”以及存在论上的无差异（“存在之痛的问题”在其中施展开来），像这样来表述它们的可能的原因，显得有些天真，但这却是我们能想出来的唯一的办法。如果不对某一事实做出解释，我们便不可能对其进行批判，从这个意义上来说，也就是要探寻该事实的必然性，否则我们将会陷入一种徒劳无益的揭露。问题不在于搞清楚那些能够从“存在之痛”中获取利益的人是不是有意这样去做——他们是不是**“存在之痛”的行为者**——而在于搞清楚为什么会出现“存在之痛”这一问题（连那些从中渔利的人也深受其苦），以及“我们”是怎样在承认并解决这一问题的过程中得以统一。在解决这一问题时，这一“我们”是把它转变成了一个不太有害的问题——转变成某一“我们”的投映，也即构建普遍化的言辞的能力，这种言辞显然是，甚至不可避免地必须是一种斗争的言辞，也就是说一种总是有待寻找的差异的言辞。

因此，这里提出的病痛的问题不是关于从他人的不幸中渔利的“受益者”道德败坏的问题，而是要去搞清楚在当前的演变中，什么能够将好与坏区分开来。

事实上，市场的压力和思想的缺失这两大原因不断强化，并促进了“存在之痛”的增长：

（1）短期准则（工业投资者觉得在其中找到了他们的利益）与理解
766 当前演变进程所必需的能力的运作相互对立；

（2）相反，思想的某种懒惰态度，以及在揭露中驻足不前（有时候这也是一种有利可图的交易基础），二者构成了借口，使思想免于直面其真正的对象，而且周围环境中的唯利是图又使这一借口更为有力。

需要付出的努力是如此巨大，以至于学校的导向问题，作为遴选的问题，同样也成了所有先于它的现象所造成的后果：传输的问题作为滞留的问题，它必然是遴选的问题。学校遇到的遴选的问题**反映出了那些使以学校为源头的社会遭到质疑的事实**。学校是社会的源头，如果在实际中并非如此，那么从律法角度来看则确是如此——通过传输的工业化聚合这一事实，学校的规则遭到了质疑，而且在技术科学的大部分领域中，学校的规则已退避三舍——这就是所谓的**“迷失方向”**。**对教育系统中的遴选问题进行反思**是一次挑战，而若要应对这一挑战，仅凭社会学、经济学或是政治学分析是不够的，**必须以某种遴选思想（它是滞留这一首要问题的核心）为出发点，也即重新审视认识论的重要性（即我们所说的新批判），学校的遴选问题才能被解决**。

我们试图理解一般意义上的滞留机制以及科学的构成要素，要达到这一目标，首先必须以哲学思想的重大成就为出发点，主要包括康德、胡塞尔、海德格尔、西蒙栋等人的成就。然而，我们认为，这些伟大的思想家对于滞留机制尽管并非视而不见，但却没有把对滞留机制（亦称“综合”）的理解进行到底——在这一方面，雅克·德里达占据了一个过渡性的地位，在《象征与魔鬼》中，我们将阐明这一点。因此，当**导向及其准则成为我们的核心问题**之时，我们现在就必须考察海德格尔对空间性的分析，考察他在反驳康德的“在思想中进行导向”的问题之时所做的批判（以及批判的准则）。 767

第五章

进行区别

1.“在世界之中存在”的空间性和一个“完全被忽视的”现象

《存在与时间》在对空间性进行分析之时，对康德提出了反驳，认为他忘记了在世性，也即“在世界之中存在”(In-der-Welt-Sein)，《何谓在思想中确定方向？》中的论证即为例证。

对于《存在与时间》中的这一段落，我们在《爱比米修斯的过失》中曾有分析[①]，而我们在这里之所以对它感兴趣，是因为它还涉及了当时刚刚诞生的无线电广播。

1926年，民用无线电广播只存在了几年时间——还不到5年。

1888年，赫兹发现电磁波。距此11年前，爱迪生发明录音设备；距此3年后，胡塞尔的《算术哲学》出版。

1895年，马可尼运用赫兹的发现，创立了无线电广播的原理。距此5年前，于勒·马雷发明了连续摄影；距此1年前，卢米埃尔兄弟发明了摄影机，这款机器同时也是放映机；距此6年后，《逻辑研究》出版。

---

① 本书第一卷《爱比米修斯的过失》，第265页。

1912年，美国科学家李·德弗雷斯特发明了三极管，此时胡塞尔正在讲授关于时间客体的课程；距此1年后，《纯粹现象学和现象学哲学的观念》出版。

第一次世界大战期间，电子管扩音器大为改进。同一时期，海德格尔正在撰写论文《论邓斯·司各特的范畴和意义》，胡塞尔则继续他对时间的研究。

从1923年起，第一批无线电中继站开始发射电波。距此1年后，海德 769
格尔做了题为“时间的概念”的讲座。那时候，希特勒已开始涉足政治。

以《存在与时间》中所说的“去远”为出发点，海德格尔提到了广播的必然性。与“确定方向”一样，“去远”也是一个与“此在”的空间性相关的概念。然而，海德格尔虽然意识到这一技术创新的意义“尚无法一目了然”，但是与此同时，他却忘记了广播在程序方面的功用，也即**它在时程区划和方位区划方面的滞留功能**。

除此之外，虽然海德格尔与埃迪·施泰因一起整理了胡塞尔的《内在时间意识现象学讲演录》[①]，并将《存在与时间》一书于“1926年4月8日”也即胡塞尔67岁生日那一天题献给胡塞尔，但是他却根本没有注意到无线电广播连续播送的客体**在时间上**的性质。有人或许对此表示反对，认为在《存在与时间》的第23节中，阐述的对象是空间性，而并不是时间。不过，我们将会看到，这一反驳有待商榷，甚至连海德格尔本人或许也会持同样的态度，因为在他看来，若要对空间进行思考，就必须以时间为出发点。此外，他在分析时间性之时，甚至在对《存在与时间》中所说的“内在时间性”，也即对时间的“关注”[②]和度量所具有

① 此书于1928年出版。

② 在《存在与时间》的中译本中，“内在时间性”（intra-temporalité）被译为“时间内状态”，“关注”（préoccupation）被译为“操心”，此处依据法语构词法和词义直译。——译注

的技术上的时间性进行分析之时，他也压根没有提到广播[①]。

由此可见，对康德的批评是《存在与时间》中对空间性的分析的基础，这一批评反过来可以用于反驳《存在与时间》的作者：这就是我们接下来所要做的。

为此，我们首先要指出，存在分析论之所以能够建立起来，是因为**作为对空间的思考的出发点，在世性也即“在世界之中存在”这一状态在各种时程区划机制和方位区划机制**（即“此在”的**空间性和时间性的初始载体**）中进行时间性分配或空间性分配之前，**它首先是各种滞留，而且必须在这些滞留中确定方向**。正如我们已经多次强调的那样，任何一种第三滞留都总是既具有空间性，又具有时间性——它既是“时间
770 的空间化”，又是“空间的时间化”，也即一种延异。

在《存在与时间》一书中，标题为“在世界之中存在的空间性”的那一节旨在对在空间中的确定方向进行分析。在那一节中，作者首先提出，“此在”之所以会受到“在世界之中存在”的空间性的支配，是因为“此在”本身本来就具有空间性，这是因为“此在首先而且通常”就是“使之近”，也就是说它总是倾向于拉近已经远去的事物，去除与已经远去事物的距离，“此在”有着

> 一种求近的本质倾向。我们如今或多或少都被迫一道加快速度，而所有加速模式的目的均在于超越已经远去的存在物。例如，随着无线电的出现，“此在”实现了一次“世界”的“去远”，至于这一“去远”的存在意义，我们尚无法一目了然；这一“去远”掩盖了日常周围世界的一种拓展的形式。[②]

---

① 相反，九年之后，他在《形而上学导论》一书中有一次曾以广播为例。对此，我们将在本书第六章第7节中探讨。

② 马丁·海德格尔：《存在与时间》（法译本，E. 马尔蒂诺译），Authentica出版社，第23节。（参见中译本第123页。——译注）

与“去远”密切联系的，是各种代具，广播只是其中的一个实例而已，眼镜乃至街道均属此例——尽管“至于这一去远的存在意义，我们尚无法一目了然”。然而，所有这些去除距离的代具“经常被完全忽视”：

> 视觉与听觉之所以能够触及远方，并不是以它们自然具有的“触及范围”为基础，而是由于“此在”作为距离的去除者，主要逗留在它们之中。例如，对于戴眼镜的人来说，虽然眼镜从距离上看近得“就在鼻梁上”，但是在周围世界中，这一工具却远于对面墙上挂着的一幅画。这种用具如此遥远，以至于**经常被完全忽视**。这种用于观看的工具，以及诸如电话筒的那些用于聆听的工具，有着首先到手头的存在者所具有的那种非强加性。再如，对于街道这种用于行走的工具而言，情况仍然如是。①

然而，这一“被完全忽视”的现象所涉及的并不仅仅是且并非主要是代具的**自然化**特性——绝大多数客体都是代具，例如作为进食工具的勺子，作为交换工具的货币，作为驱寒、避暑、遮体工具的衣服，以及所有海德格尔所说的“世界上的诸用具之整体”。它涉及的同时也是，而且尤其是**所有各种工具（它们本身作为工具的本质已被遗忘）所承载的诸多滞留机制**，确切地说，正是这些滞留机制构成了这个世界，并使这个世界成其为世界。通过将这些滞留机制内在化，我们才可观看、感 771
觉、运动、思考等等。

对于文字和各种资料而言，对于“已经在此”的**真正的**记忆术滞留载体而言，情况尤为如此，而且**从某种特殊意义上来说**确是如此。我们曾经花了很长时间，去阐明为什么“图像意识”的特殊性以及其他综合

① 马丁·海德格尔：《存在与时间》（法译本，E.马尔蒂诺译），Authentica出版社，第23节。粗体为笔者所加。（参见《存在与时间》中译本，第124—125页。——译注）

性滞留，逃过了海德格尔在审视“此在”及其自身性时的那种去远的目光[①]。在这里，我们又一次强调这一点，因为上述事实的后果具有决定意义，它与紧接“去远”问题之后的导向问题有关，与对《何谓在思想中确定方向？》的批判有关，因此，与进行区别所依据的主观原则这一问题有关。

这是因为，海德格尔揭露的是“精神的纯粹构建”，而“区别左与右”这一纯粹主观的原则（康德将这一原则作为主体在空间中确定方向的先验原则）或许就是“精神的纯粹构建”。海德格尔认为，这一先验的导向如果是进行区别所依据的原则（区别左与右）之一，那么它更应是**“此在”的空间性本身**，也即它的“**在世界之中**存在”的模式，也就是说这一“在世界之中存在”的存在性，换言之，也即以下事实：“此在”从一开始就总是已经必然**处于其自身之外**。这一先验原则只不过是一种“心理的”方式，其目的无非是对“此在”的**先验的在世性**视而不见罢了。

康德从对左与右的感觉出发，急于在导向中得出某种先验性，这恰好无意中突出了世界的“已经在此”，同时又错过了它——正是由于这个原因，海德格尔抓住这一文本，以它为范例，证明形而上学没有看清楚“我们自己所是的存在者”这一存在者的真正面目，要知道，这一存在者本来就处于其“所在之处”之中，并且通过它、作为它而存在。海德格尔说，左与右都不是给定的，给定的其实是世界。然而，在这里我们必须注意到，康德在他“心理”推论中所忽视的，恰好正是**记忆**：

> 如果我必须［在这间屋子里］确定方向，那么我对身旁两侧的“差异的简单感觉”绝对毫无用处，除非我把握住某个确定的客体。

① 本书第二卷《爱比米修斯的过失》，第二部分第二章与第三章。
关于“自身性”（ipséité）这一概念，详见《存在与时间》第64节。——译注

对于这样的客体，康德曾顺带提到他“记得它的所在之处”。[①] 772

在评论海德格尔的这一反驳之时，阿列克西·费罗南科强调了客体所承载的记忆：

> 我们很容易就能想象出，将会有怎样的批判以这一观点为着眼点，对康德进行严厉的批评。事实上，康德几乎毫不重视的这一“记忆”恰是“在世界之中存在”的体现，是在世界中的存在者的体现；它意味着——在确定方向这一点上——只有在世界**之中**，并且以世界为出发点，我才能确定方向。仔细想来，康德的分析中隐含着一个荒谬之处：他竭力地想在抽象的世界中确定一个方向，使得在世界之中确定方向成为可能，但又无视世界的存在。当康德在纯粹主观的原则中确定方向以失败而告终之时，这一矛盾凸显了出来。[②]

然而，既然我必须“把握住某个客体”，并且“记得它的所在之处”，那么这个客体本身就是一种“记忆的助手”，它根本不具有心理层面的性质：**从某种特殊意义上来说，它是内感官的载体**，正如康德似曾说过的那样，**它是某个“流”的流程中的一种持续存在物**。

我们可以批评康德，认为他在这里所遗忘的，与他在对图型法的分析中遗忘的如出一辙。在对图型法进行分析的过程中，他以“5”和“1 000”为例，认为二者的计数法是某一抽象方法所造成的结果，而我们已经指明，这一计数法是从各种具体的计算机制中抽象而来的——泥丸既是羊群的客体图像，也是它的物质的抽象性表象——这些具体

① 海德格尔：《存在与时间》，第96页。［参见中译本第127页（第23节）。——译注］
② 费罗南科：《何谓在思想中确定方向？》的导言，第69页。

的计算机制最终成了物质化的十进制计数法,并**在教学中以手势动作的重复为基础被心理化**。

不过,我们也应当指明,在《康德与形而上学问题》中,海德格尔过于夸大了"图像"与"图型"之间的对立;他在《存在与时间》中对康德的批评,在别处亦持相同观点,却并未看到其后果。海德格尔未能对第三滞留(他给出的命名是"世界的历时性")进行思考,这表明他**完全忘记了要对教育的存在论特征进行思考**,同时也表明他未能对图型化进行思考,也即先验想象力,按照他自己在刚才提及的作品中的分析,也即"此在"的时间性。

海德格尔在这里对康德的批评,意味着"在世界之中存在"即为世界的记忆在"世界的历史性之中存在"(ein in-der-Weltgeschichtlichkeit)。"在世界之中存在":这里的"世界"是一个在"诸用具之整体"及其
773 "指引"[①]之外,**作为诸客体的记忆与诸记忆客体的世界**:正如《存在与时间》所指出的那样,它是一个**由各种**作为初级滞留与第二滞留之**条件的第三滞留构成的体系**:存在论分析告诉我们,只有以"已经在此"的实际性为基础,第三滞留才有可能存在。

海德格尔认为第三滞留同样也是时间的计算与度量的物质载体,以此为借口,将上述滞留体系——它构成了时间,也即海德格尔所说的"此在"的"真正时间",与泛指代词"人们/大家"的"关注的时间"相对——排斥在外。这样一来,海德格尔也就未能对康德或胡塞尔进行真正的批判:确切说来,他所做的,与他指责康德曾做的,其实如出一辙。

前面提及的矛盾其实是康德自己的矛盾,借由这一矛盾,他号召世人去寻觅某一先验原则。康德未能发现这一矛盾,这表明任何意识流均不可能遵守它们的统一原则,即便它们是由这些意识本身确立的,康

① 关于"指引"(renvois)这一概念,参见《存在与时间》第15节。——译注

德的意识流也不例外。费罗南科接下来评论道，康德之所以未能发现这一矛盾，

> 这与他的空间概念密切相关，在他的构思中，空间是世界将在其中安置的一个范畴。换言之，康德笔下的主体从一开始就不是与某一世界相联系，而只是与某一空间相联系；该主体最初并不是一个拥有世界的主体；因为他拥有某一空间，所以他将会拥有某一世界，而不是因为他拥有某一世界，所以他将会拥有某一空间。从此之后，既然空间在逻辑上先于世界并对世界的维度进行调节，那么使我得以在**先验的**空间中进行区别的原则——对左与右的感觉——将同样能够使我得以在世界中**后天地**进行区别。因此，我们看到了康德的分析基础，同时也是其矛盾的基础，这便是空间的先验性；因此，在对康德在空间中确定方向所依据的原则进行的批判中，这一先天性遭到质疑也就理所当然了。正如记得某一客体的位置的必要性所体现的那样，真正的先验性并非康德所定义的空间，而是"在世界之中存在"。①

然而事实上，拥有某一世界之所以**就是**"此在"的空间性，必须是因为在世性本身恰是"此在"所**是**的**时间性**的在世性。空间性就是"此在"的在世性。然而，与"已经在此"一样，**"此在"的在世性同时也是，而且首先就是它的时间性**。因此，**"此在"的空间性就是它的时间性**。 774
换句话说，时间性**本身必须是"在世的"**（该形容词的含义与海德格尔在阐述"内在的在世的"时间性之时赋予该词的含义不一样，但又必须将"内在在世性"涵盖在内），这样才能够使得"此在"的时间性（"此在"必然是此在的时间）所具有的在世性对前者（即"此在"的时间性）

① 费罗南科：《何谓在思想中确定方向？》的导言，第69页。

进行组织,正如对“综合”进行调节那样。

简言之,“正如记得某一客体的位置的必要性所体现的那样,真正的先验性并非康德所定义的空间,而是‘在世界之中存在’”,**也即从各种第三滞留中继承(传输与“接受”)而来的时间**,而且**第三滞留既有空间性,又有时间性**,也就是说它们**先于**(像延迟差异那样)空间与时间之间的差异。必须从这些方面来提出当前方位区划的问题,也即空间性的问题(世界的空间性,而非空间的空间性):方位区划问题的提出,与时程区划的问题不可分离。

2. 教育的“存在论”意义

方位区划问题的提出,与时程区划的问题不可分离,但是海德格尔却将后者等同于内在时间性,也即时间的度量,归属于“时间的通俗概念”。在《存在与时间》一书中,内在时间性,也就是说时程区划,它作为共有且可计算的度量的时间,掩盖了“走向死亡的存在”的“真正”时间这一原始时间性的现象,也即“此在”的未来的极端**不确定状态**的时间——在此我们先简要地回顾一下,指出这一时间从某种意义上受到了“此在”的**终点**时刻的极端不确定状态的影响。“此在”的未来的不确定状态指的是某一意识,以及海德格尔所说的“此在”这个时间流的“结局”的不确定状态,这一时间流从一开始就一直以某种隐藏着的方式,整个地走向它自己的终点,走向它的死亡。

在《存在与时间》中,内在时间性是将未确定者确定下来的各种方式投入运作,也即“此在”面对其“必须存在”时的逃离方式,也就是说“此在”在分享某一共有时间、某一共时性,也即海德格尔所说的“关注
775 的时间”之时,逃离其命运所必然具有的特殊性。显然,这一共有时间同样也是所有“此在”的命运之一,但是海德格尔却说,这一时间发生了偏离,它不是本源的时间:它是时间的变体,是非真实性与不合适性

的源起,"此在" 在后者中变成了泛指代词"人们/大家"。

正是由于这个原因,《存在与时间》最终将"世界的历时性"排斥在外:文档、痕迹、文物被等同于存在的、内在时间状态的领域——这也是我们在前一节中看到的现象所造成的结果——尽管在海德格尔看来,这些滞留的元素似乎应当与"符号"(他把"符号"完全等同于"标志"[①])这类简单的方位区划的"指引"区别开来。然而,我们已经指出,第三滞留的各种机制(一般意义上的时程区划亦属其列)在共时化的同时,也是进入"已经在此"和未确定者的前提条件,因为正如《存在与时间》已明确指出的那样,"已经在此"不是别的,正是既成的继承的**各种可能性**的实现,这样的继承就构成了"此在"的过去时刻,亦即它的历史。显然,这一继承本身就是构成世界的各种第三滞留,否则人们便不可能进入其中。因此,我们不可能将真正的时间与计算的时间区分得泾渭分明,不可能将未确定者和"必须存在"的历史状态与确定的共时状态完全区分开来,将"此在"与泛指代词"人们/大家"完全区分开来。时间这个滞留的"流"具有类似于电影的那种投映特性,正是这一特性使上述区分无法实现。

然而,海德格尔认为必须进行这一区分,并将进行这一区分的必然性作为先决条件;他**拒绝承认具有电影特性的"接受"以及由"接受"所构成的诸多演变进程,尤其是现代性**;与此同时,他将文档和痕迹等同于内在时间性,**忽略了教育这一滞留体系的问题**。

从广义上看,教育的"存在论"意义是什么?对于人们所说的教育这一特有模式,我们该进行怎样的分析?在教育所处的时代里,记忆术以公开的方式被大范围地付诸运用,记忆术本身构成了形而上学的公共空间——在这一空间里,人们可以通过各种符号或标志,在"面对着

① 参见海德格尔:《存在与时间》,第77页。(参见《存在与时间》第17节,中译本第90页起。——译注)

读者群”之时使用文字记忆术,从而运用他们的理性。

确切说来,公共教育的意义不仅在于它是“接受”过程的诸多模式之一,与此同时,**它将进行区别所依据的某一主观原则内在化**,这意味着:存在着一些载体,它们能够使这一主观原则发挥其作用,没有这些
776 载体,该原则便没有任何意义——**但若是没有该原则,那么这些载体同样也就没有任何意义**。使这些载体成为可能的,正是文字性综合这一滞留领域。

海德格尔没有注意到,随着当代科技的发展,主体性的现代形而上学“圆满完工”,科技与记忆术混合在一起。“座架”[1],作为对这一形而上学的全球性控制,是“存在者对其存在的理解”的现代化过程,其模式为我们所说的**“存在之痛”的时代**所特有。海德格尔并未真正觉察到这一演变的意义,因为他既没有对滞留过程给予关注,也没有对“接受”的过程进行思考,这一切都蒙蔽了他的双眼。正因为他低估了**记忆术与科技的混合**这一重大事件,所以他不可能提出学校的问题——学校这一机构同时也是民主的最佳指示器,对于这一机构,海德格尔怀疑它是否能够应对技术科学在存在论上带来的诸多挑战。

3. 无科学:对此前部分的概述与再阐释

行文至此,该对前面两章略作小结了。

技术体系已拓展到全球,它同时也就是、而且首先是一个全球记忆术体系。然而,我们已经看到,记忆术总是决定着各体系间相互协调的条件,而各体系间的协调则构成了社会的演变。在社会演变中,技术体系是使社会体系失调的首要因素:记忆术为诸意识流提供滞留的遴选准则,或是对这些准则进行调整,这些意识流被纳入“接受”的过程之

① 关于“座架”这一概念,参见第一卷《爱比米修斯的过失》,第14—15页。——译注

中，并且通过“接受”的过程而变成某一“我”的意识，同时又变成了某一“我们”的意识——而且，必须承认的是，它们同时是多个“我们”的意识。

在当前的记忆术与科技的混合中，时程区划和方位区划相互融合在一起。与此同时，人类群体之间接触的增多以一种决定性的方式增强了各技术趋势的普遍渗透力，促进了诸多新型的、广为共享的生活方式被接受的过程，并因此促进了人类群体在市场中的相互融合。市场已经变成一个真正兼具记忆术、科技、地理性质的领域，对于全球性的、身处“病痛”之中的“我们”而言，市场在商品交换的空间中消除了公 777
共空间，而它的统一性也像一直以来那样，完全是幻觉式的。虽说“像一直以来那样”，但从一种新的意义上来说，它遭到了越来越严重的摧毁，而且与此相对，人们也觉得它更具威胁性。

这个新的幻觉式的领域开启了一个诱惑的纪元，也就是说，毋庸置疑，对于一个比以往任何时候都更加神秘的“我们”而言，它开启了一个新型电影的时代。

这一“我们”即为在全球范围内聚合了的传输工业所造就的“我们”。时程区划和方位区划一直是空间与时间的收缩机制（地图的空间压缩了领土空间，日历与影片的时间压缩了它们所衡量、庆祝和讲述的时间），它们在传输工业中从此就成了极为世俗的商业性、工业性、全球性工具，并且按照滞留机制新工业的法则，决定着内感官时间流的综合的载体，以及其中呈现出来的外感官的导向的载体——因为总是存在着某些滞留机制，它们承载着意识在其中统一为意识流的综合。

现代哲学思想不可能去思考作为“我们”的时间与空间的组织模式的各种时程区划机制和方位区划机制，而且从更为宽泛的层面上来看，它也没有对所有滞留机制进行反思。这一“无力反思”的局面**构成了一个障碍，使我们无法对新型商业进行分析，更别说对以教育这一商品的世界化为代表的史无前例的新颖之处进行分析了**。在教育系统里，人们能够获取时程区划与方位区划的机制，以及构成这些机制的基础（矛盾原则、综合判断、分析性知识、实验性知识等等）的各种载体，并且将其内在化，但是上述阻碍却使我们无法对各种教育系统本身进行思考，因为先验综合判断总是以某一“先验的”代具性综合为支撑。然而，这一代具性意味着滞留有限性的工业化综合直接对意识本身提出了质疑，这是主观性与客观性相对立的哲学时代的出路，我们也称之为现代哲学。

上述“质疑”之所以成为可能，是因为意识流只有根据限定其流程之**可能性**（也即意识流以滞留的形态而呈现的可能性）的各种载体，才能够流动。在17世纪，意识开始作为“我思”被思考，自19世纪起，它便**大范围地**具有了流程，而与此同时，随着入学率的攀升，在教师以及后来的教授依据教学大纲给年轻一代人讲授课程的过程中，意识的各
778 种载体也**骤然间必然地**被内在化了。这就是**全国文字性投映的组织**，也是理性在面对主要由读者构成的大众之时的公共用途的组织，它构成了现代工业民主的公共空间，它的机构是学校。

在意识及其流程被质疑的同时，教育系统（这一机制使构成知识史，也即构成“我们”这一来自国家历史的宽泛意识的各种代具的内在化）在技术体系转变为记忆术的全球性工业体系这一过程中，也遭到了质疑。在教育系统中，遭到质疑的不仅包括教育方针，同时也包括教学课程的具体设置，乃至教育的全部职责。

这样一来，全球的程序工业就倾向于逐渐取代各国的教育机构。早在2000年5月，这一趋势就已在渥太华显露出来，并且已经被列入了世界贸易组织关于筹备服务贸易总协定的议事日程。它表明，**一场新的精神之战已经宣战**。

这场战争如果以一种完全负面性的结局而告终，那将是一场无法想象的灾难。我们所说的“存在之痛的时代”，正是这一可能性的体现，与此同时，也是对发生在应当称为“一次全球精神论战”这一行动

舞台上的现实及其不计其数的分支和后果均熟视无睹的体现。

然而，我们所说的“一种完全负面性的结局”是什么？确切说来，这就是我们的问题之所在。对此，我们需要倾注极大的耐性。

在教育诞生的时代里，记忆术体系与技术体系尚未混合在一起，技术体系本身既不是全球性的，也没有湮没在市场中，而市场也没有消除公共空间，正因为教育系统出自这样一个时代，所以我们必须对当前的教育系统进行深入的反思。战后，东方与西方之间的政治论战占据着主导地位，精神论战已经在其中酝酿，但它的真正面目被政治论战掩盖住了，我们在第三章中已经看到这一点。在这一时期，视听节目工业出现并对学校作为教学机构提出了质疑；另一方面，直到最近时期，学校 779
一直承担着导向的职责，并负责将“接受”过程的各种基础，以及使国家某一未来的投映机制得以运作的各种滞留工具内在化——“国家某一未来的投映机制”也就是国家历史的压缩机制，是将国家归置于通史和地理空间之内的机制，是使后人得以真正进入它在伦理、文学、艺术以及科学等各方面的理念的机制。学校这一导向系统是在具有认知力的“我们”的历史中进行导向，它同时也是将“我”的意识流的各种构成模式内在化的地方，是这一“我”作为**具有一致性，也即具有认知力的意识流**得以形成之处。

通过对意识的各种载体进行处理，学校将诸意识流的某一文字性综合再次构建起来，但是我们所不确定的是，这一从启蒙时代的革命进程以及后来的工业革命中继承而来的教育系统，是否能够将在共和文化中形成的各种原则（在所谓的“民主的”、“现代的”国家里，它们构成了“接受”过程的基础）继续传递下去。若是不承认这一点，或许就太过胆怯了。

然而，如果我们还不能够**从理论上和实践上**阐明教育系统在哪些方面不再能够满足“接受”过程的要求，那么即便承认这一点，也是徒劳无益的。在此，我们必须立即指出，同时也希望读者早已明白这一点，即**严格说来，"接受"的过程与任何一个适应过程毫无关系**。"适应"是动物或动物般的人——奴隶——所具有的现象。无论是学校，还是传输机制，它们都不是饲养场，也不是马厩，或正如吉尔·夏特莱所言，它们并非猪圈。[①]

教育系统中的这一动荡源自于知识的危机，此次危机的幅度和激
780 烈性前所未有，它**或许甚至不仅仅**是一次危机[②]，它与**技术科学相对于哲学思考能力的高度特殊性**密切相关。这就是当前普遍的"迷失方向"的首要特征。我们认为，这一情形几乎与灾难无异，其根源在于缺乏分

---

① 当我最后一次修改完本书书稿，即将把它交付伽利略出版社之时，我收到了我的朋友菲利普·舒莱的一本书（与菲利普·里维耶合著）：《优秀的学校，第1卷，在工业文明中反思学校》，Champ Vallon，2001年。对于这部佳作中阐述的不少观点，我都表示赞同，不过当我撰写这则注释的时候，我们还没有读完全书。我知道菲利普·舒莱欣赏尼采，但是令我惊讶的是，我在书中发现的一段关于"适应"的阐述却与他对尼采的欣赏不太符合："对工业现实的功能性适应，是知识的某种真正复兴的唯一条件。"（第14页）两位作者认为"这一说法将令人惊讶"，他们指的是"功能性"一词。然而，在我看来，"功能性"其实并非问题之所在，问题在于"适应"。希望我在本书中的研究工作能够为我们——菲利普·舒莱、菲利普·里维耶和我——提供一个契机，针对他们著作中的这些问题展开讨论。

② "危机是某一运作体制向另一体制的过渡。通过一些征兆或一些症状，人们能够感觉到这一过渡。在危机期间，时间的性质似乎变了，时间的绵延不再被视为事物的惯有状态，它衡量的不再是恒久性，而是变化性。任何危机都会造成一些新的'原因'的介入，它们将扰乱既有的动态或静态平衡。怎样才能使我们刚刚简单阐述的'危机'的观念与'智力'的概念相互一致？"保罗·瓦雷里：《漫谈智力》，第1041页。

这段话确认了舒莱与里维耶提出的"功能性"的问题。然而，我们怎会没有注意到，困扰瓦雷里思想的危机，即他在此于1925年质问并已于1919年进行质疑的危机，也即尼采于1872年在谈论"我们的教学机构"时也提到的危机，**持续了至少一百二十余年**？换言之，问题难道不就是"恒久性"与"变化性"之间的关系的颠覆（它**使"危机"这一概念本身陷入危机之中**）吗？此外，这或许就是我们在反驳所有"新批判"，也即反驳所有对准则的要求时，应首先反驳的问题。我们接下来将看到，这也就是为什么新批判的目的首先在于某种颠覆的可能性之本身，也即对"可能性"这一概念本身的颠覆，而且由此一来，也就是以滞留的演变为出发点，对"原因"这一概念的颠覆。

析的准则和综合的定理，无以构建起某一合适的认知的滞留机制，从而无法去分析新型滞留科技的出现对科学、技术、科技以及投资所造成的后果，也无法去分析它对科学、技术、科技最终相互靠近并引发我们所说的“记忆术与科技的混合”所造成的后果。

近几十年来，记忆术的各种滞留科技中出现了一些断裂的过程，对这些断裂过程进行理论化总结，是思想所应立即承担的一项任务，而若要完成这项任务，就不能对哲学思想史的**进程**（它使这样的演变成为可能）视而不见。教育以导向为首要任务，并承载着“接受”的机制，从任何哲学思想的角度来看，教育都**必须传输知识与“非知识的知识”之间的差异和共同点**。我们已经将这一差异等同于进行区别所依据的主观原则，视其为**接受一切准则并使之内在化的前提条件**。康德断言这一原则具有其合理性与必要性，而**教育系统的任务就是在实践中运用该原则，同时促使其得到强化**，目的是为了让该原则发挥作用，也可以说是为了让正在培养意识的年轻一代去阐释该原则的意义。 781

如前所述，各种“过程”的加速这一局面带来了一些问题，对这些问题进行研究既十分艰难，却又迫在眉睫。对于这一研究而言，《存在与时间》在存在分析论方面的进展极为重要。然而，出于种种原因，但肯定不是由于遗忘，那些分析完全忽视了**教育的问题以及“接受”的问题**，从而无法去反思**“继承”**，也即**通过第三滞留的内在化，某一差异被接受并传输**；同时，**各种第三滞留既具有空间性，又具有时间性，它们先于空间与时间的差异而存在，并且构成了诸多投映平面，使某一进行区别所依据的、先于“存在论差异”而存在的原则得以投映**。

因此，我们现在应当探究的问题，是去弄清楚“进行区别所依据的主观原则”在今天指的是什么。同时，我们还应当研究这一原则与海德格尔所说的“存在论差异”之间可能维持着怎样的关系。通过这样一条险峻的道路，我们想要看到知识的危机的关键之处，而知识的危机也就是传输机制的危机，尤其是教育系统的危机，它对聚合性传输工业所处的时代造成了沉重打击，导致了一种“无科学”（inscience）的局面，也即在新的滞留机制面前，人们迷失了方向。应当指明的是，在任何情况下，我们都无法否认以下这一假设，即这一“无科学”必然是准则的缺失，甚至于以“缺失”作为准则，但它与“我们”的统一性的假象一样，都具有必然性，都是不可避免的。我们甚至把这一假设视为我们的主要假设。

在这种情况下，或许我们的分析就得首先去弄清楚这一“无科学”及其必然性指的是什么，接着再**确定哪些途径能够在“无科学”这一空间里进行导向**。

在此，我们有必要回过头去，再次考察现代性的起源，并由此再次探寻现代教育规划的起源。这样一来，我们便能够阐明何为我们所说的“科学”与“技术科学”。

4. 在沙漠中“进行”区别

从笛卡尔直到现代哲学，关于技术的一种新思想逐渐构建起来，技术是一种控制力；同时构建起来的，是作为构成者的主观性与作为被构
782 成者的客观性之间的对立，这一对立至少一直延续到康德。

从20世纪初开始，很多哲学家的思考不再局限于上述范畴之内，主要是因为它无法阐释与我们所说的“科技”一同到来的现象。科技是现代性所导致的一种实实在在的现实，“科技”指的并不只是“技术”而已。

即便从最通用的概念来看，“科技”也是在**抗拒**，不愿随随便便地被列入纯粹客观性这一身份之中。无论是谁，总有一天会感觉到“科技”的系统性和动力性——以至于“客体”这一范畴显得不足以对“科技”进行反思。技术可以是“客观的”，因为它似乎主要由客体所构成（但这是错误的），也即由现实的、可被处理的客体所构成，这些客体在

运作，因而与所有我们通常所说的“技术设备”一样，以物理学的科学方法（材料强度与腐蚀性的计算、摩擦学、流体机械学、空气动力学、热学等等）为出发点，它们是“可客观化的”、可被控制的。相反，我们却难以将“科技”简化为某一能够为主体所拥有的现实，而作为主宰者的主体，也即笛卡尔所定义的主体，由于具有构建的能力，他能够拥有并有方法去抓住客观性。人们很清楚地感觉到，科技中存在着一种同质的力量，并称其为科技力量；这是一种奇怪的力量，而且虽说它确实是人类的力量，但与超人类的力量一样，它也是一种陌生的力量，越来越难以控制，它的动力性以一种有别于主客体对立的模式，与主观性形成了明显的对立。

这一陌生的感觉令人感到害怕，由于害怕的对象尚不明确，这一害怕就不仅仅是害怕而已，而更是**一种恐慌**，是由于**某一尚未确诊的病痛**而导致的恐慌。这一恐慌有时候会原原本本地表现出来，有时候则隐藏在五花八门的神经痛行为和否定性言语的背后，它是当前“存在之痛”的特征之一。

不过，回过头来想想，若是从客观性这一范畴出发，我们难以领会的似乎其实不仅仅是科技，同时也包括技术。客观性只有在与不可客
观化之物形成对立并受制于后者，也即与主观性形成对立并受制于主 783
观性之时，才能够成立，主观性是所有客观化行为的条件，甚至可以说是“使他者客观化之物”（objectivant）的条件。然而，我们认为，技术作为某一具有恒久性的滞留载体，它**构成**了以一切客体为对象的客体化行为，例如胡塞尔几何学概念上的“理想化”（idéalisation）的过程，以及在此之外的一切“观念化”（idéation）的过程。现代哲学提出主体性并将其作为基础，这一主观性意味着主体是其客体独一的、初始的、绝对纯粹的来源，意味着主体性构成了这些客体，并从而主宰和控制着这些客体，而且不愿让这些客体反过来构成主体性自身。

按照这种方式来思考，我们赋予第三滞留的地位就是独一无二的

了。由这种滞留组成的**滞留区域是一种可客观化的物质，尽管“客观性”这一范畴不足以对其进行思考**；与此同时，它也可以被工业化：它可以受制于某种计算。这一可计算性能够将那些不能被简约之物简化为“可客观化之物”这一属性；这一可计算性同时具有以下特征：

(1) 它因第三滞留的物质性而**得以形成**，而且也由于它而**成为必须**，第三滞留的物质性也就是第三滞留的**恒久性**，也就是说是它使第三滞留具有了“时间流之载体”这一属性；

(2) 如果它毫无限制地自我运作，那么它与滞留区域原则上承载着的**个性化**过程——“主观化”过程——就是**不可兼容的**，因而也就是**相互矛盾的**；

(3) **它可能会导致某种普遍存在的熵**。

这样一来，问题就在于如何对能够用于任何形式的计算、作为其法则的某一差异进行思考。这一差异本身并非任何计算的对象。如果没有这一差异，那么除了计算之外，也就是说除了**熵的扩展**或尼采所说的**“沙漠”的扩展**[①]之外，进化的区域中就不可能再有任何其他的导向**准则**了。

这种**负熵的差异**或许并非一种对立，它是一种联系，将相互联系的诸成分组合在一起，如果这些成分相互混合的话，那么这一联系也就不复存在。这一联系必然是充满活力的，它将“谁”和“什么”、可能的与不可能的、共时性与历时性、计算与未确定之物、感知与想象、“我”与“我们”、过去与未来、未来与演化**组合在一起而不使之混合**。

我们认为，同时也希望这样一种差异不可缩减，希望它能够超越对立关系以及对立关系中的形而上的成分而持续存在。在阿多诺与霍克海默所说的“物化”中（但是他们没能对“物化进行思考，确切说来，正是因为他们停留在对立关系中），或是在马克思所说的“异化”中，受到

① 参见本书第三卷第三章第6节。——译注

威胁的正是这一差异。

我们之所以认为，同时也**希望**这样一种差异**不可缩减而且成为法则**，是因为**事实上它并非不可缩减，而且必须将它作为法则**。当市场营销将意识作为商品用于市场交易之时，受到威胁的正是这一差异。当 784
“主体/客体”这一两极关系转变为“消费者/产品”这一组合（生产者在这一组合中布下圈套）之时，“无差异”便顺理成章地成为其后果。

这种“无差异”来自现代性，现代性既是提出主客体差异的现代哲学所倡导的运动，同时也是由工业革命所导致的社会转变过程；现代性之所以成为可能，是因为主观性的诞生，也即意识对自我进行思考的时代，但是现代性同时又颠覆了这一出发点，抹杀了主体与客体之间的差异。要理解这一演变以及当前形势的特殊性，首先就得理解现代性，因为现代性是该演变及当前形势的起源。

5. 作为“发明”的差异

技术与客观性之间的关系最早是笛卡尔建立起来的。笛卡尔从表象角度展开思考，认为主体是以“普遍数学”（mathesis universalis）为知识，也即方法，以技术为工具，通过某一客观化行为来控制自然的力量。这种知识即为一种力量。然而，确切说来，主体之所以能够“控制”自然，必须是因为技术这一工具本身是可客观化的——这意味着，它本身不可能是“使他者客观化之物”：它并不介入“自我”的构建。这一观点拉开了现代时期的序幕，从马克思到海德格尔，包括尼采以及其他人，所有反对这一观点，也即反对关于主观性的思想的人，都对有关“控制”和“占有”的言论提出了异议，而这一言论作为主宰者**意愿**的表达，从笛卡尔到黑格尔一直都有表述。

在这个漫长的链条中，我们刚才提到的那些人所造成的断裂显然没有留下清晰的印记（从很多方面来看，尽管马克思在思考“控制”的时候想要避开主观性，但是却仍然站在了“控制”这一形象一边），而胡塞尔却占据了一个特殊的位置。在构思《逻辑研究》的时候，他与当时新生的实验心理学保持了一定距离，认为应当对古希腊人直观中的某种“科技化”（technologisation）进行抵制，并在《欧洲科学的危机》一书中明确阐述了这一点：科技的问题从一开始就与现象学有关。“被体验之物”是胡塞尔的一个重要概念，它是对布伦塔诺的“意向性”概念的发展，在胡塞尔与科学最初直观中的遗忘做斗争的过程
785 中，它就像杠杆一样，发挥了重要作用。“被（意识）体验之物”是构成“观念化”过程与“理想化”过程的材质，此外，它还构成了诸客体本身。

海德格尔是第一个明确地、系统地、耐心地解构了表象的形而上学，也即主观性与客观性的对立关系的人，而且他是在关于时间的论述中进行这一解构的，他对时间的论述是存在论的一次革命。在他看来，这一行为是现象学的必然结果，同时又是与现象学的一次决裂：确切说来，正是在“被体验之物”这一问题上，海德格尔既继承了胡塞尔，又与之划清了界限。因为，在现象学里，将“未被体验之物”引入主观性之中显得绝对是必要的（同时也是不可避免的），主观性这一概念本身从而也就分裂了：作为一个哲学概念，主观性具有自我建构性，而正是**“未被体验之物”的构成性**所摧毁之物引出了存在论思想，也即有关存在之物的思想，也就是说，有关**从一开始就外在于自身**之物的思想。

正是由于这个原因，我在《爱比米修斯的过失》中曾论述过，《存在与时间》是对《内在时间意识现象学讲演录》的一次关键的批判。在《存在与时间》第6节中，海德格尔提出：“过去时刻并非紧随‘此在’之后，而总是已经先于‘此在’”；由此推论，海德格尔强调指出，在时间性中，未来享有优越地位，崩溃的是当下时刻本身以及主体的出现。海德格尔由此违反了《内在时间意识现象学讲演录》的基础性言论，即时间

性的初始构成要求在三种形式的滞留之间进行根本的区分。胡塞尔坚持把第三滞留从时间性的初始构成范畴中排斥出去，因为**经验性与先验性之间是否可能存在共通之处，取决于这一排斥**。在胡塞尔那里，这一可能性建立在“被体验之物”的独有特权，也就是说**活着的**当下时刻的独有特权的基础之上。

海德格尔似乎将胡塞尔眼中的被构成者引入了构成者之中，因为“此在”不是别的，正是一个继承的过程：在“此在”之前，有一个“此在”未曾体验的过去了的“已经在此”，**“此在”必须体验这个过去了的“已经在此”，将其变为己有，也就是说必须“接受”它**。然而，尽管《存在与时间》第6节进行了全力攻击，但“经验性与先验性之间存在着共通之处”这一观点仍然出现在《存在与时间》一书中。在第73至75节中，面对“世界的历时性”这一问题，海德格尔退了一步，最终将各种滞留机制（也就是以历史性的技术模式，也即经验性模式而构建的过去时刻的客观痕迹）从时间性的初始范畴中排斥了出去——**这样一来，他也就否认了继承即为“接受”**。 786

未被体验的过去时刻若是借助具有可撤换性的诸载体，也即我们所说的各种滞留机制，那么这一“未被体验之物”就能够变成“被体验之物”，而海德格尔认为，这种可撤换的载体不具有构建性。与此同时，他试图将先验的事物（他称之为初始的、本己的、存在论的事物）从经验中解救出来，在经验中，先验的事物已经变得具有可计算性、内在时间性乃至各种形式的技术性；在海德格尔看来，这些性质从来都只是各种工具、对时间进行度量的各种行为所具有的性质——时间是未确定之物，是不能够被度量的。通过这一“存在论的颠覆”，海德格尔丢失了很大一部分之前已经赢得的领地。

然而，海德格尔也是第一个既对客体，也即技术客体进行了思考，同时又不以客观性为参照的哲学家。在他所用的词汇中，“客观物”被称为“Vorhandenes”（现成在手的）。因此，“此在”“首先而且通常”面对的，并不是主体，而是"Zuhandenes"（上到手头的）[①]。"上到手头的"总是指向其他客体，在"上到手头的"中，被构成的是世界的在世性，是对"此在"而言至关重要的在世性。正是由于这个原因，"此在"不是一个主体：一方面，主体构成了客观性，客观性全凭主体而得以构成，但主体的构成却与客观性毫无瓜葛；另一方面，"此在"之"在"只有在从一开始就受到了它的在世性影响的情况下，才能够成为"此"，"此在"之"在"的"已经在此"作为它未曾体验的，而且总是先于它的过去时刻，体现了继承的真实性。

这个非"客观的"客体，即为"什么"；"此在"所面对的，而且从一开始就受到其影响的，也即作为"此在"的外部，将"此在"置于其自身之外，因而不是"主观的"，即为"谁？"。与海德格尔相反，但仍然以他的分析为出发点，我们认为，联结"谁？"与"什么"的是一种密切的关系，而且无论在任何情况下，都不是一种一旦陷入困境便是"Verfallen"（意即"沉沦于世"）的对立。这种关系，就是代具性。代具的意思既是"放置在……面前"，又是"提前放置"。在这样一种"转导关系"中，一方与另一方建构性地组合在一起，这一"转导关系"是一种**"协商"**（négociation）。

然而，**"谁？"和"什么"之间这一协商是以"谁？"的一个准则作为前提条件的**，而确切说来，这一准则正是**由"什么"构成**。这就是难点之所在。这一难点的意思是，**该准则是滞留性的，因为它是进行区别所依据的某一原则的内在化，而如果不是由于以下两个原因，该原则是不能够被内在化的：**

---

① 在《存在与时间》的中译本中（附录二，第510—511页），"Vorhandenes"被译为"现成的、现成在手的（东西/事物）"，"Zuhandenes"被译为"上手的、当下上手的、上到手头的（东西/事物）"。《存在与时间》的法译本将这两个术语分别译为"sous-la-main""à-portée-de-la-main"，字面意思分别为"在手的下面""在手可以触及的范围内"。综合考虑，在本书中，译者统一将二者分别译为"在手""上手"。——译注

(1)它**已经**处于"谁?"之中;

(2)它必须由这一"谁?"**在某个外在化(该外在化使某一内在化成为必然)的过程中,"发明"**[1]**出来,也即发掘出来**。 787

难点主要在于,**这个奇怪的游戏尽管是某个事后阶段的游戏,却并非若干时刻的前后相继**:内在化显然不是跟在外在化之后,内在化**就是**外在化,而且正是在矛盾原则被发掘,也即被"发明"之时,它才在事后阶段(再次)自我构成为**原则**。已经在此的原则并不是先于该原则的形式化,但是它之所以可能形式化,正是因为它"以法则的状态"已经在此。在这个寓言般的行事性[2]结构中发生的一切,就像杰弗逊发明"优秀的美国人民"同时替他们、以他们的名义、**以回溯的方式**签署了独立宣言那样。然而,我们将看到,这个寓言般的行事性结构在技术科学中一直运作着,在诞生于17世纪的现代性这一精神之战的语法中,它也在运作着。正是在现代性这一舞台上,对于维特根斯坦而言不过是"第一人称单数"之物作为根基被发明了出来,印刷术的胜利也在其中留下了印记。

这个寓言般的结构绝对不意味着矛盾原则是一种寓言或"发明",而是意味着:一方面,它具有理想的合法性,并且创立了某一法则,但是在现实中,它却不可被确定下来;另一方面,从现实到法则的跳跃是不可避免的,而二者之间的深渊也是不可缩减的——这是一种**深渊般的关系**。

这个贯穿并构成了逻辑、技术科学、语法的奇怪游戏同时而且首先是对某一演变的接受。在提出"'我'于17世纪出现在印刷术领域之中"这一观点的同时,我们认为,印刷术构成了一次"接受",即"我们"在这一新的滞留机制中接受新的演变进程。这一新的滞留机制自产生

① 关于"发明"一词在此的特定含义,参见本书第三卷第四章第3节。——译注

② 关于"行事性"这一概念,参见本书第三卷第六章第6节。——译注

之日起，就是被**印刷的字母**的公共空间，在随后的一个世纪里，这一公共空间被称作“字母的共和国”。这意味着，**“接受”并不是对演变的简单适应**，确切地说，“接受”指的是**它的转变**可能在未来**得到投映**，也就是说一个“被发明了的”准则付诸运作，因为该准则被投映到构成它所处时代的机器的滞留机制的屏幕上，在这个时代中，该原则的形成即为**进行区别所依据的某一原则的付诸运行**——该原则已经“处于内部”，但是从某种意义上来说，它若是不从外部回归，那么它在法则上就不具有实效性。最后这个论断仍然像谜一样，它将在下文得到阐明。

6. 演变、未来与无差异

我们在这里所谈论的“接受”是一个形式多样的内在化过程，在
788 此过程中，我能够**在情感层面上**接受一只猫、一个孩子或一位父亲并使其内在化，**在道德层面上**接受一则箴言并使其内在化，**在宗教层面上**接受一种信仰并使其内在化，**在技术层面上**接受一个工具并使其内在化，**在社会层面上**接受一种生活方式并使其内在化，**在政治层面上**接受某一“我们”的观念并使其内在化，**在认识论层面上**接受某个规则的理解并使其内在化——“接受并使其内在化”**在此意味着同时立即“使其外在化”**，诸如我的情感、我的道德行为、我的宗教实践、我的技术行为、我的生活方式、我的信仰与活动、我对作为综合某一杂多概念的法则的践行。

在谈到“接受”（它同时必然是一种虚构）的问题之时，我们曾说“接受”并非未来，意思是“接受”并非适应，因为它是一种发明。不具有发明的“接受”既是失败，又是陷阱，失败导致失望，陷阱导致存在之痛，也就是说为弥补**行为的缺失**而采取的**反应行为**。

而今，与演变有关的事实主要是科技事实。自人类化（人进化为人）以来，演变总是与技术事实密切相关，技术事实处于基因变异以及

更远古的宇宙诞生之后。如果我们承认演变史由一系列由若干因果关系联系在一起的境况所构成，那么几乎不用怀疑，在我们所处的时代，“我们自己所是的存在者”所感觉到的所有这些境况的变革大范围地、明显地决定于科技境况的变革。由于演变并非未来，所以任何未来都包含着演变，而有些演变则没有未来。

没有未来的演变，叫作“mécanique”；使演变与未来混同者，叫作“mécanisme”。①

今天，在主流趋势中，演变均为科技事实，且依附于技术科学，而技术科学总是与市场营销维持着密切关系，是它**设计**了科技的**进化**，与此同时，也正如我们即将看到的那样，技术科学受制于科技所特有的系统性，因为科技属于一种已经变为记忆术的技术体系。

而今，这一演变尚未被反思，不仅是因为**技术作为具有动力性的个性化过程，仍然为大多数人所忽视**（尽管已有一些具有决定意义的研究成果，在《技术与时间》的前两卷中，我们也曾试图从中汲取教训），同时也是因为**技术科学本身尚未被反思，况且它正是滞留准则被实实在在地付诸运行的时刻**。

这个尚未被反思的现象，并不是从“某一被遗忘的事物即为未被思考的事物”这一意义上来说的那种身份不明的未被思考之物：大多数人**都已对其进行反思，但是觉得它是无法被反思的**，正是这样，它构 789
成了**恐慌与存在之痛的症结**，这就封闭了知识的视野，将知识禁闭在一种没有很好地被反思的科技的躁动不安的各种技能之中。

今天，科技与主观性之间的对立仍然是一个庸俗的主题，人们还在借用它来表述恐慌与存在之痛，长篇大论却言之无物，其言论越来越具

① 本法语中，“mécanique”的意思是“机器、机械、机械学”，“mécanisme”指的是“机理、机制”。总体而言，前者一般指具体事物，后者则是一种抽象的整体概念，二者大致相当于英文中的“mechanic”和“mechanism”。——译注

有侵略性，越来越令人感到恐慌。我们若要进行反思，就必须在上述对立之外去思考，必须越过胡塞尔和海德格尔以及他们与康德的纠结关系，同时将我们逐渐带往尼采。在“主观性”中，我们想要阐述的是我们所坚持的**意愿**，它**超越**了这一主观性，处于笛卡尔以来所构想的表象之外，处于主观性与客观性之间庸俗而又意义贫乏的对立之外，而且必须超越这一对立。

在与关于“控制”的言论决裂的同时，没有任何一位著名哲学家抛弃“意愿”这一问题——然而，一道深渊横亘在“知道”与“能够”之间，而我们所说的技术科学作为滞留准则付诸运行的时刻，正处于这一深渊之中，位于这一“无科学”的力量之侧。当技术力量转变为资本主义工业与科技之时，对力量提出考问的伟人正是尼采，他问道：“我们”想要什么？这个问题本身就对引号中的“我们”提出了质疑，它因此饱受痛苦：它的“无科学”**给它提出了存在之痛的问题**——我们把“不知道却必须做出决定的人”称为“无科学”的人。“无科学”掩盖了“存在的问题”，而海德格尔告诉我们，“存在的问题”在最为普遍的层面上构成了“此在”的存在性，随后又构成了“存在的历史”的主线。

简言之，这一“我们”变得对“存在论差异”听而不闻，然而**它又总在“想要”，并由于不能够不“想要”而痛苦，同时它却不知道自己想要什么**。

7. 现实性与可能性：从康德到海德格尔

对于一类特殊的存在者而言，“存在的问题”正是在存在论差异中得以构成。对于这类特殊的存在者，海德格尔没有将其命名为“人”，而是称之为“我们自己所是的存在者”。“我们”所经受的存在之痛就是存在论的无差异。“存在论的无差异”通过消除了存在论差异的各种计算，将霸权式的遴选过程付诸运行，而存在论差异首先意味着**“存在”**

（être）并非“存在者”（étant），意即：

（1）从“vorhanden”的（也即“现成在手的”，意为“可计算的、可客观化的、具有客观性的”）存在者出发，“存在”是不可被思考的； 790

（2）“存在”主要是一种**原初的知识**（“对‘存在’的一般性且空泛的理解，这是一个事实”），同时也是一种**原初的“非知识的知识”**，也就是说一个问题（一个没有最终答案的问题，也即一个**根本不可能**作答的问题）；

（3）这个**问题**是由“此在”来承担的，负责回答这个问题的是“此在”，一种特殊的存在者，不可计算，不可客观化，不具有客观性，尽管它**可能会沉陷于它的物化**与自我否定之中，也即沉陷于**它的不确定状态**或特殊性的**确定**之中；

（4）“此在”承担的这个问题，存在的问题，构成了“此在”的**时间性**；

（5）**“存在”是一些时代，是中断性**，也即悬置、中断、**断裂**。

在“存在”的诸个时代之中，“此在”这一存在者既承担着“存在”，又承担着“此在”自己的“必须存在”。“此在”是一个自由的存在者，因为它面对的是未来的不确定状态，这一未来不仅仅属于“此在”，同时也承担着“存在”的未来，也即“存在”在存在论差异中的自由。这一自由指的是，“存在”可以不是存在者。

与此同时，这一自由指的也是：“存在”可以**不具有现实性**，而**更具有可能性**——仿用瓦雷里的说法[①]。

“存在”**更具可能性而不太具有现实性**，这是一个投映结构，它属于我们所说的“电影”，而且“将意象与事实对立起来”。

① “他将过去与现在、未来与过去、可能性与现实性、意象与事实对立起来。他既在前行，又在倒退；他既在建设，又在拆毁；他既是偶然，又是注定；所以他既是不存在之物，又是不存在之物的工具。归根结底，重中之重，他就是我所说的那些梦想的神秘主使者。”（《精神的危机》）

上述“自由”是一种非主观意义上的“意愿”，海德格尔称其为“决心”（Entschlossenheit），其前提是某一**准则**，也即**进行区别所依据的某一原则**，而这也正是康德与海德格尔在导向的问题中的研究对象。然而，**海德格尔进行区别所依据的原则是对康德试图表述的原则的一种颠覆，这一颠覆首先在于“可能性”与“现实性”之间的关系的倒置**。

在康德那里，可能性听命于现实性，也即听命于客观性、实体性。当然，客观性是由主体在统觉的统一性中所构成的，不过这种统一性与所有可能出现的现象所具有的统一性一样，与现实是一致的，因为它建
791 立的基础是“一个绝对现实的（至高无上的）存在者”[①]，也即上帝。

在海德格尔那里，他进行了一种哥白尼式的颠覆，以至于似乎走向了极端。他认为，现实性听命于可能性，也即听命于“此在”本身，因为“此在”就是它的“可能性”，而且从它的“最极端的可能性”开始就是如此，也即它本身的终点：“必须存在”。

> 即便不谈存在者层次上的经验，仅从存在论上的理解来看，对存在的阐释也是首先根据在世界之中的存在者的存在而确定方向。这样一来，首先上到手头的存在者的存在就被错过了，存在者首先被构想为现成在手之物（res）的整体。**存在获得了现实性的意义。存在的根本规定性变成了实体性。**与对存在的理解中发生的这种错置相应，对“此在”的存在论方面的理解同样也进入存在这一概念的视野之中。与其他一切存在者一样，“此在”**在现实中也确实是现成在手的**。因此，其实是**一般意义上的存在**具有了**现实性**的意义。紧接着，在存在论问题中，“现实性”这一概念将会获得一种特殊的首要性。这一首要性挡住了对“此在”进行真正的存在论分析的道路；更有甚者，对于投向首先上到手头的、在世

① 康德：《何谓在思想中确定方向？》，第80页。参见下文的评论。

界之中的存在者的存在的视线来说，这一首要性已经构成了障碍。最终，它将一般意义上的存在论问题导入歧途。从此，存在的其他模式都是从现实性这唯一的角度，被负面地、否定地确定下来。

正是由于这个原因，对“此在”的分析，以及对一般存在的意义这一问题的研究，二者都应当从现实性意义上的存在这一片面的方向上扭转过来。有一件事应当首先指明：现实性并不仅仅是种种存在方式之中的**一种**，同时它还在存在论上与“此在”、世界、上到手头的存在保持着某种渊源关系。[①]

这一渊源，是一种始于“此在”的“最极端的可能性”，也即“走向终结的存在”[②]的渊源。

至于死亡，它是“此在”本身总是承担着的存在的**可能性**。随着死亡，“此在”在它的**最本己的**“能够存在”中先于其自身。在这一可能性中，“此在”纯粹地、完全地以它的“在世界之中存在”为本旨。它的死亡是“不能够再存在于此”这一可能性。当“此在”在这一可能性中先于其本身之时，它就**完全**被**指派**到它最本己的“能够存在”中去了。通过这样的“先于其自身”，“此在”与其 792
他“此在”之间的所有关联都被解除了。这一最本己的、最绝对的可能性，同时也就是最极端的可能性。作为“能够存在”，“此在”从来都无法逾越死亡这一可能性。死亡是“此在”最纯粹、最完全的不可能性的可能性。因此，死亡便体现为**最本己、最绝对、最无法逾越的可能性**。如此这般的可能性，是一种与众不同的先于自

① 海德格尔：《存在与时间》，第152页。（参见《存在与时间》第43节，中译本第231—232页。——译注）

② “走向终结的存在”（法文：être-pour-la-fin；德文：Sein zum Ende）：在《存在与时间》中译本中，该术语被译为“向终结存在”。——译注

身……

对于“此在”的这一最本己的、最绝对、最不可逾越的可能性，“此在”却并不是在存在的过程中，事后偶然地获得它的。相反，既然“此在”生存着，那么它同时也就已经**被抛进**这一可能性之中。[①]

现成在手的存在者，也即可客观化的存在者，能够处于在世性之中。这一在世性属于“此在”所有，它首先是上到手头的存在者的世界，也即带着其**存在**可能性的存在者的世界，这一世界始于死亡提前注定这一“关注”，并由这一“关注”来导向。对于“此在”而言，存在者除非是以一种偏移的模式，否则便不是现成在手的。正是这一偏移的模式被称为现实的“客观性”。由于这个原因，主观性这一思想使上到手头的存在者变得无法被反思。

海德格尔责备康德，说他没有看到，正是在世性这一范畴能够提供某一导向准则，而我们将会指出，无论是康德，还是海德格尔，二人都遇到了一个问题——存在论差异的问题，我们**必须找到存在论差异**，因为这是**解决问题的必由之路**。

然而，我们已经看到，海德格尔一方面完全无视各种滞留过程的建构性，也即它们一直具有的再次建构性（在对“认定的综合”的分析中，我们已将这一建构性命名为“可复制性”）；另一方面，他没有将自己的批判进行到底，没有将他的颠覆推向极致，**同时也没有将“差异”所要求的“区别”问题进行到底，而这一问题本身是建立在颠覆可能性与现实性之间关系的基础之上**。这样一来，对康德的主观性的批判摇身一变，转而成了对存在论分析的反驳。

① 海德格尔：《存在与时间》，第185页。（参见《存在与时间》第50节，中译本第288页。——译注）

8. 康德通过“进行区别所依据的主观原则”所要达到的目标,“相信”的必要性

康德通过他那寓言式的分析,引入了进行区别所依据的一个主观原则,以之为导向的准则,但我们已经看到了海德格尔为什么否定了康 793
德的分析:确切说来,正是这一主观原则使我们无法对存在论差异进行思考,因为它掩盖了以下事实,也即在空间性中,早已有在世性——我们得补充一点:不仅有在世性,还有滞留。这意味着,康德提出的主观原则建立在实体性的优势地位之上。

然而,我们还不知道康德通过这一原则想要达到什么目的,尤其是为什么在以下三个要素之外,这一原则对于主体**在思想中**确定方向是必不可少的:(1)理性的诸观念,它们将知性诸范畴的运用统一到若干原则之中;(2)知性的诸范畴,它们将感性的各种直观归入它们的概念之中;(3)生产上述概念的三重综合。

在尝试理解这一点的同时,我们或许能够开始阐明为什么**技术科学(在康德哲学的领域内,它一直无法从结构上得到反思)使对投映性,也即对未来的可能性的分析成为必须,同时它作为虚构,要求提出准则的论题**。

进行区别所依据的原则是理性**在“无科学”的情况下所需要的**准则,此时的理性必须**进行判断,尽管它没有**某一使它的判断与它的直观的客体相符的**客观知识**。康德认为,这类情况为数众多,但是从一般规则上来看,它们完全似是而非,只涉及可能性而非现实性,而且与理性毫无关系,除非是出于某种好奇心,而这样的好奇心只能导致一些对理性终归有害的幻想:

> 感官的诸客体没有穷尽整个**可能性的领域**,我们可以想象出

> 许多超感知的客体，在它们之中，理性几乎没有必要直起身来，甚至没有必要承认它们的存在。[……]猜想这类客体的存在，那么理性的用途或许会受到损害。投身于这样的研究，或是与这类虚构事物打交道，其实根本不是一种必要：这纯粹只是一种好奇心，只能导致**一些幻想**。①

相反，在另一种类似的情况下，理性却**无法不进行判断**。在这种情况下，理性必须对**超感知的事物**进行判断，它们构成了一个“黑暗”的“空间”，但是理性在这个空间里却能够确定方向，**确切来说，这完全因为理性在构建上需要这样做：**

> 对于第一个存在者——既是至高无上的智慧，又是绝对的统
> 794 治者——的概念而言，情况完全不一样。因为，我们的理性不满足于体验“将不受限制的存在者的概念作为所有受到限制的存在者的概念之原则”这一需求。这一需求使理性最终承认不受限制的存在者的概念存在。②

理性没有能力去参考某一现实客体——在此指的是具有时间性和空间性、被给予直观的客体，理性不是原初直观（intuitus originarius），不能自行获得这样的客体——那么，理性是根据什么准则而得以在它的判断中确定方向的呢？

康德大胆地提出，**理性本身的一种需求即为这一准则**，也即理性对于在诸方面进行判断的需求，以及它“得到满足”的需求。在这里，**凭着“需要进行判断”这一事实本身**，理性便**能够**进行判断。这一需求

---

① 康德：《何谓在思想中确定方向？》，第79页。黑体为笔者所加。

② 同上书，第80页。

只有在它的确是**理性的需求**而不是感性倾向的需求的情况下，它才是准则。这一需求是一种**感觉**，尽管理性感觉不到它："理性感觉不到这一点。它**抓住了自己的不足**，通过对认知的趋向产生了某种需求的感觉。"[①]这一感觉所感觉到的是某一不足之处，而这一不足之处如果不是对虚构事物的好奇心的缺失，那么它就是**一种"认知的趋向"的缺失**。这一不可感知的感觉是一种情感，是一种对知识的**爱**，是一种对理性的欲求——它不可用来作为一种原则，但它确实具有调节能力，也就是说它与一般理性的职责是相符合的。正是由于这个原因，我们才能信任它。我们应该信任对知识的欲求，信任对知识的爱。

康德说，对于这一缺陷，我们应当**抱有信任**：我们能够信任它，因为我们应当这样做。这一缺陷是必须的。在《会饮篇》里，狄奥提玛就曾以她的方式对苏格拉底说过这一点，对此我们以后再详细分析。这一缺陷是必须的，我们需要它，它是一种限度，是一种推理的能力，因此必须信任它：它给了我们欲求和爱，给了我们理性本身，也即理性的**动机**，使理性"处于运动之中"。正是因为这个原因，阿列克西·费罗南科对莱宁格提出了反驳，认为这一需求并非理性的一种**属性**，理性**没有**这一需求，而是理性就是这一需求。

理性**就是**缺失之物。**理性是一种必须的缺陷**。

理性，是一个禁闭在一个起点与一个终点之间的有感知力的存在者的理性。它必须冒着危险，通过一种仿佛电影那样的投映能力，在没有任何可感知的客观数据或现实数据的情况下，将经验向上游和下游 795
延展。**向上游延展**，它必须能够构想出起源；**向下游延展**，它必须能够构想出终结。在这两种情况下，它找到了同样的东西：上帝，作为绝对性的过去时刻的上帝，折射着一切事物的终结这一绝对性的未来。

① 康德：《何谓在思想中确定方向？》，第71页，为费罗南科所引用。黑体为笔者所加。

上帝作为起源，是超感知的现实，是所有可能性的全部。这是理性的一个需求，也即理性需要“认为存在着一个绝对现实的（至高无上的）存在者，它是一切可能性的基础”①，甚至需要认为“存在着不受限制的上帝，[……]作为初始原则，它是唯一的可能性，同时需要视其他一切事物为支流”。在此，一切可能性均从中分流而出的现实是如此地现实（且至高无上），以至于理性需要将它作为**先于一切可能性的**现实，对它进行投映或折射，也即向后投映。这一超感知的现实性是一切既已存在或即将到来的，也即有可能存在的可感知的现实之可能性的条件。我们稍后将会看到，这一起源同时也是绝对性的、父系的过去时刻的起源，它需要各种第三滞留。关于这一点，康德认为，如果我们首先没有（即先天没有）理性的需求这一原则，那么这些滞留或许就毫无意义：这是康德与威茨曼辩论的主题。威茨曼认为，只有通过某一“外在启示”，也即《圣经》这一神圣的文本——它也是一种极为特殊的滞留机制②——信仰才有可能；康德对此的回答是，只有对于那些已经拥有了进行区别所需依据的某一主观原则的人，这样一种启示才有可能。

上帝作为终结，这是大自然中的秩序，是终极性，这一终极性见证了理性所离不开的一种至高无上的智慧。“除非承认存在着一个智慧的造物主”，也即起源这一绝对性的过去时刻，它折射着诸现象（本体的）绝对性的未来，以及处于无条件因果关系中的事物的秩序和流程，“否则我们或许就不可能拥有[……]哪怕一点点可被理解的理性[即关于大自然中的这一秩序和终极性的理性]，而不落入绝对荒谬的境地之中”③。然而，无论这一假设有多么合理，它却无法通过某一确定的判断而得到证明。与一般的终结性一样，上帝是根本不可能的，上帝只能

① 康德：《何谓在思想中确定方向？》，第80页。

② 费罗南科：《何谓在思想中确定方向？》的导言，第46页。

③ 康德：《何谓在思想中确定方向？》，第80页。

是某一思维、某一思考的判断对象，在这里的意思也就是：上帝是镜像的，是通过镜面效应而得以投映的。因而，我们应当对此**深信不疑**，因为信仰是“主观上满足，但客观上却与对不足之处的意识相联系的一种认同感”。 796

理性是一种必须的缺陷，一种可被感动的能力，一个运动过程，一种消极性，或许正如利奥塔所言，如果它不是受到一种绝对性的过去时刻的推动，那么它能够，同时也必须受到人们在别处称为“静态的第一动力”的推动。以这样或那样的方式，理性**需要相信现象流的统一性，相信诸现象的蒙太奇及其前后连接，理性需要相信这一点，因为知识的缺乏**——这一断言令黑格尔感到愤慨，黑格尔想要让哲学“放下它的名字‘对知识的爱’，而成为**在实际中真实的**知识”[①]。理性需要相信这一点，目的在于**能够对诸现象进行投映，也就是说，根据统觉这一毫不可能的统一过程（它涉及“我”，也涉及“我们”），对诸现象进行整理**。

对于**理论上的理性**而言不过是一个**假设**的命题，对于**实践理性**而言却成了一个**公理**，而实践理性恰是“我们”的理性。实践理性总是需要不断地做出决定，却又不能不把这一准则作为其行动的指南。在实际运用中，理性的需要“是无条件的，而且在这一方面，如果我们想要做出判断，我们不再迫于假设上帝的存在，因为我们‘必须’进行判断”[②]。

然而，**在技术科学所处的时代中，理论与实践之间的划分却成了一个大问题**。与此同时，根据进行区别所依据的某一原则，在理性必须在其中**进行镜面反射和虚构**的那些黑暗的空间中确定方向，这一迫切的需求在某种**颠覆性的**意义上得到了确认和肯定。

为了阐明这一点，我们接下来将首先概述一下《何谓在思想中确定方向？》的整个分析之路。

---

① 黑格尔：《精神现象学》的“序言”。（参见本书第三章第6节。——译注）

② 康德：《何谓在思想中确定方向？》，第81页。

“黑暗的房间”那则寓言的意义，在于使“以在诸现象中进行区别所依据的某一主观原则为基础，在经验的数学空间里的导向”过渡到“以在诸本体中进行区别所依据的某一主观原则为出发点，在思想的逻辑空间里的导向”。

> 这里涉及的是纯粹理性的一个功能：当理性从熟悉的客体——经验——出发，试图超越经验的各种限制的时候，这一功能
> 797 便对纯粹理性的使用进行调节。①

为此，理性由于没有任何“积极准则”，不得不“建立在进行区别所依据的某一主观原则，[……]也即理性所固有的一种**需求**的感觉这一基础之上”。这一需求是什么？

> 当这一需求不取决于我们想要进行判断或不想要进行判断之时（一方面，当它是理性所固有的、迫使我们进行判断的一种实际需求之时；另一方面，当我们的知识相对于进行判断所需的基础知识的不足使我们受到限制之时），

理性就会遇到这一需求。在进行判断的过程中，理性想要“得到满足”，但是在此层面上又没有

> 关于某一客体的任何直观，也没有任何类似于某一客体的东西，[……]此时我们就只能首先好好地考察一下概念……目的是看一看概念中是否包含什么矛盾。接着，我们必须[……]将这样的一个客体与经验中诸客体之间的关系归入知性的纯粹概念

① 康德：《何谓在思想中确定方向？》，第78页。

之下。

在我们知识不足的情况下仍然“迫使我们进行判断”的这一需求，与瓦雷里的言论难道没有关系吗？理性本身是有所缺失的，缺乏完备性，缺乏终结性，它具有缺陷，而且想要在经验性的满足之外“得到满足”，正如瓦雷里所说：

> 人[……]拥有他所需的一切，但却对满足了他的欲望的事物心怀不满。每时每刻，他都是另外一种他所不是的事物。他并不是一个由各种需求与这些需求的满足所构成的**封闭**体系。在需求得以满足的过程中，他汲取了无法估量的巨大力量，这力量颠覆了满足感。他的躯体和胃口刚刚得到满足，他内心的深处便会有些事物开始活跃，在暗地里折磨着他，点燃着他，控制着他，刺激着他，操纵着他。这就是“精神”、由无穷无尽的问题武装着的“精神”……
>
> [人]既是不存在之物，又是不存在之物的工具。归根结底，重中之重，他就是我所说的那些幻想的神秘主使者。①

康德所定义的理性没有时间可在“幻想”上挥霍，而对于瓦雷里而言，人的精神，或者说栖居于人内心的“精神”——它当然不是理性，更不是康德确切构想的那种理性——**本质上**却是梦想。同时**也是技术，也是战争**，对此我们稍后再谈。 798

对于瓦雷里而言本质上是幻想，对于康德而言是徒劳无益的好奇心，其实这两种情况涉及的都是**虚构**。然而，康德认为，有一种虚构（从一种严格的客观性的角度来看的虚构）我们只能选择将它作为一切现

① 保罗·瓦雷里：《精神的危机》，第1001—1002页。

象的起源与终结，作为至高无上的现实，作为一切可能性的源起。进行区别所依据的主观原则使我们得以**在诸多虚构中做出选择**，以求从一种完全虚构的现实、一种外在的显现出发，同时又朝向它，来确定方向。这就是一种我们所说的**必须的且不可避免的投映**，它使**"我们"的"流"得以统一**，在此，"我们"的"流"具有一个非常宽泛的含义：**所有一般现象的统一性**的"流"。

已经写下并正在阅读这些文字的我们，生活在一个特殊的时代。在这个时代中，大自然里的"秩序与终极性"已经变成了一些非客观的概念，变成了"上帝之死"之前的"文化的好奇心"，变成了形而上学残留于意识与科学中的假象。我们生活在拉马克、佩利、达尔文所在时代以及**基因组排序**机器之后，生活在一批分子生物学学者之后，他们已经指明，这一秩序和这一混乱——瓦雷里和康德对此都感兴趣，而瓦雷里则在他所了解的热力学所处时代之后，赋予了这些词语以一种全新的而且颇具时效性的意义——均为**统计学**的现象。在这一秩序和这一混乱中，导致**熵的动力和负熵动力**的各种趋势相互联系而又相互冲突，在其中运作着，同时不必"承认存在着一个智慧的造物主"。

当然，我们或许应当指出，要想摆脱那些与康德的无条件性相关的问题，并不是件容易的事。应当注意到，《何谓在思想中确定方向？》这一文本是开放的，属于通俗哲学，而这部书的阅读应当能够为阅读《判断力批判》做好充分的准备，后者开篇就提到：

> 如果决定因果关系的概念是一个自然概念，那么这些原则在技术上是实践的，但如果它是一个自由的概念，那么它们在道德上是实践的。[①]

① 康德：《判断力批判》，维翰出版社，1979年，第22页。（参见《判断力批判》中译本，邓晓芒译，杨祖陶校，人民出版社，2002年12月第2版，第6页。——译注）

不过，先把这个放在一边。

因为，我们在此想要揭示的是，**康德对理论和实践进行了清晰明确的划分，并自信地把这一划分作为先决条件，但是这一划分却是一个而
今已完全过时的科学概念的体现**。哲学以及当代科学，归根结底也即 799
一般意义上的知识及其背后的政治，应当最终从中总结出各种震撼性的后果。这是哲学史的一个节点，但在此之外，这更是技术科学时代存在之痛问题的核心。为了进行深入阐述，我们必须先来回顾一下亚里士多德在《尼各马可伦理学》第六卷第4章中对“实践智慧”（phronesis）的阐述，他在那里引用了阿加松的诗句：

> “tekhnè”爱“tukhè”（tekhnen tukhen esterxe），正如“tukhè”爱“tekhnè”（kai tukhen tekhen）。[1]

这一引语是什么意思？ 800

① 原句为“Tekhnen tukhen esterxe kai tukhen tekhen”，在《尼各马可伦理学》的中译本（廖申白译注，商务印书馆，2003年11月第1版，第171页）里，该句被译为“技艺爱恋着运气，运气爱恋着技艺”。

第六章

技术科学与复制

1. 从现实到可能：技术科学的震撼

Tekhnen tukhen esterxe kai tukhen tekhen.

（技术爱着偶然。）

通过引用阿加松的这句诗，亚里士多德提出，技术属于偶然性的范畴，与之相对立的是科学的必然性。显然，这一观点与“技术科学”的概念格格不入，后者的名称已经指明了技术和科学之间的结合。因此，在偶然性与必然性的关系上——现实性与可能性的关系、存在与演变的关系，我们稍后将看到这一点——技术科学极大地震撼了事物的秩序。

我们稍后还将发现，现代思想是怎样既与古代观念保持距离，同时又继续这一“对立”的游戏，以至于技术科学完全无法得到反思。这样一来，技术科学显得真像是**“精神”分娩出来的一个魔鬼**。

在表述“偶然”一词的含义之时，亚里士多德的表达方式是“to endekhomenon allôs ekhein”，皮埃尔·奥本克将其译为“能够成为不同于它的现状的事物”。

> 行动和生产，就是以某种方式介入世界的秩序，旨在改变它。因此，这就做出了一个假设：既然世界秩序提供了这一自由，那么其中一定蕴含着某种运作、某种不确定性和未终结性。这样一来，行动的对象与生产的对象均属于“能够成为不同于它的现状的事物”这一范畴。然而，如果说辅以规则的生产能力被称作“技艺” 801
> (tekhnè)，那么辅以规则的行动能力(praxis)则名为“谨慎”。[①]

可见，作为“praxis”的行动(伦理层面上的)和作为“poiésis”的生产(技术层面上的)均属于“能够成为不同于它的现状的事物”这一范畴：无论是“praxis”还是“tekhnè”，二者都不是科学。不幸的是，与以往的翻译一样，奥本克也将“tekhnè”译作“art”(技艺)，而我们却希望把它顾名思义地理解为“技术”，而不应进行任何曲解。“tekhnè”

> 总是与某一演变有关，而专注于一项技艺[也即专注于一项技术]，就是细心地想出一种方式，使那些可以存在或不存在的事物中的一个得以存在，其原则由生产者而非被生产出来的事物所决定。

在《爱比米修斯的过失》中，我们已经评论过上述言论以及《物理学》中与之相应的片段，并且指出：亚里士多德认为，**不存在任何为技术所特有的动力性**，所有形而上学的学者也都这样认为——康德也持相同观点：**这是他们的共同之处**。

然而，自工业革命以来，**技术演变**不断地使其**系统性**这一维度变得愈加明显。在某种程度上，这一维度随后已变得连肉眼都可看见，那些深受各种机器构成的地狱般的世界所摧残的躯体和灵魂也能感觉

① 皮埃尔·奥本克：《亚里士多德的谨慎》，第66页。

到它。技术演变使技术这一**动力性体系**所特有的一种**进化逻辑**得以出现。与此同时，**技术科学时代**使真正意义上的**技术的个性化过程**变得显而易见，西蒙栋将这一过程称为“具体化过程”，从而完善了勒鲁瓦-古兰的**“技术趋势”**理论以及贝特朗·吉尔的**“技术体系”**理论。具体化过程分析的是工业技术客体的形态生成，但它所控制的却不仅仅是客体的演变，同时还支配着**技术的整体**，并最终支配着**全球记忆术体系**，也就是说思想所处的滞留区域，对此我们在前面某一章中已有描述。

可见，工业革命使技术所特有的一种动力性得以出现，它同时也是我们曾称之为“有组织的无机体”所特有的。这一动力性之所以直到
802 工业革命这一时期才被人感觉到，不外乎两个原因：

一方面，考古学和古生物学开始证实，那些年代最为久远的古文物处于一些系谱之中，它们的形态演变所依据的规则类似于根据骨骼化石发现的生物进化的规则；

另一方面，同时也是尤为重要的一方面，自这一时期开始，技术和科学结合在一起，并催生了工业科技；这一结合开启了一个持续创新的时代，其中技术客体的进化骤然加速，变得显而易见，并促成了现代性，同时也提出了新工业产品的“接受”问题。

因此，正是技术与科学的合作有利于工业，并且使人们的躯体和灵魂感知到了科技所固有的动力性。

对于一位古希腊哲学家来说，这是不可思议的。那些“可以存在或不存在的”，即为偶然性，它“不应当被理解为存在者的某一区域，而应当被理解为影响自然进程的某种负面属性”[①]。所有这一切意味着，技术在本质上与科学是根本对立的，这是**“无科学”的技能**（savoir-faire inscient）与**“确然知识”**（savoir apodictique）之间的对立：

① 皮埃尔·奥本克：《亚里士多德的谨慎》，第66页。

> 亚里士多德的意图并不是要把［“tekhnè”］与摸索中的偶然性经验对立起来，而是将它与科学对立起来；关于科学，亚里士多德刚刚已经提到，说它是“不能够成为不同于它的现状的事物”。［……］在一个对科学而言完全透明的世界里，也就是说这个世界里的任何事物都不能够不同于它的现状，无论是技艺［即技术］，还是宽泛层面上的人类行为，都是没有立足之地的。①

这就是为什么“Tekhnen tukhen esterxe kai tukhen tekhen”：技术爱着偶然。正如奥本克所注意到的那样， 803

> 为了理解这一思想历程，我们当然应该从“将技术视为对科学的某种**运用**”这一**现代思维模式**中解放出来。

正是这一点使康德有别于亚里士多德。奥本克认为，这一自笛卡尔之后成为可能的“现代思维模式”之所以有意义，

> 正是因为现代科学满足于遵循大自然中的多种因果关系，而且这些因果关系之多，给偶然性留下了一定位置，并由此也给人类活动留下了一定领域。②

然而，如果我们将“现代科学”等同于“当代科学”的话——有些过于懒惰的学者倾向于这样做——那么提出上述断言或许是极为冒险的。我们应当将现代科学限定在以牛顿为支柱的时代，这一时代始于伽利略和笛卡尔，终于康德、拉瓦锡、伏特、卡诺、拉马克等人，否则上述

① 皮埃尔·奥本克：《亚里士多德的谨慎》，第68页。

② 同上书，第69页。

言论大有争议，而且如果承认生物也是一种科学的话，那么争议更甚。

科技一般被视为基于各种技术手段的应用科学，而我们在这里所说的“科技”则带来了**一个颠覆性的观点**，在此我们将其定性为**震撼性**的观点，该观点认为：**是科学变成了应用科技，而不是科技变成了应用科学**。作为应用科技，科学生产出了一些形式化了的成果，这些成果已经变得可被复制，也即**总的来说可以通过自动化机制而被复制**；由此一来，科学便成就了一个**具有自动复制性的特殊的世界**。与此同时，显而易见的是，当代科学，也即技术科学，根本不满足于**遵循**各种因果关系：它其实是在利用这些因果关系，也就是说，它是在使它们发生转向，就像人们通过改变水流的流量、流程、水的成分（一般会很快变成废水）来开发河流的水力那样。

我们在《迷失方向》中已强调指出，生物学能够创造出新的因果关系，同时改变既有的因果关系，乃至在某种合理性层次上改革既有的因果关系，或者更确切地说，它能够扰乱某些生物的既定法则，或是它们繁衍条件的既定法则，而**这些生物的主要特征正是可复制性**。技术科学在这一方面显得最具“震撼性”，这根本不是偶然：**这里涉及的已经是一种滞留，一类极为特殊的滞留**。

正是宽泛意义上的“复制”这一问题（它必然也是滞留的问题），作为工业化的首要条件，调控着我们在此所说的“震撼性”的逻辑。我们
804 **将会看到，与古代思想和现代思想不同，当代科学能够离得开上帝这一伟大的复制者，这一绝对现实的（至高无上的）存在者，这一所有可能性的起源。**

我们也已指出，基因程序正属于上述情况：在这一领域中，基因组排序科技和借助基因外科的各种工具（尤以限制酶为最）对基因组施行手术这二者联合在一起，在科技层面上进行开发。遗传（生殖细胞）与后天生成（体细胞）之间原本互不影响，这是有性生物的特征，也构成了物种繁衍与进化的法则之一，而不用怀疑的是，**当技术科学发明了一种**

新的生命形式之后，这一既有的因果关系也就完全中断了。

这就是我们所说的"技术科学的震撼"。当然，人们可以提出反驳，认为生物科学是个特例，其科学性的界定从来就不是易事。不过，对于其他科学而言，当它们与技术科学的工具性相融合，并**由此将它的效率准则内在化**之后，这难道还不是技术科学的震撼吗？

2. 在技术科学的诸多可能性之黑暗中确定方向

科学与技术摒弃了之前的对立，在工业时代组合在一起[①]，随后又在生产了诸多科技的技术科学中相互混合，对于亚里士多德来说，这绝对是不可思议的，因为"对于一个希腊人而言，科学是一种整体阐释，因而只有在消除偶然性之时，它才能得以发展"[②]。相反，技术科学开启了一个宽泛而又**充满黑暗的新型决策模式，它不是定理阐释这一模式，而是技术假设行为这一模式**，它擅于改变各种进程。在这个新型决策模式中，人们**当然必须在不计其数的可能性中确定方向**，在由所有这些可能性所构成的黑暗中进行**系统研究**。

18世纪末，从英国企业家博尔顿结识瓦特之时起[③]，这样一种系统研究就已开始进行。我们在《爱比米修斯的过失》中已有论述，认为他们二人的联合拉开了工业革命的序幕。工业革命被定义为资本的自由
支配，也即资本不断变得更具流动性，更能突破地理界线的限制，被用 805
于获取通过"目标研究"而找到的不断多样化的投资机遇。

事实上，直到20世纪初，"目标研究"才真正地得到了系统性的组

① 参见《爱比米修斯的过失》第一部分第一章。

② 皮埃尔·奥本克：《亚里士多德的谨慎》，第69页。

③ 马修·博尔顿（Matthew Boulton，1728—1809），曾大力资助瓦特发明和推广改良蒸汽机。——译注

织，尤以霍尔斯特与飞利浦公司为最[①]：当时，它被称为“发展研究”（也即“研发”）。然而，我们称之为“现代性”的这一**持续创新的过程**是从机械化初期开始才成为现实的，而投资者则不再犹豫，而是通过市场营销和组织研发，力求推动这一过程，**对各种可能性进行系统地研究，现实性也就退居二线了**。

此后，工业不再是**立于科学的背后**对其投资，而是对其进行**扶持和组织**，旨在获得新的投资机遇和利润。这是因为，投资就是预先准备，在这样一种情况下，现实已经从属于过去。技术、科学、资本的流动性三者之间的联合，导致一个通过实验而得以系统地研究的未来拉开了序幕。科学变为技术科学之后，与其说它**描述**现实，倒不如说它猛烈地**动摇**了现实。技术科学所言说的不再是“其所是”（如生命的“法则”）：它创造了一个新的现实。这是一种演变的科学——也正如伊利亚·普利高津与伊莎贝尔·斯当杰所指出的那样，是一种**不可逆转**[②]的科学。我们接下来将要对此进行详细的分析。

工业投资对技术科学的可能性进行了系统的研究，**为了在技术科学的诸多可能性之黑暗中确定方向**，在导向准则上至少有两种可能性，而二者显然是联系在一起的：

1. 第一种是**效率的可能性**，也即**获得某一利益的可能性**，问题在于澄清这里的“利”是什么含义：

（1）它指的是**“我们”**的**“利”**，也即**将这一“我们”的绝对未来全部融合起来的事件系列**？

（2）还是**工业产品意义上的“利”**，也即**能够带来某种利润的消费品**，从可以在**合理期限内收回**的投资这一角度来看，它具有**赢利性**？

---

① 霍尔斯特（Holst），飞利浦公司研发人员，1926年与贝尔纳·特勒根一起发明了五极管。——译注

② 伊利亚·普利高津、伊莎贝尔·斯当杰：《新联盟》，伽利玛出版社，1979年。

2. 第二种是**“做”的可能性**，可按以下两种方式进行阐释：

（1）一是**可行性**，也即“成本/收益”关系的计算，但是这又提出了何为所谓的“成本”，何为所谓的“收益”这一问题； 806

（2）二是**“必须进行区别，寻找差异”**，这是**动词“做”的另一层含义**，这一差异既然是**一种虚构事物**，所以应该不受效率和盈利性的制约，而只能是依赖于一种**高度的不可能性**和一种**理性的缺陷**。

然而，**这一缺陷可能在这里本身就是一种理性**，也就是说**既是一种缘由，又是一种必然性**——在这种情况下，也就是不可计算之物的缘由与必然性，其中包括了**死亡**的缘由与必然性。它使“此在”处于不确定状态，它是生存者的一个**重大缺陷**，但它同时也正是**生命的契机，是我们所说的“进化”这一宽广的个性化过程的原则**。

上述双重性选择并不必须是相互分离的（这就是我们所说的“组合”，它是“接受”的法则，而“接受”本身又是传输的法则），通过这一双重性选择，我们在此提纲挈领地介绍了我们将来对**缺陷的必然性**的思考，对**意图消除这一缺陷的改善行为**的思考，以及对**象征符号**所导致的**魔鬼**的思考，这些思考将占据将来的大部分著述。

3. 批判哲学中的实践

对于古代哲学和现代哲学而言，我们在此遇到的这么多问题完全是不可想象的：这就是进行一种“新批判”的必要性之所在。在亚里士多德看来，“确然知识”的发展过程应当就是技术知识逐渐消除的过程：

> 因此，（技术）进展的方向与科学阐释的进展方向是不同的：当后者进展之时，（技术）或许更倾向于消失。[①]

① 皮埃尔·奥本克：《亚里士多德的谨慎》，第69页。

康德也这样认为。然而，在这一点上，亚里士多德和康德之间却存在着一个根本的不同之处：亚里士多德认为技术属于偶然性范畴，属于**大自然的一种未终结状态**，而康德却认为，技术属于**科学的一种未终结状态：**

> 如果一个有经验的技工想要批判普通机械学，一个炮兵想要
> 807 批判炮弹的数学理论，大家对此或许只会一笑置之，认为虽说理论
> 也许是精心设计而成，但是在实践中却毫无意义，因为在付诸应用
> 之时，经验造成的结果与理论带来的结果完全不同。（例如，如果
> 给上述第一种经验加上摩擦理论，给第二种加上空气阻力理论，总
> 之也就是加上某个补充性的理论，那么它们与经验应该是完全一
> 致的。）[①]

这里的技术正是应用科学的技术：它在**法则上**毫无晦涩之处，只能在事实中——科学的未终结状态这一事实——才可以处于理性荫蔽之下。**无论是康德还是亚里士多德，二者都认为，科学作为“不能够成为不同于它的现状的事物”，都是在对现实进行阐述并使之形式化**。从这个角度来看，科学是关于“存在”的科学，而且当然是在“述事”[②]的层面上，它是**关于“存在”的科学**。

此外，尽管二人都把**技术视为生产者（生产者是技术的对象）的手段**，但是他们却都没有看到支撑着**技术进化**的系统动力，因为在他们二人的思想中，并不存在真正意义上的技术“进化”。对于亚里士多德而言，技术进化或许更是一种退化，而在康德那里，貌似的技术进化事实

① 康德：《关于共同之处：在理论上这可能是正确的，但在实践中却毫无意义》，收入《理论与实践》，“GF”丛书，Flammarion出版社，1994年，第46页。

② 关于“述事”这一概念，参见本章第6节。——译注

上是一种科学进化。

我们已经看到，当科学与技术相互靠近，二者的混合导致技术科学，而且技术科学中的科技演变骤然加速，以至于颠覆了技术科学的标志并引发某种危机感和毁灭感的时候，真正的技术进化才成了显而易见的事实——并且开始引起了马克思的思考，受达尔文创立的生物进化理论的启发，马克思明确提出了技术进化的理论[①]，但仍将技术视为生产资料。

工业革命在揭幕之时是作为一个新的"接受"的过程，其标志是对生产力解放和发展的承诺；相比之下，当前各种技术科学本质上是诸多新的滞留、复制和传输过程的实施，而这些技术科学已经逐渐遇到了对"接受"的某种摈弃这一风险。这是因为，在那些破坏了某一"我们"的统一过程的一切可能性，同时**由于可持久投映的，也即可理想化的准则的缺乏**引发了**各种免疫保护反应的嫁接体**的影响下，"接受"被视为一种**退化风险**。808

然而，由于技术科学尚未得到批判，现实性与可能性之间的关系已被倒置，**现实性变成了可能性的一种模式，而康德对理论和实践的划分也因此而失效**，所以在此背景下，这样一种准则仍然**无处可寻**。

事实上，与亚里士多德不同的是，康德将知识划分为两大领域（二者之间的混淆源自形而上学，而康德的"三大批判"已经提防到这一混淆的原因）：一是理论的领域，二是实践的领域。这一划分是批判主义的构成要素，对它进行质疑总是颇具风险，但是对于在科技与技术科学时代对技术进行新的反思来说，这一划分同时也构成了一个障碍——也就是说，它对**"接受"的政治经济学构成了**障碍。

在对因果关系进行考察之时，康德调和了理论领域中由**意愿**的诸

---

① 卡尔·马克思：《资本论》第一卷，伽利玛出版社，"七星文库"丛书，1963年，第915页。

现象引起的因果关系，而且事实上还调和了一个实践的问题，也即一个与**道德法则之下的目标的统治力**相联系的问题，**似乎各种技术行为都不曾存在**，而且也没有提出任何问题，使理论与实践的划分的可能性在这些问题面前变得不那么明显。

在康德眼中，技术在法则方面与理论具有相同属性，技术不包含任何实践维度，炮兵的例子的含义就在于此：只有在不懂空气阻力理论的情况下，炮兵才能够将他的实践与弹道学理论对立起来，因而那名炮兵并无真正意义上的实践。在康德那里，只有在某一**意愿**带来了**自由**的情况下，才可能会有**实践**。

"先验演绎"第14节在研究综合的表象与其诸客体之间的关系时，同样也认为意愿不能够借助因果关系生产出它的"就存在而言的"客体[①]，确切地说，这是因为技术实践在此没有立足之地：技术只不过是从理论中得出的一个**结果**，而意愿既不是技术的原因，也不是技术的后果，它是一个**中间项**。

4. 批判主义：对"发明"的否定

问题在于，这样一种分析使我们根本不可能理解在"发明"的情况下所发生的事情。根据"先验演绎"第23节的阐述，如果我们的概念没
809 有相应的感性直观，那么这些概念就毫无用处，因此第23节不可避免地走向了**对"发明"的一种否定**。在这里，**"发明"指的不再是我们在此前章节中所说的**"圣十字架的发明"这一意义上的**"内在化/外在化"过程**[②]；事实上，**它构成的是西蒙栋所说的"技术系谱"的第一个阶段**，它的产生无法从物理学角度得到解释，它属于一种特殊的个性化过程：**具**

① 康德：《纯粹理性批判》，第104页。（参见中译本第84页。——译注）

② 参见本书第三卷第四章第3节。——译注

体化过程。

其实，如果我们承认，只有通过对并非已经包含在现实之中的可能性事物的“发明”，这样的技术系谱才有可能存在——或者用西蒙栋的话来说，如果在解释个性化之时不首先给出个体（这是一切问题之所在）——那么，我们就应当对认识的两大来源，也即直观和知性提出质疑。在技术科学的时代里，想象力作为“发明”的能力，已经能够**使那些在外在呈现或者说概念化的时候不具直观性的事物（这样的事物首先是由我们今天所说的“空想”**[①]**，也即由来自理性思辨的虚构所构成）具有了直观性**，那么从此以后，我们还能说“诸概念在**我们的**感性直观之外的进一步扩张对我们毫无用处”[②]吗？

而今，上述各种“空想”已得以进入技术系列化生产，由此变得可被复制，甚至具有了复制的能力，而且还被打入了市场，并借助各种生物科技——从农产食品加工到人工生殖，也包括转基因嫁接体等活的代具的工业化生产——而被引入“接受”的过程，那么这样一来，知性、直观、想象力、理性观念之间将会发生什么？进一步说：在一个“模拟”已普遍成为研究方法的时代里，“图型”是什么，而“模拟”本身又是什么？

在康德的思想中，他没有把理论和技术实践从法则上割裂开来，而且与亚里士多德的观点相反，他认为技术只是应用科学而已。这是因为，在康德的构想中，知性被禁闭在直观之中，这一构想必然也就否定了开启**某一新的技术系谱**的“发明”的可能性：这同时也是对技术的个 810
性化过程的否定[③]。在技术的个性化过程中，一方面，各种**“转导关系”**

① 关于“空想”的含义，参见本书第二章第13节。——译注

② 康德：《纯粹理性批判》，第126页。粗体为康德所加。（参见中译本第99页。——译注）

③ 我们在《爱比米修斯的过失》里已对技术的个性化过程做过研究，在最后一卷中还将回到这个问题上来。

导致了一些**形态生成**，这些形态生成进而将功能确立下来；另一方面，运作中的物质不能仅仅简单归结为物理法则的运作，而是受制于我们所说的“有组织的无机体”以及如今新增的“组织被破坏的有机体”。

在研究他所说的“组合环境”之时——组合环境导致了一种错综复杂的技术地理空间，在那里，科技的个性化作为扰乱因素，介入到地理和物理的动力性之中——西蒙栋在技术的诞生中引入了**“预料”的必要性**，“预料”就是要**注意运作中的物质所带来的教训**，例如**所揭示的某些可能颠覆组合环境的标志的运作缺陷**（勒努瓦发动机的自燃装置变成了柴油发动机的原则就属于这种情况）。在这方面，实践经验不能简单地等同于关于物质的物理学理论的运用，运作中的物质从来都不只是某种**物理运作**，确切说来，它是一个**有组织的综合体**，尽管算不上真正意义的**有机体**。这就是“技术地理环境”的含义，它显然已将人类地理包括在内。

工业客体的发展本身是一种实验，是对新的可能性的一种探索，而日常世界则是一个永恒的实验室（IP网络尤为如此）。然而，在《技术与时间》的前两卷中，我们已经指出，“预料”的可能性受制并取决于第三滞留的可能性，也即思想所在的技术环境。**技术远远不能简化为物理，技术这一环境是“实践理性”的时间性——意愿——的条件；反过来，技术环境中又贯穿着一种实践的因果关系**，而且显而易见的是，这一实践的因果关系受制于物理的因果关系。然而，对于“物理的因果关系”这一概念，如果我们不对它提出定位条件的问题，也即**地理动态稳定的平衡（即潜在的不平衡）的各种现象**的问题（自20世纪初以来，这些
811 现象一直困扰着物理学），那么它将仍然是一个完全抽象的概念。

当我们说“技术是意愿的时间性的条件”的时候，这里所谓的“条件”显然不是一种**决定因素**，也正是由于这个原因，**技术条件**并不是对**实践自由**的否定。

不过，一方面，从某种角度来看，这是一种**有条件的自由**，尽管相对

于机械而言它是无条件的；另一方面，“预料”的能力在技术上取决于滞留机制的运作，在某一综合的表象与其客体的关系这一方面，这一能力使**对“借助于意愿的因果关系”的排斥变得过时了**。

康德认为技术只是应用科学，因为它只是掌握了直观数据的知性的诸概念在分析论上的发展，而我们则认为，**正是技术使图型的构成得以实现，其中包括实践**。因此，技术与理论的关系，技术在理论中的位置，都应当大作变动。砖块之所以能够经由砖工之手而成形，是因为砖工的手得到了某个关于黏土的概念的引导，而且**他的手必须多次接触**黏土，他才能够获得这一概念。我们在最后一卷中将看到，**形质论分析**是康德思辨的基础——他追随亚里士多德，并与之观点一致——支配着直观与知性之间的关系，而西蒙栋在《个体及其在物理与生物层面上的诞生》中所否定的，确切地说正是形质论分析。

相反，理论与实践生而具有的技术性，以及从中产生的**技术科学的实践这一特定问题**，意味着因果关系的“自由”——技术科学而今以明显的方式向我们昭示了这一问题——**根本不是一种控制力**：一方面，这是因为它是一种有条件的自由，尽管从机械的因果关系角度来看它是无条件的，但是它却受制于那些构成意识流的滞留机制；另一方面，这是因为技术体系的各种进化动力是技术科学必须与之组合在一起的一些系统知识。

由此看来，技术科学的现代性给始于笛卡尔、终于康德的现代哲学放了长假。早在1969年，阿列克西·费罗南科就已预言，在一个“理性的命运从此与机器紧密地联系在一起”的时代里，看上去“康德哲学建立在一种不再具有时效性的科学和对科学的理解的基础之上”[①]， 812

① 阿列克西·费罗南科：《康德的著作》，维翰出版社，1972年，第336页。让-于格·巴特雷米在他的论文里引用了这一段落，他的论文使关于科学的哲学焕然一新。参见《西蒙栋的哲学相对性观念》，出处同前。

康德哲学已经行将就木。然而，“控制”论的这一过时性正是当代各种思想否定的对象，它们公然地表明了它们的空想，在现实中却不断遭遇到它们的无能，而同时每个人都深知，**“无科学”已经从此成为法则**。

在法国，这一矛盾被视为“精英人士”信誉的某种丢失，它同时也是“存在之痛”现象恶化的一个重大因素。它给教授群体的权威造成了极具破坏性的影响：教育系统本来应该使人们得以理解“我们”所处的状况，但相反的是，它似乎使这一“我们”显得完全**不可理解**，显得虚假：这正是“不文明”的**源泉**，有些粗鄙的学者喜欢将此归因于某些不那么复杂的原因，以便于他们展开思考。

在康德看来，只有在道德领域里，“自由才能超越一切既定限制，[……]在那里，人的理性体现了一种真正的因果关系，而且诸理念变成了(各种行动及其对象的)有效原因”①。技术的各种理念并不是有效原因，而是一些理论概念：在批判主义中，由于不存在任何与技术领域、科技领域、技术科学领域有关的实践问题，因此**“未来”的问题还没有抓住“演变”的问题，当然前者不应当止步于后者，而是应当通过后者这条必由之路，从中进行区别**。

然而，我们已经试图指出，演变正是技术的实践领域。作为技巧的可能性，技术的实践领域**既属于自然，又属于自由**。在这一领域中，**“必须进行区别”这一问题(也即差异的问题)**完全被提了出来；在这一领域中，**“必需要有缺陷”**成了一种准则；在这一领域中，“提供规则的”当然不是经验：

> 从自然的角度来看，提供规则的是经验，经验是真理的源泉；但是从道德法则的角度来看，经验却是表象之母(可叹！)。最应

① 阿列克西·费罗南科：《康德的著作》，维翰出版社，1972年，第265页。

> 受到指责的一种尝试，就是想要从被做之事中获取我应做之事的法则，或是想要把法则简化为被做之事。[①] 813

我们在上文已经分析了批判主义对“发明”的否定，在此基础上，这里所说的“表象”同样也涉及了理性的有效因果关系，不仅涉及道德领域（也即政治领域），还涉及技术领域。这意味着，**应当有一种技术的政治，也就是说一种关于演变的实践思想，该思想能够提供一种演变的理念，投映出该演变所承载的未来，而且在该未来里，除了“想要从被做之事中获取我应做之事的法则，或是想要把法则简化为被做之事”之外——这往往被称为“无耻”或“放弃”，它是一种模仿论和适应论，而我们之所以指责它，是因为它往往被用来作为那些与法则相反的事实的借口——没有什么更应受到指责**。

技术的政治应当能够制定出一些**实践理念**，它们能够提出并解决技术实践领域里的“必须进行区别”的问题，因为该实践领域**既属于自然，又属于自由**，但是这样一来，“自然”这个概念又成了一个问题。确切说来，在康德那里乃至大多数思想中，正是“自然”这一概念，作为一切现象的总和，整个地受到了“可能性从属于实体性的现实”这一**秩序**的制约。然而，技术科学活动却动摇了这一秩序。正是由于这个原因，那些与来源于生物学理论的当前的实践相联系的问题，既是理论问题，又是实践问题。当我们把实践问题放到实践领域和理论领域之间的交汇之处，也即自然与自由的交汇处，同时赋予技术理念某种有效因果关系的时候，理论领域也就整个儿地陷入危机之中了。

这一问题对于生物而言尤为突出，因为生物已经变成**工业生物体系的一种材料**，从而构成了一种**新的第三滞留的机制**。在这一机制中，

① 康德：《纯粹理性批判》，第265页。（参见中译本第273页。——译注）

通过某些既非科学又非理论的准则，人们得以生产出一系列“空想”（原本不可实现的计划）、克隆体及其他**转基因材料**，从而得以对滞留过程施加某种控制。

然而，这一问题的提出，同时也是因为诸多新型组合环境、技术地理环境、商品环境的剧增，而这些环境的剧增又是由于数字化超工业化以及它所发挥的普遍的优越性。在超工业化中，生产科技和记忆术融合在一起，而作为**聚合式传输工业的发展**，这一超工业化同时也是**一种技术的超可复制性，它与生物科技一起，创立了各种形式的复制——尤**
814 **其是知识的复制——所须遵循的各种新条件**。

我们曾经提出这样一个问题：在技术科学的时代里，“进行区别所依据的主观原则”的目的何在？我们现在明白了，与理性在超感知的事物的黑暗中确定方向这一合理需求一样，该主观原则的目的在于**一种对技术科学的各种虚构所具有的性质进行判断的能力**。正是在这个问题中，同时也是因为在缺乏准则的情况下，理性的需求不再能够依靠作为“一切可能性的基础”的“一个绝对现实的（至高无上的）存在者”，危机找到了滋生的温床并显示了它的巨大，也即**滞留过程中的工业投资所造成的后果及其目的**。

5. 我们想要什么？当今“进行区别所依据的主观原则”

康德提出的问题是，**当理性不再能够求助于经验的时候**，它应当怎样、通过什么“在思想中”得到指引并确定方向。这是一个关于上帝的问题，是一个**合理的信仰**的问题——这个问题在腓特烈大帝临终前曾被提出，背景是门德尔松与雅各比之间的一次争端[①]，那也是启蒙运动

① 门德尔松与雅各比的争论主要围绕“一神论”“泛神论”展开。——译注

的一次重大危机。关于信仰、忠诚、信任的问题，关于“永恒的父”的问题——在一神论中，人们必须接受这个“万父之父”，正如所有父亲都必须先去接受，随后才能够被接受那样——我们稍后再谈，我们在这里所要关注的，是由于**不具有现时的、可能的经验因而不得不进行虚构的某一理性的思想**这一问题。

在康德那里，这个问题是一个有关理论理性的一种**需求**、有关实践理性的一种**义务**的问题。这个问题引起了我们的关注，是在我们提出以下观点之时：在科学变成技术科学的同时，科学似乎也变成了一种**“技术科学—虚构”**①**，以一种全新的基调，提出了“一切事物的终结”这一问题**。也就是说，科学不仅仅是理论的，而且**直接就是实践的**：它对康德的划分提出了质疑——那些“道德委员会”以及其他“公民委员会”**很不幸地**体现了这一点。

至于所谓的“全新的基调”，其新颖之处就在于此；另一方面，它与各种新型滞留机制密不可分，并将作为知识的传输和复制机制的教育体系置于恐慌的境地，甚至使之面临崩溃的危险，因为“技术科学—虚构”本身是传输问题，也即复制问题方面的一次重大革命：这一“技术 815
科学—虚构”是**一种复制的工业，且复制即为虚构**，而有人将其定性为**虚构性复制**的工业，也就是说不仅是**生产魔鬼的工业**，同时也是**生产魔鬼般存在物的工业**，它就像魔鬼一样，对世界产生了威胁。当然，对于**各种类型的魔鬼化的大范围危机**，我们以后将继续阐述。

从某种意义上来说，技术科学的“理性”不得不**进行虚构**，但是它应当**理性地**虚构：这种对一切事物的终结进行虚构的理性，与康德所定义的那种必须在超感知的事物中确定方向的理性一样，必须理性地虚

① “技术科学–虚构”(technoscience-fiction)：在法语中，用连字符将两个词语连在一起这一表达方式往往用于表示一个具有两面性的事物，因此这句话可以理解为“科学变成了技术科学，又变成了虚构”或“科学变成了本身是虚构的技术科学”。——译注

构出自然的一种终结——上帝的**完美**，但这只能是一种毫不可能的假设，或是一种与一般理想状态一样具有相同结构的承诺："我们或许永远无法[……]呈现一个与先验理念相符的对象。[……]作为一个极大值的概念，理念永远无法以一种相符的方式被给予。"[①] 从某种意义上来说，理念总是**处于缺陷状态**——它同时又在**进行区别：在这里，处于缺陷状态，就是进行区别，就是差异**。

在与超感知的事物相关的方面，虚构是必须的，它对理性的**一种需求**做出了回应。理性**就是**这一需求：理性处于缺失状态，而且正如瓦雷里所言，它从来都是**不足的**。简言之，它只是**它并不存在的统一性的永无停止的投映**，而且在一个不再可能设定一个至高无上的现实，以之作为一切可能事物的**基准**——所谓"基准"，也就是生父，但这是一个**本身没有生父的生父**，也即"永恒的父"和"绝对性的过去时刻"，也即**第一个同时也是最后一个复制者**，简单地说也就是**造物主**——的时代里，所有的问题就在于**作为目标的完美**与**为达到这一目标所必须的缺陷**之间的关系。

在什么条件下，上面所说的"完美"，也即一种对"我们"的统一性的欲求，尤其是**认知的欲望**，才有可能实现？答曰：条件是理性的**缺陷**得到保护，也即"进行区别所依据的原则"这一需求得到保护。这样一来，问题就在于要知道在什么条件下，这样一种需求，也即这样一种缺陷，才能得到保护——**也就是要知道它是否会受到威胁，如果答案是肯定的，那么它会受到什么样的威胁**。

然而，理论理性的这一**需求**——它是实践理性的一种**义务**，对于实践理性而言，"如果我们想要做出判断，我们不再迫于假设上帝的
816 存在，因为我们'必须'进行判断"——意味着，在技术科学的时代里，准则的问题必然体现出**一种需求和一种义务之间的联结**，也就是

① 康德：《纯粹理性批判》，第270页。（参见中译本第279页。——译注）

说它从属于某一“意愿”的领域。技术科学向我们明确宣示的问题，技术科学针对我们的目标——某一“我们”的可能性与必然性，使我们能够像“我”那样得到投映——所明确提出的问题是：**我们想要什么?**

技术科学之所以向我们明确宣示了“我们想要什么”这一问题，是因为理性而今**被迫去投映**的虚构和技术科学一样，已经变成了一种**不再描述现实而是“发明”可能事物的科学**的虚构。**这还是而且一直是发明的问题**(正是由于这个原因，技术科学对专利更感兴趣，对“发现”却不太感兴趣)，也是**发明的“接受”的可能性**问题。技术科学不可抗拒地造就了无数可能性，面对着这些可能性，它问我们到底想要什么。这使当前的知识惧怕不已，使之完全迷失了方向：由于缺乏必需的准则，**我们必须承认，我们不知道我们想要什么**，但是正如尼采所熟知的那样，**我们又不能不想要什么**，尼采很清楚地懂得这一点。这就是“存在之痛”与“存在论差异”的含义。

我们如果想在这样一些问题中有所突破，就必须试着对技术科学进行某种批判，也就是说去理解技术科学所造成的震动。技术科学远远没有体现现实物的各种可能的模式，而是开发了诸多可能性，现实物不过是将这些可能性短暂地具体化而已，只是某个过程中的一个片刻而已，而且总是处于演变之中，终将发生转变。这也就是为什么我们曾经说过，在古代，稳定性是法则，变革是特例，但是在当今这个持续创新的时代里，稳定性变成了例外，变革则成了法则。后果是不计其数的，其中一个是：在生物科技工业看来，生物似乎是进化的某个时刻**可能出现的事物的一种状态**，而且为了使这一进化继续进行而通过一些新的手段来修改这一状态，这**根本不是禁止之事**，而那些新的手段确切地说**正是通过对包括基因材料在内的滞留机制的控制而得到的**。 817

6. 从可能性到现实性：“技术科学-虚构”的行事性①

科技既是技术的一个时代，同时也是科学的一个时代，也即技术科学时代，在这个时代里，技术和科学之间结成了一种新的关系。技术科学指的既是科学的一种新的存在模式，又是技术的一种新的存在模式，其结果即被称为科技。**技术科学是服务于科技发展的科学，但同时也是概念被颠覆了的科学**。

我们所说的**科技**，指的是把科学知识从功能层面上融合进自身、不再与科学知识相冲突的技术。在古代传统中，科学与技术首先是根据它们的**对立**而被定义的。到了现代，技术被简化为科学的一种运用，仅此而已。技术科学是科学与科技之间的**组合**，也就是说，科学受到科技演变的各种制约，这些制约主要由科技进化的各种系统性条件所构成。

科学与技术之间的传统对立建立在一个**存在论公理**的基础之上，该公理认为：科学描述稳定状态中的现实物，也即“存在”，或称

---

① “行事性”（performativité）与下文的“述事性”（constativité）出自英国哲学家约翰·朗肖·奥斯丁（John Langshaw Austin，1911—1960）提出的“言语行为理论”。奥斯丁区分了两类话语：述事话语（constatif）和行事话语（performatif）。述事话语旨在陈述或描写事情的过程或状态，或对事实做出判断，例如“纯净水是无色无味的”。相比之下，行事言语不是为了描述，而本身就是行为的某个环节，也就是说，在说出行事话语的同时，我们正在进行话语所指称的行为，例如“我正在说话”，再如教堂婚礼上牧师所说的“我以上帝的名义宣布你们结为夫妇”。

由于在古代思想中，“科学**描述**稳定状态中的现实物”，所以它具有述事性，是“述事性的一个典型”。下文将提到，“技术科学的发明远远**不是描述**存在之物也即现实，而是对某一可能性事物的**记录**”，所以技术科学和科技总是具有行事性。

关于这两个概念的含义，作者在本章第10节还将继续阐释，可供参考。——译注

“phusis”，后来被称为“natura”[1]。科学描述本性，以之为现实物稳定性的基础，或是现实物的理想身份：也即本质。从这个意义上来说，科学的目的在于“发现”，它构成了纯粹**述事性**的一个典型，也即对**现实**的**纯粹描述**[2]。笛卡尔将这种本质上的描述性定义为“客观性”。

相反，技术是对“存在”的某一可能性事物的记录。只要这一可能性事物不是受制于“存在”的各种法则（与稳定状态中的“存在”互不兼容），那么它就不具有科学性。它将仍然是一种**意外事件**。在康德那里，这种意外事件被称作对科学的一无所知：对他来说，技术只不过是应用科学而已，也就是说，可能性只是现实物的一种模式而已。在亚里士多德那里，这一意外事件是某种偶然性的标志，但是这种偶然性会被“épistémè”（知识）所简化。

自19世纪以来，稳定性变得不确定，而变革则变成了法则；与此同时，技术与科学联系在一起，从中产生的科技有可能会显得**与“存在”互不兼容**。作为演变的可能性，科技在存在论层面上可能会变得像魔 818
鬼一样，甚至由此可能会具有**魔鬼**的特征：这就是浮士德神话所体现的，而从更普遍且更古老的角度来看，一切对“ubris”（过度）的揭露都体现了这一点。“ubris”（过度）不是别的，正是“意外事件”与“本质”的混同，在20世纪里，人们最终普遍感觉到了这一混同。

“存在”的这一**可能性**与“存在”的**法则**相互矛盾：这是“存在”中的一种“非存在”，是一种虚无，是一种虚幻的且最终都将显得无力的摧毁力——仿佛见习巫师的摧毁力，因为他就像爱比米修斯那样，总是**很晚之后**才觉察到他的行为所造成的不可控制的后果。

在古典时代，科学是纯粹述事性的典型，但是与此相反，技术科学生

① 在西方语言中，“phusis”和“natura”这两个希腊语单词一般都被译为“nature”，字面含义为“自然”，引申义为“本性、本质”。——译注

② 当科学变为实验科学之后，它便获得了一些工具，而这些工具或许已经“连累”了科学的纯粹性，但是它并没有意识到这一点。

产出来的科技(其目的在于发明)的本质其实是行事性。技术科学的发明——它的接受被称为创新,因为它带来了一个使“存在”发生转变的新事物——**远远不是**描述存在之物,也即描述现实,而是对某一可能性事物的**记录**,该可能性事物处于“存在”之外,也即处于对“存在”的现实性的描述之外。相对于存在论而言,技术科学的发明具有他律性,受到外在法则的约束,而且正是由于这个原因,它可以作为纯粹的偶然性而加以理解。

现实性仅仅在次要层面上才与技术科学有关,它是一块跳板,借助它,技术科学得以走向一些新的可能性。

只要科学仍然是古典科学,它就会将技术的他律性视为“存在”转变过程中的短暂表象。对科学而言,这一转变只是假象,而且将一直保持这个样子,除非科学丰富了它对永恒的“存在”的描述,将技术的可能性作为“存在”的简单模式而融合进自身,并且由此消除了技术的新颖之处,使其与科学话语所言说的现实的理想身份相吻合,同时将本质与意外事件分离开来。在这里,技术发明所揭示的、表面上看起来全新的可能性事物,**事实上已经**包含在现实之中。我们前面所引用的康德的言论,其含义恰在于此。

当科学不再是古典科学,它对保持“纯粹述事性的一种典型”的追求也就减弱了:作为技术科学,**它本身变得具有了行事性**。可能性不再是现实的一种模式,而是现实变成了关于可能性的一种短暂的(具有时效性的)观点。从此,可能性与现实性分道扬镳。科学对所有可能性进行研究,它不再因“存在”的理想性而驻足不前。对此,尼采曾有过描述,并认为这是“强烈意愿的虚无阶段”,胡塞尔以此为“科学的危
819 机”,海德格尔则认为这是“世界的**图像**的时代”(Zeit des Weltbilds),也是“座架”(Gestell),可译为“arraisonnement”[1],或按照字面含义译为“dispositif”(机制)。

---

① 关于“Gestell可译为‘arraisonnement’”,参见本书第14页。——译注

对于瓦雷里所定义的人来说，“精神”寄居于他们内心，而他们的梦想同样也被这一可能性所占据，与此同时，这一可能性使人的“精神”陷入了**危机**。

形而上学的思想一直认为可能性受制于现实性，它在“存在”与“演变”之间建立起了一种对立关系，而这一对立正是形而上学思想的特征。这一形而上学的对立与“可能性受制于至高无上的现实性”之间相互关联。梵蒂冈教廷在人工生殖问题上的态度，正体现了这一点。

也正是由于这个原因，康德认为可能性是现实物的一种模式。海德格尔对此提出了异议，但是我们已经分析过海德格尔为什么**不能够**将这一异议**进行到底**。此外，借助“强烈意愿”“价值创造”等概念，尼采也对此提出了异议。从所有这一切中，我们必然得出以下结论：要想衡量随着我们所说的技术科学而到来的情况，就必须**对形而上学关于可能性的决断进行批判**——也就是说，**对投映机制及其滞留条件进行分析和批判**。

我们已经研究过滞留有限性在生物科技方面的综合，在那种情况下，当一个遗传学专家今天抱着“发现”生物运作机制的目的介入[①]到基因序列之中的时候，他便由此获得诸多手段，例如改变生物运作机制，将它复制成其他样子，再如发明另一种可能的运作机制，并以此申请专利权……

然而，这里存在着**一个巨大的悖论**，其中**描述的述事性与记录的行事性之间的差异消除了**。事实上，正是分子生物学理论的成就使基因排序技术和“基因”处理技术得以出现，但是如果弗朗索瓦·雅各布[②]

① 作者在此一语双关：在法语中，“介入”(intervenir)一词的另一层含义是“对……进行手术”。——译注

② 弗朗索瓦·雅各布(François Jacob，1920—　)，法国生物学家，曾于1965年获得诺贝尔生理学与医学奖。——译注

确实有充分的理由认为DNA结构的发现使达尔文主义最终得以作为拉马克理念的对立面而建立起来，同时证明“基因程序并没有从经验中获取任何教益”——换言之，也即高等生物的生命**法则**不是别的，正是**生殖细胞**和**体细胞**之间、物种的遗传记忆和个体的神经与文化记忆之间原则上相互隔绝——那么，基因排序技术和“基因”处理技术的实际运用同时也就对生物学理论提出了极大的异议。[1]然而，对某一基因序
820 列进行处理的遗传学家创造了**一类新型的生物学事件**，在此事件中，某一高等生物的体细胞记忆进入到了生殖细胞记忆之中。从这个角度来看，从高等生物的生命“法则”这一角度来看，这种生物学事件处于法则之外，也即处于一种不受制约的可能性事物之中，而它的存在论只能预言它将造成一系列意外事件。

此外，这同时也意味着，**对现实物的发现**已经变成了一种**使该现实物失去效力的发明**，因为遗传学家不再是描述生物的现实，而是将某一新的可能性事物引入到生物之中，这一可能性事物此前并非包含在生物之中，因此也就不是“现实的一种模式”。

或许还须指明一点，即该可能性事物已经处于技术人员这类人之中。然而这样一来，这一技术可能性就迫使生物理论接受以下观点，即技术是作为参与生命现象的结构介入到生命之中，并将它的形式确立下来的。也就是说，**它是使发现与发明成为可能的各种第三滞留的后种系生成的载体**。

对技术科学这一关键形势进行分析，为了判断技术科学各种虚构的性质而建立某种准则，提出并回答“我们想要什么”这一问题，所有这一切都要求我们必须重新审视“技术生命”（也即发明和制造的生命）本身是什么——至少从四百万年前第一批石器工具出现之时起，技术生命就已经不断动摇了存在论的公理：这就是我们在《技术与时间》的

① 在《迷失方向》中，我曾用了很大篇幅深入阐述这一观点。

前两卷中试图阐述的问题。

随着外在化过程的推进，一种新形式的记忆被付诸运作，而我们不能再将它写入新达尔文主义的乐章。高等动物具有**一种通过两种互不关联的记忆的结合**（一是物种的遗传记忆，即物质的“程序”，二是个体的神经记忆）**而进行复制的能力**。后天获得的性格之所以无法被继承，是因为当个体死亡的时候，个体记忆在死亡的那一刻随之消失殆尽，而没有被保留下来，也没有被传输或积累。然而，技术却实现了在个体生命之外对个体经验进行**传输的可能性**：技术承载着**第三层次上**的记忆，我们在本书中称它为“第三滞留的机制”，并已经对其进行了研究。继承一件工具并接受该工具，也就是继承遗留该工具的那个人的一部分经验，也就是接受这一经验：同时也就是将这一经验据为己有，尽管我未曾体验这一经验，或者从某种意义上说我只不过是通过上述移交过程而体验了这一经验。

工具已经是一种投映屏幕，因为对这样一种过去时刻的接受，它立刻就有对某一未来进行投映的能力。这一接受是一种“内在化”，同 821
时也是一种“外在化”，它使学习和实践成为必须，因为只有通过学习和实践，心理层面以及集体层面上的个性化在发明上的（而非在适应上的）一致性才能形成。我们已经将第三种记忆命名为后种系生成的记忆。记忆在躯体之外仍能得以保留这一事实——通过**对无机体进行组织**而得以实现，因为一件工具、一篇文本或一处技术痕迹都是无机的存在物，但却都是被组织过的无机体，这一情况一直延续到当前的**对有机体组织的破坏和再组织**的出现，同时还须注意到新石器时代出现的、使“物种选择”的条件发生了转变的人工养殖——**已经使分子生物学的理论体系被束之高阁**。重新考察“可能性”这一问题，或许首先就在于重新评价人类生命——以及人类生命之外的其他存在物——生而具有的技术性。

是时候该对科学和知识所面临的新形势进行衡量了，也即“技术科学”这一表述所指称的新形势，它对“可能性应当是现实的一种模式”这一存在论公理提出了尖锐的质疑。如果为了这一质疑的合理性而必须为生物学研究方面的原则制定一个“落实期限”，那么上述存在论公理就具有一定意义。如果与此相反，它旨在将“可能性”这个问题拖得越晚越好（现实情况恰恰如此），那么它就是有害的，而且不可能得到遵守，同时也就构成了一个陷阱，一种政治谎言，一种对于只要求理解和质疑的青年一代人的意识来说**有害的电影**。

当前，讨论遭到了遏制——人们只顾眼前的工业利益，也就是说根本没有很好地理解工业利益——而遏制讨论的方式使我们逐渐意识到，人们不遗余力地**埋葬了**“可能性”的问题，但是这一问题极为紧迫，以至于它涉及的不仅仅是分子生物学，甚至不仅仅是科学。整个社会已经进入了**普遍的行事性**的时代，而且正如我们在分析文化工业的演变时曾深入研究过的那样[1]，它影响了**所有类型的事件**的结构，以及意识本身的结构。这个被遗弃了的问题同时也对所有教育活动造成了负面影响，使得教育行为显得徒劳无功、没落衰退、态度犹疑，似乎成了“不文明的源泉”。

技术科学不属于应用科学，更不可能是阐释科学，而属于一种**被牵**
822 **涉和被质疑的科学**：既是被牵涉的，因为它得到了资助，又是被质疑和控诉的，因为它的牵涉性显得像是一种串通和同谋。

在当代，技术科学尚未得到反思，这种未被反思的状态引发了恐慌。或许，在将这种恐慌易如反掌地扫清之前——某些科学家，当然是那些受到了媒体的极大影响的人，的确是这样做的，而且态度十分倨傲——科学家们应当三思而后行。我们并不是说科学家们应当回归到

[1] 我们在《迷失方向》中已经研究过这一问题。关于这一主题，读一读西尔维·林德佩格的《五时至七时的克利奥，解放时期摄录的新闻：未来的档案》（法国国家科学研究中心出版社，2000年）将使我们受益匪浅。

古典科学和阐释科学时代——这明显是不可能的，而且也没有意义，况且技术科学比科学更具吸引力——当然也不是说科学家们是一切现象的罪魁祸首。我们只是认为，切不可再将当前形势的新颖之处掩盖起来，而且对其进行阐释是一件困难而又复杂、严峻而又漫长的工作。困难而又复杂、严峻而又漫长，这项工程同时也是**令人振奋的**——至少与科学乃至技术科学本身一样，令人振奋。

7. 最不形而上的人民

海德格尔没有看到收音机在时程区划和方位区划方面的功能，也没有看到收音机在滞留上的特征，而且从更宽泛的层面上说，无论对于他还是康德而言，收音机并不具有滞留特征。他不是忘记了这一特征，事情没那么简单，而是将它**排除在外**，这是由于一个深层次的原因：综合的滞留承载着计算，是真实的时间性，或者说本己的时间性得以投映的屏幕，而且与此同时，作为“关注”，它试图将“不确定之物确定下来”，并确实做到了这一点。海德格尔相信，滞留是**投映**（计划）的屏幕，其中最关键的时刻，作为支柱的因素，或者说他的崇拜物，是“Entschlossenheit”（决心）。

从某种意义上来说，综合的滞留是投映的屏幕。综合的滞留**成为了**投映的屏幕，海德格尔这样说道，此外他还经常说，正如“phusis kruptestai philei”[①]那样，关于存在论差异的知识是一种自我藏匿的知识，它从**一开始**就是“成为……的屏幕”，甚至**成为自己的**屏幕。

我们的观点与此类似，但是我们的表达方式却完全不一样，这就形成了一个巨大的差异。海德格尔认为，法语这门语言的哲思性太过薄弱，所以我们对“faire écran”（成为……的屏幕）这一怪异却又漂亮的表

① 古希腊语，意为“本质喜欢将自己隐藏起来”。——译注

达方式的含义的理解与他的理解肯定不一样。这种表述方式上的不同
823 完全颠覆了我们的观点：我们认为，从**各个**角度来看，屏幕是投映的**条件**。我们认为，投映——海德格尔将其命名为未来的至上地位——必然是虚幻的，而且必须建立在对滞留进行遴选的某一机制的基础之上：这就是对演变和未来的接受的意义，而且这一点在现代性（它在大西洋对岸得到了充分发展，旨在实现全世界的重组）中得到了揭示。

这一点在现代性中得到了揭示，但是这一"揭示"具有否定意味：它同时也是一种掩饰，或者说在我们看来确是如此，要知道，呈现在我们眼前的演变从此可能已经变成对某一未来、某一"历时性"的完全抹拭。

面对这种从某种意义上来说使人变得盲目的"揭露"，一种"新批判"成为了必须，而且从某些角度来看，存在论分析使这一新批判具有了一定的可能性。然而，在一个我们感觉到了某种**极端的**新颖之处出现（而且它同时也在**不可逆转**地消失）的时代里，海德格尔的一个关于"现代技术"的论题却不能使我们得以理解该时代的特征。这样一个独断式的论题甚至成了一个极具危险性的障碍。

自20世纪30年代开始，海德格尔关于"存在的历史"的思想取代了存在论分析，这一思想使我们无法对**在美国上演的"精神之战"这一当代时期**进行反思。在《形而上学导论》一书中，美国成了**诸多夹击德国的钳口中的一个**。对海德格尔而言，《形而上学导论》同时是一个新的契机，使他得以再一次而且是以一种别具时效性的方式来谈论收音机：

> 从形而上学的角度来看，俄国和美国是同一回事：爆发的技术，模式化了的人的没有根基的组织，都达到了灾难性的狂热。当地球上最后一个小角落都已受制于技术的掌控，变得可以通过经济手段而被开发时，当无论什么时刻发生在无论什么地方的无论

什么情况都已能够以要多快就有多快的速度为世人所知晓时，当人们能够在同一时间体验针对法国某个国王的袭击或东京的一场交响乐音乐会时，当时间从此只不过是速度、即时性和同时性而已时，当作为“历史”(Geschichte)的时间已经从所有民族的“此在”之中消失时，当拳击手被某一民族视为伟大人物时，当数百万人的民众集会变成了一种盛典时，那么说实话，在这样一种时代里，“为了什么目的？——我们走向哪里？——接下来是什么？”这样的问题一直存在，仿佛一个幽灵，贯穿于这整个巫术般的局势之中。 824

[……]

我们已陷入了钳子之中。我们的人民由于处于中央，所以受到了钳子的最强压力，而我们的人民又是拥有邻人最多的人民，也是最受危害的人民，而且在所有这些情况下，我们的人民同时也是形而上的人民。[①]

令人惊讶的是，我们同时发现：

(1)对这一文本报以嘲笑或许是一件**极为轻易的事**；

(2)但它却又如此的“言之凿凿”；

(3)虽然这篇文本的话题正是来自大西洋对岸，但是该文本却证明，作者对大西洋对岸发生之事是如此的**视而不见**——只是提到技术“在那边”狂热地爆发，因为“那边”存在着“模式化了的人的没有根基的组织”，也即**对“接受”的组织**。

同样的“视而不见”将一直延续到《存在与时间》：在《存在与时间》一书中，海德格尔断然没有将“当代技术”从“现代技术”中区分出来，而是刻意地将其理解为控制力工程，逻辑在其中变成了物流行业和计算。与此同时，海德格尔完全没有注意到我们所说的统觉的载体，也

① 海德格尔：《形而上学导论》，第49页。(参见中译本第38—39页。——译注)

没有注意到对认定进行制约的代具的综合，这一忽视所导致的结果在于，工业图型法的**大都市**、记忆术在使诸多意识流共时化的程序工业中的组织、技术体系与记忆术的趋同（这一趋同其实是“座架”的关键要素）似乎都没有被察觉。

美国与俄罗斯其实不是同一回事，相比于1935年，今天说出这一观点当然要容易多了。美国人民或许是**最不形而上的**人民，但与此同时，对于来自形而上学的批判思想的传统而言，美国**所承载的哲学问题是最多的**，因为它所配备的工具最为齐全，在技术、政治、文化、经济等各个层面上都是如此，目的在于控制当代各种滞留机制。美国这个国家已经驾驭了工业综合，并且协调了相似性综合、数字化综合以及新晋的生物学综合协调，将它们付诸运作，而所有这些综合已经**相互趋同**，聚合到同一个也是唯一一个工业滞留体系之中，构成了与生产消费资产的技术体系相融合的全球记忆术体系，这是因为，各类机械、机器人、基因排序设备、纳米科技的代具，以及其他各种自动化生产装置，它们
825 如今本身都已经数字化了。

上述“趋同”主要是借助各种程序工业与信息科技之间的相互靠拢而得以实现的。在此过程中，摄像机、照相机、录音机、电话、电视也已实现了数字化，也就是说已经变得能够与电脑相互兼容，并且能够通过网络而进行互用。这一趋同将神经系统在滞留方面的移交过程与想象力的移交过程结合在一起，以至于受到工业控制的不仅仅是知性，还包括图型法——与此同时，生殖细胞与体细胞的载体也臣服于工业的控制。①

然而，对滞留过程的控制**首先是**对**与思想有关的科技的控制**，因为它既要确定判断过程，又要配备技术科学所必需的设计工具，还要调和

① 美国太阳计算机系统有限公司发展部主任威廉·乔伊最近所揭露的，正是这最后一种可能性。参见《世界报》，2000年7月5日。

人们对接受的各种抵触。美国及其主流理念对世界各地的影响关键并不在于美国是一个强大而具有系统性的压力集团，尽管这一压力集团确实存在，而主要在于美国的“使者”所具有的诸多强大手段，这些手段种类齐全，遍布于使者们的各种思想科技之中，而且只需借助市场这一运作模式，就可强加到其他所有文明之上。

在此，我们认为有必要进行一种“新批判”，它既能够对上述事实状况进行分析，又能够以某些可供选择的可能性与之分庭抗礼。这并不是因为我们或许原则上敌视美利坚帝国，何况事实上我们并不敌视它，而是因为我们认为，这个帝国所执行的政策是危险的，既危及那些它想控制并同化的文化，又危机它自身以及它的对等国家，归根结底，也即**我们的**对等国家，因为从某种意义上来说**我们**如今**都**已经变成“美国的”了——当然，我们没有变成**美国公民**，或许也没有完全变成美国的**臣民**，但是事实上，我们或许已经变得依赖于在美国所发生的一切，也就是说，无论后果是好是坏，我们都已被“美国化”了。

美国的政策既是有效的，又具有威胁性，它的基础是对演变（且不说未来）的一种前所未有的理解。它的危险性在于意识流控制的工业化所造成的诸多熵的现象。与意识流控制的工业化密不可分的，是对历时性的逐渐破坏，这一方面造成了共时性在象征方面的效力的损失，使共时性不再能够形成具有向心力的各种事件的整体节奏，同时另一 826
方面造成了各种工业象征符号所具有的**魔鬼般的效力**（也即离心力效力）的增长。很明显，“我们”的碎裂是一种每天都能被感觉到的危险，这一感觉每天都比以往更为清晰、常见、迫切和具体——就普遍的表述和体验来看，这是一种与日俱增的不安全感。

8. 诸滞留机制的聚合：该聚合已拓展到生物

而今，数字化正以极快的速度成为现实。这意味着，借助好莱坞各大电影和电视制作中心与信息技术、网络和服务器的各家企业这二者之间的相互靠近，对统觉进行统一的知性通过计算科技与信息处理科技实现了外在化，与此同时，想象力通过图型法的工业化也实现了外在化，而且所有这一切已拓展到全球范围。基于我们在前几章已分析过的那些原因，这一切成为一种尖锐的可能性，而不是一种即将来临的可能性，也即使得“我”和“我们”相互融合，变成泛指代词“人们/大家”，使“谁”变成了“什么”或倾向于变成“什么”，也就是说倾向于“运作”而非“做出行动”，这就是阿多诺所说的“物化”。

上述工业目睹了诸多全球性传播群体（编辑出版业、报界、广播、电视、电影、多媒体、远程通信、广告、咨询机构）的发展，因为这一工业也变成了聚合式的编辑领域，而且说实话，它先是变成了**聚合式的编辑领域**，正如在数字化了的**书面客体**和**视听时间客体**大幅度地相互靠近那样。

这些客体在数字化方面的可复制性也就意味着它们的“压缩”以及它们的编目，也即我们将会继续阐述[①]的**新的语法形式的确立**（对于语言来说是这样，语言的“语法化”是“语言工业”[②]追逐的目标，对于被编码的视听客体而言也是如此[③]，例如MPEG7标准的国际专家组的编码）。这些新的语法形式的确立使上述客体得以被储存在数据库中，
827 得以通过各种新式网络或通过光学载体而传播，使一些导航辅助系统得以形成，而这一切也就构成了时程区划的一次重大演进。

各工业团体之间相互争战，为的是**侵占滞留的储存库**，也即编入目录中的那些视听作品、音乐作品和文学作品，也就是要获得它们的复制权和经营权，正如其他某些工业想要通过独占对生物分子的描述权而

---

① 见《技术与时间》第四卷，尚未出版。

② 参见西尔万·欧鲁：《走向第三次技术与语言学革命》，收入《语法化的科技革命》，Mardaga出版社，1994年，第155页。

③ 参见本书第三卷第三章第13节，以及《技术与时间》第四卷，尚未出版。

侵占生物分子的控制权一样。

中小学教育和大学教育的基础必然是编辑机制，**编辑机制使人们得以进入各个学科的记忆库**，与此同时，教育本身构成了一个帮助人们在知识中“导航”的机构。在此情况下，很明显的是，由于编辑工业所构成的滞留领域为各种教育系统提供了基础材料，所以编辑工业在科技方面的转变就不能不导致教育体系本身发生深层次的快速进化：各种教育体系越来越融合到程序工业之中。

然而，“谁”和“什么”之间业已存在的无差异（在这一“无差异”的状态中，“谁”走到了机器性滞留机制的控制之下[①]），已被视为程序工业所导致的熵的局面的最高级阶段，而在各种程序工业中，“我”与“我们”相互混合在一起。换句话说，意图侵占教育系统的各种程序工业的发展所造成的主要结果，与肩负普适性职责的国家教育的理想完全是相互矛盾的，其中国家教育所肩负的职责在于：在“我”所遇到的各种情况的密集化过程中，形成一个“我们”，这是借助于这一“我们”相当于一些可传输的、形式化了的知识这一事实，借助于**“我”在这一“我们”之中的、相对于该“我们”的特殊差异**，我们曾将这一特殊差异命名为“我”的“自由意志”。

生物科技工业与新的程序工业颇具相似之处。技术体系已变成全球记忆术体系，在此情况下，技术体系的全球化所导致的结果就在于，通过滞留有限性的工业化综合的各种科技——包括生物科技——之间的联结，**所有形式的滞留都完全受到了控制**：基因组排序的分子变成了投资和经营的对象，而这些分子本身其实已经变成了第三滞留：基因地 828
图所导致的分子识别，使“基因外科”成为可能的限制酶，它们使传递基因特性的基因组变得可以被人工处理，这一可处理性恰是第三滞留

① 另外，机器性滞留机制是皮埃尔·勒让德或许会称为“审查者”的一种“物流的优化”。

的特征。正是这些生物性质的第三滞留构成了生物工业的原材料。

换言之，诸意识与诸时间客体一起，构成了程序工业的一个市场，而且该市场逐渐拓展到了年轻一代人的意识，这些意识从属于持续创新所必不可少的专业教育。与此同时，这些意识的生物载体同样也构成了一个市场，而先于这一市场存在的，是食品的各种生物载体：玉米、大豆、绵羊、牛，以及令吉尔·夏特莱倍感遗憾的猪。

简言之，随着各种形式的传输融入到同一个也是唯一一个科技机制中，同时该科技机制在各个地方运用的都是同样一些滞留"准则"，复制的问题就成了一个大问题而出现在我们面前。若是将这一问题归入生物科技所提出的那些所谓的"伦理"问题之列，那么此举或许就太过肤浅，而且非常危险了。在本章最后几节中，我们将致力于研究这一问题，我们将首先分析我们所说的**工业的超可复制性**①，它是由数字化所导致的。

9. 超工业化、超可复制性、普遍化了的行事性

使文化工业、摄影、电影、光碟、广播得以诞生的，是相似性复制。它造成了不计其数的后果，涉及艺术、"议会生活"、一般意义上的公共空间和政治空间，以及思想作品的传播条件和大众的生活方式。

它使文化得以**工业化**，因为它使**系列化生产**得以实现，也即一种**本就是复制的生产**——一种无原作的生产，本雅明在谈论电影的时候曾强调指出了这一点。事实上，对于电影而言，复制是第一位的：并不是
829 先有某一产品，随后这一产品被进行复制。构成电影的材料的，确切地

① "工业的超可复制性"也就是我们曾说过的"认定的综合的超可复制性"（参见本书第二章第6节）的工业化开发。工业的超可复制性得益于数字化的记忆术科技，因为在数字化的记忆术科技中，成本几乎为零。

说是电影胶片，而胶片可以任由人们进行人为处理和复制，因为它**从一开始就是复制品**：正是通过对复制品的人为处理，影片才被生产出来。确切说来，也正是这一可复制性使电影得以成为一种时间客体，我们相信，本书的第一章已经阐明了这一点。

这种**原本就是复制的生产**，也即**无原作的系列化生产**，就是我所命名的**可复制性**。

上述观点对于电影而言是正确的，而从更为宽泛的角度来看，它们同样也是正确的。电影揭示了一种环绕着它的必然性：在一切复制中，都存在着一个“可复制性”的因素，如果有原作的话，那么这一“可复制性”因素就像原作那样，超越了“被复制出来”的东西。从这个角度来看，当本雅明似乎从某种意义上将一个前复制时代与一个可复制性的时代对立起来的时候，阿多诺有理由从中看到了一个不足之处。

众所周知，在引述了瓦雷里、评点了马克思，并特别评论了下层结构与上层结构之间难以滞留的关系之后，本雅明一开始就说道，艺术里总是有复制：“艺术品以前总是可被复制的，这是一个原则。”[①]不过，本雅明除了分析**机械复制**的各种影响之外，从更宽泛的层面上来看，他还试图缩小这一开篇词的触及范围，并且随着论述的深入，他强调了两个时代之间的对立特征：一是**手工生产时代**，尽管在这一时代里，某些复制总是以这样或那样的方式存在着；二是**机械复制性的时代**，在这一时代中，原作终于以消失而告终，例如电影或摄影就属于这样的情况。

这样一来，阿多诺在反驳本雅明的时候就说得很有道理：

> **在岩洞壁画对随时所见之物的客观化呈现中，已经包含了技术手段的潜力，它导致主观行为从视野中脱离出来**。任何作品，由于其终极目的在于一种复数状态，因此根据其理念，它们已经是复

① 瓦尔特・本雅明：《机械复制时代的艺术品》，第88页。

> 制品。在将“灵光”类的艺术作品与技术类的艺术作品一分为二的过程中，本雅明借助差异压制了统一性的时刻，这一事实或许正是对他的理论的辩证批判。[①]

与此相反，在引述布克哈特·林德纳的时候[②]，我们已经看到，林德
830 纳对阿多诺提出了反驳，认为与表面现象相反，本雅明所谓的“可复制性”所指的，远远不只是对现实物的简单拷贝，而是在拷贝的过程中**增添**了一些东西，**构建**了一些东西。按照本雅明所说，正是复制技术的这种构建性（它在阿多诺所说的文化工业中得到了发展），使电影不仅具有异化的威力，更具有了分析的力量，也即它**扩展统觉**的能力[③]。

不过，我们已经强调指出，同样也是复制技术的这种构建性使好莱坞得以变成图型法之都，也就是说使其得以改变想象力的综合，因为“认定的综合”**本质上**是一种复制的综合，它因而需要第四种综合，也即第三滞留的综合的各种代具性载体，这些载体构成宽泛层面上的技术可复制性这一领域。任何复制都会使它的复制品发生转变，因此任何复制都是一种新的生产，这也就是我们所说的“可复制性”。

《迷失方向》已经强调指出关于文字的分析所造成的各种后果，关于这些后果，我们以后还将继续探讨。在本书开头部分，我们对时间客体的所有研究也不断地阐明了这一点。我们现在要注意的是，生命的本质也在于此。

生命本就是一种复制的能力，而非生产的能力。生命本身其实也是一种无原初生产的复制，也是一种可复制性——除非我们承认，造物主也即“永恒的父”“第一复制者”“繁衍的生父”“绝对性过去”不是真

① 狄奥多·阿多诺：《美学理论》（法译本，吉梅内兹译），Klincksieck出版社，1974年，第51—52页。

② 参见本书第二章第4节。——译注

③ 瓦尔特·本雅明：《机械复制时代的艺术品》。

正的复制者,而是**绝对的生产者**,也即**原初直观**。

在亚里士多德看来,正因为技术本身不具有复制这一初始能力,而是生产出技术的人具有这一能力,所以技术没有自主性:“任何被制作出来的东西本身都不包含制作的原则。”①

人的复制能力是多样性的一个丰富的源泉,确切说来,这是因为复制从来都不是简单的拷贝,而是对被复制物的转变,而且对于所有复制来说,包括技术在内,根据它们所特有的模式,每一次复制都是如此。

然而,就当前情况而言,我们从此就可以谈谈“超可复制性”了,原因至少有四: 831

(1)借助各种技术手段,**数字化科技**使人们能够复制任何类型的数据,而不会**损坏数据的信息**。这些技术手段本身已变成了一般性的消费资产:在各种全球网络的支持下,数字化复制成了一种密集的社会实践,因为它正是**全球记忆术体系这一可能性的条件**。

(2)这一数字化的可复制性使人们能够对复制品进行不可见的处理和计算,它同时也开启了**模拟、处理、研究、实验、投映等诸多全新的可能性**。

(3)信息化世界的这些特征同时也是生物科技世界的特征,比如**人工生物复制、克隆、“空想”(即原本不可实现的计划)与转基因生物的生产等等,这些可能性已经完全替代了生物复制的所谓的自然条件**。

(4)这一超可复制性同时也是一种**互用性**,它触及并影响到了以上所有形式的复制,并将它们融为一体,构成了一个**巨大的滞留复制体系**。该体系**在开发和经营上的互补性**早已出现。这是由技术体系与记忆术科技体系的融合所导致的聚合式传输工业的发展所造成的后果之一。

① 亚里士多德:《物理学》,第二卷。

超可复制性是数字化科技的普遍化所造成的结果[①]，它同时也构成了一种文化的超工业化，也即以程序工业为核心的、旨在促进各种"服务"的所有形式的人类活动的一种工业化聚合。这些"服务"构成了超工业化时代所特有的经济事实，而在超工业化时代里，"市场"已经系统地介入了以前的各种公共服务、独立的经济倡议以及各种家庭活动。

在这里，我们把构成世界实体的各种生活模式称为"文化"。把围
832 绕着文化工业所生产的程序流的各种服务聚合在一起，正是这一聚合机制使电视机变成了远程行为的装置，而使这一机制本身成为可能的则是信息的二进位编码。事实上，数字化科技是多功能的，这是因为，借用多米尼克·布利耶的说法，二进位编码构成了一种新的"一般等价物"。正是这种"一般等价物"使经济活动、文化活动和社会活动之间实现了一种前所未有的、系统性的、受制于同样的计算与控制法则的聚合。

网络及其终端，以及各种互用性服务，既服务于信息和作品的传播，又服务于资产的管理，机器、机器链的导向，以及购买指令的发布，也即落实了一些经济行为。我们在此命名为"超可复制性的"的事物，

---

① "数字化"（numération）与西蒙·诺拉和阿兰·曼克1977年所说的"信息化"（Informatisation）不是一回事。尽管一台数字化仪器，例如一台摄影仪器，能够而且也应当与电脑相互兼容，尤其是与将所有电脑联结在一起的网络相互兼容，但是这一数字化仪器并不一定就是一台电脑。确切说来，数字化指的是信息技术、远程通信、视听媒体——此外还包括电子家电、汽车、"移动"设备的所有"交流"部件——之间的协同发展。数字化这一现象的新颖之处就在于这一"协同性"，通过它，一个承载着无数活动的复杂的技术体系得以发展起来，该体系中的各种文化工业和程序工业将会构成最主要的生产和传播机制。

西蒙·诺拉（Simon Nora，1921—2006），法国政界人士；阿兰·曼克（Alain Minc，1949— ），法国学者，政治与经济顾问。二人曾著有《社会的信息化》（*Informatisation de la société*），瑟伊出版社，1978年。此书原为递交给法国总统的调研报告。——译注

指的是那些**得益于上述一般等价性**，使得对各种滞留进行复制的诸多手段成为可能的事物，这种复制的成本微乎其微，而且不会损失任何信息；与此同时，这些具有超可复制性的事物还能够使各种滞留与各种计算自动联结在一起，通过远程行为的各种机制，如远程生产、电子商务、信息化服务等，各种计算能够被运用到各种滞留上。

数字化一般等价物的超可复制性使超工业化成为可能。这是因为，在某一进程中，如果人们运用了科技创新（它来自技术与科学的结合），对机器和工艺等各种科技研究成果进行了投资——这种投机性资本的目的在于，**通过一种大量生产，也即使制作工艺与制作方法的可复制性得以实现的系列化生产（借助规模经济以及不同工艺之间的竞争等影响，系列化生产的成本会迅速下降）**，去寻求最佳的经济收益，最快的资金回笼，并从中获取剩余价值——那么这一进程就可以被称为“工业进程”。换句话说，工业的首要功能，在于它能够通过协调地运用科学知识与方法论知识（工程师的知识），**对技艺进行系列化复制**，同时使这些知识**转移到一些具有一定自动化能力的单元**，而这些单元本身即为滞留机制，马克思称之为“客观化知识的力量”。

今天，这种可复制性已大为强化，并且借助数字化这一现实，达到了一个极高的自动化层次。数字化科技是一些极为经济的复制
机制，它们使知识得以大量地转移到自动装置之中——由此看来， 833
数字化科技是一种新的“媒介”，避免了大量的所谓无收益支出，切断了传统的分配网——同时又不断地使资金回笼和循环利用得以加快。

从这个角度来看，IP网构成了一个创新的领域，这种创新的速度比之前所有工业科技都要快得多。确切说来，这是因为IP网的运作原则是超可复制性。正如让-弗朗索瓦·阿布拉马迪克曾强调指出的那样，这一基础设计导致创新的速度大为加快，因为它既是一种服务载体，又是一个永恒的实验室，它在把发展与运用结合起来的同时，“缩短了理

念、模型、产品、服务之间的循环”[1]。这意味着,**IP网的使用者变成了IP网系统的一个机能**,与此相仿的是,使潮汐能工厂运作的水既是多功能的,又与干巴尔涡轮机的运作“联系”在一起。

与法国某些社会学家宣扬的一则神话相反,尽管烟雾少了,或者说烟雾不再那么显而易见了,尽管现在不仅有物理性质的污染,而且心理层面的污染和信息污染越来越多——正如某些公司里的“认知过溢综合征”(cognitive overflow syndrome)这一问题所证实的那样——但是,我们所处的根本不是“后工业社会”。

超工业化相当于各种服务的社会,数字化一般等价物使这种社会成为可能,而且在该社会之中,程序工业变成了经济战,同时也是一种精神之战的关键要素,经济战也好,精神之战也罢,目的都是为了争夺意识,也即为了使出自超级工业的各种产品、生活方式以及表象被人接受。这样一来,在一种新型商业的空间里,也就是说在一种完全无情无义的市场[2]之中——那里既没有**无收益支出**,也没有**无偿性这一理想状态**(它或许只是一种**电影**,但却是一种**必需的电影**),显得像是本原事物的专有领地:星辰、风、美、馈赠、理念、对知识的爱、精神等等——超工
834 业化所导致的,是我们前面曾说过的“技术地理环境”,其中“内部环境”与“外部环境”之间的差别已经消融[3]。

我们在这里命名为“超可复制性”的全球进程——因为超可复制性是与所有商品的生产的技术体系相互融合了的全球记忆术体系的特

① 让-弗朗索瓦·阿布拉马迪克:《因特网的技术发展》,第10页。

② 一个健康而富足的市场应该是礼仪、文雅、精致的基础,它总是以奢侈为目的,但这一奢侈是无足轻重的,或是它的重要性只在于它消耗的不仅仅是理性,在于不求回报的给予,正如“merci”一词的词根“merces”的含义所揭示的那样。

“无情”的法语原文为“sans merci”,其中“merci”的含义为“谢谢”,其拉丁语词根“merces”意为“薪水、代价、报酬、恩惠”。——译注

③ 参见本书第三卷第四章第2节。——译注

征——既是技术科学的发展所造成的具体结果，又是技术科学的发展的条件。我们在前面已对技术科学的发展进行了分析，认为它是对所有可能性事物的研究与开发，由此可见，**技术科学的行事性与可复制性的复制方面是同质的。**

10. 可能性事物的物理学

一般说来，分析一个现象就是要从形式上对其进行复制，也就是说要运用一套术语将其描述出来，这套术语决定于某一定理体系，而该定理体系本身又需要某一公理体系。科学分析本就是在形式上对所分析的现象进行复制；而且，根据某一实验方案，通过某一“技术现象学”的实验——它能够使参数多样化，使对现象的描述，也即理解更为精确——科学分析能够现实化和具体化。

可复制性总是它所复制之物发生转变的一个要素。现在，如果我们认为描述即为复制，那么我们就可以做出推论：任何描述都**总是**一种转变。这意味着，从来都没有纯粹的述事性，却总是有以某种方式而存在着的行事性。

这些就是巴什拉对爱因斯坦的相对论的分析所提出的问题。总的来看，巴什拉所说的“新科学精神”既强调了我们前面提到的现实性与可能性之间关系的颠覆，又突出了科学活动的行事性，从而导致了

> 一种论战的普遍扩展，它使“为什么”的理由过渡到“为什么不”的理由。[①]

这意味着对客体，也即对现实物的反思有了一个出口，同时也是对

---

① 加斯东·巴什拉：《新科学精神》，法国大学出版社，1978年，第10页。

可能性事物的研究的一个入口。巴什拉将可能性事物命名为“方案”
835 （projet）：

> 在**主体**之上，在直观的**客体**之外，现代科学建立在**方案**的基础之上。在科学思想中，主体对客体的哲思总是以方案作为其形式。[1]

这意味着，现象是由一种技术现象学所构建的：

> 真正的科学现象学因此本质上定然是一种技术现象学。它强化了在表象背后显露出来的事物。它通过它所构建之物而得到教益。奇术师的理性在奇迹的图型上描绘它的框架。科学导致了一个世界……[2]

欧几里得的几何学后来变成了罗巴切夫斯基[3]的泛几何学中的一个可能性，前者是后者的一个“特例”[4]，正如牛顿的天文学是爱因斯坦的泛天文学中的一个特例那样[5]。

在相对论物理学中，观察者是被观察的体系中的一个参数，这一相对性使观察者不得不“将［他的］经验融入［他］对概念的构建之中”。这样一来，“纯粹理念的初始特征就没有得以保持；至于简单理念，它融于各种合成物之中，只有通过它在诸合成物中的作用，并且在组合中才

① 加斯东·巴什拉：《新科学精神》，法国大学出版社，1978年，第15页。

② 同上书，第17页。

③ 罗巴切夫斯基（Lobatchevski，1792—1856），俄国数学家，代表作有《泛几何学》等。——译注

④ 加斯东·巴什拉：《新科学精神》，法国大学出版社，1978年，第31页。

⑤ 同上书，第46页。

能被认识"[1]。

> 时间的唯一度量这一概念，也即独立于参照体系的同时性这一概念，之所以表面上看来具有简单性和直观的现实性，是因为缺乏某种分析。[2]

布伦施维格写道：在海森堡的记述中，寻找某一细小的客体这一经验"使客体发生了偏移"，因此"经验与存在的定义是一体的"[3]。归根结底，变成了可能性事物的一个特例的，正是现实物：

> 通过一些更为狭窄的道路，我们从经验的各种可能性的这一数学组织回到了经验。我们找回了现实物，它是可能性事物的一个特例。[4] 836

在"大数法则"[5]里，作为最佳的客观化物质，化学物质"几乎只不过是化学反应的一种可能性"[6]。

> 正如波是一张赌桌那样，微粒也是一种可能性。[7]

至于科学的决定论，它是大自然的一种技术秩序：

---

① 加斯东·巴什拉：《新科学精神》，法国大学出版社，1978年，第48页。

② 同上。

③ 同上。

④ 同上书，第62页。

⑤ "大数法则"（Loi des grands nombres/Law of Large Numbers）是概率论和统计学中的一个概念。——译注

⑥ 加斯东·巴什拉：《新科学精神》，法国大学出版社，1978年，第85页。

⑦ 同上书，第101页。

> 决定论的出发点是一些选择和抽象，而且[……]它渐渐地变成了一种真正的技术。科学的决定论在那些简单化了的、固定下来的现象中得到了证明：因果关系论与选择论之间紧密相连。[……]科学决定论**在技术上的**特征应当令人大为震惊。大自然的真正秩序，就是我们以技术的方式置于大自然之中的秩序。[①]

至于海森堡，他的物理学则“吸纳了决定论物理学”[②]，并将其作为可能性事物的一个特例。

经验首先是“存在”的明确的复制方案，而它归根结底是在可能性事物范畴之内对其自身的复制。在这个范畴里，一种行事性的维度早已一直存在。现在，让我们来回顾一下：我们所说的“行事性”形容的是这样一种话语，当它被陈述出来的同时，某一在该话语之前并不存在的情形就被创造出来了。从这个意义上来说，可复制性是具有行事性的，而我们本书中所描述的科学经验同样也是如此。相比之下，我们所说的“述事性”指称的则是另一种话语，它对某一既已存在的情形进行分析，但并不使其发生转变。在本书中，我们将这两个概念运用于实验和复制，它们犹如话语陈述——与巴什拉所说的“图书现象”（bibliomènes）一起——在形式上被具体化、被物质化，并由此被功能化了。当代物理学经历着一种述事性的危机，我们应该将这一危机纳入让-于格·巴特雷米所说的一种“极具阐释性”的形势[③]这一范畴，并在

① 加斯东·巴什拉：《新科学精神》，法国大学出版社，1978年，第111页。粗体为巴什拉所加。

② 同上书，第125页。

③ 在这一形势中，“感性直观不再能够完善其形式，并赋予其以某一意义，[……]后者是阐释所导致的结果”（参见《西蒙栋的哲学相对性观念》，出处同前）。此外，对于这一情形，西蒙栋使我们得以反思相对论物理学，他将相对论物理学视为一种“转导关系”的物理学，其因素为诸个体，而个性化则被视为“数量上的飞跃”。

该范畴中对其加以分析。837

在科学的工具化过程中，随着各种复制的科技——有关诸多超可复制的（超可计算的）第三滞留的科技——被大量地付诸运用，技术科学的行事性大为增强。

我们以前曾经提到[①]，胡塞尔在几何学的算数化中发现了一种工具化过程，在该过程中，

> 显然，人们使几何学的意义退居第二层面，甚至任由它完全衰落。人们进行计算，而且仅仅在计算的最后才想起来，数字应当表示一些量值。此外，人们并不是像在通常的数字计算中那样“机械地”计算，而是在思考、在发明，有时也会有重大发现——但与此同时，意义却发生了某种不被察觉的位移，它使该意义变成了一种“象征性的”意义。[②]

在胡塞尔看来，科学的技术化所造成的后果在于某种意义的丧失，乃至于科学活动也丧失了意义；同时，在科技的各种目标和实效性要求，也即技术科学成就的影响下，有关科学活动的诸多问题也被遗忘了。胡塞尔认为，这一情形构成了我们曾说过的技术化了的科学“在本质学方面的盲目”。

然而，我们认为，胡塞尔在伽利略所造就的转折中发现的，其实早在这一转折之前就已存在，并使之具有了可能性和必然性：对于知性和理性的一切活动来说，对于所有理论化以及一切实验而言，总是有某种滞留载体的存在，而在伽利略时代里普遍化了的，只是这一初始条件的

① 见本书第一卷《爱比米修斯的过失》，第17页。

② 胡塞尔：《欧洲科学的危机与超越论的现象学》（法译本，热拉尔·格拉奈尔译），伽利玛出版社，1976年，第52页。[参见中译本（王炳文译，商务印书馆，2001年12月第1版），第59页。——译注]

各种后果的扩展，并影响到了**一个新的时代，其中印刷术作为一种新的复制技术而出现在世人面前**；与此同时，（远程视觉的）工具大为增多，它们已经是“客观化知识的力量”的工具，也就是说，是运作中的具体化了的理论的工具。

11.“接受”在遗产方面的各种新条件

换言之，从“原型几何学”（protogéométrie）开始，复制性就在运
838 作：这是我们以宽泛的方式对所有“认定的综合”进行分析所带来的结论之一。

当代的超可复制性所具有的行事性，对诸意识流的构建的综合产生了直接影响。它既影响到了诸意识（它们是程序工业的目标）的统觉的“认定的综合”，又影响到了**劳动中的技术科学的诸意识**的统觉的“认定的综合”——显然，**这种劳动的特殊组织**是由超可复制性所导致的。

然而，它同时还影响到了**作为生产者，也即作为复制者的所有知识**：当工人们技能的个性化丧失之后，当工人退化为服务于机器的无产阶级之后，可复制性也就取代了在此之前一直在农业领域中发挥效用的各种条件。在之前的农业领域中，生产的前提是生产者对复制进行控制。

崇拜，作为“我们”的共时性的特别时刻，同时也是对“我们”的复制的崇拜：这一根源甚至拓展到了文化和农业之中，因为文化与农业是倾注于传输与复制的一种关怀。从根本上说，文化的工业化和农业的工业化提出了同一个问题：关于复制条件的更改的问题，也即关于疾病与健康的问题。

复制是一切个性化过程的核心，而遭到破坏、被剥夺了所有权的也正是它。在法国，农场主约瑞·伯维的出名，主要在于他把这一现象在

农产食品方面造成的有害后果称为“malbouffe”[①]——这一表述在物质层面上表达了我们在本书中所说的“存在之痛”，尤其体现了我们周围的恐慌。对于这一恐慌，柏拉图在《普罗泰格拉篇》的一个段落[②]里已经指出了它的原因。

从这个角度来看，转基因生物的流通之所以具有危险性和新颖之处，并不在于它体现了生物（也包括食物）的进化条件已发生变化，这一问题虽说极为重要，但并不是个新问题，更主要的其实是在于它体现了一种风险，即**农业复制者/遴选者的所有权完全被剥夺**，这对垄断工业集团而言是有利的，而在经济上造成的后果可能是灾难性的。显然，这一风险其实是滞留机制以及遴选准则受到了控制。 839

这就是孟山都集团公司的“终结者”种子的目的——除了除草剂、杀虫剂和肥料的化学工业与育种的生物科技工业之间的系统性融合之外。这一农业的超工业化控制了生殖的一种滞留载体，使其成为可能的，是信息科学对基因分析的掌控——是数字化的超可复制性。

与此同时，剥夺复制者的所有权也是动物与人的复制（也即宽泛层面上的生物进化，特别是亲子关系）发生转变所要达到的目的。这样一来，不仅在构成所有人类群体的“我们”的层面上，同时也在某一专有名词所指称的“我们”的层面上，“接受”的条件都遭到了一次新的颠覆。专有名词的传输就是某一家族史在遗传方面，乃至广义的遗产方面留下的痕迹，这与技术科学对现实性与可能性之间关系的颠覆、对**“繁衍的生父”**这一形象的颠覆是相互关联的。

可见，各种传输科技对后种系生成的控制，是所有形式**遗产**的复制的一个新时代，既包括被称为“知识”的遗产，即西方哲学史和西方科

① 法语合成词，其中名词“mal”意为“恶、痛、苦恼”，俗语“bouffe”意为“饮食、食物”。——译注

② 我们在前面已引用这一段落，参见本书第三卷第三章第2节。

学史所发现的知性和理性及其各种原则，也包括经济遗产，也即社会所占有的自然财富以及物资产品等人造财富，同时还包括文化遗产，例如语言、文学、艺术技能、生活方式、建筑、景观等等，乃至家族遗产和生物基因遗产。

从“遗产”一词在经济学中的意义的角度来看，以上所有遗产均已减损。在经济学中，“遗产”指的是由资产与负债所组成的一个整体，对折旧和生产力的计算即与资产与负债密切相关，而二者的集体所有已处于佚名状态。原则上，这一集体所有权是可以出卖的，其价格则是投资者一直计算的对象。从此，人们任何时候都有可能在国际证券交易市场上买到它。

显然，我们不妨自问：在什么情况下，这样的遗产在上述条件下既是可以转让的，又仍是**可被接受的**？对于这样一种转让，怎样去估量它的补偿与报酬？从更宽泛的层面上看，在什么情况下，各种性质的个性化过程才不会因“接受”的条件发生一般性的、巨大的、突然的改变而
840 受到极大的干扰？

12. 复制的权力

各种遗产，也即各种可遗赠的滞留，无论它们是哪种形式，它们受到的控制都使得表面上看来极为不同的各个事件相互联系，诸如版权问题，种植者兼养殖者（已变为加工者）复制能力被剥夺，视听节目和影像机构被购买，人工生殖，基因分子序列的专利，工业并购，领土的数字化联网，监测卫星被送入轨道，ICANN（美国在全球范围内控制方位区划的新机构）对互联网“域名”分配的控制，等等。

上述所有情况的实质是在某一超工业化（数字化科技的互用性与超可复制性使之得以实现）的过程中，创造出各种条件，使一些新的复制模式得以确立。情况之所以如此，条件在于工业遇到的问题，从来都

是使某一被称为“原型”的现象变得可以被复制，然后使复制的各个条件得以稳定和优化，最终对其进行系列化复制，施行规模经济并创建大众市场。

遗产受到了系统的控制，意味着从此以后，上述逻辑将被应用于人类生活的所有领域，这些领域为技术与工业的继续发展构成了诸多新市场，这就是人们有时候所说的“新经济”。**显而易见的是，在新经济中，问题在于谁掌握着复制的权力**，以及确立复制过程的模式、确立被复制的模型的权力，也即：“谁来选择，依据什么准则来选择？”

毫无疑问的是，上述情形是在技术科学的震撼下，现实性与可能性二者秩序的颠覆所造成的后果。在此背景下，我们就必须掌握进行区别所依据的各种准则，从而在诸多可能性事物中进行遴选。在此，核心问题或许首先是：

（1）要弄清楚这里的“复制”是什么意思；在什么情况下，“制造差异”的各种新的能力能够在超可复制性的背景下得到落实；

（2）超可复制性是不是对由传统程序工业所启动的工业共时化的强化； 841

（3）在不仅仅是共时化过程的增多和熵的确定存在的情况下，那些可能被制造出来的差异能否构成一个**可被接受的演变过程**，也即某种未来。

作为西方社会赖以构成的最主要的滞留领域，与物质转化的技术体系的演变相比，文字始终是一个极为稳定的记忆术体系。作为最主要的第三滞留的复制机制，文字体系构成了西方人的理性和学识。然而，在保持总体稳定的同时，文字的可复制性也经历了一个非常明显的强化阶段，与之前的情形相比，它的可复制性或许可以被定性为超可复制性。文字构成了一种思想政策，这种思想政策通过作者和编辑的权力，尤其是通过历时性的文字遗产在拼写、印刷和语法方面的共时化，使复制的权力得以规范化。

在下一卷的开头处，我们将继续探讨印刷术这个记忆术历史中的关键时期，与西尔万·欧鲁一起，考察一种语言理论，同时也是一种主体理论是如何介入印刷术之中的。我们将会看到，共时性和历时性之间的一种关系如何在印刷术中得以确立，这种关系同时也是一种语言
842 的政治，是一次精神之战，它为文字区别的新时代揭开了帷幕。

后　记

人类世中能力与功能的新冲突

——为了完善《技术与时间3. 电影的时间与存在之痛的问题》

霍傥雯　译

纪念罗伯特·斯蒂格勒

逝于2016年9月8日

控制论是一把双刃剑，迟早会深深伤害你。

——诺伯特·维纳

1. 熵和反熵

"熵"的概念源于萨迪·卡诺（1824年）、鲁道夫·克劳修斯（1865年）和路德维希·玻尔兹曼（1877年）的努力，这一概念描绘出热力学的运动过程。随着乔治·勒梅特尔提出的"宇宙膨胀"理论被埃德温·哈勃（1924年）的观测证实，这一过程具备了天体物理学的维度。在微观和统计这两个层面上，将热力学第二原理平移至宇宙天文物理学究竟有多大的可能性？这一问题仍有待解决。

伴随着埃尔温·薛定谔的新发现，熵的理论经历了**负向的扩展**，这使得薛定谔能够在生物学领域标示出熵的极限（1944年）。然而，其表述——"否定的熵"（entropie négative）或"负熵"（néguentropie）——常常为科学界所排斥：因为就能量耗散而言，熵是不可逆的，因此不可能有负熵的存在。作为一种惰性物质，熵的偏移只会呈现出**局部的限制**和**暂时的差异**。

这就是为什么弗朗西斯·贝利和朱塞佩·隆戈会谈到负熵(2008年)。[1]反熵趋向于表现出有机物和形成它的有机体的特征,它之所以
847 能够形成有机物,是因为生物学意义上的有机体生成了——其中包括机体组织的生成,它局部地延迟了熵的发展趋势,这种暂时活跃的局部被称为有机体。反熵是熵的对立,它可以视为雅克·德里达意义上的**延异**之物:事实上,反熵的器官可以在体内或体外生成,它将导致下文描述的有机体**空间化**[2]的生成过程。

因此,作为一种空间化过程,反熵从局部开始。这意味着,它只能利用自身局部的差异性结构去进行自我限制,从而控制熵的发展趋势。然而,这个位置是开放的:它是通过与外部环境的交换而形成的,同时,外环境利用物质和能量的流动——主要是太阳能的形式——为内环境提供养料。

的确,正如弗拉基米尔·维纳德茨基在1926年所提出的那样,生物圈的形成就好比太阳能的转化。由于局部内、外环境的关系(克洛德·贝尔纳,1850年),生物体形成了由特征梯度限定的生态位。正是在这些物质交换的过程中,重要的器官形成,继而繁殖下去。

随着熵的概念与它的局部关联物——反熵的出现,人们**数次试图将它们移植**到其他领域,如信息论(克劳德·香农[3],1948年)、控制论(诺伯特·维纳[4],1948年,前文已经引述)、系统论(路德维希·冯·贝塔郎菲[5],1936年、1968年)、复杂性理论(亨利·阿特兰[6],1971年;埃

---

① 弗朗西斯·贝利和朱塞佩·隆戈:《生物组织与反熵》,载于《生物学系统杂志》,2009年第17期,第63—96页。

② 参见雅克·德里达:《论延异》,收录于《哲学的边缘》,午夜出版社,1972年。

③ 克劳德·香农:《通讯的数学原理》,1948年。

④ 诺伯特·维纳:《控制论与社会》。

⑤ 路德维希·冯·贝塔郎菲:《通用系统理论》(1968年版转译本),让·贝努瓦·夏布尔,Dunod出版社,1973年。

⑥ 亨利·阿特兰:《生物组织和信息理论》,Hermann出版社,1972年。

德加·莫兰[①],1977年)等,并以这些尝试为基础,对人类学和社会科学进行各种多少有些形式化的实验,这些实验要么是灾难性的,要么是成果颇丰的。 848

2. 经济、外在化和熵

此外,尼古拉斯·乔治斯库-洛根(1971年)[②]的生物经济学提出了熵比率的增加与减少(低熵),这意味着熵在运动过程中的**局部减缓**,他从体外器官生成的角度去探究经济本身的节点,这就把**我们应该成为的经济体**与可以算作"只是负熵"的生命体区分开来:他们的体内器官由一连串的"分枝"(via rupta)[③]组成,器官本身是自发生成的,而且也具有经济性,是"进化压力"的结果,通过长期以来被视为"胚胎重演"的现象得到了证明。

从这个意义上来说,体外器官的生成不仅是反熵的、延异的,它也是熵的和无延异的,也就是说,它倾向于消除一切**回环曲折**,缩短延异的发生时间。之所以会如此,是因为体外器官其实是一种药(pharmakon),作为广义上的劳动分工,它可以很轻易地增强行动的效力和以它为轴心形成的社会主体的凝聚力,按照涂尔干(1893年)发展的观点,这也启发了他将其命名为"失范"[④],失范即毁灭,并且毫无行动力。

---

① 埃德加·莫兰:《方法:天然之天性(第一卷)》,瑟伊出版社,1977年。

② 尼古拉斯·乔治斯库-洛根:《明日下降:熵,生态学,经济》[《熵的定律和经济过程》,1971年],洛桑,Pierre-Narcel Favre出版社,1979年。

③ 关于这个表达,请参考雅克·德里达:《论文字学》,第158页附近,以及弗朗切斯科·维塔莱在Academia.edu上的评论《走向生物解构的分枝》。

④ 埃米尔·涂尔干:《社会分工论》,法国大学出版社,1967年。

在其他被称为“熵纪”[1]的地方——资本主义已经变得专制且疯狂，它建立起一种自以为聪明且温和的极权主义——消灭曲折、缩短时限已经成为世界的法则，这个世界既没有信仰，也没有法律，只是忙于突破时间的壁垒。

在《自动化社会2.知识的未来》中，我将试图表明，乔治斯库-洛根所提出的外在化、低熵和生物经济学的概念不足以延迟思考从熵纪到负人类世的飞跃：乔治斯库-洛根没有看到熵/反熵的两极性（他将其视为高熵/低熵），我们无法思考反熵之外的体外器官生成，这正是因为
849 体外器官既是熵的，又是反熵的：它是一种药（pharmakon）。

正是在这个意义上，他的生物经济学可能引起了一些误解。这种表述让人觉得他是从生物学出发思考经济问题的，但其实正相反，乔治斯库-洛根表明，外在化需要用经济学去取代生物学。这令人瞠目的经济定义，基于他对阿尔弗雷德·洛特卡的阅读[2]，是向负人类世开放的关键一步，由此我们才能理解“生物圈”——这个经由维纳德茨基扩展的概念[3]——为何把经济学视为一种普遍的解药。

3. 作为意识形态的超人类主义

密集型计算使得所谓的“大数据”或是巨型数据的产生成为可能，它们通过建立相关性形成生产模式。密集型数据的算法执行是通过网络进行的，网络将全球半数的人口相连——也就是这片土地上的35亿

① 《负人类世》是一部待出版的作品，首版由OPH出版社以英文版发行，标题为*The Neguanthropocene*。

② 阿尔弗雷德·洛特卡：《物理生物学的要素》，Williams and Wilkin出版社，1925年；由Bibliolife DBA出版社重印，2015年；以及《作为最大原则的进化法则》，载于《人类生物学》第17卷第3期，1945年。

③ 弗拉基米尔·维纳德茨基：《生物圈》，Diderot出版社，1997年。

人。从更为广泛的意义上来说，大量的电子个体及其形成组群的巨大连接性正推动着网络人工智能的发展。由此，“深度学习”开始普及。

正是这种背景开启了一种视角，并通过超人类主义的意识形态，预见了一个**分枝点**，特别是雷·库兹韦尔将其称为“奇点”。值得注意的是，这种说法预示着一种转向，也就是说，在物理学和数学意义上的奇点，以同样的姿态提出了两个论点，它们的结合值得深入研究，但我们在此不作展开：

——一种论点断言，一个分枝正在酝酿之中，由此，机器将变得比制造它们的人——也就是我们或我们的同胞——都要“更聪明”；

——另一种论点认为理应如此，从这种智慧中，我们——或者说我们的同胞——**不会**比我们的外在产物**更聪明**，但我们将能够变得**不朽**。 850

在超人类主义意识形态的支撑下，正是在这种令人感到惊奇的双重视角中，我们必须分析克里斯·安德森的发言，并对其进行批判，因为它首先是一个带有极权主义目的的、具有巨大市场营销性质的故事，可以这么说，在其他地方我已经提出他在描绘“形式和内容的缺陷”[①]，这里不再重复，但在此之后，今天，我们应当回顾《电影的时间与存在之痛的问题》中提出的主要论点，捍卫并完善这本书的五个论点。

4. 关于能力与功能的五个论点

第一个论点认为，库兹韦尔的妄想和安德森的企业战略都涉及康德意义上的**认知**、欲望和判断的能力。但是，用康德来反对这些意识形态，是“人类世”（更具体地说，是被称为“资本纪”的东西）已经进入破坏性时期的特征，在这一时期，一种与超人类意义上的“奇点”无关的

① 《自动化社会1.劳动的未来》，Fayard出版社，2015年，第9—14页；克里斯·安德森的评论文章《理论的终结。数据涌现致使科学方法过时》，《连线》，2008年6月23日。

转向正在酝酿之中，这种转向与安德森[①]意义上理论的终结有关，我们必须批判**康德本人**，以表明他为何缺乏一种被他称为先验的图型法和想象力的外在化概念。通过展现人工滞留——第三滞留——是一切心智滞留与前摄的条件，也就是一切理性的条件，《电影的时间与存在之痛的问题》试图勾勒出这种批判性。

第二个论点是，认知能力是在洛特卡所说的外在化过程中演变而
851 成的，如同认知**能力**的**功能**逐渐地外化[②]（心智的延异），尤其是：

a）通过观察工具的直觉；

朱塞佩·贝尔蒂尼：《伽利略向威尼斯总督展示如何使用望远镜》，壁画，1858年，庞蒂别墅，瓦雷泽。

① 参照安德森，引用文章同上，在《自动化社会1》中被引用和评论。

② 在此之前，运动和制造功能的外化是在古人类时期。古人类（在勒鲁瓦-古兰的意义上）构成了尼安德特人时期（安德烈·勒鲁瓦-古兰，《行为与话语》，第三章）。

b）通过计算和信息技术的知性；

c）通过**想象力**，当观察工具成为通过阿多诺和霍克海默口中的文化产品产业生产行为程序的工具时。 852

正是因为认识能力的功能，器官形成发生转变——但是我们也即将在《真理的证明》[1]中看到，它们总是已经受到外在化的影响——所

① 《技术与时间》第四卷（尚未出版）。

以海德格尔在《理想国》第七卷中正确地察觉到**柏拉图**[1]**口中真理意义的变化**，他说，柏拉图口中的真理（l'aletheia）现在被解读为正确性（orthotès）和相似性（omoiósis）。然而，海德格尔没有看到，通过字母的外在化，即字面意义上短记忆的第三滞留，正是康德所描述的认知能力的功能划分，其中知性的功能是**分析性**的（在先验综合的基础上），而理性的功能是**综合性**的（根据理性观念产生的后验综合），也就是说：通过这种方式，分枝由此产生——在怀特海的启发下，观念（理性）的功能构成了**目的王国**。

第三论点：通常，在心智直观能力（如果我们坚持康德的这套元范畴，则是指认知、欲望和判断）的外在化阶段，数字第三滞留构成了信
853 息，也就是说，数据仅表现为**先验可计算性的格式**，而在康德的时代，数据是直觉数据，其特征在于其多样性，也就是说，其特征表现为这些数据**还没有**被康德眼中构成知性概念功能的东西所“格式化”的事实。

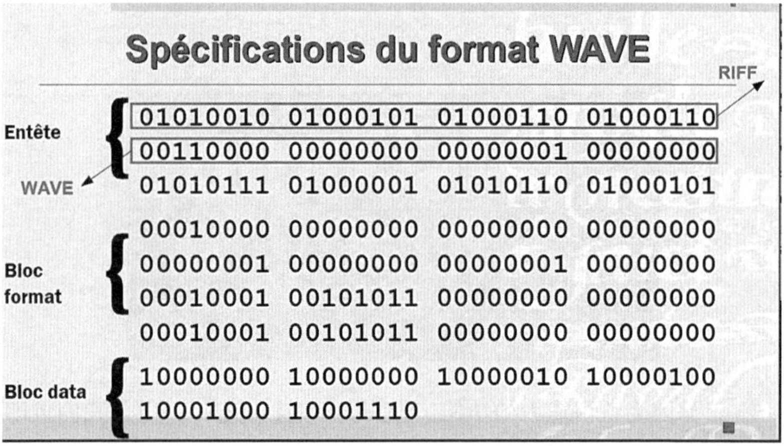

① 马丁·海德格尔：《柏拉图的真理学说》，载于《问题I与II》的《问题II》中，伽利玛出版社，“如是”丛书，1968年，第203—238页。

通过直觉的功能[①]和算法的整合(通过数据采集界面的格式化)、知性(其分析功能被委派给算法)和想象力(它被重新配置,既有通过从配置文件[②]积累的滞留中自动提取的前摄,又有被交互激发的,在这一过程中,图式化本身依附于欲望的生产功能,在这个意义上,阿多诺和霍克海默错误地谴责了想象力的外在化,康德将其称为先验的想象力),这构成了资本主义的固定资本,它已经完全计算化了,其中的知识通过大规模的自动化转化为信息。换句话说,这就是马克思[③]《政治经济学批判大纲》中"关于机器的片段"的实现。

第四个论点是,**数据经济**、密集计算和**深度学习**是基于分析、统计和概率模型的,这些模型属于**网络人工智能**的范畴,也就是一种广义的连接性,通过反馈循环系统地利用引出轨迹,其速度比心智体及其神经系统快四百万倍,只有当它被外在化时,也就是被它的认知、欲望和判 854
断能力(如果我们保留康德的这些术语)的功能分割时,它才具有心智,而这些功能是由它们的外在化(它们的外化在一种补充性的延异中)所构成的。

正如玛丽安娜·沃尔夫[④]所指出的,外在化与大脑器官的去组织化和重组相结合,从而成为器官学,而不仅仅是有机物。[⑤]这种器官学,也就是各种能力及其功能,是药理学的条件。这意味着,它不仅可以轻松地深化和延长心智泛个性化的路径,也可以通过用自动化装置取代它们而使其发生短路。

---

① 在西蒙栋看来,这意味着,人类要么已经具备相关技术地理环境的功能,要么是这种人文技术地理的资源。关于这一点,请参考《自动化社会1》,第265页及后续页。

② 同上书,第54、55和56节。

③ 卡尔·马克思:《政治经济学批判大纲II:人类》(两卷本),1967—1968年,第209页。

④ 玛丽安娜·沃尔夫:《普鲁斯特与乌贼》,Abeille et Castor出版社,2015年。

⑤ 贝尔纳·斯蒂格勒:《普鲁斯特与乌贼》序言。

苏格拉底认为，这种捷径和短路是诡辩思维的陈词滥调，如同在马克思眼中机械化对知识的破坏，在阿多诺看来表现为文化产业对生活知识的磨灭，对安德森来说则是科学理论和方法被密集计算的速度淘汰。但是，当苏格拉底、马克思和阿多诺从那些必须克服的困难出发，去分析无产阶级化的过程时，安德森和一般的自由主义者[①]则着力将这种状况普及化，以巩固一种正在变得无法忍受的统治。

第五个论点是，当前，纯粹的、简单的计算性固定资本的发展正在导致人类学的崩溃，这就需要一种**基于负人类学的新经济**。[②]负人类学的目的是要在负人类世的角度上打开人类世的封闭视野。它建立在对外在化局限的**持续批判**之上，它也是药理学的，并在这样的过程中无休
855 止地倾向于（就像西西弗斯的石头无休止地坠落一样）**同时强化熵和负熵的作用**。加强张力就是古希腊人所说的废墟（Tubris），苏格拉底所说的药（Pharmakon），以及海德格尔所说的暴力（Gewalt）。

在此，我们不再对这些理论展开讨论。相反，作为对《技术与时间》续集中正在或即将推进的这种发展的前奏，我们将重新思考熵和负熵在人类学和负人类学领域制造的问题，比如，我们因此试图对它们进行构思——通过这些概念验证以上论点。

5. 信息与价值，竞争与非竞争

我在《迷失方向》中提出，正如出现在19世纪的新闻机构和电信网络[③]中的现代概念一样，信息首先是一种**随着时间的推移而失去价值**

---

① 自唐纳德·特朗普就任美国总统以来，这些人就与他结盟，其中第一位是彼得·泰尔，他在竞选期间曾是总统顾问，埃隆·马斯克也加入其中。

② 我在《自动化社会1.劳动的未来》和《在中断里，如何不疯狂？》中引入了这个概念，在待出版的《负人类世》和《自动化社会2.知识的未来》中进行了深入讨论。

③ 《迷失方向》，第434页及后续页。

的商品——在此期间，它在某个传播空间中被散播，这也是一个**市场**，即在一个**计算性的环境**中，行为正在变成计算的**对象**。

信息因此成为一种**功能**，只有这样它才具有价值。本世纪——正是数字化办公在北美出现的世纪——世界进入了一个**不断转型**的过程：它进入了“人类世”，这是一个被**精心设计的外在化**时代，这个时代将走向永不止息的创新，熊彼特将其视为创造性的破坏。在这里，心理学上的个人和集体中的个人，需要**在这种永不止息的变化中确定自己的方向**，并在那里找到他们通往未来的道路，而不是在康德所说的“进行区别所依据的主观原则”[①]的基础上，强加给他们在思想和世界这两个层面迷失方向的能力。19世纪初，黑格尔就已经在谈论**日常的信息实践**[②]——但在那时，尽管他渴望并试图体现出“绝对知识”，但是，作为一种功能的信息概念**尚未出现**，而他也没有**预见它的** 856
到来。[③]

在新的世界里，这恰恰**不会导致绝对的知识**——相反，是绝对的**非知识**，也就是说，**计算和功能上的去心智化将融为一体**（思维过程因而在功能上被瓦解），正是在这个熵纪[④]之中，有什么东西好像在给我讯息，是对我很重要但我既不认识也不“知道”的东西，从我“知道”的那一刻起，我会从它那里获得一种优势，而这种优势将随着其他人“知道”它而被耗尽，这意味着他们也将从它那里获得同样的优势，那么也就不会有人再从中受益。这就是我们在经济学中所说的竞争类商品。

---

① 康德：《何谓在思想种确定方向？》，我在《电影的时间与存在之痛的问题》中进行了评论，参见前文，第599、764、772—782页，第793页起。

② 黑格尔：《笔记和片段，耶拿1803—1806年》，Aubier-Montaigne出版社，1990年。

③ 这是1984年与凯瑟琳·马拉布在韦桑岛对话的延续。

④ 参考《我们如何称呼延迟思考？1. 巨大的倒退》，解放关系出版社，2018年。

因此，“知识”和“意识”一样，同新世界的“消息”相混淆，1866年，“大东方号”在大西洋底铺设了第一条海底电缆，成功将欧洲大陆与“新世界”相连。之所以要做这件事，是因为在当时，越来越多重要的东西被市场主导，市场逐渐沦为可计算利益的计算行为的空间——这也为尼采所谓的“虚无主义”，和韦伯口中“祛魅”的世俗化时代的到来做足了准备。

这种利益的可计算性也强加上了荷尔德林所说的庸俗主义，这是他所经历的困境时期所特有的事情——而这正是致使自由时间（otium）
857 让步的原因，它被康德口中目的王国特有的**前摄的不可计算性**引导，资产阶级通过交易夺取了贵族的心智遗产。例如，它所实践的思维过程正如同培育自由一般，培育着不可估量的自由时间，也就是说，培育着推动分枝的可能性。贵族曾经就是这种特权，他们从与死亡的关系中获利（我们在此不做研究），他们**在主奴辩证法里**则会失去这种特权，**因为他恰恰不是一个奴隶**。[①]

① 关于这一点，见《震惊状态：21世纪的愚蠢与知识》，Mille et une nuits出版社，2012年，以及《自动化社会1》，同前，第291页。

如同自由时间融于交易，也就是计算之中①，信息及其价值的问题由此显现——如果说知识确实既是累积性的，又是**非竞争性**的（在经济学家的**非竞争性**商品的意义上），那么我们可以看到，信息是知识的**对立面**，这意味着它在转变中持久存在（正如爱因斯坦不会抹杀牛顿，马克思并不排斥黑格尔，等等），也意味着它不能属于任何人。

对于查尔斯-路易·哈瓦斯来说，在1835年，也就是黑格尔去世四年后：

——信息的价值在于购买快讯的报纸准备为其支付的费用；

——它被传播得越广，价值就越低。

这样一来，**虚无主义的价值观念**在一切趋向于等价的地方——“一切都有价值”②的地方得到了充分的确立。

因此，信息的价值就蒸发了。就其价值而言，如果我们认为信息扰乱了被告知的对象，导致他以有利的方式改变自己的行为，那么只要其他人不这样做，信息本身就会消失。

由此我们可以明白，为什么有人会说信息构成了一种负熵的趋势，从中会产生一种差异（一种新的延异机制），但它注定会消失。这种延 858
异的消失，也就意味着，信息作为一种商品，其价值是可以在市场上计算的，这种根本的熵势同时也是——在吉尔·德勒兹的意义上③——建立一种新的重复制度的原因。

① 参见《怀疑与失信1》，第5、20、22、23、25、32和33节，由此我们也得以理解为什么这种生成是巨大的信任问题的一部分，在这个问题中，信仰、信念和忠诚变成了信任，致使它本身必须成为一个计算对象。

② 在《迷失方向》中，我们试图表明，内幕交易使我们有可能非常精确地计算信息的价值，在这种情况下，一个“知道”别人不“知道”的事情的人可以买卖股票，进行股市交易，这最终将使他获得巨额资本收益。正是为了防止这种情况的发生，在波尔多证券交易所丑闻之后，法国政府于1837年颁布了法国电信公共垄断的法令。

③ 研究一段信息价值的流失或持久度的条件是很重要的——这是在差异和重复的历史背景下进行的，而这正是短记忆第三滞留的器官学和药理学的程序。

在这样的市场背景下，新近被称为“信息”的东西有两个主要特征：

——一方面，信息是一种**信号**，而且是一种**长期**的信号，也就是说，一个随着**时间的推移**而发生的信号，而且是在一个流动之中发生的信号，

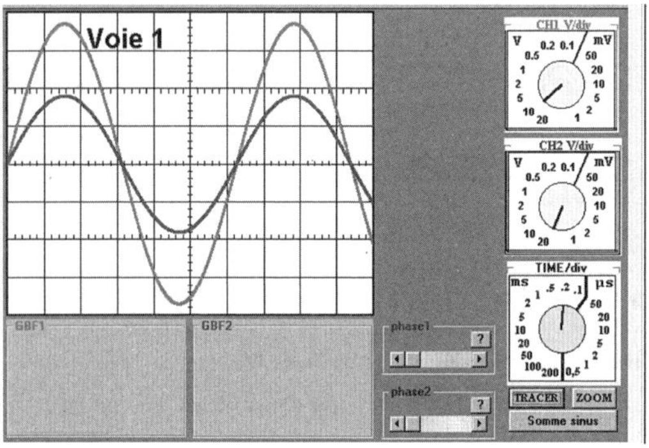

这种流动通过网络矢量化地分布于一个**均质化的空间**，通过这个分布网络，信息随着时间的推移而扩散和“传播”，因此它本身便可以计算。

——另一方面，它是一种**经济**，但是一种由可计算性构成的经济；它是资本主义意义上的经济：一种市场经济。在这种经济中，我可以把任何使用价值转化为交换价值，从而转化为一种计算：我可以通过信息的可计算性将所有事物货币化，进行计算，信息的可计算性建立了竞争理论、供需理论等，其中，**一切都可以被减少和溶解**，从而在这个词的当
859 代（和空洞）的意义上变得“虚拟”。

6. 信息和位置

信息的价值真的总是可以计算的吗？它的**所有**价值都可以归结为计算吗？答案显然是否定的：只有当那些计算信息价值的人属于一个

分布空间，并因此属于**齐次**可计算性空间时，信息的价值才能被计算，该分布空间构成了庞加莱和汉密尔顿意义上的相空间，确实，**计算倾向于通过将时间整体空间化的方式去消除时间**。

如果汉密尔顿意义上的空间和贯穿它的时间从这个角度被分割和扰乱，换言之，如果那里形成了**异质性的位置**，那么可计算的信息就不再足以定位自身。我们需要根据构成一种或多种知识的标准，通过筛选其价值进行严格的重新评估，从而进行信息的转换。

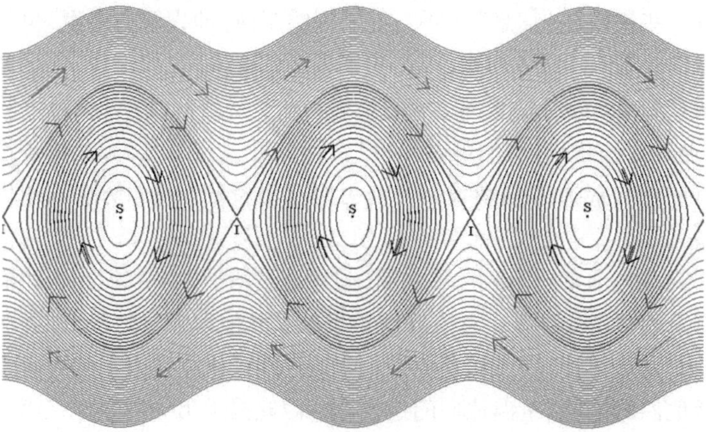

在这里，与信息不同的是，知识的价值不会随着时间的推移而消失，在此期间，知识不再只是在简单的同质空间，而正是在构成的场域精准传播，知识的价值正是通过新知识产生的价值而不断丰富自身，通过这种方式，场域的多样性使得批判纯粹简单、具备可计算性的信息成为可能，并在其中发现一种不可计算性的潜力，这种潜力不是负熵的，而是负人类学的。

信息，例如被定义为查尔斯-路易·哈瓦斯所开发的市场，也可以从完全不同的角度考虑。我今天早上买的那张价值两欧元的报纸正

860 在失去价值，明天早上它就不再值钱了，后天早上，即使不是扔进垃圾桶，至少也会在“拾荒者们”手里。从这个角度来看，在二十四小时内，一份日报里每日新闻的价值在这份日报读者的眼中已经蒸发了。然而……

7. 延迟与更高领会：超越知性之物

然而，我们有时会在晚些时候读“日报”，并在这种**延迟**中突然发现一些我们在“信息”中不可能发现的东西，即理解的要素，例如信息**运作**的方式。或者再次，一个**更高领会**的要素，也就是说，一个**超越理解**（Verstandnis）的要素，换句话说，一个超越知性（Verstand）的要素，通过这种超越，我们可以开始“自行思考”，也就是说，运用理性所具有的综合能力去判别我们此前更愿意消费的东西：伪装成知识的商品。

一些人通常伪装成二手书商，想在塞纳河沿岸向我们出售我们出生那天的报纸。还有一些人在跳蚤市场或其他地方收集报纸，并非因为他们是档案管理员，而是他们希望通过阅读或重读报纸的方式重新激活他们的记忆，重温他们的过去——因此揭示出导致短记忆第三滞留的问题。在这些情况下，我们处理的不是信息，而是文档。

这种文件并不在同质化的信息市场上中得价值，而是从局部的内在探索中、在固有的异质性知识中获得价值，这种知识具备更高领会的心智多样性，其功能将其划分为各学科，为某类知识服务——历史学的、档案管理学、古文字学的、谱系学的、考古学的、业余爱好者的等等。

当谷歌为我们提供图表分析，比如强调共同出现的——跨越几个
861 世纪、几十年、几年、几个月、几周的变化时，感谢“谷歌分析”——搜索引擎使我们有可能确切理解什么不再是信息，即使它运用到了信息技

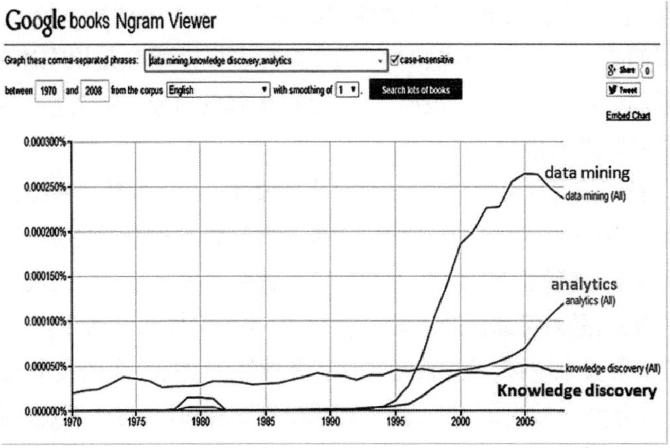

术,这里的信息俨然成为了史学材料。然而,对于字母表公司[①]来说,这些工具是奢侈的:它们对公司的营业额没什么贡献。

8. 数据、可靠性、真理

就如同将香农和维纳的信息概念反过来转移回生物学领域一样,通过将反熵的生物学概念(或将其实体化为“负熵”)转移到香农的信息理论中,我们可以将信息定义为“负熵”(与亨利·阿特兰一起——通过控制论的反馈回路、阿什比的稳态理论、马图拉纳和瓦雷拉的自组织理论以及普里高津的耗散结构)。只要它扰乱了它所渗透的系统,该信息就被称为负熵的,因为它会导致该系统改变其状态。

然而,从完全不同的角度来讲,我们把这个系统称为“个人的文本”。

在这里,我们不再谈论**信息**,而是谈论**数据**——这里的数据,不是那种如今信息产业将自己描述为数据经济的设计者、生产者和管理者

① 谷歌的母公司。——译注

的数据，它是感官数据，它将被通知的系统视为一个计算系统：就像康
862 德所谓的直观多样性提供知性一样，直观多样性始终是根据康德所说的“进行区别所依据的主观原则”[1]进行阐释的对象，内、外感官正是通过这个原则来安排的。

让我们假设这个生命系统，即**个人的文本**[2]是一个**动态**系统，也是一个阐释性的系统——更确切地说，**它是一个开放的系统，它在极不可靠的外在环境的功能性不稳定中，对这种不可靠性本身展开诠释，因此它解释了它的含义，是对可靠性的承诺**[3]。在这里，不可靠性和可靠性必须按照康吉莱姆的意义来阐释，可靠性是在这种**开放性**中维持个人的文本的条件：是从一个系统分枝中出来的力量，**如果没有这种知识，这个系统注定会关闭**，也就是说，通过它所构成的位置中局部熵率不可避免地增加，以及我们所说的人类性而自我毁灭了，它的无限增长导致了这一位置的**消解**。

这个生命系统通过心智的作用延缓了这种消解——通过空间化，即通过外在化，换句话说，通过表达，使消解得以伺机发生（但最终，“一切都将被消除”[4]），这种生命形式知道自己终有一死，知道合生[5]注定会消失，通常是在非知和否定的情况下消失，因此，这种开放系统是阐释性的：它不对信息进行计算。所以说，它并非被卷入一个圆圈，而是一个螺旋之中。在这样的螺旋循环中，产生的不仅仅是追溯性的，而且是具有表演性的个体化或去个体化，从而强化，或相反，消解了这种总是
863 惯用（个人的文本）的位置的奇点。

---

① 参见注释2，第856页。

② 这一概念将在第七卷《需要的缺憾：习语、独特的、白痴》（尚未出版）中得到系统的发展。

③ 承诺打开了一个封闭的视野——它是熵纪和负人类世中唯一开放的视野。关于这一点，详见《我们如何称呼延迟思考？ 1. 巨大的倒退》。

④ 罗杰·拉波特论布朗肖，收录于《莫里斯·布朗肖，古老的，可怕的古老（探索）》，Fata Morgana，1987年。

⑤ 在怀特海的意义上，外在化是器官形成的一个新机制。

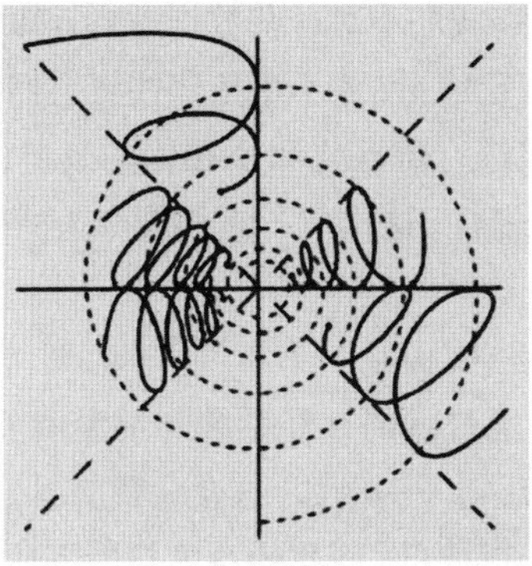

当然，我可以调用分析技术和计算技术服务于我必须解释的数据的建立，并通过知性加以证明，也就是说，我必须做出决定。但是，我被那些康德意义上的**数据**而非**信息**所构成的东西**影响**着，这些东西作为我的理性的**动机**，或者作为这种动机的回声，向我呈现出来。我的理性动机表达了我的愿望，因为它首先由一种心智活动组成，这种活动本身被铭刻在维持（maintenant，来自动词“maintenir”）其原始的位置（在生物圈内外）的负人类学命运中，然而却注定会在合生中消失。

9. 拳头、感觉、事件

这些数据可以以一千种方式呈现在个人的文本之中——可能也包括被拳击打的方式。当我们被打了一拳的时候，这是一种数据：一种感官的数据。脸上挨了一拳，我们很痛苦，并且，通过这种感官的数据，我们受到了冲击。当我们得知父亲已经死了：这个数据不仅成为感官的数据，而且成为感性、感觉的数据，因为父亲已经离开，从感性之中抽离，即使没有变成“灵性”或“超感性”的存在，至少也成为了一个**幽灵般的**回归者。

收到这些数据后，我们不对这些数据进行计算（或**不仅仅**是计算），我们必须从中获取一定成果，才不辜负那些将它们提供给我们的人，也就是说：通过对它们进行**奇点化和外在化**的改造，并且在这样的过程中，**强化**它们的不可能性，这构成了它们既令人感到震惊，又极具滋养功效的力量。

这个数据**不是**信息，而是一个事件。一个非常小的事件就可以影响到我的神经系统，通过我的神经系统与恒温调节功能在我的身体中产生反应，这是一种反射——例如，这会让我颤抖，这种颤抖表明，环境的温度比我身体的温度要低，而我的身体与周围环境之间的温差可能，正如俗话所言，会使我“着凉”，也就是使我变得脆弱，在附近传播的病毒，会导致我做出反应，比如说，穿上一件衣服或关上一扇窗户，也就是
864 说，会使我立刻改变周遭环境的的外在化排布。

在这种情况下，这个小事件无疑可以被视为传递到我神经系统的信息，严格来说与我的意识无关，也不涉及我的无意识，尽管它可能有助于成为其他类型事件的背景，这些事件将涉及我的无意识，但这不是信息——不过，这一点我们先按下不表，让我们先考虑其他类型的事件。比如，我正在网上**冲浪**（或者更确切地说是网络，通过网络上网）。根据我刚刚提出的请求，我在谷歌网站上激活了名为“网页级别”（Page-Rank）的信息计算算法：正如人体工程学专家所言，我正在执行一项任务。然后我遇到了一些与我**寻找**的东西全然不同的内容：在“浏览”网页时，我——意外地、偶然地、幸运地——发现了一些超出我所**预料**的、**全然不同**的东西。

10. 对意外、偶然与回忆的期待

这个不同的事情，是一个小意外，也可以说是一个小事件——意外总是发生在形成“行动过程”的一系列微观动作或宏观动作中的事件，

因而变得延异，这种突然发生、毫无预兆的东西，无疑类似于信息。

它看起来像是会扰乱现有系统（我）的信息，这意味着，在作为计算对象的经典信息模型中，**与我交互的信息系统**会扰乱**我自己的信息系统**，进而对我造成干扰，因为我在自己的计算中没有预料到这种事件有可能会发生，因此，我通过**这种不可预见的事情**学到了一些我自己要去"适应"的东西。

然而，我在浏览谷歌和使用"网页级别"时发生的这个**偶然的意外**，并不是我们从字面意思理解的**意外**，也就是说，没有被我这个动态系统计算——可以被它计算与预测的——这个意义上的的意外。这种出乎意料是一种**意外**，其意义恰恰在于它是**无法预测**的，严格说来是不可能发生的，然而，这种**完全**出乎意料、不可预见的事情也许是从**最令人期待的事情**中产生的，就像赫拉克利特所说的意外事件：不可能发生的、无法比拟的、无法估量的、走向**分枝**的。865

对意外的期待是一种对无法估量的原始前摄的视野，它总能使任何形式的知识向**超越**知性的事物开放。海德格尔将这种对意外的期待称为"向死而生"（Sein-zum-Tode）的视野。但是今天，必须从负人类学的角度重新审视这种源于原始前摄的"原始"主张。这种负人类学的观点，也是弗洛伊德在《超越快乐原则》里所秉持的。

在心理驱动力注定存在的情况下，负人类学帮助那些由熵和负熵推动的东西**减负**，比如欲望，它促使驱动力去自动化（这就是为什么驱动力不能成为本能），在延异的视野下，借由配置人/负人的方法，以负人类学的方式实现了对它们的超越，这也就是德里达所说的生存。

这种由力比多经济所导致的**负人类学的意外**是出乎意料的，因为我根本没有**预想**过它的出现，**我不知道它**，我没有为此根据它、在它的指引下组织行为的经历，然而，当它——在某些情况下通过所谓的**偶然性**——突然发生在我身上时，我会**急于**这种意想不到的、几乎可以说是心理化学的沉淀（它在我的大脑器官中具有这样的效果，更准确地说，是电化学的效果)，它是**某种物质分枝**的结晶，见证了这样一个事实：我对它抱有期待，甚至也许，我只是在期待而不自知。在某种对于承诺[1]的非知状态中，苏格拉底试图将其作为**回忆**来进行延迟思考。

11. 颠覆，忠实地接纳(准因果)环境的不可靠性

因此，我在自己身上发现了一种奇特的“对意外的等待”：我注意到，意外的事情与我所等待的东西相呼应，但我并不知道我正在等它。这种等待与可计算的等待完全不同。它是《存在与时间》所描述的本质上**不确定**的东西[2]。它被铭刻在“向死而生”(Sein-zum-Tode)的原始前摄中，而“向死而生”构成了“此在”，因为它**从来都不是，并且仍未全然在此时此地**，也就是说，只要它的**位置**是开放的，因为剩下的部分
866 总是不可能到来的，并且它们只能在这种等待中呈现出自身：在等待之中(也意味着专注)。这就是为什么海德格尔会说人是处于等待之中的存在。[3]

可计算的期待永远是可以解释的：它是可意识到的、平庸的和例行公事的，在这一点上，它是完全可形式化、可描述的，并且可以转化为信息模型，在该模型中，滞留和前摄可以被还原为计算。**出乎意料的**、期待已久的、**尚未**在那里出现的东西则完全是另一回事了：那是我不知道的事情，我对它充满期待。弗洛伊德、海德格尔和拉康(以他们不同的理解)称其为“原质”[4](das Ding)。而这正是把我们带回到柏拉图《美诺篇》中回忆(anamnèse)的原因。

这里所涉及的是作为回路的功能，但它根本不是“可计算的信息”

---

① 参见《我们如何称呼延迟思考？ 1. 巨大的倒退》，第863页。

② 参见下文，《爱比米修斯的过失》第二部分第二章，第235页起。

③ 马丁·海德格尔：《存在与时间(问题四)》。

④ 这一点在《什么让生活值得过——论药理学》的第32和第41节中得到了阐述。

的回路，因此与市场价值无关，也与**适应性平衡**无关——对环境的稳态维持，通过或多或少的适应性过程去维持一个系统的状态，这就成了一个维持的问题。

在那里发生的一切并不能使运行的事件适应环境，相反，它允许**阻碍**的事件发生，去帮助适应环境，比如前个体的**不稳定性**（充满潜力），并且，通过接纳它，在将它个体化的同时使我们自己也个体化，再比如（相位延迟的）跨个体的可靠性，即或多或少的局部性阐释与分枝——这与怀特海、坎吉伦和勒鲁瓦-古兰所理解的环境问题有关，即与对环境的**攻击**、环境的**不可靠性**和**规范性**，以及环境中的**技术性**等问题有关。

如同期待已久的一场意外，我通过偶然之间发现的东西将自己**个体化**：我"从上到下"地改造自己，并非通过计算产生新的稳态，恰恰相反，是为了异位转移，扰乱我外在化存在的所有维度，这种动荡让我感到不安，导致我重塑自身——采取新的行为，这些行为既不可总结、不可比较，也不可计算：它们是**奇点**。 867

在学到了一些意想不到的东西后，我罕见地再-个体化了自己，这意味着我将自己**去个体化以后**又分枝了。我所变成的，或是成为的，与我在那之前的样子、与我曾是什么、与我不是什么、与我的本质无法相比，但**仍然忠于它**，我们称之为诚实、美德、智慧（sophrosunè）体现在个人的文本与其环境之间的先验亲和力中，而环境既是原始局部性的（在这个宏观宇宙的原始局部性中，现在已经远远超出了陆地生物圈——与罗塞塔和菲莱一起，到达了太阳系的范围），又是**原始仿真**的。

12. 宇宙中的微观世界和宏观世界，位置的难题

这样的事件（它总是将一个局部的微观世界与一个不那么局部

的——更丰富——但仍然是负人类学意义上局部化的宏观世界衔接起来）可以通过一颗子弹落在我的下背部，就像乔·布斯凯那样，或是像马尔科姆·洛瑞那样，通过酒精让我形成依赖性：这种由不可估量的偶然事件带来的个性化，是通过德勒兹所说的准因果关系逐步推进的。

人们或许会疑惑，这里与我通过计算去适应信息轰炸的情况有什么不同。因为那时我也改变了我的行为：我采取了从未有过的行为，所以我也使自己个性化了。然而，我没有使自己个体化：我极其精妙地使自己适应了环境——换句话说，我接近阿道夫·凯特勒意义上的平均行为，它先于尼采思想，吉尔·夏特莱在20世纪末对其进行了解释，为了适应它，我失去了我的独特性：我越来越接近平均水平。这意味着我失去了自己的个性。这正是虚无主义的挑战。

在虚无主义的尽头，**位置的难题**再次出现。难题如下：位置是无法还原的，但仅在法律中如此。尽管它（在法律上）无法还原，但它可以在事实上被还原。这种可能性**如何**变为**不可能**，以及这种**不可能性**又如何变得**可能**呢？靠的是一种药理学承诺的经济，但它总是会变成非经济。

承诺是超越法律的正义，将自身**局部化地定位**于体外器官形成中
868 不断产生的技术性事实之外，其中位置的难题**必然会重新出现**，因为无论是生命体还是心智的延异，总能够在生成的熵流中**确保熵分枝的可能性与不可能性**——无论这个局部的地方是蜱的周围世界（Umwelt）还是宇宙，即心智灵魂的世界，总是铭刻在那里（在这个房间里，在这个国家中，在这个星球上），通过跨个体化的回路，微观世界和宏观世界之间的尺度关系构成了“不定的二”张力之中的联系。[①]

由于这种宇宙论总是在微观宇宙学和宏观宇宙学的尺度上重新分布，所以它已经变得无法延迟思考，这是一个事实：一个有关认识

① 这些问题在Pharmakon.fr于2017年举办的春季研讨会上得到了研究。

论转向的事实，它从封闭的世界过渡到无限的宇宙①，长期以来使我们无法对位置的问题延迟思考，因为这种位置本身就是无法想象的。这种无法想象，无论是对于生物圈本身，还是对于已经资不抵债的全球经济，亦或是对于这肮脏世界各处、正遭受着巨大痛苦的个体的精神层面而言，都已变得难以忍受，对于拥有心智和思维能力的人来说，压抑这一切并最终否认是巨大的挑战，也就是说作为人类，他们只能共享熵，并且面临着必须要超越反熵进行思考的处境，而这只有在外在化的反人类探求中才会发生，这种探求必须是超越人类世和负人类世的。

在熵纪现在所处的人类世中，作为负人类世的一个不可能的可能性（承诺），**位置的难题**再次出现，它首先是一个构成了**负人类学**的经济体：位置问题，作为宇宙学领域的一个问题，继热力学第二原理、薛定谔的器官形成理论及洛特卡的外在化理论之后——在宏观和微观的层面再次被提出：在思辨性的宇宙论中，微观宇宙学和宏观宇宙学、微观经济学和宏观经济学、微观政治学和宏观政治学必须与怀特海的理论一起思考，除此以外，作为一种**超现实主义的宇宙学**，其可扩展性（尺度关系）成为难以发觉的关键——德勒兹和瓜塔里试图通过根茎的形象去弥补这一缺陷。 869

13. 实践价值

我们必须学会使用谷歌，从更普遍的意义上说，作为各种计算自动化的算法，一般的搜索引擎完全将延异重置为外在化，并且具备延展

① 参见亚历山大·柯瓦雷：《从封闭的世界到无限的宇宙》，伽利玛出版社，“如是”丛书，1988年。

性，这带来了新的变化的视野，在这种视野下，外在化是常规操作[1]——我们必须学会实践这一点，并非借由信息化的过程，而是通过构成网络位置的个体化过程去实践、记录和跨越个体的**知识路径**，以便产生**实践价值**，即负人类的价值。

这么做**有助于**丰富世界的负人类学，即世界的多样性。这事关为丰富局部世界的心智多样性做出贡献的问题，这种多样性只能**区分出**
870 **肮脏**，通过准因果关系将其转化为一个世界，**对可能性开放**就是这个世界的**财富**，这样它们就无法被还原为生成——生成被时间之箭引向巨

① 基于西蒙栋的意思，他曾写道："变化理论是与结构理论对称的操作理论[……]区分出其规范的初始方式[……]包括使用已经构成的科学去命名区间。一个区间意味着[……]一种关系，而一种关系意味着操作。因此，我们将获得物理-化学、心理-生理学、机械-热力学的变化。但是[……]如果分类原则使得发现某些操作[……]成为可能，那么这些操作可以通过其他方式进行理论化处理。"吉尔伯特·西蒙栋：《基于形式和信息概念的个性化》，第529页。

我本人认为，原始的变化操作是外在化的操作，其他所有从它发展而来的操作都离不开它，并且这些操作本身最终总是需要外在化的支持。当我们继续阅读西蒙栋并考虑到行为因素（包括心理行为）时，很容易想到这一点："操作是使结构出现或改变结构的原因。[……]行动既包含操作，也包含结构[……]取决于注意力集中在行动的哪一面，它保留了操作要素或结构要素。因此，当几何学家通过在这条直线之外取一点来绘制一条直线的平行线时，[……]这个行动的结构就是[……]一条直线相对于另一条直线的平行度。[……]但几何学家也可以关注动作的操作层面，也就是说，他追踪的行动。[……]这种追踪的行为有其自己的图式[……]，事实上，这种行为源自一种意志，而意志本身就是某种心理行为。"正是基于同样的推演，《电影的时间与存在之痛的问题》一方面提出了所有图式最终的外在化特征（以第三滞留为条件），另一方面将计算与能力联系起来，首要的就是一种用手指计数的能力（手写体，参阅前文，第650—654页）。

这就是为什么西蒙栋会写道："在最终的操作方案中，执行这个行为带来了运动的内、外部调节作用。"（第530页）他补充道（第531页）："只有当结构科学在其自身领域的范围内感受到局限时，操作科学才能实现。[……]到目前为止，仅实现了半科学；科学现在必须提出操作的理论。[……]控制论标志着普遍变化的开端。"我将在第四卷《后真实时代真理的证明》中试图表明，这样的变化从一开始就是彻头彻尾的体外器官学，并预先对西蒙栋尚未提出的信息论做出批判。

大的可能性：宇宙冷却永久性地延续。这样的贡献需要一种新的力比多经济，也是一种新的普遍经济，一种新的政治经济：这就是我们在艺术工业中所说的贡献性经济。

这种贡献性经济[①]需要一种新的组织学，也就是说，既需要：

——对体内器官、体外器官和社会组织，或者说外体组织排布的新构思[②]；

——数字短记忆技术的新架构，它现在占据了曾经由字母书写（作为字面意义上的第三滞留）所占据的位置，书面滞留带来的所有可能的**分类理论**，以及相关的**验证过程**本身来自各类泛个性化的过程，在不同的尺度上——进行分类与验证，在此基础上对普遍的工具进行了构思，特别是心智的工具，也就是巴什拉从被他称为"书目"（bibliomènes）中领悟到的现象技术；

——在《数字研究》[③]杂志给"数字"这个称谓下定义的基础上，对基于**数字研究**的资本主义认识论进行批判。

这些就是我们所说的普遍器官学的关键问题，因为它既是理论性的，也是实践性的，它研究的是通过体内器官之间形成的传导关系，将体外的状况局部性地**铭刻**在一个由基点与日程划分构成的空间和时间里，体内、外器官和外体组织形成了复杂的体外化有机物，这样的体外化有机物是心理个体的集合，他们本身就是简单的体外化有机物组织而成的、多少具有功能等级的群体，并分享共同的体外设备——比如中

① 自2016年11月以来，如此设想的贡献性经济一直以基于贡献性研究方法的经济和社会实验方案为目标。参见contributiveresearch.org。

② 这一概念在《我们如何称呼延迟思考？》和待出版的《自动化社会2.知识的未来》中得到发展。

③ 请参阅由弗兰克·考梅拉斯和雅克·吉尔伯特创立的卡尼尔经典出版社发行的《数字研究》杂志。另请参阅由贝尔纳·斯蒂格勒主编的《数字研究——知识器官学和知识技术》，FYP出版社，2014年。

871 世纪的一座城堡、一座城市、一艘船、一间工厂、一个国家。

经由使知识个体化的方法，我将自己也个体化了，基于此，我促成了一种**多样性**，这种多样性总是能从必不可少的缺陷中找到缺口，在体外发现这种可能，并通过这个缺口挖掘出强调延异分枝的一切可能性。这些意外的准因果关系导致了这些分枝，从而成为事件，使得意外发生的世界中原本不可能存在的东西变得可能。这种可能性**完全是外生的**。

在此，可能性不是存在的一种形态，而是生成流中的分枝，由此**产生**延迟差异，并在未来，像那些奇特的、不可能的和意想不到的东西一样，经由无法计算、不可预测，但总是令人充满期待的转化中，偏离信息产业系统的平均生产水平——尼采因此将其称为他那个时代典型的虚无主义，而大众社会将建立在这样的虚无之上。

14. 超越主动虚无主义、受到影响的心智紧急状态

所谓的信息和通信技术以及写作之间存在显著差异，这包括产生第三滞留——以前是以等级化的方式，**通过**象征、魔法或神圣力量的神圣化和等级化行为，然后通过中小学、大学以及学术或科学的力量，旨在发展知识，《电影的时间与存在之痛的问题》称之为滞留装置[①]，它是们行动的力量（首先是城邦，然后是神学-政治力量，在人类世，作为资本世的资本），现在则是通过计算和网络信息产业的模式。

接受短记忆滞留状态的前提，是超越已经成为古老历史的主动虚无主义，建立在重新估定一切价值之上。之所以如此，是因为只有当尼
872 采停留在形而上学的价值概念内，才会想到重估价值的必要性，并不是因为他会像海德格尔所主张的那样扩展现代形而上学的计划，而是因

① 参照前文，第745—771页。

为，**像海德格尔一样**，最终，他在**勾勒出重新估定一切价值的轮廓**时[①]，会忽略外在化的问题。

然而，**此时此刻**，短记忆滞留却以**前所未有**的方式**呈现**出来。这里的“前所未有”意味着：建立一种心智的紧急状态。超控制技术为计算性的短记忆滞留配置了具有破坏性力量的工具，这些技术已经完全进入市场，市场因此变得无限大，但是也撞向了大转向的壁垒——所有这一切都**要求**我们从那些与热力学、生物学、信息科学和控制论试图形式化、**相关**却又**延异**的角度重新思考熵和负熵。

一个事件所产生的知识会导致个体分枝，也就是说，为了增强行动能力而改变自己——这种转变属于反馈控制论。这种活生生的反馈并非来自生物体外部，相反，它是生物体投射到外部的东西——温贝托·马图拉纳和弗朗西斯科·瓦雷拉（以及在他们之后的尼克拉斯·卢曼）称之为行动中产生的自创生。但就我们必须成为的经济性存在而言，对我们来说，**我们只是外化的**，也就是说，**我们被自己所产生的异质环境所影响和改变**。

——要么，这种器官的形成通过信息计算产生对环境的适应，通过手段消灭这种创造能力；

——要么，让它去形成乔治·康吉莱姆所说的规范性——将致病元素转化为意义元素，转化为感染力，即转化为**新的情感**，这反过来又会产生其他情感：当我受到影响时，我从影响我的东西中去影响他人，因此我的转化等于我的泛个性化，从而根据我的感染力使环境变得个性化，通过这种泛个性化的过程，我的感染力成为一种规范，这是一种**无法估量的延迟差异**。

这不再是控制论的反馈回路，也可以被描述为雅各布·冯·尤克

① 参见芭芭拉·斯蒂格勒：“我们清楚地听到电报的敲击声，但我们不理解它。”（尼采，1877年）

873 斯基尔所说的回路——连接着感受器器官和效应器器官，并形成蜱追求其命运的回路。这是一个心智体的“漫步游走”，延迟差异在心智体之间，而这之间中蕴含的恰恰是始终缺席的思维过程，基于此，**心智体之间的距离是必不可少的**。

15. 心智回路及其趣味，与作为固定资本的绝对非知识

与蜱的感觉-运动回路不同，**心智的**回路是螺旋形的：它在体外漂移发生的地方形成螺旋形，这是通过器官的——而不仅仅是有机的——生产对世界和生活环境的改造，它通过**人工选择**带来了一种新型的多样化，不仅构成了**熵的局部延异**，即负熵，而且还构成了一种体外器官意义上的负人类熵。

器官学上的负人类熵并不是负熵：它不是由生物体产生的，而是由为生物体服务的**非生物**产生的，而非生物又反过来为**生物体**服务：衣服、工具、人造器官、路径、道路、住宅、城市、雕塑、信件、计算机、网络……构成世界的一切都是由这种“药”组成的，在这些“药”中建立起多少有些功能性和失序的社会义务与统治关系。因此，负人类熵总是会导致熵率的增加，比如在地理学家所描述的人类化过程中，通过能量的耗散以及对重要环境和生物体本身的破坏造成熵率的增加。

但是，器官转化（体外的器官形成）也是产生负人类熵的原因。负人类学与导致外在化的负人类熵的生产，只有通过它们所需的知识才能实现，并且，只要是为了加强负人类熵的可能性而关注的药，这样的知识就是就治疗性的。这种知识产生了趣味，也就是差异，心智多样性的细微差别，通过这些细微差别，外体的存在不断上升到一种超越人类
874 的思维过程，它总是超人类的存在——如同宇宙总是超现实的：宇宙**不仅仅是宇宙**，它是由一些地点组成的，从这些地方产生了一些不可能

的、超现实的可能性。

然而，这种包含在外在化之中的趋向永远会被相反的、人类学的、同质化的趋向所破坏，它支配着非常巨大的心智多样性，形成了它需要被迫适应义务的心智多样性，特别是从资本主义攫取西方的知识以来，资本主义赋予知识一种生产的功能，以及通过计算产生的、统治经济的力量。

因此，资本主义的认识论就形成了，它已经成为纯粹和简单的计算性固定资本，自从数字化的第三滞留出现以来，就倾向于将知识转化为信息系统，具体表现为马克思在《机器论片段》中所描述的内容，通过将知识完全整合、吸收到这种固定资本中实现的自动化——这实际上导致了知识在绝对非知识中的瓦解、由绝对非知识造成的瓦解以及作为绝对非知识的瓦解。

那么问题是，即使是计算外在化，也需要**培育一种负人类学分枝的可能性**作为其处方疗法，这需要从器官学的角度构思新的数据架构，与学术组织密切合作，在电子、计算和网络第三滞留的时代，重新审视康德所说的**能力冲突**。

16. 对政治经济学批判的思考：学会讲故事

这种冲突首先是**外在化的功能冲突**——且只要这些功能是可以数学化的情况下。我们需要对这种功能（和能力）的冲突进行延迟思考，以便通过新的宏观经济学将体外化有机物重新指向它们负人类学的命运，从而带来负人类世，其中，借由心智多样性的梯度关系，外在化决定着微观经济的差异，因为它从一开始就要求建立一种新的政治经济，一种取代生物学的经济——但只有那种始终既是巴塔耶意义上的普遍经济，又是弗洛伊德所说的的力比多经济，才能做到这一点。

这种经济具有且必须保持政治性，因为它首先是一种**超越可计算的、即超越市场的人工选择标准**。在这里，有必要在尼采重新估定一切 875

价值的基础上，重新审视和界定尼采重估的大政治、记忆政治与大健康。这样一种政治，一种普遍的、力比多的经济，可能赋予恩格斯的《德意志意识形态》以及《自然辩证法》以新的内涵。借由这样的重读，它将“阐释”诠释为世界的转化，这不是要去**首先**寻找资本主义替代方案的问题，而是从人类学本身出发，开辟出取代人类学的方法，这无法过度使用辩证假设去完成，因为那会导致令人无能为力的负面怨恨力量的堆叠，而应当使用一种无法消减的、具有负人类熵倾向的药理学经济——没有其他任何可代替的方法。

作为**聪明且温和**的极权主义，紧急状态已经成为资本事实上的状态，我们需要依靠当今的外在现实培育出的新的法律状态，因为它们能够，而且必须产生**新知识**，因为知识不仅仅是可计算的，而且也需要根据自动化的知性打开及闭合的可能性与不可能性，调动理性的功能。这种新理性的功能只能是一种新的批判。作为一种分枝和决策的能力，它激活和重新激活（在胡塞尔的意义上）**由密集计算提供的数据**，作为解释分枝的力量，也就是行动——转化的力量。

这样一个问题的前提是，数字研究致力于从手指的制造功能重新思考数据架构，以便在外化过程中，使得“**数字**”可以同时对内容进行**制造**和**计数**。“数字”在这里指的是将计算与制造、制造与叙述联系起来，也就是说，将白天和夜晚的梦境联系起来的东西，而梦境总是以**超越**计算为前提，准确地说，是超越分枝的力量，因此，只有知识才能经由虚构、超越体外器官与组织的人类学维度对“药”进行关注，才能再度开启超现实的未来前景。

在这些新的视角下，我们必须成为经济体的**义务**已不仅仅是道德责任：它是尼采意义上的经济责任，这也意味着它是全宇宙的责任。依靠梦想与实现梦想的心智力量是超越现实的外在条件，它必须服务于一种超现实主义和偶然性的宇宙论，利用**一切可用的资源**：准因果关系。

2017年3月

参考文献

本书目为《技术与时间》原著及研究著作的相关资料。
为便于中文读者检索原著，我们不对其进行翻译。

Jean-François Abramatic, *Développement technique d'internet*, rapport à Christian Pierret, secrétaire d'État à l'Industrie.

Theodor W. Adorno, *Théorie esthétique*, tr. Jimenez, Klincksieck, 1974.

Theodor W. Adorno et Max Horkheimer, *La Dialectique de la raison*, Gallimard, coll. «Tel», 1983.

Aristote, *Physique*, Vrin, 1991.

Éthique à Nicomaque.

Physique.

De l'âme.

Éthique à Eudème.

François Albéra, Introduction, *in* Lev Koulechov, *L'Art du cinéma et autres écrits*, éd. L'Âge d'homme, 1994.

Henri Atlan, *L'Auto-organisation*, Le Seuil, 1983, p. 117.

Pierre Aubenque, *La Prudence chez Aristote*, PUF, 1963, p. 186.

Augustin, *Les Confessions*.

Sylvain Auroux, *La Révolution technologique de la grammatisation*, Mardaga, 1994.

Kostas Axelos, *Marx penseur de la technique. De l'aliénation de l'homme à la conquête du monde*, Minuit, 1961.

Gaston Bachelard, *Le Nouvel Esprit scientifique*, PUF, 1978.

Bruno Bachimont, *Le Contrôle dans les systèmes à base de connaissances : contributions à l'épistémologie de l'intelligence artificielle*, Hermès, 1992.

Alain Badiou, *L'Éthique. Essai sur la conscience du Mal*, Hatier, 1993.

Étienne Balibar, lmmanuel Wallerstein, *Race, Nation, Classe*, La Découverte, 1997.

Jean-Hugues Barthélémy, *L'Idée de relativité philosophique chez Simondon*, université de Nantes (DEA).
Roland Barthes, *La Chambre claire. Notes sur la photographie*, Gallimard/Le Seuil/Les Cahiers du cinéma, 1979.
Georges Bataille, *Lascaux ou la Naissance de l'art, dans Œuvres complètes*, t. IX, Gallimard, 1979.
Frank Beau, Philippe Dubois et Gérard Leblanc (sous la dir.), *Cinéma et dernières technologies*, INA et DeBoeck University, 1998.
Walter Benjamin, *L'Œuvre d'art à l'ère de sa reproductibilité machinique, op. cit.* [in Écrits français, Gallimard, 1991?].
«Petite histoire de la photographie», in *Essais 1*, Gonthier-Denoël, 1971. *Essais 2*, Gonthier-Denoël, 1971.
Daniel Bensaïd, *Marx l'intempestif*, Fayard, 1996.
Henri Bergson, *L'Évolution créatrice* [1905], *Évolution créatrice*, PUF, coll. «Quadrige».
Maurice Blanchot, «Sur un changement d'époque», *L'Entretien infini*, Gallimard, coll. «Blanche», 1969.
Au moment voulu, Gallimard, coll. «L'Imaginaire», 1993.
La Bête de Lascaux, Fata Morgana, 1982.
La Communauté inavouable, Minuit, 1984.
L'Espace littéraire, Gallimard, coll. «Idées», 1955.
La Part du feu, Gallimard, 1949.
Jorge Luis Borges, *L'Auteur et autres textes*, Gallimard, coll. «L'Imaginaire», 1982.
Fictions, Gallimard, coll. «Folio», 1983.
Jean Bottéro, *Mésopotamie : l'écriture, la raison, les dieux*, Gallimard, 1987.
Pierre Bourdieu, *Sur la télévision*, Éditions Liber/Raisons d'agir, 1996.
José Bové et François Dufour, *Le monde n'est pas une marchandise*, La Découverte, 2000.
Zbigniew Brzezinski, *La Révolution technétronique*, Calmann-Lévy, 1971.

Italo Calvino, *La Machine littérature : essais*, Le Seuil, coll. «Pierres vives», 1984.
Paul Cézanne, *Conservations avec Cézanne*, Émile Bernard et *alii*, Macula, 1978.
Jean-Pierre Changeux, *L'Homme neuronal*, Fayard, 1982.
François Châtelet, *Platon*, Gallimard, coll. «Idées», 1965.
Noam Chomsky, *Rules and Representations*, Columbia University Press, coll. «Columbia Classics in Philosophy», 1980, p. 3.
Philippe Choulet, Philippe Rivière, *La Bonne École. 1. Penser l'école dans la civilisation industrielle*, Champ Vallon, 2001.
Maurice Daumas (sous la dir.), *Histoire générale des techniques* [tome 1 : *Les Origines de la civilisation technique*, PUF, 1962, et tome 2 : *Les Premières Étapes du machinisme*, PUF, 1965], ?.
Michel Deguy, *Le Temps de la réflexion*, n° VI, Gallimard, 1985.
Gilles Deleuze, *Empirisme et subjectivité. Essai sur la nature humaine selon Hume*, PUF, coll. «Épiméthée», 1953.

Nietzsche et la philosophie, Paris, PUF, 1962.
Différence et répétition, PUF, 1968.

Jacques Derrida, *Otobiographies. L'enseignement de Nietzsche et la politique du nom propre*, Galilée, 1984, pp. 20–21.
Psyché. Inventions de l'autre, Galilée, 1987.
Marges de la philosophie, Paris, Minuit, 1973.
De la grammatologie, Paris, Minuit, 1967.
Mémoires pour Paul de Man, Galilée, 1988.
L'Origine de la géométrie, de Husserl. Introduction et traduction, PUF, 1962, p. 87.
Schibboleth pour Paul Celan, Galilée, 1986.
De l'esprit. Heidegger et la question, Galilée, 1987.
Politiques de l'amitié, Galilée, 1994.
Spectres de Marx, Galilée, 1994.
Le Problème de la genèse dans la philosophie de Husserl, PUF, coll. «Épiméthée», 1990.

Marcel Detienne, *Les Savoirs de l'écriture en Grèce ancienne*, PUL, «Cahiers de philologie», 1988.

Hubert Dreyfus, «De la *tekhnè* à la technique», in *Heidegger*, Éditions de L'Herne, coll. «Cahiers de L'Herne», 1983.

Émile Durkheim, *De la division du travail social* [1893], Paris, PUF, 1967.

Luc Ferry, Alain Renaut, *Heidegger et les Modernes*, Grasset, 1988.

Jerry A. Fodor, *La Modularité de l'esprit. Essai sur la psychologie des facultés*, Minuit, 1986.

Viviane Forrester, *L'Horreur économique*, Fayard, 1996.

Michel Foucault, *Les Mots et les Choses*, Paris, Gallimard, 1966.

Sigmund Freud, *Malaise dans la civilisation*, PUF, 1971.
Métapsychologie, Gallimard, coll. «Idées», 1968.

J.-M. Frodon, *La Projection nationale. Cinéma et Nation*, O. Jacob, 1998.

François Furet et Jacques Ozouf, *Lire et Écrire*, t. I, Minuit, 1977.

Susan George, *Le Rapport Lugano*, Fayard, 1999.

Nicholas Georgescu-Roegen, *The Entropy Law and the Economic Process*, Harvard, Harvard University Press, 1971; *Demain la décroissance. Entropie, écologie, économie* [*The Entropy Law and the Economic Process*, 1971], Lausanne, -Pierre-Marcel Favre, 1979.

Bertrand Gille, *Histoire des techniques. Technique et civilisations, technique et sciences*, Gallimard, coll. «Bibliothèque de la Pléiade», 1978.

Jean-Luc Godard, *Introduction à une véritable histoire du cinéma*, tome 1, Albatros, 1980.

Gérard Granel, *Le Sens du temps et de la perception chez Edmund Husserl*, Gallimard, 1968.
De l'Université, Mauvezin, TER, année.

Geneviève Guitel, *Histoire comparée des numérations écrites*, Flammarion, 1975.

Jürgen Habermas, *La Technique et la Science comme «Idéologie»*, trad. J. R. Ladmiral, Gallimard, 1973.
John Haugeland, *L'Esprit dans la machine. Fondements de l'intelligence artificielle*, O. Jacob, 1989.
G. F. W. Hegel, *Notes et fragments, Iéna 1803–1806*, Aubier, 1990.
La Phénoménologie de l'esprit [1947], vol. 1, Aubier, 1991.
Histoire de la philosophie [*Leçons sur l'histoire de la philosophie?*, éditeur?, année?], t. 3.
La Raison dans l'histoire, traduction de Kostas Papaioannou, Pocket, coll. «Agora», 1978.
Martin Heidegger, *Discours de rectorat*, Mauvezin, TER, 1987.
Les Problèmes fondamentaux de la phénoménologie, Gallimard, coll. «Bibliothèque de philosophie», 1985, pp. 314 et suiv.
Kant et le problème de la métaphysique, Gallimard, coll. «Tel», 1981.
Interprétation phénoménologique de la «Critique de la raison pure» de Kant, Gallimard, coll. «Bibliothèque de philosophie», 1982. Questions I, Gallimard, 1968.
«La question de la technique», *Essais et Conférences*, Gallimard, coll. «Tel», 1968.
Questions IV. Temps et être. La fin de la philosophie et la tâche de la pensée. Le tournant. La phénoménologie et la pensée de l'être. Les séminaires du Thor. Le séminaire de Zähringen, trad. de l'allemand de Jean Beauffret, François Fédier, Jean Lauxerais et Claude Roëls, Gallimard, coll. «Classiques de la philosophie», 1976.
Chemins qui ne mènent nulle part, Gallimard, coll. «Idées», 1962.
Introduction à la métaphysique, tr. Gilbert Khan, Gallimard, 1967.
Questions II, Gallimard, 1968, p. 153.
Introduction à la métaphysique, tr. Gilbert Khan, Gallimard, 1967.
Qu'est-ce qu'une chose?, Gallimard, coll. «Tel», 1971.
Langue de tradition et langue technique, Lebeer-Hossmann, 1990.
Être et Temps, Gallimard, coll. «Bibliothèque de philosophie», 1986, trad. François Vezin.
Être et Temps, traduction d'Emmanuel Martineau, Authentica, 1985.
Problèmes fondamentaux de la phénoménologie, tr. J.-F. Courtine, Gallimard, 1985.
Sein und Zeit, Max Niemeyer Verlag, Tübingen, 1986.
Gesamtausgabe, Band 29/30 : Grundbegriffe der Metaphysik, Vittorio Klosterman Verlag, 2004.
Hésiode, *Les Travaux et les Jours*.
Théogonie.
Edmund Husserl, *Leçons pour une phénoménologie de la conscience intime du temps*, Paris, PUF, coll. «Épimétheia», 1964, trad. Henri Dussort, préface G. Granel.
L'Origine de la géométrie, PUF, 1974.
La Crise des sciences européennes et la phénoménologie transcendantale, Gallimard, 1976.

Recherches logiques. Recherches pour la phénoménologie et la théorie de la connaissance, tome 2, *Recherches III, IV, V*, PUF, 1962.
Recherches phénoménologiques pour la constitution, PUF, coll. «Épiméthée», 1982.
Idées directrices pour une phénoménologie, Gallimard, coll. «Tel», 1985.
Leçons pour une phénoménologie de la conscience intime du temps, PUF, coll. «Épiméthée», 1996, p. 7.
François Jacob, *La Logique du vivant*, Gallimard, coll. «Tel», 1970.
Christian Jacob, *L'Empire des cartes*, Albin Michel, 1992.
Dominique Janicaud, *La Puissance du rationnel*, Gallimard, coll. «Bibliothèque des idées», 1985.
Ernst Jünger, *Traité du sablier*, C. Bourgois, 1970.
Emmanuel Kant, *Sur le lieu commun : il se peut que ce soit juste en théorie, mais en pratique cela ne vaut rien, dans Théorie et Pratique*, Flammarion, coll. «GF», 1994, p. 46.
L'Idée d'une histoire universelle au point de vue cosmopolitique.
Réflexions sur l'éducation, tr. A. Philanenko, Vrin, 1967.
Le Conflit des facultés, Vrin, 1997.
La Religion dans les limites de la simple raison, Vrin, 1994.
Opuscules sur l'Histoire, tr. S. Piobetta, Garnier-Flammarion, 1990.
Catherine Kintzler, *Condorcet, l'instruction publique et la naissance du citoyen*, Gallimard, coll. «Folio», 1984.

Jacques Lacan, *Écrits 1*, Le Seuil, 1966.
Jean Ladrière, *Les Enjeux de la rationnalité. Le défi de la science et de la technologie aux cultures*, Aubier-Montaigne/Unesco, 1977.
Patrick Lagadec, *États d'urgence. Défaillances technologiques et déstabilisation sociale*, Le Seuil, 1988.
David Landes, *L'heure qu'il est, les horloges, la mesure du temps et la formation du monde moderne*, Paris, Gallimard, 1987.
Roger Laporte, *Maurice Blanchot, l'ancien, l'effroyablement ancien (Explorations)*, Fata Morgana, 1987.
Pierre Legendre, *L'Amour du censeur. Essai sur l'ordre dogmatique*, Le Seuil, 1974.
Jacques Le Goff et Pierre Nora, *Faire de l'histoire*, tome 3 : *Nouveaux objets*, Gallimard, 1974.
Faire de l'histoire, tome 1 : Nouveaux objets, Gallimard, 1974.
André Leroi-Gourhan, *L'Homme et la Matière : évolution et techniques*, Albin Michel, coll. «Sciences d'aujourd'hui», 1943 ; Albin Michel, poche.
Milieu et Techniques, Albin Michel, coll. «Sciences d'aujourd'hui», 1945.
Le Geste et la Parole, tome 1 : *Technique et langage. Le Geste et la Parole*, tome 2 : *La Mémoire et les Rythmes*, Paris, Albin Michel, 1964.
Emmanuel Levinas, *La Mort et le Temps*, Livre de poche, 1990.
Claude Lévi-Strauss, *Anthropologie structurale*, tome 2 [1973], Paris, Plon, 1978.
Sylvie Lindeperg, *Clio de 5 à 7, Les actualités filmées de la Libération : archives du futur*, CNRS Éditions, 2000.

Burkhardt Lindner, *Pour une théorie de la reproductibilité*, Goethe Universität, Francfort.
John Locke, *Deuxième Traité du gouvernement civil*, tr. B. Gilson, Vrin, 1977.
Nicole Loraux, *Les Enfants d'Athéna*, La Découverte, 1981.
Alfred Lotka, *Elements of Physical Biology*, 1925, reprint Bibliolife DBA, 2015 ; «The Law of evolution as a maximal principle», in *Human Biology*, vol. 17, n°3, 1945.
Jean-François Lyotard, *L'Inhumain. Causerie sur le temps*, Galilée, 1988.
La Condition postmoderne. Rapport sur le savoir, Minuit, 1979.

André Malraux, *Le Musée Imaginaire*, Gallimard, coll. «Folio», 1996.
Thomas Mann, *La Montagne magique*, LGF, coll. «Le Livre de poche», trad. Maurice Betz.
Jean-Luc Marion, *Réduction et donation. Recherches sur Husserl, Heidegger et la phénoménologie*, PUF, coll. «Épiméthée», 1989.
Sur l'ontologie grise de Descartes. Science cartésienne et savoir aristotélicien dans les Regulae, Vrin, 1993.
Henri-Irénée Marrou, *Histoire de l'éducation dans l'Antiquité* [1948], Le Seuil, coll. «Points».
Karl Marx, *Le Capital*, Gallimard, coll. «Bibliothèque de la Pléiade», 1963.
Fondements de la critique de l'économie politique, Anthropos, [2 volumes] 1967–1968, p. 209.
Humberto Maturana et Francisco Varela, *The Tree of Knowledge*, Boston, New Science Library, 1987.
Donella Meadows, Dennis Meadows et Jørgen Randers (Massachusetts Institute of Technology), *Halte à la croissance? Rapport sur les limites de la croissance* [*The Limits of Growth*, 1970], Fayard, 1972.
Antoine Missemer, *Nicholas Georgescu-Roegen. Pour une révolution bioéconomique*, Lyon, ENS Éditions, 2013.
Marie-José Mondzain, *Image, icône, économie. Les sources byzantines de l'imaginaire contemporain*, Le Seuil, 1996.

Jean-Luc Nancy, *Une pensée finie*, Galilée, 1991.
Friedrich Nietzsche, *Sur l'avenir de nos établissements d'enseignement*, tr. J. L. Backer, M. Haar et M. B. de Launay, dans *Œuvres complètes*, t. I, vol. II, Gallimard, 1975.
Ainsi parlait Zarathoustra, Paris, Gallimard, coll. «Idées», 1958.
Humain, trop humain, tome 2 : *Le Voyageur et son ombre*, Gallimard, coll. «Idées», 1968, p. 28.
Généalogie de la morale, Deuxième dissertation.
Simon Nora, Alain Minc, *L'Informatisation de la société*, coll. «Points», Le Seuil, 1978.

André Orléan, *Le Pouvoir de la finance*, Odile Jacob, 1999.
André Orléan et Michel Aglietta, *La Violence de la monnaie*, PUF, 1988.

Michael B. Palmer, *Des petits journaux aux grandes agences. Naissance du journalisme moderne*, Aubier, coll. «Historique», 1983.
François Perroux, *La Pensée économique de Joseph Schumpeter. Les dynamiques du capitalisme*, Droz, 1965.
Alexis Philonenko, *L'Œuvre de Kant*, Vrin, 1972.
Platon, *Ménon*, in *Œuvres complètes*, volume I, traduction Léon Robin, Paris, Gallimard, coll. «Bibliothèque de la Pléiade», 1940.
Protagoras.
Timée.
Lysis.
La République.
Le Banquet.
Ilya Prigogine et Isabelle Stengers, *La Nouvelle Alliance*, Gallimard, 1979.
Evans Pritchard, *Les Nuer*, Paris, Payot, 1973.
Alain Prochiantz, *Les Stratégies de l'embryon*, Paris, PUF, 1988.
Marcel Proust, *Le Côté de Guermantes*, in *À la recherche du temps perdu*, *Œuvres complètes*, tome II, Gallimard, coll. «Bibliothèque de la Pléiade», 1988.
Pseudo-Aristote, *L'Homme de génie et la Mélancholie*, Payot, coll. «Petite Bibliothèque», 1991.
Hubert Reeves, *Patience dans l'azur. L'évolution cosmique*, Paris, Le Seuil, coll. «Science ouverte», 1981 ; coll. «L'avenir de la Terre».
Ernest Renan, *Qu'est-ce qu'une nation?*, Pocket, 1992.
Paul Ricœur, *Temps et récit III : Le Temps raconté*, Le Seuil, 1985.
Jeremy Rifkin, *L'Âge de l'accès*, La Découverte, août 2000.
Jacques Rolland, *Heidegger : questions ouvertes*, Osiris, 1986.
Jean-Jacques Rousseau, *Discours sur l'origine [et les fondements] de l'inégalité parmi les hommes, in Œuvres complètes*, Le Seuil, coll. «L'intégrale», 1971.
Essai sur l'origine des langues (Bibliothèque des Graphes, 1969).

René Schérer, *La Phénoménologie des recherches logiques*, PUF, 1967.
Gilbert Simondon, *Du mode d'existence des objets techniques*, Aubier, 1958.
L'Individu et sa genèse physico-biologique. L'individuation à la lumière des notions de forme et d'information, PUF, coll. «Épiméthée», 1964.
L'Individuation psychique et collective, Aubier Montaigne, 1989.

Sophocle, *Antigone*, Les Belles Lettres, 1994.
Antigone, tr. Hölderlin, tr. Philippe Lacoue-Labarthe, Christian Bourgois, 1998.
Antigone, tr. Jean et Mayotte Bollack, Minuit, 1999.
Antigone, tr. Paul Mazon, Gallimard, coll. «Folio», 1994, p. 96.
Barbara Stiegler, *Nietzsche et la Biologie*, PUF, 2001.

Jacques Taminiaux, *Heidegger*, Éditions de L'Herne, coll. «Cahiers de L'Herne», 1981.
Alexis de Tocqueville, *De la Démocratie en Amérique*, Gallimard, 1961.

Alan Turing, «Les ordinateurs et l'intelligence», in Alan Ross
Anderson (sous la dir.), *Pensée et machine*, Champ-Vallon, 1983.
Paul Valéry, *La Crise de l'esprit ou L'Européen*, dans *Œuvres complètes, op. cit.*, p. 1001.
Regards sur le monde actuel [1945], Gallimard, coll. «Folio», 1988.«Propos sur l'intelligence», in *Œuvres complètes*, tome 1, Gallimard, Coll. «Bibliothèque de la Pléiade», 1973.
Francisco J. Varela, *Autonomie et connaissance. Essai sur le Vivant*, Le Seuil, coll. «La couleur des idées», 1989.
Vladimir Vernadsky, *La Biosphère*, Paris, Diderot Éditions, 1997.
Jean-Pierre Vernant, «À la table des hommes», in Jean-Pierre Vernant et Marcel Detienne, *La Cuisine du sacrifice en pays grec*, Gallimard, coll. «Bibliothèque des Histoires», 1979.
Paul Virilio, *Vitesse et politique*, Galilée, 1977.

Max Weber, *L'Éthique protestante et l'esprit du capitalisme*, trad. Jacques Chavy, -Presses-pocket, coll. «Agora», 1985.
Norbert Wiener, *Cybernétique et société: l'usage humain des êtres humains*[1952], UGE, 1971.
Terry Winograd, Fernando Flores, *L'Intelligence artificielle en question*, PUF, coll. «La politique éclatée», 1989.
Karl Wittfogel, *Le Despotisme oriental*, Minuit, 1977.
Maryanne Wolf, *Proust and the Squid, Londres*, Icon Books, 2008 ; *Proust et le Calamar*, de Maryanne Wolf, Abeille et Castor, 2015.

Marlène Zarader, *Heidegger et les Paroles de l'origine*, Vrin, 1976.

索　引

（条目后的数字为原书页码，见本书页边码，
黑体数字为条目概念所涉及的分段所在原书页码。）

C

D

E

F

I

N

O

Q

W

人文与社会译丛

第一批书目

1.《政治自由主义》(增订版),[美]J. 罗尔斯著,万俊人译　118.00 元
2.《文化的解释》,[美]C. 格尔茨著,韩莉译　89.00 元
3.《技术与时间:1. 爱比米修斯的过失》,[法]B. 斯蒂格勒著,裴程译　62.00 元
4.《依附性积累与不发达》,[德]A. G. 弗兰克著,高铦等译　13.60 元
5.《身处欧美的波兰农民》,[美]F. 兹纳涅茨基、W. I. 托马斯著,张友云译　9.20 元
6.《现代性的后果》,[英]A. 吉登斯著,田禾译　45.00 元
7.《消费文化与后现代主义》,[英]M. 费瑟斯通著,刘精明译　14.20 元
8.《英国工人阶级的形成》(上、下册),[英]E. P. 汤普森著,钱乘旦等译　168.00 元
9.《知识人的社会角色》,[美]F. 兹纳涅茨基著,郏斌祥译　49.00 元

第二批书目

10.《文化生产:媒体与都市艺术》,[美]D. 克兰著,赵国新译　49.00 元
11.《现代社会中的法律》,[美]R. M. 昂格尔著,吴玉章等译　39.00 元
12.《后形而上学思想》,[德]J. 哈贝马斯著,曹卫东等译　58.00 元
13.《自由主义与正义的局限》,[美]M. 桑德尔著,万俊人等译　30.00 元

14.《临床医学的诞生》,[法]M. 福柯著,刘北成译 55.00 元

15.《农民的道义经济学》,[美]J. C. 斯科特著,程立显等译 42.00 元

16.《俄国思想家》,[英]I. 伯林著,彭淮栋译 35.00 元

17.《自我的根源:现代认同的形成》,[加]C. 泰勒著,韩震等译 128.00 元

18.《霍布斯的政治哲学》,[美]L. 施特劳斯著,申彤译 49.00 元

19.《现代性与大屠杀》,[英]Z. 鲍曼著,杨渝东等译 59.00 元

第三批书目

20.《新功能主义及其后》,[美]J. C. 亚历山大著,彭牧等译 15.80 元

21.《自由史论》,[英]J. 阿克顿著,胡传胜等译 89.00 元

22.《伯林谈话录》,[伊朗]R. 贾汉贝格鲁等著,杨祯钦译 48.00 元

23.《阶级斗争》,[法]R. 阿隆著,周以光译 13.50 元

24.《正义诸领域:为多元主义与平等一辩》,[美]M. 沃尔泽著,褚松燕等译 24.80 元

25.《大萧条的孩子们》,[美]G. H. 埃尔德著,田禾等译 27.30 元

26.《黑格尔》,[加]C. 泰勒著,张国清等译 135.00 元

27.《反潮流》,[英]I. 伯林著,冯克利译 48.00 元

28.《统治阶级》,[意]G. 莫斯卡著,贾鹤鹏译 98.00 元

29.《现代性的哲学话语》,[德]J. 哈贝马斯著,曹卫东等译 78.00 元

第四批书目

30.《自由论》(修订版),[英]I. 伯林著,胡传胜译 69.00 元

31.《保守主义》,[德]K. 曼海姆著,李朝晖、牟建君译 58.00 元

32.《科学的反革命》(修订版),[英]F. 哈耶克著,冯克利译 68.00 元

33.《实践感》,[法]P. 布迪厄著,蒋梓骅译 75.00 元
34.《风险社会:新的现代性之路》,[德]U. 贝克著,张文杰等译 58.00 元
35.《社会行动的结构》,[美]T. 帕森斯著,彭刚等译 80.00 元
36.《个体的社会》,[德]N. 埃利亚斯著,翟三江、陆兴华译 15.30 元
37.《传统的发明》,[英]E. 霍布斯鲍姆等著,顾杭、庞冠群译 68.00 元
38.《关于马基雅维里的思考》,[美]L. 施特劳斯著,申彤译 78.00 元
39.《追寻美德》,[美]A. 麦金太尔著,宋继杰译 68.00 元

第五批书目

40.《现实感》,[英]I. 伯林著,潘荣荣、林茂、魏钊凌译 78.00 元
41.《启蒙的时代》,[英]I. 伯林著,孙尚扬、杨深译 35.00 元
42.《元史学》,[美]H. 怀特著,陈新译 89.00 元
43.《意识形态与现代文化》,[英]J. B. 汤普森著,高铦等译 79.00 元
44.《美国大城市的死与生》,[加]J. 雅各布斯著,金衡山译 78.00 元
45.《社会理论和社会结构》,[美]R. K. 默顿著,唐少杰等译 128.00 元
46.《黑皮肤,白面具》,[法]F. 法农著,万冰译 58.00 元
47.《德国的历史观》,[美]G. 伊格尔斯著,彭刚、顾杭译 58.00 元
48.《全世界受苦的人》,[法]F. 法农著,万冰译 17.80 元
49.《知识分子的鸦片》,[法]R. 阿隆著,吕一民、顾杭译 59.00 元

第六批书目

50.《驯化君主》,[美]H. C. 曼斯菲尔德著,冯克利译 88.00 元
51.《黑格尔导读》,[法]A. 科耶夫著,姜志辉译 98.00 元
52.《象征交换与死亡》,[法]J. 波德里亚著,车槿山译 68.00 元
53.《自由及其背叛》,[英]I. 伯林著,赵国新译 48.00 元

54.《启蒙的三个批评者》,[英]I. 伯林著,马寅卯、郑想译 48.00元
55.《运动中的力量》,[美]S. 塔罗著,吴庆宏译 23.50元
56.《斗争的动力》,[美]D. 麦克亚当、S. 塔罗、C. 蒂利著,李义中等译 31.50元
57.《善的脆弱性》,[美]M. 纳斯鲍姆著,徐向东、陆萌译 55.00元
58.《弱者的武器》,[美]J. C. 斯科特著,郑广怀等译 82.00元
59.《图绘》,[美]S. 弗里德曼著,陈丽译 49.00元

第七批书目

60.《现代悲剧》,[英]R. 威廉斯著,丁尔苏译 45.00元
61.《论革命》,[美]H. 阿伦特著,陈周旺译 59.00元
62.《美国精神的封闭》,[美]A. 布卢姆著,战旭英译,冯克利校 89.00元
63.《浪漫主义的根源》,[英]I. 伯林著,吕梁等译 49.00元
64.《扭曲的人性之材》,[英]I. 伯林著,岳秀坤译 69.00元
65.《民族主义思想与殖民地世界》,[美]P. 查特吉著,范慕尤、杨曦译 18.00元
66.《现代性社会学》,[法]D. 马尔图切利著,姜志辉译 32.00元
67.《社会政治理论的重构》,[美]R. J. 伯恩斯坦著,黄瑞祺译 72.00元
68.《以色列与启示》,[美]E. 沃格林著,霍伟岸、叶颖译 128.00元
69.《城邦的世界》,[美]E. 沃格林著,陈周旺译 85.00元
70.《历史主义的兴起》,[德]F. 梅尼克著,陆月宏译 48.00元

第八批书目

71.《环境与历史》,[英]W. 贝纳特、P. 科茨著,包茂红译 25.00元
72.《人类与自然世界》,[英]K. 托马斯著,宋丽丽译 35.00元

73.《卢梭问题》,[德]E. 卡西勒著,王春华译 39.00 元
74.《男性气概》,[美]H. C. 曼斯菲尔德著,刘玮译 28.00 元
75.《战争与和平的权利》,[美]R. 塔克著,罗炯等译 25.00 元
76.《谁统治美国》,[美]W. 多姆霍夫著,吕鹏、闻翔译 35.00 元
77.《健康与社会》,[法]M. 德吕勒著,王鲲译 35.00 元
78.《读柏拉图》,[德]T. A. 斯勒扎克著,程炜译 68.00 元
79.《苏联的心灵》,[英]I. 伯林著,潘永强、刘北成译 59.00 元
80.《个人印象》,[英]I. 伯林著,覃学岚译 88.00 元

第九批书目

81.《技术与时间:2. 迷失方向》,[法]B. 斯蒂格勒著,赵和平、印螺译 59.00 元
82.《抗争政治》,[美]C. 蒂利、S. 塔罗著,李义中译 28.00 元
83.《亚当·斯密的政治学》,[英]D. 温奇著,褚平译 21.00 元
84.《怀旧的未来》,[美]S. 博伊姆著,杨德友译 85.00 元
85.《妇女在经济发展中的角色》,[丹]E. 博斯拉普著,陈慧平译 30.00 元
86.《风景与认同》,[美]W. J. 达比著,张箭飞、赵红英译 79.00 元
87.《过去与未来之间》,[美]H. 阿伦特著,王寅丽、张立立译 58.00 元
88.《大西洋的跨越》,[美]D. T. 罗杰斯著,吴万伟译 108.00 元
89.《资本主义的新精神》,[法]L. 博尔坦斯基、E. 希亚佩洛著,高铦译 58.00 元
90.《比较的幽灵》,[美]B. 安德森著,甘会斌译 79.00 元

第十批书目

91.《灾异手记》,[美]E. 科尔伯特著,何恬译 25.00 元

92.《技术与时间:3. 电影的时间与存在之痛的问题》,
[法]B. 斯蒂格勒著,方尔平译 65.00 元
93.《马克思主义与历史学》,[英]S. H. 里格比著,吴英译 78.00 元
94.《学做工》,[英]P. 威利斯著,秘舒、凌旻华译 68.00 元
95.《哲学与治术:1572—1651》,[美]R. 塔克著,韩潮译 45.00 元
96.《认同伦理学》,[美]K. A. 阿皮亚著,张容南译 45.00 元
97.《风景与记忆》,[英]S. 沙玛著,胡淑陈、冯樨译 78.00 元
98.《马基雅维里时刻》,[英]J. G. A. 波考克著,冯克利、傅乾译 108.00 元
99.《未完的对话》,[英]I. 伯林、[波]B. P. -塞古尔斯卡著,
杨德友译 65.00 元
100.《后殖民理性批判》,[印]G. C. 斯皮瓦克著,严蓓雯译 79.00 元

第十一批书目

101.《现代社会想象》,[加]C. 泰勒著,林曼红译 45.00 元
102.《柏拉图与亚里士多德》,[美]E. 沃格林著,刘曙辉译 78.00 元
103.《论个体主义》,[法]L. 迪蒙著,桂裕芳译 30.00 元
104.《根本恶》,[美]R. J. 伯恩斯坦著,王钦、朱康译 78.00 元
105.《这受难的国度》,[美]D. G. 福斯特著,孙宏哲、张聚国译 39.00 元
106.《公民的激情》,[美]S. 克劳斯著,谭安奎译 49.00 元
107.《美国生活中的同化》,[美]M. M. 戈登著,马戎译 58.00 元
108.《风景与权力》,[美]W. J. T. 米切尔著,杨丽、万信琼译 78.00 元
109.《第二人称观点》,[美]S. 达沃尔著,章晟译 69.00 元
110.《性的起源》,[英] F. 达伯霍瓦拉著,杨朗译 85.00 元

第十二批书目

111.《希腊民主的问题》,[法]J. 罗米伊著,高煜译 48.00 元
112.《论人权》,[英]J. 格里芬著,徐向东、刘明译 75.00 元
113.《柏拉图的伦理学》,[英]T. 埃尔文著,陈玮、刘玮译 118.00 元
114.《自由主义与荣誉》,[美]S. 克劳斯著,林垚译 62.00 元
115.《法国大革命的文化起源》,[法]R. 夏蒂埃著,洪庆明译 38.00 元
116.《对知识的恐惧》,[美]P. 博格西昂著,刘鹏博译 59.00 元
117.《修辞术的诞生》,[英]R. 沃迪著,何博超译 59.00 元
118.《历史表现中的真理、意义和指称》,[荷]F. 安克斯密特著,周建漳译 58.00 元
119.《天下时代》,[美]E. 沃格林著,叶颖译 78.00 元
120.《求索秩序》,[美]E. 沃格林著,徐志跃译 48.00 元

第十三批书目

121.《美德伦理学》,[新西兰]R. 赫斯特豪斯著,李义天译 68.00 元
122.《同情的启蒙》,[美]M. 弗雷泽著,胡靖译 48.00 元
123.《图绘暹罗》,[美]T. 威尼差恭著,袁剑译 76.00 元
124.《道德的演化》,[新西兰]R. 乔伊斯著,刘鹏博、黄素珍译 65.00 元
125.《大屠杀与集体记忆》,[美]P. 诺维克著,王志华译 78.00 元
126.《帝国之眼》,[美]M. L. 普拉特著,方杰、方宸译 68.00 元
127.《帝国之河》,[美]D. 沃斯特著,侯深译 76.00 元
128.《从道德到美德》,[美]M. 斯洛特著,周亮译 58.00 元
129.《源自动机的道德》,[美]M. 斯洛特著,韩辰锴译 58.00 元
130.《理解海德格尔:范式的转变》,[美]T. 希恩著,邓定译 89.00 元

第十四批书目

131.《城邦与灵魂:费拉里〈理想国〉论集》,[美]G. R. F. 费拉里著,刘玮编译 69.00 元

132.《人民主权与德国宪法危机》,[美]P. C. 考威尔著,曹晗蓉、虞维华译 58.00 元

133.《16 和 17 世纪英格兰大众信仰研究》,[英]K. 托马斯著,芮传明、梅剑华译 168.00 元

134.《民族认同》,[英]A. D. 史密斯著,王娟译 55.00 元

135.《世俗主义之乐:我们当下如何生活》,[英]G. 莱文编,赵元译 58.00 元

136.《休谟的人生智慧》,[英]J. 巴吉尼著,杨春丽译 68.00 元

137.《自由意志、能动性与生命的意义》,[美] D. 佩里布姆著,张可译 69.00 元

138.《自由与多元论:以赛亚·伯林思想研究》,[英]G. 克劳德著,应奇等译 58.00 元

139.《暴力:思无所限》,[美]R. J. 伯恩斯坦著,李元来译 59.00 元

140.《中心与边缘:宏观社会学论集》,[美]E. 希尔斯著,甘会斌、余昕译 88.00 元

第十五批书目

141.《自足的世俗社会》,[美]P. 朱克曼著,杨靖译 58.00 元

142.《历史与记忆》,[英]G. 丘比特著,王晨凤译 59.00 元

143.《媒体、国家与民族》,[英]P. 施莱辛格著,林玮译 68.00 元

144.《道德错误论:历史、批判、辩护》,

[瑞典]J. 奥尔松著,周奕李译 58.00 元

145.《废墟上的未来:联合国教科文组织、世界遗产与和平之梦》,[澳]L. 梅斯克尔著,王丹阳、胡牧译 88.00 元

146.《为历史而战》,[法]L. 费弗尔著,高煜译 98.00 元

147.《康德与现代政治哲学》,[英]K. 弗利克舒著,徐向东译 58.00 元

148.《我们中的我:承认理论研究》,[德]A. 霍耐特著,张曦、孙逸凡译 69.00 元

149.《人文学科与公共生活》,[美]P. 布鲁克斯、H. 杰维特编,余婉卉译 52.00 元

150.《美国生活中的反智主义》,[美]R. 霍夫施塔特著,何博超译 68.00 元

第十六批书目

151.《关怀伦理与移情》,[美]M. 斯洛特著,韩玉胜译 48.00 元

152.《形象与象征》,[罗]M. 伊利亚德著,沈珂译 48.00 元

153.《艾希曼审判》,[美]D. 利普斯塔特著,刘颖洁译 49.00 元

154.《现代主义观念论:黑格尔式变奏》,[美]R. B. 皮平著,郭东辉译 98.00 元

155.《文化绝望的政治:日耳曼意识形态崛起研究》,[美]F. R. 斯特恩著,杨靖译 98.00 元

156.《作为文化事实的未来:全球现状面面观》,[美]A. 阿帕杜莱著,周云水、马建福译 98.00 元

157.《一种思想及其时代:以赛亚·伯林政治思想的发展》,[美]J. L. 彻尼斯著,寿天艺、宋文佳译 88.00 元

158.《人类的领土性:理论与历史》,[美]R. B. 萨克著,袁剑译(即出)

159.《多元社会中的正义》,[美]G. 高斯著,范震亚译 68.00 元

160.《荒原:一部文化史》,[美]V. D. 帕尔玛著,梅雪芹等译 88.00 元

第十七批书目

161.《浪漫派为什么重要》,[美]P. 盖伊著,王燕秋译 49.00 元

162.《欧美思想中的自治》,[美]J. T. 克洛彭伯格著,褚平译(即出)

163.《冲突中的族群》,[美]D. 霍洛维茨著,魏英杰、段海燕译(即出)

164.《八个欧洲中心主义历史学家》,[美]J. M. 布劳特著,杨卫东译(即出)

165.《记忆之地,悼念之地》,[美]J. 温特著,王红利译(即出)

166.《20 世纪的战争与纪念》,[美]J. 温特著,吴霞译(即出)

167.《病态社会》,[美]R. B. 埃杰顿著,杨靖、杨依依译(即出)

168.《种族与文化的少数群体》,[美]G. E. 辛普森、J. M. 英格尔著,马戎、王凡妹等译(即出)

169.《美国城市新主张》,R. H. 普拉特著,周允程译(即出)

170.《五种官能》,[法]M. 塞尔著,徐明译(即出)